9782012670884

HISTOIRE

DU SULTAN

DJELAL ED-DIN MANKOBIRTI

PRINCE DU KHAREZM

Par MOHAMMED EN-NESAWI

TRADUIT DE L'ARABE

PAR

O. HOUDAS

PROFESSEUR A L'ÉCOLE DES LANGUES ORIENTALES VIVANTES

PARIS
ERNEST LEROUX, ÉDITEUR
LIBRAIRE DE LA SOCIÉTÉ ASIATIQUE
DE L'ÉCOLE DES LANGUES ORIENTALES VIVANTES, ETC.
28, RUE BONAPARTE, 28

1895

ANGERS, IMP. ORIENTALE DE A. BURDIN ET Cie, RUE GARNIER, 4.

PUBLICATIONS
DE
L'ÉCOLE DES LANGUES ORIENTALES VIVANTES

IIIe SÉRIE. — VOL. X

HISTOIRE DU SULTAN
DJELAL ED-DIN MANKOBIRTI
PRINCE DU KHAREZM

ERNEST LEROUX, Éditeur rue Bonaparte, 28.

PUBLICATIONS DE L'ÉCOLE DES LANGUES ORIENTALES VIVANTES

PREMIÈRE SÉRIE

I, II. HISTOIRE DE L'ASIE CENTRALE (Afghanistan, Boukhara, Khiva, Khoqand), de 1153 à 1233 de l'hégire, par Mir Abdul Kerim Boukhari. Texte persan et traduction française, publiés par *Ch. Schefer*, de l'Institut. 2 vol. in 8, avec carte. Chaque volume. . . . . 15 fr.

III, IV. RELATION DE L'AMBASSADE AU KHAREZM (Khiva), par Riza Qouly Khan. Texte persan et traduction française, par *Ch. Schefer*, de l'Institut. 2 vol. in-8, avec carte. Chaque volume. , ... 15 fr.

V. RECUEIL DE POEMES HISTORIQUES EN GREC VULGAIRE, relatifs à la Turquie et aux principautés danubiennes, publiés, traduits et annotés par *Emile Legrand*. 1 volume in-8 . . . . 15 fr.

VI. MÉMOIRES SUR L'AMBASSADE DE FRANCE PRÈS LA PORTE OTTOMANE et sur le commerce des Français dans le Levant, par le comte de *Saint-Priest*, publiés et annotés par *Ch. Schefer*. In-8. . . . . 12 fr.

VII. RECUEIL D'ITINÉRAIRES ET DE VOYAGES DANS L'ASIE CENTRALE ET L'EXTRÊME ORIENT (publié par MM. *Scherzer, L. Leger, Ch. Schefer*). in-8, avec carte. . . . . 15 fr.
Journal d'une mission en Corée avec carte (*F. Scherzer*). — Mémoires d'un voyageur chinois dans l'Empire d'Annam (*L. Leger*). — Itinéraires de l'Asie centrale. — Itinéraire de la vallée du Moyen-Zeretchan. - Itinéraire de Pichaver à Kaboul, Qandahar et Hérat (*Ch. Schefer*).

VIII. BAG-O-BAHAR. Le jardin et le printemps, poème hindoustani, traduit en français par *Garcin de Tassy*, de l'Institut. 1 volume in-8 . . . . 12 fr.

IX. CHRONIQUE DE MOLDAVIE, depuis le milieu du XIVᵉ siècle jusqu'à l'an 1594 par Grégoire Urechi. Texte roumain en caractères slavons, et traduction par *Em. Picot*. 1 fort volume in-8, en 5 fascicules. . . . . . . 25 fr.

X, XI. BIBLIOTHECA SINICA, Dictionnaire bibliographique des ouvrages relatifs a l'empire chinois, par *Henri Cordier*. 2 vol. gr. in-8 à 2 colonnes. 125 fr.

XI. Deuxième partie, contenant le Supplément et la table des auteurs. Fascicules I et II. In-8. Chaque. . . . . 12 fr.
Fascicule III. (*Sous presse.*)

XII. RECHERCHES ARCHÉOLOGIQUES ET HISTORIQUES SUR PÉKIN ET SES ENVIRONS, par le docteur *Bretschneider*, traduction de *V. Collin de Plancy*. In-8, fig. et plans . . . . 10 fr.

XIII. HISTOIRE DES RELATIONS DE LA CHINE AVEC L'ANNAM-VIETNAM, du XIVᵉ au XIXᵉ siècle, par *G. Devéria*. In-8, avec une carte . . . 7 fr. 50

XIV, XV. EPHEMERIDES DACES. Histoire de la guerre entre les Turcs et les Russes (1736-1739), par *C. Dapontès*, texte grec et traduction par *Emile Legrand*. 2 vol. in-8, avec portrait et fac-similé. Chaque volume. 20 fr.

XVI. RECUEIL DE DOCUMENTS SUR L'ASIE CENTRALE, d'après les écrivains chinois, par *C. Imbault-Huart*. In-8, avec 2 cartes coloriées . . 10 fr.

XVII. LE TAM-TU'-KINH, OU LE LIVRE DES PHRASES DE TROIS CARACTÈRES, texte et commentaire chinois, prononciation annamite et chinoise, explication littérale et traduction complète, par *A. des Michels*. In-8. 20 fr.

XVIII. HISTOIRE UNIVERSELLE, par *Etienne Açoghik de Daron*, traduit de l'arménien par *E. Dulaurier*, de l'Institut. In-8 en deux parties (la seconde partie en préparation). Chaque partie . . . . 10 fr.

XIX. LE LUC VÂN TIÊN CA DIÊN. Poème annamite, publié, traduit et annoté par *A. des Michels*. In-8 . . . . 20 fr.

XX. ÉPHÉMÉRIDES DACES, par *C. Dapontès*, traduction par *Emile Legrand*. 3ᵒ vol. in-8 . . . . 7 fr. 50

DEUXIÈME SERIE

I. SEFER NAMEH. RELATION DU VOYAGE EN PERSE, en Syrie et en Palestine, en Egypte, en Perse et en Arabie fait par *Nassiri Khosrau*, de l'an 1043 à 1049, texte persan, publié, traduit et annoté par *Ch. Schefer*, de l'Institut. Un beau volume gr. in-8, avec quatre chromolithographies. . 25 fr

PUBLICATIONS DE L'ÉCOLE DES LANGUES ORIENTALES VIVANTES

HISTOIRE

DU SULTAN

DJELAL ED-DIN MANKOBIRTI

PRINCE DU KHAREZM

Par MOHAMMED EN-NESAWI

TRADUIT DE L'ARABE

PAR

O. HOUDAS

PROFESSEUR A L'ÉCOLE DES LANGUES ORIENTALES VIVANTES

PARIS
ERNEST LEROUX, ÉDITEUR
LIBRAIRE DE LA SOCIÉTÉ ASIATIQUE
DE L'ÉCOLE DES LANGUES ORIENTALES VIVANTES, ETC.
28, RUE BONAPARTE, 28

1895

AVERTISSEMENT

Le manuscrit arabe, dont j'ai précédemment publié le texte[1] et dont je donne aujourd'hui la traduction, appartient à la Bibliothèque nationale de Paris. A la page 341 et sous le numéro 1899, le catalogue imprimé de cette bibliothèque en formule la description de la manière suivante :

سيرة السلطان جلال الدين منكبرتى « *Histoire du sultan Djalâl al-Dîn Mankobirti (Dieu donné)* », roi de Kharizm, par Schihâb al-Dîn Mohammed ibn Ahmad ʻAli al-Nasawi (النسوى), secrétaire de ce souverain. Cet ouvrage, composé en 639 de l'hégire, a beaucoup servi à M. D'Ohsson fils, pour la rédaction de son Histoire des Mongols (*voyez à la page* III *de l'Exposition du premier volume*). On remarque à la page 314 cinq lignes d'écriture en langue et en caractères mongols, suivies des mots arabes : هذا كتاب الامير سف

---

1. L'errata du texte arabe se trouve encarté dans le présent volume.

الدن باب الكرك : « *Ceci est la lettre (ou l'écriture) de l'émir Saïf al-Dîn, lieutenant gouverneur d'Al-Karak.* » *Le feuillet qui porte ces lignes est un bout de rouleau qui paraît avoir contenu une dépêche officielle et n'a aucun rapport avec le texte d'Al-Nasawî. Ms. daté de l'an* 660 *de l'hégire* (1262 *de J.-C.*).

« *Papier.* 337 *pages. Hauteur,* 21 *centimètres; largeur,* 14 *centimètres.* 15 *lignes par page.* — (*Ancien fonds* 849.) »

A ces renseignements, qui suffisent amplement à établir l'identité du ms., je n'ajouterai que quelques simples observations.

Le nom du prince est écrit منكبرني, *mais, à défaut d'autres indications, on peut reconnaître que l'avant-dernière lettre du mot a été privé d'un de ses points diacritiques, car celui qui reste se trouve tracé en dehors de la place où il devrait être régulièrement écrit s'il avait été unique. Il est vraisemblable que sur l'original il n'y avait aucun point diacritique et c'est ce qui explique les lectures fautives de* Mancberni *par d'Ohsson et* منكبرس *dans l'édition d'Ibn Khaldoun faite à Boulaq.*

La mention arabe, qui accompagne les cinq lignes de mongol, dont on trouvera le fac-similé en tête du présent volume, parle d'une localité dite Al-Karak, or d'après Yaqout cette orthographe avec l'article ne serait pas celle de la ville bien connue de Kérak, mais d'une petite bourgade située sur le territoire de Baalbek. J'aurais voulu pouvoir donner la traduction de ce fragment, mais les démarches que j'avais faites à ce sujet ne m'ont même pas valu l'honneur d'une réponse.

La date du manuscrit a été lue 667 *par M. le D*r *Gottwald de Kazan dans une copie qu'il a faite des dernières pages que l'humidité et les vers avaient assez fortement endom-*

magées. C'est également la date que j'ai adoptée, et si elle n'est pas d'une certitude absolue, quant au chiffre des unités, il est tout au moins indubitable qu'il y a dans le texte un mot représentant des unités.

La notice imprimée n'a pas non plus indiqué que les premières pages et les dernières du manuscrit avaient été reproduites, les premières par une main inconnue, les dernières par M. le Dr Gottwald. Enfin on n'a pas dit que l'exemplaire jusqu'ici unique de la Bibliothèque nationale avait été copié par le cheïkh Tantawi pour la Bibliothèque de Saint-Pétersbourg. Je suppose que cette copie existe toujours, bien qu'il ne m'ait pas été possible d'en obtenir communication.

Je n'ai donc eu pour exécuter mon travail qu'un seul exemplaire, celui de la Bibliothèque nationale qui est d'une bonne écriture, mais qui n'a qu'un nombre insignifiant de points diacritiques tracés par le copiste; les points diacritiques marqués au crayon par les lecteurs de l'ouvrage ont été mis souvent sans beaucoup d'attention et constituent plutôt une gêne qu'un secours. Aussi aurais-je hésité à entreprendre la tâche lourde et ingrate d'éditer ce texte et d'en donner la traduction intégrale, si je n'avais été encouragé et soutenu dans ce travail par M. Ch. Schefer, le savant administrateur de l'École des langues orientales vivantes.

On trouve dans l'Histoire des Mongols de d'Ohsson (éd. de MDCCC.XXIV, tome I, p. x et suiv.) un aperçu assez complet et assez exact sur la personne de En-Nesawi et sur son œuvre; ce que j'en vais dire ici n'en diffère pas sensiblement.

Né à Khorendez[1], citadelle voisine de Nesa, ville du nord

---

1. C'est ainsi qu'il faut lire, et non Kharender.

du Khorâsân, Mohammed ben Ahmed ben Ali ben Mohammed El-Monchi En-Nesawi, fut appelé au service du sultan Djelâl ed-Dîn, lorsque celui-ci rentra dans la partie occidentale de ses États après sa grande défaite sur les bords de l'Indus. On verra au cours de cet ouvrage qu'il avait peu de goût pour les fonctions publiques et qu'il ne se résigna à son emploi de secrétaire qu'à cause des grands avantages pécuniaires qu'il y trouva. Cependant peu à peu il gagna la faveur du sultan qui le récompensa de ses services en lui octroyant le fief de Nesa, mais à la condition qu'il le ferait administrer par un lieutenant et qu'il resterait à la cour.

Ainsi, sauf de rares moments qu'il consacra à remplir des missions de confiance, En-Nesawi ne quitta point Djelâl ed-Dîn pendant la plus grande partie de son règne, et il était encore auprès de lui la veille du jour où ce prince allait dans sa fuite succomber sous le poignard d'un Kurde sauvage. Non seulement il a assisté à la plupart des événements qu'il raconte, mais le plus souvent il y a pris personnellement une part plus ou moins active, aussi peut-on dire jusqu'à un certain point que sa « Vie de Mankobirti » constitue de véritables mémoires.

Grâce à la confiance dont l'honorait le sultan, grâce aussi à ses relations intimes avec les plus hauts personnages de l'empire, En-Nesawi a pu voir les choses autrement qu'un spectateur ordinaire; il lui a été loisible d'en pénétrer les causes ou d'en démêler les origines. Et, comme il ne composa son ouvrage que dix ans après la mort de son maître, on comprend qu'il ait pu parler en toute franchise sur tous les sujets qu'il traitait. On sent du reste dans son récit que, si parfois il exprime ses critiques avec une certaine réserve, c'est qu'il ne veut pas être accusé d'ingratitude envers celui à qui il dut toute sa fortune. Peut-être aussi avait-il encore à cette époque à ménager la réputation de quelques-uns de ses amis quoique, sous ce rapport, il ne semble pas cacher ses vrais sentiments. Dans tous les cas la modération même dont il use est un gage de sa sincérité.

Non content de décrire ce qu'il a vu ou de rapporter ce qu'il a entendu dire, En-Nesawi apprécie les événements dont il parle ; il en recherche les causes et en tire des renseignements souvent curieux si on se reporte à ces époques lointaines. Il semble que, tout en admirant le Kamil d'Ibn El-Atsir, il sente la sécheresse un peu trop marquée de cette chronique et qu'il ait voulu montrer, pour sa part, qu'on pouvait employer une forme plus attachante, où la curiosité de l'esprit trouvait sa satisfaction et où la raison rencontrait un aliment qui lui convenait.

En-Nesawi manie la langue arabe avec beaucoup d'élégance ; néanmoins on sent dans son style l'influence persane. Ses longues périodes et sa façon même de présenter les idées rappellent à s'y méprendre les procédés indo-européens. Ce n'est plus le langage mâle et sobre du véritable arabe ; mais si l'expression y perd quelque peu de sa clarté et de sa force, en revanche elle y gagne un charme particulier auquel nous serions encore plus sensibles, s'il ne s'y mêlait des images singulières ou des métaphores exubérantes qui choquent notre goût. Dans ma traduction, j'ai essayé de donner une idée de la façon d'écrire de En-Nesawi et, tout en usant d'une certaine liberté, j'ai cherché à conserver les allures de l'auteur quand elles ne heurtaient pas de front nos habitudes.

Pour la lecture et la transcription des noms propres j'ai été souvent très embarrassé. Naturellement j'ai dû transcrire d'après le texte arabe et ne pas tenir compte toujours de la prononciation turque ou persane. M. J. Gantin, qui a bien voulu se charger de faire l'index et l'a fait avec le soin et l'exactitude qu'il apporte à tous ses travaux, a pensé qu'il serait bon de reproduire l'orthographe persane dans les indications qu'il a ajoutées aux noms historiques ou géographiques. Pour ma part, je ne vois à cela aucun inconvénient.

En terminant je remercie vivement M. J. Gantin de la nouvelle preuve de dévouement qu'il vient de donner à nos travaux.

Paris, 25 février 1895.

VIE

DU SULTAN

DJELAL ED-DIN MANKOBIRTI

DOXOLOGIE

Au nom du Dieu clément et miséricordieux. Seigneur, rends notre tâche facile et assiste-nous de ta miséricorde!

Louange à Dieu qui a créé les êtres et a fixé un terme à la durée de leur existence, qui a multiplié leur postérité et leur a imposé l'obligation de revenir vers lui. Pour lui, la genèse des atomes n'offre pas plus de complications que celle des êtres en masse ou isolés. Sa puissance est environnée de gloire alors que celle des autres en est dépouillée; aucune défaillance ne saurait atteindre son pouvoir, les siècles ne l'altéreront point et ni les mois, ni les années n'amoindriront la durée de son existence. Chantons les louanges de cet Artisan incomparable et tout-puissant qui a créé le monde sans autre instrument que les deux lettres *kaf* et *noun*[1], car lorsqu'il veut une chose il n'a qu'à dire : « Qu'elle soit ! » et la chose est.

---

1. Selon l'auteur, Dieu, pour créer une chose, n'a qu'à manifester sa volonté en prononçant le mot *koun* (*sois!*) qui, en arabe, s'écrit avec les deux seules lettres *kaf* et *noun* (*k* et *n*).

Que la bénédiction et le salut soient accordés à celui que nous a dirigés alors que nous étions égarés, qui seul a porté le fardeau de la prophétie, Mohammed! Dieu lui donne le salut ainsi qu'à sa famille choisie et à ses compagnons, ces chefs éprouvés qui ont été les flambeaux des ténèbres et les étendards du Livre et de la Sonna. Que ce salut ait la suavité des effluves du musc et qu'il soit égal en durée aux assises des montagnes!

PRÉFACE

Voici maintenant le récit que fait celui qui a besoin de la clémence du Seigneur, qui cherche à éviter les fautes contre sa religion, qui a été le jouet du souffle de l'adversité et qui a été ballotté sur les flots de l'exil, Mohammed ben Ahmed ben Ali ben Mohammed El-Monchi En-Nesawi. Dieu améliore sa situation et le préserve de tout mal!

Après avoir lu tout ce qui a été écrit sur l'histoire des nations d'autrefois et sur les événements des siècles déjà écoulés; après avoir étudié la série des faits qui se sont passés depuis le moment où s'est développée la postérité d'Adam, le père des hommes (la bénédiction et le salut soient sur lui!) jusqu'à nos jours, sauf aux temps d'interrègne [1], je me suis aperçu que les historiens se bornaient à reproduire avec de légères additions ou coupures l'ouvrage d'un de leurs prédécesseurs et conduisaient ensuite leur récit jusqu'à leur époque en y ajoutant la mention de quelques événements contemporains. Certes ce procédé peut contenter et, à la rigueur,

---

1. Le mot arabe que je traduis ici par « interrègne » s'emploie pour désigner les périodes durant lesquelles la foi devenue languissante a besoin d'être ravivée par la prédication d'un nouveau prophète. Or ces époques de décadence religieuse sont, au dire de l'auteur, généralement mal connues des historiens.

paraître suffisant, mais il est loin de donner pleine et entière satisfaction. Ah! c'est qu'il y a histoire et histoire et la différence est grande, entre celui qui a vu les faits dont il parle et celui qui n'en a eu connaissance que par le simple examen des traces qu'ils ont laissées.

Toutefois je dois constater que le *Kâmil*[1], l'ouvrage composé par Ali ben Abdelkerîm, connu sous le nom d'Ibn El-Atsîr, contient sur l'histoire des nations d'une manière générale et en particulier sur celle des Persans, des renseignements qui se trouvent dispersés chez divers auteurs. C'est donc avec juste raison que Ibn El-Atsîr a donné à son ouvrage le titre de *Kâmil* (complet), et il a dû emprunter une partie de ses récits à des histoires écrites dans la langue des peuples, dont il parle, sinon il lui aurait été impossible par de simples déductions d'arriver au résultat qu'il a atteint. On trouve, en effet, dans Ibn El-Atsîr des renseignements trop précis pour admettre qu'il les ait recueillis de la bouche de gens auxquels il se serait adressé. Moi-même, après avoir lu très attentivement dans son ouvrage les faits qu'il rapporte sur le règne du sultan magnifique, la gloire du monde et de la foi, Abou 'l-Fath Mohammed ben Takach ben Il-Arslân ben Etsiz ben Mohammed ben Nouchteguin[2], ainsi que les quelques détails relatifs aux vicissitudes du sort et aux infortunes de son glorieux fils, le martyr, Djelâl ed-Dîn Mankobirti[3] (Dieu arrose leurs tombes et leur donne le paradis

---

1 Cette chronique s'arrête à l'année 628 de l'hégire (1231). Elle a été éditée à Upsala et Leyde par Tornberg (1853-1876) et à Boulâq (1874). Pour les références à ce texte j'indiquerai seulement la date de l'année, ce qui permettra de retrouver aisément les passages dans l'une et l'autre édition.

2. On trouvera plus loin une grande partie de l'histoire de ce souverain qui monta sur le trône au commencement du mois de juillet de l'année 1200. Ibn El-Atsîr (année 596) donne à ce prince les surnoms de Qothb ed-Dîn et de 'Ala ed-Dîn.

3. La véritable prononciation de ce mot est « Mangoubirti ». Il a souvent été défiguré et remplacé par les formes Minkberni, Mankoberni, etc.

pour demeure!), j'ai reconnu que cet historien n'avait omis aucun des événements importants ou glorieux et qu'il n'avait commis que de légères erreurs. Dieu seul, me suis-je dit alors, a pu faire qu'un homme établi en Syrie ait conçu le dessein de fixer le récit de choses survenues dans les parties les plus reculées de la Chine et dans les contrées les plus lointaines de l'Inde.

Du moment que notre principal souci est de consigner la trace des événements, d'en perpétuer le souvenir et d'en tirer des renseignements qui servent de base à l'expérience, il trouvera complète satisfaction dans l'histoire de Djelâl ed-Dîn. En effet, la fortune se fit un jouet de ce prince; parfois elle l'élevait, parfois elle l'abaissait. Un jour elle éteignait la flamme de son feu puis bientôt la ravivait, lui donnant ainsi successivement la suprématie et la gloire ou l'avilissement et la défaite. Elle le portait au pouvoir au moment même où elle semblait sur le point de le faire périr, et le soumettait aux plus dures épreuves alors qu'il paraissait arrivé au sommet des grandeurs. Rien n'est plus extraordinaire que les vicissitudes que le sort infligea à ce prince; elles furent telles que les récits des anciens n'en offrent point de semblables, c'est-à-dire qui aient eu ce même caractère de durée, de terreur, d'étrangeté et de spontanéité. Il suffit, pour s'en convaincre, de se souvenir que dans l'espace de onze années, il eut à livrer quatorze batailles rangées et que, durant ce temps, il dut se transporter du pays des Turcs aux confins de l'Inde, des confins de l'Inde au centre du territoire des Roum[1], tantôt prince puissant et redouté, tantôt banni et fugitif.

Maintenant je vais raconter les événements auxquels j'ai pris part ou ceux que j'ai entendu raconter par des témoins oculaires; je laisserai de côté tous les autres, je n'en ferai

---

1. L'Asie Mineure.

nulle mention et les éviterai même comme avec une sorte d'horreur.

Distique :

Si je n'en avais été empêché par un accent étranger qui me fait rougir quand je parle ou quand j'écris,

Certes je me serais donné carrière dans le champ des longs discours et j'aurais bandé l'arc de la rhétorique.

Vers :

Vous avez devant vous un vaste champ pour le discours ; si vous avez une langue diserte, eh ! bien parlez.

Nombre de personnages éminents de l'Orient, parmi ceux qui sont habiles en l'art d'écrire et qui ont parcouru les routes de l'éloquence, ont pris soin de rédiger les annales de leurs princes, afin d'immortaliser leurs travaux et leurs grandes actions, depuis le jour où naquit leur célébrité et où s'étendirent de tous côtés les rameaux de leur puissance jusqu'au règne glorieux du sultan magnifique Mohammed ben Takach. Aux États qu'il avait hérités de son père, le Khorâsân et le Khârezm, ce prince ajouta d'abord l'Irâq' et le Mâzenderân, puis à ce premier joyau il adjoignit le Kermân, le Mekrân, le Kech, le Sedjestân, les pays de Ghour, de Ghazna et de Bâmiân[1] avec toutes les contrées planes ou montagneuses qui avoisinent l'Inde. Tout cela se fit sans que les glaives eussent cessé d'être immobiles dans leurs fourreaux et sans qu'il fût nécessaire de priver les femmes de leurs bijoux[2] : ces conquêtes eurent lieu sans efforts, sans luttes, sans

---

1. On trouvera un excellent résumé sur le Khârezm dans la préface du volume de M. Ch. Schefer, intitulé *Relation de l'ambassade au Khârezm de Riza Qouly-Khân*. Paris, 1879. Sur les diverses provinces citées ici, cf. Barbier de Meynard, *Dictionnaire géographique, historique et littéraire de la Perse et des contrées adjacentes*. Paris, M DCCC LXI.

2. Pour subvenir aux frais d'une guerre il arrivait fréquemment qu'on était obligé de vendre les bijoux des femmes.

violence, sans provoquer de ruines, par le seul effet de la crainte respectueuse qu'inspirait ce prince. Mohammed ben Takach lutta contre les souverains du Khithâï[1], contre les princes des Turcs et contre les seigneurs de la Transoxiane; il s'annexa les États des uns, abaissa l'orgueil des autres et contraignit le reste à s'enfuir jusqu'aux confins les plus reculés de la Chine. Quatre cents villes environ furent ainsi ajoutées à ses États et cette conquête eut lieu dans des conditions telles qu'elle eût été fort difficile pour tout autre prince dont les hordes nombreuses auraient été impuissantes à se parer d'un semblable trophée.

Le nom de Mohammed ben Takach fut proclamé dans toutes les chaires du Fars, de l'Arrân, de l'Adzerbaïdjân et même des pays qui confinent à Derbend-Chirawân[2], l'année où il mit en déroute les deux atabeks Sa'd ben Zengui, prince du Fars, et Ouzbek ben Mohammed, prince de l'Adzerbaïdjân. Il fit prisonnier Sa'd tandis que l'allié de ce dernier prenait la fuite à demi-mort, après la conversion à l'islamisme de ses nouveaux compagnons, tels que Noçret ed-Din Mohammed ben Pichtéguin et son vizir Rebîb ed-Dîn Abou 'l-Qâsem ben Ali, connu sous le nom de Dindàn. Il accorda ensuite la liberté à Sa'd et consentit à abandonner toute poursuite et toute lutte contre Ouzbek, à la condition que ces deux princes feraient en son nom la *khotba*[3] dans leurs provinces et qu'ils apporteraient chaque année au trésor royal une contribution déterminée.

---

1. On donnait le nom de Khithaï à la partie septentrionale de la Chine.
2. Cette ville, située sur la rive occidentale de la mer Caspienne, se nommait aussi simplement Derbend ou encore Bâb el-Abouâb.
3. La *khotba* est le prône que l'on fait tous les vendredis dans les grandes mosquées à l'issue de la prière du milieu du jour. On doit dans ce prône appeler les bénédictions du Ciel sur le souverain spirituel et temporel du pays, et le droit de faire prononcer son nom dans cette cérémonie constitue un des attributs de la souveraineté indépendante.

Les conquêtes de ce prince ne cessèrent de s'étendre et s'ajoutèrent les unes aux autres à la façon des nœuds des roseaux, qui ne présentent entre eux ni intervalles, ni fissures, ni écarts, ni tortuosité, jusqu'au moment où l'arrivée du terrible fléau des Tatars vint tout renverser. Leurs hordes innombrables et sans cesse renouvelées submergèrent alors l'ouvrage et son auteur et, en présence de cet événement, je me trouvai dans la situation de celui que les vagues ont rejeté sur le rivage après avoir englouti tous ses compagnons : la loi divine l'oblige en ce cas de supporter les charges de la vie et d'employer ses soins à la conserver. Sans cette circonstance, je n'aurais jamais, moi indigne, abordé la présente tâche avec mon cœur ulcéré, mon esprit affaibli et malade, et mon mince bagage littéraire. Mais avant de me lancer dans cette entreprise il me faut d'abord présenter quelques explications préliminaires pour faire connaître la patrie des Tatars et leurs premières migrations. Dieu me soit propice !

CHAPITRE PREMIER

LES TATARS MAUDITS ; LEURS DÉBUTS ET LEUR PATRIE

Parmi les personnes, dont les paroles méritent d'être prises en considération, plus d'une m'a raconté que l'empire de la Chine est vaste et mesure une circonférence de six mois de marche. On assure aussi qu'il est entouré par une muraille unique n'offrant d'interruptions que là où se trouvent des montagnes escarpées et de larges fleuves. Depuis les temps anciens cet empire est divisé en six parties ; chacune d'elles, mesurant un mois de marche, est gouvernée par un khân (mot qui dans la langue de ce pays signifie prince) qui est le délégué du khân suprême. Le khân suprême, contemporain du sultan Mohammed, était Altoun-Khân[1]; le pouvoir était héréditaire dans sa famille et se transmettait d'aîné en aîné ou pour mieux dire de mécréant à mécréant. D'ordinaire le khân suprême résidait pendant l'été à Thomghâdj[2] ou dans les environs changeant fréquemment de stations et allant du rivage d'un fleuve à un autre jusqu'au jour où l'hiver montrait sa figure rébarbative. A ce moment-là le khân et sa suite traversaient le fleuve du Gange dans la partie qui confine au pays de Cachemire et établissaient leurs quartiers d'hiver dans une zone maritime qui n'avait point de rivale dans le pays pour l'excellence de ses vallées et de ses plateaux. Durant cette saison les six khâns institués par le chef suprême demeuraient en Chine et avaient la garde du pays.

Au nombre des khâns qui vivaient à l'époque d'Altoun se trouvait un certain Douchî-Khân qui avait épousé la tante paternelle de Djenguiz-Khân[3] le maudit. Djenguiz-Khân appartenait à la tribu des Temourdji[4], peuplade qui habitait les déserts et avait pour quartier d'hiver un endroit appelé Araghoun[5]. Cette tribu était renommée parmi les hordes turques pour sa méchanceté et sa perfidie, aussi les souverains

---

1. Altoun-Khân est formé des mots altoun, or et khân, chef. C'était le titre que onnaient les Tatars aux souverains de l'empire de Kin, fondé en Chine par les Niou-tchi.
2. La capitale des Kin s'appelait Yen-King, nom qui ne rappelle en rien celui de Thomghâdj.
3. Dans son *Histoire des Mongols*, d'Ohsson dit que ce prince s'appelait Témoutchin et que le surnom de Djenguiz-Khân (*le chef des puissants*) ne lui fut donné qu'à l'âge de cinquante et un ans.
4. D'après Rachîd ed-Dîn, Djenguiz-Khân appartenait à une fraction de la tribu des Cayates, nommée Bourtchoukin. Il faut sans doute lire Temoudji au lieu de Temourdji et prononcer Temoutchi qui serait alors le nom de la famille de Djenguiz-Khân.
5. Cette localité paraît avoir été située dans les hautes montagnes d'où sortent les fleuves Onan, Keroulan et Toula, affluents du Haut-Amour, au sud-est du lac Baïkal.

CHAPITRE PREMIER

de la Chine n'avaient-ils jamais songé à lui lâcher la bride à cause de sa turbulence.

Or, il arriva que Douchî-Khân, le mari de la tante paternelle du sanguinaire Djenguiz-Khân, mourut au moment où Altoun-Khân était absent. Djenguiz-Khân se rendit en visite auprès de sa tante et lui adressa ses compliments de condoléance. La veuve de Douchî-Khân fit aussitôt mander la nouvelle de la mort de son mari à Kechlou-Khân et à Djenguiz-Khân[1] qui gouvernaient les deux provinces limitrophes du territoire du défunt ; elle les informa en outre que son mari n'avait pas laissé d'enfant et leur proposa de mettre à sa place son neveu, Djenguiz-Khân, qui suivrait les errements du défunt à l'égard de ses deux voisins, en les soutenant et en se pliant à leurs volontés. Les deux khâns approuvèrent la manière de voir de la veuve, l'engagèrent à installer son neveu au pouvoir afin de combler le vide laissé par la mort de Douchî-Khân et lui garantirent qu'ils feraient maintenir la situation lorsque Altoun-Khân serait de retour au siège de son gouvernement et au berceau de ses aïeux. Djenguiz-Khân fut donc élevé au pouvoir et, dans le plus bref délai, il sut grouper autour de lui ses plus féroces compagnons et des sacripants de son espèce, tous tisons de discorde dont le feu ne s'éteignait jamais, et dont le fer des épées n'était émoussé pour aucune circonstance.

Quand Altoun-Khân fut de retour dans sa capitale, appelée Thomghâdj, les chambellans, selon la coutume, lui exposèrent chaque jour un certain nombre des affaires qui étaient survenues durant son absence. Lorsqu'on lui présenta les cadeaux de Djenguiz-Khân, il entra dans une violente colère,

---

1. S'il n'y a pas d'erreur dans le ms. ce Djenguiz-Khân ne serait pas le même que le célèbre conquérant. L'emploi de ces titres au lieu du nom véritable a dû occasionner de fréquentes erreurs dans les récits des historiens qui étaient étrangers aux pays dont ils parlaient.

s'étonnant grandement que les deux khâns eussent osé faire cette nomination. Il ordonna aussitôt qu'on coupât les queues des chevaux qui portaient les présents et qu'on les renvoyât. Les chambellans sortirent alors, invectivèrent Djenguiz-Khân et adressèrent de vifs reproches aux deux autres khâns à cause de leur conduite. Leurs menaces furent si vives que Djenguiz-Khân et ses deux compagnons jugèrent que leur trépas ne devait pas tarder et que le danger était plus près d'eux que leurs veines jugulaires. Ils se dégagèrent aussitôt des liens de la fidélité et rompirent tous trois avec le pacte de la majorité.

CHAPITRE II

RÉCIT DE CE QU'IL ADVINT DU SORT DE DJENGUIZ-KHAN ET DE SES DEUX ALLIÉS A LA SUITE DE LEUR RÉVOLTE

Quand, à la suite de leur rupture, les trois alliés eurent quitté leur maître, ils se jurèrent mutuellement de se prêter assistance et tinrent les promesses qu'ils s'étaient faites. Ils levèrent l'étendard de la révolte, tirèrent le mal de sa gaîne et Djenguiz-Khân appela à son aide tous ceux de ses compagnons qui s'étaient groupés autour de lui. Pour essayer de les ramener à l'obéissance, Altoun-Khân leur envoya à plusieurs reprises des messages dans lesquels il mêlait les ménagements aux intimidations, les promesses aux menaces. Cet appel ne fit qu'exciter leur désir de séparation; chaque fois que l'on s'adressait à eux, ils se bouchaient les oreilles avec leurs mains, se couvraient de leurs vêtements et témoignaient arrogamment de leur persistance dans leurs desseins.

Désespérant alors du succès de ses tentatives de conciliation, Altoun-Khân se décida à employer la force et s'occupa de réunir des hommes et des munitions. Mais dès la première rencontre il fut honteusement défait par les alliés qui firent un grand carnage des Djerdja[1] Khithaï et des hordes turques qui se trouvaient dans son armée. Toutefois, Altoun-Khân réussit à s'échapper avec un petit nombre de ses soldats que les armes avaient épargnés ; il s'enfuit au delà du Gange, en abandonnant derrière lui le pays que les alliés occupèrent en maîtres. Aussitôt, l'armée des alliés se grossit d'un ramassis de Turcs, gens sans aveu, avides du bien d'autrui et désireux de s'enrichir.

Comme ses affaires allaient toujours périclitant, que ses troupes se débandaient et que son prestige s'affaiblissait de plus en plus, Altoun-Khân sollicita la paix. Il acceptait les faits accomplis et se contentait du misérable territoire qui reconnaissait encore son autorité, donnant ainsi beaucoup pour garder peu. Les alliés acceptèrent ces propositions et ils continuèrent à exercer le pouvoir en commun jusqu'à la mort de Djenguiz-Khân[2]. A ce moment, les deux survivants restèrent seuls maîtres de l'empire qu'ils gouvernèrent toujours en commun.

N'ayant plus rien à redouter de la part d'Altoun-Khân, les deux alliés se portèrent sur Belâsâqoun[3] et s'emparèrent de cette ville ainsi que des contrées limitrophes ou voisines. Ce fut à ce moment qu'eut lieu la mort de Kechlou-Khân, qui laissa sa place à son fils, surnommé comme lui Kechlou-

---

1. Tchourtché ou Niou-tchi, peuple qui habitait le bassin de l'Amour.
2. Il s'agit ici de l'homonyme du conquérant tatar et non d'Altoun-Khân comme je l'avais cru tout d'abord en adoptant la note marginale du ms. Il faut donc restituer dans le texte Djenguiz-Khân.
3. La ville de Belâsâgoun ou Gou-Baliq fut fondée dans le Turkestân par Boucou-Khân qui en avait fait sa capitale. Elle était située à environ 2 degrés à l'est de Samarqand.

Khân. L'extrême jeunesse de ce fils lui valut le dédain de Djenguiz-Khân qui voulut alors rompre le pacte établi avec le père de ce jeune prince, pacte qui plaçait les deux alliés sur le pied d'une parfaite égalité et ordonnait le partage de tous les produits de l'empire selon les règles de la plus scrupuleuse équité. Des messages furent échangés dans ce sens et, à la suite de récriminations de part et d'autre, on en vint à une rupture ; Kechlou-Khân se sépara de son allié dès que les paroles devinrent un peu vives et que la chaleur de la discussion prit par trop d'intensité.

CHAPITRE III

CE QUI ADVINT A KECHLOU-KHAN A LA SUITE DE SA RUPTURE AVEC DJENGUIZ-KHAN

Après sa rupture avec Djenguiz-Khân, Kechlou-Khân conduisit ses hordes jusqu'aux confins de Qayâliq et d'Almâliq[1]. Memdou-Khân ben Arslân-Khân, le prince de ces pays, conclut alors, avec Kechlou-Khân, un traité par lequel les deux parties contractantes s'engageaient à demeurer unies et à s'entr'aider de tout cœur dans les affaires importantes. Or, au moment où Kechlou-Khân arrivait dans les États de Memdou-Khân, le khân des khâns, Kour-Khân[2], prince du Khithaï, était mis en déroute et réduit à fuir en toute hâte vers la frontière de Kâchgar, à la suite d'une bataille, la dernière qu'il devait livrer au sultan[3].

1. Ces deux villes qui appartenaient au Qàrà-Khithaï paraissent avoir été situées, la première sur les bords de la rivière Ili, qui se jette dans le lac Balkach ; la seconde au sud du lac Kizilbach, dans le pays des Ouïgours.
2. Ou Gour-Khân (puissant khân). C'est encore un surnom.
3. Le sultan Mohammed ben Takach.

Memdou-Khân déploya aussitôt toutes les séductions pour entraîner Kechlou-Khân à se diriger vers le Kâchgar, afin de s'emparer de Kour-Khân qui s'y était réfugié. « Si, lui disait-il, vous réussissez à vous emparer de la personne de ce prince et à le faire asseoir sur le trône, vous ne rencontrerez plus aucune résistance de la part des princes des Turcs. » Mais ce n'était là que des suggestions qui, produites par des appréciations erronées et sans consistance, devaient être la source de grands périls. Memdou-Khân, en effet, ignorait que les jours de cette dynastie étaient comptés et que le temps était proche où l'on aurait à en déplorer la fin. Kechlou-Khân répugnait à ce projet à cause de l'opinion qu'il se faisait de la haute situation de Kour-Khân, de la terreur qu'il inspirait, de sa grande renommée et de sa glorieuse puissance, mais Memdou-Khân, à force d'insister auprès des cavaliers et des braves de son allié, finit par obtenir de lui une réponse favorable à sa proposition. Les deux alliés partirent de Qayâliq, vainquirent Kour-Khân sur les frontières de Kâchgar, s'emparèrent de sa personne et le firent asseoir sur le trône. Dans les audiences publiques, Kechlou-Khân occupait, auprès du souverain, la place réservée aux chambellans ; il consultait le prince sur les moindres affaires ainsi que sur les plus importantes, mais rarement il agissait d'après les instructions qu'il avait reçues.

Quand le sultan apprit que Kechlou-Khân avait fait Kour-Khân prisonnier, et qu'il s'était emparé des pierres précieuses et autres choses de prix que ce dernier possédait et qui avaient été recueillies au cours des âges dans différents pays, il lui envoya tenir ce discours : « Le khân des khâns a réussi à échapper aux embuscades que je lui tendais alors que je l'avais laissé tel qu'une proie abandonnée au premier ravisseur qui passe ou un butin destiné au premier pillard venu. Pourquoi n'avez-vous pas songé à vous adresser à lui lorsqu'il était dans tout l'éclat de son règne et à l'apogée de sa gloire ? Maintenant que je l'ai chassé de son pays et de ses cités, que je l'ai exposé au glaive de ses anciens auxiliaires et alliés, bien qu'il m'eût demandé la paix en m'offrant en mariage sa fille Thoughadj-Khâtoun, qui m'aurait apporté en dot tout ce que ses trésors regorgeaient de pierres précieuses et d'objets de prix à la condition que je lui laisserais les débris de son empire avec les rares populations que le fer avait épargnées, était-ce bien le moment de réduire en captivité celui que la Fortune venait de renverser ? Si vous et les vôtres, vous désirez demeurer en sécurité, cela ne tiendra qu'à vous, car vous n'aurez qu'à m'envoyer Kour-Khân avec sa fille, ses trésors, ses richesses et son entourage. Si vous ne faites pas ce que je vous demande, je viendrai à vous avec des forces telles que ni le tranchant de vos sabres, ni la fermeté de votre résistance ne vous seront d'aucun secours. »

Kechlou-Khân répondit à ce message en homme qui veut paraître humble et soumis. Il envoya en même temps comme cadeau des objets provenant de ses contrées et dont la description remplirait des colonnes. Toutefois il s'excusa de ne pouvoir livrer Kour-Khân et plaida en sa faveur, car ce dernier le suppliait de l'épargner en lui disant : « Le sultan et son père m'apportaient autrefois un tribut et me prodiguaient leurs témoignages de soumission. Souvent je leur ai donné assistance contre leurs ennemis, et les habitants des plateaux et des vallées aussi bien que ceux qui sont nomades ou sédentaires savent tous que ces deux princes étaient sous mes ordres. Quand le sort eut favorisé le sultan au point qu'il put, — chose qu'il ne devait jamais avoir espérée, — entrer en lutte contre moi, j'avais consenti à accepter la paix à condition de lui donner en mariage ma fille, l'être au monde qui m'est le plus cher ; cette condition qui s'ajoutait aux autres, je l'acceptai pour échapper à la ruine totale tout en perdant l'empire, car je vis bien que sans cela il n'y avait ni délivrance, ni salut à obtenir, ni maintien, ni existence à espérer. Le sultan ne voulut rien entendre ; il ne consentit à rien, sinon à m'arracher ces débris de mon empire où régnait la terreur et que dominait l'effroi. S'il me réclame aujourd'hui avec insistance, c'est uniquement parce qu'il veut ma ruine et qu'il songe à marquer mon front d'une opprobre pire que la mort. »

Le cœur de Kechlou-Khân s'émut à ce discours ; il craignit d'ailleurs que s'il livrait Kour-Khân, les Turcs ne lui en fissent, par la suite, un reproche dont les fâcheuses conséquences lui coûteraient cher et dont la honte serait difficilement effacée de son front. En conséquence il recula de jour en jour et de moment en moment l'exécution de la demande du sultan si bien que celui-ci finit par s'apercevoir que ces sursis et ces réticences n'avaient d'autre but que de traîner les choses en longueur. L'émir Mohammed ben Qârâ Qâsem En-Nesawi, le dernier ambassadeur du sultan envoyé pour cette affaire, m'a raconté qu'à la suite de paroles dures dont il se servit conformément aux instructions de son maître, Kechlou-Khân le fit mettre aux fers et qu'il demeura prisonnier jusqu'au jour où Dieu lui fit la grâce de le faire échapper durant une rencontre qui eut lieu entre Kechlou-Khân et un corps de cavalerie du sultan. Après s'être ainsi délivré des liens de la captivité et avoir réussi à se soustraire aux avanies et aux humiliations qu'on lui faisait endurer, l'émir se présenta au palais du sultan. Celui-ci, qui avait eu connaissance de la fermeté que son ambassadeur avait déployée dans son discours et du zèle qu'il avait apporté à l'accomplissement de sa mission, lui fit un excellent accueil, lui demandant ce qu'il souhaitait et le mettant en demeure de choisir ce qu'il désirait le plus vivement. L'émir demanda le poste du surintendant de la province du Khorâsân, poste qui lui fut aussitôt accordé. Les chefs placés sous ses ordres eurent cruellement à souffrir de sa brutalité et de ses avanies et quand vint l'année 615 (30 mars 1218-19 mars 1219), que le peuple appela l'année *sinistre*, l'émir continuait encore par sa tyrannie à accroître le déchirement de la province du Khorâsân.

Les bonnes relations ayant fait place à l'état d'hostilité, le sultan choisit parmi ses soldats soixante mille cavaliers qu'il expédia contre Kechlou-Khân pour abattre sa puissance et lui enlever la personne du khân des khâns qui était en son pouvoir. Auparavant il avait déjà lancé contre son ennemi nombre de petits corps de cavalerie qui avaient livré, dans le Kâchgar et ailleurs, divers combats dans lesquels ils avaient eu généralement l'avantage.

CHAPITRE IV

KECHLOU-KHAN PÉRIT DE LA MAIN DE DOUCHI-KHAN, FILS DE DJENGUIZ-KHAN, EN L'ANNÉE 612 (2 MAI 1215-20 AVRIL 1216). — C'est par erreur que Ibn El-Atsîr met cet événement en 616 (19 mars 1219-8 mars 1220).

Dès que Djenguiz-Khân eut appris que Kechlou-Khân s'était emparé du royaume de Kâchgar et de Belâsâqoun et que Kour-Khân était en son pouvoir, il dirigea contre lui son fils Douchî-Khân à la tête d'une armée de vingt mille hommes ou peut-être même plus nombreuse. Le but de cette expédition était d'arrêter les progrès de Kechlou-Khân et de couper en herbe la puissance funeste de ce prince.

A la même époque le sultan, de son côté, s'était mis en marche contre Kechlou-Khân à la tête de soixante mille hommes;

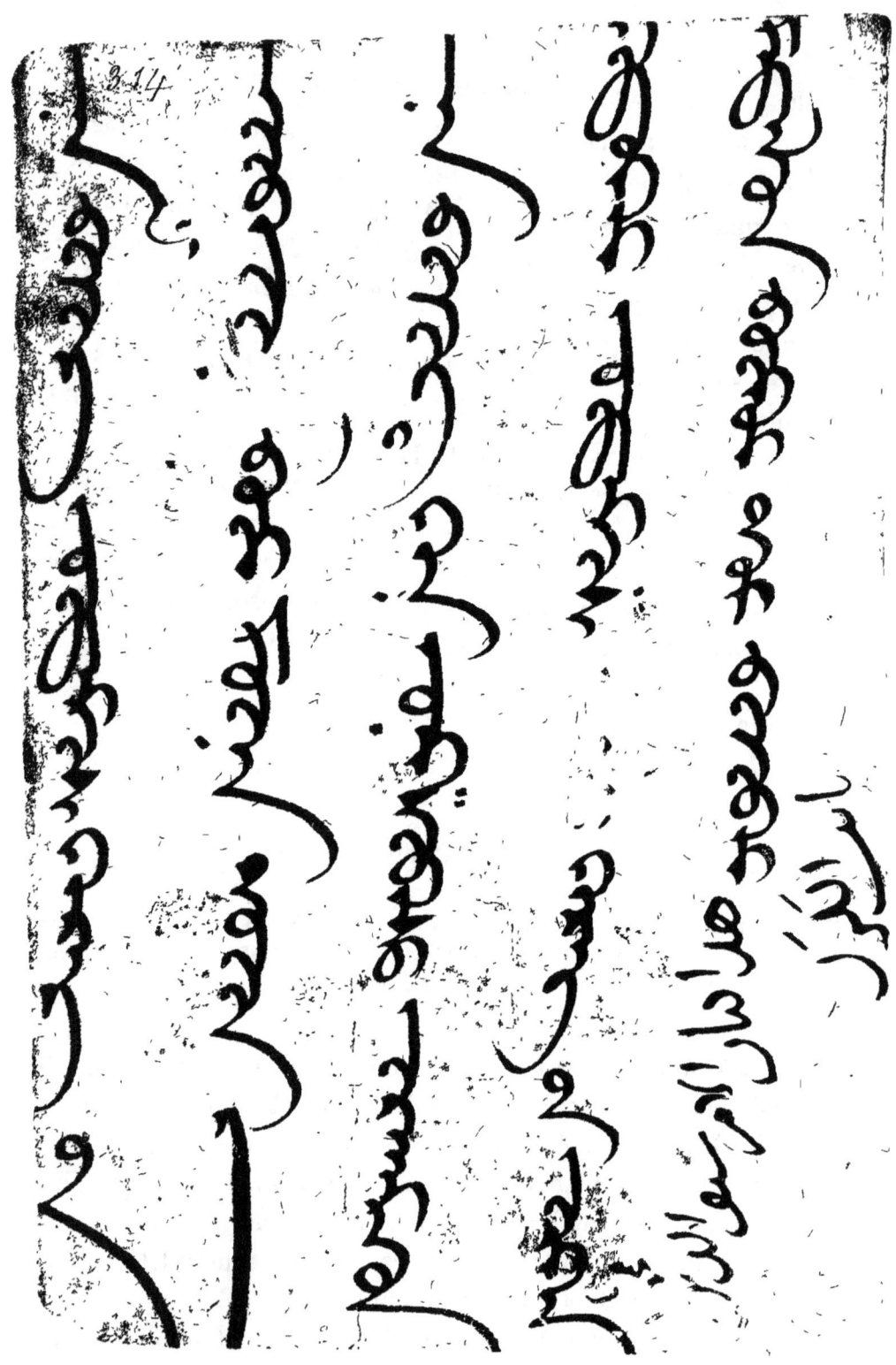

FAC-SIMILÉ DE LA PAGE 314 DU MANUSCRIT ARABE N° 1899
DE LA BIBLIOTHEQUE NATIONALE DE PARIS

mais arrivé au fleuve Irghiz[1] il ne put en effectuer le passage parce que les eaux étaient prises par les glaces. Il s'installa donc sur les bords du fleuve attendant que la saison favorable lui permît de le traverser. Aussitôt que le passage devint possible, il l'effectua et, marchant en toute diligence, il se mit à la recherche des traces de Kechlou-Khân. Pendant qu'il exécutait ces mouvements, un de ses détachements d'éclaireurs vint lui annoncer qu'un corps de cavalerie se dirigeait de son côté. Bientôt on reconnut que c'était Douchî-Khan qui avait atteint Kechlou-Khân, l'avait arraché du pouvoir et rapportait sa tête. Il avait attaqué ce prince et avait fait un grand carnage des Khithaïens qui l'accompagnaient et dont les corps après avoir servi d'aliments aux glaives tranchants étaient maintenant la proie d'ignobles vautours. Le butin qu'il avait avec lui était si considérable que sa masse assombrissait la couleur déjà noire du sol. Durant le combat, les plus braves avaient déployé toute leur ardeur et les simples cavaliers avaient fait preuve de la plus grande fermeté.

Douchî-Khân dépêcha au sultan quelqu'un pour lui dire qu'il baisait la terre devant lui et lui mander que s'il avait franchi les limites de son territoire, ce n'était pas dans un mauvais dessein, mais uniquement pour servir les intérêts du sultan. Il avait voulu, ajoutait-il, anéantir celui qu'une ambition de mauvais aloi et des desseins astucieux avaient entraîné vers les confins de son empire et éviter au sultan les frais d'une guerre et l'obligation de se trouver dans une situation embarrassée vis-à-vis de Kechlou-Khân. En conséquence, il avait attaqué ce rebelle et les ennemis du sultan qui s'étaient groupés autour de lui ; il les avait taillés en pièces jusqu'au dernier, emmenant en captivité leurs femmes et leurs enfants. Quant au butin qu'il traînait avec lui, il le

---

1. Rivière à 3 degrés au nord du lac Baïkal.

(*Mankobirti.*)

tenait en entier à la disposition du sultan qui en userait comme il l'entendrait, soit en l'offrant à titre de cadeau à ceux qui avaient pris part à la lutte, soit en l'envoyant chercher par quelqu'un qui le ferait porter à son camp.

Entre autres choses mandées au sultan dans cette circonstance, Douchî-Khân disait que son père lui avait recommandé de se montrer plein d'attention à l'égard des troupes du sultan qu'il rencontrerait durant cette expédition et de bien prendre garde de ne rien faire qui pût éveiller l'idée d'un manque de respect ou contrevenir aux règles de l'étiquette.

Toutes ces cajoleries ne furent d'aucun effet et ne diminuèrent en rien la violence des sentiments qui bouillonnaient dans l'âme du sultan, parce qu'il avait avec lui deux fois plus d'hommes, pleins d'ardeur et d'impétuosité, que n'en avait Douchî-Khân. Il crut donc qu'en lançant une partie de ses escadrons, il anéantirait l'armée de son adversaire et la réduirait en cendres, que le vent de la tempête emporterait de tous côtés et disperserait du septentrion au midi. En conséquence, il fit la réponse suivante : « Si Djenguiz-Khân t'a donné l'ordre de ne point me combattre, Dieu le Très-Haut exige que j'en vienne aux mains avec toi et, si je le fais, il me promet la plus belle des récompenses. Pour moi, il n'y a aucune distinction à faire entre toi, Kour-Khân et Kechlou-Khân, car vous êtes tous associés à l'idolâtrie. Prépare-toi donc à une lutte dans laquelle les lances vont se choquer et les lames des épées se briser l'une contre l'autre. »

Douchî-Khân comprit alors que s'en était fait de lui et que tout espoir serait perdu s'il n'acceptait pas la bataille, aussi s'empressa-t-il de chercher son salut dans le combat et de tenter la fortune des armes. Dès que les deux armées furent en présence et que les deux ligues furent face à face, Douchî-Khân chargea en personne l'aile gauche du sultan, la tailla en pièces et l'obligea à fuir en désordre dans toutes les directions, si bien que sa défaite faillit entraîner celle de l'armée entière du sultan. Mais un mouvement offensif de l'aile droite du sultan contre l'aile gauche du *maudit* rétablit l'équilibre ; le mal fut ainsi réparé, la dette acquittée, la soif de vengeance apaisée, en sorte qu'on ne put savoir qui était vainqueur ou vaincu, voleur ou volé. Les deux armées se séparèrent ce jour-là en se promettant de reprendre les hostilités le lendemain matin. La nuit venue, les infidèles allumèrent de grands feux pour faire croire qu'ils demeureraient sur place et qu'ils étaient résolus de combattre le lendemain, mais, profitant des ténèbres de la nuit, ils pressèrent vivement les flancs de leurs chevaux et dans cette même nuit ils franchirent la valeur de deux journées de marche.

La terreur que ces infidèles avaient imprimée dans le cœur du sultan et l'estime qu'il faisait de leur valeur étaient telles que si l'on parlait d'eux devant lui il disait qu'il n'avait jamais vu d'hommes aussi audacieux et aussi solides au milieu des angoisses de la guerre, ni aussi expérimentés dans l'art de porter des coups d'estoc et de taille.

Lors de son retour à Samarqand, le sultan distribua des pelisses d'honneur aux émirs qui l'avaient accompagné et leur assigna de nouveaux fiefs et de nouveaux honneurs ; il donna à Boudjî Bahlaouân le surnom de Qotlogh-Khân, et à Aghil Hâdjeb, celui d'Aïnandj-Khân ; enfin, il récompensa généreusement chacun des siens pour la bravoure et la fermeté qu'il avait déployées.

Puisque, pour expliquer les premiers progrès des Tatars, nous venons d'exposer une partie de l'histoire du sultan Mohammed, nous allons maintenant en donner la suite et en poursuivre le récit jusqu'au moment où le destin inexorable s'appesantit sur lui et où sonna son heure dernière. Ensuite, nous reprendrons notre sujet qui est l'histoire de Djelâl ed-Dîn et le mènerons à bonne fin, s'il plaît à Dieu.

CHAPITRE V

DES MOTIFS QUI ENGAGÈRENT LE SULTAN A SE RENDRE DANS L'IRAQ EN L'ANNÉE 614 (10 AVRIL 1217-30 MARS 1218)

Arrivé à un rang glorieux et à un pouvoir considérable, le sultan voyait le monde lui apparaître sous ses plus beaux atours, le soleil de sa dynastie se lever majestueux et brillant d'un vif éclat et les contrôles de son armée se grossir d'un chiffre de près de quatre cent mille cavaliers. Ce fut à ce moment qu'il se préoccupa de réclamer aux Beni Seldjouq l'autorité qu'ils détenaient ainsi que l'empire de Bagdad. A de nombreuses reprises, il expédia des ambassadeurs chargés d'exposer ses demandes, mais il ne reçut aucune réponse des Seldjouqides qui savaient combien il était occupé avec les tribus qu'il avait devant lui dans la Transoxiane et le pays des Turcs. En effet, à peine avait-il exterminé une tribu qu'il en surgissait une autre dont il ignorait même le nom. Néanmoins, durant ces événements, il ne perdait pas de vue les moyens d'amener l'heure favorable à la réalisation de son désir et à l'accomplissement de ses vœux.

Le cadi Modjir ed-Dîn 'Omar ben Sa'd El-Khârezmi, qui jouissait d'une estime particulière de la part du sultan, racontait que celui-ci l'avait envoyé à diverses reprises à Bagdad. Ma dernière mission, disait-il, avait pour objet de réclamer au divan ce que nous avons indiqué ci-dessus. Les membres du divan répondirent par un refus catégorique à cette proposition en disant : « Le conflit des dynasties, les bouleversements du sort, la conquête de Bagdad par le Kharédjite[1], la

---

1. El-Mostancer-billah. Sur ces événements cf. Ibn El-Atsîr (année 450). Dans l'édition d'Ibn Khaldoun (t. III, p. 464), Hadîtsa 'Ana est remplacé par Hadîtsa-Khân.

fuite de l'imam El-Qâïm-biamrillah (Dieu répande sur lui ses faveurs!), qui quitta Bagdad pour se réfugier à Hadîtsa-'Ana, le secours qu'il a reçu de Toghroul-Beg, fils de Mikâyil, toutes ces circonstances qui sont bien connues, rendent nécessaire l'autorité des Seldjouqides sur Bagdad. S'il n'en était pas ainsi, et qu'on fût dans des conditions normales, il ne serait pas juste qu'on imposât au khalifat le fardeau d'une autorité et il faudrait laisser le khalife prescrire ou prohiber ce qui lui plairait, que cela dût réjouir ou peiner. Nous-mêmes, chaque fois que nous avons eu besoin de vous dans des circonstances semblables — puisse, d'ailleurs, cela ne plus jamais être! — nous vous avons fait la même réponse que ces gens-là nous ont faite. Le sultan n'a-t-il donc point, avec les vastes royaumes que le Ciel lui a départis dans des contrées si éloignées et si espacées les unes des autres, de quoi satisfaire son ambition, sans aspirer encore à l'empire du Prince des Croyants et à la demeure dernière de ses ancêtres, les khalifes orthodoxes? »

A son retour, à ce que rapporte Modjîr ed-Dîn, le divan le fit accompagner par le cheikh Chihâb ed-Dîn Es-Sehrourdi (Dieu lui fasse miséricorde!). La mission de ce cheikh était de combattre les desseins du sultan par des arguments d'ordre religieux et de le faire renoncer à ses projets. De nombreuses et fréquentes correspondances furent échangées dans ce sens, mais elles n'aboutirent à aucun résultat. Un nouveau grief vint s'ajouter aux précédents; les Seldjouqides traitaient avec mépris les sujets du sultan qui se rendaient à la Mecque (Dieu très-haut la protège!) et l'on avisa même le sultan que les pèlerins du chef des Ismaéliens, Djelâl ed-Dîn El-Hasen, étaient mieux traités que les siens. Ce dernier trait produisit l'effet que ferait une piqûre sur un ulcère ou du sel sur une plaie.

Moi-même j'ai entendu le cadi Modjîr ed-Dîn raconter ceci :

Le sultan avait la meilleur opinion du cheikh Chihâb ed-Dîn, en raison de sa haute situation, de la grande influence et de la supériorité incontestable de ce personnage sur les autres cheikhs ses contemporains. Aussi se crut-il obligé de lui témoigner des égards particuliers et de l'accueillir avec des grands honneurs et des marques de déférence telles que sa réception fut bien différente de celle qu'il avait faite aux autres ambassadeurs envoyés par le divan. Quand le cheikh arriva pour l'audience, le sultan le reçut debout dans la cour du palais puis il l'invita à entrer et à prendre place dans la salle de réception. Quand tout le monde fut installé, le cheikh (Dieu lui fasse miséricorde !) prit la parole en ces termes : « C'est un devoir pour tous ceux qui parlent au nom du gouvernement victorieux[1] de faire précéder remise de leur message du récit d'un des hadits du Prophète (que Dieu répande sur lui ses bénédictions et lui accorde le salut !) afin de porter bonheur aux négociations et d'attirer sur elles les bénédictions de Dieu ! » Le sultan autorisa le cheikh à en user ainsi, puis il se mit à genoux pour écouter avec déférence le hadits du Prophète. Le hadits que le cheikh mentionna était celui dont le sens est qu'il faut se garder de nuire à la famille d'Abbâs[2] (Dieu lui témoigne sa satisfaction !). Quand le hadits fut terminé, le sultan prit à son tour la parole et dit : « Bien que je ne sois qu'un Turc, peu familier avec la langue arabe, j'ai cependant compris le sens du hadits que tu viens de réciter. Pour ma part, je n'ai fait de mal à aucun des descendants d'Abbâs et et n'ai jamais conçu de mauvais desseins à leur égard, mais on m'a rapporté qu'il s'en trouvait un très grand nombre dans les prisons du Prince des Croyants et qu'ils y étaient enfermés à perpétuité de telle sorte que leur race continuait à se procréer dans les cachots. Si donc le cheikh répétait aux oreilles

---

1. Le gouvernement du khalife.
2. Les Abbassides.

du Prince des Croyants ce même hadits, il ferait une chose plus convenable, plus utile, plus efficace et plus saine. » A cela le cheikh répondit : « Quand, au début de son règne, le khalife reçoit le serment d'obéissance, ou lui reconnaît le droit d'agir selon le Livre de Dieu, la Sonna du Prophète et aussi selon le droit d'interprétation[1] qui appartient au Prince des Croyants. Si donc le khalife estime, en vertu de ce droit, qu'il y a lieu pour le bien de la nation de tenir en prison un groupe de musulmans, cela ne saurait lui être reproché, pourvu d'ailleurs que sa conduite soit exemplaire. » Une longue discussion s'engagea alors sur ce point, mais je ne la reproduirais pas, car le silence sur de pareils sujets est préférable à tous les discours et c'est le procédé le plus sage à suivre.

Chihâb ed-Dîn repartit, laissant les relations aussi tendues qu'elles l'étaient auparavant. Très peu de temps après cela les Ismaéliens assassinèrent Aghelmich El-Atabeki, qui avait été le lieutenant du sultan dans l'Irâq[2]. Ce personnage s'étant porté à la rencontre des pèlerins qui revenaient d'accomplir leurs dévotions à la sainte maison de Dieu, des Ismaéliens déguisés en pèlerins se précipitèrent sur lui et le massacrèrent. La *khotba* ayant, à ce moment, cessé d'être faite au nom du sultan dans l'Irâq, ce prince se mit alors en marche vers cette province pour la ramener sous sa domination. C'est ce que nous allons raconter, s'il plaît à Dieu.

---

1. Les khalifes ont toujours usé du droit d'interpréter la loi musulmane sur tous les points qui n'ont point fait l'objet d'une prescription formelle du Coran. Toutefois ce privilège n'a été admis sans conteste que pour les quatre premiers khalifes, dits khalifes orthodoxes. Il convient d'ajouter cependant qu'en matière criminelle la plus grande latitude est laissée au chef du pouvoir exécutif et à ses représentants.
2. L'Irâq-Adjemi.

CHAPITRE VI

RÉCIT DU VOYAGE DU SULTAN DANS L'IRAQ ET DE CE QUI LUI ADVINT DANS CETTE PROVINCE

Aghelmich, qui occupait la double charge de prononcer le *khotba* au nom du sultan dans l'Irâq et de maintenir cette province dans l'obéissance, venait à peine d'être assassiné que les deux atabeks Ouzbek ben Mohammed, seigneur de l'Arrân et de l'Adzerbaïdjan et Sa'd ben Zengui, seigneur du Fars[1], se mirent en mouvement chacun de son côté, espérant profiter de ce que l'Irâq n'avait à cette époque personne qui la défendît pour s'en emparer et y établir leur autorité. Ils savaient d'ailleurs qu'en ce moment le sultan était bien loin dans le pays des Turcs, occupé à dompter les infidèles et leurs chefs féroces, tantôt s'enfonçant pour les poursuivre dans les vastes steppes, tantôt gravissant les plus hauts sommets.

Après avoir fait flèche de tout bois et réuni ses partisans et ses fidèles, Ouzbek se mit en marche vers l'Irâq. Il entra dans Ispahân grâce à la complicité des habitants, tandis que de son côté Sa'd se rendait à Reyy, et s'emparait de cette ville ainsi que de celles de Qazouïn, Khâr[2], Semnân[3] et de tous les territoires limitrophes ou voisins.

La nouvelle de ces événements parvint rapidement au sultan qui se trouvait alors à Samarqand. Avec cette décision qui aplanit les obstacles et rapproche les distances, il résolut d'agir immédiatement contre ses deux agresseurs et de couper court à leurs agissements. Dans ce but il fit choix d'abord parmi

---

1. Province de Perse dont le chef-lieu est Chirâz.
2. Localité près de Reyy.
3. Ville entre Reyy et Dameghân.

ses hommes les plus vaillants et ses guerriers les plus agiles d'un corps d'environ cent mille cavaliers. Puis ayant établi le gros de son armée avec ses principaux émirs et les gens de renom de son haut entourage dans le pays de la Transoxiane et sur les frontières du pays des Turcs, il se rendit à Qoumis[1]. Arrivé là, il fit un second triage parmi ceux qui l'accompagnaient et, ne gardant avec lui que douze mille cavaliers légers et rapides, il partit en toute hâte, devançant dans sa course le souffle des vents et gagnant matin et soir sur les heures de repos. Aussi, avant même qu'on eût connaissance de son départ, arriva-t-il à Djebel-Bourzouk, un des nouveaux cantons de Reyy. Saʻd, qui se trouvait campé en cet endroit, se demandait en apercevant ces cavaliers s'ils marchaient ou s'ils volaient et quand il vit leurs premiers escadrons arriver sur lui il s'imagina que c'étaient des troupes appartenant aux Ouzbeks qui lui disputaient la conquête de l'Irâq. Il monta donc aussitôt à cheval et à la tête de son armée il engagea l'action tenant tête aux attaques de l'ennemi et faisant à son tour et à plusieurs reprises successives de vigoureuses charges.

Témoin de cette vaillance et voyant ces efforts, le sultan donna l'ordre de déployer son parasol qui, jusque-là, était resté fermé. A peine cet ordre était-il exécuté que les compagnons de l'atabek, certains d'avoir affaire au sultan, tournèrent les talons et prirent la fuite. C'est ainsi que l'ordre de Dieu s'accomplit inexorablement. Saʻd descendit de cheval et se prosterna à terre. Un cavalier, parvenu jusqu'à lui, l'ayant saisi, le garrotta et le conduisit en présence du sultan. Celui-ci ordonna de veiller sur le prisonnier en attendant qu'il prît une décision à son égard. Saʻd resta donc enchaîné et porté sur une mule de charge jusqu'à ce que le sultan ar-

---

1. Vaste canton au pied des montagnes du Thabaristân dont le chef-lieu est Dameghân entre Reyy et Nisâbour.

riva à Hamadzan[1], où il s'occupa d'en finir avec Ouzbek, ainsi que nous le raconterons bientôt, s'il plaît à Dieu.

L'atabek Sa'd, le prince Noçret ed-Dîn Mohammed ben Pichteguin et le premier ministre d'Ouzbek, Rebîb ed-Dîn Abou 'l-Qâsem ben Ali, qui avait été fait prisonnier lors de la fuite d'Ouzbek, comme il sera dit plus loin, étaient amenés chaque jour à l'hippodrome de Hamadzân où, par humiliation, on les faisait tenir debout pendant que le sultan jouait au mail. Cela dura jusqu'au jour où le sultan ordonna de leur enlever leurs chaînes et leur accorda la liberté, ainsi que nous le dirons, s'il plaît à Dieu.

CHAPITRE VII

LA SITUATION DE L'ATABEK OUZBEK ET SA SORTIE D'ISPAHAN. IL RÉUSSIT A ÉCHAPPER AUX LIENS DE LA CAPTIVITÉ APRÈS AVOIR ÉTÉ SUR LE POINT D'ÊTRE PRIS.

Le vizir Rebîb ed-Dîn, dont il vient d'être question, était un des personnages importants de son époque, un des hommes qui avaient longtemps dirigé les affaires dans diverses fonctions du divan qu'il avait exercées. Quand le prince Djelâl ed-Dîn fut devenu maître de l'Adzerbaïdjân et de l'Arrân, après avoir enlevé ces deux provinces au seigneur du pays, Rebîb ed-Dîn préféra vivre dans la retraite; il établit une *medresseh*[2] dans sa maison et s'y installa pour se livrer à la dévotion, s'adonner à tous les exercices de piété, dans le but d'atteindre la suprême félicité et d'acquérir de nouveaux titres à la béatification.

---

1. Grande ville de la province du Djebal en Perse.
2. Sorte d'université ou de collège.

Ce Rebîb ed-Dîn m'a raconté les faits suivants : « Lorsque Ouzbek, qui se trouvait à Ispahân, connut le sort de Sa'd et sa captivité, il ne sut s'il devait rester ou fuir et fut saisi d'angoisses et d'effroi. La terre, dans son immensité, lui sembla trop étroite et il n'eut plus d'autre souci que de retourner dans sa capitale et d'échapper au danger imminent qui le menaçait. Il monta donc à cheval et fit route jusqu'à ce qu'il arriva dans le voisinage de Hamadzân, pensant que le sultan était campé à Reyy, ou qu'il avait pris la direction d'Ispahân. Il n'était plus qu'à un jour de marche d'Hamadzân lorsqu'on lui apprit que le sultan était dans cette ville, qu'il était en quête de ses nouvelles et que, dans ce but, il avait envoyé des espions de tous côtés et lancé des éclaireurs dans toutes les directions et par tous pays. Cette nouvelle le découragea et lui coupa bras et jambes. Tous ses plans se trouvaient renversés et il découvrait que son mauvais destin faisait tourner ses combinaisons à l'encontre de ce qu'il avait espéré. Dans cette occurrence il fut si troublé qu'il ne savait plus quel parti prendre, marcher de l'avant ou revenir sut ses pas. Il consulta alors ses compagnons sur sa situation critique et leur demanda de l'éclairer de leurs conseils dans cette conjoncture. Les uns l'engagèrent à retourner à Ispahân, mais d'autres pensèrent qu'il valait mieux fuir en toute hâte vers l'Adzerbaïdjân en léger équipage et laisser en arrière les gros bagages qui serviraient de point de mire aux pillards et tenteraient la cupidité des soldats avides. « Quant à moi, me dit Rebîb ed-Dîn, je ne fus point de l'avis des autres et j'engageai Ouzbek à s'enfermer dans la citadelle de Qazouîn, située près de là, qui est une des principales forteresses de la terre et une des plus renommées pour sa solidité. C'est d'elle que le poète a dit :

« L'aigle altier vole le long de ses flancs et c'est sur ses bords que le vautour fait son gîte.

p. 17 « Il est bien peu de pics, de montagnes ou de hautes cimes qui puissent lui être comparés, et, d'ailleurs, elle appartenait à Ouzbek en ce moment-là. « En quoi, répondit Ouzbek, pour-« rais-je nuire au sultan en me retranchant dans cette forte-« resse ? Il n'aurait qu'à donner l'ordre à un de ses émirs de « l'Irâq de venir m'y assiéger et de me tenir étroitement bloqué « pour en arriver à ses fins. » En somme, le résultat le plus clair de cette discussion fut qu'Ouzbek expédia ses bagages, son trésor et la majeure partie de son armée avec le prince Noçret ed-Dîn Mohammed ben Pichteguin dans la direction de Tebriz[1]. Tout en cherchant son salut dans cette ville, Noçret ed-dîn détournerait ainsi l'attention de ceux qui poursuivaient Ouzbek. Ce dernier choisit parmi les fidèles Turcs qui l'accompagnaient deux cents cavaliers avec lesquels il prit la direction de l'Adzerbaïdjân, passant par des chemins escarpés dans des montagnes difficiles et ayant soin de ne point donner l'éveil sur son passage et même d'en effacer toutes les traces.

Quant au vizir Rebîb ed-Dîn, il expédia au sultan un message dans lequel il s'excusait de la faute qu'il avait commise et se lavait des souillures de sa rébellion qu'il croyait, disait-il, ne pouvoir expliquer de sa part que par les suggestions de de Satan.

L'émir Dokdjek le silahdâr[2], l'attributaire du fief de Kabouddjâmeh[3], qui fait partie de la province de Mâzenderân, surprit de nuit dans une embuscade les bagages et les hommes de Noçret ed-Dîn ; il fondit sur eux, en tailla en pièces une partie, dispersa les autres par bandes dans toutes les directions et poursuivit les fuyards jusqu'à Neinândj[4], un des can-

1. Ou Tauris.
2. Porte-glaive. Titre donné à un des officiers de la cour des princes de Perse.
3. Ville de la province de Djordjân, selon Yaqout. Le Djordjân était situé entre le Khorasân et le Thabaristân appelé aussi Mâzenderân.
4. Peut-être Mianeh ou Mianedj.

CHAPITRE SEPTIÈME

tons de l'Adzerbaïdjân sur les bords du fleuve El-Abiadh[1]. Le prince Noçret ed-Dîn fut fait prisonnier et la majeure partie de ses compagnons alla le rejoindre dans les liens de la captivité. Puissants et humbles furent pris pêle-mêle, mais les puissants devinrent humbles désormais. Quant aux trésors, aux bagages, aux étendards et à l'orchestre royal, ils furent englobés dans le butin et partagés entre ceux qui les avaient pris.

Rencontré en chemin, au moment où la discipline était relâchée et où honneurs et biens étaient abandonnés à la merci du premier venu, le vizir Rebîb ed-Dîn fut emmené prisonnier au camp du sultan. Celui-ci ne crut nullement à la sincérité du message du vizir; il supposa qu'il l'avait fabriqué lors de la débâcle des événements afin, par ce stratagème, d'assurer au besoin son salut si tout autre moyen venait à manquer.

Que l'observateur veuille bien considérer ici l'habileté de la manœuvre du sultan. Partant des montagnes de la Transoxiane, il vient en Irâq, y défait deux princes et non seulement il obtient d'eux ce qu'il désirait, mais même plus qu'il n'espérait tout, en tirant d'eux une éclatante vengeance.

Le prince Noçret ed-Dîn Mohammed demeura en captivité. Chaque jour on le conduisait à l'hippodrome où il subissait la même humiliation que ses compagnons, l'atabek Sa'd et le vizir Rebîb ed-Dîn et cette situation dura jusqu'au retour de Noçaïr ed-Dîn Dauletyâr qui était préposé à la garde du sceau du sultan. Cette fonction très honorée était regardée dans la dynastie des Khârezmchâh comme inférieure à celle de chancelier, mais les Seldjouqides la plaçaient bien au-dessus.

---

1. Le Sefîd Roud qui se jette dans la mer Caspienne près de Recht; il porte le nom de fleuve Blanc dans sa partie inférieure, mais il s'agit ici probablement de son affluent principal le Kizil Ouzen qui arrose en effet une partie de l'Adzerbaïdjân.

Le sultan avait député Noçaïr ed-Dîn auprès de l'atabek Ouzbek peu après que ce dernier eut réussi à échapper à la poursuite dont il était l'objet. Le but de cette démarche était d'enjoindre à l'atabek de faire désormais la *khotba* et de frapper sa monnaie au nom du sultan dans toutes les parties de sa principauté et en outre de faire apporter chaque année au trésor royal un tribut déterminé. Ouzbek s'empressa de déférer à l'injonction du sultan et d'accepter ces conditions. La *khotba* fut donc faite au nom du sultan dans toutes les chaires de l'Arrân et de l'Adzerbaïdjân et jusqu'aux confins de Derbend-Chirawân. De grandes réjouissances auxquelles assista Noçaïr ed-Dîn eurent lieu pour la circonstance et on fit des largesses au peuple. Puis l'atabek expédia en cadeau de l'argent et des objets rares au sultan pour qu'il protégeât ses États et qu'il en fermât les accès à quiconque voudrait l'inquiéter. Il livra aussi, comme gage de soumission, la citadelle de Qazouîn, mais il s'excusa de ne pouvoir payer le tribut fixé, parce que les Géorgiens dédaignant sa puissance empiétaient sur les limites de ses États. Si, disait-il, telle est la situation maintenant que je suis en possession de tous les revenus de mon pays, qu'arrivera-t-il s'il me faut les partager, en donner une partie comme redevance et avoir en outre à supporter les frais considérables qu'entraîne la livraison de de ce tribut[1].

Le sultan admit la sincérité de ces explications; il lui fit grâce du tribut et envoya un messager aux Géorgiens pour les menacer s'ils ne mettaient un terme à leurs attaques, ajoutant que les États d'Ouzbek faisaient désormais partie de son propre empire. Le nom du sultan fut dès lors proclamé dans toutes les chaires et il orna les monnaies de ses élégantes

---

1. Outre les dépenses qu'entraînait la formation de la caravane qui devait porter les fonds, il y avait encore des frais d'escorte à payer et des présents à offrir aux principaux personnages de la cour.

arabesques. Sans son départ précipité de l'Irâq, pour des causes que nous indiquerons plus loin, Ouzbek eût certainement réussi à réaliser son but qui était d'obliger les Géorgiens à faire la *khotba* au nom du sultan, ce dernier ayant déjà ordonné la formation d'un corps de cinquante mille cavaliers de ses meilleurs soldats pour faire une expédition en Géorgie. A son retour, l'ambassadeur du sultan revint accompagné d'un envoyé des Géorgiens chargé de porter des présents provenant de leurs pays, mais les deux ambassadeurs ne rejoignirent le sultan qu'après qu'il eut franchi le Djihoun (Amou-Daria).

CHAPITRE VIII

RÉCIT DE CE QU'IL ADVINT DE NOÇRET ED-DIN MOHAMMED BEN PICHTEGUIN APRÈS SA CAPTIVITÉ

Chaque jour Noçret ed-Dîn Mohammed était conduit à l'hippodrome où on le faisait tenir debout pendant que le sultan faisait sa partie de mail. Une fois, en regardant le prisonnier, le sultan s'aperçut qu'il avait à chacune des oreilles un énorme anneau creux de la grandeur d'un bracelet ; il lui demanda ce que signifiait cet ornement et Noçret ed-Dîn répondit : « Le sultan Alp Arslân ben Daoud, après une expédition contre les Géorgiens, expédition dans laquelle Dieu lui avait accordé l'avantage, avait fait conduire les émirs, que l'on malmenait d'ailleurs outrageusement, jusqu'à l'endroit où ils devaient subir leur captivité ; plus tard il leur fit grâce et leur accorda la liberté, mais en donnant l'ordre de passer aux oreilles de chacun d'eux un anneau sur lequel était gravé le nom du sultan, ce qui fut fait. Longtemps après, quand les fondements de cette dynastie eurent disparu, tout le monde usa de cet ornement en signe de vassalité, à l'exception de mon grand-père qui, s'étant converti à l'islamisme, délivra son pays et ses descendants de cet assujétissement, faveur qui fut due à la fois aux bienfaits de l'islam et à ceux de la magnanimité de mon grand-père. »

Le sultan fut ému par ce récit ; il voulut, lui aussi, emmagasiner pour l'avenir un pareil trait à son actif et prendre sa part de la gloire de ceux qui s'étaient transmis de père en fils cet honorable fardeau. Il fit donc donner sur-le-champ une pelisse d'honneur officielle à Noçret ed-Dîn, puis, le faisant ensuite ramener à l'hippodrome, il joua avec lui une partie de mail. Au moment de quitter l'Irâq, il le gratifia d'une seconde pelisse princière qui était de toutes les pelisses la plus recherchée et la plus élégante. En outre, par un décret contresigné de lui, il assura au prince Noçret ed-Dîn la possession des pays qu'il avait hérités de père en fils, entre autres celle des deux villes de Ahr[1] et de Werawi[2] avec leurs citadelles et leurs territoires, puis lui ayant demandé quelle était la ville la plus rapprochée de ses États dont Ouzbek s'était emparé et le prince ayant répondu que c'était Serâh[3], il ordonna d'ajouter sur le décret le nom de cette localité à la liste des anciens cantons possédés par le prince ; enfin les deux anneaux d'oreille furent modifiés et on y inscrivit le nom du sultan.

Noçret ed-Dîn s'en retourna donc comblé de richesses et heureux d'être délivré des humiliations de la captivité. Mais comme la ville de Serâh et ses dépendances, dont il était fait mention dans le décret, étaient déjà au pouvoir d'Ouzbek,

---

1. Ahr était situé dans l'Adzerbaïdjân, entre Ardebil et Tebriz.
2. Werawi était à deux journées de marche de Ahr.
3. Serâh, ou mieux Seraw, était à trois journées de marche d'Ardebil dans la direction de Tebriz.

celui-ci ne jugea pas à propos de montrer ce document; il le serra sans rien dire dans son trésor et l'y laissa sans l'ouvrir jusqu'au jour où Djelâl ed-Dîn enleva Tebriz des mains d'Ouzbek et prit possession de cette ville. A ce moment Noçret ed-Dîn se présenta au palais de Djelâl ed-Dîn et, sans se faire précéder d'aucun message, ni d'aucune offre de serment d'allégeance, il exhiba son décret. Aussitôt qu'il eut pris connaissance de cet auguste document, Djelâl ed-Dîn donna l'ordre d'en remettre les dispositions en vigueur et d'assurer l'exécution de son contenu.

Dès ce moment Djelâl ed-Dîn témoigna à Noçret ed-Dîn une amitié et une bienveillance spéciales; il eut pour lui des sentiments affectueux et une généreuse sympathie qu'il n'avait point pour ses autres vassaux. Tous ces avantages, Noçret ed-Dîn les dut en somme à sa captivité. Le Coran l'a dit : « Il se peut que vous ayez de la répugnance pour une chose et que Dieu en fasse sortir pour vous un bien considérable[1]. »

CHAPITRE IX

FIN DE L'HISTOIRE DE L'ATABEK SA'D BEN ZENGUI, SEIGNEUR DU FARS

Lorsque l'atabek Sa'd eut été fait prisonnier, son fils Noçret ed-Dîn Abou Bekr le remplaça dans ses fonctions. Ce dernier sut se concilier l'affection des émirs par son habileté, sa bienveillance, ses largesses et les séductions de son langage, aussi tous se soumirent-ils à son autorité; la masse de

---

1. *Coran*, sourate II, verset 213.

(*Mankobirti.*)

la population fut également unanime à suivre son nouveau chef. Mais, jugeant qu'il viendrait difficilement à bout de la conquête de la province du Fars, car à ce moment son projet contre Bagdad était son principal souci, le sultan accorda la liberté à Sa'd après s'être fait remettre les deux citadelles d'Istakhar[1] et d'Askanâbâd[2]. Ces citadelles construites sur des montagnes escarpées, et que des proverbes connus indiquent comme inexpugnables, furent annexées aux possessions de El-Maubed, le chambellan. Le sultan maria ensuite l'atabek Sa'd; il lui fit épouser une femme appartenant à la famille de sa mère Tourkân-Khâtoun[3] et lui imposa pour condition d'apporter, chaque année, le tiers des impôts de son pays au trésor royal.

L'atabek partit après avoir reçu une pelisse d'honneur et avoir été comblé de distinctions. Arrivé devant la capitale de son royaume, qui était la ville de Chirâz, il se vit interdire l'entrée de cette ville par son fils Abou Bekr qui refusa de lui remettre le pouvoir. Celui-ci s'imaginait qu'il l'emporterait sur son père et il croyait réussir en tenant ferme dans sa résistance quand, dans un moment d'inattention, Hosâm ed-Dîn Takach Bàch, le chef des esclaves de l'atabek et le premier des seigneurs de son gouvernement, ouvrit la porte de la ville. Abou Bekr fut tout saisi en voyant entrer son père. Celui-ci, qui tenait un sabre nu à la main, en porta un coup au visage de son fils et lui fit une blessure, mais aussitôt les partisans des deux princes s'interposèrent entre eux et les sé- parèrent. L'atabek donna ensuite l'ordre de se saisir de son fils. On l'arrêta et on le mit en prison pendant un certain temps après lequel son père lui fit grâce et lui pardonna.

Hosâm ed-Dîn fut tenu en haute estime par Sa'd qui lui

---

1. Istakhar, ville du Fars, était bâtie près des ruines de Persépolis.
2. Je ne suis pas sûr de la lecture de ce nom.
3. Elle était la fille d'un des grands de la tribu des Qanqli.

fit gravir tous les degrés de la hiérarchie et lui assura une situation princière. Mais aussitôt que Sa'd fut mort et que son fils Abou Bekr lui eut succédé, Hosâm ed-Dîn, prévoyant l'apparition soudaine du péril et du malheur, enfourcha le dos d'un cheval et, à la faveur des ténèbres de la nuit, il s'enfuit, abandonnant son argent et ses bagages pour le transport desquels les animaux de charge n'auraient pas suffi. Accablé d'ans, il alla se réfugier auprès de Djelâl ed-Dîn ne possédant rien autre chose que sa personne comme un homme qui ressusciterait et sortirait de sa tombe. Djelâl ed-Dîn lui donna le gouvernement de Khelkhâl[1] et de ses dépendances lorsqu'il se fut emparé de ce canton dont il dépouilla Maliân El-Atabeki, ainsi que nous le raconterons. Hosâm ed-Dîn demeura dans cette ville jusqu'au jour où il fut tué, postérieurement à l'invasion des Tatars, en l'an 618 (25 février 1221-15 février 1222).

CHAPITRE X

LE SULTAN MOHAMMED SE MET EN MARCHE SUR BAGDAD ; IL REVIENT SUR SES PAS

Après avoir terminé la conquête de la province de l'Irâq et avoir chassé de ce pays ceux qui lui en disputaient la possession, le sultan entreprit de marcher sur Bagdad. Il expédia en avant une armée si nombreuse qu'elle obstruait les steppes et que les déserts, malgré leur immensité, étaient impuissants à la contenir, puis il se mit en route et arriva à la passe de Sedâbâd. Avant de partir et tandis qu'il était encore à Ha-

1. Ville de l'Adzerbaïdjan, à sept jours de Qazouîn et à deux jours d'Ardebil.

madzân, il avait déjà procédé au partage du territoire de Bagdad en fiefs et en provinces dont les titulaires avaient été désignés par des décrets contresignés à l'avance.

On était à la passe de Sedâbâd quand la neige se mit à tomber s'amoncelant dans les bas-fonds et sur les hauteurs et recouvrant tentes et pavillons. Durant trois jours et trois nuits elle ne discontinua pas et l'on se trouva dans la situation décrite par Ech-Châchi El-Qaffâl dans le distique suivant :

Les nuées du ciel semaient des flocons d'argent ; les montagnes revêtaient leur manteau de grêlons,

Et le vent froid soufflait pareil aux soupirs poussés par un homme qui est épris des belles et qui tombe en déconfiture[1].

L'épreuve fut douloureuse et le mal sans remède. Malgré sa blancheur la terre paraissait noire à cause des cadavres des milliers d'hommes qui succombèrent. Pas un seul chameau n'échappa à ce désastre et, parmi les hommes, les uns perdirent les mains, d'autres les pieds.

Complètement déçu dans les projets qu'il avait formés et désespérant d'atteindre à son but, le sultan renonça à son expédition et revint sur ses pas. Il renvoya l'ambassadeur Chihâb ed-Dîn Es-Seherourdi qui avait prié Dieu d'intervenir pour lui infliger un avertissement et l'empêcher de commettre une iniquité. Il éprouva de vifs remords d'avoir tenté ce crime de lèse-majesté et d'avoir manqué aux obligations et aux égards que doit observer quiconque a la foi orthodoxe, l'esprit droit et la conviction arrêtée que Dieu a créé un paradis et un enfer. Il vit bien que la famille à laquelle il s'était attaqué était celle que Dieu protège à l'aide des anges qui sont au ciel et qu'elle possède une vertu secrète assurant son maintien et sa durée. Quiconque lui est rebelle sera en perte dans ce monde et dans l'autre, et là la perte sera évidente.

---

1. Cette expression empruntée à la langue du droit musulman pourrait encore se traduire par « qui est incapable de faire honneur à ses engagements ».

CHAPITRE XI

LE SULTAN, AVANT SON DÉPART POUR L'IRAQ, INSTITUE CERTAINES CHOSES QUE COMPORTENT L'AUTORITÉ ET L'ÉTIQUETTE

Parmi ces institutions il faut citer la *nouba de Dzou 'l-Qarneïn*[1]. Dans les premières années du règne du sultan on lui donnait, à l'instar de ce qui se faisait chez les autres sultans, cinq aubades chaque jour aux heures des cinq prières canoniques. Mais quand son rang se fut élevé et que sa puissance eut grandi, il prescrivit, au moment de partir pour l'Irâq, de faire ces cinq aubades à ses fils qui étaient sultans et ces aubades devaient être jouées, dans les différentes contrées qu'il désigna, à la porte des palais royaux qui s'y trouvaient. On verra plus loin, en son lieu et place, le détail de ces prescriptions avec le nom de chacun de ceux qu'il avait désignés.

Quant au sultan lui-même il choisit pour lui l'aubade de Dzou 'l-Qarneïn. Cette aubade se donnait au moment du lever et du coucher du soleil; elle était exécutée au moyen de vingt-sept tambours en or dont les baguettes étaient incrustées de perles et tout le matériel dont on se servait pour l'aubade était également d'or incrusté de perles. Afin de donner de l'éclat à la chose, le sultan ordonna que la première aubade fût exécutée par vingt-sept grands princes ou fils de roi parmi lesquels figuraient le fils de Toghroul ben Arslân le Seldjouqide, le fils de Ghiâts ed-Dîn, seigneur du Ghour, de Ghazna et de l'Inde, le prince Alâ ed-Dîn, seigneur de Bamiân, le prince Tâdj ed-Dîn, seigneur de Balkh, et son

---

1. C'est-à-dire « l'aubade d'Alexandre le Grand ».

fils El-Melik El-Aadham, seigneur de Termizd, le prince Sindjar, seigneur de Bokhârâ, et d'autres personnages de même rang. Enfin, comme il lui était impossible d'arriver au chiffre de vingt-sept princes, il compléta le personnel de l'aubade en y faisant entrer son neveu Arbaz-Khan et le vizir du gouvernement, Nidhzâm el-Molk Nâçir ed-Dîn Mohammed ben Çâlih. Tels furent les personnages qui jouèrent du tambour le jour de l'inauguration de l'aubade.

p. ٢٢

Voici une autre mesure que prit le sultan. Lorsqu'il eut décidé de se mettre en route pour l'Irâq, il voulut purger la Transoxiane de la présence de ces gens qui donnent à leur scepticisme l'apparence de la foi et qui cachent leur feu sous la cendre. Il enjoignit au prince Tâdj ed-Dîn Belkâ-Khân, seigneur d'Otrâr[1], de se rendre dans la ville de Nesâ[2] et d'y demeurer. Belkâ-Khân était le premier des Khithaïens qui s'étaient ralliés au sultan; c'était un homme d'une beauté si éclatante qu'elle aurait fait de la nuit noire le jour et qu'elle aurait effacé les ténèbres par son éclat et son rayonnement. Aussitôt que le sultan eut enlevé la Transoxiane aux Khithaïens, Belkâ-Khân se hâta de venir de son plein gré lui offrir ses services, car il avait, pour rechercher cette alliance, une de ces recommandations qu'on ne saurait méconnaître quand on a le culte de l'humanité et qu'on est fidèle aux lois de l'honneur et du désintéressement. En effet lorsque Chihâb ed-Dîn se dirigea vers le Khârezm après la mort du sultan Takach, dont les troupes étaient débandées et les approvisionnements épuisés, et alors que le sultan Mohammed n'avait pu encore consolider son pouvoir et qu'il n'était pas en mesure de repousser cette invasion, Tâdj ed-Dîn en per-

---

1. Les ruines de la ville d'Otrar se trouvent sur les bords du Syr-Daria près de l'endroit où il reçoit l'Arys, et à peu de distance de la ville de Turkestân.

2. Cette ville du Khorasân, patrie de l'auteur de la Vie de Mankobirti, est à deux journées de Sarakhs et à une journée d'Abiwerd.

sonne et son neveu, le sultan des sultans, Otsmân, seigneur de Samarqand, mirent sur pied leurs deux armées et, aidés d'un corps de Khithaïens, ils défirent Chihâb ed-Dîn El-Ghourî à Andkhoudz[1], ainsi que le raconte Ibn El-Atsîr dans son livre intitulé : *El-Kâmil*[2]. Dans cette bataille Chihâb ed-Dîn avait perdu un grand nombre des vaillants amis qui l'accompagnaient et ses plus fidèles soldats.

Belkâ-Khân devait croire que ses services passés lui vaudraient toujours, de la part du sultan, dès que celui-ci serait installé au pouvoir, un accueil bienveillant, de nouveaux honneurs et une haute considération. En effet, il fut reçu avec beaucoup d'égards lorsqu'il se présenta devant le sultan qui le traita généreusement en lui rappelant les services précédents qu'il en avait reçus. Mais aussitôt que son voyage dans l'Irâq fut décidé, le sultan jugea qu'il ne devait pas laisser Belkâ-Khân dans la Transoxiane et, en conséquence, il lui ordonna de se rendre à Nesâ et d'y demeurer. Il avait songé à l'envoyer à Nesâ plutôt que dans tout autre pays, parce que cette localité est excessivement malsaine à cause de son climat très chaud. Les maladies y sont si nombreuses que chacun ne cesse de s'en plaindre, et l'on y voit constamment femmes ou mères pleurant la perte d'un des leurs ; les Turcs n'y peuvent vivre que fort peu de temps et dans un état de santé fort précaire.

Belkâ-Khân demeura plus d'un an à Nesâ. Il supportait patiemment les vicissitudes de la fortune et déjouait les dures attaques de la malignité du sort. De jour en jour, son tempérament généreux allait croissant, et sa munificence multipliait les largesses, si bien que personne ne venait lui présenter ses hommages sans être sur-le-champ comblé de

---

1. Ou Andekhouy, suivant Ibn El-Atsîr. Andekhoudz est sur les bords du Nari, affluent du Mourghab à l'ouest de Balkh.
2. Cf. Ibn El-Atsîr (année 600).

cadeaux. Contrairement à ce qui avait lieu d'ordinaire, sa santé n'eut point à souffrir ni de l'eau ni du climat de Nesâ ; sa beauté même y gagna en éclat. Enfin ses courtisans, ainsi que le peuple, s'éprirent d'une si vive affection pour lui que leurs cœurs débordèrent de dévouement et de sympathie.

En apprenant tout cela, le sultan comprit qu'il n'arriverait promptement à réaliser les desseins qu'il avait sur ce personnage qu'en brisant les barrières de la bonne foi et en revêtant la cuirasse de l'ignominie. En conséquence, il lui expédia quelqu'un qui abattit la cime de ce tronc, ce qui fit verser à tous les yeux des larmes de sang.

Une des personnes, qui assistèrent à ce triste et odieux événement, m'en a fait le récit en ces termes : « Nous étions assis auprès de Dhahîr ed-Dîn Mas'oud ben El-Monawwar Ech-Châchi, vizir du sultan à Nesâ, quand quelqu'un vint nous annoncer que Djihân Bahlawân arrivait accompagné d'une faible escorte. Ce Djihân était un ancien porte-aiguière qui s'était élevé de la condition infime des gens de son emploi au rang de prince ; il commandait un corps de dix mille cavaliers et était spécialement chargé d'exécuter les hautes œuvres par décapitation ou par strangulation. En apprenant la nouvelle de son arrivée, le vizir fut tout décontenancé et fort effrayé. Il s'imagina que l'événement était dirigé contre lui et il ne lui resta d'autre signe de vie qu'un léger souffle qui persistait à grand'peine. Bientôt on vint lui annoncer que Djihân était descendu au palais du sultan et qu'il le faisait mander, lui Dhahîr et les notables. Dhahîr monta à cheval pour se rendre au palais, mais ses doigts étaient si affaiblis qu'il pouvait à peine tenir en mains les rênes de sa monture. Dès qu'il fut arrivé en présence de Djihân, celui-ci lui remit à lire un décret. Cette lecture terminée, le vizir respira et revint aussitôt à la vie. On manda alors le prince Tâdj ed-Dîn Belkâ-Khân sous prétexte d'une affaire importante envoyée de la cour du sultan et pour laquelle la présence du prince était nécessaire. Dès que Belkâ-Khân fut arrivé, on l'introduisit dans un des celliers du palais et quelques instants après un Zend en sortit, tenant à la main la tête du prince. Djihân Bahlawân déposa cette tête dans une musette et se mit aussitôt en route pour s'en retourner. Fi ! de ce monde perfide où l'on n'ose faire l'oraison funèbre d'un homme traîtreusement assassiné, ou simplement prononcer son nom ! Malheur aux hommes qui s'attachent à cette demeure où les grands désirs ne peuvent se réaliser ! On porta ensuite au trésor les richesses du prince ; elles renfermaient de nombreuses perles, dont quelques-unes avaient une valeur inestimable. »

Parmi les mesures prises par le sultan, on cite l'envoi qu'il fit, dans le Khârezm, de Borhân ed-Dîn Mohammed ben Ahmed ben Abd El-'Azîz El-Bokhàri, connu sous le nom de Çadr Djihân, qui était le chef des hanéfites à Bokhârâ et leur prédicateur. Quand on entendait dire qu'il était prédicateur à Bokhârâ, on s'imaginait, qu'à l'instar des autres prédicateurs, il occupait un rang élevé, qu'il avait de vastes domaines et de grandes fermes, qu'il chevauchait sur les sommets de la gloire et de l'autorité, conduit par les rênes de nombreuses faveurs. Or, il était mieux que cela, et on ne pouvait le comparer qu'aux chefs des seigneurs et aux maîtres des princes, car il avait près de six mille faqîh[1] vivant sous ses ordres et à sa charge. C'était un homme généreux, aux idées élevées, plein de grandeur d'âme et qui considérait ce monde comme un atome de poussière flottant au milieu des autres planètes, ou plutôt comme un simple point imperceptible parmi les autres points de l'espace. Sa maison était un lieu de rendez-vous où se rencontraient les gens de mérite et où accouraient

---

1. Ce mot s'emploie à la fois pour désigner un jurisconsulte et un étudiant en droit.

sans cesse les représentants de la science. Il attirait chez lui les supériorités de toute sorte, qui se vendaient là aux meilleurs prix. Dans le Khârezm même, après avoir subi les coups de la Fortune, il possédait encore de tels trésors que les ambitions les plus vastes n'auraient pu en espérer de pareils dans les circonstances les plus favorables.

Privé de sa liberté d'agir et contraint de renoncer à exercer sa haute influence sur les esprits, Borhân ed-Dîn demeura au Khârezm jusqu'au jour où le destin exigea qu'il payât à Dieu la dette de sa vie et lui fit boire la coupe de la mort. Il fut tué à l'époque où Tourkân-Khâtoun dut fuir le Khârezm.

Après avoir interné Borhân ed-Dîn au Khârezm, le sultan lui donna pour successeur, dans ses fonctions de chef des hanéfites et de prédicateur, à Bokhârâ, Madjd ed-Dîn Mas'oud ben Çâlih El-Ferâwi, frère de son vizir Nidhâm el-Molk, et lui conféra le titre de Çadr Djihân. A ce propos le cadi Modjir ed-Dîn 'Omar ben Sa'd m'a raconté l'anecdote suivante : Le sultan était arrivé à Bokhârâ après avoir institué Madjd ed-Dîn en qualité de Çadr Djihân : il avait été décidé, en outre, que Madjd ed-Dîn ferait lui-même le sermon quand le sultan serait présent. Or, Nidhâm el-Molk Mohammed avait une très vive aversion pour son frère Madjd ed-Dîn Mas'oud ; il ne voulait pas qu'il occupât une haute situation, ni qu'il jouît d'aucune considération. Comme je me trouvais à la mosquée en compagnie de Nidhâm el-Molk, au moment où son frère le prédicateur était dans son cabinet, situé à droite de la chaire de la mosquée, Nidhâm el-Molk me dit : « Si tu réussis à troubler mon frère aujourd'hui pendant son sermon en sorte qu'il reste coi, je te promets tout ce que tu me demanderas. » — « Il est certain, lui dis-je, que ce que vous me demandez là est dangereux pour moi, aussi ne le ferai-je qu'à condition que vous me donnerez la mule qui est à la porte avec sa selle, sa bride et tout son harnachement. » Le vizir ayant accepté ma proposition, je levai ma main à plusieurs reprises en faisant des signes au prédicateur ; celui-ci se tut brusquement, puis baissa longuement la tête avant de reprendre possession de lui-même. Tout le monde fut surpris de cette défaillance qui n'était pas dans les habitudes du prédicateur. Je pris donc la mule et tout ce qu'elle portait, ma ruse ayant réussi. Quand Madjd ed-Dîn me reprocha ce que j'avais fait, je lui dis que mes signes avaient pour but de lui faire élever la voix au moment où il faisait des vœux pour le sultan. Il accepta cette explication et conserva ses hautes fonctions jusqu'au jour où les Tatars s'emparèrent de Bokhârâ ; il périt alors assassiné dans cette ville.

Une autre mesure que prit le sultan fut d'envoyer à Nesâ les cheikhs el-islam de Samarqand, Djelâl ed-Dîn, son fils Chems ed-Dîn et son frère Aouhad ed-Dîn ; il voulait, par cette mesure, empêcher qu'ils ne se révoltassent contre lui et éteindre ainsi le feu qu'ils couvaient. C'étaient de puissants personnages, dont les talents littéraires étaient remarquables et qui avaient laissé l'empreinte de leurs pieds sur les sommets de toutes les sciences. Aouhad ed-Dîn était un dialecticien hors de pair : il aurait lutté avec avantage contre El-'Amîdi[1] et aurait mis en pièces la masse de ses arguments ; il aurait rivalisé avec En-Nisâbouri[2] et aurait percé à jour toute sa dialectique.

Aouhad ed-Dîn mourut proscrit à Nesâ, sans avoir trouvé la moindre assistance de la part du destin. Djelâl ed-Dîn, qui était l'aîné, se rendit à Dehistân[3] après la mort de son frère Aouhad ed-Dîn. Là, il fit appel à la bienveillance de Amîn ed-Dîn Ed-Dehistâni, qui était le vizir de cette province

---

1. Rokn ed-Dîn El-'Amîdi était un célèbre docteur chaféite qui mourut en 1187 ; cf. Ibn Khallikan, trad. de Slane, t. II, p. 660.
2. Qothb ed-Dîn En-Nisâbouri est mort en 1112. Sur ce docteur chaféite, cf. Ibn Khallikan, trad. de Slane, t. III, p. 351.
1. Ville de Mâzenderân sur les frontières du Turkestân, selon Yaqout.

ainsi que de celle du Mâzenderân, au nom du sultan. Il fut traité généreusement par ce vizir et demeura auprès de lui jusqu'au moment où le sort décida de la ruine de tous les gens des villes par l'invasion des Tatars qui se répandirent dans toutes les contrées. Je ne sais ce qu'il lui arriva alors, s'il devint misérable ou s'il conserva quelque autorité, si l'infortune le rejeta en arrière ou si son mérite le fit mettre en avant.

Parmi les mesures prises par le sultan, il faut signaler le partage qu'il fit de son empire entre ses enfants, en assignant à chacun d'eux une portion de ses États. Il attribua le Khârezm, le Khorâsân et le Mâzenderân à son héritier présomptif, Qothb ed-Dîn Azlâgh-Châh et lui choisit pour apostille royale la formule suivante qui ne contenait aucun surnom : « Le sultan Abou 'l-Modhaffar Azlâgh-Châh, fils du sultan Sindjar Nâçir, Prince des Croyants. » Il n'était pas d'usage chez eux d'inscrire dans la formule de l'apostille royale le mot *maula* comme surnom, avant que le prince ne succédât à son père; alors seulement il prenait les mêmes surnoms que lui.

En désignant comme son héritier présomptif Qothb ed-Dîn, plutôt que les deux frères aînés de celui-ci, Djelâl ed-Dîn Mankobirti et Rokn ed-Dîn Ghourchaïdji, le sultan avait voulu suivre l'avis de la mère de Qothb ed-Dîn, Tourkân-Khâtoun, et essayer de gagner les bonnes grâces de cette princesse parce qu'elle était la seule parmi les mères de ses enfants qui appartînt à la tribu des Beyâwout[1], une des fractions de celle des Yemek.

Le sultan attribua les principautés de Ghazna, de Bamiân, d'El-Ghour, de Bost, de Tekiâbâd[2], de Zemîn-Dâwer[3] et de

---

1. Cette tribu était une branche de la famille mogole des Dourliguin. Cf. le baron Desmaisons, *Histoire des Moyols et des Tatares*, Saint-Pétersbourg, 1874, p. 60.
2. La lecture de ce mot est incertaine.
3. Province située entre le Sedjestân et le Ghour.

la partie limitrophe de l'Inde à son fils aîné, Djelâl ed-Dîn Mankobirti, en lui donnant pour vizir l'éminent Chems el-Molk Chihâb ed-Dîn Alp El-Herawi. Mais comme il ne voulait pas se séparer de Djelâl ed-Dîn et se priver de ses services à cause de l'affection qu'il lui portait et de la confiance qu'il avait en sa valeur, il le fit suppléer dans ces États par Kerber[1] Molk. Ce dernier se rendit donc sur le territoire attribué à Djelâl ed-Dîn ; il l'organisa et déploya dans sa conduite une habileté politique qui lui concilia l'affection des princes ses voisins. Ainsi que nous le dirons plus loin, Kerber Molk demeura dans ses fonctions jusqu'à la venue de Djelâl ed-Dîn, après l'invasion des Tatars.

Le sultan assigna les principautés de Kermân, de Kîch et Mekrân à son fils Ghyâts ed-Dîn Pîr-Châh, en lui donnant comme vizir l'éminent Tâdj ed-Dîn, fils de Kerîm Ech-Cheref En-Nisâbouri : Ghyâts ed-Dîn se rendit dans ses États après l'apparition des Tatars et en dirigea l'administration jusqu'au jour où le sultan étant mort, Djelâl ed-Dîn s'étant retiré dans l'Inde et l'Irâq ayant été déserté par ceux qui y détenaient l'autorité, il se rendit lui-même dans l'Irâq après avoir mis à sa place, dans le Kermân, le chambellan Borâq, auquel il livra les clefs de son royaume, ce qui donna à ce personnage le moyen de perdre son maître, ainsi que nous le dirons en son lieu et place quand nous achèverons l'histoire de Ghyâts ed-Dîn.

L'Irâq fut attribué par le sultan à son fils Rokn ed-Dîn Ghourchaïdji, qui était le plus beau et le mieux doué de ses enfants. Ce prince, dont l'écriture était fort belle, avait, dans sa jeunesse, exécuté de sa main une copie complète du Coran. Il était généreux, très équitable et d'une excellente nature. On lui donna pour vizir 'Imâd el-Molk Mohammed ben

---

1. On pourrait lire Kerbez ou Kezber.

Ech-Chedîd Es-Saouï qui, en qualité de vizir, avait suppléé, dans le Khârezm, Nidhâm el-Molk durant un certain nombre d'années; 'Imâd el-Molk avait acquis dans ses fonctions une renommée que n'avaient pu obtenir aucun de ses prédécesseurs, car c'était un homme accompli, plein de finesse et d'habileté. Il s'était emparé de l'esprit du sultan qui avait la plus entière confiance dans ses conseils et qui avait si fort prisé sa valeur qu'il lui confia le vizirat de Rokn ed-Dîn dans l'Irâq. 'Imâd el-Molk s'occupait des affaires et dirigeait tous les départements; aussi Rokn ed-Dîn supportait-il avec peine cette autorité et cette indépendance, mais il faisait hypocritement violence à ses sentiments et à ses idées à cause de la bonne opinion qu'il savait que le sultan avait de son vizir.

La devise choisie pour l'apostille de Rokn ed-Dîn était ainsi formulée : « Le sultan honoré, Rokn ed-Dîn Abou 'l-Hârits Ghourchaïdji, fils du sultan magnifique Mohammed, l'émule du Prince des Croyants. » Le nom de Ghourchaïdji avait été donné à ce prince parce qu'il était né le jour où l'on avait reçu la bonne nouvelle de la prise de Ghour par le sultan. Le sultan le maria à la fille de Hezârasf, prince du Djebâl[1], à cause du dévouement de ce dernier, qui était un de ses voisins. On trouvera plus loin la suite de l'histoire de ce prince.

CHAPITRE XII

DES EVÉNEMENTS QUI SE PRODUISIRENT APRÈS LE RETOUR DU SULTAN DE L'IRAQ

A son retour de l'Irâq, le sultan, arrivé à Nisâbour, reçut

1. Ou Irâq Adjemi

la nouvelle de la mort de Moayyid el-Molk Qaouâm ed-Dîn, gouverneur du Kermân et son représentant dans cette contrée. Il donna aussitôt le gouvernement du Kermân, du Kîch et du Mekrân à son fils Ghyâts ed-Dîn Pîr-Châh. Celui-ci se mit en route vers ces contrées et y établit son autorité ; puis, lorsque la royauté de l'Irâq devint vacante, il s'en empara sans que personne lui fît obstacle ou lui mît empêchement, et son nom fut alors proclamé dans toutes les chaires du Mâzenderân et du Khorâsân jusqu'au jour où Djelâl ed-Dîn, surgissant de l'Inde, le défit à Reyy et lui enleva l'Irâq, ainsi qu'il sera dit plus loin.

Moayyid el-Molk était un de ces hommes du peuple qui, grâce à la protection du sultan et à la faveur de la fortune, était parvenu à une de ces situations princières fort difficiles à acquérir. Voici comment il avait débuté : fils de la nourrice [1] de Noçret ed-Dîn Mohammed ben Lezz, prince de Zaouzen [2], il avait été choisi par celui-ci comme ambassadeur à la cour du sultan pour y traiter de graves intérêts et régler d'importantes questions personnelles. Après avoir accompli habilement son mandat à diverses reprises, Moayyid el-Molk se laissa aller à gâter la position de celui qui l'avait envoyé, et cela dans le désir de lui enlever les fonctions qu'il exerçait. Il insinua donc au sultan que son maître avait cessé de lui être dévoué et qu'il était de cœur avec les Bathiniens [3] ; puis, retournant vers Noçret ed-Dîn, il lui fit la déclaration suivante : « Le sultan vous croit Bathinien, et je redoute pour vous les conséquences de ce soupçon et le résultat que pourra produire sur lui une telle opinion. » Saisi de terreur en apprenant cette nouvelle, Noçret ed-Dîn, dans son effroi, craignit

---

1. Chez les musulmans le fait d'avoir sucé le lait de la même nourrice crée une véritable parenté qui amène la prohibition du mariage entre frère et sœur de lait.
2. Ville située entre Nisâbour et Hérat.
3. Ou Ismaéliens.

quelque malheur s'il demeurait en place et il se réfugia auprès des Ismaéliens, dans une des citadelles frontières voisines de Zaouzen. Aussitôt, Qaouâm ed-Dîn adressa un rapport sur ces faits au sultan qui lui conféra le vizirat de Zaouzen à la condition d'en verser les revenus au trésor royal. Il accepta cette clause et demeura ainsi pendant quelque temps, puis voyant que sa situation pouvait devenir grave tant que Noçret ed-Dîn serait dans son voisinage, il entra en correspondance avec lui et lui fit perfidement espérer que son affaire avec le sultan pourrait s'arranger. Trompé par ces rapports, Noçret ed-Dîn revint à Zaouzen, où Qouâm el-Molk lui fit crever les yeux, sans égard pour les devoirs de la reconnaissance et sans considérer non plus la réprobation qu'il encourrait à jamais dans la suite des siècles.

Aussitôt son autorité affermie à Zaouzen, Qaouâm el-Molk conçut l'ambition de renverser le prince du Kermân, qui était un des descendants du roi Dînâr[1], et de lui enlever ses États. Dans ce but, il entra en correspondance avec le sultan, auquel il promit la conquête du Kermân si on l'autorisait à se faire assister des troupes du Khorâsân qui se trouvaient dans le voisinage du Zaouzen. Le sultan ayant accédé à sa demande en lui fournissant l'appui de 'Izz ed-Dîn Djildek et d'un autre corps de troupes, Qaouâm el-Molk s'empara, en fort peu de temps, du Kermân et ramena au sultan tout ce qu'il trouva dans cette province en fait de richesses, de troupeaux, de montures et de bêtes de somme. Émerveillé de cette brillante action, le sultan l'éleva en dignités et, d'une condition servile il le fit monter à l'apogée des grandeurs; il le traita en prince et lui donna le surnom de Moayyid el-Molk. Appelé à représenter le sultan dans le Kermân, qui lui avait été donné en fief, Moayyid el-Molk, grâce au soin qu'il prit

---

1. Dînâr El-Ghozzi. Cf. Ibn El-Atsîr (année 568).

de répandre partout la justice et l'équité, réussit à doubler la prospérité de cette province et à accroître particulièrement le produit des élevages de toutes sortes au point que l'impôt du Kermân parut peu de chose eu égard à ses revenus. Aussi, quand le sultan revint de l'Irâq après avoir perdu la plus grande partie de ses chameaux, Moayyid el-Molk put-il lui offrir, à Nisâbour, quatre mille chamelles de race *bekhâti*[1] et *turque*. Après sa mort on porta au trésor royal, parmi les choses qui comprenaient sa succession, et sans compter les objets divers, soixante-dix charges d'or monnayé. Mais comme ces richesses arrivèrent au moment où le sultan, quittant les rives du Djihoun, fuyait devant les Tatars, on les jeta, sans même rompre les scellés, dans les eaux du fleuve ainsi qu'une quantité encore beaucoup plus considérable des richesses qui formaient le trésor que le souverain emportait avec lui.

Quand, après avoir jeté le bâton du voyage à Nisâbour, le sultan s'arrêta dans cette ville au moment où il évacuait l'Irâq, il révoqua de ses fonctions de vizir Nidhâm el-Molk Nâçir ed-Dîn Mohammed ben Çâlih. Voici les causes qui provoquèrent cette décision. Le sultan voulait tirer vengeance de certains actes de ce personnage et le punir de quelques-unes de ses habitudes, entre autres, de l'avidité qu'il apportait dans ses concessions et de la rapacité qu'il montrait, rapacité qui entravait la marche des affaires et rendait nulles toutes les mesures prises en vue d'améliorer la situation. D'ailleurs, cet homme n'avait qu'un très petit nombre des qualités nécessaires au vizirat et on ne trouvait guère chez lui qu'une hauteur et une générosité excessives. Ce n'était du reste pas de son propre mouvement que le sultan lui avait confié la charge de vizir, mais uniquement parce qu'il était un des pages de la reine-

---

1. Je ne suis pas sûr de la lecture de ce mot. Peut-être s'agit-il de chamelles de la Bactriane.

mère et fils d'un de ses anciens pages. A l'époque où il avait révoqué de ses fonctions de vizir Nidhâm el-Molk Mohammed ben Nidhâm el-Molk Behâ ed-Dîn Mas'oud el-Herawi, le sultan ayant consulté sa mère sur le choix qu'il conviendrait de faire pour le remplacer, celle-ci lui conseilla de nommer son protégé. Or, le sultan ne contrevenait jamais aux ordres de sa mère, ni dans les grandes ni dans les petites questions, qu'il s'agît de choses importantes ou non, et cela pour deux raisons : la première, c'est qu'il désirait lui témoigner les égards qu'exige la piété filiale ; la seconde, c'est que le plus grand nombre des émirs du gouvernement appartenaient à la tribu de sa mère et que c'était grâce à eux qu'il avait pu lutter contre les Khithaïens et leur enlever l'empire qu'ils détenaient. Aussi, malgré sa répugnance secrète et l'aversion qu'il éprouvait intérieurement contre ce personnage, lui confia-t-il sans hésiter les hautes fonctions du vizirat. Mais toutes les informations qu'il reçut sur le compte de ce personnage n'étaient point faites pour lui plaire et venaient aggraver encore les reproches et les malédictions que lui faisaient entendre quelques-uns de ses courtisans au sujet du vizir. Cette situation dura jusqu'au jour où le sultan vint s'établir à Nisâbour à son retour de l'Irâq.

A cette époque, le cadi de Nisâbour était Rokn ed-Dîn El-Maghîtsi et le cadi de l'armée se nommait Çadr ed-Dîn El-Djoudi. Ce dernier jouissait d'un grand crédit auprès du sultan à cause des services rendus par ses ancêtres ; ceux-ci avaient été employés par le sultan Takach à l'époque où il était le chef des troupes et avaient reçu en apanage les fonctions de cadi de l'armée d'Il-Arslân, père de Takach. Malgré l'influence que lui assuraient de tels antécédents, Çadr ed-Dîn était un homme qui remplissait avec zèle ses fonctions et il était, en outre, doué de brillantes qualités et d'une jolie figure. Le sultan lui confia les fonctions de cadi de Nisâbour et de ses dépendances, voulant ainsi honorer le mérite de ce serviteur, accroître son renom et le distinguer de la foule de tous ses collègues par une marque inusitée de bienveillance en lui conférant une nouvelle distinction. En outre, il lui fit donner une superbe pelisse d'honneur ainsi que le *sâkht*, des *serfesâr* et des *thoug*[1] ; il en fit également distribuer à vingt personnes de son entourage, frères, suppléants ou intendants. Enfin il lui fit mander secrètement, par un de ses chambellans, de n'offrir aucun présent à Nidhâm el-Molk et de ne lui rendre aucun hommage. « C'est moi seul, lui disait-il, qui vous ai jugé digne de remplir les fonctions dont je vous ai investi de ma propre initiative ; vous ne devez donc d'obligation à personne dans cette circonstance ; vous n'avez pas à remercier qui que ce soit de ses bons offices, ni à récompenser quelqu'un de démarches faites en votre faveur. » Une personne envoyée secrètement par Nidhâm el-Molk vint alors trouver Çadr ed-Dîn ; elle l'engagea à se tenir sur ses gardes à cause de la négligence qu'il commettait et lui fit comprendre les dangers auxquels l'exposait son manque d'égards. « Gardez-vous, lui dit-elle, d'avoir trop confiance en la protection du sultan et de méconnaître l'autorité du divan. » Effrayé par ce discours, le cadi s'empressa de faire porter à Nidhâm el-Molk une bourse scellée contenant 4,000 dinars ; mais un des espions du sultan, chargé de surveiller Nidhâm el-Molk, fit connaître au souverain la démarche que, contrairement à ses ordres, le cadi avait faite auprès du vizir. Le sultan demanda au vizir de lui apporter la somme qui lui avait été remise secrètement et lorsque la bourse eut été apportée encore scellée et que le cadi fut présent à l'audience publique, il demanda

---

1. Ces trois mots désignent des insignes qui correspondaient au rang que le sultan voulait assigner à Çadr ed-Dîn. Le *sâkht* paraît être une housse bardée de fer que portait le cheval harnaché en guerre. Le *serfesâr* est sans doute une sorte de turban. Quant au *thoug*, c'est la queue de cheval emmanchée au bout d'une pique.

à ce dernier combien il avait donné à Nidhâm el-Molk. Le cadi nia énergiquement avoir donné quelque chose au vizir et, pour confirmer cette dénégation catégorique, il jura sur la tête du sultan qu'il n'avait remis au vizir ni un dinar, ni un dirhem. Aussitôt, le sultan ordonna d'apporter la bourse et, quand elle fut là, il la plaça devant le cadi. Celui-ci, tout confus, ne put que baisser la tête et flairer en quelque sorte le sol avec les prunelles de ses yeux. Le sultan fit alors enlever au cadi la pelisse qu'il lui avait donnée et ordonna de la remettre au cadi révoqué qui fut rétabli dans ses fonctions. Entre la nomination de Çadr ed-Dîn et sa révocation, il ne s'écoula qu'un jour ou deux.

Le sultan donna l'ordre à Djihân Bahlaouân de couper les cordes du pavillon de Nidhâm el-Molk et de le laisser tomber sur lui, ce qui fut fait, puis, s'adressant au vizir, il lui dit : « Retourne au palais de ton maître. » Par ce « maître » il entendait la mère du sultan. Nidhâm el-Molk se mit aussitôt en route, le cœur rempli de crainte et l'esprit troublé par la terreur ; il ne se crut pas en sûreté tant qu'il ne fut pas arrivé au Khârezm, redoutant toujours jusqu'à ce moment quelque trait de la fureur du sultan.

CHAPITRE XIII

DE LA SITUATION DE NIDHAM EL-MOLK APRÈS SA REVOCATION

Parti de Nisâbour, il marcha vers le Khârezm, dévidant en quelque sorte les étapes comme un rouleau de papier et s'estimant heureux s'il réussissait à regagner ce pays. Quand il arriva à Merdj-Sàïgh, une des prairies célèbres qui sont voisines de la citadelle de Khorendez[1], ma patrie et celle de mes ancêtres, je descendis à sa rencontre pour me mettre à sa disposition au nom de mon père et lui offrir les présents et les vivres d'usage, puis je l'accompagnai jusqu'à Djermâni, un des hameaux qui nous appartenaient et où se trouvait une fontaine qui est proche de la source du Khâbour. Près de cette fontaine, je lui fis dresser trois pavillons dont un était en satin et lui fis donner par une partie de ses domestiques trois aubades ce jour-là. Bien qu'il fût révoqué de ses fonctions, partout où il passait, les gens, qui avaient des affaires à régler ou à se plaindre d'une injustice, venaient le trouver et il rendait des décisions sur les questions les plus importantes et sur les affaires les plus graves sans que personne osât dire qu'il était destitué. Dans la soirée de ce jour-là on lui dressa un trône devant la porte de son pavillon et il s'y installa. Depuis le moment où il avait quitté le sultan il avait fait disposer sur sa route des cavaliers qui avaient mission de l'informer de tous ceux qui viendraient derrière lui de la cour du sultan. A ce moment un de ces cavaliers vint lui annoncer que le chambellan Arbez ben Sa'd ed-Dîn Sahm El-Hachem allait arriver. Il changea aussitôt de couleur, et son cœur cessa de battre ; il baissa la tête et se demanda avec anxiété si c'était simplement un hôte qui lui survenait ou un messager de malheur. Enfin le chambellan étant arrivé se prosterna devant lui suivant les règles les plus strictes de l'étiquette. Il reprit alors courage et, ses soupçons défiants s'étant évanouis, il interrogea le chambellan sur les motifs de sa venue. « Le sultan, lui répondit celui-ci, vous fait demander les registres du divan du vizirat, les contrôles de l'armée, les archives[2] ainsi que ses secrétaires et agents. » Rassuré par ce discours,

---

1. Le ms. porte Kharender, leçon qui a été adoptée par d'Ohsson, mais M. Schefer que j'ai consulté sur ce mot estime que Khorendez est préférable.
2. Ou trésor.

il fit aussitôt remettre les registres et renvoya les secrétaires, puis il reprit sa course ou pour mieux dire son vol vers le Khârezm, car il ne pouvait encore croire à sa délivrance des contrées de la mort. Le jour de son arrivée au Khârezm fut un jour mémorable, Tourkân-Khâtoun ayant donné l'ordre à tous les habitants nobles et vilains, grands et petits, de se porter à sa rencontre pour recevoir le cortège naçirien[1].

Un des témoins de cette cérémonie m'a raconté que Borhân ed-Dîn, chef des hanéfites au Khârezm et un de leurs principaux personnages, étant arrivé en retard, s'était trouvé à la fin du cortège au milieu de la foule. Comme il s'excusait de ce retard sur sa faiblesse, le vizir lui dit : « Certes, oui ! c'est votre faiblesse qui en est cause, mais la faiblesse de votre dévouement et non celle de votre constitution. » Quelques jours après, le vizir, pour se venger de cette impolitesse, lâchait les Turcs contre Borhân ed-Dîn et les autorisait à lui prendre 100,000 dinars.

Kerîm ed-Dîn Eth-Theifouri était *'âmil* des provinces du Khârezm au nom du sultan ; ce titre d'*'âmil* équivalait chez eux à celui de *ouâli* (gouverneur). Nâçir ed-Dîn se saisit de lui et l'obligea à payer une somme considérable. Aussitôt délivré, Kerîm ed-Dîn alla reprendre du service auprès du sultan qui se trouvait dans la Transoxiane et se plaignit de la façon brutale dont il avait été traité par Nâçir ed-Dîn. Le sultan expédia alors au Khârezm 'Izz ed-Dîn Toghroul, qui était un de ses courtisans, et lui donna l'ordre de lui rapporter la tête de Nâçir ed-Dîn. Mais comme 'Izz ed-Dîn approchait du Khârezm, Tourkân-Khâtoun, qui avait été prévenue de l'affaire et du but de sa mission avant qu'il fût arrivé, le fit comparaître malgré lui à son palais et lui donna l'ordre de se rendre au divan au moment où Nâçir ed-Dîn siégeait sur le trône du

---

1. C'est-à-dire de Nâçir ed-Dîn.

vizirat, — elle lui avait en effet confié le vizirat de Qothb ed-Dîn Azlâgh-Châh, l'héritier présomptif, prince du Khârezm, — de lui transmettre personnellement et de vive voix les compliments du sultan, et d'ajouter : « Le sultan me charge de vous dire ceci : « Je n'ai pas d'autre vizir que toi ; reste à la tête de « ta charge et personne dans tout le reste du royaume n'aura « le droit de contrevenir à tes décisions ou de méconnaître « ton autorité. » Kerîm ed-Dîn exécuta cet ordre et ne put faire autrement, manquant ainsi à l'objet et au but de sa mission.

Les ordres de Nâçir ed-Dîn continuèrent à être exécutés dans le Khârezm, le Khorâsân et le Mâzenderân, mais non ailleurs, et ses décisions furent obéies. Lorsque le sultan l'avait nommé vizir, il avait ordonné qu'on portât toujours devant lui quatre lances, dont les hampes étaient recouvertes de lames d'or, conformément à l'usage adopté par les anciens secrétaires d'État, mais dans le Khârezm il en fit porter huit et augmenta, dans la même proportion, tous les attributs de ses fonctions. Toutes ces choses, rapportées au sultan qui se trouvait alors dans la Transoxiane, ne faisaient qu'accroître sa colère et augmenter son animosité.

Il existait un ancien usage qui avait été imité par les Seldjouqides et qui consistait à écrire, comme apostille impériale, en avant de la date : « Par son ordre auguste (que Dieu l'élève !) et par délégation haute, seigneuriale, honorable, éminente, magnifique, universelle, équitable, fortifiée, conquérante, victorieuse, militante contre les infidèles, religieuse, durable, organisée, ferme, coutumière, énergique, quintessenciée, du pôle qui est doué de toutes les vertus et des honneurs, le pôle des bonheurs et des félicités, le modèle des seigneurs des Arabes et des Persans, le prince des vizirs de l'Orient et de l'Occident, le maître de l'Irân et de Bivâri[1],

---

1. Toute cette formule est si mal rédigée que je ne suis pas certain de l'avoir

Aïnandj Qotlough Olough Melka, le plus magnifique des Khodja Djihâni, puisse-t-il ne cesser d'être élevé ; vu la dépêche d'un tel. » Telle était la formule dont on se servit pour Nâçir ed-Dîn jusqu'au moment où il fut révoqué et chassé de Nisâbour. Lorsqu'il fut nommé vizir du Khârezm, il ne changea à cette formule qu'un seul mot : il remplaça Khodja Djihân par Khodja Bouzourki.

Ainsi, malgré sa toute-puissance, le sultan conquérant, qui avait subjugué les plus fiers personnages et abaissé l'orgueil des Césars, fut incapable d'assouvir sa colère contre un de ses pages. Ce qui montre qu'en ce monde les breuvages ne sont jamais purs de souillures, ni les eaux indemnes de poussière. Après la révocation de Nàçir ed-Dîn, le sultan répartit les attributions du vizirat entre six hauts fonctionnaires auxquels il imposa comme condition qu'ils n'exécuteraient aucune décision qui n'aurait pas été prise par eux à l'unanimité. Ces six personnages furent : Nidhâm ed-Dîn, secrétaire des commandements, Modjîr el-Molk Tâdj ed-Dîn Abou 'l-Qâsim, l'émir Dhiya el-Molk El-Bayàbanki, Chems ed-Dîn El-Kelabadzî, Tâdj ed-Dîn Ibn Kerîm Ech-Cherq En-Nisâbouri et Ech-Cherîf Madjd ed-Dîn Mohammed En-Nesawi. Cette organisation eut les plus tristes effets pour le peuple qui en vint à regretter le temps de Nâçir ed-Dîn, car il est toujours plus facile de contenter une seule personne, malgré ses défauts, que d'en contenter six. Les choses demeurèrent en cet état jusqu'à l'extinction de la dynastie alaïenne [1].

---

rendue exactement. Le mot *Bivàri* pourrait être lu « baouâdi » et signifier les « nomades ».

1. La dynastie des Khârezmchâh.

CHAPITRE XIV

DES ÉVÈNEMENTS QUI EURENT LIEU DANS LA TRANSOXIANE APRÈS QUE LE SULTAN EN FUT REVENU

Quand le sultan eut jeté le bâton du voyage dans la Transoxiane, après son retour de l'Irâq, il reçut la visite des envoyés de Djenguiz-Khân, Mahmoud El-Khârezmi, Ali Khodja El-Boukhâri et Yousouf Kenka El-Otrâri qui avaient emporté avec eux divers produits des Turcs, tels que lingots de métaux précieux, cornes de rhinocéros[1], sachets de musc, pierres de jaspe, pièces d'étoffes appelées *thargou* qui se fabriquent avec la laine des chameaux blancs, chaque pièce d'étoffe valant 50 dinars ou même davantage, etc. Le but de cette ambassade était de demander de nouer des relations d'amitié, de paix et de bon voisinage. Le grand khân, dirent les ambassadeurs, vous adresse ses saluts et nous charge de vous transmettre ces paroles : « Je n'ignore ni l'élévation de votre rang, ni l'étendue de votre puissance ; je connais la grandeur de votre empire et sais que votre autorité est reconnue dans la plupart des contrées de la terre, aussi considéré-je comme un devoir pour moi de nouer des relations d'amitié avec vous qui m'êtes aussi cher que le plus aimé de mes enfants. Vous savez également, de votre côté, que je me suis emparé du royaume de la Chine et de la partie du pays des Turcs qui l'avoisine ; toutes les tribus de cette contrée me sont soumises et, mieux que personne aussi, vous savez que mes provinces sont des pépinières de soldats, des mines d'argent, qu'elles produisent en abondance toutes choses et qu'elles

---

Le texte porte نصب الختو

n'ont donc point besoin d'aller les chercher ailleurs. Si vous jugez à propos que nous ouvrions, chacun de notre côté, un accès facile aux négociants de nos pays, il y aura avantage pour nous tous et nous y trouverons de part et d'autre notre profit. »

Après avoir entendu cette allocution, le sultan fit venir, durant la nuit, Mahmoud El-Khârezmi sans convoquer ses deux autres collègues. « Vous êtes, lui dit-il, un homme du Khârezm et vous devez, en conséquence, nous donner des marques d'intérêt et de sympathie. » Puis, après lui avoir promis de le récompenser s'il répondait sincèrement aux questions qu'il allait lui adresser, le sultan détacha une magnifique perle de son bracelet qu'il remit à l'envoyé comme gage de ses promesses et lui demanda en retour de lui servir d'espion auprès de Djenguiz-Khân. Par déférence, et aussi par crainte, Mahmoud accepta la proposition qui lui était faite. Le sultan lui dit alors : « Répondez-moi franchement, Djenguiz-Khân affirme qu'il est maître de la Chine et qu'il s'est emparé de la ville de Thomghâdj ; cela est-il vrai ou bien est-ce une imposture ? » — « C'est la vérité même, répondit Mahmoud ; une affaire de cette importance ne saurait être tenue secrète et le sultan en aura bientôt la preuve évidente. » — « Vous connaissez l'étendue de mes États, reprit le sultan, vous savez aussi combien mes armées sont nombreuses, comment se fait-il donc que ce *maudit* ose m'appeler son fils[1] dans ses discours ? Quelle peut être la force des armées dont il dispose ? » Dès que Mahmoud El-Khârezmi eut constaté ces symptômes d'irritation et qu'il vit que, d'amicale qu'elle était, la conversation tournait à l'aigre, il renonça à donner un sage avis et se décidant à flatter le sultan afin d'échapper aux atteintes de la mort, il lui dit : « Par rapport

---

1. Chez les Orientaux, il est d'usage de donner le titre de fils à toute personne que l'on estime être dans une situation inférieure à la sienne.

à votre peuple et à vos troupes innombrables, l'armée de Djenguiz-Khân ne fait pas plus d'effet qu'un simple cavalier au milieu d'un escadron ou qu'un filet de fumée à travers les ombres de la nuit. »

Le sultan ayant accepté les propositions de trêve qui lui avaient été faites, Djenguiz-Khân fut très heureux de ce résultat. La paix continua à régner entre les deux empires jusqu'au jour où quatre négociants, Omar Khodja El-Otrâri, El-Hammal El-Merâghi, Fakhr ed-Dîn El-Denzeki El-Boukhâri et Amîn ed-Dîn El-Heraoui arrivèrent du pays de Djenguiz-Khân à Otrâr. Inâl-Khân, fils de l'oncle maternel du sultan, se trouvait dans cette ville à la tête de vingt mille cavaliers et la gouvernait au nom du souverain. Animé des sentiments les plus vils, Inâl-Khân résolut de s'emparer des richesses de ces marchands. Dans ce but, il écrivit au sultan une lettre mensongère et perfide dans laquelle il disait : « Ces gens-là sont venus à Otrâr sous le costume de négociants, mais ce ne sont point des négociants ; ce sont bien plutôt des espions qui s'informent de choses qui ne regardent point leur profession. En effet, quand ils sont seuls avec un homme du peuple, ils le menacent en lui disant : « Vous ne vous doutez « guère de ce qui est derrière vous ; bientôt il vous arrivera « des choses contre lesquelles vous ne pourrez pas lutter. » Il fit si bien, par ce récit et d'autres du même genre, que le sultan l'autorisa à interner ces négociants en attendant qu'il prît une décision à leur égard. Aussitôt qu'il eut été autorisé à les interner, Inâl-Khân prit une attitude agressive et, usant de violence, il fit saisir les négociants dont on perdit la trace après cela et dont on n'eut plus jamais de nouvelles. Grâce à cette ruse et à cette perfidie, il garda pour lui seul toutes les richesses que ces gens-là avaient apportées et tous les objets variés qu'ils possédaient, mais les conséquences de cette vilaine action furent désastreuses.

CHAPITRE XV

ARRIVÉE DES AMBASSADEURS DE DJENGUIZ-KHAN APRÈS L'ASSASSINAT DES NÉGOCIANTS

Quelque temps après cela, Ibn Kafradj Boghra, dont le père avait été un des émirs du sultan Takach, arriva accompagné de deux personnages tatars envoyés comme ambassadeurs de la part de Djenguiz-Khân. « Vous aviez, dirent-ils au sultan, donné un sauf-conduit écrit et signé de votre main aux négociants pour que personne ne les molestât ; puis vous avez perfidement trahi vos engagements. Or, si la trahison est en soi une vilaine action, elle devient plus odieuse encore quand elle émane d'un chef de l'islamisme. Si vous soutenez que tout ce qu'a fait Inâl-Khân n'est point la conséquence d'un ordre émané de vous ! eh bien, livrez-nous alors Inâl-Khân, nous le châtierons pour l'acte qu'il a commis ; nous éviterons ainsi une effusion de sang et laisserons les peuples en paix. Sinon, préparez-vous à une guerre dans laquelle les âmes les plus valeureuses perdront de leur prix et les lances les mieux dirigées dévieront de leur but. »

Malgré la terreur qui avait envahi son cœur et l'effroi qui paralysait son esprit, le sultan refusa de livrer Inâl-Khân. Il ne pouvait, en effet, consentir à une semblable exigence, alors que la plupart de ses soldats et de ses principaux émirs étaient de la même tribu qu'Inâl-Khân ; c'étaient eux qui formaient la broderie qui cachait ses coutures, la face principale de son ballot et qui disposaient du pouvoir de sa dynastie. Il pensa aussi que, s'il se montrait trop aimable dans sa réponse, il ne ferait qu'accroître la convoitise de Djenguiz-Khân ; aussi se montra-t-il dur et inflexible. Il refusa donc toute réparation et, l'esprit troublé par la frayeur, il donna l'ordre de mettre à mort les ambassadeurs, ordre qui fut aussitôt exécuté. Hélas ! que de sang musulman fut répandu à cause de ce meurtre ! De tous côtés on vit couler des torrents de sang pur et ce mouvement de colère amena la ruine et la dépopulation de la terre.

CHAPITRE XVI

DES MESURES FUNESTES QUE PRIT LE SULTAN QUAND IL SUT QUE DJENGUIZ-KHAN MARCHAIT CONTRE LUI A LA TÊTE DE SES ARMÉES

La première mesure que le sultan songea à prendre dans ces circonstances critiques et dans ce moment de terrible danger, ce fut d'entourer, malgré son immensité, la ville de Samarqand d'une muraille dont le développement, à ce que l'on assure, aurait été de 12 farsakhs[1], et d'y installer une garnison considérable. De cette façon, cette ville aurait formé un rempart entre les Turcs et lui et aurait fermé à l'ennemi l'accès de tout le reste du royaume. En conséquence, il envoya ses agents et ses collecteurs d'impôts dans toutes les parties de son empire et leur enjoignit de se faire remettre, à titre d'avance, la totalité du tribut de l'année 615 (30 mars 1218-19 mars 1219) pour subvenir aux frais de la construction des remparts de Samarqand. En fort peu de temps ce recouvrement fut effectué, mais les Tatars ne lui laissèrent pas le temps de mettre son projet à exécution et on ne dépensa rien de cette somme à l'édification des murailles de la ville.

1. Le farsakh ou parasange est la lieue de 25 au degré.

La seconde mesure prise par le sultan consista à envoyer de nouveau ses agents collecteurs dans tous ses États avec l'ordre de prélever une troisième fois l'impôt cette même année-là, et de lever des troupes d'archers, pourvues de tout leur armement. Le nombre des hommes que l'on devait ainsi réunir était fixé par les ressources mêmes que donnerait le montant de la somme prélevée, quelle qu'elle fût. Chaque homme devait avoir un chameau pour monture, être muni de ses armes et pourvu de provisions de bouche. Cette levée d'hommes fut exécutée avec la plus grande diligence. De tous les points du royaume on vit arriver aux lieux fixés pour la concentration des masses humaines qui dévalaient comme un torrent rapide ou s'élançaient comme des flèches décochées d'un arc ; mais, au moment même où toutes ces troupes étaient en marche pour se concentrer, on apprit que le sultan avait fui sans combat et s'était éloigné des rives du Djîhoun. S'il était resté dans ses positions jusqu'à l'arrivée de ces renforts, le sultan se fût trouvé à la tête de l'armée la plus nombreuse dont on eût jamais entendu parler, mais nul ne peut résister aux arrêts de Dieu qui, seul, fait accomplir ce qu'il a décidé et possède le pouvoir de renverser ou de transformer toutes choses et de transporter les empires des mains d'un chef à un autre.

Une autre mesure funeste fut celle que prit le sultan de disséminer ses troupes dans les villes de la Transoxiane et du Turkestan. Ainsi, il laissa Inâl-Khân à Otrâr avec vingt mille hommes, Qotlogh-Khân avec un groupe de dix mille cavaliers à Chehrkent[1], l'émir Ikhtiyàr ed-Dîn Kechki, grand écuyer, et Aghil Hadjeb, surnommé Aïnandj-Khân, avec trente mille hommes à Boukhàra, Thoghân-Khân, son oncle maternel, et les émirs du Ghour, entre autres Djermîkh,

---

1. La lecture de ce nom est incertaine.

Harour, Ibn 'Izz ed-Dîn Ket, Hosâm ed-Dîn Mas'oud et d'autres avec quarante mille hommes à Samarqand ; Fakhr ed-Dîn Habech, connu sous le nom de 'Inân En-Nesawi, avec l'armée du Sedjestân à Termidz ; Belkhamour-Khân à Ouakch[1] ; Abou Mohammed, l'oncle maternel de son père, à Balkh ; Asrek Bahlawân à Khenderoudz[2] ; 'Aldjek Malck à Djaïlân ; El-Barthâsi à Qondouz et Aslabeh-Khân à Ouledj[3]. C'est-à-dire qu'il ne laissa aucune des places de la Transoxiane sans la faire occuper par une portion de l'armée active. Ce fut là une véritable faute, car, s'il avait offert le combat aux Tatars avant d'avoir ainsi disséminé ses forces, le sultan les eût aisément anéantis et en eût délivré la terre.

Aussitôt arrivé aux frontières de l'empire du sultan, Djenguiz-Khân marcha directement sur Otrâr ; il attaqua vivement cette place, combattant nuit et jour et finit par s'en emparer de vive force. Il fit alors comparaître Inâl-Khân en sa présence et ordonna de lui faire verser de l'argent fondu dans les oreilles et dans les yeux. Cette mort cruelle fut le juste châtiment d'Inâl-Khân à qui sa conduite ignoble, ses actes barbares et ses cruels procédés avaient valu la réprobation de tous.

CHAPITRE XVII

STRATAGÈME GRACE AUQUEL DJENGUIZ-KHAN RÉUSSIT A INSPIRER AU SULTAN DES SOUPÇONS CONTRE SES ÉMIRS ET A L'ENGAGER A SE SÉPARER D'EUX

Aussitôt qu'il se fut rendu maître d'Otrâr, Djenguiz-Khân

---

1. Ville du district de Balkh, sur les bords de l'Oxus.
2. Localité du Fars.
3. On pourrait aussi lire ولخ « Oulekh ».

reçut la visite de Bedr ed-Dîn El-'Amîd, qui suppléait, à Otrâr, Çafi El-Aqra', vizir du sultan dans le pays des Turcs, et eut un entretien particulier avec lui. Or, Bedr ed-Dîn en voulait au sultan qui, à l'époque où il s'était emparé de la principauté d'Otrâr, avait fait périr son père, le cadi El-'Amîd Sa'd, son oncle paternel, le cadi Mançour, et un certain nombre de ses cousins et de ses frères. « Sachez, dit-il au khân, que le sultan est l'être que je hais le plus au monde, parce qu'il a fait périr un certain nombre de mes parents. Si, pour me venger de lui, il me fallait sacrifier ma vie, certes je la donnerais volontiers. Toutefois, je dois vous informer que c'est un sultan remarquable et qu'il possède une grande puissance. Vous ne devez donc point vous laisser bercer d'illusions par la mesure qu'il a prise de disséminer ses troupes de tous côtés, car il a encore avec lui des forces considérables qui lui permettent de se passer de ces autres soldats. S'il le voulait, il pourrait encore rassembler une armée deux fois plus nombreuse dans son vaste empire et dans ses immenses États. Mon avis est donc que vous ayez recours à un stratagème qui lui rende suspects les émirs qui commandent ses troupes. » Bedr ed-Dîn mit ensuite Djenguiz-Khân au courant de l'inimitié et de la répulsion qui existaient entre le sultan et sa mère. Après avoir examiné et débattu la question sous toutes ses faces, les deux interlocuteurs s'arrêtèrent à la combinaison suivante. Bedr ed-Dîn El-'Amîd allait écrire de fausses lettres au nom des émirs proches parents de la mère du sultan. Dans ces lettres, on faisait dire aux émirs ce qui suit : « Nous sommes venus du pays des Turcs avec nos clients et nos vassaux pour nous mettre à la disposition du sultan, parce que nous désirions rendre service à sa mère ; nous lui avons prêté assistance contre tous les princes de la terre, aussi a-t-il pu, grâce à nous, conquérir le pays, abaisser l'orgueil des princes et maintenir les peuples sous son joug.

Mais aujourd'hui que les sentiments du sultan à l'égard de sa mère ont changé, qu'il se montre rebelle et ingrat vis-à-vis d'elle, elle vous demande d'abandonner son fils. En conséquence nous attendons votre venue pour nous mettre à vos ordres et suivre vos instructions. » Djenguiz-Khân expédia ces lettres par l'entremise d'un de ses courtisans qui, en apparence, était un déserteur, mais qui, dans la réalité, accomplissait une mission. Celui-ci montra aussitôt les lettres au sultan qui, devant cette menace, vit le monde s'assombrir à ses yeux. L'ardeur du sultan dans son entreprise fut ralentie par cette circonstance que le trait qui l'atteignait venait précisément de ceux sur qui il comptait; il se hâta de disperser ses forces et de disséminer ses troupes donnant pour prétexte le besoin de renforcer la défense du pays, comme nous l'avons déjà dit.

Djenguiz-Khân envoya un de ses fidèles, Dânichemend le chambellan, auprès de Tourkân-Khâtoun tenir à cette princesse le discours suivant : « Vous savez combien votre fils s'est montré ingrat des soins que vous avez eus pour lui. D'accord en cela avec un certain nombre des émirs de votre fils, je vais marcher contre lui, sans toutefois vouloir rien entreprendre contre les pays qui sont placés sous votre autorité. Si vous acceptez cette combinaison, veuillez m'envoyer quelqu'un en qui vous ayez toute confiance et qui vous assurera de ma part l'abandon que je vous fais du Khârezm, du Khorâsân et des contrées limitrophes au delà du Djihoun. » Pour toute réponse, Tourkân-Khâtoun évacua en toute hâte le Khârezm, laissant sans défense tout le pays derrière elle.

CHAPITRE XVIII

TOURKAN-KHATOUN ÉVACUE LE KHAREZM A LA FIN DE L'ANNÉE 616
(19 mars 1219-8 mars 1220)

Le chambellan envoyé par Djenguiz-Khân comme ambassadeur et dont nous avons parlé ci-dessus arriva au Khârezm au moment où l'on apprenait la fuite du sultan loin des rives du Djihoun. Cette nouvelle troubla profondément Tourkân-Khâtoun, qui, dès ce moment, ne songea plus à embellir ses yeux de collyre et comprit qu'elle ne pouvait plus demeurer dans le Khârezm. En conséquence, elle rassembla les femmes du sultan et ses jeunes enfants et, après avoir réuni toutes les choses précieuses qu'elle pouvait emporter, elle quitta le Khârezm pour toujours; son départ fit couler des torrents de larmes et meurtrit tous les cœurs.

p. ٣٩   Au moment de partir, elle donna un ordre si contraire aux lois de l'humanité que les annales n'en ont jamais enregistré d'aussi barbare et qu'il restera comme un stigmate éternel au front du Temps. S'imaginant que le feu de ces événements troublés ne tarderait pas à s'éteindre, que l'autorité affaiblie serait bientôt reconstituée et que le lendemain de cette nuit sombre allait prochainement briller, elle ordonna de mettre à mort les princes prisonniers qui étaient en ce moment au Khârezm; elle prit également cette cruelle mesure à l'égard de fils de princes, de hauts fonctionnaires occupant un rang éminent et de seigneurs puissants. Environ vingt personnes placées sous sa sauvegarde périrent de cette façon, entre autres le sultan seldjouqide Toghroul, ʿImâd ed-Dîn prince de Balkh, son fils le prince Bahrâm-Châh, seigneur de Termidz, ʿAlâ ed-Dîn, seigneur de Bâmiân, Djemâl ed-Dîn

Omar, seigneur de Wakhch, les deux fils du seigneur de Seqtâq[1] dans le pays des Turcs, Borhân ed-Dîn Mohammed Çadr Djihân, son frère Iftikhâr Djihân et les deux fils de ce dernier, Malik el-Islâm et 'Azîz el-Islâm. Elle n'avait pas compris que, pour réprimer les séditions et réparer tous ces déchirements, le plus sage eût été de faire un retour vers le Dieu très-haut, et qu'il est toujours plus glorieux au début comme à la fin d'avoir recours à l'équité.

Tourkân-Khâtoun quitta donc le Khârezm accompagnée de tous ceux qui purent se décider à la suivre; la plupart des habitants alléguèrent des excuses pour ne point se joindre à elle, mais en réalité ils ne pouvaient se décider à abandonner les biens cependant si fragiles qu'ils possédaient en ce pays et qu'ils avaient réussi à amasser par divers moyens licites et autres. La princesse emmena avec elle Omar-Khân, fils du seigneur de Yâzer[2]; elle l'avait attaché à sa personne parce qu'il connaissait bien les routes qui conduisaient à son pays. On l'avait surnommé Sabour-Khân à cause des circonstances suivantes : son frère Hindou-Khân, au moment où il avait pris possession du pouvoir, avait donné l'ordre de crever les yeux de Sabour-Khân, mais la personne chargée de cette exécution, par égard pour le prince et redoutant pour elle-même un sort pareil, avait eu pitié de lui. Sabour-Khân contrefit donc l'aveugle durant onze années jusqu'à l'époque de la mort de Hindou-Khân. Tourkân-Khâtoun s'empara alors du pays de Yâzer, prétendant que Hindou-Khân avait épousé une femme de sa tribu dont elle était parente. Sabour-Khân ayant rouvert ses deux yeux se rendit à la cour du sultan, espérant qu'on lui attribuerait la principauté de son frère, mais, des démarches, qu'il avait faites dans cet espoir, il ne retira autre chose que le surnom de Sabour-Khân.

1. La lecture de ce nom est incertaine.
2. Je ne trouve aucune indication pour ce nom de localité.

En quittant le Khârezm, Omar-Khân était donc au service de Tourkân-Khâtoun qui n'avait avec elle aucune autre personne sur qui elle pût compter au cas où surgirait quelque fâcheux événement, soit pour écarter le danger, soit pour lutter si le péril devenait menaçant. Durant tout le voyage, Omar-Khân servit avec la plus grande fidélité, mais arrivé aux frontières de Yâzer, la princesse craignant que son compagnon ne l'abandonnât le fit périr lâchement et traitreusement en donnant l'ordre de lui trancher la tête, puis elle poursuivit sa route emmenant avec elle le harem et les trésors et gagna la citadelle de Ilâl qui est une des plus importantes forteresses du Mâzenderân. Ce fut là qu'elle demeura jusqu'au moment où les Tatars eurent achevé la déroute du sultan et le contraignirent à chercher un refuge dans l'île où il mourut, ainsi que nous le raconterons plus explicitement, s'il plaît à Dieu. Tourkân-Khâtoun fut alors assiégée dans Ilâl durant quatre mois. Selon la coutume dont ils usaient quand ils faisaient le siège d'une citadelle très fortifiée, les Tatars avaient construit autour de Ilâl une muraille percée de portes que l'on fermait pendant la nuit et que l'on ouvrait durant le jour. La place était ainsi étroitement bloquée lorsqu'une circonstance bien rare et bien extraordinaire se produisit. La citadelle se trouvait dans le Mâzenderân, pays où il pleut constamment, où l'humidité est abondante, où il est rare que le ciel ne soit couvert de nuages qui versent sur le sol des torrents de pluie et cependant la disette d'eau ne tarda pas à se faire sentir, car durant les quatre mois du siège Dieu voulut que le ciel restât d'une sérénité implacable. Tourkân-Khâtoun, dans cette détresse, se vit obligée de demander à capituler et, ses propositions ayant été acceptées par les Tatars, elle quitta la citadelle emmenant avec elle le vizir révoqué, Mohammed ben Çâlih. On rapporte qu'au moment où elle sortait de la place, un torrent d'eau jaillit de la porte et que les bassins débordèrent ce jour-là par un effet mystérieux de la puissance du Très-Haut, le Dieu unique et vengeur, qui renverse un édifice pour en fonder un autre sur ses ruines. Il y a dans cet événement un avertissement pour tous ceux qui réfléchissent.

Tourkân-Khâtoun faite prisonnière fut conduite auprès de Djenguiz-Khân. Durant le règne de Djelâl ed-Dîn on recevait de ses nouvelles, mais depuis cette époque je ne sais quel sort la Fortune lui a réservé. L'officier Bedr ed-Dîn Hilâl, qui était à son service, après avoir désespéré de pouvoir sauver sa maîtresse, s'était enfui seul auprès de Djelâl ed-Dîn et, grâce à la protection de ce prince, il avait réussi à retrouver une situation brillante et s'était vu élever à un haut emploi. Ce personnage m'a raconté avoir dit à Tourkân-Khâtoun : « Allons ! fuyons ensemble et réfugions-nous auprès de Djelâl ed-Dîn ; car c'est le fils de votre fils, une parcelle de vos entrailles. Sans cesse nous recevons des nouvelles qui nous font connaître sa valeur, son immense autorité et l'accroissement de ses domaines. » — « Jamais ! répondit-elle, plutôt périr ! Comment m'abaisserais-je à accepter les bienfaits de ce fils de Ay Djidjâk (c'était le nom de la mère de Djelâl ed-Dîn) et à vivre sous sa protection quand j'ai eu deux fils, Azlâgh-Châh et Aq-Châh ! A tout cela je préfère encore demeurer captive auprès de Djenguiz-Khân et y supporter la honte et les humiliations dont je suis l'objet. » La haine qu'éprouvait Tourkân-Khâtoun pour Djelâl ed-Dîn était en effet des plus vives. Le même officier Bedr ed-Dîn me disait encore que l'existence de Tourkân-Khâtoun si luxueuse autrefois était devenue si misérable qu'elle venait parfois assister au repas de Djenguiz-Khân pour emporter de quoi se nourrir durant quelques jours. Telle était alors la situation de cette femme dont précédemment les ordres étaient exécutés sur la plus vaste des contrées. Louanges soient rendues à Celui qui change ainsi la condition des êtres !

Quant aux jeunes enfants du sultan, ils furent tous mis à mort au moment de la reddition d'Ilâl; seul le plus jeune d'entre eux, Kamadji-Khân[1] avait été épargné. Tourkân-Khâtoun avait pris cet enfant en grande affection, il était sa consolation dans les jours de misère et d'adversité et aux heures de contrariété et d'affliction. Un certain jour qu'elle était en train de peigner cet enfant et qu'elle disait n'avoir jamais de sa vie éprouvé une angoisse aussi vive qu'en ce moment-là, un des bâtards[2] du prince vint la trouver et lui dit que Djenguiz-Khân demandait qu'on lui amenât Kamadji. C'était la dernière fois qu'elle devait voir cet enfant, car à peine eut-il été amené en présence de Djenguiz-Khân que celui-ci donna l'ordre de l'étrangler, ce qui fut fait. Tourkân-Khâtoun subit ainsi en ce monde la juste punition des cruautés qu'elle avait commises elle-même en faisant périr des fils de princes.

Djenguiz-Khân maria chacune des filles du sultan à un de ses bâtards; toutefois il fit exception pour Khân-Soulthân qui avait été mariée au sultan des sultans, ʿOtsmân, prince de Samarqand, Douchi-Khân, fils de Djenguiz-Khân, se l'étant réservée pour lui. Il fit épouser Tourkên-Soulthân, sœur germaine d'Azlâgh-Châh, à Dânichemend le chambellan, celui-là même qui avait été envoyé comme ambassadeur par Djenguiz-Khân à Tourkân-Khâtoun.

La situation faite au vizir révoqué Nidhâm el-Molk fut bien différente; les Tatars le gardèrent parmi eux l'entourant d'égards et d'attentions, parce qu'ils savaient combien les sentiments du sultan étaient changés à l'égard de ce personnage et toute la déconsidération dont il était l'objet de sa part. Parfois Djenguiz-Khân donnait à cet ex-vizir l'ordre de lever quelque châtiment infligé à une ville et lui assurait ainsi une certaine considération. Cela dura jusqu'au moment où Dou-

---

1. Ou Kamakhi-Khân.
2. Le sens de ce mot n'est pas bien certain.

chî-Khân se fut emparé de Khârezm et eut épuisé sa fureur de vengeance contre les habitants de ce pays. Parmi les prisonniers qu'on amena à Djenguiz-Khân se trouvaient les chanteuses du sultan; l'une d'elles Bent Zenkidja[1], qui était d'une grande beauté, fut demandée par Zîn[2] l'oculiste samarqandien qui avait soigné les yeux de Djenguiz-Khân pour des granulations; le *maudit* lui en fit don. Or cet oculiste était horriblement laid et d'un caractère désagréable. La chanteuse le prit donc en aversion et elle méritait vraiment qu'on ne lui infligeât pas un tel personnage pour remplacer près d'elle le souverain de l'islamisme ni qu'on lui fît troquer un bel homme doué d'une haute stature contre une sorte de hibou[3]. Elle resta deux ou trois jours chez l'ex-vizir qui passait son temps à boire et c'est là que l'oculiste vint la demander à plusieurs reprises, mais elle refusa de le suivre. Furieux, l'oculiste alla trouver Djenguiz-Khân, et lui rapporta que l'ex-vizir disait qu'il avait plus de droits que tout autre à avoir cette chanteuse. A cette nouvelle, Djenguiz-Khân entra dans une violente colère; il manda l'ex-vizir et lorsque celui-ci fut en sa présence, il se mit à lui énumérer les trahisons dont il s'était rendu coupable à l'égard de son ancien maître et à lui rappeler les malheurs qu'il avait attirés sur la famille royale. Puis lui retirant la protection qu'il lui avait accordée jusque-là il débarrassa la terre de son sang impur.

1. La lecture de ce mot est incertaine.
2. Ou Zaban, ou peut-être encore Raban.
3. Je ne suis pas bien sûr du sens de cette dernière phrase.

CHAPITRE XIX

QUELQUES DÉTAILS SUR TOURKAN-KHATOUN ET SA CONDUITE

Cette princesse appartenait à la tribu des Bayawout [1] une des fractions de celle des Yemek. Au moment où elle avait atteint l'apogée de sa grandeur, elle avait reçu le surnom de Khadawend-Djihân, c'est-à-dire de Maîtresse de l'Univers. Elle était fille de Djankachi [2], un des princes turcs et avait été épousée par Takach fils d'Il-Arslân qui, dans cette circonstance, avait déployé le luxe usité dans les mariages princiers. Quand le sultan Mohammed, héritier de son père Takach, monta sur le trône, elle entraîna toutes les tribus turques des Yemek qui avoisinaient son pays à se joindre au nouveau souverain dont les forces ainsi augmentées assurèrent la suprématie. Ce fut en raison de cette circonstance que Tourkân-Khâtoun eut une grande part de l'autorité dans le royaume. Jamais le sultan ne s'empara d'une région sans lui en donner une portion considérable en toute propriété.

C'était une femme douée d'un caractère respectable et d'une grande intelligence. Elle décidait avec sagesse et équité dans toutes les affaires litigieuses qui étaient portées devant elle et savait toujours rendre justice à l'opprimé contre son oppresseur. Toutefois elle se laissait facilement entraîner à répandre le sang. Son pays lui dut un grand nombre d'œuvres pieuses et charitables et, si je voulais rapporter toutes les grandes choses qu'elle fit et dont j'ai été témoin, la liste en

---

1. Tribu mongole qui habitait les bords de la Tchida.
2. Abou 'l-Ghâzi dit que le père de Tourkân-Khâtoun était l'un des chefs de la tribu des Qanqli. Cf. le baron Desmaisons, *Histoire des Mogols et des Tatares*, Saint-Pétersbourg, 1874, t. II, p. 37.

serait longue. Sept personnages éminents et grands seigneurs lui servaient de secrétaires de commandement. Lorsque sur une même affaire on recevait deux décisions différentes, l'une provenant d'elle, l'autre du sultan, c'était toujours la dernière en date que l'on mettait à exécution, dans quelque contrée que ce fût, sans distinguer qui en était l'auteur. La formule de son apostille était conçue en ces termes : « La protection du monde et de la religion, Olough-Tourkân, reine des femmes de l'univers. » Sa devise était : « Je demande protection à Dieu seul. » Elle l'écrivait en gros caractères et son écriture était si belle qu'il était impossible de contrefaire sa devise.

CHAPITRE XX

DÉPART DU SULTAN DE KOTLOF[1] APRÈS LA PRISE DE BOKHARA PAR DJENGUIZ-KHAN

Dès que le sultan eut appris que Djenguiz-Khân s'était emparé d'Otrâr et qu'il avait fait mettre à mort Inâl-Khân ainsi que tous les soldats que ce dernier avait avec lui dans cette ville, il s'établit dans les environs de Kotlof et d'Andekhoudz[2] pour y attendre l'arrivée des troupes mises en déroute de divers côtés et aussi pour voir la façon dont le sort ferait tourner les événements qu'il tenait en réserve.

Maître d'Otrâr, Djenguiz-Khân marcha sur Bokhâra, qui de toutes les villes où flottait l'étendard du sultan était la plus rapprochée de lui, et en fit le siège. En agissant ainsi, son but était de couper les communications entre le sultan et

---

1. Localité du Khorâsân, entre Balkh et Merw.
2. Ville près de Serakhs, dans le Khorâsân.

ses troupes dispersées de divers côtés, de façon à ce qu'il ne pût concentrer ses forces même dans le cas où il songerait à revenir sur son système de dissémination. Djenguiz-Khân mit donc le siège devant Bokhâra à la tête de toutes les nombreuses troupes de fantassins et de cavaliers qu'il avait amenés d'Otrâr ; il finit par emporter la place d'assaut après de longs combats qui durèrent nuit et jour.

Une vive discussion s'engagea entre le grand écuyer Kechli et les autres officiers du sultan qui se trouvaient dans la ville lorsqu'on vit qu'elle allait être prise. Enfin on décida de préférer la honte de la fuite à l'honneur de la résistance; les assiégés convinrent de sortir et de charger tous ensemble comme un seul homme pour s'ouvrir un passage, de façon à se dégager de l'étreinte qui les entourait et à mettre un terme aux maux qu'ils enduraient. La sortie s'effectua comme ils l'avaient résolue et il n'aurait tenu qu'à eux de la transformer en une victoire. En effet, les Tatars voyant que l'affaire devenait grave, que le danger croissait, que le tranchant était aiguisé et que l'attaque était impétueuse, lâchèrent pied devant l'ennemi et lui ouvrirent un passage pour s'échapper. Mais si les musulmans avaient fait une nouvelle charge en prenant les Tatars à revers et en les attaquant avec vigueur, ils les eussent certainement mis en pleine déroute d'une manière définitive; malheureusement la Fortune leur ayant tourné le dos, ils se contentèrent de rechercher leur salut. Aussitôt que les Tatars s'aperçurent que leurs ennemis ne cherchaient qu'à fuir, ils les poursuivirent vivement en cherchant à leur couper la retraite de tous côtés et ne s'arrêtèrent que sur les bords du Djihoun. Seul Aïnandj-Khân, à la tête d'une petite troupe, réussit à échapper au carnage et la majeure partie de l'armée du sultan trouva la mort dans cette affaire. Les Tatars firent un énorme butin : richesses de toutes sortes, armes, munitions et prisonniers tombèrent entre leurs mains, si bien que leur situation devint encore plus prospère et que leurs soldats furent enrichis.

En recevant inopinément la nouvelle de ce terrible événement, le sultan fut consterné et son abattement fut tel qu'il devint incapable de penser et d'agir. Désespérant de pouvoir garder la Transoxiane, il traversa lentement le Djihoun. Dans cette conjoncture, alors que son autorité était ébranlée et qu'il avait perdu les plus vaillants de nos soldats, sept mille Khithaïens appartenant aux tribus de ses cousins par sa mère, firent défection et allèrent se joindre aux Tatars. 'Ala ed-Dîn, prince de Qondouz, alla également reconnaître l'autorité de Djenguiz-Khân et s'unir à lui pour lutter contre le sultan. Ainsi fit encore l'émir Djâh Reri[1], un des chefs de Balkh. De tous côtés la défection et la trahison se produisaient à l'envi : partout l'ordre était bouleversé, les digues de l'autorité éventrées, ses anses cassées, ses liens et ses étais brisés. Toute corde finit par se rompre et toute chose par périr; Dieu donne le pouvoir à qui il veut et l'enlève à qui il lui plaît; lui seul fait tout ce qu'il désire.

Lorsque les personnages que nous venons d'énumérer arrivèrent près de Djenguiz-Khân, ils lui firent part de la terreur qui faisait frissonner le sultan et l'instruisirent du désarroi dans lequel il se trouvait. Aussitôt Djenguiz-Khân expédia les deux chefs Nemeh Nouyen et Sebthi Bahâdour à la tête de trente mille hommes. Après avoir traversé le fleuve dans la direction du Khorâsân, ces deux chefs parcoururent toute la contrée en exécution des ordres qu'ils avaient reçus, pillant et mettant tout à feu et à sang, au point qu'ils accablèrent d'avanies les artisans terrorisés et qu'ils chassèrent les cultivateurs complètement nus. Les parties les mieux défendues de la contrée furent mises au pillage ; on pressura aussi bien

---

1. On peut lire Reri, Rezi ou Zeri.

les richesses qui étaient apparentes que celles qui étaient cachées; on n'entendit plus le bêlement du mouton, ni le cri du chameau, mais seulement la voix du hibou et les résonances de l'écho; enfin l'air retentit de gémissements tels que jamais on n'en avait entendu de semblables ni dans les siècles passés, ni sous aucun des gouvernements précédents. Avez-vous, en effet, jamais ouï dire qu'une horde partie du point où le soleil se lève ait parcouru la terre jusqu'aux portes Caspiennes, traversant le pays des Qifdjâq, portant partout le ravage au milieu de ses tribus et semant aveuglément la mort sur son passage? Point de terres qu'elle n'ait foulées sans les piller; point de villes qu'elle n'ait rencontrées sur sa route sans les détruire. Puis, retournant vers son maître en suivant la route du Khârezm, cette horde, malgré cet immense circuit, revenant saine et sauve, les mains chargées de butin, après avoir détruit aussi bien les produits de la terre que des troupeaux et passé au fil du glaive tous les habitants! Et tout cela en moins de deux ans! Certes la terre appartient à Dieu qui en fait hériter qui il veut; mais la récompense dernière sera à ceux qui ont craint.

CHAPITRE XXI

DES SOUFFRANCES QU'EUT A ENDURER LE SULTAN ET DES DÉFAITES QU'IL EUT A SUBIR JUSQU'AU MOMENT OU IL ALLA MOURIR DANS UNE ILE DE LA MER CASPIENNE.

Le sultan venait de traverser le Djihoun quand 'Imâd ed-Dîn Mohammed ben Es-Sedîd Es-Sâoui, vizir de son fils Rokn ed-Dîn, seigneur de l'Irâq, vint se mettre à sa disposition.

Rokn ed-Dîn avait, en apparence, envoyé ce vizir à la cour du sultan pour y traiter ses affaires, mais en réalité il avait voulu se débarrasser de lui et délivrer son palais de la présence de ce fauteur d'intrigues. Déjà, du reste, il s'était plaint au sultan de la hauteur et de l'esprit de révolte de ce vizir qui, en toute circonstance, ne suivait que ses penchants et ses instincts. Aussitôt arrivé à la cour du sultan, 'Imâd ed-Dîn, qui était au courant des machinations dirigées contre lui, se mit en devoir de combiner un stratagème qui lui permît de se tirer de ce mauvais pas. Comme il avait l'éloquence persuasive et que ses avis en affaires étaient toujours suivis, il se mit à persuader au sultan qu'il avait tout intérêt à se rendre dans l'Irâq en laissant de côté le Khorâsân et ses habitants. Si le sultan revenait ainsi au lieu de sa naissance, là où coulaient les eaux qui arrosaient son patrimoine ancien et nouveau, il y trouverait, lui disait-il, à réunir des richesses et à lever des hommes et pourrait ainsi réparer ses pertes et à panser ses blessures. Tout cela n'était que récits mensongers et nouvelles en l'air, pareils au mirage de la steppe que le voyageur altéré croit être de l'eau jusqu'au moment où il s'en approche et alors il ne trouve rien.

Dans cette circonstance le sultan vendit ses espèces sonnantes contre une simple créance, car il laissa derrière lui en territoires et en hommes des quantités telles que, par rapport à elles, l'Irâq était aussi infime que la substance aux yeux des Moatazélites ou même d'une valeur moindre ou bien comme un atome unique aux yeux de ceux qui croient à leur existence et même plus petit encore. Il quitta donc les rives du Djihoun pour se rendre à Nisâbour, mais il n'y resta que quelques instants de la journée, tant la frayeur dominait son cœur. L'effroi s'était, en effet, implanté au plus profond de son âme ; la terreur l'emportait dans les vallées du soupçon et ne lui permettait plus de fermer ses ailes pour goûter le repos.

L'émir Tâdj ed-Dîn Omar El-Bisthâmi, un des officiers de l'intendance du palais, m'a fait le récit suivant : « Durant ce voyage vers l'Irâq, le sultan était arrivé à Bisthâm[1]. Il me manda alors et ayant fait apporter dix caisses, il me dit : Sais-tu ce que contiennent ces caisses? — Le sultan le sait mieux que moi, lui répondis-je. — Tout cela, ajouta-t-il, est plein de perles dont on ignore la valeur[2], excepté ces deux caisses. — Ce disant, il me montra deux caisses dans lesquelles il y avait des perles d'une valeur égale à l'impôt que donnerait la terre entière. Il m'ordonna ensuite de faire porter ces deux caisses dans la citadelle de Erdelin[3], une des places les plus fortes du monde, car les aigles ne peuvent y atteindre dans leur vol et les habitants n'ont jamais pu y voir les oiseaux autrement que de dos. Je fis donc porter les perles et me fis délivrer par le gouverneur de la citadelle un reçu constatant qu'à leur arrivée les scellés des deux caisses étaient intacts. Plus tard les Tatars, s'étant répandus dans tout le pays et n'ayant plus rien à redouter du sultan, mirent le siège devant cette citadelle. Le gouverneur obtint la capitulation à la condition de livrer les caisses. On les remit en effet encore scellées et elles furent portées à Djenguiz-Khân. »

Arrivé dans l'Irâq, le sultan campa à Merdj-Daouletabâd qui appartient au canton de Hamadzân ; il y demeura quelques jours ayant avec lui environ vingt mille cavaliers, rebut de la populace ou débris de ses armées vaincues. Tout à coup on entendit le cri de guerre et aussitôt il fut entouré d'un cercle d'ennemis dont il occupait le centre ; il réussit à s'échapper, mais la majeure partie de ses compagnons succomba ce jour-là et au nombre de ceux qui furent tués se trouva 'Imâd

---

1. Ville du district de Qoumis, dans le Thabaristàn.
2. Ce passage est obscur.
3. Forteresse sur le territoire de Reyy, à trois journées de marche de cette ville.

el-Molk. Le sultan accompagné seulement d'un petit nombre de ses fidèles et courtisans réussit d'abord à gagner la ville de Djebel puis celle d'Oustoun-Abâd [1], une des places les plus inexpugnables des cantons du Mâzenderân, car elle est au milieu de cols et de défilés. Enfin il gagna le bord de la mer et s'installa près d'El-Fardha [2], dans un des villages qui en dépendent. Là, il se rendait à la mosquée, y faisait avec l'imam du village les cinq prières canoniques. L'imam lui lisait le Coran et durant cette lecture le sultan pleurait, faisait des vœux et promettait à Dieu le Très-Haut de faire régner la justice si le destin voulait qu'il échappât à la mort et qu'il rétablît les colonnes de son empire. Mais bientôt il fut atteint par les Tatars qui avaient avec eux Rokn ed-Dîn Kaboudkhaneh dont le sultan avait fait périr l'oncle, Noçret-ed-Dîn, le cousin 'Izz ed-Dîn Kaïkhosrou, pour s'emparer de leurs États. Rokn ed-Dîn profita de l'occasion qui s'offrit à lui en ce moment; il se joignit aux Tatars et s'empara du royaume de son oncle pour lequel il n'avait alors aucun compétiteur. Quand l'ennemi se précipita à l'improviste sur le village, le sultan monta sur une barque. Des flèches lancées par les Tatars tombèrent dans la barque et un certain nombre de ces maudits se noya en poursuivant avec acharnement le sultan pour s'en emparer. Leur ardeur causa leur perte et l'eau les fit arriver au feu de l'enfer.

Plusieurs des personnes qui se trouvaient avec le sultan dans la barque m'ont fait le récit suivant : Nous conduisions l'embarcation tandis que le sultan, qui souffrait d'une fluxion de poitrine au point de désespérer de son retour à la santé, se tenait étendu et montrait la plus grande affliction : « De toutes ces régions de la terre dont j'ai été le souverain maître,

---

1. Forteresse du Thabaristân, à 10 lieues de Reyy.
2. Le mot الغرضة signifiant *le port* n'est peut-être pas un véritable nom de localité.

disait-il, il ne m'en reste pas même deux coudées pour y creuser ma fosse et en faire ma tombe. Ce monde n'est point en réalité une demeure pour celui qui l'habite, et compter sur les choses terrestres, c'est se livrer aux déceptions et aux illusions. Cette terre n'est qu'une sorte de couvent[1] où l'on entre par une porte pour en sortir de suite par une autre. Prenez exemple de ceci, ô vous qui êtes doués d'intelligence. » Quand on arriva à l'île, le sultan éprouva une joie complète. Il s'installa dans cette île, banni et abandonné de tous, ne possédant plus ni son patrimoine propre, ni celui de ses ancêtres. Sa maladie allait toujours croissant. Des gens du Mâzenderân venaient chaque jour lui apporter à manger et tout ce qu'il désirait. Un jour il dit : « Je voudrais bien avoir un cheval qui brouterait près de cette tente que vous m'avez dressée » (on lui avait en effet dressé une petite tente). Le prince Tâdj ed-Dîn Hasan, qui était alors un des généraux du sultan et qui sous le règne de Djelâl ed-Dîn fut élevé à la dignité de prince, comme juste récompense des soins qu'il avait eus pour le sultan durant ces jours de détresse, et reçut en partage la principauté d'Asterâbâd avec ses cantons et ses forteresses, ayant entendu le désir exprimé par le sultan, lui offrit aussitôt un cheval isabelle. Or, avant ces derniers événements, l'émir Ikhtiyâr ed-Dîn, le grand écuyer du sultan, avait rassemblé dans les écuries royales trente mille chevaux et disait : Je n'en ai sous ma direction que trente mille, mais, si je le voulais, j'en aurais soixante mille sans avoir à débourser ni un dinâr, ni un dirhem. Il me suffirait pour cela d'en demander un à chacun des palefreniers[2] des haras du sultan répandus

---

1. Le texte porte رباط, sorte de couvent-forteresse placé sur la frontière d'un pays et dont les habitants se livraient à la fois aux pratiques de la dévotion et à la guerre contre l'ennemi.

2. Le mot جوبان signifie ordinairement pâtre, berger. Il s'agit ici des hommes qui s'occupaient de l'élevage des chevaux.

dans le pays et le chiffre se monterait à plus de trente mille. Que le lecteur juge par là de l'écart qui s'était produit entre les deux situations et qu'il en tire exemple!

A tous ceux qui, durant ces derniers jours, lui apportèrent à manger ou autre chose, le sultan délivra des décrets les nommant à une haute situation ou leur assignant une importante concession. Souvent même la personne était obligée de rédiger elle-même le décret, car le sultan n'avait plus auprès de lui de secrétaire pour libeller ces décisions prises dans l'île[1] et qui toutes d'ailleurs étaient soumises pour exécution à l'approbation de Djelâl ed-Dîn. Quand ces décrets furent présentés à Djelâl ed-Dîn lors de son arrivée au pouvoir, il les contresigna tous. En outre lorsque ceux qui avaient reçu un sabre ou un foulard du sultan comme gage d'une concession ou d'un emploi les présentèrent à Djelâl ed-Dîn, celui-ci baisa ces objets et confirma les engagements dont ils étaient l'indice, en signant les nominations qui lui avaient été indiquées.

Lorsque la mort vint frapper le sultan dans l'île et qu'il dut payer à Dieu l'échéance de sa vie, son corps fut lavé par les soins de ses principaux personnages de sa suite, Chems ed-Dîn Mahmoud ben Ilagh, le tchaouich, et par Moqarrib ed-Dîn, surnommé Mehter-Mehtrân[2], le chef des valets de chambre. Comme on ne trouvait pas de quoi ensevelir le corps[3], Chems ed-Dîn Mahmoud, dont il vient d'être parlé, donna sa chemise pour servir de linceul. Le sultan fut enterré dans l'île en l'année 617 (8 mars 1220-25 février 1221).

Il humilia les rois et il fit la chasse aux seigneurs ; par lui tous les puissants furent avilis.

Il était entouré de princes soumis à sa volonté et qu'on lui amenait troupeau par troupeau.

---

1. Le mot الجزيرة que je traduis par « dans l'île » ou « insulaire » a peut-être un autre sens que j'ignore.
2. Surintendant des surintendants.
3. L'usage veut qu'on emploie comme linceul des étoffes n'ayant jamais servi.

Quand son pouvoir fut affermi, que la terre ne lui sembla plus que peu de chose,

Que dans sa toute-puissance il crut que la fortune, si elle lui était hostile, devrait fuir devant lui découragée,

La mort irritée est venue le saisir et a dégainé contre lui son glaive acéré.

Alors plus ne lui ont servi les hommes chargés de sa défense et nul guide n'a pu lui montrer une issue.

Tel est le sort réservé aux superbes[1]; la Fortune les fait disparaître un à un.

CHAPITRE XXII

DE L'ARRIVEE DE CHIHAB ED-DIN EL-HAIRAQI DU KHAREZM A NESA. SIÈGE DE NESA PAR LES TATARS QUI Y FONT PÉRIR CHIHAB ED-DIN ET EN MASSACRENT LA POPULATION.

Chihâb ed-Dîn Abou Sa'd 'Imrân était un jurisconsulte éminent ; il était hors de pair en matière de *fetoua* sur les doctrines du rite de Châfe'i (que Dieu soit satisfait de lui!). A la science du droit il joignait la connaissance de la lexicographie, de la médecine, de la dialectique et d'autres sciences. Éloquent, parlant diverses langues, il était aussi homme de bons conseils. Mars avait acheté de lui le bonheur, Mercure avait profité de ses leçons, l'homme le plus fin était l'esclave de sa sagacité et le plus grand penseur était le serviteur de ses idées. Aussi jouissait-il auprès du sultan d'une telle estime que l'ambition n'en aurait jamais souhaité une plus grande, puisque l'on ne saurait monter plus haut que le ciel. Le sultan le consultait dans toutes les circonstances graves et s'en rapportait à ses décisions dans les questions importantes.

1. Mot à mot : ceux qui insultent.

Vous auriez pu voir les princes de la terre, les vizirs, les personnages occupant les situations les plus élevées en rang et debout devant la porte de Chihâb ed-Dîn, attendant qu'il eût achevé le cours qu'il faisait habituellement aux imâms. Il était chargé de l'enseignement dans cinq medressah du Khârezm. Il ne cessait jamais son cours avant d'avoir épuisé son programme.

Les chambellans du sultan s'entretenaient avec lui des affaires qu'on venait lui soumettre. Souvent il arrivait que le solliciteur demeurait une année entière ou même davantage, renvoyé de jour en jour, sans obtenir de solution à sa demande, tant étaient nombreuses les affaires, importantes les questions à traiter dans l'empire, et considérable la foule de ceux qui avaient des intérêts à régler. Le sultan dut même se servir pour son apostille d'un cachet qui contenait ces mots : « C'est sur Dieu seul que je m'appuie », et il chargea l'aînée de ses filles, Khân-Soulthân, de l'apposer sur les décrets qui étaient devenus si nombreux que le soin de les apostiller lui aurait pris la majeure partie de son temps et l'aurait empêché de donner ses soins aux choses graves; aussi durant les dernières années n'apostillait-il plus que les décrets relatifs aux questions importantes.

Voici une des choses qui montrent la haute influence dont jouissait Chihâb ed-Dîn Abou Sa'd. Dans toutes les dépêches adressées à un prince, quel qu'il fût, le nom de ce prince ne venait qu'après celui du vizir et à la suite de l'apostille. S'il s'agissait de Chihab ed-Dîn, au contraire, le nom du vizir était supprimé ; on agissait ainsi afin de donner à Chihâb ed-Dîn une marque de haute considération et d'estime en évitant de placer son nom après celui du vizir. On se contentait donc d'écrire le protocole du vizir qui, ainsi que nous l'avons déjà dit, était formulé en ces termes : « Par l'ordre auguste (que Dieu élève son auteur!) et par la décision suprême (qu'elle ne cesse d'être de plus en plus élevée!) », puis on rédigeait ensuite la dépêche dans les formes habituelles[1].

Chihâb ed-Dîn avait fait construire, dans la mosquée Ech-Chafa'ouiya, une bibliothèque ; jamais jusqu'alors on n'en avait vu de pareille et jamais dans l'avenir on n'en verra de semblable. Quand il dut abandonner le Khârezm et qu'il eût perdu tout espoir d'y revenir, il éprouvait tant de peine à laisser ces livres qu'il en emporta les plus précieux ; après sa mort à Nesà, ils tombèrent entre les mains de la populace et des gens de bas étage. Je fis rechercher tous ces ouvrages pour ma collection et réussis à acquérir ceux qui avaient le plus de valeur ; je les gardai jusqu'au moment où, tiraillé de tous côtés par les exigences de l'exil, je dus errer par toute la terre, tantôt à l'orient, tantôt à l'occident, laissant mes livres ainsi que les biens que j'avais acquis par héritage ou par mon travail dans la citadelle de Nesâ. De tout cela, plus tard, je ne pus recouvrer que mes livres.

Chihâb ed-Dîn arriva à Nesâ avec une foule nombreuse d'habitants du Khârezm et s'installa dans cette ville afin d'y attendre des nouvelles plus récentes de la situation du sultan et de pouvoir aller se mettre à sa disposition. Ce fut là, en effet, qu'il apprit bientôt que le sultan était arrivé à Nisâbour et qu'il avait quitté cette ville sans y faire un véritable séjour. Très inquiet de tout ce qui se passait, il ne savait plus que faire, ni quel parti prendre quand il vit arriver Behâ ed-Dîn Mohammed ben Sahl, un des émirs de Nesâ. Ce personnage rapporta qu'au moment de battre en retraite, le sultan lui avait donné l'ordre de se rendre à Nesâ, et d'engager les populations à se tenir sur leurs gardes en leur disant : « Cet ennemi ne ressemble en rien aux soldats des autres armées. Mon avis est donc que vous évacuïez la ville et que vous vous

---

1. Ce passage est assez obscur ; je ne suis pas certain de l'avoir exactement rendu.

réfugiiez dans les steppes et dans les montagnes où vous demeurerez jusqu'au moment où ils auront rassemblé par leurs déprédations de quoi remplir leurs espérances et leurs mains, car après cela ils s'en retourneront sans que vous ayez eu à souffrir de leur brusque irruption. Toutefois, habitants de Nesâ, si vous voulez reconstruire votre citadelle, qui a été autrefois détruite par le sultan, nous vous autorisons à le faire et à organiser la résistance derrière ces fortifications. »

A plusieurs reprises le sultan Takach avait autrefois fait de grands efforts pour s'emparer de la citadelle de Nesâ et n'y avait point réussi ; aussi désespérant d'en venir à bout avec ses seules forces, il avait fait alliance avec le prince de cette ville 'Imâd ed-Dîn Mohammed ben Omar ben Hamza. Le sultan, ayant ainsi placé 'Imâd ed-Dîn sous sa dépendance put grâce à cet allié soumettre toutes les villes du Khorâsân, les plus proches comme les plus éloignées, en sorte qu'aucune place de cette province ne fut désormais rebelle à son autorité. 'Imâd ed-Dîn mourut moins d'un an après la mort de Takach et son fils aîné, Nâçir ed-Dîn Sa'îd, qui lui succéda, ne survécut que de six mois à son père. On assure que Nâçir ed-Dîn avait envoyé à son père un émissaire chargé de lui faire boire un poison mortel, mais il ne jouit pas longtemps du pouvoir qu'il avait ainsi acquis. Le sultan envoya à Nesâ chercher les trésors et les jeunes enfants du défunt et les fit transporter au Khârezm où ces jeunes princes demeurèrent en captivité jusqu'au moment de l'arrivée des Tatars, époque à laquelle ils recouvrèrent leur liberté, ainsi que nous le raconterons plus loin.

Devenu ainsi maître de Nesâ, le sultan donna l'ordre de raser la citadelle qui fut détruite de fond en comble. L'emplacement sur lequel elle était bâtie fut livré à la charrue de façon à en égaliser le sol que l'on ensemença en orge en signe de mépris. Cette citadelle était une des plus merveilleuses qui aient été construites sur des collines. Elle offrait ce caractère particulier d'être très vaste et de pouvoir contenir une énorme population. Il n'y avait pas un seul des habitants de la ville, riche ou pauvre, qui n'eût là une maison. Au milieu de la citadelle et sur une élévation se trouvait un réduit destiné au sultan. L'eau provenait de ce réduit et s'écoulait dans toute la partie inférieure qui n'avait point de sources et où on ne trouvait l'eau qu'en creusant le sol à une profondeur de 70 coudées. La raison de ce fait, à ce que l'on prétend, c'est que la partie supérieure était une montagne renfermant une source et que la partie inférieure provenait de terres qui avaient été accumulées à sa base. Quand, sous le règne de Gustasf, roi de Perse, Nesâ était devenue une ville frontière et avait servi de barrière et de ligne de démarcation entre les Turcs et les Persans, les habitants de la ville avaient été contraints par corvées d'apporter toutes ces terres au pied de la montagne et c'est ainsi que le territoire de la forteresse avait été étendu.

Lorsqu'ils eurent entendu les paroles que Behâ ed-Dîn Mohammed ben Abou Sahl leur transmettait au nom du sultan, les habitants de Nesâ préférèrent reconstruire leur citadelle plutôt que d'abandonner leur pays. Le vizir Dhahîr ed-Dîn Mas'oud ben El-Metsour Ech-Châï se mit immédiatement à l'œuvre et, soit à l'aide de corvées, soit autrement, il fit élever un mur semblable à ceux qui entourent les parcs; les habitants se mirent à l'abri derrière cette nouvelle fortification, où s'établirent également Chihâb ed-Dîn Abou Sa'd ben Omar El-Kheyouqi et une troupe d'habitants du Khârezm. Aussitôt qu'ils eurent connaissance de ce fait, l'émir Tâdj ed-Dîn Mohammed ben Çà'id, son oncle maternel, l'émir 'Izz ed-Dîn Kaïkhosrou, et un certain nombre d'émirs du Khorâsân formèrent le dessein de venir renforcer les troupes de Chihâb ed-Dîn et de demeurer avec lui dans Nesâ durant cette période de douloureuses calamités. Ils espéraient aussi, d'une part, se ménager la reconnaissance du sultan et, d'autre part, établir une barrière qui les mît à l'abri des surprises tentées par les conquérants que le sort favorisait.

Or il était advenu que Djenguiz-Khân avait dirigé contre le Khorâsân son gendre, Tifdjâr-Nouyen, ainsi qu'un de ses généraux nommé Yerka-Nouyen à la tête d'une armée de dix mille cavaliers, avec ordre de piller le pays, de l'incendier, de le pressurer au point d'en extraire en quelque sorte la moelle des os et le sang des veines, enfin de jeter au vent les ossements des cadavres qui gisaient dans les tombeaux. Un parti isolé de cette armée, qui avait à sa tête un émir du nom de Il-Kouch s'étant présenté devant Nesâ, les habitants de cette ville se portèrent à sa rencontre et Il-Kouch périt dans la lutte, atteint d'une flèche à la poitrine. Cette circonstance décida les Tatars, qui voulurent tirer vengeance des habitants de Nesâ, à entreprendre le siège de cette ville avant d'attaquer les autres cités du Khorâsân. En conséquence ils marchèrent sur Nesâ avec des troupes de toutes sortes en nombre considérable et assiégèrent la citadelle durant quinze jours, combattant nuit et jour sans trêve, ni repos. Ils dressèrent contre la place vingt mangonneaux qu'ils avaient amenés à bras d'hommes des frontières du Khorâsân, puis ils lancèrent contre les remparts des captifs placés sous des béliers, sortes de tentes en forme de dos d'âne et composées de bois recouvert de peaux. Si ces captifs revenaient avant d'avoir atteint les murailles, ils étaient aussitôt mis à mort. Grâce à cette façon de combattre, qui leur était habituelle, les Tatars parvinrent à pratiquer une brèche qu'il fut impossible de combler. Ce résultat obtenu, ils revêtirent tous leurs costumes de guerre et, se précipitant à l'assaut au milieu de la nuit, ils s'emparèrent des remparts qu'ils occupèrent jusqu'au matin, tandis que les habitants se tenaient cachés dans leurs demeures. Dès que le jour parut, ils descendirent des remparts et chassèrent devant eux, jusqu'à une esplanade située en arrière des jardins et nommée Aderbân[1], toute la population qui fuyait en désordre, pareille à un troupeau de moutons que pousse un berger.

Avant de commencer le pillage, les Tatars attendirent que tous les habitants fussent réunis sur cette vaste esplanade vers laquelle ils les avaient conduits. Quand toute cette masse fut ainsi rassemblée, y compris les femmes et les enfants dont les cris et les gémissements déchiraient les voiles du ciel et remplissaient les vastes espaces de l'air, ils ordonnèrent à tous ces individus de s'attacher les uns aux autres. Le désarroi était tel que chacun se mit en devoir d'exécuter cet ordre, alors qu'il eût été facile à la plupart des habitants, s'ils s'étaient dispersés, de trouver leur salut dans la fuite sans chercher à combattre et en se réfugiant dans la montagne qui était voisine. Dès que tous ces gens se furent garrottés, les Tatars leur décochèrent des flèches et les étendirent morts sur place, laissant leurs corps en pâture aux fauves de la terre et aux oiseaux du ciel. Que de sang fut répandu ce jour-là ! que de femmes violées ! que d'enfants à la mamelle tués sur le sein de leur mère ! Le nombre de ceux qui périrent dans cette journée, habitants proprement dits de la ville, étrangers ou protégés, s'éleva à soixante-dix mille et il ne s'agit ici que d'un seul des cantons du Khorâsân. Chihâb ed-Dîn El-Kheyouqi et son fils, l'éminent Tâdj ed-Dîn, furent conduits en présence de Tifdjâr-Nouyen et de Yerka-Nouyen ; en même temps on apporta les caisses du trésor que l'on vida devant Chihâb ed-Dîn et son fils qui se tenaient debout ; puis on les fit périr dès que la masse d'or eut établi une séparation entre eux et les deux chefs tatars. Aujourd'hui

---

1. Peut-être faut-il lire Ghaderbân ou Ghaderyân. Le ms. ne donne pas les points diacritiques de ce mot.

Chihâb ed-Dîn est enterré à Nesâ dans un tombeau très visité qui porte le nom de Mil-Djefna[1].

CHAPITRE XXIII

RÉSUMÉ DES ÉVÉNEMENTS QUI EURENT LIEU DANS LE KHORASAN APRÈS LE DÉPART DU SULTAN. (Point n'est besoin d'entrer dans les détails, car tous ces faits se ressemblent les uns aux autres ; il ne s'agit en effet que d'extermination et de dévastation générales.)

A peine le sultan avait-il battu en retraite sur l'Irâq et avait-il abandonné toute la partie du Khorâsân qu'il laissait derrière lui, qu'il fut poursuivi par Yemeh-Nouyen et Sebthi-Behadour qui cherchèrent à l'atteindre. Tifdjâr et Yerka, les deux maudits, avaient de leur côté traversé le fleuve pour gagner le Khorâsân et c'est alors qu'avaient eu lieu à Nesâ les événements que nous avons rapportés. Toutes ces troupes se divisèrent ensuite en petits groupes qui se répandirent dans le Khorâsân et s'éparpillèrent dans toutes les directions. Chaque fois qu'un de ces groupes fort de mille cavaliers par exemple, avait envahi un canton, il rassemblait les paysans qu'il trouvait dans les villages et les conduisait ensuite vers le chef-lieu ; là, on obligeait les paysans à dresser des mangonneaux et à creuser des tranchées jusqu'à ce que la ville fût prise. Ce résultat atteint, on ne laissait pas âme qui vive dans la place ; aucun des habitants n'était épargné et la terreur s'était si bien emparée de tous les esprits que ceux qui avaient été faits prisonniers étaient au fond beaucoup

p. ٥٢

---

1. Le texte porte حفنة, Hafna.

plus tranquilles que ceux qui, assis dans leurs demeures, attendaient le cours des événements.

A cette époque, je résidais dans ma citadelle de Khorendez, une des places principales du Khorâsân. J'ignore quel est celui de mes ancêtres qui le premier a été le maître de cette forteresse. Les récits les plus divers circulaient à ce sujet et variaient suivant les sympathies de leurs auteurs ; aussi ne voulant rien dire qui ne soit certain, je m'abstiendrai de les reproduire. Toutefois on supposait que mes ancêtres occupaient cette citadelle depuis le commencement de l'islamisme, c'est-à-dire depuis l'arrivée de ses glorieux missionnaires dans le Khorâsân, mais ce n'est là qu'une simple hypothèse. En ce moment où de violentes perturbations agitaient le monde, Khorendez était resté un lieu de refuge pour ceux qui voulaient échapper à la captivité et un asile pour tous ceux que la crainte affolait, car cette place se trouvait située au centre du pays et au milieu de sa partie la plus florissante. A tout instant d'éminents personnages, des gens riches et célèbres arrivaient pieds-nus et sans vêtements me demander asile. Je les habillais du mieux que je pouvais et venais à leur aide pour les tirer d'embarras, puis je leur faisais rejoindre ceux de leurs parents que le fer avait épargnés.

Les Tatars ne cessèrent de bouleverser le Khorâsân de fond en comble, aidés dans cette tâche par un individu nommé Habech, originaire de Kahidja, un des hameaux de Oustouwa-Khabouchân[1]. C'était un général, mais on l'avait surnommé prince par dérision et par moquerie. Il avait été placé à la tête des renégats et il était chargé des mangonneaux et de la direction des fantassins. A cause de cet homme, la population eut à endurer les maux les plus terribles, les

---

1. Canton de la province de Nisâbour dont le chef-lieu se nommait Khabouchân et dont le nom était Oustouwa. Cf. Barbier de Meynard, *Dictionnaire de la Perse*, p. 33.

avanies les plus honteuses et tous les fléaux qui descendent du ciel. Il se lança dans les entreprises les plus scélérates, envoyant des messages dans tous les villages du Khorâsân, qui étaient protégés par des remparts et des fossés et avaient des mosquées, pour enjoindre à chacun des chefs importants qui les commandaient de se rendre auprès de lui en personne accompagné de ses administrés munis de pioches, de barres à mine, ainsi que de tout ce qu'ils pouvaient réunir en fait d'arcs ou de matériel de siège. Aussitôt qu'on avait répondu à son appel, il menait tous ces gens au siège d'une ville quelconque, s'en emparait et infligeait aux habitants un châtiment exemplaire. Si quelque chef invoquait un prétexte pour ne point bouger de chez lui, Habech marchait vers sa résidence, en faisait le siège et chassait ensuite ce personnage et tous les habitants qu'il faisait passer au fil de l'épée ou périr de quelque autre façon.

L'attaque de Nisâbour et le siège de cette ville furent retardés jusqu'au moment où les Tatars eurent achevé de ruiner tous les cantons qui étaient considérés comme formant ses dépendances et qui renfermaient plus de vingt cités. Ce fut alors seulement qu'ils réunirent toutes leurs forces pour marcher sur Nisâbour et faire goûter à ses habitants l'horrible châtiment qu'ils voulaient lui infliger. En conséquence, les Tatars rallièrent toutes leurs troupes dispersées sur les divers points du Khorâsân et s'approchèrent de la place, mais les habitants firent une sortie et livrèrent un combat dans lequel Tifdjâr le maudit reçut une flèche en pleine poitrine. Le trait ayant pénétré jusqu'au cœur, le monde fut enfin débarrassé de la fureur de cet homme qui alla brûler dans le feu que Dieu a allumé et dont les flammes enveloppent les âmes des réprouvés. Témoins de cette résistance de la population, les Tatars comprirent qu'ils ne viendraient à bout du siège de Nisâbour que s'ils recevaient des renforts. Ils écrivirent donc à Djenguiz-Khân pour lui demander de venir à leur aide et de leur prêter assistance. Celui-ci leur expédia aussitôt Qîqou-Nouyen, Qedboga-Nouyen, Thoulon Harbi[1] et un certain nombre d'autres émirs à la tête d'environ cinquante mille cavaliers. Avec ces renforts les Tatars campèrent sous les murs de la ville et l'investirent à la fin de l'année 618 (25 février 1221-15 février 1222), c'est-à-dire postérieurement à l'expédition de Djelâl ed-Dîn dans l'Inde, expédition dont nous parlerons plus loin, si Dieu veut.

Arrivés devant Nisâbour, les Tatars s'installèrent à l'orient de cette ville dans le village de Nouchedjân[2], où les arbres étaient nombreux et les eaux abondantes. Là ils se procurèrent tout ce dont ils avaient besoin pour leurs retranchements, leurs galeries couvertes, leurs mangonneaux et leurs béliers ; puis ils marchèrent contre la place, dressèrent en un seul jour deux cents mangonneaux munis de tous leurs engins et après en avoir battu les murs durant trois jours, ils entrèrent dans Nisâbour et lui infligèrent le sort qu'ils avaient fait subir aux autres cités. Emportée dans la tourmente, cette ville fut le jouet du malheur, et la nuit et le jour gémirent sur son sort. Sur l'ordre des Tatars, des prisonniers en égalisèrent le sol avec des pelles ; la surface en devint si lisse qu'on n'y trouvait plus ni une motte, ni une pierre en sorte que les cavaliers n'ayant pas à craindre d'y voir trébucher leurs montures y installèrent un jeu de mail. La plupart des habitants périrent sous terre, car ils s'étaient réfugiés dans des souterrains et sous des galeries creusées dans le sol, avec l'espoir d'échapper au danger.

Lorsque Djelâl ed-Dîn revint de l'Inde, comme nous l'exposerons plus loin, et qu'il fut devenu maître du Khorâ-

---

1. La lecture de ces trois noms est incertaine.
2. Peut-être faut-il lire Nousedjân, Sedjân étant une localité voisine de Nisâbour.

sân ainsi que de la partie avoisinante de l'Irâq et du Mâzenderân il afferma, malgré l'état de ruine du pays, la découverte des trésors enfouis, moyennant une somme annuelle de 30,000 dinars. Or, il arriva parfois que, le fermier de cette redevance trouva, en un seul jour, une somme égale à celle qu'il s'était engagé à payer, tant il était resté de richesses enfouies dans les souterrains en même temps que leurs propriétaires. Le récit qui précède donne une idée très exacte de ce qui passa dans les autres villes du Khorâsàn, du Khârezm, de l'Irâq, du Mâzenderân, de l'Adzerbaïdjân, du Ghour, du Bâmiân et du Sedjestân jusqu'aux frontières de l'Inde. Point n'est donc besoin d'entrer dans de longs détails à leur sujet, car si je le faisais je n'aurais autre chose à changer que le nom des assiégeants et celui des assiégés.

CHAPITRE XXIV

LE SULTAN DÉSIGNE SON FILS DJELAL ED-DIN COMME SON HÉRITIER PRÉSOMPTIF APRÈS AVOIR DÉPOUILLÉ DE CE TITRE SON AUTRE FILS QOTHB ED-DIN AZLAGH-CHAH.

Nous avons déjà raconté que le titre d'héritier présomptif avait été décerné à Qothb ed-Dìn Azlàgh-Châh afin de complaire à Tourkân-Khâtoun dont les désirs, à cette époque, étaient toujours éxécutés par le sultan, qu'il fût près ou loin d'elle. Mais quand, devenu gravement malade dans l'île, le sultan apprit que sa mère avait été faite prisonnière, il manda auprès de lui Djelâl ed-Dìn ainsi que les deux frères de ce dernier qui se trouvaient alors dans l'île, Azlâgh-Châh et Aq-Châh, puis il leur dit : « Les liens de la royauté sont relâchés et les bases de ma dynastie fortement ébranlées menacent ruine. Notre ennemi, dont les moyens d'action se sont affermis, tient l'empire dans ses griffes et le déchire à belles dents. Nul autre que mon fils Mankobirti ne saurait me venger et effacer cet affront, aussi je l'institue mon successeur. Vous devez donc lui obéir et vous ranger sous sa bannière. » Cela dit, le sultan attacha lui-même son sabre à la ceinture de Djelâl ed-Dîn. Quelques jours à peine s'étaient écoulés après cette cérémonie, que le malheureux sultan rendait le dernier soupir et allait comparaître devant le Seigneur. Il fut ensuite porté en terre. Que le Très-Haut ait pitié de lui !

CHAPITRE XXV

DE LA SITUATION DU KHAREZM APRÈS QUE TOURKAN-KHATOUN L'EUT EVACUÉ

La princesse avait abandonné le Khârezm et l'avait complètement évacué sans y laisser personne pour maintenir l'ordre et gouverner les populations. Ce fut un certain Ali Kouhi Deroughân qui s'empara alors de l'autorité. Cet homme était un aventurier, une sorte de casse-cou qu'on avait surnommé Kouhi Deroughân à cause de l'énormité de ses mensonges, ces mots signifiant « mensonges comme des montagnes »[1]. Grâce à sa détestable administration, à son ignorance des règles les plus élémentaires de la politique et au peu de qualités qu'il possédait pour l'exercice du pouvoir, la population du Khârezm fut foulée et opprimée. L'autorité souveraine perdit tout son prestige et chacun se laissa aller

---

1. En persan.

à suivre ses penchants naturels, ce qui sema partout la désunion, la discorde, les rivalités et les haines. Les revenus de l'État furent à la merci de tous les fripons et devinrent la proie de tous les gens rapaces. Quand cet Ali adressait une cédule de 100,000 dinars, par exemple, à prélever pour l'impôt d'une certaine contrée et qu'on lui apportait 1,000 dinars, il s'estimait très satisfait ; il considérait même qu'on lui faisait ainsi un véritable cadeau et qu'on lui donnait un témoignage d'affection et de dévouement.

Cette situation dura jusqu'au moment où d'anciens agents du divan, tels que 'Imâd ed-Dîn El-Mocharref et Cheref ed-Dîn Kîk[1] revinrent au Khârezm après la mort du sultan. Comme la population du Khârezm ignorait encore la mort du souverain, ces fonctionnaires imaginèrent de fausses dépêches émanées du sultan et remirent de l'ordre dans les finances de l'État. Kouhi Deroughân fut alors contraint de s'éloigner parce qu'on lui avait rapporté que le sultan était encore vivant et qu'il était occupé à tenir tête aux Tatars. Les choses demeurèrent en cet état jusqu'au jour où Djelâl ed-Dîn revint dans le Khârezm accompagné de ses deux frères, Azlâgh-Châh et Aq-Châh, postérieurement à la mort du sultan.

CHAPITRE XXVI

DJELAL ED-DIN ACCOMPAGNÉ DE SES DEUX FRÈRES AZLAGH-CHAH ET AQ-CHAH REVIENT DANS LE KHAREZM. ILS EVACUENT ENSUITE LE PAYS DIVISÉS EN DEUX GROUPES ANIMÉS DE SENTIMENTS OPPOSÉS.

Aussitôt que le sultan eut rendu son âme à Dieu et qu'il

---

1. La seconde lettre de ce mot n'ayant pas de points diacritiques, la lecture en est incertaine.

eut été enterré dans l'île, ainsi que nous l'avons rapporté ci-dessus, Djelâl ed-Dîn s'embarqua pour le Khârezm en compagnie de ses deux frères que nous avons mentionnés et formant en tout un groupe d'environ soixante-dix cavaliers. A mesure qu'ils avancèrent dans le pays, des Khârezmiens leur amenèrent des bêtes de somme, des armes et des étendards, ce qui leur permit de se présenter en meilleur équipage et de réparer les pertes qu'ils avaient faites. Les populations accueillirent leur arrivée avec la joie qu'éprouve un malade dangereusement atteint qui a trouvé un remède qui le guérit ou avec le plaisir de celui qui retrouve des amis qu'il lui a été durant longtemps impossible de voir.

Les troupes royales, répandues dans les campagnes et qui avaient été dispersées dans le Khârezm, vinrent se rallier autour du prince et de ses frères. Elles formaient un effectif d'environ sept mille cavaliers, la plupart de la tribu de Beyâwout et avaient à leur tête Touchi Bahlaouân surnommé Qotlogh-Khân. Ces soldats, qui éprouvaient une vive sympathie pour Azlâgh-Châh à cause de leur parenté avec lui, ne voulurent point admettre qu'il eût de son plein gré accepté la déchéance dont il avait été l'objet. Aussi, sans égards pour les devoirs de la reconnaissance, ils se concertèrent avec lui pour s'emparer de Djelâl ed-Dîn et le lui livrer ou le mettre à mort à son choix. Mais Ainandj-Khân, instruit du complot, prévint Djelâl ed-Dîn en l'engageant à s'éloigner. Celui-ci partit aussitôt se dirigeant vers les parties montagneuses du Khorâsân avec trois cents cavaliers commandés par Damar Malik. Quant aux conjurés ils demeurèrent trois jours dans le Khârezm, puis, ayant appris la terrible nouvelle de la marche des Tatars sur le Khârezm du côté de la Transoxiane, ils se mirent en marche vers le Khorâsân en suivant les traces de Djelâl ed-Dîn. Nous raconterons plus loin, si Dieu le veut, ce qu'il advint à ces personnages après leur départ du Khârezm.

CHAPITRE XXVII

NIDHAM ED-DIN ES-SEM'ANI; SON SÉJOUR CHEZ MOI DANS LA CITA-
DELLE DE KHORENDEZ. SON DÉPART PRÉCIPITÉ SOUS L'EMPIRE DE
LA TERREUR.

Nidhâm ed-Dîn Es-Sem'âni appartenait à une famille noble et puissante dans laquelle les vertus étaient héréditaires depuis que la lumière a commencé à succéder aux ténèbres et que les nuits et les jours se suivent sans interruption. Personne, parmi les chefs des familles nobles, ne contestait son illustre origine et, quand on le rencontrait, on disait de lui : « C'est un grand seigneur. » Il était si libéral et si généreux qu'on pourrait autant dire qu'il était l'étoile de toutes les vertus, et sur ce point tous devaient baisser pavillon devant lui. Les hommes éloquents étaient en adoration devant lui ; s'il parlait on s'écriait : Puisse sa bouche ne jamais se fermer ! S'il écrivait on disait : Puissent ses dix doigts ne jamais être paralysés ! Nidhâm ed-Dîn était venu dans le Khârezm sur le désir qu'avait exprimé le sultan d'avoir, à sa cour, un personnage d'une aussi haute valeur qu'il pourrait consulter sur les affaires et l'administration de son royaume. Bientôt il avait joui auprès du sultan d'une situation enviée et d'une très haute estime; puis, quand il avait dû quitter le service du prince, il avait cherché à mettre à l'abri d'une forteresse, la seule chose que l'infortune lui eût laissée, une misérable existence assaillie par tous les maux. Il se rendit alors à Khorendez où il séjourna deux mois. Malgré son rang éminent et sa haute situation, il se chargea à plusieurs reprises de faire des sermons dans la citadelle, et cela en dépit du feu qui dévorait son esprit et des préoccupations qui bouillonnaient dans son âme. Il est vraisemblable qu'il eût refusé de se charger d'un tel office au Khârezm, si on le lui avait confié, alors que le pays était en pleine prospérité. Chaque fois qu'il venait à parler du sultan dans un de ses sermons, il ne pouvait retenir ses larmes ; il se répandait alors en lamentations et l'assistance tout entière pleurait avec lui et poussait des cris.

Quand les Tatars s'emparèrent de Nesâ, la première ville du Khorâsân dont ils se rendirent maîtres, et que Nidhâm ed-Dîn apprit cette nouvelle ainsi que le meurtre dans cette ville de l'imâm Chihâb ed-Dîn El-Khabouqi (Dieu lui fasse miséricorde!), il fut saisi de terreur et, depuis ce moment, il demeura sous l'empire de la crainte et de l'effroi. Quand nous nous promenions ensemble sur les remparts de la forteresse, il me montrait certains endroits, où une fourmi aurait glissé si elle avait voulu monter et qu'un oiseau dans son vol n'aurait pas réussi à atteindre, en me disant : « C'est par ici que les Tatars monteront dans la place. » Or il arriva que Tadjen[1]-Nouyen, un des grands de la cour du monarque tatar, arriva devant la citadelle de Khorendez trois jours après la prise de Nesâ par les Tatars et dressa son camp du seul côté de la place où il fut possible de l'établir. Aussitôt que Nidhâm ed-Dîn vit cela, il n'osa plus demeurer en place et, à moitié mort de frayeur, il me supplia de le faire conduire dans quelque coin des montagnes où il se trouvât en sûreté avec ses courtisans, ses bêtes de somme, ses valets et ses bagages. Je satisfis à son désir tout en manifestant ma répugnance que je ne sus déguiser. J'étais très surpris de voir que la terreur avait à tel point envahi l'esprit des fonctionnaires et des hauts personnages, qu'ils ne croyaient plus qu'aucune forteresse pût les protéger, ni qu'aucune puissance

---

1. Le texte porte باجن qui pourrait se lire Badjen ou Yadjen.

fût en état de repousser et d'éloigner l'ennemi. Dieu nous préserve d'une semblable défaillance !

Nidhâm ed-Dîn partit de nuit par les escarpements qui sont à l'ouest de Khorendez, les Tatars étant campés du côté de l'est. En descendant la falaise qui menait à la colline sur laquelle la citadelle était assise et qui, dans cette partie, est difficilement praticable, un certain nombre de bêtes de somme glissèrent et roulèrent jusqu'au pied de la colline, où elles se tuèrent. Arrivé au Khârezm, Nidhâm ed-Dîn y trouva les fils du sultan qui à ce moment revenaient de l'île ; il me fit alors expédier un décret par lequel Azlâgh-Châh m'accordait une magnifique concession de terres.

Quand le maudit Tadjen-Nouyen vit que la forteresse était comme un nid d'aigle, qu'il n'y avait aucun moyen d'y arriver ni d'y pénétrer, il envoya un messager demander qu'on lui remît 10,000 coudées d'étoffe et un certain nombre d'autres choses de valeur infime. Cette demande témoignait de sa nature avare et dénotait la bassesse de ses sentiments puisqu'il ne se trouvait pas satisfait de la masse des vêtements dont il s'était emparé aux dépens des habitants de Nesâ. Pour éviter tout malheur, je consentis à lui accorder ce qu'il demandait ; mais, quand l'étoffe eut été réunie, il fut impossible de trouver quelqu'un qui voulût se charger de la porter à destination, car chacun savait que les Tatars tuaient tous ceux qui venaient chez eux, qu'ils fussent ambassadeurs ou simplement chargés d'exécuter quelque office. Enfin deux vieillards décrépits acceptèrent de se dévouer pour les habitants de la citadelle. Ils firent venir leurs enfants, les recommandèrent, dans le cas où ils viendraient eux-mêmes à être tués, aux bons soins et à la générosité des habitants, puis ils partirent et allèrent livrer les étoffes au maudit qui les fit tuer et se remit ensuite en route pour ravager toute la contrée. Les Tatars rassemblèrent alors une telle quantité de troupeaux que les vallées en étaient remplies et que les plaines pouvaient à peine les contenir. Les steppes ne suffisaient plus à cette masse et elles étaient couvertes d'un nuage de poussière soulevée par cette multitude sur les ruines des villages[1].

Tandis que le Khorâsân avait été entièrement ensanglanté par les meurtres, la citadelle de Khorendez, seule parmi le autres localités, avait été épargnée par les coups de l'ennemi et délivrée de leurs cruautés. Or, chose étonnante, cette citadelle fut ensuite envahie par une épidémie qui en fit périr presque tous les habitants. Chaque jour il sortait un si grand nombre de convois funèbres qu'ils formaient comme une suite continue. L'ange de la Mort prit sa revanche de l'immunité accordée aux habitants qui avaient échappé à un siège. Louanges soient rendues à Celui qui choisit ainsi le moment de la mort pour ses créatures et combien a eu raison le poète qui a dit :

Celui qui ne périt pas par l'épée, périra d'une autre façon ; les moyens de mourir peuvent varier, mais le mal est toujours le même.

CHAPITRE XXVIII

DEPART DE DJELAL ED-DIN ET DES CAUSES QUI LE PROVOQUÈRENT

Aussitôt que Djelâl ed-Dîn sut que son frère Azlâgh-Châh et les émirs de son parti avaient décidé de le saisir et étaient d'accord pour le faire périr, il monta à cheval et partit avec trois cents cavaliers commandés par Damar-Malik. Après

---

1. La lecture de la fin de cette phrase est fort douteuse, malgré la correction que j'ai faite au texte et qui sera indiquée à l'Errata.

avoir franchi le désert qui sépare le Khârezm du Khorâsân en quelques jours seulement, alors qu'une caravane y aurait consacré seize étapes en suivant sa marche ordinaire et en coupant, selon l'usage, le trajet par des repos, il réussit à gagner la ville de Nesâ.

Aussitôt que Djenguiz-Khân eut appris le retour des enfants du sultan au pays de Khârezm, il dirigea sur cette contrée une armée nombreuse et donna l'ordre à ceux de ses soldats qui étaient dans le Khorâsân de se répartir sur les frontières des steppes de façon à guetter l'ennemi. En conséquence de cet ordre, les troupes tatares formèrent un grand cercle, qui s'étendait des frontières de Merw aux limites de Chehristanèh[1], un des cantons du district de Ferawa, en sorte que si les fils du sultan en fuyant le Khârezm cherchaient à gagner le Khorâsân, ils se trouveraient certainement pris. Sept cents cavaliers tatars s'installèrent ainsi sur la lisière de la steppe de Nesâ, sans que personne sût alors dans quel dessein ils s'étaient établis là, mais on comprit bientôt pourquoi, quand Djelâl ed-Dîn sortant de la steppe vint fondre sur eux. La lutte entre les deux partis atteignit le paroxysme de l'acharnement. Chacun attaqua vigoureusement son adversaire, le frappa d'estoc et de taille et le combat se termina par la défaite des Tatars qui s'enfuirent, abandonnant leur butin, leurs bagages, leurs engins, leurs armes et leurs provisions. Ce fut à peine si quelque fuyard isolé ou quelque couard pressé de se mettre hors d'atteinte réussirent à s'échapper. C'était la première fois que les armes des musulmans se teignaient du sang de ces barbares et se donnaient beau jeu sur leurs cadavres mis en pièces.

Plus tard Djelâl ed-Dîn, arrivé à l'apogée de sa puissance et maître absolu de son empire, me disait : « S'ils n'avaient

---

1. Ou Chehristân. Sur cette localité située à trois journées de Nesâ, cf. l'article *Schehristán*, 3°, p. 359 du *Dictionnaire de la Perse* de Barbier de Meynard.

abandonné la ville de Nesâ (il entendait ainsi parler des Tatars) et si nous n'avions pu profiter des chevaux qui leur avaient appartenu, il nous eût été certainement impossible d'atteindre Nisâbour avec nos montures exténuées par la traversée de la steppe. »

Une partie de ces Tatars s'étaient précipités en désordre vers les fossés souterrains[1] de la ville quand ils avaient désespéré d'échapper aux glaives et aux lances qui les frappaient, mais les paysans les en avaient chassés et les avaient fait entrer dans la ville où on leur trancha la tête.

A cette époque j'étais à Nesâ au service de l'émir Ikhtiyâr ed-Dîn Zengui ben Mohammed ben Hamza. Ce prince ne savait encore rien de la déroute des Tatars lorsqu'on lui apporta une lettre du commandant de Djânimend, un des villages dépendant de Nesâ. Cette lettre contenait ce qui suit : Aujourd'hui même, dans la journée, il nous est arrivé une troupe de cavaliers contenant environ trois cents hommes porteurs d'étendards noirs ; ils nous ont assuré que Djelâl ed-Dîn était parmi eux et qu'ils venaient de faire périr les Tatars intallés à Nesâ. Nous ne voulions pas ajouter foi à leur déclaration, quand l'un d'eux s'est approché des remparts et nous a dit : Vous êtes excusables de vous tenir ainsi sur vos gardes et le sultan vous en est reconnaissant. Faites-nous passer à l'aide de cordes des vivres pour nous et de la provende pour nos chevaux, de façon à nous permettre d'apaiser notre faim et de continuer notre route ; plus tard, quand vous connaîtrez ce qui s'est passé, vous vous repentiriez de ne pas l'avoir fait. Nous leur fîmes aussitôt passer tout ce dont ils avaient besoin et après quelques instants ils reprirent leur route.

Certain dès lors que celui qui avait attaqué les Tatars

---

1. Il s'agit de tunnels pratiqués pour la conduite des eaux d'irrigation.

campés à Nesâ n'était autre que Djelâl ed-Dîn, le seigneur de Nesâ fit aussitôt partir quelques-uns de ses courtisans montés sur des chevaux et emmenant des mulets chargés pour fournir aux besoins du sultan, qu'on ne réussit d'ailleurs point à rejoindre.

Djelâl ed-Dîn marcha sur Nisâbour tandis que ceux qui lui amenaient les chevaux et les mulets demeuraient dans la citadelle de Khorendez où arrivèrent, trois jours plus tard, Azlâgh-Châh et Aq-Châh. Ces deux derniers princes, mis en déroute par les Tatars, reçurent en apanage cette citadelle de Djelâl ed-Dîn qui, lui, entra bientôt vainqueur à Nisâbour, tout joyeux de l'assistance que le Ciel lui avait prêtée en lui permettant de tremper son glaive dans le sang des infidèles.

CHAPITRE XXIX

QOTHB ED-DIN ET SON FRÈRE AQ-CHAH QUITTENT LE KHAREZM APRÈS LE DÉPART DE DJELAL ED-DIN. MOTIFS DU DÉPART DE CES DEUX PRINCES ; SUITE ET FIN DE LEUR HISTOIRE.

Au moment où Djelâl ed-Dîn quittait le Khârezm pour sauver ses jours de la mort et échapper aux embûches que lui tendaient ses ennemis ou sa mauvaise fortune, il reçut la nouvelle que les Tatars avaient organisé un corps d'armée pour envahir le Khârezm et le chasser de ce pays, lui et ses frères, par une prompte poursuite qui les effrayerait et ruinerait leurs espérances. Accompagné de son frère Aq-Châh, Qothb ed-Dîn s'enfuit aussitôt, regrettant vivement d'avoir laissé échapper l'occasion de profiter des avantages que lui aurait assurés le concours de Djelâl ed-Dîn s'il fût resté avec lui. Il se hâta donc de suivre les traces de ce dernier, demandant partout de ses nouvelles, suivant le chemin par où il avait passé, que ce fût à travers les montagnes ou au milieu des vallées.

Arrivé à Merdj-Sâïgh, il rencontra un envoyé de Nesâ qui avait avec lui des chevaux destinés à être offerts à Djelâl ed-Dîn. Si infime, si peu important et si modeste que fût ce renfort, sa présence produisit une si agréable impression sur le prince que, par reconnaissance, il assigna plus tard au seigneur de Nesâ l'apanage d'un certain nombre de localités en dehors de celles qui relevaient déjà de son autorité. La joie que le seigneur de Nesâ éprouva fut d'autant plus vive qu'il ne comptait que sur l'*amân*. En effet il était retourné à Nesâ du temps des Tatars et avait repris ainsi l'exercice de ses droits qu'il avait hérités sans qu'aucune décision fût intervenue à cet égard et sans avoir reçu d'autorisation du sultan, autorisation dont il aurait pu arguer plus tard comme excuse de sa conduite.

Pendant qu'ils étaient occupés à régler la question de ces apanages, ils reçurent soudain la visite d'un messager porteur d'une lettre de mon cousin, Sa'd ed-Dîn Dja'afar ben Mohammed. Dans cette lettre, mon cousin annonçait qu'une armée tatare était arrivée devant la citadelle, dans le but d'avoir des nouvelles de Djelâl ed-Dîn, de connaître ses desseins et de savoir quelles étaient les troupes royales qui étaient venues à sa suite, mais que les Tatars ignoraient l'arrivée d'Azlâgh-Châh. Il ajoutait qu'il était sorti de la citadelle pour occuper l'ennemi par des escarmouches, afin que le sultan, c'est-à-dire ici Azlâgh-Châh, eût le temps, soit de préparer au combat, soit d'organiser sa fuite.

Aussitôt Azlâgh-Châh monta à cheval et se mit en route poursuivi par les Tatars jusqu'à Ostouwa[1] du pays de Khou-

---

1. Sur ce canton de la province de Nisâbour, cf. Barbier de Meynard, *Dictionnaire de la Perse*, p. 33.

chân. Atteint dans ce canton au village appelé Ouacht, Azlâgh-Châh s'arrêta et rangea son armée en bataille en face de l'ennemi. L'action s'engagea entre les deux partis et, après des charges vigoureuses de part et d'autre et de grandes pertes subies dans ce choc par les deux armées, les infidèles furent enfin défaits et cherchèrent leur salut dans la fuite Comment d'ailleurs auraient-ils pu résister devant ces lances si hardies à l'attaque et ces chevaux si rapides à la course. Aucun des Tatars n'échappa au carnage, sauf ceux qui montaient un excellent coursier ou qui surent se dissimuler dans les méandres de la vallée.

Azlâgh-Châh et ses compagnons se laissèrent éblouir par cette victoire si facile et si prompte. Ils ne songèrent point à ce moment qu'un funeste destin les attendait dans l'avenir. Ils pensaient, en effet, qu'il n'y avait, dans tous les cantons du Khorâsân, d'autres Tatars que ceux qui venaient de se précipiter au devant de la mort et d'abreuver leurs glaives de leur sang. Mais une autre horde de ces maudits devait tirer vengeance de la première, et bientôt ils se virent entourés, comme le serait le cou par un collier, d'un cercle d'escadrons arrivant à l'improviste ; alors l'angoisse succéda à la joie et la victoire fit place à la défaite.

<small>Il s'était drapé dans les vêtements rouges de la mort, mais la nuit était à peine venue que ces vêtements était transformés en soie verte [1].</small>

Azlâgh-Châh (que Dieu lui fasse miséricorde !) trouva une mort glorieuse dans cette lutte. Avec lui périrent son frère Aq-Châh ainsi que ceux de leurs compagnons que l'adversité avait jusqu'alors épargnés et qui étaient, pour ainsi dire, comme des débris demeurés entre les dents du sort cruel [2]. Les Tatars emportèrent les têtes des deux princes ; ils

---

<small>1. Allusion au costume que porteront les bienheureux dans le paradis.
2. L'auteur compare les débris de ces armées aux résidus des aliments qui restent entre les dents.</small>

les plantèrent à l'extrémité de deux lances pour exciter la colère des hommes libres et la douleur de tous ceux qui les regardaient. Ces deux têtes furent promenées par tout le pays, et leur vue jetait le même effroi que le jour du jugement dernier parmi les populations auxquelles elles rappelaient l'affreux destin d'El-Hasan et d'El-Hoseïn[1]. Que le Ciel préserve ce monde où nous vivons du spectacle d'une jeune femme sans pitié qui devore ses propres enfants et d'une personne inhumaine qui n'observe pas à l'égard de ses hôtes les devoirs de l'hospitalité ! C'est à Dieu seul que doit se plaindre celui qui est éprouvé par les vicissitudes de la Fortune et la rigueur des événements.

Tous ceux qui furent tués dans cette occasion avaient de magnifiques perles pareilles à des étoiles brillantes. Les Tatars n'ayant point pris la peine de les chercher, la populace du village alla fouiller les cadavres et recueillit ces joyaux que, dans son ignorance sur leur valeur réelle, elle vendit à des prix infimes sur de misérables marchés. J'ai su par Nasr ed-Dîn, prince de Nesà, qu'il avait acheté un certain nombre de chatons en rubis (?) pesant chacun trois ou quatre mitsqals, au prix de trente dînârs le chaton ou même à un prix moindre. Il avait aussi acheté un chaton en diamant moyennant soixante-dix dînârs ; plus tard ce diamant fut présenté à Djelâl ed-Dîn qui le reconnut, en disant qu'il avait appartenu à son frère Azlâgh-Châh et qu'on l'avait acheté au Khârezm au prix de quatre mille dînârs. Djelâl ed-Dîn ayant remis ce diamant, pour être monté en bague, à un bijoutier de Kendja[2], celui-ci prétendit l'avoir perdu et fut cru sur sa parole. Pendant deux jours, des crieurs annoncèrent cette perte dans la ville, mais le diamant ne fut point retrouvé.

---

1. Les deux fils du khalife 'Ali.
2. Chef-lieu de la province d'Errân.

CHAPITRE XXX

ARRIVÉE DE DJELAL ED-DIN A NISABOUR; SON DÉPART DE CETTE VILLE DANS LA DIRECTION DE GHAZNA

Arrivé à Nisâbour, Djelâl ed-Dîn y séjourna pour y donner une vive impulsion à ses préparatifs de guerre sainte et se mit à écrire aux émirs, aux seigneurs des frontières, et aux usurpateurs qui avaient profité de l'anarchie qui régnait en ce moment pour s'emparer de diverses provinces; ces derniers qui étaient en grand nombre avaient été surnommées par les beaux esprits de l'époque « émirs de l'an sept ». Le prince invitait tous ces personnages à se rendre en toute hâte auprès de lui, après avoir rassemblé de nombreuses troupes; l'invitation était accompagnée de brillantes promesses pour l'avenir et formulée avec une bienveillance exempte de toute arrière-pensée.

Ikhtiyâr ed-Dîn Zengui ben Mohammed ben Hamza était revenu à Nesâ; il y avait repris le pouvoir qui lui avait été enlevé en dépit de ses droits et était rentré en possession de l'héritage qui lui avait été ravi. Mais, bien qu'il fût persuadé que le sultan était mort, il n'avait point songé à se déclarer indépendant. Tous les décrets et diplômes, que l'on rédigeait, recevaient de lui l'aspostille qui avait servi à ceux qui avaient hérité de la principauté de Nesâ avant la prise de cette ville par les Tatars; Ikhtiyâr persista dans ce système jusqu'au moment où on lui apporta le décret de Djelâl ed-Dîn lui confirmant la possession de l'autorité qu'il avait reconquise et lui promettant bien davantage s'il était constaté qu'il rendait de nouveaux services. La fidélité d'Ikhtiyâr devint dès lors proverbiale.

Pendant un mois qu'il passa à Nisâbour, Djelâl ed-Dîn envoya messages sur messages dans toutes les directions pour demander qu'on rassemblât des troupes et qu'on amassât des approvisionnements, mais les Tatars ayant eu vent de ces préparatifs l'obligèrent à abandonner précipitamment ses desseins. Accompagné des Kharezmiens qui s'étaient groupés autour de lui, il quitta donc Nisâbour, et après avoir doublé les étapes, il arriva à la citadelle d'El-Qâhira, bâtie par Moayyid el-Molk, prince de Kermân, à Zouzen. Cette citadelle était si haut perchée que les feux des gardes paraissaient comme des étoiles ou, pour mieux dire, comme de petites bulles d'eau. Djelâl ed-Dîn songeait à résister à l'abri des murs de cette place, mais 'Aïn el-Molk, gendre de Moayyid el-Molk, qui était chargé de la défense de la citadelle, lui manda de se garder d'un tel dessein en disant : « Il n'est pas bon qu'une personne comme vous s'enferme dans une forteresse, cette forteresse fût-elle bâtie au sommet de Castor et Pollux, qui sont au front des Gémeaux, ou plus haut et plus loin encore. Les seules forteresses pour les princes ce sont les dos de leurs montures. Qu'ont à faire les lions avec les villes ? Si vous vous enfermez dans cette citadelle, les Tatars en saccageront tous les environs fertiles et finiront par arriver à leur but. » Djelâl ed-Dîn ordonna alors qu'on lui apportât une partie l'or contenu dans les trésors de la forteresse et, quand on le lui eût apporté, il le distribua tel quel, dans les mêmes sacs, à tous les fidèles qui l'accompagnaient. Puis s'éloignant d'El-Qâhira il marcha en toute hâte vers les frontières de Bost.

Là, il apprit que Djenguiz-Khân était campé à Thâleqân avec des hordes puissantes et un nombre de soldats dépassant toute évaluation. A cette nouvelle, la lumière du jour elle-même lui parut sombre ; il redouta également et la fuite et le séjour sur place, car, d'aucun côté, il ne voyait d'issue et pas plus derrière lui que devant lui il n'avait à chercher un lieu d'asile. Dans cette circonstance critique, il précipita sa marche sur Ghazna avec toute la hâte qu'y mettrait un homme qui ne veut pas demeurer en place, ou qui foule le sol avec le dessein de n'y pas séjourner. Le deuxième ou le troisième jour on lui annonça l'approche d'Amîn Molk, fils d'un oncle maternel du sultan et gouverneur de la ville de Hérat qu'il avait reçue en fief. Amîn Molk, afin de s'éloigner des Tatars, avait abandonné Hérat et s'était dirigé vers le Sibestân dont il avait vainement essayé de faire la conquête. En ce moment il revenait de cette expédition, ayant sous ses ordre dix mille cavaliers composée de Turcs valeureux pareils à des lionceaux qui brisent tout devant eux. Cette élite des troupes royales, qui avait échappé aux coups du sort, était abondamment pourvue d'armes et munie d'approvisionnements considérables. Djelâl ed-Dîn envoya aussitôt prévenir Amîn Molk qu'il se trouvait près de lui et le pressa vivement de venir le rejoindre. Les deux princes firent leur jonction et décidèrent d'aller culbuter les Tatars qui assiégeaient la place de Candahar. Ils se mirent en route sans que les ennemis de Dieu, pleins d'une fausse sécurité, soupçonnassent le sort qui les attendait, ni l'existence des cohortes qui allaient fondre sur eux. Les Tatars s'imaginaient, en effet, que, pareil à des *gazelles,* l'ennemi ne songeait qu'à fuir devant eux sans oser les charger jamais et que, les fers des lances de la résistance étant émoussés, il ne pourrait plus agir contre eux. Aussi dès qu'ils aperçurent ces lances altérées du sang de leurs gorges et avides de s'abreuver dans leurs poitrines, ils s'élancèrent sur le dos de leurs montures pour prendre la fuite. Un petit nombre d'entre eux seulement réussit à échapper et courut annoncer à Djenguiz-Khân l'échec subi par ses troupes. Celui-ci frémit comme au jour du jugement dernier en voyant taillés en pièces par les glaives acérés ses compagnons dont les

les cadavres servirent ensuite de pâture aux rapaces vautours.

Quant à Djelâl ed-Dîn, il continua sa marche sur Ghazna où il entra glorieux et triomphant et remerciant Dieu de lui avoir facilité le succès de sa tâche si difficile. Tous ceux qui ont lu le livre intitulé *Kitâb el-mesâlik oua'l-memâlik* connaissent l'énorme distance qui sépare le Khârezm de Ghazna où se trouvaient établies les troupes de Djenguiz-Khân envoyées à la poursuite de Djelâl ed-Dîn. Et cependant celui-ci fondit comme la nuit sur son adversaire, malgré le trajet considérable qu'il avait dû accomplir. Avez-vous jamais ouï parler de troupes ayant aussi rapidement accompli une marche de deux mois, alors que leur nombre était tel qu'ils auraient obstrué l'espace compris entre les deux mers.

CHAPITRE XXXI

SITUATION DE BEDR ED-DIN AINANDJ; SES AVENTURES AU KHORASAN ET AILLEURS APRÈS QU'IL EUT ÉVACUÉ BOKHARA ET JUSQU'AU MOMENT OÙ IL MOURUT A CHA'B-SELMAN.

Bedr ed-Dîn Aïnândj-Khân était un des principaux émirs et chambellans du sultan; il figurait parmi les généraux les plus marquants et les plus considérés, aussi avait-il été désigné par Djelâl ed-Dîn pour prendre part, avec d'autres de ses collègues, à la défense de Bokhârâ, ainsi que cela a été dit plus haut. Quand les Tatars se furent emparés de Bokhârâ, il s'enfuit avec un petit nombre de ses compagnons et de ses soldats dans les steppes qui s'étendent jusqu'à la ville de Nesâ et demeura dans ces solitudes où nul n'ose s'aventurer, où l'on ne rencontre aucun voyageur et où l'on ne trouve ni eau, ni provisions. Aussitôt que Ikhtiyâr ed-Dîn Zengui, seigneur de Nesâ, sut que la crainte retenait Aïnândj dans ces déserts, il conçut le désir de s'en faire personnellement un intermédiaire utile auprès du sultan en même temps qu'un rempart efficace entre lui et tous ceux qui lui disputaient ses droit d'héritier à la principauté de Nesâ. En conséquence, il lui députa des messagers pour le féliciter d'avoir échappé au danger et lui offrir tous les cadeaux qu'il désirerait, à la condition qu'il viendrait fixer sa résidence auprès de lui. Ikhtiyâr qui connaissait la haute situation d'Aïnândj, son rang incontesté, espérait ainsi profiter de l'influence qu'avaient les paroles de ce dernier et aussi de ses faveurs personnelles. « Si, lui fit-il dire, vous vous êtes réfugié dans les steppes pour vous mettre à l'abri d'une soudaine attaque des Tatars, soyez persuadé que nous-mêmes nous ne négligeons pas de nous informer dans quel lieu ils campent et quand ils se mettent en marche. » Aïnândj se décida alors à venir se ravitailler à Nesâ où Ikhtiyâr ed-Dîn lui fournit tout ce qu'il fut possible de mettre à sa disposition, armes, bêtes de somme, vêtements, engins et nourriture, en sorte qu'il put refaire ses forces et remettre ses affaires en état.

Nechdjouân, un des principaux bourgs qui dépendent de Nesâ et qui possède une population nombreuse, des remparts, un fossé et des bastions, avait alors pour préfet Abou 'l-Fath qui pactisait avec les Tatars et était en correspondance avec eux. Ce personnage, sachant que les garnisons du Khârezm avaient été anéanties, s'empressa d'informer les Tatars de la présence de Aïnândj-Khân à Nesâ et de l'accord qui régnait entre ce dernier et le seigneur de Nesâ. Aussitôt une armée se mit en marche pour chasser Aïnândj-Khân et s'en emparer ; arrivées à Nechdjouân, ces troupes reçurent du préfet des guides pour les conduire vers Aïnândj-Khân qui se trouvait près de là. Mais, durant son séjour à Nesâ et dans les environs,

Aïnândj-Khân avait vu venir se joindre à lui tous ceux des soldats de l'armée royale qui s'étaient réfugiés dans quelque coin ou qui s'étaient dispersés dans la contrée, aussi, grâce à eux, put-il entrer en ligne, faire face à l'ennemi pour le combat et encourager les Croyants à lutter avec vaillance.

J'ai personnellement assisté à ce combat et mériterai ainsi la faveur spéciale qui sera accordée à ceux qui ont pris part à la guerre sainte et que n'auront jamais ceux qui s'en seront abstenus. A ce moment j'étais attaché à la personne d'Aïnândj en qualité de représentant du seigneur de Nesâ ; j'étais chargé de pourvoir à tout ce qui pouvait assurer son succès, et à l'aider dans ses projets, de façon à ce qu'il n'eût pas besoin de revenir en arrière pour se ravitailler. Dans cette bataille j'eus occaison de constater chez Aïnândj-Khân des qualités qui eussent émerveillé Roustem lui-même s'il en avait été témoin de son temps, par exemple, sa dextérité à manier son cheval et ses habiles passes d'armes au sabre et à la lance. Aussitôt que les combattants furent aux prises, Aïnândj s'élança au fort de la mêlée, frappant des deux mains et taillant en deux des cavaliers armés de leur cuirasse. Deux fois les Tatars poussèrent une charge contre lui, mais il tint ferme devant eux en belle assurance, bien que l'air fût assourdi par le choc des fers de lances et que les glaives tranchants allassent dans les poitrines chercher à s'abreuver aux sources mêmes des veines jugulaires. Le sabre d'Aïnândj-Khân se brisa au plus fort de la chaleur du combat, au moment où la lutte était dans sa plus grande effervescence et son cheval s'abattit avec lui. On lui amena aussitôt un cheval de main ; il prit un autre sabre et alors, ses compagnons l'ayant dégagé de la tourbe des combattants qui l'entouraient et du gros de la mêlée, il s'élança sur le dos de sa monture et chargea l'ennemi de telle façon que cette charge termina la bataille et mit fin au combat. Les Tatars lâchèrent pied en désordre, tournèrent les talons pour fuir au milieu de la plus grande confusion, estimant qu'ils réussiraient ainsi à échapper à la poursuite et qu'ils éviteraient un complet désastre ; mais comment espérer un tel résultat quand, derrière eux, venaient des chevaux à haute encolure et, devant eux, se dressait un affreux désert ! Aïnândj poursuivit les fuyards dans la direction de Nechdjouân, afin de les exterminer et de s'abreuver de leur sang. Tout ce jour-là il ne cessa de les pousser l'épée dans les reins, de les massacrer et de fouiller tous les chemins pour les empêcher de fuir :

p. ١٧

La tribu glorieuse est celle que surexcite la mort de ses chefs [1].

A la fin de la journée on arriva à Nechdjouân où, parmi les débris de ceux qui avaient échappé à la mort dans le combat, venait d'arriver une troupe de Tatars ; ils étaient massés devant la porte de la ville et appelaient Abou 'l-Fath, mais celui-ci refusa de leur ouvrir, bien que son visage fût noirci par l'horreur de sa trahison et qu'il fût comme enveloppé d'un suaire, car il venait de perdre toute chance de bonheur en ce monde et dans l'autre. Voyant alors que la poursuite devenait plus active, les Tatars se plongèrent dans l'eau du fossé, mais Aïnândj-Khân et ceux de ses plus rapides cavaliers, arrivant à ce moment, s'arrêtèrent sur les bords du fossé et firent si bien pleuvoir une grêle de traits sur ces malheureux, que tous se noyèrent et allèrent brûler dans le feu éternel.

De retour à son camp, la bannière victorieuse, Aïnândj, élevé en gloire au-dessus de l'équateur, envoya au seigneur de Nesâ un messager chargé de lui annoncer la bonne nouvelle et de lui raconter de quelle façon Dieu avait facilité son succès

---

1. La traduction de cet hémistiche est fort douteuse.

et dirigé ses traits au gré de ses désirs. Il lui adressa en même temps dix têtes de cavaliers tatars à titre de prémices [1], et dix prisonniers, puis il lui prescrivit de faire le siège de Nechdjouân et de délivrer le pays de Abou 'l-Fath. Le seigneur de Nesâ assiégea aussitôt Nechdjouân et, après s'être emparé de la place, il fit périr Abou 'l-Fath sous la meule d'un pressoir. Ainsi Abou 'l-Fath perdit non seulement la vie, mais encore la récompense de l'autre monde, ce qui est la perte la plus évidente.

Aïnândj-Khân se mit ensuite en route vers Abiwerd ; il jouissait alors d'une telle considération qu'il put lever, sans que personne s'y refusât, les impôts d'Abiwerd. Ce fut dans cette localité que se groupèrent autour de lui tous ceux des soldats royaux qui avait échappé aux dernières défaites et qui avaient cherché asile dans les vallées et les bas-fonds. Parmi eux se trouvaient des personnages tels que Iltâdj Molk, Tekni Molk, Bakchân Djenkachi, Kedjidek le grand écuyer, Amîn ed-Dîn Refîq, le valet de chambre, et bien d'autres encore. Aïnândj-Khân retourna ensuite à Nesâ, entouré d'une nombreuse suite, car ses troupes et ses auxiliaires s'étaient considérablement augmentés. Comme il arrivait dans cette ville, il se trouva que Ikhtiyâr ed-Dîn Zengui venait de la quitter. Il s'adressa alors au lieutenant qui commandait la place et lui réclama l'impôt de l'année 618 (25 février 1221-15 février 1222) afin de subvenir à l'entretien de tous les soldats du roi qui venaient de se joindre à lui. De gré ou de force, le lieutenant fit droit à sa requête, et lui remit cet impôt. Aïnândj-Khân le partagea entre ses compagnons, puis il se dirigea sur Sibzawàr, ville du district de Nisâbour, occupée par Ildji Bahlaouân qui en avait usurpé le commandement.

---

1. La lecture du mot arabe ainsi traduit est incertaine.

CHAPITRE TRENTE-UNIÈME

Aïnândj-Khân voulut à son tour se substituer à l'usurpateur, et les deux rivaux se livrèrent bataille sous les murs de la ville. La lutte se termina par la défaite d'Ildji Bahlaouân qui s'enfuit sans désemparer jusque chez Djelâl ed-Dîn qui, à ce moment, se trouvait au fond de l'Inde. Cette victoire accrut encore la puissance de Aïnândj-Khân dont l'autorité s'étendit sur les parties même les plus reculées du Khorâsân et sur toutes les localités qu'avaient laissé subsister les troubles de cette époque.

Quelque temps après cela, Koudj-Tekîn Bahlaouân, qui était installé à Merw et était devenu maître des ruines de cette cité, se laissa tenter par une maladroite ambition. Il passa le Djihoun, marcha sur Bokhàrâ, battit la garnison de cette ville et la massacra. Cet événement secoua la torpeur des Tatars et raviva la flamme de leur haine ; ils allèrent attaquer Koudj-Tekîn avec une armée de dix mille cavaliers et le mirent en déroute. Celui-ci prit la fuite et ne s'arrêta qu'à Sibzawâr où se trouvait Ikenqou ben Ildji Bahlaouân. Tous deux résolurent alors de quitter cette ville et de descendre jusqu'à Djordjân, afin de s'appuyer sur l'armée d'Aïnândj-Khân qui, à ce moment, se trouvait sous les murs de cette dernière ville. A peine y étaient-ils arrivés qu'ils furent suivis par les Tatars ; ils étaient partagés entre le désir d'attaquer et celui de fuir et changeaient l'allure de leurs chevaux du pas au trot, suivant les circonstances, jusqu'à ce qu'ils trouvèrent enfin Aïnândj-Khân à El-Halqa, vaste plaine située entre Djordjân et Asterâbad et aussi propice aux évolutions d'un corps de cavalerie qu'aux mouvements stratégiques d'une bataille.

Deux jours après eux, les Tatars arrivèrent à El-Halqa ; les deux armées formèrent leurs lignes, la fournaise aussitôt s'échauffa, et chefs et soldats se confondirent dans la mêlée. Vous eussiez vu alors les sabres fracasser les crânes et les lances s'enfoncer dans les poitrines, mais bientôt des tourbillons de poussière s'élevèrent, tous les corps disparurent aux regards et l'on ne distingua plus le fer de lance de la lame de l'épée. Parmi les guerriers célèbres et les héros valeureux qui trouvèrent le martyre dans cette bataille, il faut citer Serkenqou et Kedjidek, le grand écuyer, qui rivalisèrent de gloire dans leurs coups d'estoc et de taille. La terre couverte du sang des cous et des épaules avait revêtu la couleur de l'anémone. Enfin les Turcs lâchèrent pied et tous furent tués ou faits prisonniers.

Aïnândj-Khân prit la fuite, galopant avec ses cavaliers, sans traîner le moindre bagage à sa suite, jusqu'à ce qu'il rejoignit Ghiyâts ed-Dîn Pîrchâh qui était à Reyy. Ghiyâts ed-Dîn fut tout joyeux de l'arrivée d'Aïnândj dont il connaissait toute la valeur ; il le combla d'égards et de faveurs jusqu'au moment où Aïnândj-Khân conçut l'ambition de lui demander la main de sa mère : c'était là une démarche qu'il aurait dû éloigner de sa pensée et qui ne pouvait avoir pour lui d'autre conséquence que la confusion et le blâme.

Aïnândj-Khân ne vécut que peu de jours après cela. On rapporte que le prince lui envoya quelqu'un qui lui fit boire une potion empoisonnée et le laissa étendu mort sur son lit : Dieu sait si cela est vrai. Aïnândj-Khân fut enterré à Cha'b-Selmân dans le pays de Fars, où son tombeau célèbre est encore visité. La bataille de Djordjân eut lieu en l'année 619 (15 février 1222-4 février 1223). J'y assistai également et les hasards de la guerre me conduisirent auprès de l'*Isfahabed*[1], 'Imâd ed-Daula Noçret ed-Dîn Mohammed ben Kaboudkhameh, qui se trouvait dans la citadelle de Hamayoun. Ce personnage me fit bon accueil et je demeurai chez lui quelques jours en attendant que les routes fussent

---

1. Général de cavalerie.

sûres ; il me fit alors reconduire sain et sauf dans ma citadelle.

CHAPITRE XXXII

SITUATION DU FILS DU SULTAN ROKN ED-DIN GHOURCHAIDJI PRINCE DE L'IRAQ ET DE CE QU'IL LUI ADVINT

Rokn ed-Dîn avait rejoint le sultan lorsque celui-ci s'était porté vers l'Irâq, puis à la suite de la défaite de Qazouïn, il s'était enfui jusqu'aux frontières du Kermân où il avait gouverné et fait exécuter ses décisions. Après avoir passé neuf mois dans cette contrée, où son autorité était reconnue partout, où il disposait à son gré du revenu des impôts et des richesses du pays, il éprouva le désir de retourner dans l'Irâq. Bien préparé à cet effort suprême et fortement résolu dans son dessein, il se mit en route, courant ainsi de lui-même au devant de la mort. Il se porta d'abord sur Ispahan où il reçut la nouvelle que Djemâl ed-Dîn Mohammed ben Abou Abeh s'était laissé décider à s'emparer de l'Irâq et que, dans ce but, il avait réuni à Hamadzân un certain nombre de Turcs de l'Irâq, aventuriers de profession et fauteurs de discorde, tels que Ibn Lâdjin Djeqardja, Aïbek le trésorier, Ibn Qaraghouz, Nour ed-Dîn Djebriyil, Aqsonqor El-Koutsi, Aïbek El-Andâr[1] et Modhaffir ed-Dîn Bardekiz, seigneur de Qazouïn.

Or il arriva que le cadi d'Ispahan, Mas'oud ben Ça'id, avait à cette époque reçu la visite d'Ibn Abou Abeh qui cherchait à l'attirer dans son parti et lui proposait de le seconder. Rokn ed-Dîn, à la tête des soldats qu'il avait avec lui et des

p. ५.

---

1. Faute de points diacritiques, la lecture de ce nom est incertaine.

partisans du préfet Çadr ed-Dîn El-Khodjendi, se porta aussitôt vers le quartier du cadi, quartier connu sous le nom de Djoubara, s'en empara et mit à feu et à sang. Le cadi s'enfuit dans le Fars où il implora la protection de l'atabek Sa'd qui l'assura de sa protection, lui donna asile et le traita avec beaucoup d'égards. Ce fut alors que Rokn ed-Dîn décida de se rendre à Hamadzân, afin d'y joindre Djemâl ed-Dîn, de contre-carrer ses desseins et de faucher le mal alors qu'il commençait seulement à poindre. Les troupes de Rokn ed-Dîn se dispersèrent dans les divers quartiers d'Ispahan pour y faire leurs approvisionnements, et oublier un instant les maux de la guerre et de la discipline. Mais les habitants étaient fort mal disposés à leur égard à cause du pillage et des massacres qui avaient eu lieu dans le quartier du cadi, aussi fermèrent-ils les portes de la ville et, s'armant de poignards, ils se soulevèrent et massacrèrent un grand nombre de soldats dans les bazars et dans les boutiques.

Cet événement découragea Rokn ed-Dîn et amollit singulièrement l'ardeur de ses desseins. Cependant il envoya des troupes sous les ordres de Qorsi-Beg, fils de son oncle maternel, de Thoghân-Châh, de Kedjboqa-Khân, de Chems ed-Dîn *Emir alem* (porte-enseigne) l'Irâqien et leur enjoignit de livrer combat à Ibn Abou Abeh l'Irâqien. Mais comme l'action allait s'engager entre les deux armées, Kedjboqa-Khân passa dans les rangs d'Ibn Abou Abeh, oubliant ainsi la reconnaissance qu'il devait à celui qui lui avait confié le commandement de vaillants soldats et qui, d'infime qu'il était, l'avait élevé au rang de khân. Les autres chefs, découragés eux-mêmes par cette défection, revinrent sans avoir combattu.

En allant recruter des renforts dans les environs de Reyy, Rokn ed-Dîn rencontra dans cette localité un groupe de missionnaires ismaéliens qui invitaient les habitants de Reyy à reconnaître leurs doctrines et, par de belles paroles, cherchaient à leur persuader que là seulement était pour eux le salut. Quand il connut ces prédications, Rokn ed-Dîn fit mettre à mort les missionnaires. Mais, avant qu'il eût eu le temps de prendre quelque repos dans cette ville, il apprit que les Tatars se portaient de son côté et qu'ils avaient dessein de l'attaquer. Aussitôt il s'enfuit dans la citadelle de Oustoun-Aouend[1], où il se prépara à la résistance ; cette citadelle était très forte naturellement, car les aigles ne pouvaient arriver à planer à sa hauteur, et l'on n'avait pas eu besoin, pour la protéger, de l'enceindre d'un rempart. Les Tatars la cernèrent et, selon l'habitude qu'ils avaient prise lorsqu'ils assiégeaient des places de cette nature, ils construisirent une muraille tout alentour.

Rokn ed-Dîn, de même que tous les princes qui avaient possédé cette forteresse, s'imaginait qu'on ne pouvait la prendre autrement que par un blocus, qu'on n'en viendrait à bout qu'après un long siège et qu'il n'y avait aucune ruse, ni aucun stratagème à redouter pour elle. Il ne tarda pas à être détrompé par la clameur soudaine des Tatars maudits qui entourèrent son habitation au point du jour. Voici comment les choses s'étaient passées : Des gardiens avaient été répartis, sur tous les points que l'on jugeait devoir être gardés et sur lesquels on redoutait une surprise, mais on avait négligé un des côtés qui paraissait si inaccessible que de tradition on n'y avait jamais placé de sentinelles. Or ce fut précisément de ce côté que les Tatars découvrirent dans la falaise une fissure que des plantes masquaient du haut en bas. Ils préparèrent alors de longs pieux en fer qu'ils plantèrent durant la nuit ; puis, se servant de celui qu'ils venaient de fixer pour en installer un autre au-dessus, ils arrivèrent ainsi au haut de la falaise et à l'aide de cordes ils firent monter jus-

---

1. Forteresse dans le district de Denbawend, province de Reyy. Cf. Barbier de Meynard, *l. c.*, p. 33.

qu'à eux leurs compagnons. Ensuite ils cernèrent le palais que les soldats abandonnèrent en désordre, tandis que gardiens et portiers faisaient défection : une porte leur fut ouverte, porte qui, au fond, donnait accès dans l'asile de la clémence, tandis qu'en apparence elle semblait mener au châtiment éternel.

Ce soir là ils étaient couverts de tapis de soie ; le lendemain c'était un tapis de terre qui les recouvrait.
Un même sort était réservé aussi bien à ceux dont les mains tenaient une lance qu'à celles dont les mains étaient teintes de henné.

Rokn ed-Dîn fut assassiné : ni son éclatante beauté, ni sa taille svelte et élégante, ni sa tendre jeunesse, ni le respect que devaient inspirer son rang et sa gloire ne lui furent, hélas ! d'aucun secours.

Or, le jour de sa mort, les Benou Nebhân semblaient être comme des astres qui brillent au ciel et qui voient la pleine lune disparaître d'au milieu d'eux.

Quand Djemâl ed-Dîn Mohammed ben Abou Abeh, qui avait avec lui les émirs de l'Irâq, apprit ce qui venait d'arriver à Rokn ed-Dîn et à ses compagnons, il sentit son cœur troublé et sa raison l'abandonner. Les troupes qui se trouvaient à Hamadzân commencèrent à lui insinuer de tous côtés qu'il devait prendre place dans les rangs des Tatars et acquérir avec leur aide un des territoires que ceux-ci ravageaient. C'étaient là des insinuations perfides et des suggestions irréalisables, pareilles à celles que Satan employa quand il dit à l'homme : « Refuse de croire », mais quand celui-ci fut devenu incrédule Satan ajouta : « Je ne suis point responsable de ce que tu as fait ; pour moi je crains Dieu, le maître de l'Univers. » Or quelle fut la conséquence de cette double conduite ? C'est qu'ils allèrent demeurer en enfer éternellement, car c'est là le sort qui attend les pervers.

Djemâl ed-Dîn entra donc en correspondance avec les

Tatars; il se montra soumis et humble dans ses lettres et déclara ouvertement qu'il embrassait leur parti. Ceux-ci lui envoyèrent une pelisse d'honneur tatare, pelisse tissée de honte et brodée d'envie et de confusion. Djemâl ed-Dîn la revêtit cependant, en manifestant une vive joie, mais son visage était noirci par l'horreur de son apostasie. Puis les Tatars, se portant vers Hamadzân, lui firent tenir les paroles suivantes : « Si tu es de bonne foi dans ta soumission et dans la sympathie que tu prétends avoir pour nous, tu ne saurais te dispenser de venir nous trouver. » Confiant dans les promesses d'amitié qui lui avaient été faites, Djemâl ed-Dîn se rendit auprès des Tatars; ceux-ci alors lui adressèrent des paroles qui n'étaient rien moins que bienveillantes, et il rougit d'avoir eu confiance dans ces traîtres et d'avoir ainsi bâti sur les bords d'une berge menaçant de s'écrouler. Après l'avoir tué ainsi que tous les gens de l'Irâq qu'il avait avec lui, les Tatars se remirent en marche sur Hamadzân; ils virent alors venir au devant d'eux le préfet, 'Ala ed-Daula Ech-Cherif 'El-'Aloui, à qui Ibn Abou Abeh avait prodigué les plus mauvais traitements et qu'il avait dépouillé de tous les biens qu'il possédait. Ce préfet leur ayant donné les marques d'une sincère soumission, les Tatars lui conférèrent le commandement de la ville, mais ils revinrent bientôt sur leurs pas parce que, sur ces entrefaites, ils avaient appris que Yemeh-Nouyen et Sebthi Bahadour venaient de s'emparer de Hamadzân, qu'ils avaient mis la ville à sac et en avait fait disparaître tous les habitants. Ils n'avaient donc plus rien à en attendre, aussi se transportèrent-ils ailleurs.

CHAPITRE XXXIII

SITUATION DE GHIYATS ED-DIN. SON VOYAGE AU KERMAN

Le sultan avait assigné la principauté de Kermân à son fils Ghiyâts ed-Dîn Pîrchâh, mais ce dernier n'en avait pas encore pris possession à l'époque où eut lieu la déroute de Qazouïn dont les détails ont été rapportés ci-dessus. Rejeté à la suite de ce désastre vers la citadelle de Qâroun, Ghiyâts ed-Dîn y fut bien accueilli par l'émir Tâdj ed-Dîn qui se mit à son entière disposition et il demeura ainsi jusqu'au moment où Rokn ed-Dîn Ghourchâïdji revint du Kermân à Ispahan. Celui-ci l'engagea vivement, par message, à se rendre au Kermân où, ajoutait-il, il ne rencontrerait aucun obstacle, le pays étant calme et également dépourvu de défenseurs et de compétiteurs au pouvoir. Ghiyâts ed-Dîn se rendit donc à Ispahan où se trouvait Rokn ed-Dîn qui lui fit le meilleur accueil et lui prodigua les égards et les présents, puis, trois jours après, il partit pour le Kermân. Il s'y installa sans difficultés et jouit bientôt, sans le moindre trouble, des riches revenus de cette contrée.

Tandis que la situation de Ghiyâts ed-Dîn allait sans cesse croissant en gloire et en fortune, celle de Rokn ed-Dîn dans l'Irâq devenait de plus en plus précaire et languissante jusqu'au jour où il périt assassiné dans la citadelle d'Oustoun-Awend ainsi que nous l'avons raconté. Les espérances qu'on avait fondées sur lui s'évanouirent alors, la tristesse fit place à la joie que ses vertus annonçaient et les personnages honorés et amis des lettres entendirent résonner, comme un glas funèbre, ce vers de poète :

> A cause de lui les langues ont fourché dans les bouches, les courriers se sont arrêtés dans leurs course et les plumes ont cessé d'écrire.

Dès lors, l'Irâq devint exposé aux tentatives de tous ceux qui voulurent s'en emparer et l'on n'y trouva plus personne qui, par ses appels, fût en état de lui susciter des défenseurs.

Ce fut à cette époque que l'atabek Yghân Thâïsi sortit de la prison où il avait été enfermé dans la citadelle de Serdjihân[1], dans les circonstances suivantes. Quand le sultan avait donné la principauté de l'Irâq à son fils, Rokn ed-Dîn Ghourchâidji, il avait décidé que Yghân Thâïsi serait mis à la disposition de ce fils en qualité d'atabek, afin de porter le poids des affaires, mais bientôt Rokn ed-Dîn se plaignit à son père de l'avidité et de l'indépendance de ce serviteur; il donna même à entendre que, si on lui lâchait la bride en le laissant agir à sa guise, on ne tarderait pas à voir se produire des choses qu'il serait ensuite difficile de réprimer. Le sultan l'autorisa alors à faire arrêter Yghân Thâïsi qui fut enfermé dans la citadelle de Serdjihân; il y demeura prisonnier jusqu'au jour où l'Irâq, en proie à l'anarchie, au milieu de tous ces troubles, devint l'objet de la convoitise du premier venu.

Ased ed-Dîn El-Djouïni, gouverneur de la citadelle de Serdjihân, profita de ces circonstances pour mettre en liberté Yghân Thâïsi dont le nom était sympathique à la foule et dont l'habilité faisait concevoir les plus grandes espérances. Aussitôt des partisans venus de l'Irâq et du Khârezm se groupèrent autour de lui; grâce à eux, ses forces s'accrurent rapidement et bientôt il eut bec et ongles pour se défendre. Parmi les personnages qui se rangèrent sous ses ordres, il

---

1. Place forte à 5 farsakhs de Sulthanyeh ; elle domine la plaine de Qazwin du côté du Deïlem. Barbier de Meynard, *l. c.*, p. 307.

faut citer : Behâ ed-Dîn-Sakkar[1], titulaire de fief de Sâwa; Djemâl ed-Dîn Omar ben Youzdâr[1]; l'émir Kaïkhosrou; Nour ed-Dîn Djebriyil, titulaire du fief de Qâchân; Ibn Nour ed-Dîn Qirân Khaouân[1]; Aïdmor Ech-Chami; Kotok[1], titulaire du fief de Semnân; Aïdoghdi Kaleh[1]; Toghril El-A'ser et Seïf ed-Dîn Kitâroq[1], titulaire du fief de Kerkh.

Durant tous ces troubles, Adak-Khân[1] s'était emparé d'Ispahan. Dans l'espoir de se le rendre favorable, de l'attirer dans son parti, et de s'assurer de sa soumission, Ghiyâts ed-Dîn lui avait fait épouser sa sœur Aïsi-Khâtoun, mais en différant toujours de procéder à la célébration du mariage qui n'avait pas eu lieu au moment où se manifesta l'hostilité qui existait entre Adak-Khân et l'atabek Yghân Thâïsi. Ces deux personnages s'étaient, en effet, emparés chacun d'une des deux parties de l'Irâq et, malgré le désir du sultan de les rapprocher, ils ne se décidèrent point à le faire, préférant rester séparer l'un de l'autre et refusant de marcher dans la même voie. A la tête de sept mille cavaliers, choisis parmi les plus vaillants des Turcs de l'Irâq et du Khârezm, l'atabek se mit donc en marche sur Ispahan où se trouvait son adversaire. Dès que Adak-Khân eut connaissance de cette expédition dirigée contre lui, il fit mander à Ghiyâts ed-Dîn de lui envoyer des renforts. Ce dernier lui expédia aussitôt deux mille cavaliers commandés par Daulat-Molk, mais l'atabek, ayant devancé l'arrivée de ce renfort, se présenta sous les murs d'Ispahan où il livra combat à Adak-Khân qui, n'ayant avec lui qu'une faible armée, fut vaincu et fait prisonnier.

Tout d'abord l'atabek épargna la vie du prisonnier, à cause de sa parenté avec le sultan et de la haute situation qu'il occupait parmi ses concitoyens; puis, quand lui et ses courtisans furent échauffés par les vapeurs du vin, il donna l'ordre de le

---

1. Lecture incertaine par suite de l'absence de points diacritiques.

faire venir. Adak-Khân se présenta dans cette réunion formée surtout de gens de l'Îrâq et il reçut de l'atabek les honneurs qui lui étaient dus et les égards qu'il méritait. Toutefois, comme on lui avait assigné une place inférieure à celle qu'occupaient certains Irâqiens, il fut vivement irrité et, enhardi par ses liens de parenté avec le sultan, il se laissa aller à des paroles un peu vives et à une discussion personnelle avec l'atabek qui donna aussitôt l'ordre de le faire étrangler. Revenu de son ivresse, l'atabek se repentit de ce qu'il venait de faire, et comment n'en aurait-il pas été ainsi alors que le châtiment avait devancé la réprimande?

Daulat-Molk, qui avait amené des troupes levées dans le Kermân, afin de secourir Adak-Khân contre l'atabek Yghân, apprit, en arrivant aux portes d'Ispahan, les événements récents qui venaient de s'y passer. Il fit halte aussitôt et, sans quitter ses positions, il écrivit à Ghiyâts ed-Dîn, l'informant de la situation ainsi que des raisons qui l'empêchaient de livrer bataille. Ghiyâts ed-Dîn se hâta d'accourir pour venger cet échec et essayer de laver l'affront qu'il venait de subir et, joignant ses forces à celles de son lieutenant, il marcha sur Ispahan où se trouvait l'atabek Yghân Thâïsi. Le cadi de la ville avait réussi à assurer, soit bénévolement, soit par des promesses, le concours de gens de son quartier à l'atabek; seuls les gens du quartier du raïs Çadr ed-Dîn El-Khodjend refusèrent d'obéir à cause de la rivalité, née de vengeances inassouvies, qui existait entre leur chef et le cadi. Ghiyâts ed-Dîn, ayant vivement poussé sa marche sur Ispahan, trouva sous les murs de cette ville l'atabek qui voulut ainsi prévenir l'effet des menaces proférées contre lui ou éviter le danger qu'il redoutait. Il se trouvait dans la situation du personnage dont parle Abou Firâs quand il dit :

O que de palais dont les remparts ne m'en ont point imposé et sur lesquels j'ai fondu à coups de pierres au lever de l'aurore !

Ne voyant donc aucun moyen de refuser ses services, ni de se soustraire aux devoirs de la soumission, il se prosterna devant le prince dès qu'il le vit, et roula son front dans la poussière et, par tous ces procédés d'humiliation qu'il mit en œuvre, il réussit à effacer du cœur de Ghiyâts ed-Dîn la rancune qu'il y avait fait naître en autorisant ses courtisans à massacrer Adak-Khân. Ghiyâts ed-Dîn lui accorda même la main de sa sœur Aïsi-Khâtoun et le mariage fut célébré. Mais les émirs qui accompagnaient Yghân prirent ombrage de cette alliance ; ils abandonnèrent son camp et en demeurèrent éloignés jusqu'au moment où, par de nombreux messages, Ghiyâts ed-Dîn, qui tenait à arranger les choses et à faire disparaître les inconvénients de cette division, réussit à dissiper leurs soupçons. Dès lors ils renoncèrent au dessein qu'ils avaient formé de se séparer de leur chef ; ils reprirent docilement leur service et continuèrent par la suite à remplir avec fidélité leurs engagements. Seul Aïdmor El-Châmi refusa son concours et, son fatal destin l'ayant conduit auprès de l'atabek Ouzbek, prince de l'Adzerbaïdjân, il périt assassiné dans cette contrée.

Ghiyâts ed-Dîn prit définitivement possession de l'Irâq et son autorité s'étendit sur le Khorâsân et le Mâzenderân. Il donna cette dernière province en totalité comme fief à Daulat-Molk qui s'y établit fortement. De son côté, Yghân Thâïsi occupa Hamadzân avec tous ses cantons et ses districts où il fit sans peine exécuter ces décisions. Chacun de ces deux derniers personnages pourvut séparément à l'administration de sa province et eut seul à en régler les impôts et à disposer de leurs revenus.

Le retour de Daulat-Molk au service de Ghiyâts ed-Dîn avait donné à ce dernier un grand surcroît de puissance, aussi en profita-t-il pour marcher sur l'Adzerbaïdjân où l'atabek Ouzbek ben Mohammed ben Ildeguiz exerçait le pouvoir. Il fit des incursions contre la ville de Merâgha et ravagea toute la partie des États d'Ouzbek qui confinait au territoire de l'Irâq, puis il s'établit à Aoudjân[1] où il reçut, à diverses reprises, des messagers envoyés par Ouzbek pour solliciter la paix et être ainsi délivré à la fois et de l'ardeur des combats et de l'amertume dont on l'abreuvait, Ghiyâts ed-Dîn accepta ses propositions et lui donna en mariage sa sœur, la reine[2] El-Djelâliya, princesse de Nekhdjaouân ; ensuite il se remit en marche pour retourner dans l'Irâq, non sans avoir, au préalable, pris de sérieuses garanties relativement au traité qu'il venait de conclure avec Ouzbek.

CHAPITRE XXXIV

GHIYATS ED-DIN SE REND DANS LE FARS OU IL FAIT DE NOMBREUSES INCURSIONS. SON ARMÉE RAVAGE LA CONTRÉE

Dans l'Irâq, Ghiyâts ed-Dîn dut tout d'abord user, à l'égard de ces voisins, des mêmes mesures que ceux-ci employaient à son encontre, qu'il s'agît de marcher ensemble ou de lutter les uns contre les autres ; mais cela ne dura que jusqu'au moment où sa puissance se fut affermie par l'adjonction à ses troupes des débris des armées royales qui avaient échappé à la mort, après avoir été dispersées par le cruel sort des combats. A ce moment, Aïnândj-Khân venait d'être mis en déroute à la suite d'une bataille qu'il avait livrée aux Tatars sous les murs de Djordjân[3], ainsi que nous l'avons raconté

1. Ville de l'Adzerbaïdjân. Cf. Barbier de Meynard, *l. c.*, p. 56.
2. Le mot traduit par « reine » pourrait être employé comme nom propre et la princesse se serait alors nommée El-Malîka El-Djelâliya.
3. La bataille d'El-Halqa.

précédemment. Quand Aïnândj se présenta à lui, à l'issue de sa défaite, Ghiyâts ed-Dîn rendit hommage à sa vaillance et le combla de nombreuses marques de faveur, en reconnaissance de ses services antérieurs et de sa fidélité dans le temps présent comme dans le temps passé. Les honneurs qu'il lui rendit, les cadeaux qu'il lui prodigua ainsi d'ailleurs qu'à tous ses guerriers, furent tels qu'ils excitèrent la jalousie de ses deux oncles maternels, Daulat-Molk et Belti-Molk et détachèrent de lui l'atabek Yghân Thâïsi. Aussi ces trois personnages, animés par la haine, l'ingratitude, l'envie et l'esprit de rébellion, résolurent-ils de faire périr Aïnândj.

Aussitôt que Ghiyâts ed-Dîn eut connaissance des noirs projets qu'ils avaient tramés et des sentiments odieux et perfides qu'ils avaient conçus, il les invita à se tenir sur leurs gardes s'ils ne voulaient point encourir de terribles représailles. Ceux-ci alors, repoussant tout rapport avec Ghiyâts ed-Dîn, se retirèrent chacun de son côté, le cœur plein de ressentiment et dissimulant dans leur âme la haine qu'elle renfermait.

Or ce fut précisément à cette époque que les Tatars se ruèrent pour la troisième fois sur l'Irâq. Ils trouvèrent donc le pays livré à la discorde, chacun de ses chefs s'étant séparé des autres et ayant rompu avec eux les liens qui les unissaient. Ils attaquèrent Daulat-Molk aux environs de Zendjân[1], le vainquirent et le tuèrent. Ainsi périt ce prince qui fut victime lui-même de sa trahison et subit le châtiment que lui avait mérité sa honteuse conduite. Au moment où il était entouré des masses ennemies et où il avait déjà conscience de la triste fin qui l'attendait, il montra à son fils Barakat-Khân, un tout jeune enfant, la route de l'Adzerbaïdjân, en lui disant : « Sauve-toi par là jusqu'à ce que tu arrives en quelque

---

1. Grande ville de la province de Djebal. Cf. Barbier de Meynard, *l. c.*, p. 278.

lieu sûr. » L'enfant prit aussitôt cette route et arriva à Tebrîz où il fut bien accueilli par l'atabek Ouzbek qui l'éleva comme son propre enfant. Il resta dans cette ville jusqu'au jour où les armées djelâliennes arrivant de l'Inde s'emparèrent de Tebrîz. Alors seulement il fut délivré des entraves qui le retenaient et il put recouvrer son entière indépendance qu'il avait perdue.

En revenant de Zendjân[1], les Tatars attaquèrent Yghân Thaısi ; ils s'emparèrent de la majeure partie de ses richesses et firent périr un grand nombre de ses généraux. Yghân, avec ses courtisans, réussit à s'échapper et à gagner les environs de Tharm[2]. Quant aux Tatars, ils repassèrent le Djihoun en vainqueurs, tout fiers de l'immense butin qu'ils rapportaient. Telle est la nature de l'envie qu'elle n'est satisfaite qu'autant qu'elle a fait maudire celui qui la sert et qu'elle lui a fait durement sentir les coups du sort et ses vicissitudes.

Tous ceux qui échappèrent à ce désastre s'enfuirent auprès de Ghiyâts ed-Dîn. Ils avaient le visage assombri par la honte de l'indiscipline et leurs bataillons arrivèrent dans le plus complet désarroi. Néanmoins le retour de ces troupes accrut les forces de Ghiyâts ed-Dîn qui avait à tirer vengeance de l'atabek Modhaffer ed-Dîn S'ad ben Zengui, seigneur du Fars. Ce dernier personnage s'était, en effet, rendu coupable de diverses fautes : ainsi il avait entretenu, avec les habitants d'Ispahan, une correspondance dans laquelle, en flattant leurs dispositions versatiles, il cherchait à les entraîner à la révolte et à la sédition ; en outre il ne tenait aucun compte des exigences des circonstances qui auraient dû le rendre économe des deniers de l'État et lui faire ménager les populations.

Ghiyâts ed-Dîn se mit en route pour le Fars à la tête d'une

---

1. Grande ville du Djebal, voisine de Qazouïn. Barbier de Meynard, *l. c.*, p. 287.
2. District montagneux qui domine Qazouïn. Barbier de Meynard, *l. c.*, p. 392.

armée nombreuse de plusieurs milliers de cavaliers. Comprenant qu'il ne pouvait résister à de pareilles forces, l'atabek se retrancha dans la forteresse d'Isthakhar, mais Ghiyâts ed-Dîn l'y rejoignit et, après avoir donné l'assaut aux ouvrages avancés, il s'empara de vive force de la citadelle et la ruina de fond en comble. Puis, se dirigeant sur Chirâz, il entra de vive force dans cette ville et l'abreuva à pleines coupes de la liqueur de sa vengeance. Il mit ensuite le siège devant la citadelle de Djireh[1]; après être resté quelque temps devant cette place, il accorda l'aman à ses habitants à la suite d'un traité qu'il conclut avec eux, moyennant une somme d'argent que ceux-ci versèrent. Ce fut là que mourut Aïnândj-Khân dont les restes furent ensevelis à Chʻab-Selmân.

De là, Ghiyâts ed-Dîn expédia Alp-Khân à Kazroun[2], où se trouvait le cheikh Abou Ishaq Ech-Chirâzi, qui s'était emparé de cette ville et en terrorisait les habitants par ses cruautés, ravissant les enfants et violant les femmes. Durant son long séjour dans cette ville, ce cheikh avait amassé des richesses considérables extorquées aux habitants; Alp-Khân fit porter tout cet argent au trésor public, ce qui remit dans un état florissant les finances de Ghiyâts ed-Dîn. Puisse le Ciel éloigner de nous ces exactions qui étreignent douloureusement, ces impôts si lourds à supporter et ces ressources qui à l'extérieur semblent du miel et qui au fond sont des poisons mortels! Aussi ce cheikh mérita-t-il le sort qui lui était réservé : les Tatars, après l'avoir fait prisonnier à la porte d'Ispahan, lui lièrent les pieds sous le ventre de son cheval et, après l'avoir ainsi garrotté, ils lui firent parcourir un espace de deux années de marche pour rejoindre le khaqân. Celui-ci fit brûler le cheikh en exposant au feu son corps à demi

---

1. Djireh ou Guireh est le nom d'une petite localité voisine de Chirâz.
2. Sur cette ville située à trois journees de marche de Chirâz, cf. Barbier de Meynard, *l. c.*, p. 172.

inanimé. Espérons que ce châtiment immédiat a sauvé ce misérable du châtiment éternel et qu'il n'aura pas à subir un double supplice. Dieu est puissant et il sait se venger.

De là, poursuivant sa route, Ghiyâts ed-Dîn arriva aux confins d'Amhar[1] sur le territoire de Bagdad. 'Alem ed-Dîn Qaïcer qui gouvernait cette localité au nom du divan souverain[2] évacua cette localité dans la pensée que Ghiyâts ed-Dîn se conduirait là comme il l'avait fait dans la Perse, c'est-à-dire qu'il se livrerait au pillage, à l'incendie, à l'effusion du sang et à toutes les horreurs. Mais il n'en fut pas ainsi. Ghiyâts ed-Dîn n'entreprit rien contre la ville. En cette circonstance il observa les devoirs de l'humanité et tint compte des prescriptions édictées par Dieu, prescriptions auxquelles on est tenu d'obéir. Quant à l'imam En-Nâcer[3] (que Dieu lui fasse éprouver les marques de sa satisfaction!), il réunit cette année-là un grand nombre de soldats qu'il fit venir d'Arbil, de la Mésopotamie, du Diarbekir et de la tribu des Rebi'a; puis il envoya un messager à Ghiyâts ed-Dîn pour l'engager à aller s'occuper de choses qui lui feraient un plus grand honneur dans ce monde et lui seraient plus profitables dans la vie future. Ghiyâts ed-Dîn se soumit à cette injonction et retourna dans l'Irâq.

CHAPITRE XXXV

DE DIVERS ÉVÉNEMENTS QUI SE PRODUISIRENT A GHAZNA AVANT L'ARRIVÉE DE DJELAL-ED-DIN.

Karber-Molk était alors son lieutenant à Ghazna. Quand

---

1. La lecture de ce nom est tout à fait incertaine; je n'ai pu l'identifier.
2. C'est-à-dire le gouvernement du calife.
3. Il s'agit du calife abbasside qui régna de 1180 à 1225.

Amin-Molk conçut le dessein de se diriger sur le Seïstân₁, afin de chercher à s'emparer de cette province, il avait dépêché un messager à Karber-Molk pour l'inviter à venir le rejoindre et à unir ses forces aux siennes dans l'expédition qu'il projetait contre ces contrées. Karber-Molk se mit aussitôt en marche pour prêter son appui, s'éloignant ainsi de Ghazna et des provinces limitrophes.

Ikhtyâr ed-Dîn Kharaboust, un des anciens Ghour, était en ce moment établi à Bezchawer², dans le fief que lui avait octroyé autrefois Djelâl ed-Dîn. Profitant de cette circonstance que Ghazna se trouvait alors privé de ses défenseurs, il voulut rompre avec la dynastie qu'il servait et usurper le pouvoir dans cette ville. Il y entra donc avec les cavaliers Ghour qui s'étaient joints à lui. Çalâh ed-Dîn Mohammed En-Nesaï, qui commandait la citadelle de Ghazna, était tout dévoué au sultan. Néanmoins, quand Kharaboust s'empara de la ville, il conclut un arrangement avec lui, mais si, ouvertement, il faisait montre de pactiser avec le rebelle, il ne songeait dans son for intérieur qu'à épier une occasion favorable pour le renverser. Cette circonstance se présenta bientôt à la suite des rapports amicaux qui s'étaient établis entre eux, et un certain jour qu'ils étaient tous deux à l'hippodrome, Çalâh ed-Dîn planta son poignard dans la poitrine de Kharaboust.

Par suite de cet acte de violence, la paix, qui régnait, fit place aux troubles et à la sédition, mais Çalâh ed-Dîn réussit à étouffer cette insurrection et à ramener toute la contrée à reconnaître de nouveau sincèrement l'autorité du sultan. Il donna l'ordre de rechercher tous les partisans de Kharaboust dans toutes les maisons et dans tous les bouges et on en découvrit en quelque sorte sous chaque madrier et sous

---

1. Ou Sedjestân.
2. Peishawer.

CHAPITRE TRENTE-CINQUIÈME

chaque pierre. Il fit ensuite mettre en croix Tâdj ed-Dîn, le fils de la sœur de Kharaboust.

Radhi el-Molk ayant été inspecteur du divan[1] djélalien à Ghazna, Çalâh ed-Dîn estima qu'il convenait de lui confier les affaires du divan, afin de l'empêcher de se rendre indépendant et aussi pour éviter de laisser péricliter les droits du fisc sur la fortune publique. Il confia donc la direction du divan à Radhi el-Molk, mais celui-ci ne tarda pas à devenir arrogant, fier, insolent et orgueilleux, quand il vit que les affaires du gouvernement s'embrouillaient de plus en plus au lieu de s'arranger et que l'effondrement devenait irréparable ; puis il détourna les fonds de l'État de leur emploi et dispensa les faveurs et les largesses plus encore que n'auraient pu le faire des ministres. Voyant ensuite que Çalâh ed-Dîn désapprouvait toutes ces fautes commises, dont les conséquences étaient désastreuses, et ces gains dont la source était impure, Radhi el-Molk incita contre ce personnage une troupe de gens du Sedjestân qui le mirent à mort. Radhi el-Molk resta maître absolu du pouvoir jusqu'à l'arrivée de Djelâl ed-Dîn à Ghazna. Celui-ci pensa qu'il valait mieux maintenir l'état de choses pendant un certain temps ; il feignit de ne tenir aucun compte de ce qui s'était passé et d'ignorer les fautes qui lui avaient été signalées jusqu'au jour où il vainquit les Tatars à Beirouân[2], ainsi qu'on le racontera plus loin. A ce moment, comme il rentrait victorieux à Ghazna, Djelâl ed-Dîn donna l'ordre d'arrêter Radhi el-Molk et lui demanda compte des richesses qu'il avait gaspillées en pure perte et dilapidées avec une prodigalité inouïe. Soumis à la torture, afin de restituer les sommes qu'il avait amassées, Radhi el-Molk périt dans les plus atroces circonstances.

1. Administration des finances.
2. Je n'ai aucun renseignement précis sur l'emplacement de cette localité.

CHAPITRE XXXVI

DES ÉVÉNEMENTS QUI SE PASSÈRENT A GHAZNA APRÈS LE RETOUR DE DJELAL-ED-DIN DANS CETTE VILLE.

Djelâl ed-Dîn arriva à Ghazna en l'année 618 (25 février 1221-15 février 1222). La population éprouva en cette circonstance une joie aussi vive que celle du jeûneur qui aperçoit la nouvelle lune annonçant la fin du carême[1] ou encore du voyageur exténué qui peut abondamment étancher sa soif. A ce moment vinrent se mettre au service du prince : Seïf ed-Dîn Boghrâq El-Kholdji, Aadhem-Molk, seigneur de Balkh, Modhaffer-Molk, seigneur d'Ighâniya[2] et El-Hasan Qazlaq. Les troupes amenées par ces personnages formaient un corps d'environ trente mille cavaliers et l'armée de Djelâl ed-Dîn avec celle d'Amîn-Molk présentaient un effectif égal.

Quand Djenguiz-Khân apprit la défaite de ses troupes à Qandahâr, il expédia aussitôt son fils Touli-Khân à la tête d'une armée considérable formée d'hommes choisis, vissés en quelque sorte à leurs montures et armés de glaives acérés. De son côté Djelâl ed-Dîn se porta à la rencontre de l'ennemi avec un ardent désir de combattre pour la sainte cause et de défendre énergiquement l'islam, à la tête de cavaliers impétueux comme des torrents et de fantassins intrépides comme des lions. La rencontre eut lieu à Beirouân.

Aussitôt que les deux armées furent en présence, Djelâl ed-Dîn chargea en personne contre le centre de l'armée de

---

1. La nouvelle lune qui annonce le commencement du mois de chaoual et par suite la fin du jeûne du mois de ramadhan.
2. La lecture de ce mot est incertaine.

Touli-Khân qu'il mit en désordre et dont il dispersa les étendards sous les pieds de ses chevaux. Il contraignit l'ennemi à s'enfuir et à vider la place en le sabrant vigoureusement. Emporté par l'ardeur de sa haine, Djelâl ed-Dîn enlevait de son glaive tout ce qui surmontait les veines jugulaires et partageait avec son sabre les articulations des omoplates. Et comment n'aurait-il pas agi ainsi, alors que ces Tatars lui avaient ravi ses frères, son père, son royaume, ses parents et sa famille, le laissant ni père, ni enfant, ni adorateur, ni adoré, chassé par le malheur dans les déserts et condamné par les dangers au plus violent désespoir.

Touli-Khân fut tué au fort de l'action, au moment où la mêlée atteignait le paroxysme de la fureur. Les prisonniers furent très nombreux et les valets amenaient sans cesse, en présence du prince, les captifs dont ils s'étaient emparés puis ils leur plantaient des pieux dans les oreilles pour les faire souffrir plus cruellement. Djelâl ed-Dîn contemplait ce spectacle le visage rayonnant de joie. Mais, si le châtiment infligé à ces prisonniers sur terre était pénible, combien plus cruel et plus durable devait être pour eux le châtiment qui les attendait dans l'autre monde !

Une petite troupe de Tatars avait assiégé la citadelle de Ouledj[1] et la tenait étroitement bloquée depuis longtemps. Aussitôt que ces Tatars apprirent de quelle façon Dieu avait accablé les leurs sous le fouet du châtiment, ils s'éloignèrent en toute hâte de la place, pleins de crainte et de désespoir, tandis que le Ciel favorisait ainsi la délivrance des musulmans.

Dès que les fuyards arrivèrent auprès de Djenguiz-Khân, celui-ci marcha en personne à la tête de son armée ; elle était si nombreuse que les steppes étaient trop étroits pour contenir ses soldats dont la multitude était telle qu'elle avait peine

---

1. La lecture de ce mot est incertaine.

à trouver place dans l'immensité des plaines. Or il arriva que les troupes du Kheldj [1], sous la conduite de Seïf ed-Dîn Boghrâq et de Modhaffer-Molk, qui étaient irrités contre Djelâl ed-Dîn, se séparèrent de ce prince au moment même où il avait le plus besoin de leur présence et de leur aide pour lutter contre les masses ennemies.

Voici le motif de cette séparation : Quand le fils de Djenguiz-Khân avait été vaincu à Beirouân, les Turcs s'étaient précipités sur le butin que Dieu avait fait tomber aux mains de l'armée et l'avaient disputé aux autres soldats avec cette âpreté qui est innée chez eux et qui les stigmatise en quelque sorte. Chaque fois, par exemple, qu'un Turc des troupes d'Amin-Molk contestait à un soldat d'Aadhem-Molk la propriété d'un cheval pris sur les Tatars, et que la discussion traînait en longueur, le Turc n'hésitait pas à frapper son adversaire de son fouet. Cette façon d'agir aigrit les esprits des soldats kheldjiens qui, après s'être d'abord tenus à l'écart, conçurent ensuite le dessein de faire défection quand ils virent qu'ils n'arriveraient point à se faire rendre justice ; car chaque fois, en effet, que Djelâl ed-Dîn essayait de leur donner satisfaction, les Turcs se montraient d'autant plus durs et plus exclusifs pour leurs nationaux. Ils n'avaient que de mauvais procédés dans leurs relations, n'ayant aucune générosité, ne tenant aucun compte des épreuves subies et ne s'inquiétant en aucune façon des conséquences de leurs actes.

Les étrangers à la race turque se plaignaient les uns aux autres en disant : « Ces Turcs croyaient autrefois que les Tatars n'appartenaient point à la race humaine, qu'ils ne redoutaient rien parce que les sabres n'avaient aucune action sur eux et qu'ils ne reculaient devant rien, aucune force n'étant capable de lutter contre eux. Maintenant qu'ils ont vu comme

---

1. Contrée du Zaboulistan dans l'Afghanistan.

nous que ces peuples ne sont point invulnérables aux coups des sabres et des lances et que leurs hordes peuvent périr, ils sont heureux de rompre leurs liens avec ces gens-là et de se détacher d'eux afin de promener leur vantardise sur la terre et d'y ourdir leurs méchancetés ; mais les complots des méchants se tournent toujours contre eux. »

Chaque fois que Djelâl ed-Dîn par de bonnes paroles tentait de ramener les dissidents et leur faisait mander de renouer le faisceau de l'union, les Turcs se retiraient à l'écart. Mais tel était l'ordre immuable de Dieu prévu par le Destin que les Kheldjiens se séparèrent du prince. Les souverains de la famille de Djelâl ed-Dîn avaient commis une faute en appelant à leur aide les Turcs contre des peuples de même race, polythéistes comme eux. En effet celui qui ne combat pas pour une religion certaine et une foi ferme, n'a ni l'espoir d'une récompense future, ni la crainte d'un châtiment éternel : on ne peut donc être assuré qu'au moment où l'on aura besoin de lui, il ne faillira pas et ne se laissera pas entraîner par ses passions à une heure ou à un instant quelconques.

En apprenant que l'ennemi de Dieu marchait contre lui à la tête de ses forces les plus imposantes et entouré de ses innombrables masses, Djelâl ed-Dîn, abandonné par ses plus valeureux généraux et leurs vaillants soldats, se crut perdu et sentit la crainte l'envahir. Il comprit qu'il ne pourrait rien contre Djenguiz-Khân s'il ne cherchait à ramener les dissidents en condescendant à leurs désirs. Dans cette pensée il jugea devoir se retirer derrière le fleuve du Sind, et là il commença à entrer en correspondance avec les dissidents et leur fit savoir qu'il serait glorieux pour eux de le rejoindre, qu'ils avaient autant d'intérêt que lui à cela et enfin que, s'ils consentaient à s'unir à lui, il marcherait aussitôt avec eux à la rencontre de Djenguiz-Khân et le vaincrait avec l'aide des Turcs qu'il avait avec lui. Mais, Djenguiz-Khân étant arrivé plus tôt que ne l'avait estimé Djelâl ed-Dîn, les choses se passèrent tout autrement que celui-ci ne les avait prévues.

Au moment où Djelâl ed-Dîn avait quitté Ghazna il était en proie à de violentes coliques. Néanmoins il ne jugea point, dans cet état, devoir se faire porter en litière ; il monta à cheval, supportant stoïquement ses atroces douleurs et sa cruelle maladie ; bientôt le Ciel lui accorda une guérison complète et lui rendit toute sa vigueur. Sur ces entrefaites on apprit la nouvelle que l'avant-garde de Djenguiz-Khân était campée à Djerdîn[1]. Aussitôt Djelâl ed-Dîn partit de nuit et le matin il eut lieu de se louer de cette marche nocturne et d'être satisfait de la protection de Dieu et de son inspiration. Il culbuta l'avant-garde tatare à Djerdîn et en un clin d'œil les chevaux des ennemis prirent la fuite en faisant jaillir le feu sous leurs pas. Sans la rapidité de leurs montures et l'obscurité de la nuit aucun des Tatars n'aurait réussi à échapper.

Très affecté de cette nouvelle, qui semblait anéantir ses espérances, le *Maudit* (Djenguiz-Khân) ne se laissa détourner par rien et doubla les étapes pour accélérer sa marche. Djelâl ed-Dîn, qui était revenu à son camp sur les bords de l'Indus, se trouva pris de court pour rassembler les navires qu'il avait songé à réunir afin de ramener vers lui ses escadrons. Un seul navire étant arrivé, il y fit monter, pour traverser le fleuve, sa mère, ses femmes et tout le personnel voilé[2] qui formait son train de maison ; mais le navire se brisa et le passage du fleuve devint impossible, car à ce même moment arrivait Djenguiz-Khân tout prêt à livrer bataille. Quand Dieu veut du mal à un peuple, personne ne saurait lui faire obstacle, et en dehors de lui ce peuple ne saurait trouver de défenseur.

---

1. Peut-être faut-il lire : Djordîz, à moins encore qu'il s'agisse de Djerdân, localité entre Ghazna et Kaboul.
2. Servantes et concubines.

CHAPITRE XXXVII

RÉCIT DE LA BATAILLE LIVRÉE PAR DJELAL ED-DIN A DJENGUIZ-KHAN SUR LES BORDS DE L'INDUS. — COMBAT DES PLUS MÉMORABLES ET REVERS TERRIBLE.

Djenguiz-Khân était arrivé au bord de l'Indus avant que Djelâl ed-Dîn eût achevé de réaliser le dessein qu'il avait fait de ramener à lui les généraux dissidents. Tout le jour de l'arrivée, les cavaliers ne cessèrent de voler au galop de tous côtés et les braves de se préparer à la résistance. Dans la matinée du mercredi, 8 du mois de chaoual de l'année 618 (25 novembre 1221), les armées se mirent en ligne. Aussitôt que les deux partis en vinrent aux mains et que les deux boucles de la sangle se rejoignirent, Djelâl ed-Dîn demeura faisant face à l'ennemi, entouré d'un petit nombre de guerriers, car les masses l'avaient abandonné. Mais :

Son âme avait horreur de la honte qui lui semblait aussi répréhensible que l'infidélité ou même plus encore.

Ensuite il chargea en personne contre le centre de l'armée de Djenguiz-Khân qu'il tailla en pièces et mit en morceaux. Consterné, le Maudit en personne prit la fuite, pressant les flancs de sa monture dans l'espoir d'échapper à la mort. Peu s'en fallut que la Fortune ce jour-là se déclarât contre les infidèles et qu'une déroute définitive fût infligée à ces suppôts de l'enfer. Mais le Maudit, avant la bataille, avait placé en réserve et en embuscade un corps de dix mille cavaliers choisis parmi les plus vaillants de son armée et qu'on nommait les Behaderiyâ[1]. Ces soldats fondirent sur l'aile droite

---

1. Ce nom signifie : les vaillants guerriers.

de Djelâl ed-Dîn, que commandait Amîn-Molk, ils la culbutèrent et la rejetèrent sur le centre dont les lignes, ainsi rompues, se débandèrent et lâchèrent pied. Bientôt il ne resta plus de toute cette lutte que des cadavres souillés de sang ou des corps flottants sur les eaux du fleuve. Bien des hommes, en effet, avaient couru vers le fleuve et s'étaient précipités dans ses eaux tourbillonnantes, sachant tous pourtant qu'ils y périraient noyés et qu'ils ne trouveraient là aucun moyen de salut. Le fils de Djelâl-ed-Dîn, enfant de sept ou huit ans, fut fait prisonnier dans cette bataille et tué sous les yeux de Djenguiz-Khân.

Lorsque, après sa défaite, Djelâl ed-Dîn se retrouva sur les bords du fleuve, il y vit sa mère, la mère de son fils et toutes ses femmes qui le supplièrent à grands cris de les faire tuer pour leur épargner les horreurs de la captivité. Le prince donna l'ordre de les noyer toutes. N'est-ce pas là un malheur des plus extraordinaires et une calamité sans exemple!

Quant aux troupes kheldjiennes qui avaient abandonné Djelâl ed-Dîn, Djenguiz-Khân, après en avoir terminé avec ce dernier, les contraignit à abandonner les cimes des montagnes, les sommets escarpés et abruptes, puis il les pourchassa dans les taillis des jungles et dans les bas-fonds des vallées. Aadhem-Molk, qui s'était réfugié dans la citadelle de Deroudza, fut assiégé et pris : ce fut une nouvelle victime à ajouter à la série des autres.

Dhyâ el-Molk 'Ali ed-Dîn Mohammed ben Maudoud En-Nesaoui, l'inspecteur, qui appartenait à une excellente famille et dont la générosité jetait un vif éclat, m'a fait le récit suivant : « Bien que je n'eusse pas la moindre idée de ce que c'était que nager, je me jetai à l'eau et fus sur le point de me noyer; mais au moment où je me débattais au milieu du fleuve, je vis un enfant ayant avec lui une outre gonflée. J'étendis aussitôt la main et songeai à noyer cet enfant pour lui prendre son outre, quand il me dit : « Si tu veux te sauver sans me faire périr, associe-toi à moi et je te ferai parvenir à la rive du fleuve. » Je fis ce qu'il m'avait dit et nous arrivâmes au bord sains et saufs. Plus tard, je fis les plus actives recherches pour revoir cet enfant et le récompenser de sa bonne action, mais quoiqu'il n'y eût eu que bien peu de survivants de ce désastre, je ne pus le retrouver. »

CHAPITRE XXXVIII

RÉCIT DE LA TRAVERSÉE DE L'INDUS PAR DJELAL ED-DIN. — DIVERS ÉVÉNEMENTS DE L'ANNÉE 619 (15 février 1222-4 février 1223).

Arrivé sur les bords de l'Indus sans le moindre moyen de fuir, puisqu'il était entouré de dangers de tous les côtés, poussé qu'il était l'épée dans les reins et voyant devant lui rouler les flots tumultueux du fleuve, Djelâl ed-Dîn, encore revêtu de son attirail de guerre, lança son cheval en avant. Grâce à la bonté de Dieu envers ceux qu'il veut protéger, le cheval réussit à traverser ce grand fleuve. Djelâl ed-Dîn conserva ce cheval, sans jamais le monter, jusqu'à la conquête de Tiflis.

Environ quatre mille hommes de l'armée de Djelâl ed-Dîn avaient réussi à gagner également l'autre rive du fleuve. Ils n'avaient plus ni vêtements, ni chaussures; à les voir, l'on eût dit, les ressuscités du jour du Jugement dernier, au moment où ils sortiront de leurs tombeaux. Il se trouvait également trois cents cavaliers qui rejoignirent Djelâl ed-Dîn trois jours après que celui-ci eut traversé le fleuve. Le courant des flots avait emporté à une grande distance ces cavaliers qui étaient sous les ordres de trois des courtisans du prince,

Qilbars[1] Behâder, Qâbqadj[2] et Saʻd ed-Dîn ʻAli, l'échanson. Tous ces soldats, qui avaient ignoré que le sultan eût échappé à la mort, étaient en proie à la plus vive inquiétude, marchant l'esprit troublé, pareils à des moutons abandonnés qui auraient perdu leur berger et qui auraient été entourés de loups affamés les poursuivant pour les dévorer. Enfin Djelâl ed-Dîn les rejoignit; son arrivée fut pour tous une véritable fête et il leur sembla qu'une nouvelle existence allait commencer pour eux.

Il y avait dans la fabrique d'armures du sultan un certain individu, connu sous le nom de Djemâl l'armurier, qui, avant la bataille, était parti emportant avec lui tout l'argent qu'il avait entre les mains. Cet individu arriva juste à ce moment, amenant avec lui un navire chargé de vêtements et de vivres, et parvint jusqu'au sultan après avoir traversé le fleuve de Soudra. Vivement touché de cet heureux événement, Djelâl ed-Dîn nomma cet armurier majordome du palais et lui conféra le titre de Ikhtiyâr ed-Dîn. Plus loin, s'il plaît à Dieu, nous reparlerons de ce personnage, en son lieu et place.

Informé que les hasards de la guerre avaient rejeté du côté de son pays, le sultan Djelâl ed-Dîn, vaincu, n'ayant plus avec lui que des débris de son armée, un petit nombre de ses partisans et quelques cavaliers seulement échappés au dernier combat, Zâna-Chatra[3], le seigneur du Djebel El-Djoudi, à la tête d'environ mille cavaliers et cinq mille fantassins, marcha contre le sultan pour saisir cette occasion qui se présentait de se faire justice en profitant de la faiblesse accidentelle de son adversaire. Dès qu'il apprit la nouvelle de cette attaque, Djelâl ed-Dîn crut voir la bouche de la mort s'ouvrir pour l'engloutir et les glaives de l'ennemi presser son visage

---

1. Ou Qalabars.
2. Ou Qânqadj.
3. Ou Râna-Chatra

et ses reins. De quelque côté qu'il se dirigeât il voyait les épées se dresser contre lui. Comment d'ailleurs aurait-il pu échapper au sort funeste qui le menaçait de toutes parts, en cherchant son salut dans une fuite rapide, alors qu'il avait avec lui un grand nombre de blessés qui avaient peine à le suivre, car il savait bien que les Hindous les feraient périr dans les plus cruelles tortures s'ils réussissaient à s'en emparer. Dans cette conjecture, chaque frère valide alla trouver son frère blessé et lui trancha la tête et chaque proche en fit autant pour son parent grièvement atteint. Puis les hommes valides se mirent en marche avec le dessein de traverser le fleuve, dans la direction occupée par les Tatars, et de se cacher dans les jungles épaisses et dans les forêts touffues, où ils auraient vécu du produit du pillage auquel ils se seraient livrés, les Hindous devant se figurer dans ce cas qu'ils avaient affaire à des Tatars.

Au moment où ils allaient mettre à exécution ce projet, ils virent déboucher une troupe de fantassins qui se dirigeaient sur eux. Djelâl ed-Dîn opéra un mouvement en arrière avec ceux de ses défenseurs qui l'accompagnaient et ses principaux cavaliers qui lui servaient d'avant-garde. Zâna-Chatra s'avança avec les fourbes qui le suivaient et aussitôt que ses yeux eurent aperçu Djelâl ed-Dîn, il le chargea en personne à la tête de ses troupes, de ses fous devrais-je dire. Djelâl ed-Dîn exhorta ses hommes à tenir ferme et fit halte. Zâna-Chatra s'approcha et quand il fut à portée, le sultan lui décocha une flèche qui l'atteignit en pleine poitrine et lui transperça le cœur. Le chef hindou tomba à genoux, non dans la posture de quelqu'un qui adore, mais dans l'attitude d'un homme qui va mourir. L'armée hindoue prit la fuite et Djelâl ed-Dîn s'empara du cheval du prince, de son équipement, de ses armes et de celles de ses richesses que Dieu lui accorda comme butin.

Quand Qamar ed-Dîn Qobâdja, qui était à Debdeba-Ousâqoun[1], entendit parler de ce combat merveilleux et de cet événement singulier, il chercha à se rapprocher de Djelâl ed-Dîn, en lui adressant des paroles flatteuses et en lui offrant des cadeaux variés parmi lesquels se trouvait le Vestibule[2]. Il voulait ainsi empêcher le sultan de venir le combattre et éviter le sort funeste qu'avaient valu à Zâna-Chatra sa rébellion et sa lutte. Ces démarches produisirent leur effet sur le sultan qui lui en manifesta sa satisfaction.

CHAPITRE XXXIX

DES RELATIONS ENTRE DJELAL ED-DIN ET QOBADJA : LEURS RAPPORTS TANTOT AMICAUX, TANTOT HOSTILES.

Djelâl ed-Dîn venait de se reposer des fatigues de ces derniers événements et d'achever de réunir les débris de son armée dispersée à la suite du dernier combat, quand il apprit que la fille d'Amîn-Molk avait échappé aux flots de l'Indus et avait gagné la ville d'Audjâhi[3] appartenant à Qobâdja. Aussitôt il envoya à ce dernier un ambassadeur, pour lui dire que les nobles femmes et les princesses de son harem ayant péri dans les flots, la fille d'Amîn-Molk était maintenant la personne dont la lignée se rapprochait le plus de la sienne ; il désirait donc que cette princesse fût envoyée à son palais par les soins de Qobâdja qui préparerait son équipage et la renverrait en compagnie de son ambassadeur. Qobâdja fut très

---

1. Ou Dendena-Ousàqoun.
2. Probablement une sorte de tente qui portait ce nom.
3. Je n'ai aucun renseignement sur l'emplacement exact de cette localité.

heureux de saisir cette occasion d'être agréable au sultan et de nouer ainsi avec lui des relations fraternelles. En conséquence, il donna à la princesse un cortège digne d'une mariée conduite à un prince de haut rang ; en même temps il adressa des présents destinés personnellement à Djelâl ed-Dîn et parmi lesquels figuraient des éléphants.

Djelâl ed-Dîn accueillit très gracieusement toutes ces prévenances et y répondit par d'excellentes paroles suivies d'actes qui les confirmèrent. La paix régna dès lors entre les deux princes et le pays recouvra le calme jusqu'au jour où la Fortune décida de nouveau la rupture de ces bonnes relations. Alors les scorpions de la discorde s'insinuèrent dans cette amitié et l'on vit bientôt se renouveler les causes d'animosité que nous allons énumérer.

En voici une première : Ainsi que nous l'avons rapporté, le sultan avait donné pour vizir à Djelâl ed-Dîn le personnage appelé Chems el-Molk Chihâb ed-Dîn Alp. Celui-ci réunissait toutes les qualités requises pour exercer le pouvoir ; nul n'avait reçu de la nature un tel ensemble de dons et n'avait déployé dans sa carrière une pareille supériorité : on admirait sa générosité bienveillante, son égalité d'humeur ; enfin son prestige était tel qu'il en aurait imposé aux nuées de sauterelles qui obscurcissent le ciel et qu'il aurait fait refluer les eaux débordées des torrents.

A la suite du désastre, il avait été rejeté sur le territoire de Qobâdja qui lui avait d'abord accordé la vie sauve et un asile, puis l'avait traité avec les plus grands égards. A ce moment, Qobâdja croyait que Djelâl ed-Dîn n'était pas au nombre de ceux qui avaient réussi à échapper au désastre et que, par conséquent, il n'y avait plus rien à en craindre, ni à en espérer. Il se laissa donc aller à entretenir Chems el-Molk de certaines affaires qu'en homme avisé il aurait dû lui cacher soigneusement. Aussi quand il acquit la certitude que Djelâl ed-Dîn était sain et sauf, il conçut de la défiance à l'égard de Chems el-Molk ; il craignit que ce dernier n'abusât des confidences qu'il lui avait faites et il regretta vivement de s'être laissé entraîner à lui communiquer ses pensées les plus intimes.

Or, Djelâl ed-Dîn avait mandé auprès de lui Chems el-Molk dès qu'il avait su qu'il se trouvait auprès de Qobâdja. Celui-ci, emporté par ses soupçons, ne craignit pas de manquer à ses engagements et de se laisser aller à faire périr Chems el-Molk, afin d'étouffer à jamais les secrets qu'il avait confiés à ce vizir, secrets qu'il redoutait de voir dévoiler par son confident. Djelâl ed-Dîn ignora ce qui s'était passé jusqu'au jour où le malik[1] Noçret ed-Dîn Mohammed ben El-Hasan ben Kharmîl et l'émir Abân[2], connu sous le nom de Hezârmerd, quittèrent Qobâdja pour aller trouver Djelâl ed-Dîn. Grâce au récit que lui firent ces deux personnages, Djelâl ed-Dîn fut instruit exactement de tout ce qui s'était passé ; il connut alors le fond de cette affaire et les motifs secrets qui avaient poussé Qobâdja à agir traîtreusement et avec perfidie en mettant à mort ce vizir qui lui avait demandé asile.

Une autre cause d'animosité fut la suivante : Qarn-Khân fils d'Amîn-Molk, à la suite du désastre, avait été rejeté dans la ville de Kolour[3], une des villes de Qobâdja. La populace voulant le dépouiller, tua ce jeune homme qui était de la plus grande beauté, aux joues roses, à la taille élancée, à la mine radieuse et distinguée. Au nombre des objets enlevés à cette jeune victime se trouvait une perle qui ornait son oreille. Cette perle fut portée à Qobâdja qui remercia le donateur et récompensa le meurtrier en lui donnant un fief.

---

1. Ce titre de « malik » ou « prince », « roi » fait souvent partie intégrante du nom et alors on le transcrit simplement : El-Malik. Ici il semble être simplement employé comme titre.

2. Ou : Oubân. Le nom de Hezârmerd signifie : mille hommes.

3. Kolour paraît correspondre à la localité du Pendjâb qui porte aujourd'hui le nom de Kahlour ou à Kullur.

Djelâl ed-Dîn cacha soigneusement son ressentiment dans son cœur et dissimula en attendant que le destin fît naître une occasion qui favorisât ses desseins en supprimant les obstacles actuels. Cette circonstance se produisit par l'arrivée des émirs qui s'étaient séparés de son frère, Ghiyâts ed-Dîn Pirchâh. Aussitôt que furent présents ces personnages nommés Sindja-qân-Khân, Ildji Bahlaouân, Orkhân, Siper[1], le porte-glaive du sultan, et Takachiâroq Djenkechi[2], les âmes glorieuses reprirent courage, les esprits glacés se réchauffèrent et Djelâl ed-Dîn put se mettre en marche sur la ville de Kolour qu'il assiégea.

La lutte fut longue ; les glaives acérés frappèrent à coups redoublés ; la mêlée fut si vive qu'on en vint au point de se saisir par la barbe ou par la chevelure. Djelâl ed-Dîn donna de sa personne dans cette bataille et reçut une flèche qui l'atteignit à la main. Cette blessure le rendit pareil à un lion assoiffé de vengeance ou à un tigre blessé et traqué ; sans faiblir un instant, il combattit nuit et jour jusqu'à ce qu'enfin il s'empara de la ville dans laquelle il ne laissa ni un homme en état de combattre, ni une seule femme digne de porter un voile.

S'éloignant ensuite de Kolour, Djelâl ed-Dîn se rendit à la citadelle de Bernouzedj[3] devant laquelle il campa. Il l'attaqua en personne, entouré de ses fidèles, et reçut là encore une nouvelle blessure faite par une flèche. Bernouzedj eut bientôt le même sort que Kolour et le pillage fut plus terrible pour cette place que les maux que lui avait fait éprouver le combat.

Telles furent les causes qui avivèrent la haine entre Djelâl

---

1. L'absence de points diacritiques ne permet pas de donner une lecture certaine de ce nom.
2. Orthographe incertaine.
3. Au lieu de Bernouzedj, on pourrait lire Ternouzedj ou Bertouzedj, la lecture de ce nom n'étant point assurée par les points diacritiques.

ed-Dîn et Qobâdja. Ce dernier, voyant que ses États lui échappaient peu à peu, se décida à tenter un suprême effort et à agir vigoureusement. Il se mit à la tête d'environ dix mille cavaliers et assisté de Chems ed-Dîn Iltoumich[1], qui lui avait amené quelques-unes de ses troupes, il se mit en campagne pour prendre sa revanche et résolut de livrer une bataille rangée.

Djelâl ed-Dîn comprit que, s'il attendait l'ennemi, il lui serait impossible de tenir avec ses troupes éprouvées par son récent désastre et qui avaient souffert les plus terribles privations. Aussi se décida-t-il à se porter en avant,

Voyageant secrètement à la faveur de la nuit en affrontant les fantômes qui la peuplent,

à la tête de ses soldats pareils à des lions ou à des loups affamés, chassés de leurs repaires par l'excès des souffrances et par les angoisses de la misère et de la faim. Aussitôt qu'il fut en présence de l'ennemi, il l'enferma dans le cercle de ses troupes et, précipitant l'attaque avec vigueur, il le contraignit à fuir en toute hâte.

Qobâdja, ainsi que tous ceux qui avaient de rapides montures, prirent aussitôt la fuite en désordre :

Il échappa, seul avec son coursier, et poursuivit sa route avec la hâte de l'autruche surprise au pâturage avec ses petits.

Car il était tombé dans le guet-apens du malheur qui avait transformé en quenouille la lance redressée qu'il tenait à la main.

Il abandonna son camp en désarroi, laissant ses tentes toutes dressées, ses pavillons encore debout, ses trésors amoncelés et d'immenses approvisionnements.

Djelâl ed-Dîn et ses compagnons occupèrent les tentes du camp comme ils l'eussent fait sur un champ de courses ; ils s'emparèrent de toutes ces richesses, et ces bagages et ce

---

1. Ce prince régna à Delhi de 1211 à 1236.

butin leur permirent de draper largement leurs archers déguenillés et de donner des airs de souverain à leur plus humble cavalier. Gloire à ce prince qui réussit à atteindre le glorieux but qu'il poursuivait et qui, au milieu de cailloux où ses gens cherchaient un gîte, leur assura une confortable installation.

Ainsi en décide la Fortune parmi les hommes : les malheurs d'un peuple font le profit d'une autre nation.

CHAPITRE XL

DES ÉVÉNEMENTS QUI SUIVIRENT LA VICTOIRE REMPORTÉE SUR QOBADJA PAR DJELAL ED-DIN ET DE CE QUI EUT LIEU JUSQU'A SON DEPART DE L'INDE ENTRE CE PRINCE ET CHEMS ED-DIN ILTOUMICH.

Après la victoire qu'il venait de remporter sur Qobâdja, Djelâl ed-Dîn vint camper devant Nebâouer[1]. Là, se trouvait un fils de Qobâdja qui, s'étant révolté contre son père, était devenu maître de cette ville. Djelâl ed-Dîn jugea utile de maintenir cet état de choses; il exigea du fils de Qobâdja qu'il lui versât une certaine somme immédiatement et qu'il s'engageât en outre à payer une redevance annuelle; puis il se remit en marche du côté du Seistân que Fakhr ed-Dîn Es-Sâalâri gouvernait, au nom de Qobâdja. Ce gouverneur s'empressa de faire acte de soumission et livra, de bon gré ou par crainte, les clefs de la citadelle. Djelâl ed-Dîn leva un tribut qu'il distribua à ses hommes, puis il partit dans la direction de Audja[2] qu'il assiégea durant quelques jours.

---

1. Ou Nâhour; c'est, selon toute apparence, le nom de la ville de Lahore.
2. Ou Oudja : peut-être Aoudh.

Après des pertes sensibles de part et d'autre, les assiégés obtinrent la paix moyennant une contribution en argent qui fut versée à Djelâl ed-Dîn. Celui-ci se remit ensuite en marche vers Khâniser[1] dont le rajah (le mot *rajah* signifie prince dans la langue de l'Inde) était un des partisans de Chems ed-Dîn Iltoumich, un de ses auxiliaires et un de ceux qui reconnaissaient hautement son autorité et son prestige. Ce rajah vint aussitôt faire sa soumission et déclara ouvertement se mettre au service de Djelâl ed-Dîn.

Djelâl ed-Dîn avait jeté le bâton de voyage pour se délasser dans cette ville des fatigues de la route et se remettre des souffrances qu'il venait d'endurer, lorsqu'il apprit que Chems ed-Dîn Iltoumich marchait contre lui à la tête d'une armée de trente mille cavaliers, cent mille fantassins et trois cents éléphants, troupe innombrable, dont le poids, capable de faire fléchir le garrot du désert, soulevait des flots de poussière qui obstruaient les espaces de l'air :

Le passereau peut s'élever grâce à l'abondance de ses plumes, mais il retombe dès que ses plumes cessent de l'enserrer.

Djelâl ed-Dîn marcha hardiment à la rencontre de l'ennemi. Il expédia, en avant-garde, Djihân Bahlaouân Ouzbek Bäïn[2], qui était un de ses plus vaillants guerriers et un de ses plus braves héros. Cette avant-garde se mit en marche et croisa en route, mais sans la rencontrer, l'avant-garde de Chems ed-Dîn, si bien que, sans s'en douter, Ouzbek Bäïn se trouva tout à coup au milieu du camp de Chems ed-Dîn. Il se précipita sur les troupes qu'il trouva devant lui, en tua une partie, en blessa un certain nombre, puis il dépêcha à Djelâl ed-Dîn quelqu'un pour l'informer que des masses nombreuses et une multitude d'hommes se trouvaient devant lui.

---

1. Ou Khânisar.
2. Au lieu de Bäïn, on pourrait lire : Täïn, Näïn et Yäïn.

Très peu de temps après cela, arriva un envoyé de Chems ed-Dîn Iltoumich, pour solliciter un armistice, demander la paix et la cessation des hostilités. « Vous n'ignorez pas, dit cet envoyé, tout ce qu'il y a derrière vous d'ennemis de la religion. Or, vous êtes aujourd'hui le sultan des musulmans et le fils de leur ancien souverain. Il ne m'est donc pas permis de prêter assistance à la Fortune contre vous, ni de servir d'instrument à ses funestes desseins. Il ne convient pas qu'un homme comme moi tire l'épée contre un personnage tel que vous, à moins qu'il n'y soit contraint pour se défendre ou qu'il n'y soit obligé pour se protéger et se mettre à l'abri. Si vous consentez à ce que je vous donne ma fille en mariage, alors notre alliance sera solide, notre amitié inébranlable et la haine cessera à jamais d'exister entre nous. »

Djelâl ed-Dîn se laissa toucher par ces paroles. Il fit accompagner l'envoyé par deux de ses courtisans : Yezidek[1] Bahlaouân et Sonqordjeq Thâïsi. Ces deux courtisans se rendirent auprès d'Iltoumich et, lui donnant la préférence sur leur ancien maître, ils demeurèrent auprès de lui, espérant être ainsi délivrés des épreuves douloureuses auxquelles ils avaient été soumis et des marches incessantes qu'ils devaient fournir sans jamais prendre un instant de repos, ni la nuit, ni le jour.

Bientôt la nouvelle se répandit que Iltoumich, Qobâdja, tous les princes de l'Inde, la masse des rajahs, des chefs et des gouverneurs de provinces s'étaient coalisés pour lutter contre Djelâl ed-Dîn. Ils devaient lui barrer la route qui menait aux rives du Khandjîr[2], l'obliger ainsi à se réfugier sur un point où il ne trouverait aucune issue pour fuir, et là le contraindre à se laisser prendre comme un lézard.

1. Ce mot est douteux.
2. A moins qu'il ne s'agisse du Gange, on ne trouve dans les parages des villes indiquées aucun cours d'eau du nom de Khandjîr.

La situation devenait grave et critique pour Djelâl ed-Dîn. Il sentit sa décision faiblir en présence de ces terribles conjonctures. La mauvaise fortune accumulait contre lui les difficultés : à peine avait-il, à force d'énergie, paré à un danger, que de nouveaux abîmes s'ouvraient devant lui.

Dans cette circonstance, il consulta ses conseillers fidèles ; il leur demanda de le mettre dans la bonne voie et de lui trouver un moyen de sortir d'embarras. Mais les avis les plus extrêmes surgirent alternativement et les opinions les plus diverses furent exprimées, erreurs ou vérités.

Les nouveaux venus de l'Irâq, ceux qui avaient abandonné Ghiyâts ed-Dîn, le frère de Djelâl ed-Dîn, penchaient tous pour une expédition contre l'Irâq qu'ils espéraient enlever des mains de Ghiyâts ed-Dîn. Cette contrée, disaient-ils, sera la proie de quiconque l'attaquera, car les esprits y sont divisés, et aucune entente n'existe entre ceux qui la gouvernent. Dans toutes les affaires, dans toutes leurs entreprises, ils ne songent qu'au profit personnel qu'ils peuvent en tirer, car ils n'ont que du dédain pour Ghiyâts ed-Dîn dont ils méprisent l'autorité à cause de la mollesse et de la bassesse de sa politique.

Djihân Bahlaouân Ouzbek conseillait comme plus glorieux de rester dans l'Inde pour protéger ce pays, dont les princes étaient trop faibles, contre Djenguiz-Khân. Mais Djelâl ed-Dîn, emporté par le désir de régner sur les États à lui légués en héritage par son père, se décida à aller conquérir l'Irâq.

Il se mit rapidement en marche vers ce pays, laissant la lieutenance de ses provinces de l'Inde à Djihân Bahlouân, tandis qu'il déléguait à El-Hasan Qazlaq[1], qu'il avait surnommé Oufa-Molk, l'autorité sur toute la partie du territoire de Ghour et de Ghazna, qui avait échappé aux envahisse-

---

1. Ou Qizileq.

ments des Tatars. Oufa-Molk conserva son gouvernement jusqu'au jour où ses mois et ses années prirent fin[1], mais Djihân fut chassé de ses provinces en l'année 627 (20 novembre 1229—9 novembre 1230). Djelâl ed-Dîn atteignit l'Irâq et là il lui advint ce que nous mentionnerons en son lieu et place, s'il plaît à Dieu.

CHAPITRE XLI

LES TATARS ASSIÈGENT KHAREZM AU MOIS DE DZOU 'L-QA'ADA DE L'ANNÉE 617 (28 décembre 1220-27 janvier 1221) ET S'EN EMPARENT AU MOIS DE SAFAR 618 (27 mars-25 avril 1221).

Si je parle spécialement de ce siège, alors que je n'ai donné aucun détail sur les autres, c'est à cause de l'importance qu'il eut, et parce qu'il marqua le commencement de l'invasion des Tatars.

Quand, ainsi que nous l'avons rapporté, les enfants du sultan[2] s'étaient éloignés de Khârezm, les Tatars s'étaient avancés jusque dans le voisinage de cette ville ; toutefois ils en étaient restés à une certaine distance, en attendant qu'ils eussent achevé les préparatifs de l'investissement et qu'ils eussent reçu les approvisionnements et les renforts qu'ils attendaient de diverses contrées. Le premier qui arriva fut Badji[3]-Bek, qui amenait une armée considérable, puis ce fut le tour du fils de Djenguiz-Khân, Okathaï, le Khâqân actuel. Après eux, le Maudit[4] fit avancer sa garde particu-

---

1. C'est-à-dire jusqu'à sa mort survenue d'une façon naturelle.
2. Ce sultan, dont on veut parler, est le père de Djelâl ed-Dîn.
3. On pourrait encore lire : Tâdji et Nâdji.
4. Djenguiz-Khân.

lière, qui avait pour chef Baqardjen [1] Nouyen ; ce dernier avait avec lui les plus illustres capitaines et les plus féroces soudards. Enfin vinrent ensuite Djaghathaï fils de Djenguiz-Khân, ainsi que Toulen Djerbi [2], Oustoun Nouyen et Qâdhân [3] Nouyen à la tête d'une armée de cent mille hommes ou même davantage.

Les Tatars commencèrent alors à tout préparer pour le siège. Ils fabriquèrent toutes sortes d'engins : des mangonneaux, des tortues, des tours roulantes. Comme le pays de Khârezm manquait de pierres pour les mangonneaux, ils découvrirent, dans la contrée, en quantité suffisante et même plus qu'il n'en fallait, d'énormes souches de mûriers au tronc très dur qu'ils se mirent à débiter en morceaux arrondis ; puis ils les firent tremper dans l'eau jusqu'à ce qu'elles eurent acquis le poids et la dureté de la pierre et s'en servirent ensuite de projectiles, à la place de pierres, pour alimenter leurs mangonneaux.

Ils se tinrent ainsi à distance jusqu'au moment où ils eurent achevé leurs préparatifs. Sur ces entrefaites, Douchi-Khân arriva avec ses troupes au Maouarannehâr ; aussitôt il envoya aux Khârezmiens un message les menaçant de sa colère et de ses conséquences s'ils résistaient, leur promettant au contraire la vie sauve s'ils consentaient à livrer la ville sans combat. Dans ce message il disait : « Djenguiz-Khân m'a donné votre ville ; il tient à ce qu'elle fasse partie de ses États et il est fort désireux de la conserver. Vous en avez la preuve dans ce fait que ses troupes n'ont opéré aucune démonstration contre vous durant leur séjour à proximité de votre ville. Les bourgs qui l'environnent eux-mêmes n'ont pas été molestés, ce qui ne s'était jamais fait pour aucune

---

1. Ou Naqardjen.
2. Ou Djerni.
3. Qâçân, Fâçàn ou Fâdhàn.

autre ville. Tout cela vous indique un excès de bienveillance et de sollicitude, un immense désir ne pas exposer votre ville à la ruine et à la désolation jusqu'au jour où la main du destin viendra marquer son terme. »

Les gens sensés étaient d'avis de livrer la ville; mais l'opinion des sots, pleins de suffisance, l'emporta. Or tout ce que l'on fait avec répugnance ne donne pas de bons résultats. Le sultan, qui était à El-Djezira[1], avait écrit aux gens de Khârezm en leur disant : « Ainsi que nos ancêtres et en vertu de droits ininterrompus et d'obligations actuelles et précédentes, nous sommes tenus de donner aux gens de Khârezm un bon conseil et de leur prouver notre bienveillance. L'ennemi que vous avez devant vous est triomphant, vous devez donc capituler : telle est la voie la plus propice et le meilleur moyen d'écarter tout mal. » Mais l'avis des fous prévalut sur celui des sages; tous ces avertissements préalables ne furent d'aucune utilité, et la direction des affaires échappa à ceux qui étaient capables de les mener.

Douchî-Khân se mit en marche contre Khârezm à la tête d'une immense multitude, annexant chaque unité au groupe total et conquérant successivement chaque position, étape par étape. Dès qu'un point était tombé en son pouvoir, la population se réfugiait dans une autre localité, combattant avec le plus vif acharnement, défendant pas à pas leurs personnes et leurs familles avec la plus grande vaillance jusqu'au moment où tout effort devint impuissant et où la mauvaise fortune montra ses dents en grinçant.

Il ne leur restait plus alors que trois localités. La population, qui s'y était entassée en désordre, alors à bout d'expédients et ne voyant plus aucune issue à la résistance, dépêcha à Douchî-Khân le jurisconsulte éminent 'Ali ed-Dîn

---

1. Ou El-Djozeïra.

El-Kheyyâthi, le chef de la police de Khârezm. Cet homme, que le sultan honorait à cause de sa science et de sa conduite irréprochable, était maintenant humilié et suppliant; il avait dû rentrer bec et ongles, sa bouche et sa poitrine étaient ensanglantées. Pourquoi n'avait-on pas fait cette démarche avant d'y être contraint et, aussi, avant que le règne des gens sensés eût pris fin !

Douchî-Khân donna l'ordre qu'on traitât le messager avec de grands égards et lui fit dresser une de ses tentes. Arrivé en présence du chef tatare 'Ali ed-Dîn dit entre autres choses : « Certes nous avons pu déjà constater le prestige que possède le khân, il est temps maintenant que nous soyons témoins de sa clémence. » A ces mots le Maudit, outré de colère, s'écria : « Ah ! quelle idée se faisaient-ils donc de mon prestige, eux qui ont décimé mes troupes et prolongé indéfiniment la lutte ! Eh ! bien, jusqu'à présent c'est moi qui ai pu apprécier leur prestige et maintenant je vais leur montrer le mien. »

Aussitôt il donna l'ordre de faire sortir tout le monde, les uns isolément, les autres en escouades détachées, en groupes compacts ou en désordre, puis il fit proclamer que tous les ouvriers d'art eussent à se mettre à part dans un même endroit. Quelques-uns exécutèrent ce mouvement et eurent la vie sauve, mais d'autres ne répondirent pas à l'appel, pensant que les ouvriers d'art seraient emmenés au pays des Tatars, tandis qu'on laisserait les autres dans leur patrie et qu'ils continueraient à y résider. Ensuite tous ceux qui n'étaient point sortis des rangs de la masse furent passés au fil de l'épée. Que dis-je, c'est à coups de barres de fer ou de flèches que les Tatars les couchèrent dans la poussière et qu'ils les amoncelèrent dans les champs de la mort.

CHAPITRE XLII

DJELAL ED-DIN QUITTE L'INDE ET ARRIVE DANS LE KERMAN EN L'ANNÉE 621 (24 janvier 1224-13 janvier 1225). — DES ÉVÉNEMENTS QUI LUI ARRIVÈRENT JUSQU'AU MOMENT OU IL S'EMPARA DE L'IRAQ.

Djelâl ed-Dîn et ceux qui l'accompagnaient, l'esprit déjà abattu et à peine échappés à une forêt de lances, eurent, dans les déserts qui séparent le Kermân de l'Irâq, à endurer de telles misères qu'elles leur firent oublier toutes leurs autres épreuves. Ils furent abreuvés d'un torrent de souffrances dans ces steppes où leurs lèvres étaient privées de toute boisson et où leurs bouches ne trouvaient pas à ingurgiter une seule goutte d'eau, à plus forte raison des aliments solides. Là, la respiration de l'homme oppressée par le souffle du simoun semblait le râle de l'agonie, et l'air empoisonné ne cessait de pénétrer dans sa poitrine qu'après avoir arrêté la vie.

Enfin quatre mille hommes montés les uns sur des bœufs, les autres sur des ânes, atteignirent le Kermân que Borâq[1], le chambellan, administrait au nom de Ghiyâts ed-Dîn, le frère de Djelâl ed-Dîn. Ce Borâq avait été chambellan de Gourkhân, le prince du Khithâi : il avait été envoyé comme ambassadeur auprès du sultan au début de la rupture des bons rapports entre ce dernier et son maître. Le sultan qui désirait se l'attacher l'avait empêché de retourner auprès de Gourkhân, et Borâq demeura ainsi prisonnier à Khàrezm jusqu'au moment où Dieu donna en héritage au sultan le pays et les habitations du Khithâi et le rendit maître de toutes les

---

1. Les deux premières consonnes de ce mot n'ont pas de points diacritiques dans le ms.

villes de cette contrée. Alors Borâq fut mandé par 'Alî-Bèh qui l'enrégimenta parmi ses chambellans. Il conserva ces fonctions jusqu'à l'époque où la nature accoucha du fléau des Tatars qu'elle avait engendrés, puis les événements le firent entrer au service de Ghiyâts ed-Dîn Pîrchâh, seigneur du Kermân à cette époque.

Après avoir recueilli Borâq, Ghiyâts ed-Dîn l'entoura d'égards, lui donna des marques de sa faveur et de sa générosité en le comblant de bienfaits et d'honneurs. Quand Ghiyâts ed-Dîn saisit l'occasion de s'emparer de la province de l'Irâq, qui n'avait plus personne capable de la défendre, il confia le gouvernement du Kermân à Borâq; il comptait sur la fidélité de ce serviteur, il espérait qu'il ferait son devoir et supposait que ses bons procédés porteraient leurs fruits ; il ne croyait pas que Borâq pût jamais renier ses bienfaits ou montrer de l'ingratitude pour les faveurs dont il avait été l'objet. Il ignorait que les eaux les plus abondantes s'engloutissent dans un sol plein de crevasses et que les meilleurs sentiments sont ceux qui se manifestent tout d'une pièce.

Borâq demeura dans son gouvernement, alliant la fidélité à la trahison, dissimulant son insuffisance sous des dehors brillants et allant toujours de mal en pis, jusqu'au jour où le désert rejeta Djelâl ed-Dîn sur le territoire du Kermân. Djelâl ed-Dîn trouva dans Borâq un agent en apparence docile, dévoué et prompt à obéir, mais à peine avait-il séjourné un mois à Kaouâchir, qui était la résidence de ce personnage et le chef-lieu de la province, qu'il commença à supposer qu'il méditait quelque trahison et machinait quelque ruse. Il consulta à ce sujet ses principaux courtisans et ceux de ses gouverneurs et chambellans en qui il avait confiance et dont la fidélité lui était assurée. Orkhân émit l'opinion qu'il fallait arrêter Borâq, s'emparer du Kermân et l'annexer aux autres provinces et districts de l'empire. Mais hélas! que de gens sensés dont on n'écoute pas les avis.

Le vizir Cheref el-Molk Ali ben Abou'l-Qàsem el-Djondi, qui portait le titre de Khodja Djihân, fut d'un avis entièrement opposé. « Ce Borâq, dit-il, est le premier des gouverneurs du pays et des chefs de frontières qui ait fait acte de complète soumission. Personne n'est à même de prouver sa perfidie ou ses machinations et il n'est pas démontré que, dans son for intérieur, il songe à la révolte. Or, si on se hâte de punir sa trahison, on a à craindre de s'aliéner les esprits, d'indisposer les populations, de bouleverser les idées et d'apporter le trouble dans les consciences et dans les opinions ».

Djelâl ed-Dîn se mit en marche vers Chirâz. En route il trouva l'atabek Alâ ed-Daula, seigneur de Yezd[1], qui venait faire sa soumission et déclarer ouvertement qu'il prenait parti pour lui. L'atabek se montra très heureux d'avoir rencontré le cortège royal et d'avoir pu en contempler les augustes personnages. Il avait amené avec lui une troupe de serviteurs et apporté de nombreux cadeaux qui remplirent toute la demeure du prince. Cette rencontre eut lieu à Abâkhân[2] dont Djelâl ed-Dîn confirma la possession à l'atabek par un rescrit.

Victime des molestations dont il a été parlé précédemment, l'atabek Sa'd, seigneur du Fars, s'était brouillé avec Ghiyâts ed-Dîn, le frère de Djelâl ed-Dîn. Désireux d'attacher ce seigneur à son parti, Djelâl ed-Dîn lui expédia le vizir Cheref el-Molk avec mission de lui demander la main de sa fille. L'atabek se hâta d'accéder à cette demande ; il fit aussitôt acte de soumission et mit à réaliser les désirs du prince l'empressement d'un coursier lancé à fond de train dans l'hippodrome. Le vizir revint donc auprès de Djelâl ed-Dîn,

---

1. Ville du Fars, située à 70 farsakhs de Chirâz.
2. Ou Atâkhân.

heureux d'avoir obtenu satisfaction dans ses démarches et d'avoir accompli le but de sa mission, puisqu'il avait supprimé une source de conflits et apporté à la noblesse royale une perle rare sortie d'une coquille princière.

Djelâl ed-Dîn tira grand parti de cette alliance dont le prestige fortifiait ses desseins ; puis il quitta Chirâz pour se rendre à Ispahan. Le cadi de cette dernière ville, Rokn ed-Dîn Mes'oud ben Ça'ed, sortit à sa rencontre, brûlant du désir de revoir son maître, tout heureux de pouvoir l'aider et l'assister ; il était si pressé qu'il ne voulut attendre ni bride, ni cuirasse, ni serviteurs, et qu'il arriva tel quel, sans selle, ni bride. Ispahan rendit à Djelâl ed-Dîn les trésors auxquels il tenait : des approvisionnements prêts pour ses troupes, des armes de guerre emmagasinées. Tout le monde reprit courage en retrouvant là des montures et des vêtements.

Dès que Ghiyâts ed-Dîn eut connaissance du danger qui le menaçait, il monta à cheval à la tête de tous ceux qui étaient placés sous sa garde et qu'abritait son drapeau. Ces restes de l'armée royale[1], au nombre d'environ trente mille cavaliers, se mirent en marche pour chasser Djelâl ed-Dîn des provinces qu'il convoitait et sur lesquelles il avait jeté son dévolu. En apprenant que ces troupes approchaient, Djelâl ed-Dîn ramena ses soldats en arrière. Il désespérait maintenant d'atteindre le résultat qu'il ambitionnait pour son entreprise ; aussi, attristé et consterné par cette déception, il expédia à Ghiyâts ed-Dîn l'écuyer Adak, un de ses plus fins courtisans, en le chargeant de tenir le discours suivant à son frère :

« Les souffrances terribles que j'ai endurées, depuis la mort du sultan[2] sont telles que des montagnes auraient demandé grâce pour n'avoir pas à les supporter, tant ces souffrances

---

1. C'est-à-dire de l'armée du père de Djelâl ed-Dîn.
2. Le père de Djelâl ed-Dîn.

leur auraient paru lourdes. Maintenant que, malgré son immensité, la terre semble être trop étroite pour moi, que j'ai perdu tous les biens dont j'avais hérité ou que j'avais acquis, je viens ici près de toi chercher le repos durant quelques jours. Mais, comme je sais que tu n'as à offrir à tes hôtes que le miel[1] des glaives et à tes convives que des sabres brillants, j'ai rapporté avec moi des sabres qui ont éloigné des gens de l'abreuvoir et les ont repoussés avec affliction tels qu'ils étaient venus. » Puis il lui fit remettre le cheval et le sabre de Toulî-Khân, fils de Djenguiz-Khân, qui avait été tué au combat de Beirouân, ainsi que nous l'avons raconté précédemment.

Après avoir écouté ce message, Ghiyâts ed-Dîn revint sur ses pas et fit retour vers Reyy. Quant à ses troupes, elles se dispersèrent dans leurs campements d'été. Djelâl ed-Dîn avait aussi expédié avec son envoyé un certain nombre de bagues en lui enjoignant de les remettre comme signes de reconnaissance à un groupe d'émirs royaux : faire de belles promesses à ces émirs, réussir par de séduisants discours à les rallier à Djelâl ed-Dîn en les détachant de son frère, être plein d'égards pour les autres et pour son frère, telles étaient les instructions de l'envoyé.

Quelques-uns des émirs acceptèrent l'anneau sans mot dire, montrant ainsi qu'ils se ralliaient à Djelâl ed-Dîn et qu'ils étaient disposés à cesser de servir Ghiyâts ed-Dîn. Mais d'autres s'empressèrent d'aller trouver leur maître et de lui remettre l'anneau. Voyant cela, Ghiyâts ed-Dîn donna l'ordre de saisir l'envoyé et de le mettre sous bonne garde. Seul Abou Bekr Malik, un des neveux de Djelâl ed-Dîn et un de ceux qui avaient refusé de le combattre, se hâta d'aller se mettre à son service, en s'écriant que tous les cœurs étaient

---

1. Toute cette phrase et la phrase suivante sont fort obscures. Le mot traduit par « miel » est loin d'être certain.

pour son oncle, qu'ils étaient désireux de le revoir, et que lui était enchanté de s'engager à son service.

Djelâl ed-Dîn partit à la tête de trois mille hommes vigoureux ; il plaçait sa confiance en Dieu seul, espérant qu'il lui accorderait la victoire promise. Sa marche était rapide comme celle du nuage poussé par le vent du sud ; ses hommes pouvaient, à leur gré, bondir comme un troupeau à travers les montagnes ou dévaler comme un torrent au milieu des plaines. Aussi, en dépit des obstacles qui s'accumulaient et des vicissitudes qu'ils éprouvaient, ils arrivèrent à bride abattue à 'Aqouta[1], par une nuit brumeuse où brillaient seules les pointes des lances.

Ghiyâts ed-Dîn, surpris sans avoir eu le temps de se préparer, fut atteint avant d'avoir pu fuir ; aussi quand on vint lui annoncer l'arrivée de son frère, il enfourcha un cheval quelconque et gagna la citadelle de Selouqân. Djelâl ed-Dîn pénétra dans la tente royale où se trouvait Baklouâï, la mère de Ghiyâts ed-Dîn ; il eut pour elle les plus grands égards et donna l'ordre qu'on la respectât et qu'on l'honorât. Ensuite il lui témoigna sa surprise de la frayeur qu'avait éprouvée son fils et de son départ précipité au moment où lui-même arrivait : « Pour aucun des fils de mon père qui ont été élevés au pouvoir, dit-il, je n'ai éprouvé les mêmes sympathies et la même inclination que pour Ghiyâts ed-Dîn : il m'est cher à l'égal de l'œil qui voit, de la main capable de saisir ou même plus encore. »

Aussitôt Baklouâï dépêcha un messager à son fils pour calmer ses terreurs et dissiper ses angoisses. Ghiyâts ed-Dîn revint sur-le-champ faire acte de soumission. Djelâl ed-Dîn trôna alors en vrai sultan au milieu de ses courtisans ; les khâns et les émirs, la tête couverte de cilices, vinrent se

---

1. On pourrait également lire : 'Afouta, Ghafouta.

prosterner devant lui et rouler leurs fronts dans la poussière ; puis ils se redressèrent, lui demandèrent pardon des fautes qu'ils avaient commises en prenant parti contre lui et lui présentèrent toutes leurs excuses.

Djelâl ed-Dîn leur fit entendre des paroles de clémence qui leur rendirent toute leur sérénité et chassèrent loin d'eux le souvenir de ces tristes événements. Il trempa ainsi ses lèvres dans la source pure de la royauté ; il vit affluer vers lui les produits des provinces et les villes et citadelles déversèrent sur lui leurs trésors.

Quelques jours s'étaient à peine écoulés que sa porte était encombrée par tous ceux qui s'étaient déclarés indépendants dans le Khorâsân, dans l'Irâq et dans le Mâzenderân. La crainte qu'il leur inspirait les avait fait descendre des sommets escarpés de leurs forteresses ou les avait fait sortir de leurs retraites les mieux cachées : tous vinrent en foule sans même en avoir reçu l'invitation. Ceux d'entre eux qui s'étaient bien conduits durant son absence furent maintenus dans leurs postes ; ceux, au contraire, dont les agissements avaient été hostiles, subirent le choc de son courroux. Ceux qui avaient supporté patiemment toutes les épreuves avaient pour la plupart purement et simplement fait la khotba au nom de Ghiyâts ed-Dîn.

Nombre d'hommes avaient péri dans ces temps d'anarchie et les faibles avaient cruellement souffert de toutes ces rapines. Le retour du sultan dissipa tous les maux qui affligeaient le peuple et éteignit les feux que la discorde avait allumés. Les vizirs et les gouverneurs rejoignirent ensuite leurs postes, confirmés dans leurs fonctions par des rescrits royaux.

CHAPITRE XLIII

QUELQUES INDICATIONS SUR LA CONDUITE QUE GHIYATS ED-DIN TINT AU POUVOIR.

Tandis que le sultan était dans l'Inde occupé, ainsi que nous l'avons dit, à poursuivre courageusement la lutte à outrance et à recevoir d'un front hardi coups de sabres et coups de flèches, Ghiyâts ed-Dîn voyait venir à lui les vaillants soldats de son père qui avaient réussi à se dissimuler dans les jungles ou à se réfugier sur les hauteurs. Avec eux il marcha sur l'Irâq, s'empara de ce pays et fit faire la khotba en son nom dans le Khorâsân, l'Irâq et le Mâzenderân, comme nous l'avons raconté. Mais tous ceux qui avaient le désir de secouer le joug se retranchaient dans leurs citadelles, n'apportaient aucune redevance et ne manifestaient leur soumission que par des paroles.

Ce fut ainsi que Tâdj ed-Dîn Qamar devint maître de Nisabour et de la contrée environnante, bien qu'elle fût en proie au désordre et que sa prospérité fût amoindrie. Ilteqou[1] ben Ildji Bahlaouân s'empara de Chirâz et de Beïhaq[2] ainsi que de leurs dépendances. Chàl El-Khithâï régna sur Djoueïn[3], El-Djam[4], Bakherz[5] et le territoire de ces villes. Un certain général, surnommé Nidhâm ed-Dîn, prit possession de Isferaïn[6], de Bendawer[7] et de leurs districts. Un autre général

---

1. La lecture de ce premier nom est incertaine.
2. District de la province de Nisabour. Le chef-lieu de ce district est Sebzewar. Cf. Barbier et Meynard, *l. c.*, p. 130.
3. Canton limitrophe de celui de Beïhaq sur le chemin de Bestham à Nisabour.
4. Ville qui dépend de Hérat et chef-lieu de canton.
5. Grand canton entre Nisabour et Hérat et dont le chef-lieu était Mâlîn.
6. Ville de la province de Nisabour.
7. Cette ville devait être voisine de Isferain.

qui, du vivant du sultan[1], s'était également brouillé avec lui et que l'on connaissait sous le nom de Chems ed-Dîn 'Ali ben Omar, s'empara de la citadelle de Çaloul[2]. Enflammé par son succès, Chems ed-Dîn entama avec Nidhâm ed-Dîn une série de combats dans lesquels les deux adversaires éprouvèrent de très grandes pertes.

Ikhtiyâr ed-Dîn Zengui ben Mohammed ben Omar ben Hamza retourna à Nesâ après être resté interné lui, ses frères et ses oncles durant dix-neuf ans dans Khârezm. Il reprit possession de l'héritage de ses pères, mais son règne à Nesâ ne fut pas de longue durée; il eut pour successeur son oncle, Noçret ed-Dîn Hamza ben Mohammed ben Hamza ben Omar ben Hamza. Tâdj ed-Dîn Omar ben Mes'oud, qui était un Turcoman, s'empara de Abiwerd, de Kharaqân[3] et de tout le territoire avoisinant Merw; il occupa aussi la citadelle de Mergha[4]. Telle était la situation du Khorâsân où chacun semblait vouloir escalader le ciel et ébranler la voûte céleste. Dans le Mâzenderân et dans l'Irâq, les choses se passaient de la même façon, aussi n'est-il point utile d'entrer dans de plus amples développements à ce sujet.

Ghiyâts ed-Dîn était absorbé par ses plaisirs; il ne songeait qu'à satisfaire ses passions et ses caprices. Jamais il n'assistait à une réunion convenable, jamais il ne tirait un glaive du fourreau. Pendant ce temps, les Tatars dépêchaient contre lui un corps de dix mille cavaliers. Il ne chercha pas à leur tenir tête, mais aussitôt que cette nouvelle lui fut annoncée il se retira dans les montagnes, leur laissant le champ libre dans l'Irâq où ils purent tout à leur aise piller, tuer et incendier.

1. Le père de Djelâl ed-Dîn.
2. Je n'ai rien trouvé au sujet de cette citadelle.
3. Bourg du district de Bestham.
4. Peut-être s'agit-il de Merâgha, la ville de l'Adzerbaïdjan qui, à cette époque, appartenait à Djelâl ed-Dîn.

En voyant ce désarroi dans la politique du souverain, les Turcs commencèrent à manifester leur turbulence ; ils saccagèrent le pays et portèrent le coup de grâce à tout ce que les Tatars avaient laissé subsister dans l'Irâq. Ils allaient s'embusquer à proximité des villages, et le matin, au moment où les paysans sortaient pour conduire leurs troupeaux au pâturage, ils se précipitaient sur eux et les poursuivaient jusqu'au cœur du village, en plein jour et ouvertement. Les paysans avaient beau appeler à leur aide, personne ne venait à leur secours. Il y avait des propriétaires de bœufs, par exemple, qui étaient obligés de racheter plusieurs fois le même animal et encore étaient-ils bien heureux d'en être quittes à si bon marché.

Tout cela était la conséquence de la mollesse avec laquelle étaient tenues les rênes du gouvernement ; il aurait, au contraire, fallu que le prince (Dieu lui fasse miséricorde !) eût un caractère énergique ; qu'il fût trempé comme un glaive tranchant ou mieux encore et qu'il fût plus éclairé que la pleine lune qui brille. Mais les ressources de son trésor étaient épuisées et dans ces conditions il devait renoncer à imposer silence aux Turcs. Quand l'un d'eux lui adressait une demande ou insistait pour obtenir quelque chose, il le gratifiait d'un nouveau titre nobiliaire : s'il était *émir*, il le qualifiait de *malik* et s'il était *malik* il lui donnait le titre de *khân*. De cette façon il gagnait quelque répit et le temps passait.

On disait qu'Abou Bekr El-Khârezmi a voulu dépeindre cette situation dans les vers suivants :

Comment se fait-il que je voie les Beni Abbas ouvrir toute grande la porte aux surnoms et aux titres,

Et anoblir un homme dont l'ancêtre, s'il vivait encore, ne serait pas par eux trouvé digne d'être le portier d'un water-closet ?

C'est que l'argent se fait rare dans les mains de notre khalife actuel, et alors il distribue des titres à son peuple.

CHAPITRE QUARANTE-QUATRIÈME

La mère de Ghiyâts ed-Dîn sut maintenir avec fermeté les provinces qui constituaient son domaine, et elle prit le titre de Khedaouend-Djihân[1], à l'exemple de Turkân Khâtoun, la mère du sultan.

Le peuple fut cruellement éprouvé par toutes sortes de vexations, de cruautés et d'extravagances. Il y avait des querelles qui duraient tout le temps du marché sans jamais cesser, des tourmentes que rien ne pouvait apaiser, des bousculades sans trêve ni relâche et des orages impossibles à dissiper. La discorde, les disputes, les haines, les meurtres se succédaient tour à tour et la population souffrit tous ces maux jusqu'au jour où Dieu fit apparaître Djelâl ed-Dîn revenant de l'Inde. Alors le calme se rétablit : pillards et perturbateurs furent mis à la raison, et larrons et querelleurs furent saisis de crainte.

Abdallah a étendu la crainte de sa vengeance jusqu'à la nuit. Jusqu'à quand ses scorpions seront-ils libres de se mouvoir !

Puisqu'il a été question de Cheref el-Molk, il est indispensable que nous donnions des renseignements précis sur le lieu de sa naissance, sur les débuts de sa carrière, et sur la façon dont il gravit successivement les divers échelons des honneurs avant d'arriver au rang le plus illustre, à la situation la plus éminente, celle de vizir.

CHAPITRE XLIV

HISTOIRE DE FAKHR EDDIN ALI BEN ABOU 'L-QACEM EL-DJOUDI JUSQU'AU MOMENT OU IL FUT ÉLEVÉ AU VIZIRAT ET OU IL REÇUT LE TITRE DE CHEREF EL-MOLK KHODJA-DJIHAN[2].

Ce personnage, dont nous allons parler, avait été pendant

---

1. Maître du monde.
2. Seigneur du monde.

quelque temps le suppléant du secrétaire d'État de Djened[1] ; ce fut là son premier emploi et le début de sa carrière administrative et politique. Plus tard, il fut le titulaire de cette fonction. A cette époque, le ministre de Djened était Nedjîb ed-Dîn Ech-Chahrzouri, surnommé le Qissaïdar : le qissaïdâr était le fonctionnaire chargé de recevoir les requêtes, pétitions et réclamations. A la fin de la semaine il réunissait tout son dossier; il le portait le jeudi soir à la salle de réception et, quand le sultan avait fini de l'examiner, il le remportait avec les solutions données.

C'était une des charges les plus glorieuses de la cour. Beha el-Molk Hadji, fils de Nedjîb ed-Dîn, suppléait son père dans ses fonctions de ministre de Djened. Quant à Nedjîb ed-Dîn, il avait servi le sultan en cette qualité et l'avait accompagné à l'époque où celui-ci commandait l'armée dans le Khorâsân. Cette situation procurait honneurs et profits; on y trouvait la tranquillité la plus inviolable et des avantages matériels incessamment renouvelés.

Quand Fakhr ed-Dîn fut arrivé au secrétariat d'État de Djened, il conçut l'ambition de renverser Nedjîb ed-Dîn et de lui enlever sa place de ministre de Djened. Dans ce but il le dénonça au prince comme coupable d'avoir reçu, au temps où ils étaient ensemble, un pot de vin de deux cent mille dinars. Voici du reste comment il racontait la chose dans certain cercle mondain au temps où il était devenu Khodja-Djihân :

« Quand je me décidai à dénoncer le personnage en question, et avant de mettre mon dessein à exécution, je demandai conseil à un certain nombre de hauts fonctionnaires dont les bons avis ne pouvaient me faire défaut et qui étaient à même de savoir si j'avais des chances de

---

1. Ou « des milices »; mais p. 170, ce mot semble bien être le nom d'une localité.

succès. Tous ne firent qu'exagérer le danger que je courais en me disant : « Méfiez-vous! méfiez-vous! » Ils savaient en effet que la situation de Nedjîb ed-Dîn était des plus solides, que sa parole ferait foi et qu'il tenait fortement au pouvoir à cause de ses deux grandes qualités : la fidélité de ses services et sa grande supériorité.

« Tout cela ne me détourna nullement de l'idée arrêtée que mon âme avait conçue et j'essayai de supplanter Nedjîb ed-Dîn dans ses hautes fonctions de ministre. Je fis donc la dénonciation au sujet de la somme précitée et la chose, ayant été établie dans les bureaux, fut communiquée au sultan. Un jour d'audience publique je me présentai à la cour avec la foule et me tins parmi les gens d'infime importance. Je vis alors Nedjîb ed-Dîn debout près du trône ; bien peu de personnages avaient le pas sur lui et pourtant il avait la tête basse et l'air préoccupé. Lui adressant la parole, le sultan lui dit : « Pourquoi, Nedjîb ed-Dîn, vous vois-je ainsi « préoccupé? Pensez-vous que la dénonciation faite contre « vous pour une misère vous déconsidère à mes yeux? J'en « jure par Dieu et par les cendres du feu sultan mon père, je « ne vous réclamerai rien de la somme pour laquelle vous « avez été dénoncé et je vais même plus loin, j'en fais cadeau « à votre fils Beha el-Molk Hadji. » Nedjib ed-Dîn se prosterna devant le prince en signe de remerciement.

« J'eus en ce moment la preuve de la haute influence dont il jouissait ; je fus tout étourdi et tout troublé de ce coup et revins traînant la jambe, tant la frayeur s'était emparée de mon être et tant la consternation avait abattu mon courage. J'étais tout déconcerté de l'attaque que j'avais osé formuler contre quelqu'un de plus puissant que moi et plus favorisé de la fortune.

« Les jours que je passai à Khârezm furent pour moi des nuits noires et les nuits des espaces sans sommeil jusqu'au moment où parut le rescrit royal qui m'investissait des fonctions de ministre de Djened. Alors seulement la tristesse qui m'accablait disparut et la joie illumina mon visage assombri. »

Pendant les quatre ans qu'il fut investi de ces fonctions, Fakhr ed-Dîn multiplia les mesures vexatoires et accabla le peuple sous le poids de ses exactions. Il employa ce temps à dépouiller si bien chacun de ses administrés qu'il n'y en resta pas un qui ne fût aussi nu qu'une pierre passée sous la meule, un sabre sorti de son fourreau, une branche effeuillée ou un poulet attaché à la broche.

A ce moment, il arriva que le sultan vint à passer à Djened en se dirigeant du côté de Bokhârâ. Les populations se hâtèrent d'aller trouver le fonctionnaire chargé de régler les questions d'abus de pouvoir; ces gens poussaient des cris pareils au caquetage d'une foule enfermée dans un enclos ou au tumulte que fait dans un chemin creux une caravane de pèlerins. Les paysans, qui avaient laissé faire, s'étaient vus enlever leurs troupeaux, et leurs familles avaient été expulsées; ceux qui avaient essayé de dissimuler s'étaient vus dépouillés de force de l'héritage paternel et réduits à périr de misère; enfin ceux qui s'étaient montrés récalcitrants avaient dû éteindre le feu des terribles menaces dont ils avaient été l'objet par des pots-de-vin.

Le sultan autorisa ses sujets à rafraîchir l'ardeur de leurs tourments en brûlant vif celui qui en était la cause et à calmer ainsi les souffrances que leurs âmes avaient endurées. Fakhr ed-Dîn réussit à se cacher, à se soustraire aux poursuites dont il était l'objet, et à gagner la ville de Bokhârâ; mais on s'empara de son lieutenant que l'on fit brûler vif. De Bokhârâ, Fakhr ed-Dîn s'enfuit dans le canton de Thaleqân[1], où il dissimula le lieu de sa retraite, se dérobant à tous

---

1. Deux localités portaient ce nom. Celle dont il est question ici doit être la grande ville du Tokharistân située entre Balkh et Merw er-Roud.

les regards et ne donnant pas signe de vie, jusqu'au moment où les événements provoqués par les Tatars rejetèrent Djelâl ed-Dîn dans les environs de Ghazna, comme il a été dit ci-dessus.

A ce moment, Fakhr ed-Dîn se rendit en toute hâte à la cour où il prit place parmi les chambellans. C'était un homme disert, énergique, qui en imposait au sultan ; il ne tarissait pas en paroles et s'exprimait très élégamment en turc.

Il continua à rester dans ses fonctions de chambellan jusqu'au moment où eut lieu, sur les bords du Sind, la grande bataille dont nous avons parlé. Tous les hauts fonctionnaires avaient péri noyés ou tués dans cette affaire et le ministre Chems el-Molk Chihâb ed-Dîn Alp El-Heraoui, comme nous l'avons dit, avait reçu la mort des mains de Qobâdja. Personne n'était donc plus là pour prendre la haute direction des affaires, maintenir l'autorité dans les provinces de l'Inde, les administrer et surveiller leurs intérêts. Ce fut dans ces conditions que Fakhr ed-Dîn fut élevé à la suprême dignité de ministre et qu'il occupa la place de ceux que leurs aptitudes et leur éducation destinent à ces fonctions. Ainsi la Fortune lui avait été favorable, sa constance était récompensée et il obtenait enfin cette situation à laquelle n'avaient pu arriver tant de seigneurs de marque ou de personnages de distinction ; il en est bien peu, en effet, qui aient joui de cette insigne faveur, parmi ceux dont la renommée éclate au loin ou qui sont reconnus pour des hommes supérieurs dans le Khorâsân et dans l'Irâq.

Arrivé au sommet du pouvoir, investi de la plus haute dignité, grâce à son entregent et sans avoir besoin de l'illustration de la naissance, Fakhr ed-Dîn ne trouva personne qui pût faire obstacle à ses desseins sans avoir à redouter sa vengeance ou à encourir une terrible déception. Cependant le sultan, bien que Fakhr ed-Dîn fût entièrement maître des destinées de ces contrées dont il disposait à son gré, ne le traitait pas en ministre. Quand il lui adressait la parole, il lui donnait le titre de Cheref el-Molk, alors que l'usage était en parlant au ministre de l'appeler Khodja. En outre, malgré que l'étiquette voulût que le ministre siégeât à droite du souverain dans les audiences publiques, Fakhr ed-Dîn, durant tout le temps qu'il occupa ses hautes fonctions, prit toujours place, en présence du souverain, parmi les chambellans. Il ne fut jamais admis à s'asseoir autre part que dans la partie réservée à la masse des courtisans : pourtant ceux qui avaient le titre de Nidhâm el-Molk prenaient place d'ordinaire à la table privée du prince.

Dans les bureaux du gouvernement les ministres précédents s'installaient sur le coussin[1] noir; Cheref el-Molk n'occupa jamais ce siège et il en avait un, seulement dans son palais sur lequel il prenait place quand il revenait des bureaux du divân. Il était encore d'usage que le personnage qualifié de Nidhâm, occupant le siège de ministre, ne se levât pour recevoir aucun des arrivants, fût-il un prince; cette coutume avait pour but de relever la dignité de la fonction et de maintenir l'étiquette du lieu, le ministre représentant alors le souverain. Cheref el-Molk, alors même qu'il présidait le divân, se levait pour recevoir les hauts dignitaires. Enfin les ministres précédents, lorsqu'ils montaient à cheval, étaient précédés de quatre lances dont la hampe était recouverte d'or ; or le sultan n'ordonna rien de semblable pour Cheref el-Molk.

On trouvera la suite de l'histoire de ce personnage, dispersée dans les différents passages où il est question de lui; on le suivra jusqu'au moment où il dut payer son tribut à la mort et goûter la coupe du trépas pour aller rejoindre

---

1. Ce mot que je traduis par « coussin » signifie aussi « place d'honneur ».

l'Unique, le Clément. Les gens généreux ne vivent point longtemps.

CHAPITRE XLV

DES CAUSES QUI M'AMENÈRENT A LA COUR DU SULTAN ET DU TEMPS QUE JE PASSAI A SON SERVICE

Lorsque le prince Noçret ed-Dîn Hamza ben Mohammed ben Omar ben Hamza avait hérité Nesa de son cousin, ainsi que je l'ai raconté, il m'avait choisi comme son délégué en toutes choses et m'avait honoré d'une confiance absolue pour tous les détails de son administration. C'était un homme d'une supériorité en quelque sorte surnaturelle et d'une générosité inépuisable. Il savait par cœur le *Siqth ez-zend*[1] d'Abou'l-'Ola, le *Yemini*[2] d'El-'Otbi, le *Molekkhes*[3] de Fakhr ed-Dîn Er-Râzi, les *Ichârât*[4] du cheikh Er-Râïs. Il avait composé des divans poétiques en arabe et persan, et voici un spécimen des vers qu'il composa pendant qu'il était captif :

Certes moi, dans les liens de cette infortune, je suis comme la perle, quand elle demeure encore nuit et jour enfermée dans sa coquille.

---

1. Divan poétique renfermant plus de trois mille vers et composé par Abou 'l-Ola Ahmed ben Abdallah El-Maarri, mort en 1057 de notre ère. Cf. Hadji Khalfa, t. III, p. 601.
2. Histoire de Yemin ed-Daula Mohammed ben Sobokteguin ; elle a été composée par Abou 'n-Naçr Mohammed ben Abdeldjebbâr El-'Otbi. Cf. Hadji Khalfa, t. VI, p. 514.
3. Traité de philosophie et de logique dont le titre complet est *El-Molekkhes fi 'l-hikma ou 'l-manthiq*, ouvrage de Fakhr ed-Dîn Mohammed ben Omar Er-Razi, mort en 1261. Cf. Hadji Khalfa, t. VI, p. 112.
4. Le titre complet est : *El-Ichârât ou 't-tenbihât* ; c'est un traité de philosophie et de logique écrit par Ech-Cheikh Er-Raïs Abou Ali El-Hoseïn ben Abdallah, connu sous le nom d'Ibn Sina, mort en 1036. Cf. Hadji Khalfa, t. I, p. 300.

Ma valeur fait cependant de moi le joyau destiné à parer le cou de la gloire, et mon mérite doit servir à former les colliers de la noblesse.

C'est malgré moi, que je suis envieux de mes ancêtres qui ont été pêchés[1], mais je serai leur illustre successeur.

Si mon rang est encore méconnu par la Fortune, c'est qu'elle commet une erreur inconsciente.

Car bientôt le voile qui m'obscurcit tombera devant les nations et j'apparaîtrai, dans la nuit, comme la pleine lune après qu'elle a été éclipsée.

Les destins alors me seront soumis et ils me demanderont pardon pour le passé.

Sa correspondance tenait de la magie pure ; on eût dit une eau limpide courant sur un lit de cailloux; elle éclipsait l'éclat des beautés et elle était embaumée par les effluves de son naturel généreux. Voici, entre autres choses, ce qu'il m'écrivit durant mon séjour dans le Mâzenderân, quand j'étais avec Aïnandj-Khân et avant qu'il ne fût arrivé au pouvoir[2] :

« Combien je suis heureux de vous entendre parler de secours et de savoir que vous m'aimez et me languissez. Cette nouvelle fait battre vivement le cœur d'un éclair affaibli et agite le souffle d'un zéphir languissant. Tous ces atermoiements avaient profondément irrité ces yeux dans les prunelles desquelles paissent des troupeaux de larmes et qui sont sans cesse à la recherche d'amis. Enfin voici un récit qui attire l'attention et réalise les vœux les plus chers, en apportant comme une fraîche brise des nouvelles d'une auguste assemblée, dernier vestige de noblesse, parfum de la gloire, primeur de la perfection. qui tient la peur en esclavage. Dieu fasse revivre ces restes des vertus et les couvre de son ombre ! Avant cela je demeurai au milieu de mes

---

1. Allusion à la perle enfermée dans la coquille.
2. Toute cette lettre est écrite dans un style si prétentieux et si boursouflé qu'il est presque impossible d'en donner une traduction satisfaisante.

richesses, me reprochant tout sursis et vivant en compagnie du remords; aussi je disais :

Abandonnerai-je donc Leila, alors qu'une seule nuit me sépare d'elle? Non, certes, maintenant j'aurai de la patience.

« J'étais abattu par toutes ces révolutions qui avaient dispersé mes amis. Et comment n'en aurait-il pas été ainsi pour moi, loin de ma patrie, chassé de mes lares! Maintenant il n'y aura de calme pour moi que grâce à sa[1] bienveillante bonté et à la haute influence de son nom. Un de ses serviteurs s'est rendu au camp fortuné. Aussi un dévouement sincère m'oblige à lui adresser quelques témoignages ardents de mon affection, afin qu'on ne m'accuse pas de demeurer sur les berges de l'ingratitude. Il ne saurait d'ailleurs en être ainsi, quand un ami fidèle me donne tant de preuves de sa générosité. Puisse le Dieu très-haut prolonger son existence. Salut. »

Ce spécimen donne une idée de la valeur de ce haut personnage, et remplit avec plus d'impartialité le but proposé que ne le feraient des éloges ou un panégyrique. Aux mérites qu'il devait à sa vaste érudition, se joignaient toutes les autres qualités qu'il avait acquises durant son séjour au Khârezm, séjour qui dura dix-neuf ans. Ses connaissances en astrologie étaient telles qu'il se trompait fort rarement dans ses prédictions.

Au moment où on était sans nouvelles du sultan et où il était enfoncé au plus profond de l'Inde, il prédit qu'il reparaîtrait bientôt pour reprendre le pouvoir et rétablir l'ordre; il ajouta que Ghiyâts ed-Dîn ne réussirait point, que son étoile ne comportait aucun signe de bonheur et que c'était une lueur qui ne tarderait pas à s'éteindre. Ce fut à cause de cela qu'il ne fit pas la khotba au nom de Ghiyâts ed-Dîn,

---

1. Il s'agit sans doute de la bienveillance du sultan.

et il était le seul des grands chefs de cités qui n'accomplît point cette cérémonie.

Peu de temps après, ses prédictions se réalisèrent et les choses se passèrent comme il l'avait annoncé et nettement indiqué. Mais tout ceci devait se passer après sa mort, car comme dit le proverbe : Quand tu sais une chose, combien d'autres te sont inconnues! Il savait en effet que le sultan reparaîtrait et restaurerait son pouvoir, tandis qu'il ignorait qu'il périrait lui-même avant cette époque; aussi son espoir fut-il déçu et ses combinaisons échouèrent-elles.

Les promesses me rassurent, mais la mort peut venir auparavant; lorsque je serai mort de soif, à quoi bon la goutte d'eau qui tombera!

Quand les sentiments qui animaient Noçret ed-Dîn et la sympathie, que contrairement à ses autres collègues, il éprouvait à l'égard du sultan, furent connus de Ghiyâts ed-Dîn, celui-ci dépêcha contre lui Thouleq ben Aïnandj-Khân à la tête des troupes de son père en lui adjoignant comme renfort Arslân-Khân avec un autre corps d'armée. En outre il enjoignit à tous les commandants de frontière, qui avaient fait acte d'indépendance, de suivre de tous points les instructions de Thouleq et de lui prêter main forte en toute circonstances.

A cette nouvelle, Noçret ed-Dîn consulta son entourage sur les moyens de faire cesser cette fâcheuse situation et de détourner les malheurs qui la menaçaient. Dans ce conseil il fut décidé que je me rendrais à la cour de Ghiyâts ed-Dîn, porteur d'une somme d'argent au moyen de laquelle je tenterais de repousser cette incursion menaçante et d'arrêter le torrent dévastateur.

Bien malgré moi, je me mis en route pour accomplir ma mission. Aux environs de R'ad[1], je me heurtai pendant la

---

1. La lecture de ce nom n'est pas absolument certaine.

CHAPITRE QUARANTE-CINQUIÈME

nuit au camp de Thouleq, mais, à la faveur des ténèbres, je réussis à me dérober en fuyant avec la rapidité de l'autruche ou plutôt tel que Moïse interpellé par Dieu. Au moment où j'arrivais à Djordjân[1], je vis un campement dressé auprès de la ville; on m'apprit que c'était le camp de l'émir Koudj Qandi[2] qui venait de la cour de Djelâl ed-Dîn et qui se dirigeait sur le Khorâsan, pour remplacer Orkhân dans le commandement de cette contrée. On me raconta aussi ce qui s'était passé à Reyy : l'effondrement de l'autorité souveraine de Ghyiâts ed-Dîn à laquelle s'était substituée de nouveau celle de Djelâl ed-Dîn. Aussitôt je me rendis auprès de l'émir Koudj et ma joie était si grande que je ne savais plus comment je marchais, car je volais presque. J'eus avec l'émir un long entretien dans lequel il me raconta, dans tous leurs détails, les événements qui s'étaient passés.

En réfléchissant à la situation, je vis qu'il n'y avait pas à songer à revenir en arrière, car Aïnandj-Khân n'abandonnerait sûrement pas Nesâ, qu'il tenait dans ses griffes, à moins d'un ordre royal. Je continuai donc ma route jusqu'à Asterâbâd, où le prince Tâdj ed-Dîn se disposait à aller à la cour de Djelâl ed-Dîn. Je le priai de me permettre de l'accompagner et l'engageai à hâter vivement son départ. Mais, pendant qu'on chargeait les bagages, voici que Danichemend, qui appartenait au parti de Ghiyats ed-Dîn et qui ne devait plus fouler de ses pieds les tapis du sultan, se présenta inopinément à la tête de ses troupes sur la frontière du territoire de Tâdj ed-Dîn. Celui-ci ayant alors perdu quelque peu la tête, je me vis obligé de reprendre le chemin de Bisthâm[3] et de retourner dans cette localité d'où, à

---

1. Ville sur la limite du Khorâsân et du Thabaristân.
2. Noms dont la lecture est douteuse.
3. Ville du district de Qoumès au pied des montagnes du Thabaristân.

(*Mankobirti.*)

travers mille dangers, je gagnai Reyy, puis Ispahân où je me rendis en toute hâte.

Durant ce temps je ne cessai de recevoir des nouvelles de Nesâ qui était toujours bloquée. Cette circonstance m'interdisait tout répit et m'empêchait de goûter un instant de repos ; cependant je fus bien obligé, malgré moi, de m'attarder pendant deux mois à Ispahân, car il était impossible de parvenir jusqu'au sultan et cela pour diverses raisons. Tout d'abord, il y avait la révolte des Lourr dans leurs montagnes : de ce fait toutes les routes qui menaient vers le sultan étaient dangereuses, et l'atabek Sa'd, sur la fidélité et l'amitié de qui on pouvait compter, était tenu en échec par eux. En second lieu, il y avait les neiges qui obstruaient les chemins et qui avaient occasionné la perte de nombreux voyageurs dans ces parages dangereux.

A Ispahân je logeai chez Belbân El-Qodâri Es-Serkân Qad[1] jusqu'au jour où le printemps vint embaumer l'air de ses parfums et tapisser la terre d'un riant manteau. A ce moment, les troupes du sultan se mirent en marche vers l'Adzerbaïdjan et le camp fut dressé dans le voisinage de Hamadzan. Le sultan lui-même était absent, car il avait dû aller combattre l'atabek Yghân Thâïsi, le beau-frère de Ghiyâts ed-Dîn, dont il avait épousé la sœur germaine.

Quand Dieu eut assuré la victoire du sultan sur son frère et lui eut donné l'autorité sur les provinces que celui-ci possédait, Yghân s'était réfugié dans l'Adzerbaïdjan, estimant qu'il pourrait encore défendre la dynastie qui venait d'être frappée mortellement et dont les jours étaient comptés. Dans ce but, il s'allia à l'atabek Ouzbek, seigneur de l'Adzerbaïdjân et tous deux entamèrent la lutte contre le sultan. Mais, lorsque les étendards royaux vinrent flotter dans la contrée

---

1. L'absence de points diacritiques dans le manuscrit rend la lecture de la plupart de ces noms très indécise.

CHAPITRE QUARANTE-CINQUIÈME

où les deux rebelles s'étaient établis, Yghân se flatta de pouvoir arriver promptement dans l'Irâq et de profiter de l'abandon où le sultan avait laissé cette province. Ce fut aussitôt après avoir appris cette nouvelle que le sultan vint l'écraser à Hamadzân ; puis à la suite de sa victoire, il lui accorda la vie sauve, lui donna asile, lui assura sa protection et finit par le combler de bienfaits. Ensuite le sultan regagna ses quartiers, heureux d'avoir réussi dans son entreprise.

Quant à moi, avant l'arrivée du sultan, j'avais remis à Cheref el-Molk Khodja-Djihân l'argent que Noçret ed-Dîn m'avait chargé d'offrir en son nom à Kerim ech-Charq, ministre de Ghiyâts ed-Dîn ; il s'agissait d'une somme de mille dinars. Le ministre me remercia ; il me promit d'activer la marche des choses et de régler l'affaire. Il me fit très bon accueil et, bientôt, un rescrit royal confirma Noçret ed-Dîn dans la possession de sa principauté, en y adjoignant un certain nombre de cantons qui l'avoisinaient. Un des courtisans fut désigné pour m'accompagner et enjoindre au fils d'Aïnândj-Khân de s'éloigner de Nesâ pour se présenter immédiatement à la cour.

Il s'était à peine écoulé deux ou trois jours après cela qu'un messager vint annoncer la triste nouvelle de la mort de Noçret ed-Dîn. Le fils d'Aïnândj-Khân l'avait contraint à sortir de la citadelle de Nesâ puis, l'ayant fait comparaître en sa présence, il l'avait abattu à ses pieds afin d'intimider les personnages qui nourrissaient encore quelque espoir, et, en le faisant périr, son but avait été de montrer son énergie à tous les hommes libres. Le corps de Noçret ed-Dîn, qui était dans la fleur de sa jeunesse, fut transporté dans son tombeau. Les amis de la gloire se lamentèrent tous à son sujet et versèrent d'abondantes larmes ; je demeurai consterné au milieu d'eux, le cœur douloureux, et récitai ce vers :

Au milieu de son esprit et de sa finesse, j'avais démêlé à des signes certains qu'il ne tarderait pas à mourir.

Aïnândj-Khân reconnut les services que j'avais précédemment rendus à son père à Nesâ et à Djordjân, en faisant mettre à mort tous ceux de mes clients qu'il put saisir, en pillant tous ceux de mes biens qu'il put trouver et en saccageant dans ma demeure toutes les choses que j'avais héritées ou acquises par mon travail.

CHAPITRE XLVI

LE SULTAN SE DIRIGE VERS LE KHOUZISTAN, A LA SUITE DE LA CAPTURE DE SON FRÈRE.

Après s'être emparé de son frère, qui n'était plus dans son entourage qu'un simple émir agissant sous son autorité, le sultan se mit en route pour le Khouzistân, où il passa l'hiver. De là il expédia Dhiyâ el-Molk 'Alâ ed-Dîn Mohammed ben Maudoud, l'inspecteur, qui était originaire de Nesâ, en qualité d'ambassadeur auprès du divan du khalife. Sa mission consistait à faire des remontrances et des reproches. Auparavant le sultan avait expédié un corps de troupes, formant avant-garde, sous le commandement de Djihân Bahlouân Ildji; mais celui-ci, ayant rencontré devant lui l'armée du Divan, renforcée d'Arabes de la tribu des Khefâdja, avait culbuté ces gens qu'il trouvait sur sa route, sans songer qu'en agissant ainsi il faisait un affront au khalife et qu'il violait les lois de l'honneur. L'armée défaite était rentrée à Bagdad et ses soldats faisaient triste mine d'avoir si mal réussi. Un certain nombre d'entre eux, qui avaient été amenés au camp du sultan, furent aussitôt rendus à la liberté.

CHAPITRE QUARANTE-SIXIÈME

Dhiyâ el-Molk arriva à Bagdad après cet événement. Il fut accueilli néanmoins avec tous les honneurs accoutumés et les égards habituels. Comme son séjour se prolongeait dans cette ville, les gens tinrent sur son compte des propos malveillants et se lancèrent dans toutes sortes de suppositions. Toutefois, lorsque le sultan se fut emparé de Merâgha[1], l'ambassadeur fut autorisé à partir ; on le combla de nombreux cadeaux et il eut une part très abondante de largesses. Quand le voile de l'hiver se déchira pour découvrir la face du printemps, Dhiyâ el-Molk quitta la contrée de Bagdad pour se rendre dans l'Adzerbaïdjân. Comme il était arrivé devant Zeqauqa[2], les habitants de cette ville montèrent sur leurs remparts et l'invectivèrent violemment, lui reprochant l'attaque faite contre l'armée du Divan[3], attaque dont la nouvelle leur était parvenue. Fort irrité des propos qu'on lui faisait entendre, Dhyâ el-Molk donna l'ordre d'attaquer la place. Une seule charge suffit pour faire flotter ses étendards sur les remparts de la ville ; puis la mêlée s'engageant, les habitants furent poussés l'épée dans les reins et, quand on cria aux soldats d'arrêter, nombre de gens avaient déjà péri.

Le sultan se rendit alors dans l'Azerbaïdjân ; ce fut en arrivant en face des montagnes de Hamadzân, qu'il apprit que Yghân Thâïsi avait quitté l'Adzerbaïdjân pour se diriger vers l'Irâq, et qu'il lui infligea cette défaite de Hamadzân, dont il a été question ci-dessus.

1. La plus grande ville de l'Adzerbaïdjân.
2. Bourgade entre le Fars et le Kermân.
3. C'est-à-dire du khalife.

CHAPITRE XLVII

LE SULTAN S'EMPARE DE L'ADZERBAIDJAN.

Aussitôt que Yghân Thâïsi fut rentré sous l'obéissance et que l'Irâq fut débarrassé de ceux qui y fomentaient le désordre et l'administraient sans souci de ses intérêts ni du bon ordre, le sultan partit pour l'Adzerbaïdjân. Comme on approchait de cette province on reçut, par l'entremise de Cheref el-Molk, des messages des habitants de Merâgha qui pressaient vivement le sultan de se rendre dans leur ville et de les délivrer de toutes les exactions dont ils étaient la victime. Ils avaient eu, en effet, à souffrir des vilenies de leurs tyrans, des abus des hauts fonctionnaires, de la prise de Nesâ et des attaques incessantes des Kordj[1]. L'autorité de l'atabek, qui gouvernait le pays, était si affaiblie qu'il était incapable de se faire respecter lui-même et de réprimer l'oppression dont ses administrés étaient l'objet.

Djelâl ed-Dîn se dirigea donc sur Merâgha, où il entra sans rencontrer la moindre résistance. Il y séjourna quelques jours et, de là, envoya le cadi, Modjir ed-Dîn 'Omar ben Sa'd El-Khârezmi, en ambassade auprès du souverain de Roum[2] et des princes de Syrie. Cet ambassadeur était porteur de lettres dans lesquelles le sultan annonçait qu'il était devenu maître de la province de l'Adzerbaïdjan, que, grâce aux pointes de ses lances et de ses épées, il l'avait arrachée des griffes des Kordj qui s'acharnaient sur elle. Il n'invoquait d'autre raison que la puissance de ses armes ; il informait les princes qu'il projetait une expédition contre les Kordj,

---

1. Ou Géorgiens.
2. Le pays de Roum correspondait à l'ancienne Cappadoce.

pour mettre leur pays à feu et à sang, et leur montrer que la maison avait trouvé un maître ; enfin il ajoutait qu'en s'annexant cette province il n'avait eu en vue d'autre désir que d'établir de bons rapports de voisinage.

Le même jour, le sultan me conféra les fonctions de secrétaire de la chancellerie. Je pris possession de ce poste à mon corps défendant et pour essayer d'oublier mes malheurs, car mon défaut d'expérience et mon manque de savoir me faisaient regarder cette situation avec mépris ; je ne songeais pas un instant au parti qu'on en peut tirer, aux profits incessants que l'on en obtient ainsi qu'aux honneurs qu'elle confère, avec leurs avantages et leurs inconvénients, leurs grandeurs et leurs servitudes. En un seul jour pourtant, au moment où le sultan était à Nekhdjaouân pour y régler certaines questions avec les habitants du Khorâsân et du Mazenderân, mon office de chancellerie me procura un bénéfice de plus de 1000 dinars. Les autres jours, tout en étant plus modestes, mes profits se maintenaient à un taux très raisonnable ; aussi je ne tardai pas à combattre vivement tous ceux qui me disputèrent ma place.

Modjîr ed-Dîn quitta son service à la cour pour se rendre dans les pays dont il a été parlé et ne revint qu'après la conquête de Tiflis. Puis, le sultan quitta Merâgha pour marcher sur le district d'Aoudjân[1], contrée ravinée et remplie d'eaux courantes, dont les Tatars avaient détruit le chef-lieu dès le début de leur invasion. Le sultan demeura quelques jours dans ce pays, dont les habitants tiraient leurs provisions de Tebrîz où se trouvait la fille de Toghril ben Arslân, épouse de l'atabek Ouzbek, qui protégeait mal ses sujets. Des habitants de Tebrîz vinrent alors trouver le sultan et l'excitèrent à s'emparer de leur ville. Djelâl ed-Dîn se mit aussitôt en

p. ١١١

1. Ville de l'Adzerbaïdjân qui a été quelquefois surnommée : « la ville de l'islam ».

marche vers Tebrîz, campa sous ses murs et bloqua cette place.

Le râïs Nidhâm ed-Dîn, fils du frère de Chems ed-Dîn Eth-Thoghrâïi, sortit de la ville et vint trouver le sultan. Il avait une grande influence sur les habitants de Tebrîz : ceux-ci lui étaient complètement soumis et lui étaient dévoués ainsi qu'ils l'avaient été à ses ancêtres qui, de père en fils, avaient hérité le pouvoir dans cette ville, et ils avaient donné des preuves d'affection à ses aïeux, en mêlant leur sang au leur dans les combats. Le sultan commença le siège et donna l'ordre aux émirs de disposer les engins de siège, mangonneaux, béliers et échelles ; puis on se mit à couper tous les arbres qui étaient excessivement nombreux.

Il y avait sept jours que l'investissement durait, quand on vit arriver un envoyé de la fille du sultan Toghril qui demandait à capituler, à la condition qu'elle, ses oncles et son entourage auraient la vie sauve et conserveraient leurs biens ; en outre, la princesse demandait qu'on lui assignât personnellement la ville de Khouï[1] où elle irait vivre dans la retraite. Le sultan consentit à ces conditions et prit possession de Tebrîz en l'année 622 (13 janvier 1225—2 janvier 1226) ; puis il envoya, pour accompagner et protéger la princesse, ses deux fidèles courtisans, Tâdj ed-Dîn Qilîdj et Bedr ed-Dîn Hilâl, qui la conduisirent saine et sauve avec toute sa suite jusqu'à Khouï.

Entré dans Tebrîz, le sultan y exerça son autorité paisiblement, sans rencontrer d'obstacles, et s'installa dans le palais royal. Il confia la direction de la ville au râïs Nidhâm ed-Dîn qui maintint les traditions des Thoghrâïi en y faisant respecter ses décisions et accepter ses conseils. Toutefois, Nidhâm ed-Dîn n'eut pas à s'occuper des questions politiques, ni du

1. Grande ville de l'Adzerbaïdjân.

fisc royal. Son rôle se borna à rechercher tout ce qui pouvait satisfaire la population et améliorer son sort, à soutenir les gens vertueux et honorables et à contenir les coquins et la populace. Il ne fut investi d'aucune charge, ni chargé d'aucun office jusqu'au moment où il fut fait captif, ainsi que nous le raconterons en son lieu et place, s'il plaît à Dieu.

CHAPITRE XLVIII

LE SULTAN DÉFAIT LES KORDJ.

Quand le sultan fut maître de l'Adzerbaïdjân, les Kordj se réunirent dans un endroit appelé Kerbi[1] aux environs de Zoun[2]. Ils étaient au nombre de soixante mille, faisant montre de hardiesse bien qu'au fond ils fussent pleins d'effroi, car à l'approche du sultan les plus braves d'entre eux avaient été paralysés et les plus audacieux remplis de terreur. En se réunissant ainsi, leur but avait été de montrer au sultan leur nombre et leur puissance; ils espéraient que celui-ci demanderait à faire la paix et qu'alors ils échapperaient à l'attaque soudaine de l'aigle et à l'irruption du torrent. En même temps qu'ils voulaient faire preuve de courage en se groupant, ils étaient décidés à anéantir le gouvernement des atabeks, pour qui ils n'étaient qu'un gibier qu'on chassait par groupe ou isolé, un par un ou deux par deux.

Informé qu'ils s'étaient réunis pour se repaître de ces vaines illusions, le sultan marcha contre eux à la tête de la seule

---

1. Ce nom peut être lu encore : Kerti, Kezbi, Kezti.
2. Le ms. porte l'orthographe زرون, mais il est vraisemblable qu'il faut lire زوزان, Zauzân, nom d'un canton de l'Arménie.

armée qu'il avait avec lui, le plus grand nombre de ses soldats ayant regagné ses foyers dans l'Irâq ou ailleurs. Quand il fut arrivé sur les bords de l'Araxe, le sultan trouva ses émirs d'avant-garde, commandés par Djihân Bahlaouân Ildji, qui étaient arrêtés devant le fleuve et qui lui annoncèrent que l'ennemi était proche et en masse considérable. Pour toute réponse à cette information, il piqua des deux et lança son cheval dans le gué, sans s'inquiéter de ce qu'on venait de lui dire du nombre et de la proximité de l'ennemi. Toute l'armée suivit le sultan et, lorsqu'on arriva à Kerbi, on vit les Kerdj établis sur une haute éminence au milieu d'un chaos de montagnes et formant une masse noire comme une nuit sans lune. Du sein de cet enfer on entendait des cris, capables de faire éclater la voûte céleste et de se faire entendre par l'oreille d'un sourd.

En voyant cette multitude, Djelâl ed-Dîn éprouva le genre d'effroi[1] que peut ressentir le loup en présence d'un troupeau de moutons de choix, ou un lion affamé à la vue d'une masse de bœufs bien gras. Aussitôt, il établit ses lignes en face de l'ennemi, à la faveur de la nuit : la cavalerie, qui formait le centre, comprit tous ceux qui étaient armés de pied en cap ; l'aile gauche eut pour elle la masse de l'infanterie ; l'aile droite se composa de la foule des archers. Tout le jour suivant on attendit l'attaque des Kerdj, mais ceux-ci ne quittèrent point les hauteurs où ils étaient établis.

Au moment du coucher du soleil, le sultan fit dresser en arrière du centre une petite tente où il passa la nuit. Puis il donna l'ordre aux khâns et aux émirs de veiller alternativement jusqu'au point du jour. Ceux-ci exécutèrent la consigne qui leur avait été donnée et s'installèrent auprès de leurs feux. Le matin, le sultan les convoqua et leur adressa la pa-

---

1. J'ai conservé la forme ironique du texte.

role en ces termes : « L'ennemi semble résolu de faire traîner les choses en longueur ; au lieu d'attaquer il préfère nous attendre dans ses positions. Mon avis est que nous marchions à lui en l'assaillant de tous côtés. S'il exécute une charge contre vous, hâtez-vous de l'arrêter par une grêle de traits. »

Ces paroles prononcées, le sultan se mit en marche en se dirigeant vers la montagne ou pour mieux dire vers la victoire ; les bataillons d'avant-garde suivirent son mouvement avec l'ardeur d'aigles qui prennent leur vol. L'aile gauche, où se trouvaient Ghiyâts ed-Dîn, le frère du sultan, Orkhân et un certain nombre d'autres émirs, escalada les hauteurs avec un entrain irrésistible. Un des plus célèbres guerriers kordj, Cheloûh, chargea ces troupes qui s'avançaient et essaya de les contraindre à redescendre. Les flèches volèrent alors de tous côtés ; on eût dit une débâcle d'étoiles filantes ou une tourmente de flocons de neige dévalant du ciel. Bientôt on en vint aux mains et l'on vit confondus, le musulman et le païen, le fidèle et le mécréant, l'assaillant et le défenseur, le cavalier et le piéton. Chacun frappait à l'envi, blessant ou tuant son adversaire, et ce fut à qui gagnerait au plus vite le sommet de la montagne. Ceux qui fuyaient n'espéraient trouver le salut et un refuge qu'en s'élevant dans la montagne, tandis que les assaillants mettaient toute leur ardeur à arriver sur les hauteurs, sûrs de voir ainsi réalisés leurs désirs de victoire et se confirmer leurs espérances.

Mais, quand ils virent arriver sur eux la charge de la cavalerie royale, nombreuse et menaçante, les cavaliers ennemis lâchèrent pied. Malgré les efforts de leurs chefs, les Kordj tournèrent le dos sans essayer la moindre résistance et avant même d'avoir tenté la lutte à distance ou corps à corps. Ils s'enfuirent comme s'ils avaient eu des ailes, accablés de honte et d'ignominie, affolés à tel point qu'en apercevant quelques individus isolés, ils s'imaginaient que tout un bataillon d'ennemis allait fondre sur eux, ou qu'ils prenaient pour une armée formidable quelques silhouettes se profilant sur l'horizon. Quatre mille cadavres ennemis environ jonchèrent le champ de bataille ; ils étaient dispersés de tous côtés, montrant ainsi quelle avait été la chaleur de l'action.

Debout sur un tertre, le sultan recevait les bandes de captifs qu'on poussait vers lui comme on poussera les réprouvés dans les feux de l'enfer. Les stigmates de l'infidélité se montraient sur tous ces visages tourmentés par le découragement et la bassesse. Ce défilé dura jusqu'au moment où la poursuite cessa et où les troupes opérèrent leur ralliement. Alors on dressa une tente pour le sultan, et l'on ne pouvait y parvenir sans enjamber les cadavres et les fouler aux pieds.

On raconte à ce propos que Chems ed-Dîn Al-Qommi[1], un des chambellans de l'atabek Ouzbek, avait dit ce qui suit : « Mon maître m'avait envoyé auprès des Kerdj vers l'époque de leur défaite. Je voudrais, lui dis-je alors, qu'Ali[2], c'est-à-dire le prince des Croyants (que Dieu lui accorde le salut!), fût encore de ce monde. Je lui montrerai que ma valeur est telle qu'elle ferait oublier les prodiges des deux batailles de Bedr et de Khaïbar[3]. » Mais quand il vit ce jour-là le butin qui avait été fait sur les Kerdj et le nombre des chefs et des soldats qui avaient succombé, il fut tout affolé et incapable de distinguer, à ce moment, une montagne d'un abîme. Il campa sur le champ de bataille et coucha au milieu des morts, souillant son visage de sang en signe de honte. Le fils de la nourrice de Ghiyâts ed-Dîn, un enfant tout jeune encore, s'était réfugié auprès de lui; il le fit sortir de chez lui et le conduisit garrotté au sultan ; mais Dieu déçut l'espérance de ce maudit,

---

1. Originaire de Qomm, ville du Djebâl, voisine de Qachân.
2. Le gendre de Mahomet est, pour les musulmans, le prototype du héros valeureux.
3. Ali se distingua d'une façon particulière dans ces deux combats livrés par Mahomet.

qui avait dépassé les bornes des convenances, et le relégua parmi les gens dont on ne parle pas, au lieu de le ranger parmi les héros. Le sultan cependant lui accorda la vie sauve ; il n'avait pas voulu le tuer immédiatement, afin de montrer au peuple que la bonté de Dieu est inépuisable, puisqu'elle se manifeste même à l'égard de ceux qui ont combattu les soutiens de la religion et les porteurs de la parole de vérité.

Le sultan envoya à Tebrîz le prince de ses courtisans, Tâdj ed-Dîn Qilîdj, avec un certain nombre des émirs prisonniers et des têtes d'ennemis tués dans le combat; ce prince était chargé d'annoncer l'heureuse nouvelle de la victoire que Dieu avait fait la faveur d'accorder au sultan, victoire éclatante dont le bruit se répandit au loin. Djelâl ed-Dîn quitta ensuite le champ de bataille pour gagner la ville de Zoun, à laquelle il donna l'assaut et dont il s'empara immédiatement. Puis il ordonna au cadi de cette ville de mettre à part[1] tous les musulmans qui l'habitaient, ainsi que leurs femmes et leurs enfants.

Dieu avait donné en butin au sultan et à ses auxiliaires des richesses considérables et des biens innombrables ; mais en même temps il avait affaibli les sentiments d'envie qui auraient pu germer dans les cœurs, puisque tous eurent une part du gain obtenu et que tous trouvèrent de quoi suffire à leurs moyens d'existence.

A cette même époque, Cheref ed-Dîn Azdera[2] et Hosâm ed-Dîn Khidhr, seigneurs de Sarmara[3], firent acte de soumission et vinrent trouver le sultan qui leur délivra des rescrits les maintenant en possession des droits qu'ils avaient sur leurs territoires respectifs[4].

---

1. On ne dit pas pourquoi; mais évidemment c'était pour leur épargner le pillage de leurs biens.
2. Ou Ardeza.
3. Ou Serr-men-raa, ville située à 110 kilomètres nord-ouest de Bagdad ; aujourd'hui Samara.
4. L'auteur ne dit pas le nom du fief de Cheref ed-Dîn.

CHAPITRE XLIX

LE SULTAN REVIENT DE ZOUN A TEBRIZ ET LAISSE L'AILE DROITE DE SON ARMÉE DANS LE PAYS DES KORDJ. — MOIS DE REDJEB DE L'ANNÉE 622 (9 juillet—8 août 1225).

Après avoir ajouté une nouvelle victoire à la précédente et annexé une seconde conquête à la première, le sultan avait envoyé des troupes ravager les confins du pays d'Abkhâz[1], tout en ayant *in petto* le dessein d'attaquer Tiflis. A ce moment, il reçut de Cheref el-Molk, qui était à Tebrîz, une lettre dans laquelle celui-ci lui annonçait que Chems ed-Dîn Eth-Thoghrâïi et le fils de son frère, le râïs Nidhâm ed-Dîn, s'étaient concertés dans le but de rompre avec le sultan et de se révolter contre lui. C'était là une calomnie, une imposture et un mensonge qu'avaient forgés des ennemis qui n'osaient se venger ouvertement. On ne tarda pas d'ailleurs à s'apercevoir que c'était là une accusation sans valeur et qu'aucune preuve ne venait justifier. Bien au contraire, Eth-Thoghrâïi était un homme pieux, d'une conduite équitable, qui protégeait ses administrés et ne souffrait pas qu'on les inquiétât. Avec lui, personne ne pouvait franchir les limites de la légalité ; si l'on réclamait à un habitant une chose qu'il ne devait pas et qui était inique, ou qu'on lui imposât une charge qu'il ne pouvait pas supporter, Chems ed-Dîn le défendait, tantôt en intercédant pour lui, tantôt en invectivant ou en intimidant l'oppresseur.

Les fonctionnaires de Cheref el-Molk étaient horripilés de cette façon d'agir ; leurs ressources étaient, en effet, épuisées au moment où ils étaient devenus maîtres de la ville ; ils ne

---

1. Canton de Géorgie, dans la montagne de Qabq, près de Bab el-Abouâb.

pouvaient donc se contenter de maigres revenus, et une modeste place ne devait pas leur suffire. La convoitise leur faisait ouvrir une bouche démesurée et la crainte ne les gênait guère, car c'est un sentiment qui ne pénètre ni dans les cavernes de brigands, ni dans les repaires de voleurs. Ils étaient pareils aux poissons que l'eau qu'ils absorbent ne désaltère pas et qui nagent en souffrant de la soif, alors cependant que leur bouche est au milieu de la mer.

Quand le sultan eut lu la lettre de Cheref el-Molk, que celui-ci avait remplie de traits empoisonnés et d'une amère saveur de coloquinte, il décida de retourner à Tebrîz, pensant que la situation de cette ville était troublée et qu'il s'était produit là un mal qu'il fallait soigner et guérir. En conséquence il convoqua devant la porte de sa tente les émirs de l'aile droite. Un des chambellans vint alors leur faire au nom du sultan la déclaration suivante : « Nous avons des preuves certaines de votre inaction dans la dernière bataille et nous savons que vous étiez décidés à tourner bride, au cas où les Kordj auraient fait une charge contre vous. Mais, puisque Dieu nous a assuré la victoire et qu'il a infligé un rude châtiment aux infidèles, nous vous pardonnons ce crime bien avéré, à la condition que vous alliez vous établir dans ce pays, le bouleverser de fond en comble par vos incursions et cela jusqu'au moment où nous viendrons vous y rejoindre. » Les émirs prirent l'engagement qui leur était demandé, et le sultan les fit accompagner par les deux seigneurs de Sermara, qui leur servirent de guides dans les cols et défilés d'Abkhâz.

Hosâm ed-Dîn Khidhr, qui était un de mes bons amis, m'a fait le récit suivant : « Nous demeurâmes à Abkhâzèh Feheïmer[1] pendant trois mois, et, durant tout ce temps, les sol-

---

1. Cette lecture est peu certaine.

dats ravagèrent le pays par leurs expéditions, épuisant ses ressources par le pillage et faisant endurer les maux les plus graves aux populations. Les esclaves géorgiens devinrent d'un bon marché tel qu'on les vendait 2 ou 3 dinars l'un. Les gens, qui s'étaient réfugiés avec leurs troupeaux en arrière des défilés, ne furent pas plus que les autres à l'abri des poursuites. Quant à nous, nous conduisîmes les troupes jusqu'aux défilés, et, avant de retourner en arrière, nous les prévînmes qu'il y avait danger à passer outre et leur fîmes savoir ce qui les attendait en dehors de ces défilés. Mais ils ne tinrent aucun compte de nos recommandations ; ils partaient seuls ou en bandes et, deux ou trois jours après, ils revenaient avec du butin et des prisonniers.

Dieu leur avait livré les Kordj ; ils les contraignaient à fuir de retraites en retraites et les attaquaient sans relâche, une escouade succédant à une autre. Nos soldats arrivèrent ainsi jusque dans des contrées, où jamais le drapeau de l'islam n'avait flotté, où jamais on n'avait entendu réciter un chapitre du Coran, ni même un simple verset du Livre saint.

A peine le sultan était-il de retour à Tebrîz, que Cheref ed-Dîn fit aussitôt comparaître en sa présence un certain nombre de vauriens et de canailles qui déposèrent contre Eth-Thoghrâïi et le fils de son frère, en déclarant vrai tout ce qui avait été porté à la connaissance du sultan : pourtant tous ces faits étaient de purs mensonges, sans queue ni tête et n'ayant ni fondement ni base. A la suite de cette déposition, le sultan fit arrêter ces deux personnages : le râïs fut mis immédiatement à mort et son corps inerte, dont le sang coulait à longs flots, fut abandonné sur la voie publique. Quant à Eth-Thoghrâïi, il fut mis en prison et condamné à payer une amende de plus de 100,000 dinars, somme énorme qui dépassait la mesure de ses moyens et le réduisait pour toujours à la misère. De ce chef, cependant, il n'entra pas 30,000 dinars dans les caisses du trésor du sultan.

De Tebrîz, Eth-Thoghrâïi, toujours prisonnier, fut transporté à Merâgha. Cheref el-Molk ne négligea aucune occasion de lui dresser des embûches et de lui tendre des pièges pour arriver à le perdre, jusqu'à ce qu'enfin il obtint du sultan une pièce marquée du sceau royal qui l'autorisait à mettre à mort le prisonnier. Mais Dieu voulut conserver la vie à cet illustre seigneur, à ce personnage incomparable et généreux. Le représentant du divan djelalien à Merâgha lui épargna le trépas; il l'aida même à fuir en lui fournissant un cheval qui le conduisit d'abord à Arbil, puis de là à Bagdad.

En l'année 625 (12 décembre 1227 — 30 novembre 1228), Eth-Thoghrâïi fit le pèlerinage de la Mecque. Quand la foule des pèlerins fut assemblée autour de la Kaaba, il se mit debout sous le Mizâb[1], tenant sur sa tête un exemplaire du Coran. Puis, au milieu de ces pèlerins venus de tous les coins du monde, et en présence de celui à qui le sultan avait confié la direction de la caravane partie de son pays, il s'écria : « Mes frères, de l'aveu unanime des musulmans, il n'y a pas de lieu plus saint que celui-ci, pas de jour plus glorieux que ce jour-ci, pas de livre plus noble, ni plus considérable que celui que je tiens. Eh! bien, j'en jure par ces trois choses, tout ce dont Cheref el-Molk m'a accusé n'est qu'un pur mensonge. » Il donna ensuite plus de force à son serment, en employant la formule destinée à provoquer l'anathème dans les serments de fidélité au souverain.

Les pèlerins bientôt se dispersèrent : les uns regagnèrent la Syrie, d'autres l'Irâq, d'autres enfin les contrées de l'ouest ou celles de l'est. Chaque groupe ne manqua pas de raconter ce qui venait de se passer, soit sur sa route, soit en arrivant

---

1. Gouttière du temple de la Mecque.

(*Mankobirti.*)

dans ses foyers, et la nouvelle en parvint ainsi au sultan. D'ailleurs l'émir el-hadj¹, dès son arrivée, avisa le sultan de ce dont il avait été témoin dans cette réunion. Celui-ci, certain dès lors de l'innocence de Eth-Thoghrâii, se repentit de ce qu'il avait fait ; il rougit de la sévérité qu'il avait déployée et fut malheureux de s'être, pour toujours, acquis par là une triste renommée. Hélas ! à quoi bon le remords quand les maisons sont vides de leurs habitants et que ces habitants pourrissent sous des couches de terre ! Dieu n'a-t-il donc pas dit : « O hommes, si quelque méchant vous apporte une nouvelle, assurez-vous que vous ne nuisez pas à quelqu'un par ignorance, car alors vous en auriez plus tard des regrets » (*Coran*, chap. XLIX, v. 6).

Djelâl ed-Dîn accorda ensuite l'aman à Eth-Thoghrâii ; il le fit revenir à Tebrìz, lui rendit ceux de ses biens qui subsistaient encore et lui donna une place dans son conseil. Le sultan demeura à Tebrìz où il accomplit le jeûne du ramadhan. Il ordonna d'installer une chaire dans le palais royal et désigna pour l'occuper trente savants ou hommes remarquables des provinces, qui se trouvaient là pour leurs affaires. Chacun d'eux eut son jour pour faire un sermon que le sultan écoutait en faisant face à la chaire. Il félicita tous ceux qui prêchèrent en lui disant la vérité, mais il réprimanda ceux qui abusèrent de la flagornerie et manquèrent de sincérité. Çadr ed-Dîn El-'Aloui El-Merâghi (Dieu lui fasse miséricorde !) fut un de ceux qui reçurent les compliments du sultan.

---

1. Le chef de la caravane des pèlerins musulmans.

CHAPITRE L

LE SULTAN S'EMPARE DE GUENDJEH ET DU RESTE DE LA PROVINCE D'ERRAN [1].

Après son retour de l'expédition contre les Kordj, le sultan avait remisé son bâton de voyage pour demeurer à Tebrîz. De là, il envoya Orkhân avec ses troupes à Guendjeh qui lui fut livrée ainsi que les cantons avoisinants, tels que Beïlaqân, Berda'ah, Chemkour [2] et Chîz [3]. Le représentant de l'atabek était le raîs Djemâl ed-Dîn Elqemmi ; c'était un homme généreux, riche, puissant et jouissant d'un grand crédit. Il se hâta de livrer le pays et de faire acte de soumission, gardant seulement par devers lui les richesses qu'il possédait en propre.

Orkhân occupa donc Guendjeh, mais Cheref el-Molk lui avait adjoint un de ses lieutenants, connu sous le nom de El-Kâfi, qui devait être chargé de représenter le divan et de recueillir les impôts après l'occupation du pays. Néanmoins, devenu maître de la contrée, Orkhân prit en main la direction des affaires du divan qui pourtant ne devaient point lui incomber, s'autorisant pour agir ainsi de sa haute situation gouvernementale et de sa parenté avec le sultan. Cet empiétement provoqua entre Orkhân et El-Kâfi des discussions qui se terminèrent par des violences, Orkhân ayant tiré son épée contre El-Kâfi. Informé de cet événement, Cheref el-Molk se plaignit au sultan de la situation et lui exposa qu'en agissant comme il l'avait fait, il n'avait en vue d'autre intérêt que

---

1. Cette vaste province est séparée de l'Adzerbaïdjân par l'Araxe ; elle faisait partie de l'Arménie, sa capitale était Guendjeh.
2. Le texte porte Sekour, mais il doit y avoir une erreur, Chemkour étant avec Beïlaqân, et Berda'ah une des grandes villes de l'Erran.
3. Chîz est le nom d'un canton de l'Adzerbaïdjân ; il a pour chef-lieu Ourmiya.

celui du trésor royal. Le sultan rappela Orkhân à la cour et l'inimitié entre Orkhân et Cheref el-Molk dura jusqu'à leurs derniers jours.

J'ai vu un certain nombre des lettres écrites par Orkhân à Cheref el-Molk, dans cette circonstance. Orkhân ne donnait au vizir que le titre de *Kodjah Thâch*[1], sans employer aucun autre surnom, ni aucune des formes habituelles du protocole. Ces lettres ne contenaient que blâmes, invectives, accusations d'erreur et de perfidie au sujet de tout ce qui touchait aux affaires gouvernementales et aux décisions souveraines. Plus Cheref el-Molk cherchait à amadouer Orkhân, plus celui-ci se montrait rétif et hargneux, et plus il le flattait, moins il le trouvait disposé à se laisser endoctriner. Sans les Ismaéliens, qui le débarrassèrent d'Orkhân, Cheref el-Molk eût été contraint de céder la place.

CHAPITRE LI

LE SULTAN ÉPOUSE LA FILLE DE TOHGRIL BEN ARSLAN.

Des femmes, venues de la part de la fille de Toghril ben Arslân, arrivèrent à Tebrìz et annoncèrent au sultan que leur maîtresse désirait devenir sa femme et qu'elle était en mesure de prouver par témoins qu'elle était divorcée d'avec son mari l'atabek Ouzbek. Le sultan accueillit cette demande, mais il y mit comme condition que la preuve de la répudiation serait faite. Le cadi de Verzeqân[2], un des villages du district de Tebrîz, et un autre individu déclarèrent que le mari de la

---

1. Thâch signifie pierre et aussi pierre précieuse.
2. Ou : Verzefân.

fille de Toghril avait subordonné la répudiation de sa femme à la défection d'un certain individu qui, en effet, avait trahi[1]. Là-dessus, le jurisconsulte 'Izz ed-Dîn El-Qazouïni, alors cadi de Tebrîz, jugea qu'il y avait répudiation et séparation définitive entre les deux époux.

La princesse envoya, à titre de cadeaux à distribuer au peuple, des sommes considérables ; puis le mariage eut lieu et le sultan quitta Tebrîz, aussitôt après la rédaction du contrat, pour se rendre à Khouï où il consomma le mariage. Il donna en apanage à sa femme les deux villes de Selmâs[2] et de Ourmiya, qui, avec leurs territoires, vinrent accroître son domaine de Khouï.

Son Excellence Rebîb ed-Dîn, ministre de l'atabek Ouzbek, m'a raconté que ce dernier se trouvait dans la citadelle de Alindjeh[3] du district de Nekhdjaouân, au moment où on lui annonça que le sultan s'emparait peu à peu de son pays. Ces nouvelles ne provoquèrent de sa part que ces seules paroles : « La terre appartient à Dieu ; il la donne en héritage à qui il lui plaît de ses adorateurs, mais la récompense suprême sera seulement à ceux qui ont craint Dieu. » Toutefois quand il eut connaissance de l'affaire du mariage, il dit à celui qui lui donnait cette information : « La princesse a-t-elle agi de son plein gré ou bien a-t-elle été contrainte ? » — « La princesse désirait véritablement le mariage, répondit l'interlocuteur, et c'est elle qui, à plusieurs reprises, en a fait la demande. Elle a donné des vêtements d'honneur aux témoins de la répudiation et les a comblés de bienfaits. » En entendant ces mots,

---

1. En droit musulman, le mari peut subordonner la répudiation de sa femme à la réalisation d'un événement futur. Deux témoins doivent constater ce fait et le cadi de Verzeqân ici faisait simplement office de témoin.
2. Selmâs et Ourmiya étaient deux villes de l'Adzerbaïdjân : la première à trois jours de Tebrîz et à un jour de Khouï ; la seconde à deux jours de la première.
3. Peut-être est-ce la forteresse de Alindjeq.

l'atabek posa la tête sur son oreiller et fut aussitôt saisi d'un accès de fièvre dont il mourut peu de jours après.

CHAPITRE LII

CAUSES QUI AMENÈRENT LA NOMINATION DE 'IZZ ED-DIN AUX FONCTIONS DE CADI DE TEBRIZ ET LA DESTITUTION DE QAOUAM ED-DIN EL-DJEDARI [1].

Au moment où le sultan approchait des frontières de l'Adzerbaïdjân, où l'aurore de la victoire commençait à faire pâlir l'horizon et où l'on voyait briller les premières lueurs du succès, on vit arriver au camp Kemâl ed-Dîn, qui était investi de la charge de ministre des Finances dans les États de l'atabek. Il venait comme ambassadeur essayer de détourner le sultan de son entreprise et employer toutes ses supplications pour obtenir qu'il retournât sur ses pas ; il promettait en échange que l'atabek ferait désormais figurer le nom du sultan dans la khothba et sur les monnaies [2] et qu'il ferait immédiatement porter au trésor royal une somme considérable d'argent. Ces propositions ne rencontrèrent pas une oreille disposée à les écouter, ni des esprits préparés à les accueillir.

On avait adjoint à la mission de Djemâl ed-Dîn le jurisconsulte 'Izz ed-Dîn El-Qazouîni. Ce dernier était un homme remarquable et distingué : il avait été chargé de faire un cours dans un collège que Eth-Thoghrâïi avait fait bâtir de ses deniers à Tebrîz, et il professait en outre dans un certain nombre d'autres établissements de cette ville. Dès que 'Izz ed-Dîn eut la certitude que le sultan voulait à tout prix

---

1. Le texte donne ici la forme El-Khedâri, mais plus loin il y a El-Djedâri.
2. En signe de vassalité.

s'emparer de l'Adzerbaïdjân et que tout ce qu'on lui disait pour combattre son dessein ne ferait pas plus d'effet qu'un léger souffle de vent sur une roche dure, il eut un entretien particulier avec Cheref el-Molk à qui il promit formellement de l'appuyer s'il s'engageait à le nommer cadi de Tebrîz, lorsqu'on se serait emparé de cette ville. A cette époque les fonctions de cadi, occupées par Qaouâm ed-Dîn El-Khedâri, fils de la sœur de Eth-Thoghrâïi, se transmettaient de père en fils dans sa famille.

Le sultan était maître de Tebrîz, mais Eth-Thoghrâïi ayant conservé toute sa considération et son influence, El-Qazouîni comprit que la promesse qui lui avait été faite de l'investir des fonctions de cadi ne se réaliserait qu'après la disgrâce de Eth-Thoghrâïi. Aussi ne cessa-t-il de le desservir, auprès de Cheref el-Molk, par une série de calomnies qu'il faisait incessamment pleuvoir sur lui et par des accusations aussi peu vraies que le mirage de la plaine. Il fit si bien qu'il excita la haine de Cheref el-Molk et lui fit regarder Eth-Thoghrâïi comme un rebelle. Enfin Cheref el-Molk écrivit la lettre, dont nous avons parlé ci-dessus, et El-Qazouîni fut nommé cadi de Tebrîz.

On m'a raconté que El-Qazouîni voulut un jour faire une visite à Eth-Thoghrâïi, qui était alors en prison ; il se proposait de lui exprimer les regrets que lui inspirait sa disgrâce et l'espoir qu'il aurait le plaisir de le voir sortir prochainement d'embarras. Mais quand une des personnes de sa suite, qui le précédait en portant son tapis, eut étendu ce tapis dans le salon de Eth-Thoghrâïi, celui-ci allongea la main, roula le tapis et le jeta à l'endroit où l'on rangeait les chaussures[1]. El-Qazouîni entra ensuite, s'assit et adressa ses compliments de condoléance à propos du fils du frère d'Eth-

---

1. C'est-à-dire dans l'antichambre qui sert de vestiaire.

Thoghrâïi, le râïs qui avait été tué. La physionomie de Eth-Thoghrâïi resta d'abord impassible et semblait indiquer que le meurtre de son neveu n'était point fait pour le troubler ; mais, quand il entendit El-Qazouîni dire qu'il avait lui-même enseveli et enterré le corps du malheureux défunt qui gisait sur la voie publique, il se mit à pleurer en disant : « Ce que vous m'avez raconté du meurtre de mon neveu ne m'a pas été douloureux car,

Tout fils de femme, même quand sa santé semble inaltérable, finit un jour par être chargé sur un corbillard.

« Mais quand vous me dites que c'est vous qui l'avez enseveli, c'est pour moi un affront insigne et une honte ineffaçable dont vous avez stigmatisé l'honneur de ma famille. »

El-Qazouîni prit un grand empire sur Cheref el-Molk ; il s'immisçait dans toutes les affaires qui ne le regardaient point, agissant à tort et à travers, qu'il s'agît de Pierre ou de Paul[1]. Cela dura jusqu'à l'époque où arriva le cadi de Damas, qui était envoyé comme ambassadeur auprès du sultan par le grand roi 'Aïssa ben El-Malik El-'Adil Abou Bekr ben Ayyoub (que Dieu arrose leurs tombes!), et qui venait accompagné de l'ambassadeur du sultan, le cadi Modjîr ed-Dîn. Quand le cadi de Damas eut remis le message dont il était chargé, il alla s'asseoir dans le salon du ministre qui était bondé de grands personnages. « Racontez donc au ministre, dit alors le cadi Modjîr ed-Dîn, les propos qu''Izz ed-Dîn El-Qazouîni a tenus sur son compte. » Tout d'abord le cadi de Damas refusa de parler, mais comme Cheref el-

1. Le texte porte littéralement : « s'occupant de ce qui ne le regardait pas, par exemple, d'élever Zeïd, d'abaisser Amr, de nommer un agent et de supprimer une faveur ». Mais les mots « élever, abaisser, nommer » et « supprimer », employés ici, ont un double sens et sont en même temps des expressions grammaticales qui signifient : mettre au nominatif, au cas indirect, au cas direct et à l'apocope.

Molk l'en conjurait au nom des intérêts du sultan, il s'exprima en ces termes : « Le cadi 'Izz ed-Dîn m'a dit d'un ton injurieux les paroles suivantes : « A quoi donc pense votre maître — c'est du grand roi qu'il entendait ainsi parler — en faisant des avances à ces gens-ci et en s'éloignant de ses frères, les sultans? J'en jure par Dieu, l'inimitié de ses frères lui serait encore plus utile et plus profitable que l'amitié de cette nation. Il ne tardera pas à se repentir de ce qu'il fait, mais alors tout remords sera inutile. » En entendant ces mots Cheref el-Molk entra dans une violente colère. Il fit appeler El-Qazouîni et le confronta avec son dénonciateur. El-Qazouîni rougit de confusion et, malgré toute sa faconde, il demeura muet comme un lourdaud. « Si ce n'était par respect pour l'honneur de l'enseignement et le prestige de la science, s'écria Cheref el-Molk, je ferais sauter ta tête avec ce sabre. Éloigne-toi de moi, misérable, et crains ma fureur! » A ces mots, 'Izz ed-Dîn se leva tout confus.

Je ne sais vraiment qui a été le plus noble ou le plus éloigné du bien de ces trois personnages : est-ce celui qui a provoqué la déclaration, celui qui l'a faite ou celui contre qui elle a été prononcée? J'en jure par ma vie, 'Izz ed-Dîn avait dit une chose fort juste et il n'avait fait que donner une formule à une situation que tout le monde voyait et dont les événements ont démontré la réalité. Toutefois, il faut avouer que l'habitude de ces propos hypocrites est une honte, et on doit blâmer énergiquement tous ceux qui méconnaissent les bienfaits dont ils ont été l'objet. 'Izz ed-Dîn fut révoqué de ses fonctions; elles furent confiées à Modjîr ed-Dîn qui essaya ensuite, par la contrainte, de faire rendre gorge à son prédécesseur, ainsi que nous le raconterons plus loin, si Dieu veut.

CHAPITRE LIII

LE SULTAN RETOURNE DANS LE PAYS DES KORDJ ET S'EMPARE DE TIFLIS.

Aussitôt après la fête de la rupture du jeûne[1], le sultan partit pour une nouvelle expédition contre les Kordj; il voulait de nouveau embellir ainsi la face de l'islam et ternir les joues des adorateurs de la croix. Au moment où le sultan arriva aux bords de l'Araxe, je tombai gravement malade, et il me fut impossible de continuer la campagne. Le sultan, ayant alors autorisé les deux seigneurs de Sermâra à retourner dans leur pays, me fit partir avec eux et, en même temps, il leur donna l'ordre de ne jamais ouvrir aucune des lettres qui leur seraient adressées par les princes des Syriens, des Roum ou des Kordj, sans que je fusse présent, et cela durant tout le temps que je séjournerais chez eux. Aucun ambassadeur venu de la part de ces mêmes souverains ne devait être reçu si je n'étais là, et j'avais mission de surveiller tout ce qui arriverait dans le pays ou en sortirait.

Je demeurai sept mois à Sermâra avant d'être en mesure de rejoindre le camp du sultan, qui avait déjà conquis les plaines d'Abkhâz. En arrivant aux bords de l'Araxe, on remit au sultan des lettres qu'on avait saisies et qui étaient adressées par Chelouh, le Géorgien, aux émirs d'Abkhâz pour les avertir de la marche du sultan vers leurs contrées et les inviter à se tenir sur leurs gardes. Le sultan donna aussitôt l'ordre de couper Chelouh en deux sur les bords du fleuve.

Le sultan et l'armée eurent, durant cet hiver, terriblement

---

1. L'aïd el-fithr, qui marque la fin du ramadhan. En général les opérations militaires sont suspendues pendant toute la durée du mois de ramadhan.

à souffrir des neiges dans le pays des Kordj. L'air était si vif et le froid si rigoureux que les sabots des animaux furent éprouvés et à plus forte raison les extrémités et les parties du corps qui n'étaient point protégées. Quand on arriva aux prairies de Tiflis, le sultan entraîna à l'assaut ses soldats armés à la légère; mais il trouva devant lui une ville forte et bien défendue, la plupart de ses remparts étant bâtis sur des cimes de montagnes ou sur des berges à pic. La masse de l'armée se rua vers le danger comme des papillons qui s'élancent vers le feu ; puis on attira l'ennemi hors des murs de la ville et, quand il en fut éloigné, on le chargea si vigoureusement qu'on vit bientôt des quantités de têtes détachées du tronc et de mains qui ne tenaient plus à leurs poignets. Les assiégés se précipitèrent alors pour rentrer dans leur ville, mais Ghiyâts ed-Dîn arriva avant eux à la porte et la ville fut prise, grâce à la charge qu'on venait de faire. Les habitants furent passés au fil de l'épée et leurs biens tombèrent aux mains des pillards; tous les Kordj et les Arméniens qui habitaient la ville furent tués. Les soldats kordj et leurs milices[1] se mirent à l'abri derrière les murs de la citadelle.

Tiflis est bâtie sur les rives de l'Araxe entre les montagnes et des vallées ; le fleuve qui sépare la ville de la citadelle est important et non guéable. Les deux parties de la ville étaient reliées par un pont de bois qui fut brûlé dès que l'on s'aperçut du danger de la situation, de la fureur de l'attaque et de l'ardeur de la lutte.

Le sultan traversa le fleuve avec son armée en un seul jour et arriva du côté de la citadelle. Dieu avait décidé qu'il passerait lui et ses soldats sans encombre. Arrivé devant la citadelle, le sultan la bloqua de tous côtés et les troupes se mirent en

---

1. Le mot que je traduis par « milices » paraît être un mot composé de : *orta* et *rouz* et aurait alors la signification de « troupes temporaires ».

devoir de disposer le matériel de siège; mais, pendant qu'ils s'en occupaient, un ambassadeur des Kordj sortit de la citadelle et vint demander l'aman. Le sultan l'accorda, parce que l'hiver commençait; il prit possession de la place et s'empara des richesses qui y étaient accumulées depuis de longues années, richesses telles que les doigts d'un copiste habile se fatigueraient à vouloir en tracer l'énumération et que des monceaux de rouleaux de papier[1] seraient insuffisants à en contenir la liste.

CHAPITRE LIV

LE SULTAN SONGE A CHATIER BORAQ, LE CHAMBELLAN, DANS LE KERMAN, MAIS IL RENONCE A CE PROJET AVANT D'ÊTRE ARRIVÉ DANS CETTE PROVINCE.

Après avoir conquis Tiflis, le sultan envoya des expéditions dans les parties les plus reculées de l'Abkhâz. Auparavant il avait reçu des nouvelles de l'Irâq lui annonçant que Borâq songeait à secouer le joug, qu'il était entré en correspondance avec les Tatars, auxquels il envoyait des messages pour les exciter contre lui, enfin qu'il avait rompu les liens de la foi jurée. C'était Cheref ed-Dîn 'Ali ben El-Fadhl Et-Tefrichi[2], ministre du sultan dans l'Irâq, qui avait découvert ces menées jour par jour.

Pendant qu'il était à Abkhâz, le sultan reçut de l'Irâq la nouvelle que Borâq était allé au dehors installer son camp dans une vaste plaine, se fiant à ce que le sultan, loin de lui, ne saurait l'y atteindre. Mais le sultan, à qui les choses les

---

1. On pourrait aussi traduire ces mots par : « des gradins de montagnes ».
2. Ethnique de Tefrich, canton de la province de Qachân.

plus malaisées semblaient faciles, et qui, de loin, prenait volontiers les escarpements pour des plaines, se laissa entraîner à l'idée d'aller châtier le rebelle dans le Kermân. Il choisit donc un corps de six mille hommes de troupes légères et leur donna pour chef son frère, Ghiyâts ed-Dîn, en lui promettant que, s'il délivrait le Kermân de l'usurpateur, il lui rendrait cette province qui avait fait partie autrefois de ses États. Mais, dans cette circonstance, il avait placé sa confiance dans un traître et c'était à un être vil qu'il voulait rendre cette province. Puis le sultan partit laissant son harem et ses bagages à Keilkoun[1] avec les principaux khâns et les émirs les plus importants.

A ce moment-là Cheref el-Molk était établi à Tiflis, d'où il rayonnait pour diriger des expéditions contre ce qui restait des Kordj; il les accablait de ses coups, les attaquant de droite et de gauche et leur infligeant les plus grandes pertes.

Quant à moi, qui étais à cette époque à Sermâra, ainsi que je l'ai déjà dit, je n'avais déjà plus de nouvelles du sultan. Un jour que j'étais assis, l'esprit accablé par les soucis et les chagrins qui envahissaient tout mon être, je vis entrer un des huissiers du sultan qui venait m'annoncer l'heureuse nouvelle de son arrivée. Le sultan avait ordonné de mettre en état le pont qui est jeté sur l'Araxe à Sermâra; c'est sur ce pont que je restai jusqu'à ce qu'il fût mis en état, assisté des deux seigneurs de la ville. Le sultan traversa le pont et vint camper à l'est de la ville. Là il apprit que trois prisonniers géorgiens, émirs célèbres, qui avaient été pris par lui et conduits à Tebrîz par les soins du prince particulier[2], Tàdj ed-Dîn Qilîdj, au moment où celui-ci avait été

---

1. Localité.
2. Ce titre de « malik el-khaouâss » semble indiquer un personnage qui avait la haute direction des domaines particuliers du souverain, une sorte de superintendant du palais.

envoyé pour combattre les Kordj, avaient été amenés à Sermâra par un des lieutenants de Cheref el-Molk. Ce lieutenant de Cheref el-Molk, qui avait fixé la rançon des prisonniers à 20,000 dinars, dont il avait reçu presque toute la valeur en étoffes, en argent ou en bestiaux, allait les remettre en liberté. Le sultan me fit appeler et donna l'ordre que personne ne fût autorisé à relâcher les prisonniers : « Si, dit-il, j'avais voulu vendre mes ennemis, j'aurais amassé une fortune telle que le feu n'aurait pu la consumer, et que la succession des jours et des nuits n'aurait pas suffi à l'anéantir. » Le sultan se mit ensuite en route vers le Kermân et ne tint aucun compte de la rançon qui avait été offerte et que je portais à Cheref el-Molk pendant qu'il était à Tiflis. Avec sa liberté et sa générosité accoutumées, il distribua cette somme, dont pas une parcelle ne passa la nuit dans son trésor.

Le sultan avait réuni un corps de cinq mille cavaliers, en dehors de ceux qu'il avait avec lui, et les avait expédiés dans la direction de Kermân pour saccager la ville de Khelâth[1]. Confiée à Sermâra au commandement de Sendjeqân-Khân, cette colonne poussa jusqu'à la ville de Khelâth, qui est voisine de Sermâra, et revint trois jours après, avec un tel butin que les routes ne suffisaient point à lui donner passage. Quant au sultan, il se mit en marche vers le Kermân. Il allait à une allure rapide, galopant sans cesse, luttant de vitesse avec le vent, passant des nuits et des journées entières sans goûter à aucune nourriture et sans prendre un instant de repos, ni de sommeil. Les steppes immenses fuyaient sous les pas de sa monture et l'on eût dit qu'il était porté sur des ailes. Il se fatigua beaucoup sans cependant atteindre le but qu'il poursuivait contre Borâq. Celui-ci, en effet, s'était mis en état

---

1. Ville sur les bords du lac de Van, au pied du versant septentrional du mont **Nimroud**.

de défense, et, en apprenant qu'il s'était fortement retranché, le sultan renonça à son projet; il revint en arrière, ayant été déçu dans l'espoir qu'il avait de réaliser la combinaison qu'il avait imaginée.

CHAPITRE LV

CE QUI ARRIVA AUX TROUPES ROYALES DANS LE PAYS DES KORDJ DURANT L'ABSENCE DU SULTAN.

Ainsi qu'il a été dit, Cheref el-Molk était resté à Tiflis. Or le bruit courut parmi les khâns, qui étaient à Keïlkoun, que Cheref el-Molk avait été assiégé dans Tiflis par les Kordj qui lui avaient fait éprouver une défaite dans laquelle ils l'avaient accablé sous le nombre. Les khâns tinrent aussitôt conseil au sujet de cette affaire et se demandèrent s'ils devaient délivrer Cheref el-Molk du danger qu'il courait et le tirer d'embarras. Mais la majorité fut d'avis qu'il n'y avait pas à s'occuper de lui et que leur tâche devait se borner à remplir la mission, qui leur était confiée, de garder le harem et les bagages du sultan. Seul, Orkhân fut d'un avis opposé : « Si, dit-il, les Kordj font prisonnier le vizir du sultan, alors qu'une armée comme la nôtre se trouve à proximité, ce sera pour le gouvernement un déshonneur dont la honte sera inoubliable; son éclat en sera à jamais terni et, malgré les grands événements qui ont amené ces conquêtes que nous venons de faire, il n'aura plus qu'un renom d'impuissance et sera l'objet d'un mépris avilissant. »

Tout en faisant cette déclaration, Orkhân nourrissait une inimitié très vive contre Cheref el-Molk, inimitié qui n'existait pas chez les autres khâns, mais il agissait ainsi parce qu'il était un homme d'une grande noblesse d'âme, un héros incomparable, doué d'une rare énergie et d'une grande loyauté. Son discours achevé, il monta à cheval et se mit à la tête de ses troupes. Quand on vit l'audace avec laquelle il se portait au secours de Cheref el-Molk, la loyauté qu'il mettait à le défendre et à le protéger, un grand nombre de soldats vinrent se joindre à lui, et bientôt il fut à la tête de cinq mille cavaliers, ou même davantage, qu'il conduisit à Tiflis. J'accompagnai Orkhân dans cette expédition et on ne tarda pas à s'apercevoir que la nouvelle du siège de Tiflis était due à une panique vaine et sans consistance, qui ne reposait sur aucun fondement.

Deux jours après cela, le prince particulier, Tâdj ed-Dîn Qilîdj, arriva à Tiflis, porteur de la bonne nouvelle de l'arrivée du sultan à Nekhdjaouân, retour de l'Irâq. Cheref el-Molk donna à ce messager une gratification de 4,000 dinars. Peu après, le sultan arriva à Tiflis et les troupes se répandirent dans le pays des Kordj pour le saccager et y faire du butin. Il installa Qarr-Malik[1] Tâdj ed-Dîn El-Hosaïn, titulaire du fief d'Asterabâd et Noçret ed-Dîn Mohammed ben Kabouddjameh, seigneur de Djordjân, à Tiflis, puis avec son armée, sans tentes, ni bagages, il se dirigea vers Khelâth. Arrivé devant cette ville, la populace et les troupes syriennes qui s'y trouvaient l'assaillirent avec impétuosité ; mais une seule charge exécutée contre eux couvrit le sol de morts et d'agonisants et de nombreux blessés furent faits prisonniers. La foule se précipita en désordre vers la ville, où les soldats entrèrent en même temps qu'elle, mais ils en ressortirent ensuite.

On a expliqué de diverses façons cette retraite des soldats. Les Turcs ont prétendu que le sultan leur donna l'ordre de se retirer pour les empêcher de piller. Il croyait, en effet,

---

1. Peut-être « Qara ».

CHAPITRE CINQUANTE-CINQUIÈME

que cette ville ne pourrait jamais se révolter sans qu'il s'en emparât dès qu'il le voudrait. Quant aux gens de Khelâth, ils assurent que les troupes furent obligées de se retirer. Dieu seul sait la vérité! Le sultan demeura là un jour, puis il s'en retourna.

Lorsque le sultan s'était séparé de son harem et de ses bagages pour se diriger sur Khelâth, Cheref el-Molk s'était mis en route dans la direction de Guendjeh pour y faire l'hivernage. Le seigneur d'Erzen Er-Roum[1] avait fait embrasser le christianisme à l'un de ses fils et l'avait marié à la reine des Kordj. Quand le sultan s'était rendu maître de Tiflis, il avait fait venir ce jeune homme devant lui, il lui avait accordé l'aman, lui avait donné asile et lui avait assuré sa protection. Mais lors de cette dernière expédition que venait de faire le sultan, le diable embaucha ce jeune homme et le jeta dans l'ornière de l'ingratitude, en sorte qu'il retourna vers les Kordj et leur fit savoir que Tiflis n'avait pour la défendre qu'un petit nombre de soldats sans vigueur Profitant de l'éloignement du sultan et du petit nombre de ses partisans dans la ville, les Kordj marchèrent sur Tiflis à la tête de toute la cavalerie et de toute l'infanterie qu'ils purent réunir. Qarr[2] Malik, dont la couardise était bien connue et dont la mollesse d'action était renommée, s'empressa d'évacuer la place avec tous les émirs qui étaient avec lui. Les Kordj entrèrent alors à Tiflis et brûlèrent la ville, sachant bien qu'il leur serait impossible de la garder.

Cheref el-Molk, qui était à Guendjeh, envoya lettre sur lettre au sultan, en ce moment occupé au siège de Khelâth, pour lui annoncer que les Kordj se réunissaient pour attaquer Tiflis. Pensant qu'il rejoindrait les émirs avant la chute de la

---

1. Aujourd'hui Erzeroum, chef-lieu du vilayet de ce nom. C'est l'ancienne Théodosiopolis.
2. Ou Qara Malik.

(*Mankobirti.*)

place aux mains de l'ennemi et à temps pour ne pas laisser échapper l'occasion favorable, le sultan retourna à Tiflis, mais il arriva trop tard. Les Turcs Iouaniens[1] avaient vivement offensé le sultan : ils semaient la terreur sur les routes et faisaient des incursions dans les pays de la frontière. Ils étaient d'ailleurs nombreux et longtemps ils avaient pu mettre à cheval environ dix mille cavaliers. En revenant de Khelâth le sultan marcha contre eux et, dans une seule expédition, il leur enleva un nombreux butin et leur tua beaucoup de monde. Les troupeaux pris furent conduits à Mouqân[2] et le quint du butin monta au chiffre de 30,000 (dinars).

Après avoir donné satisfaction à sa colère contre ces Turcs, le sultan, accompagné seulement de cent cavaliers choisis parmi ses courtisans, se rendit à Khouï pour y rejoindre la reine, princesse de cette localité. Comme il approchait de la ville, il fut informé que Beklek Es-Sedîdi, Sonqordja, le devidar[3], et un certain nombre de mamlouks de l'atabek étaient campés dans la prairie de Khouï et qu'ils avaient avec eux deux fois plus de monde que lui. Il ne crut pas néanmoins devoir tourner bride; il s'avança en toute hâte et marcha hardiment contre eux; mais ceux-ci ne l'attendirent point. Le sultan les poursuivit aussitôt et, forçant de vitesse, il réussit à leur barrer le passage. Ils s'arrêtèrent alors et demandèrent l'aman qui leur fut accordé, puis ils s'enrôlèrent au service du sultan. Le sultan n'arriva à Guendjeh qu'après que les Kordj avaient eu incendié Tiflis.

Après avoir quitté le sultan au moment où il se dirigeait vers Khelâth, Cheref el-Molk fit arrêter le cadi Modjîr ed-Dîn 'Omar ben Sa'd El-Khàrezmi et lui infligea une amende de 12,000 dinars, prétendant que ce cadi avait trahi le sultan

---

1. Ou Iouàniya. Tornberg a adopté la forme Iouâiya.
2. District de l'Adzerbaïdjan entre Ardebil et Tebrîz.
3. Porte-écritoire, titre d'un des officiers de la cour.

lors de l'ambassade qui lui avait été confiée. Modjîr ed-Dîn demeura un mois en prison et n'en sortit qu'après avoir versé au trésor la somme indiquée ci-dessus. Il a raconté que ce qu'on exigea de lui à titre de pot-de-vin et cadeau valait le double de la somme qu'il fut contraint de verser au trésor. Puis Cheref el-Molk, redoutant de renvoyer auprès du sultan ce personnage, dont il avait été le compère quand il occupait une situation élevée, et tenant compte de ses services antérieurs, le nomma cadi de Tebrîz, mettant ainsi les choses là où elles ne devaient pas être placées.

CHAPITRE LVI

ARRIVÉE DE CHEMS ED-DIN, AMBASSADEUR DE L'OCCIDENT[1], EN L'ANNÉE 623 (2 janvier 1226—22 décembre 1226).

Au moment de ce retour du sultan à Guendjeh, il arriva un ambassadeur de l'Occident. On le reçut avec égards et respect, mais on lui imposa force lenteurs et remises, incertain qu'on était sur son identité et sur la réalité de sa mission. Enfin un ambassadeur du sultan, arrivant du pays des Roum, raconta qu'il savait que le personnage en question avait traversé la mer pour se rendre chez les Roum et qu'il avait été, en sa présence, reçu en audience par le prince des Roum lui-même, 'Ala ed-Dîn Keïqobâdz. Il ajouta qu'on avait dressé à cet ambassadeur une tente de cérémonie et qu'on lui avait tout d'abord rendu les plus grands honneurs, mais qu'ayant appris qu'il n'était point envoyé vers eux, mais vers le sultan, les

1. Ce mot est employé ici pour désigner l'empire des khalifes, dont la capitale était alors Bagdad.

Roum avaient tempéré leur accueil chaleureux et en étaient revenus aux égards ordinaires.

Cette déclaration mit fin aux soupçons que l'on avait sur l'identité de l'ambassadeur et la réalité de sa mission. Il fut donc reçu en audience par le sultan et c est moi qui servis d'interprète durant cette entrevue. Il me semble oiseux de rapporter l'objet de cette mission et je ne vois aucune utilité à le faire. Une des choses qui contribuèrent à dissiper les soupçons et à lever tous les doutes sur cet ambassadeur, ce fut son caractère élevé et son urbanité exquise; son âme désintéressée n'était point avide de gain. Il demeura à Guendjeh un an ou même davantage et, quand il fut autorisé à prendre congé, il n'avait guère reçu pendant tout ce temps qu'une somme d'environ 10,000 dinars qu'il avait d'ailleurs distribuée et dont il ne lui restait pas la moindre parcelle. Il avait même dû emprunter à plusieurs négociants une somme fort importante dont il n'avait fait usage que pour s'acquérir des sympathies et des actions de grâce.

Au moment de partir, il pria instamment le sultan de lui donner des tambours et des drapeaux. Le sultan fit droit à sa requête et en outre il lui écrivit, sur sa demande, une lettre de recommandation au sujet du jardin Ez-Zidânïa situé à Damas et dont la famille de l'ambassadeur avait été propriétaire de père en fils, ce jardin ayant été enlevé à ce dernier injustement et par la violence. Le sultan, après avoir acquiescé à toutes ces demandes, délégua, pour l'accompagner à titre d'ambassadeur de sa part, Taqi ed-Dìn El-Hâfidh. Il avait choisi ce dernier, parce qu'il n'aimait pas à envoyer dans des pays lointains des personnages jouissant d'une grande influence dans les affaires du gouvernement ou possédant une illustre renommée.

A peine ces ambassadeurs étaient-ils partis qu'une rumeur venue de l'Irâq accrédita la nouvelle qu'une troupe de Tatars était arrivée dans cette contrée. Le sultan jugea utile alors de se rendre en toute hâte à Ispahân. Il se mit en marche et s'arrêta à Myânedj¹, un des bourgs de l'Adzerbaïdjan sur les bords du fleuve Blanc². Là, au milieu des plaines qui avoisinent cette ville, il passa ses troupes en revue. Pendant qu'il marchait devant le front de ses escadrons, il vit arriver l'ambassadeur de l'Occident qui revenait de Merâgha. Le sultan m'ayant prié de lui demander la cause de son retour, l'ambassadeur répondit ainsi à ma question : « Ayant appris que l'ennemi approchait et que le sultan partait avec l'intention de faire la guerre, je voudrais qu'il me fût permis de ne pas rester inactif et de prendre ma part de l'honneur réservé à ceux qui combattent pour la foi. » Très touché de ces paroles, le sultan le remercia en s'écriant : « C'est ainsi, en effet, que doivent être les compagnons des khalifes ! » Puis il m'ordonna d'accompagner l'ambassadeur et de lui montrer toute l'armée, bataillon par bataillon. Quand j'eus accompli cette mission et que nous fûmes de retour auprès du sultan, celui-ci demanda à l'ambassadeur si l'armée du Prince des Croyants était plus nombreuse que la sienne. « L'armée du Prince des Croyants, répondit ce dernier, renferme un chiffre d'hommes double de la vôtre, mais cela tient au grand nombre de servants et et de gens de pied, tandis que les hommes que je vois ici sont tous de vaillants guerriers. »

Bientôt on apprit que l'armée qui était arrivée dans l'Irâq n'était autre qu'une de celles du sultan restée établie dans l'Inde et commandée par Belkakhân³. Le sultan retourna

---

1. Ou Myaneh, ville de l'Adzerbaïdjân entre Meragha et Tebrîz.
2. Ou Sefidroud.
3. La lecture de ce nom n'est pas absolument certaine.

alors à ses campements de Aoudjân[1] et organisa pour reconduire l'ambassadeur de l'Occident un nouveau cortège. Parvenu à Mossoul, ce dernier fut expulsé de la ville durant la nuit par une troupe de gens ; mais il ne fut pas maltraité et on acquit la certitude qu'il avait pu descendre jusqu'à Bagdad. Ses bagages et ses chevaux furent ramenés au sultan sans qu'on n'en eût rien pris ; quant à l'ambassadeur lui-même, on ignore ce qu'il devint.

CHAPITRE LVII

LE SULTAN DONNE LES DEUX VILLES DE BEILAQAN[2] ET D'ARDOUIL[3] AINSI QUE LEURS TERRITOIRES A CHEREF EL-MOLK, EN L'ANNÉE 624 (22 décembre 1226—12 décembre 227).

Cette même année, en arrivant dans l'Irâq, le sultan trouva ces deux villes dans un état de délabrement tel qu'on ne pouvait espérer leur rendre leur prospérité. Un détachement de cavalerie qui s'y était rendu pour s'y ravitailler était revenu les sacoches vides. En prenant possession de ces deux villes, Cheref el-Molk vit bien que tant qu'elles resteraient une sorte de domaine privé, leur décadence ne ferait que croître et les mènerait à une ruine complète ; aussi les fit-il entourer chacune, cette même année, d'un mur de briques dans l'espoir que les habitants viendraient de nouveau s'y abriter. Bientôt, en effet, ces deux villes retrouvèrent une prospérité plus grande encore que celle qu'elles avaient eue autrefois ; leurs revenus devinrent si considé-

---

1. Ou Awdjân, ville de l'Adzerbaïdjân.
2. Ville de l'Arménie, voisine de Derbend. Selon certains auteurs, elle appartiendrait à la province d'Errân.
3. Ou Ardebil, ville de l'Adzerbaïdjan.

rables, que ceux des villes de Guendjeh et de Tebrîz parurent bien maigres comparés aux leurs.

Un an au moins après cela, le sultan étant venu camper là, Cheref el-Molk me chargea de remettre aux mains du sultan un billet ainsi conçu : « Le plus humble des esclaves baise la terre devant Sa Majesté et fait savoir à son illustre maître qu'il a expédié aux cuisines, aux boulangeries et aux écuries royales, les produits suivants de la ville de Beilaqân : mille têtes de moutons en bon état[1], mille mesures de blé et mille mesures d'orge. » Le sultan, quand il lut cette note, ne put s'empêcher de sourire.

CHAPITRE LVIII

LE PRINCE KHAMOUCH, FILS DE L'ATABEK OUZBEK. IL ENTRE AU SERVICE DU SULTAN.

L'atabek Ouzbek n'avait laissé d'autre fils que le prince Khâmouch qui était né sourd-muet, incapable de rien comprendre et ne pouvant se faire comprendre lui-même que par signes. Il n'y avait même qu'une seule personne qui réussissait à se faire entendre de lui et à saisir ce qu'il voulait dire, c'était la personne qui l'avait élevé. Le père de Khâmouch avait marié son fils à la princesse de Rouïn-Dez[2], la petite-fille de l'atabek 'Alâi ed-Dîn Kerâba[3], seigneur de Merâgha. Lorsque, en revenant de Khelâth, le sultan arriva à Guendjeh, ainsi que nous l'avons raconté, il eut la visite

---

1. Le mot que je traduis par « en bon état », signifie « licite ». Peut-être serait-ce le nom d'une espèce particulière de mouton.
2. Forteresse située sur le mont Silân, près d'Ardebil.
3. La lecture de ce nom est douteuse.

du prince Khâmouch qui avait été ainsi appelé parce qu'il ne pouvait faire usage de la parole.

Parmi les cadeaux que le prince offrit se trouvait la ceinture[1] de Keïkâous, ancien roi de Perse. Elle était ornée d'une certaine quantité de pierres précieuses d'une valeur inestimable au nombre desquelles figurait un morceau de rubis uni, en forme de plaque ovale et de la grandeur de la main. C'était ce qu'il y avait de plus merveilleux et de plus brillant en fait de pierrerie. Sur cette plaque était gravé le nom de Keïkâous ainsi que celui d'un certain nombre de princes qui régnèrent après lui. Le sultan ajouta à cette pièce d'autres pierres précieuses rares qu'il possédait et en changea la disposition, mettant le chaton de Keïkâous au milieu de la ceinture. Il ne porta cette ceinture que les jours de fêtes solennelles, jusqu'au moment où il fut défait par les Tatars à Amid[2], au mois de Chaoual de l'année 628 (2 août 1231 — 31 août 1231). Les Tatars qui s'emparèrent de cette ceinture et de tous les autres joyaux les portèrent au Khâqân, fils de Djenguizkhân, roi des Turcs.

Le prince Khâmouch demeura longtemps au service du sultan, sans jouir d'aucune considération. Enfin sa situation étant devenue précaire à cause de la nombreuse famille qu'il avait à nourrir, il quitta le sultan, sans y être autorisé, pour se rendre auprès de 'Ala ed-Dîn, le seigneur des Ismaéliens. C'était la mort qui l'avait conduit à Alamout[3], car il succomba dans cette ville un mois plus tard.

1. Ou baudrier.
2. Ville de Diarbekir.
3. Il y a ici un jeu de mots sur Alamout qui, sans voyelles et à première vue. peut se lire *el-mout* (la mort).

CHAPITRE LIX

LES SEIGNEURS DE L'IRAQ PORTENT PLAINTE CONTRE CHEREF ED-DIN 'ALI EL-TEFRICHI, MINISTRE DU SULTAN DANS L'IRAQ.

Cheref ed-Dîn 'Ali, fils d'El-Fadhl, était un des chefs de Tefrich[1], village de l'Irâq ; il avait travaillé dans les bureaux de l'administration, passant successivement d'un grade à un autre plus élevé, et était parvenu ainsi à la haute situation de secrétaire d'État de l'Irâq à l'époque où le grand sultan avait donné le gouvernement de cette province à son fils Ghourchaïdji. Toutefois on s'acharna bientôt contre lui et il tomba en disgrâce sous le gouvernement de Ghiyâts ed-Dîn. Mais, quand les étendards du sultan revinrent de l'Inde et que celui-ci eut repris possession de l'Irâq, Cheref ed-Dîn se hâta de témoigner son dévouement au sultan qui le nomma vizir de tout l'Irâq ; il fut dès lors le maître absolu de la vie des personnes et de leurs biens, et ses décisions furent respectées à l'égal de celles du sultan. Son autorité et son influence grandirent bien vite et ses domaines regorgèrent d'une masse de richesses. Tous les hauts dignitaires de l'Irâq, tous ceux qu'il soupçonnait de vouloir lui disputer le pouvoir qu'il détenait ou le gêner dans les combinaisons qu'il avait en vue, furent révoqués.

Ces vexations irritèrent vivement les fonctionnaires qui en furent l'objet, car, avant Cheref ed-Dîn, l'Irâq n'avait jamais été placé sous l'autorité d'un seul et unique vizir, chaque ville ayant son vizir particulier qui avait la direction de toutes ses affaires. Nidhâm ed-Dîn, ex-vizir d'Ispahàn, Chihâb ed-Dîn Azizàn[2], le secrétaire d'Etat de cette ville et le

---

1. Canton de la province de Qâchân dans l'Irâq Adjemi.
2. La lecture de ce nom n'est pas certaine.

cadi d'Ispahân, Rokn ed-Dîn Mes'oud ben Ça'ed, décidèrent alors de formuler une plainte collective contre Cheref ed-Dîn, afin de provoquer sa chute, de délivrer leur concitoyens de sa tyrannie et de mettre fin à la préoccupation constante des esprits. Cheref el-Molk prit l'engagement de les aider dans leur tâche et de contribuer à faire perdre au vizir de l'Irâq la situation enviée qu'il occupait, car ce dernier n'avait que peu d'égards pour lui et ne le secondait ni dans ses volontés ni dans ses caprices, comme le faisaient les autres vizirs des provinces frontières. Le sultan donna l'ordre à Cheref el-Molk de réunir un grand conseil qui serait chargé de recevoir les plaintes formulées et ce en présence de tous les hauts dignitaires du divan. Caché derrière un grillage, d'où il pouvait tout entendre sans être vu de personne, le sultan assista à la séance. Aucune des personnes présentes ne se doutait que nous entendions tous leurs épanchements secrets et leurs conservations intimes, puisque nos délégués étaient là pour prendre note par écrit de tout ce qui se disait.

Quand Cheref ed-Dîn sentit que Cheref el-Molk était favorable à ceux qui s'étaient ligués contre lui pour le dénoncer et lui faire enlever la haute situation qu'il occupait, il fit porter au trésor royal une somme de 100,000 dinars pour se concilier la faveur du sultan et obtenir de lui qu'il ne tiendrait aucun compte des dénonciations formulées, pas plus que des accusations portées sur ses anciens agissements. Ce fut le prince particulier, Tâdj ed-Dîn Qilîdj, qui servit d'intermédiaire dans cette affaire et le sultan accepta cet argent à l'insu des accusateurs. Ceux qui avaient machiné toute cette procédure étaient déjà au comble de la joie, mais les promesses que leur avait faites le démon ne furent qu'illusions.

J'assistai à cette audience dans laquelle l'accusation fut formulée. Entre la façon d'apostropher de Cheref ed-Dîn et celle de ses accusateurs il y eut un écart aussi grand que celui qui sépare la Terre des Pléiades. Il est vrai de dire que Cheref ed-Dîn était en fait d'habileté de parole le premier de son temps et l'unique de son siècle. Il continua donc, après cette attaque, à jouir des dignités qu'il possédait et à régir souverainement les villes de l'Irâq. Cheref el-Molk faillit en mourir de dépit et, quant aux autres hauts fonctionnaires qui lui avaient confié leurs intérêts ils eurent à lui payer, qui 20,000 dinars, qui 30,000.

Quand Cheref ed-Dîn fut sur le point de retourner au siège de son gouvernement, il ne voulut pas laisser Cheref el-Molk dans un tel état d'irritation, aussi le supplia-t-il de lui venir en aide à la condition qu'il verserait dans ses caisses une somme de 20,000 dinars. Cette somme fut versée dans le délai d'une année, mais Cheref el-Molk ne modifia en rien ses sentiments peu sympathiques et continua à chercher à tout instant l'occasion de le perdre. Toutefois il ne montra pas ouvertement son désir d'arracher son ennemi de sa position et de le remettre dans une situation obscure. Dieu le punit des sentiments qu'il nourrissait, et sa haine fut plus tard la cause de sa mort.

CHAPITRE LX

LES ISMAÉLIENS METTENT A MORT ORKHAN, A GUENDJEH.

Alors que le sultan était dans l'Inde et que ses ressources précaires ne lui permettaient pas de récompenser matériellement les services qu'on lui rendait, il avait réconforté le cœur de ceux dont il était satisfait par de bonnes paroles et, à chacun des émirs qu'il avait avec lui, il avait promis un fief aussitôt qu'il serait maître de l'Irâq et du Khorâsân. Une fois en possession de ces provinces, il avait réalisé les promesses qu'il avait faites. C'est ainsi qu'il avait attribué à Orkhân tout ce qui restait de vivant du Khorâsân. Le représentant d'Orkhân pilla et saccagea la partie du pays des Ismaéliens qui touchait à sa province, par exemple, les territoires de Toun[1], Qâïn[2] et du Qohistan. Alors, un individu, surnommé El-Kemâl, qui avait été un certain temps le représentant du chef des Ismaéliens en Syrie, vint trouver comme ambassadeur le sultan à Khouï et se plaindre des lieutenants d'Orkhân.

Pour mettre fin aux plaintes des Ismaéliens, le sultan ordonna à Cheref el-Molk de mettre en présence Orkhân et l'ambassadeur. Quand Orkhân entendit les paroles d'El-Kemâl, qui contenaient une sorte de menace, il tira de ses bottes, de sa ceinture et de ses chausses un certain nombre de poignards qu'il jeta devant lui en s'écriant : « Voici nos poignards et nous avons en outre des épées plus tranchantes, plus acérées et plus meurtrières; vous, vous ne pouvez rien contre tout cela! » L'ambassadeur s'en alla, sans avoir obtenu satisfaction du préjudice causé aux siens, et sans avoir réglé la question qu'il avait à traiter.

Au moment où le sultan revint à Guendjeh, trois Ismaéliens se jetèrent sur Orkhân aux environs de cette place et le tuèrent; puis ils entrèrent dans la ville leurs poignards à la main, en poussant le cri de ralliement de 'Ala ed-Dîn. Arrivés près de la porte du palais de Cheref el-Molk, ils entrèrent dans les bureaux du divan, mais ils ne l'y trouvèrent pas, celui-ci étant à ce moment au château du sultan. Ils blessèrent un de ses domestiques et sortirent en poussant leur cri de ralliement et tout fiers de leur succès. La foule les lapida

---

1. Ville du Qohistan, voisine de Qaïn.
2. Capitale du Qohistan, province située entre celle d'Hérat et celle de Nisabour.

du haut des terrasses et les mit en pièces. Jusqu'à leur dernier soupir ils crièrent : « Nous sommes les familiers du grand maître 'Ala ed-Dîn. »

Sur ces entrefaites, Bedr ed-Dîn Ahmed, ambassadeur venu d'Alamout et se rendant auprès du sultan, était arrivé à Beïlaqân. Aussitôt qu'il apprit la nouvelle du massacre, il fut très inquiet sur son propre sort et ne sut s'il devait continuer sa route ou retourner en arrière. Il demanda conseil à Cheref el-Molk qui, en recevant la lettre, fut très heureux de sa venue, tant avait été grande sa frayeur d'avoir été poursuivi jusque chez lui par les Ismaéliens. Il voulut le garder avec lui, afin d'être protégé par lui dans l'avenir du sort funeste qui avait atteint Orkhân, assailli et tué d'une façon si horrible et si cruelle. Il répondit donc à Bedr ed-Dîn en l'engageant vivement à venir et en lui promettant de régler les affaires au gré de ses désirs.

Au fond ce que les Ismaéliens désiraient le plus, c'était de faire cesser les agressions dont leur pays était l'objet. Mais, comme à l'époque de l'invasion des Tatars ils s'étaient emparés de Dameghân, profitant de ce que cette ville était dépourvue de défenseurs, le sultan de son côté réclamait la remise de cette place entre ses mains. L'affaire s'arrangea de la façon suivante : Dameghân[1] resta au pouvoir des Ismaéliens qui s'engagèrent, en échange, à verser dans les caisses du sultan une somme (annuelle[2]) de 30,000 dinars. Un décret dans ce sens fut rendu en leur faveur.

On se mit ensuite en marche vers l'Adzerbaïdjân. Bedr ed-Dîn Ahmed, l'ambassadeur d'Alamout, voyageait de compagnie avec Cheref el-Molk, assistant à ses réunions privées et à ses audiences publiques, ce dernier mettant tous ses soins

1. Chef-lieu du district de Qoumès, sur le chemin de Reyy à Nisabour.
2. Ce mot n'est pas dans le texte; il semble cependant résulter d'une indication donnée plus loin page 223, ligne 21.

à faire plaisir à l'ambassadeur. Mais, arrivé à la prairie de Serât, dans un moment d'épanchement, alors qu'on était réuni pour boire et que les fumées du vin avaient excité les cerveaux, Bedr ed-Dîn s'écria : « Dans ton armée, qui est ici, il y a des Ismaéliens, qui se sont si bien installés parmi vous qu'ils ne se distinguent point de tes pages. Il en est qui servent dans tes étables, tandis que d'autres sont employés par le chef des huissiers du sultan. » Puis comme Cheref el-Molk insistait pour qu'il en fît venir quelques-uns pour les voir et qu'il avait donné son foulard en signe de sauvegarde, Bedr ed-Dîn appela cinq Ismaéliens. Ceux-ci se présentèrent aussitôt. L'un d'eux, un Hindou impudent, s'adressant à Cheref el-Molk, lui dit : « Tel jour, à tel endroit j'aurais pu te tuer, et, si je ne l'ai pas fait, c'est que j'attendais l'ordre de mettre mon projet sur toi à exécution. » En entendant ces mots Cheref el-Molk jeta loin de lui la robe qui couvrait ses épaules et s'assit en chemise en disant : « Pourquoi tout cela? Que me veut donc 'Alà ed-Dîn ; quelle faute ou quel manquement ai-je donc commis pour qu'il soit altéré de mon sang? Je suis son esclave, comme je suis celui du sultan. Me voici entre vos mains, faites de moi ce que vous voudrez. » Enfin ses propos furent si avilissants qu'ils dépassèrent de beaucoup les limites permises.

Le sultan fut fort irrité quand il connut cette aventure ; il ne pouvait admettre de telles bassesses et il expédia aussitôt un de ses courtisans qui enjoignit à Cheref el-Molk de faire brûler les cinq Ismaéliens devant l'entrée de sa tente. Cheref el-Molk demanda qu'on leur fît grâce, mais sa requête ne fut point écoutée et il dut, bien malgré lui, exécuter l'ordre qu'il avait reçu. On alluma devant l'entrée de sa tente un immense feu dans lequel on jeta les cinq Ismaéliens. Pendant que le feu les consumait, ces hommes ne cessèrent de crier : Nous sommes les familiers du grand maître 'Ala ed-

Dîn. Leurs voix ne s'éteignirent que quand leurs âmes eurent quitté leurs corps qui furent réduits en cendres que le vent dispersa au loin.

Kemâl ed-Dîn, le chef des huissiers, fut également mis à mort par ordre du sultan qui lui reprochait d'avoir pris à son service des Ismaéliens, alors que son devoir était, avant tout, d'exercer la plus active surveillance et de prendre les plus grandes précautions. Puis le sultan partit pour l'Irâq, laissant Cheref el-Molk dans l'Adzerbaïdjân.

J'étais resté avec Cheref el-Molk ; un jour que nous étions à Berdza'a, un ambassadeur, surnommé Salâh ed-Dîn, arriva d'Alamout auprès de Cheref el-Molk et lui dit : « Tu as fait brûler cinq Ismaéliens. Si tu veux conserver ta vie sauve, tu devras payer 10,000 dinars de composition pour chacun d'eux. » Ces paroles troublèrent Cheref el-Molk et lui causèrent un tel effroi qu'il devint incapable d'agir et de penser. Il traita l'ambassadeur avec des honneurs inusités et le combla de cadeaux, puis il m'ordonna de rédiger au nom du divan un décret qui diminuait de 10,000 dinars, chaque année, la redevance que les Ismaéliens devaient, suivant les conventions, verser au trésor royal et dont le montant était de 30,000 dinars. Cheref el-Molk apposa son paraphe sur le décret.

CHAPITRE LXI

LE SULTAN SE REND DANS L'IRAQ EN L'ANNÉE 624 (22 décembre 1226— 12 décembre 1227). IL RENCONTRE LES TATARS AUX ENVIRONS D'ISPAHAN.

Après être arrivé à Serât où, ainsi que nous venons de le dire, les cinq Ismaéliens furent brûlés, le sultan se dirigea

p. ١٣٠ vers Tebrîz et y demeura un certain temps pour y prendre des bains. Là, il reçut du Khorâsân la nouvelle que les Tatars se préparaient à marcher en avant. Aussitôt il hâta ses préparatifs, fit toute diligence et décida de se rendre à Ispahân; il estimait qu'une bataille dans ces parages lui serait plus favorable et qu'il y aurait avantage à marcher en avant et à prendre l'offensive, étant donné qu'il avait des troupes nombreuses et bien armées et des guerriers qui, en quelque sorte, se mouvaient dans un océan de fer. Il arriva donc à Ispahân et détacha dans la direction de Reyy et de Dâmeghân un corps de quatre mille cavaliers en manière d'éclaireurs. Mais chaque jour on reçut des nouvelles annonçant qu'à mesure que les Tatars avançaient, les éclaireurs se repliaient, si bien qu'ils finirent par rejoindre le sultan sans avoir pris contact. Ils ramenèrent avec eux quelqu'un qui renseigna le sultan sur l'armée des Maudits[1], armée qui renfermait une légion d'indomptables démons et d'insolents sicaires, tels que Tadjen Nouyen, Tatak[2] Nouyen, Baqou[3] Nouyen, Asen[4] Toughàn Nouyen, Yatmas Nouyen, Basour[5] Nouyen et autres maudits de même acabit.

Les Tatars campèrent à l'est d'Ispahân, à une journée de marche de cette ville, près d'un village appelé Es-Sin. Les astrologues conseillèrent au sultan de temporiser trois jours durant et d'engager l'action le quatrième jour. En conséquence, celui-ci demeura en place, attendant le moment fixé et l'époque indiquée.

Une des choses qui montrent bien le courage du sultan dans les circonstances critiques et son insouciance des plus

---

1. Les Tatars.
2. Lecture incertaine.
3 Ou Taqou.
4. Ou Ecen.
5. Lecture incertaine.

CHAPITRE SOIXANTE-UNIÈME

grands dangers, c'est le fait suivant : un certain nombre d'émirs et de khâns, à l'annonce de l'approche de l'ennemi, s'étaient montrés fort effrayés et étaient allés trouver le sultan. Après avoir attendu un instant, ils furent reçus en audience. Tandis qu'ils étaient debout en sa présence, le sultan, debout lui-même dans la cour du palais, se mit à parler pendant un certain temps de toutes sortes de choses étrangères à la question des Tatars ; il voulait par là manifester le dédain qu'il avait pour cet ennemi, montrer à l'assemblée que l'affaire n'était point grave et que l'événement ne devait inspirer aucun découragement, calmer ainsi les angoisses de leurs cœurs agités et réconforter leurs âmes prêtes à défaillir. Enfin, après avoir poursuivi longuement cette causerie, il invita ses auditeurs à s'asseoir et leur demanda de tenir conseil et de s'entendre avec lui sur les dispositions à prendre pour le combat qui allait s'engager.

Le résultat le plus clair de cette consultation fut que le sultan leur fit jurer de ne point fuir et de ne point préférer la vie à la mort ; puis lui-même, bénévolement sans y avoir été convié par eux, leur prêta serment à son tour qu'il combattrait jusqu'à la mort. Ensuite il désigna à chacun son poste de combat et fit venir le cadi d'Ispahân et son râis et leur donna l'ordre à tous deux de faire exécuter une parade à leurs hommes armés de pied en cap et tout fiers de prendre part à un divertissement de ce genre. Car, sur ce chapitre, la population d'Ispahân ne saurait être comparée à celle d'aucune autre ville, ayant l'habitude, le jour des grandes fêtes et au nouvel an, de sortir hors de la ville, couverts de cuirasses[1] de velours aux couleurs variées. Ils ressemblaient alors aux fleurs du printemps, ou à ces magnifiques manteaux d'étoffes rayés et on eût dit, en les voyant, des astres

---

1. Ou casaques.

brillants ou des exemplaires du Coran richement enluminés.

En voyant que le sultan tardait à engager l'action, les Maudits s'imaginèrent qu'il était envahi par la crainte, que son cœur mollissait et qu'il était plus disposé à temporiser qu'à attaquer. Ils détachèrent donc un corps de deux mille cavaliers pour aller dans les montagnes du pays des Lour enlever des approvisionnements qui leur permettraient de se nourrir durant le siège. Ce détachement entra dans les montagnes et pénétra dans l'intérieur du pays. De son côté, le sultan choisit environ trois mille cavaliers de son armée qui s'emparèrent des défilés et lancèrent contre l'ennemi tonnerres et éclairs, puis revinrent en ramenant près de quatre cents prisonniers tant soldats qu'officiers. Le sultan livra une partie de ces prisonniers au cadi et au raïs, afin qu'ils les fissent massacrer dans les rues de la ville pour exciter l'ardeur de la populace. Quant aux autres captifs, il leur trancha la tête de sa propre main dans la cour de son palais. On traîna ensuite leurs cadavres hors de la ville et on abandonna ces ignobles charognes en plein champ à la merci des chiens affamés qui s'en disputaient les morceaux et en proie aux vautours qui en déchiraient les débris pour les engloutir.

Le jour fixé pour la bataille, le sultan mit ses troupes en ligne et les disposa en trois groupes : le centre qui formait une masse noire comme la nuit ; une aile droite pareille aux flots d'un torrent impétueux ; une aile gauche garnie d'une multitude de chevaux blancs et noirs. Des éclairs jaillissaient du sol qui brillait aussi du scintillement des lames et des épées.

A peine les deux armées furent-elles en présence que Ghiyâts ed-Dîn fit aussitôt défection avec son armée, emmenant avec lui un corps de troupes du sultan dont le commandant était Djihân Bahlaouân Ildji. Il saisit cette occasion

de s'enfuir, profitant de ce que le sultan, dans sa préoccupation actuelle, ne pouvait songer à l'arrêter ou à le poursuivre dans sa retraite. Mais il perdit ainsi tout espoir de récompense en ce monde et dans l'autre et les tourment‑ qu'il eut à endurer ici-bas et qu'il endurera dans sa demeu‑ dernière ont eu pour point de départ sa trahison ce jour
Nous raconterons plus loin tous ces événements et les causes qui les firent naître. Le sultan ne s'inquiéta pas de lui; il était trop occupé par le faucon avide de chair pour songer au roitelet et par l'aigle ravisseur pour penser à la grue.

Les Tatars arrêtés en face du sultan étaient disposés, suivant leur tactique accoutumée, par bataillons isolés ou accouplés. Quand le sultan arriva devant eux, il enjoignit aux fantassins d'Ispahân de rentrer dans la ville, trouvant qu'il avait assez de monde avec lui et voulant montrer par là le mépris et le dédain qu'il ressentait pour l'ennemi. Il voyait, en effet, que son armée était presque deux fois plus nombreuse que celle de ses adversaires et la distance qui séparait son aile droite de son aile gauche était telle que chacune d'elles ne pouvait savoir ce qui arrivait à l'autre. Les animaux sauvages étaient en quelque sorte rivés en place par la vue de ce spectacle et les oiseaux dans les airs en étaient comme subjugués. La terre elle-même, si elle avait été capable de sentir, eût gémi sous le poids de tout ce fer et de ces pas retentissants.

Bientôt l'action s'engagea, lutte terrible, capable de faire blanchir les cheveux et d'effaroucher les étoiles. A la fin du jour, l'aile droite du sultan poussa une charge vigoureuse contre l'aile gauche des Tatars qu'elle contraignit à fuir en lui rendant toute résistance impossible. Les troupes du sultan poursuivirent les Tatars l'épée dans les reins, les massacrant partout où ils résistaient et leur donnèrent la chasse jusqu'aux environs de Qâchân. Elles croyaient du reste que l'aile gauche du sultan avait, de son côté, agi comme eux contre ses adversaires.

Quand le sultan avait vu la déroute des Tatars, le soleil penchait vers son déclin et la nuit était sur le point d'étendre les voiles des ténèbres. Il s'installa sur le bord d'une berge qui se trouvait sur le champ de bataille. Alors il vit venir Ilân Boughou[1] qui, d'un ton brusque et tranchant, lui dit : « Voici longtemps déjà que nous attendions que la Fortune nous offrît une occasion comme celle qu'elle nous donne dans ce jour béni contre ces misérables. Enfin, pensions-nous, nous allions pouvoir donner libre cours à la colère qui enflamme nos cœurs et éteindre le feu de la haine qui couve dans nos poitrines. Mais, au moment où le sort favorise notre espoir, où la Fortune met généreusement le comble à nos vœux, on refuse de calmer nos désirs assoiffés et l'on éloigne de nos lèvres les coupes pleines d'une liqueur rafraîchissante. Cette nuit les Tatars vont franchir d'une traite deux étapes et nous devrons nous repentir de les avoir laissés échapper, alors qu'un tel remords sera inutile. N'allons-nous donc pas monter à cheval, suivre leurs traces, tailler leurs derrières en pièces et apaiser la colère de nos âmes en les abreuvant à notre tour de la coupe amère qu'ils nous ont fait boire ? »

Le sultan, à ces mots, monta immédiatement à cheval. Mais les Tatars, voyant qu'ils avaient devant eux une masse énorme d'ennemis et sentant que la situation était grave, avaient expédié une phalange de leurs guerriers les plus braves sous le commandement du chef Bahâdor avec mission de se placer en embuscade derrière une colline. Quand le sultan eut passé de l'autre côté de la berge, alors que le

1. Ou Toughou.

soleil se couronnait des brumes du couchant, les Tatars placés en embuscade se précipitèrent sur l'aile gauche du sultan, pareils à la flamme ardente qui ne laisse rien subsister derrière elle. Ils fondirent sur le centre de cette aile gauche et cette unique charge fut telle que tout le monde lâcha pied devant elle, et que bien des têtes se penchèrent vers la tombe. On vit renverser successivement tous ceux qui portaient un fanion ou un épieu et une grêle de corps tomba sous les coups des glaives acérés. Des torrents de sang s'élevèrent qui cachaient les astres qui se couchent à l'horizon.

Les khâns et les émirs de l'aile gauche tinrent fermes comme ils avaient juré de le faire et tous furent tués sauf trois d'entre eux, Koudj Tekîn Bahlaouân, le chambellan particulier Khân Berdi et Audek, le grand écuyer. Akhach[1] Malik combattit vaillamment et mourut pour la foi; son corps criblé de flèches était couvert d'autant de dards que celui d'un hérisson. Alp Khân, Ortoq Khân, Kedjboga[2] Khân; Touleq Khân et Menkeli Bek Thaïn périrent également pour la bonne cause. La roue de la guerre ce jour-là ne s'appesantit que sur des lions indomptables ou sur des remparts impénétrables. Des deux parts la mêlée fut acharnée : les sabres faisaient voler les avant-bras détachés des coudes et les têtes séparées des épaules; les épées transperçaient les replis des poitrines et en écartaient pour toujours l'accès de la tristesse et de la joie. 'Ala ed-Daula Abâkhân[3], seigneur de Yezd, qui avait été fait prisonnier par un de ces hérétiques, avait obtenu sa liberté moyennant une forte rançon; mais, durant la nuit, il tomba dans un puits et se tua.

Ce jour-là tout le monde put se rendre compte de la perte qu'avait faite l'aile gauche de l'armée dans la personne de

1. Ou Adjach.
2. Ou Kekhboga.
3. Ou Atâkhân.

Orkhân qui avait été assassiné à Guendjeh par les Ismaéliens. Tant qu'il avait vécu, Orkhân n'avait trouvé parmi les autres khâns aucun émule de ses exploits renommés, ni de sa glorieuse bravoure. L'aile gauche, lui vivant, avait toujours été victorieuse.

Le sultan était resté à la tête du centre de son armée; mais le désordre s'était mis dans les rangs : les hommes n'étaient plus au poste qui leur avait été assigné pour le combat et l'ennemi les cernait de tous côtés. La mêlée était telle que les issues pour fuir étaient plus étroites que le trou d'une aiguille de tailleur. Il ne restait plus autour du sultan que quatorze de ses pages particuliers. A ce moment, en tournant la tête, il aperçut un de ses porte-drapeau qui tournait bride et prenait la fuite. Il s'élança sur lui, le transperça d'un coup qui mit fin pour toujours à sa destinée; puis par une charge dirigée contre les Tatars, il s'ouvrit pour lui et les siens un passage à travers l'ennemi et sortit heureusement de cette situation critique. En voyant ce qui venait de se passer, le maudit Baïnâl fut émerveillé de la bravoure du sultan; il rejeta sa massue en arrière et s'écria : « Tu te tireras d'affaire partout où tu iras, car tu es l'homme de ton siècle et le bélier de tes contemporains! » Ce trait a été raconté par un des émirs des Tatars qui avait déserté pour aller rejoindre le sultan.

Ensuite, le centre de l'armée et l'aile gauche se dispersèrent de tous côtés à la façon dont se répandent tous les proverbes[1]. Les uns gagnèrent le Fars; d'autres furent rejetés dans leur déroute jusqu'au Kermân; quelques-uns réussirent, après une course échevelée, à atteindre l'Adzerbaïdjân; enfin il en est d'autres que le manque de montures ou la perte de leurs coursiers empêchèrent de fuir et qui entrèrent à Ispahân.

---

1. Cette comparaison est fréquente chez les Arabes.

CHAPITRE SOIXANTE-UNIÈME

Deux jours plus tard, l'aile droite de l'armée royale revint de Qâchân ; elle croyait que l'aile gauche était à Ispahân, après avoir, de concert avec le centre, réussi comme elle à gagner la victoire. Mais quand les hommes qui la composaient connurent la situation, ils se mirent, eux aussi, à se débander complètement et à fuir de toutes parts. Jamais on n'avait entendu parler d'une semblable bataille dans laquelle les deux armées avaient pris la fuite, les chefs des deux camps avaient été décimés et les débris des deux partis, dans une course furibonde, s'étaient chacun sauvés jusqu'aux limites de leur territoire et jusque dans leurs provinces les plus reculées.

Pendant huit jours on fut sans nouvelle du sultan ; on ignorait s'il était encore vivant et s'il fallait attendre son retour ou non et, dans ce dernier cas, recevoir les ordres de celui qui devait lui succéder. La populace d'Ispahân songeait à mettre la main sur les femmes khârezmiennes, à en abuser et à s'emparer de toutes leurs richesses. Le cadi obtint d'elle qu'elle attendît pour mettre à exécution son dessein la fête prochaine[1], en sorte que d'ici là on sût exactement à quoi s'en tenir au sujet du sultan ; or, la bataille avait eu lieu le 22 du mois de ramadan de l'année 625 (26 août 1228).

L'atabek Ighân Thâïsi, étant malade, n'avait pu quitter Ispahân le jour de la bataille. Le cadi convint avec tous les fonctionnaires du sultan, qui étaient restés à Ispahân, que si, après avoir fait la prière de la fête de la rupture du jeûne, on n'avait aucune nouvelle du sultan, ce serait Ighân Thaïsi que l'on installerait sur le trône, car il avait toutes les qualités requises, aussi bien au point de vue administratif qu'au point de vue politique, pour attirer tous les cœurs et grouper autour de lui les diverses opinions. Au moment où la popu-

---

1. La fête de la rupture du jeûne à la suite du Ramadhan.

lation sortait le jour de la fête pour se rendre à l'emplacement réservé à la prière publique, le sultan arriva et put prendre part à l'office. On prépara de grandes réjouissances pour fêter son retour et l'on crut, pour ainsi dire, qu'on renaissait à la vie pour la seconde fois.

Le sultan demeura quelques jours à Ispahân, où ne cessaient d'arriver des détachements de son armée dispersée. Il récompensa les émirs de l'aile droite par de magnifiques appointements et de hautes dignités. Il donna à Yiguit[1] Malik le titre de Aouterkhân, à Takachiaroq Hilsi[2], celui de Khâsskhân, à Ketsonqor Malik, celui de Sonkorkhân, et à Abou Bekr Malik, celui de Aïnâmkhân. Puis il partit avec ses troupes dans la direction de l'est, du côté de Reyy, afin de hâter la dispersion des Tatars et de les éloigner davantage. Il dirigea aussi des partis de cavalerie sur le territoire du Khorâsân pour répandre au loin le bruit de sa force et la renommée de sa puissance. Hélas ! à quoi bon boire quand l'eau qui tombe est empoisonnée ! Le ciel était maintenant de feu, le mur s'écroulait rapidement et la misère se montrait[3] :

Quand les larmes s'amoncellent sur des joues, on peut, par ces larmes, juger qui l'on pleure.

Quant aux Maudits, ils s'étaient éloignés d'Ispahân pleins d'effroi, car malgré leur succès à la fin du jour de la bataille, le fer des sabres avait fait plus de victimes parmi eux que parmi les musulmans. Ils retournèrent sur leurs pas tout défaits, pillant et tuant partout où ils passaient et bien peu échappèrent à leurs coups des gens qui habitaient au delà du Djihoun.

---

1. La prononciation de ce nom n'est pas bien certaine.
2. Ou Khilsi.
3. Cette phrase est fort obscure et amphigourique.

CHAPITRE LXII

BROUILLE ENTRE LE SULTAN ET GHIYATS ED-DIN PIRCHAH. CE QUI ADVINT A CE DERNIER APRÈS AVOIR QUITTÉ LE SULTAN.

Nous avons parlé plus haut de Noçret ed-Dîn Mohammed ben El-Hasen[1] ben Khermîl ; nous avons dit qu'il avait abandonné Qobâdja dans l'Inde pour entrer au service du sultan. Le père de Noçret ed-Dîn était un des grands émirs des Ghour qui avaient régné à Hérat. Quand les bases du pouvoir des Beni Sâm[2] dans le Ghour avaient été ébranlées et que la puissance du grand sultan s'était accrue, il s'était hâté de venir faire sa soumission aussitôt que les étendards et les bataillons du sultan avaient paru dans le pays de Chihâb ed-Dîn El-Ghouri et de ses lieutenants. Le sultan lui paya le prix de sa défection en le mettant à la tête d'Hérat. Cela dura jusqu'au moment où les vapeurs de la rébellion lui montèrent à la tête, pour des causes dont la mention nous entraînerait trop loin du but que nous poursuivons.

Il se révolta donc à Hérat et le sultan envoya pour l'assiéger dans cette ville Nidhâm el-Molk Nâçir ed-Dîn Mohammed ben Çâleh, Kouli-Khân, chef militaire du Khorâsân, Moayyid el-Molk Qouâm ed-Dîn, prince du Kermân, et 'Izz ed-Dîn Djeldek, attributaire des fiefs de El-Djâm et de Bakherz dans le district de Nisapour. Le siège dura onze mois. Mais après les trois premiers mois, El-Hasen ben Khermîl étant sorti de ville après avoir obtenu l'aman de Nidhâm el-Molk, fut trahi par Kouli-Khân, un perfide vieillard, d'un exécrable caractère et d'une nature ignoble, qui le mit à mort pour faire échec à Nidhâm el-Molk.

---

1. Le texte donne ici Hosaïn, mais plus loin il y a toujours Hasen.
2. La dynastie des Ghourides qui régna sur Hérat de 1099 à 1215.

Quand Es-Saheb[1], vizir d'El-Hasen, vit la perfidie dont on avait usé à l'égard de son maître, il encouragea ses hommes à protéger la ville et ils la défendirent huit autres mois. Durant ce temps la lutte fut vive ; nombre d'hommes périrent et de grandes richesses furent gaspillées. Désespérant d'arriver à se rendre maîtres de la place, les assiégeants se plaignirent au sultan de la situation pénible que leur avait faite les conséquences fâcheuses d'une trahison et les suites funestes d'une perfidie. Kouli-Khân sentit que le sultan méditait contre lui quelque chose qui lui causerait de longs chagrins et pourrait lui être funeste ; il quitta ses compagnons d'armes tout affolé, ne sachant de quel côté se diriger pour sauver le reste de ses jours et abandonnant l'autorité et le pouvoir qu'il détenait à Nisapour. Furieux d'être obligé de mettre en marche des troupes à cause de Kouli-Khân, le sultan sortit de Khârezm et lança ses troupes dans toutes les directions où il avait pu fuir afin de s'en emparer. Traqué de toutes parts, il fut mis à mort ainsi que l'a raconté Ibn El-Atsîr dans son livre intitulé : *El-Kâmil*[2].

Cette affaire terminée, le sultan se rendit à Hérat, car il voyait bien que le seul remède à ces maux serait sa présence sur les lieux ; la crainte qu'il inspirait vaudrait plusieurs assauts et ferait autant d'effet que des armées. Aussitôt rendu devant la ville, il lui donna l'assaut et y entra le troisième jour après son arrivée. Il fit périr d'une manière atroce Es-Saheb qui s'y trouvait.

A ce moment-là Noçret ed-Dîn Mohammed ben El-Hasen ben Khermîl s'était réfugié dans l'Inde ; il demeura auprès de Qobâdja jusqu'à l'époque où, comme nous l'avons dit, le sultan attaqua Qobâdja et ce fut alors qu'il abandonna ce

---

1. Ce mot n'est peut-être pas un vrai nom, mais un simple surnom.
2. Cf. tome XII, page 172 et suiv. de l'édition de Tornberg.

CHAPITRE SOIXANTE-DEUXIÈME

dernier pour aller servir le sultan et vivre sur ses terres. Noçret ed-Dîn était un homme aimable, fin, gracieusement spirituel, parlant bien et prompt à la réplique. Il devint le favori du sultan et s'empara si bien de son esprit qu'il fut son commensal privilégié et le compagnon habituel de ses réunions joyeuses. Il fut nommé commandant militaire d'Ispahân par le sultan, lorsque celui-ci s'empara de cette ville et il reçut en outre un superbe fief.

Durant le séjour que fit le sultan à Ispahân pour offrir la bataille aux Tatars qui étaient dans son voisinage, un certain nombre de chefs de régiments de Ghiyâts ed-Dîn quittèrent le palais de leur maître à cause de la détresse dans laquelle celui-ci se trouvait. Ibn Khermîl leur donna asile et les prit à son service. Une certaine nuit, alors que l'on était à une réunion chez le sultan et que les esprits étaient surexcités par les vapeurs du vin, dont les coupes avaient longuement circulé, Ghiyâts ed-Dîn dit, en s'adressant à Noçret ed-Dîn : « Ne vas-tu donc pas me renvoyer ceux de mes pages qui sont chez toi ? » Celui-ci fit alors la réponse suivante qui n'était guère convenable : « Les pages servent ceux qui leur donnent à manger ; ils n'ont pas la patience de supporter la faim et je ne sais plus qui a dit :

La petite étoile de Soha dit au soleil : Tu es imperceptible ; et les ténèbres disent au matin : Ta couleur est mauvais teint. »

Ghiyâts ed-Dîn entra en fureur quand il entendit ses paroles qui furent répétées à plusieurs reprises. Le sultan s'apercevant de sa colère dit à Noçret ed-Dîn : « Lève-toi, hamdi, et sors, car tu es ivre ! » Or ce nom de hamdi était le terme technique par lequel les Ghouriens désignaient un sapeur. Noçret ed-Dîn sortit, suivi peu de temps après par Ghiyâts ed-Dîn ; celui-ci se rendit au palais de son adversaire et voulut pénétrer jusqu'à lui ; comme on ne voulait pas lui ouvrir la porte, il réussit à entrer en descendant par la terrasse et, avec un poignard qu'il avait à sa ceinture, il frappa Noçret ed-Dîn que l'on emmena mourant et qui peu de jours après était emporté dans l'autre monde.

Le sultan eut un très vif chagrin de la perte de son favori; cette mort lui causa une telle douleur qu'il viola les règles de l'étiquette en montrant une affliction et un abattement qu'un père n'eût pas manifesté pour la perte de son fils, un fils pour la mort de son père. Dans sa colère il envoya un messager blâmer vivement Ghiyâts ed-Dîn au sujet de l'acte qu'il avait commis et lui fit tenir le discours suivant : « Tu avais juré d'être l'ami de mes amis, l'ennemi de mes ennemis. Or cet homme que tu viens de tuer était mon plus cher ami et mon compagnon le plus aimé. Quand je me trouvais avec lui j'oubliais mes soucis. Son existence était pour moi une source de joie et tu l'as tué injustement. Tu as violé tes engagements et parjuré tes serments ; tu n'as plus dorénavant à compter sur aucun ménagement de ma part. Toutefois dans cette affaire je ne veux rien décider moi-même et je remets ton sort aux mains de la justice. » Puis il demanda au cadi de juger son frère en lui disant de le condamner, s'il le voulait, à la peine du talion, ou, s'il le voulait, de lui pardonner.

La crainte qu'inspira ce messsage à Ghiyâts ed-Dîn fut telle que la clarté du jour lui sembla obscure. Il redouta d'autant plus, après cela, de séjourner auprès du sultan que, pour lui faire affront, celui-ci avait ordonné de faire passer à deux reprises différentes le convoi funèbre du défunt devant sa maison. Il se trouvait dans la situation de celui qui a commis un crime : le matin, il tremble d'effroi, le soir, il est envahi par la terreur. Aussi quand le sultan prit position en face des Tatars aux environs d'Ispahân, il profita de ce moment de préoccupations pour essayer de sauver

CHAPITRE SOIXANTE-DEUXIÈME

sa vie, mais il ne devait pas y réussir et il fut comme ce personnage dont on a dit :

J'ai fui Ma'n[1] lors de sa déconfiture pour aller trouver le Yézidi Abou Ouâqid ;

J'ai été comme celui qui court vers le lit du torrent pour échapper à la pluie qui l'inonde.

Parti d'Ispahân, Ghiyâts ed-Dîn gagna le Khouzistân ; de là il envoya son vizir, Kerîm ech-Charq, auprès du divan du khalife pour lui annoncer qu'il venait de se séparer de son frère. L'envoyé devait en outre rappeler au khalife la conduite qu'il avait tenue au temps où il occupait le pouvoir. En effet, à l'époque où il était dans l'Irâq, il avait eu toujours les meilleurs rapports de voisinage avec les fonctionnaires du Divan ; jamais il n'avait rien fait qui pût offenser leur amour-propre ou témoigner d'un manque d'égards. C'était seulement lorsque le sultan était revenu de l'Inde qu'il s'était écarté de cette voie, en foulant aux pieds toutes convenances et en dirigeant des agressions contre le territoire du voisin et le ruinant de fond en comble. Si on pouvait lui venir en aide immédiatement et l'aider à recouvrer les Etats dont on l'avait spolié, on le trouverait plus soumis que la chaussure que l'on porte ou que le regard docile d'un hypnotisé.

L'ambassadeur revint avec de belles promesses et une ample moisson de cadeaux ; il apportait en outre 30,000 dinars à titre de secours immédiat. Quittant alors le Khouzistân, Ghiyâts ed-Dîn se réfugia à Alamout parce qu'il avait appris le retour offensif des Tatars et l'arrivée du sultan. Sa frayeur était si grande qu'aucun pays ne lui semblait un asile sûr, aucun aide capable de le défendre, aucun garde en état de le protéger. Il séjourna à Alamout jusqu'au

---

1. Personnage arabe célèbre par sa generosité et sa prodigalité.

moment où le sultan arriva à Reyy en courant, ainsi que nous l'avons dit plus haut, sur les traces des Tatars, après la bataille d'Ispahân. Le sultan dissémina alors ses troupes sur les frontières du pays d'Alamout depuis les environs de Reyy jusqu'à Abkhâz, tenant ainsi Ghiyâts ed-Dîn étroitement traqué, toutes les issues pour fuir lui ayant été fermées.

Bientôt un ambassadeur vint au nom d'"Ala ed-Dîn, seigneur d'Alamout, trouver le sultan et lui demander l'aman pour Ghiyâts ed-Dîn et le faire rentrer en grâce. Le sultan fit bon accueil à cette demande d'aman et confirma sa promesse par des serments. Il fit accompagner l'ambassadeur d'Alamout par Tâdj el-Molk Nedjîb ed-Dîn Ya'qoub El-Khârezmi, l'intendant des mamlouks, et par Djemâl ed-Dîn Feredj, le techt-dâr[1], qui étaient chargés de lui ramener Ghiyâts ed-Dîn reprendre rang parmi ses fidèles sujets.

Il remercia 'Ala ed-Dîn de l'idée qu'il avait eue de lui faciliter un rapprochement avec son frère et, au lieu de lui donner comme auparavant le titre de *djenâb cherif*[2], il employa pour cette circonstance celle de *medjelis cherif*, tant il était dévoré du désir de mener à bonne fin le projet qu'il avait résolu d'accomplir et de mettre une selle à celui dont il tenait déjà la bride[3].

Quand les deux ambassadeurs furent arrivés à destination, Ghiyâts ed-Dîn regretta vivement que l'on eût songé à le rappeler. Il pensa qu'il valait mieux encore pour son salut errer sans trêve au milieu des pays étrangers ou courir de par le monde et qu'il aurait moins de regrets en agissant ainsi. Il supplia donc 'Ala ed-Dîn, seigneur d'Alamout, de

---

1. Officier chargé de verser de l'eau sur les mains du sultan quand il se les lavait à la suite du repas.
2. Le titre de *djenâb* était donc inférieur à celui de *medjelis* dans le protocole diplomatique de cette époque.
3. En d'autres termes : de profiter de l'occasion qui s'offrait à lui.

lui fournir des chevaux pour le porter lui et ses bagages. 'Ala ed-Dîn lui fournit trois ou quatre cents montures avec lesquelles il put enfin partir. Mais une troupe de soldats du sultan postés près d'Alamout et commandés par l'eunuque Djabeh[1] le silâhdâr[2], l'ayant atteint aux environs de Hamadzân, s'en seraient emparés, si Djihân Bahlaouân Ildji, qui s'était embusqué derrière un khân pour les surprendre soit à droite, soit à gauche, n'était sorti de son embuscade et ne les avait repoussés en en faisant prisonniers un certain nombre.

Ghiyâts ed-Dîn put échapper et gagner le Kermân où se trouvait son lieutenant, le chambellan Borâq. Il se rendit près de lui, espérant tout de sa loyauté, mais la première vilenie que celui-ci lui fit fut d'épouser sa mère malgré lui et malgré elle. Quelque temps après, Borâq les accusa, elle et lui, d'avoir voulu lui faire avaler une boisson empoisonnée pour se venger de lui et assouvir leur ressentiment. En conséquence, il fit périr la princesse ainsi que le ministre Kerîm ech-Charq et Djihân Bahlaouân Ildji, puis il enferma Ghiyâts ed-Dîn dans une forteresse.

On n'est pas d'accord sur la façon dont se termina la vie de Ghiyâts ed-Dîn. Selon les uns, il aurait était tué peu de temps après par Borâq; selon d'autres, il aurait réussi à s'échapper de sa prison et à se rendre à Ispahân. Un certain nombre de femmes de la forteresse auraient eu pitié de lui et se seraient entendues pour le tirer de captivité; elles auraient fait descendre Ghiyâts ed-Dîn de la forteresse au moyen de cordes qu'elles auraient réunies. Ghiyâts ed-Dîn aurait été ensuite mis à mort à Ispahân sur l'ordre du sultan.

1. La lecture de ce nom est peu certaine.
2. Porte-épée; titre d'un des principaux officiers du palais.

Je ne puis faire autrement que de mettre en doute cette seconde version et de m'étonner qu'elle ait été produite, car j'ai vu une lettre écrite par Borâq le chambellan et adressée au nâib de l'Irâq, Cheref ed-Dîn, qui devait la communiquer au sultan en ce moment-là à Tebrîz. Dans cette lettre, Borâq faisait l'énumération de tous les services qu'il avait rendus autrefois et récemment et, parmi ces services, il comptait la mise à mort du plus terrible ennemi du sultan, ce qui voulait évidemment dire Ghiyâts ed-Dîn. Cette lettre contenait encore le passage suivant : « Quel mal cela ferait-il au sultan de me maintenir dans ma situation? maintenant je ne suis plus qu'un vieillard âgé en dépit de tout ce que je possède. »

Enfin, je dois ajouter que lors de mon arrivée à Reyy en l'année 626 (30 nov. 1228 — 20 nov. 1229), on m'annonça l'heureuse nouvelle de la délivrance de Ghiyâts ed-Dîn et son arrivée à Ispahân, et cette bonne nouvelle fut également colportée dans tout l'Irâq. Quelques jours après, on raconta aussi qu'un jeune Turkoman habillé à la façon de Ghiyâts ed-Dîn et prétendant porter ce nom vint à Ispahân, alors que le vizir Cheref ed-Dîn était absent. Comme aucun des habitants de la ville ne connaissait Ghiyâts ed-Dîn de vue, tout le monde crut que c'était lui et lui rendit des honneurs jusqu'au retour du vizir. Celui-ci, sachant qu'il avait affaire à un imposteur, ordonna de le promener à travers les rues en le rouant de coups.

Il n'en demeure pas moins étonnant que les habitants d'Ispahân n'aient point su ce que Ghiyâts ed-Dîn était devenu, lui qui avait été leur sultan et qui avait habité trois ans dans leur ville. Dieu seul sait la réalité des choses!

CHAPITRE LXIII

DES ISMAÉLIENS QUI FURENT ENVOYÉS PAR 'ALA ED-DIN, SEIGNEUR D'ALAMOUT, AUPRÈS DU SULTAN EN TÉMOIGNAGE D'AMITIÉ.

Le sultan étant établi à Er-Reyy et son armée partie à la poursuite des Tatars du côté du Khorâsân, il reçut un ambassadeur envoyé par 'Ala ed-Dîn, seigneur d'Alamout, lui amenant neuf Ismaéliens qui s'offraient d'aller trouver ceux de ces ennemis qu'il désirerait pour les poignarder. Le sultan consulta, à ce sujet, les principaux personnages de sa cour et les gens de bons conseils. La majorité fut d'avis d'accepter l'offre qui était faite et de désigner aux Ismaéliens quels ennemis ils auraient à faire périr ; mais Cheref ed-Dîn, nâïb de l'Irâq, ne partagea pas cette opinion : « En agissant, dit-il, comme il le fait, le but de 'Ala ed-Dîn n'est autre que de sonder les intentions du sultan et de connaître ses pensées les plus secrètes. Toutes ces avances ont pour unique objet de lui permettre de connaître les ennemis du sultan. » En conséquence de ces paroles, le sultan renvoya les sicaires à 'Ala ed-Dîn, en lui disant : « Vous n'ignorez pas, pas plus que les autres, quels sont nos ennemis et nos alliés, nos compétiteurs et nos amis. Si donc vous voulez faire ce que vous dites, rien ne vous empêche d'agir et point n'est besoin de vous donner des indications. Quant à nous, si Dieu veut, nous ne vous imposerons point une telle obligation : nos sabres tranchants et nos vaillants guerriers nous dispensent d'avoir recours au poignard et à la main des Ismaéliens. »

Ce fut peu de temps après le retour de ces Ismaéliens à

Alamout que Ghiyâts ed-Dîn¹ partit délivré de tout souci et muni en quantité suffisante de bêtes de somme et d'armes. Le sultan fut très irrité contre 'Ala ed-Dîn, en voyant qu'il avait favorisé le départ de son ennemi au lieu de le chasser et de le remettre entre ses mains, comme il lui en avait primitivement manifesté l'intention. Cette brouille dura jusqu'en l'année 626 (30 nov. 1828—20 nov. 1229), époque à laquelle le sultan m'envoya à Alamout adresser à 'Ala ed-Dîn des reproches et des exhortations que j'énumérerai et développerai en leur lieu et place, si Dieu veut.

CHAPITRE LXIV

ÇAFY ED-DIN MOHAMMED ETH-THOGHRAII EST RÉVOQUÉ DE SES FONCTIONS DE VIZIR DU KHORASAN ET REMPLACÉ PAR TADJ ED-DIN MOHAMMED EL-BALKHI, LE SECRÉTAIRE D'ÉTAT.

Çafy ed-Dîn Mohammed Eth-Thoghrâïi était originaire de Kelidjerd², bourg situé dans le canton de Torchîch, et dont son père était le râïs. Son principal mérite était d'avoir une belle écriture. Des circonstances favorables le poussèrent et son heureux destin voulut qu'il fût contraint de se rendre dans l'Inde. Quand la majeure partie des compagnons du sultan se furent noyés dans les eaux du Sind, ainsi que nous l'avons raconté, il réussit à se sauver et s'attacha à la personne de Cheref el-Molk qu'il servit avec zèle. Il resta ainsi jusqu'au moment où le sultan s'empara du pays, soumit toutes les

---

1. On a vu qu'il s'était réfugié à Alamout pour échapper à la colère de Djelâl ed-Dîn.
2. Ce bourg faisait partie du *rostaq* de Torchîch ou Thortstts, ville et canton de la province de Nisapour, dans le Qohistân. Cf. Barbier de Meynard, *l. c.*, p. 390.

provinces à son autorité et redonna à toutes choses de la stabilité.

Cheref el-Molk, qui le protégeait de la façon la plus large, lui confia la charge du sceau[1]. Ces fonctions lui procurèrent une grande fortune et il eut de nombreux serviteurs et intendants. Cela dura jusqu'au jour où les Kordj s'emparèrent pour la seconde fois de Tiflis, pendant que le sultan était à Khelâth, comme nous l'avons déjà raconté. Le sultan revint alors pour tirer vengeance des Kordj qui avaient brûlé Tiflis et il nomma Çafy ed-Dîn ministre de Cheki et de Qiblah, villes du Chirouân[2], que les Kordj possédaient depuis des années et qu'ils avaient enlevées au seigneur de Chirouân, à l'époque où leur puissance jetait son plus vif éclat. Il adjoignit à Çafy, en qualité de gouverneur et de commandant militaire, Qochqarâ, mamlouk de l'atabek Ouzbek. Ces deux fonctionnaires prirent possession de leurs postes, Çafy s'occupant surtout de recueillir les impôts. Quand les Kordj voulurent les expulser, Qochqarâ renonça à la résistance, eut peur et se hâta de s'en aller. Çafy, au contraire, demeura et fut assiégé pendant quelques jours par les Kordj ; mais ceux-ci se retirèrent à l'approche du sultan dont ils redoutaient l'agression à la tête de ses milliers de soldats ; ils craignaient surtout une attaque de nuit qui les aurait surpris durant leur sommeil.

Çafy se tira donc heureusement d'affaire et conserva intacts les impôts qu'il avait recueillis. Sa conduite et son dévouement avaient produit une impression favorable sur le sultan ; aussi, quand il revint à la cour — c'était au moment même où les Ismaéliens venaient d'assassiner à Guendjeh

---

1. Il était chargé de tracer le chiffre appelé *thogra* sur les documents officiels.

2. Chirouân est le nom d'une ville d'Arménie dépendant de Derbend et qui était le chef-lieu du canton dont faisaient partie Cheki et Qiblah.

Orkhân, l'attributaire du fief du Khorâsân, — fût-il nommé vizir du Khorâsân, fonction qui rentra désormais parmi celles du domaine privé. Durant son séjour dans ce pays, un an ou même davantage, il fit sentir pesamment son autorité sur les habitants, les accablant de mauvais traitements, usant de procédés violents dans l'administration des affaires qu'il combinait ou défaisait à son gré.

A cette époque le sultan se rendit dans l'Irâq pour se porter à la rencontre des Tatars et il séjourna à Er-Reyy, comme nous l'avons dit. Tous ceux qui se croyaient victimes d'une iniquité dans le Khorâsân affluèrent à son palais et demandèrent justice. Tous, chefs, notables, hommes instruits et maîtres, dont les dires méritaient créance, furent unanimes à constater la situation déplorable du pays et divulguèrent les nombreux méfaits qu'on essayait de tenir cachés. Le sultan manda alors Çafy à Er-Reyy; celui-ci se présenta aussitôt et apporta une quantité considérable de cadeaux; mais cela ne lui valut pas un meilleur accueil et ne lui ouvrit aucune porte de salut. Arrêté sur l'ordre du sultan, ses richesses et ses trésors furent portés au trésor royal, ses animaux, au nombre de trois cents, furent conduits dans les étables du sultan et on lui prit également tous ses pages et ses serviteurs.

Un de ses pages, Ali El-Kermani, réussit à s'échapper et se réfugia dans la citadelle de Firmâneh[1], une des principales forteresses du Khorâsân. Çafy y avait entassé ses trésors et c'est là que se trouvaient ses palais et son harem. Le page mit cette place en état de défense et résolut de la conserver à son maître.

Or le sultan avait nommé Tâdj ed-Dîn El-Balkhi, le secrétaire d'État, vizir du Khorâsân et lui avait livré Çafy

---

1. La lecture de ce nom n'étant pas certaine, je n'ai pu trouver d'indications se rapportant à cette localité.

pour qu'il lui extorquât ses richesses et lui fît rendre cette citadelle. Une vieille rancune et de sourdes haines hantaient les cœurs de ces deux personnages. Tâdj ed-Dîn fit parvenir au sultan toute une série de lettres dans lesquelles il était dit que Eth-Thoghrâïi ne voulait point livrer sa forteresse et qu'il recommandait instamment à son page, au moyen de signes convenus entre eux, de défendre la place et de se garder de la rendre. A la suite de ces insinuations, le sultan donna l'ordre de conduire Eth-Thoghrâïi sous les murs de la citadelle, en menaçant les assiégeants de le tuer, s'ils persistaient à vouloir résister.

Mais Eth-Thoghrâïi avait su gagner son surveillant ; il lui avait donné une somme considérable d'argent et avait promis de partager avec lui tout ce que la Fortune pouvait lui réserver de dignités, d'argent, de bien-être et d'opulence, s'il le délivrait et le faisait entrer dans la forteresse, au moment où la situation devenue par trop critique, il serait sûr qu'on voudrait le tuer. Ce fut ainsi que les choses se passèrent, dès que le surveillant eut acquis la certitude qu'on allait verser le sang d'Eth-Thoghrâïi et le jeter dans la tombe.

Ainsi délivré de tout danger immédiat et ayant échappé aux portes mêmes de la mort, Eth-Thoghrâïi commença à écrire aux grands fonctionnaires du royaume pour les prier de lui rendre le sultan favorable en calmant son ressentiment. Il comptait pour cela sur le récit des malheurs qu'il venait d'endurer. Une amitié très vive et une affection très sincère nous unissaient, Eth-Toghrâïi et moi. Je m'occupai aussitôt de son affaire avec le dévouement d'un médecin qui soigne son meilleur ami et je réussis à arranger les choses d'une manière définitive, après avoir obtenu un décret d'amnistie signé de la main même du sultan.

Quand il arriva à la cour, Eth-Thoghrâïi avait l'aspect d'un misérable et l'air d'un mendiant. Je le réconfortai autant qu'il était en mon pouvoir et lui fournis de l'argent, des vêtements, des chevaux et des tentes, le traitant, pour ainsi dire, comme mon associé. Sa situation ne tarda pas à redevenir prospère, et ses troupeaux purent dorénavant paître à satiété. Immédiatement je serrai ma ceinture et retroussai mes manches pour mieux arriver à tirer vengeance de celui qui, la veille encore, avait résolu sa mort et lui avait arraché ses fonctions. Je réussis pleinement dans cette entreprise et obtins si bien gain de cause que mon ami allait être nommé de nouveau nâïb du Khorâsân, sans l'arrivée inopinée des Tatars, ce terrible fléau qui devait à l'avenir empêcher la réalisation de tous nos projets.

Une chose qui montre bien des malversations des hauts fonctionnaires de ce gouvernement et l'audace avec laquelle ils mettaient la main sur l'argent destiné à leur sultan, c'est le fait suivant : Quand Eth-Thoghrâï avait été arrêté à Er-Reyy, le trésorier Hamîd ed-Dîn alla un jour le trouver dans sa prison et lui rapporta ces paroles comme venant du sultan : « Si tu veux obtenir ton pardon et rentrer en grâce, envoie-moi tous les joyaux que tu possèdes et fais porter au trésor l'or que tu as caché et qui appartient à Cheref el-Molk.» Eth-Thoghrâï fit aussitôt apporter 4000 dinars qu'un négociant lui avait confiés à titre de dépôt, au nom de Cheref el-Molk, et soixante-dix pierres précieuses, hyacinthes, rubis balais, émeraudes et turquoises, et remit le tout au trésorier. Or le trésorier ne versa rien de tout cela au trésor, pensant bien que Çafy serait mis à mort, étant donnée la fureur qui animait le sultan contre lui.

Mais il n'en fut pas ainsi, et Dieu ayant retardé l'heure de son trépas, Çafy, aussitôt revenu à la cour du sultan, chercha vainement dans les registres des secrétaires du trésor la mention de ces pierreries et de cet or; il n'en trouva pas la moindre trace et aucun des secrétaires n'avait eu connaissance de ce versement. Çafy écrivit alors une lettre de menaces à El-Hamîd et les choses s'arrangèrent dans les conditions suivantes : Çafy garderait le secret sur le méfait commis par El-Hamîd et celui-ci devait lui remettre chaque mois une somme de 200 dinars. De cette façon, Çafy pourrait subvenir à ses dépenses, car à ce moment il avait sa bourse vide et l'estomac creux. Il finit par recevoir intégralement les 4000 dinars; quant aux pierreries, El-Hamîd prétendit qu'il les avait cachées et promit qu'il les rendrait plus tard, mais il oublia de tenir cet engagement.

CHAPITRE LXV

JE SUIS NOMMÉ VIZIR DE NESA. ÉVÉNEMENTS QUI SURGIRENT A CE PROPOS ENTRE DHIYA EL-MOLK ET MOI.

Dhiya el-Molk 'Ala ed-Dîn Mohammed ben Maudoud l'inspecteur, originaire de Nesâ, appartenait à une famille de raîs. Ceux mêmes qui ne l'aimaient pas admettaient son incontestable supériorité et ses adversaires reconnaissaient en lui un grand seigneur. La terrible calamité et l'immense désastre qu'occasionna la venue des Tatars et leur conquête du pays l'obligèrent à se réfugier à Ghazna. Il demeura dans cette ville dépourvu d'énergie, en attendant l'aurore de la fortune. Enfin le sultan étant revenu à Ghazna, ainsi qu'il a été dit précédemment, il continua à le servir et fut chargé des bureaux de la correspondance et de l'inspection. Il se fit suppléer dans ces deux charges qu'il conserva jusqu'au jour où Cheref el-Molk le soupçonna de chercher à lui enlever l'autorité suprême du vizirat.

Après avoir quitté Nesâ en qualité d'ambassadeur, ainsi que je l'ai raconté, et comme il m'était impossible de retourner dans cette ville, je me laissais entraîner par l'attrait des grandeurs et m'élevant successivement d'une fonction à une autre, je finis par être investi de la charge de chancelier. A ce moment, la situation de Dhiya el-Molk était difficile, aussi, ne voulant pas rester à la cour, il demanda à être envoyé à la frontière. Il se fit suppléer au bureau de l'inspection par El-Medjd En-Nisabourî et se fit nommer vizir de Nesâ, malgré le peu d'étendue de son territoire. Le sultan, il est vrai, lui attribua dans cette localité un fief rapportant 10,000 dinars, somme qui venait s'ajouter aux revenus et profits du vizirat. Il se rendit donc à Nesâ, où il jouit, ainsi que dans les pays voisins, d'une grande autorité, à cause des liens qui l'attachaient au sultan et aussi de son rang élevé. Mais la jalousie le poussa à faire tout le mal possible à quiconque avait la moindre attache avec moi, soit comme parent, soit comme ami, soit comme serviteur. En outre, il cessa d'envoyer les redevances prescrites au trésor royal. Je ne cessai de chercher à remédier à cet état de choses et j'y parvins en faisant espérer au sultan une augmentation de revenus et un accroissement des productions de la province, si bien que je fus investi du vizirat de Nesâ, à condition de ne point quitter la cour et de déléguer mes pouvoirs à quelqu'un en qui j'aurais confiance. J'acceptai donc ces conditions et Dhiya el-Molk revint à la cour, destitué de ses fonctions et frusté dans la double combinaison qu'il avait imaginée.

Quand il fut de retour, Cheref el-Molk se concerta avec lui pour lutter contre moi et provoquer ma chute. Dhiya el-Molk prodigua dans ce but l'argent qu'il avait amassé en cadeaux et en pots-de-vin et réussit à gagner à sa cause un certain nombre des officiers de la couronne ; de son côté, Cheref el-Molk lui avait juré de le soutenir. Je pris le sultan à part et lui fis savoir que ce magistrat[1] songeait bien à tenir la balance, mais non pour la justice et que ce fonctionnaire avait l'intention d'être ferme, mais seulement en ce qui concernait les biens qu'on lui voulait enlever. Je refusai donc de plaider mon affaire devant un autre que le sultan et il me promit de nous entendre tous les deux. Aussi quand Cheref el-Molk voulut prendre l'affaire en mains pour la trancher, le sultan nous manda devant lui et nous plaidâmes en sa présence. La conséquence de cette plaidoirie fut le renvoi de Dhiya el-Molk confus et plein d'effroi. A peine était-il sorti qu'il fut immédiatement saisi par la fièvre et que peu de jours après il allait rejoindre le Seigneur dans le séjour de la grâce. O mon Dieu! aie pitié de lui, aie pitié de nous et dans ta clémence sois indulgent pour nos erreurs!

CHAPITRE LXVI

LE SULTAN ENVOIE A BAGDAD LE CADI MODJIR ED-DIN POUR TIRER DE SA CACHETTE UNE CHOSE QUI Y AVAIT ÉTÉ ENTERRÉE PAR UNE OPÉRATION MAGIQUE.

Alors qu'il était dans l'Irâq, le sultan reçut la visite d'un individu du Khârezm qui s'était enfui de chez les Tatars et qui lui parla du célèbre savant Sirâdj ed-Dîn Abou Yousef Ya'qoub Es-Sekâki, un des hommes les plus remarquables du Khârezm, qui possédait la connaissance des arts les plus sublimes et qui avait franchi les plus hauts sommets des sciences. On avait une si haute idée de la puissance de ce savant qu'on assurait qu'il avait ensorcelé certaines étoiles et les avait fait

---

1. C'est-à-dire Cheref el-Molk.

rétrograder dans leur marche nocturne et qu'à l'aide de son souffle il avait arrêté le cours des eaux. Il fut dans différentes branches l'auteur d'ouvrages qui passent pour des miracles d'imagination et des merveilles de la science du grand œuvre.

Sirâdj ed-Dîn avait déjà pris un grand empire sur le père du sultan à l'époque où celui-ci marchait sur Bagdad. Il lui avait fabriqué par des procédés magiques une statue que l'on devait enterrer à Bagdad et alors tous les désirs qu'on pourrait former auraient été réalisés, grâce à cette statue. Le grand sultan[1] avait remis cette statue à Modjîr ed-Dîn, au moment où celui-ci se rendait en ambassade à Bagdad, afin qu'il l'enterrât dans la maison qu'il occuperait, ce qui fut fait.

Maintenant, l'individu du Khârezm croyait que le but que l'on s'était proposé en agissant ainsi avait été manqué et que l'opération magique produisait précisément l'effet inverse de celui que l'on attendait, qu'elle nuisait au sultan pour favoriser au contraire le khalife. Si Modjîr ed-Dîn existait encore, il fallait, disait-il, l'envoyer à Bagdad pour qu'il essayât de retrouver la dite statue et qu'il l'a brûlât ensuite. Modjîr ed-Dîn ayant confirmé la déclaration de cet homme fut envoyé par le sultan à Bagdad comme ambassadeur pour y traiter certaines affaires et il reçut l'ordre de rechercher la statue ; mais il lui fut impossible d'arriver jusqu'à la maison qu'il avait occupée lors de sa première mission. Malgré tous les stratagèmes qu'il employa, il ne put y parvenir.

Je ne sais vraiment ce dont il faut le plus s'étonner : de la foi qu'avait ce savant dans sa statue ou de la crédulité des gens qui se laissaient tromper par ses opérations magiques. Y a-t-il donc jamais eu une dynastie qui ait été sûre de ne pas disparaître? Le monde est-il donc toujours resté immuable? Non, car combien de nations se sont éteintes à tout jamais.

---

1. Le père de Djelâl ed-Dîn.

Dieu fait disparaître ou maintient qui il veut ; lui seul connaî les tables du Destin.

CHAPITRE LXVII

DES ÉVÉNEMENTS QUI EURENT LIEU DANS L'ERRAN ET L'AZERBAIDJAN

En partant pour l'Irâq, le sultan avait emmené Cheref el-Molk. Arrivés sur les confins du territoire de Hamadzân, des nouvelles successives lui arrivèrent de l'Adzerbaïdjan, annonçant que des lieutenants de l'atabek tels que Nàçir ed-Dîn Aqach, surnommé Koudjek, Scif ed-Dîn ben Sonqordjàh le devidar, Seïd ed-Dîn Beklek[1] Es-Sedîdi, et autres chefs de tribus, s'étaient coalisés pour tenter la fortune des armes et il était convenu qu'ils se prêteraient une assistance mutuelle et supporteraient ensemble toutes les charges. Ils vinrent donc camper dans le voisinage de Tebrîz, décidés à rompre avec la foi jurée et à bouleverser l'ordre des choses établi. Leur intention était de faire revivre une dynastie dispersée de tous côtés et dont l'influence et les agissements avaient disparu peu à peu. Dans ce but ils avaient résolu de délivrer le fils du prince Khâmouch, fils de l'atabek Ouzbek, qui était détenu dans la citadelle de Qouthour[2] et de s'en servir comme d'un appeau qui attirerait et grouperait autour de lui tous ceux qui désireraient prendre part à l'insurrection. Ils comptaient saisir l'occasion favorable qui se présentait et profiter du champ libre qui s'ouvrait devant eux.

A cette nouvelle, le sultan donna à Cheref el-Molk l'ordre de retourner dans l'Adzerbaïdjàn avec mission de protéger

1. Ou Beïlik.
2. Ou Qouthouz.

ce pays et de le défendre contre les attaques et les compétitions dont il était l'objet. Cheref el-Molk se récusa tout d'abord et il ne se décida que quand il eut obtenu l'autorisation de disposer des domaines de la couronne et des fiefs de l'Errân et de l'Adzerbaïdjân aussi librement que le ferait un propriétaire de ses biens. Il put alors, si le besoin l'exigeait, donner un fief à qui lui plairait ou le retirer à celui qui l'avait. Toutefois, si la situation devenait normale, il devait verser au trésor royal toutes les redevances accumulées.

p. ١٠٢ Arrivé à Merâgha, Cheref el-Molk apprit que les partisans de l'atabek étaient campés sous les murs de Tebrîz. Une masse considérable de fauteurs de désordres s'étaient joints à eux ; ils s'étaient répandus comme un vol de sauterelles ravageant et saccageant tout et étendant de tous côtés, à droite et à gauche, leurs dévastations. Aussitôt Cheref el-Molk expédia à leur rencontre son armée qu'il avait placée sous le commandement de son grand chambellan, son mamlouk Nâçir ed-Dîn Qachtamir. Les deux armées en vinrent aux mains entre Dihkharaqân[1] et Tebrîz. Après un combat dans lequel bien des lames de sabres se brisèrent et bien des pointes de lances se rompirent, les atabékiens lâchèrent pied et prirent la fuite en désordre. Telle avait été la décision prédestinée par Dieu.

Aqach, Beklek, Sonqordjâh et d'autres chefs des insurgés furent faits prisonniers et amenés en présence de Cheref el-Molk attachés sur des chameaux. Dès qu'ils furent en sa présence, il les invectiva et leur rappela les bienfaits dont il les avaient comblés ; il cita entre autres le vêtement d'honneur qu'il avait donné à Beklek quand il était à Guendjeh, vêtement dont le beaudrier constellé de pierreries était, à lui seul, estimé 4000 dinars.

---

1. Une des principales localités du district de Merâgha.

Ensuite Cheref el-Molk se rendit à Tebrîz. Le second jour de son arrivée dans cette ville, il donna une audience dans la salle que le sultan avait fait construire sur l'hippodrome de Tebrîz et en arrière de laquelle s'élevaient des maisons et des châteaux, le sultan n'aimant pas demeurer à l'intérieur de la ville. Après avoir convoqué au préalable le cadi, les cheikhs et les notables, il fit comparaître Aqach et Beklek qui entrèrent couverts de confusion de se voir enchaînés et se tinrent debout devant lui. Alors s'adressant au cadi, Cheref el-Molk parla en ces termes : « Que dites-vous d'un homme qui se révolte contre un sultan comme le nôtre, dans un pareil moment alors qu'il devrait être un défenseur fidèle et un rempart vivant entre les musulmans et les Tatars? » Le cadi se contenta comme réponse de réciter ces mots du Coran : « Il n'y aura d'autre récompense pour ceux qui essaient de lutter contre Dieu et contre son envoyé et qui parcourent la terre en y semant le trouble que[1]..., etc. » (chap. v, 37). Cheref ed-Dîn ordonna aussitôt de planter deux troncs d'arbre sur l'hippodrome et les deux atabékiens furent crucifiés, encore qu'ils fussent plus beaux que deux branches de saule, que deux bébés à la mamelle, ou encore que deux lunes qui paraissent du côté du sud, mais leurs crimes justifiaient leur exécution.

Dès ce moment l'Errân et l'Adzerbaïdjân furent délivrés de tous ceux qui tendaient le cou vers la révolte et qui s'égaraient sur le chemin de la soumission. Cheref el-Molk fit arrêter le cadi révoqué Qouâm ed-Dîn El-Haddâdi, fils de la sœur d'Eth-Thoghrâï, et lui infligea une amende de 10,000 dinars. Le cadi en fonction à cette époque-là l'avait accusé de con-

---

1. Voici la fin de ce verset : « Vous les mettrez à mort ou vous leur ferez subir le supplice de la croix ; vous leur couperez les mains et les pieds alternés ; ils seront chassés de leur pays. L'ignominie les couvrira dans ce monde, et un châtiment cruel les attend dans l'autre. »

p. ١٥٣ nivence avec les mamlouks atabékiens, ce qui était un mensonge avéré et une calomnie manifeste. Cheref el-Molk fit grâce à Sonqordjàh, le devidar, qu'il prit dans son entourage et qu'il éleva aux honneurs. La beauté de ce jeune homme intercéda en sa faveur et empêcha que son sang fût versé.

CHAPITRE LXVIII

SITUATION DE LA PRINCESSE FILLE DE TOGHRIL ET FIN DE SON HISTOIRE.

Quand le sultan avait donné à la princesse les deux villes de Salmâs et d'Ourmiya ainsi que leurs territoires qui venaient s'ajouter à celui de Khouï, Cheref el-Molk avait envoyé pour le représenter comme vizir El-Bâkherzi et avait enjoint à ce dernier de prélever la dîme sur ces pays et de la faire porter à son trésor, mois par mois, à l'imitation de ce que faisaient tous ses autres délégués dans les différents fiefs. El-Bâkherzi voulut imposer son autorité à la princesse et la dominer, si bien que celle-ci n'administrait plus qu'en se conformant à ses agissements et subissait toutes ses exigences. Si elle essayait de résister en quoi que ce fût, El-Bâkherzi écrivait alors à Cheref el-Molk de façon à l'exciter contre elle, en sorte que ce dernier ne tarda pas à concevoir à son égard une haine secrète et à concentrer dans son cœur une sourde colère.

Enfin, lors du départ du sultan pour l'Irâq, il trouva l'occasion qu'il guettait pour la perdre. Il écrivit alors au sultan que la fille de Toghril favorisait les atabékiens et les excitait à s'emparer du pouvoir. Ensuite il envoya de Tebrîz à la princesse un message dans lequel il parla comme quelqu'un qui veut provoquer le désordre et non le calme, susciter la méfiance et non la sécurité. Il voulait par là amener la princesse à fuir, ce qui entraînerait sûrement sa perte et la rendrait plus farouche et plus craintive. Peu de temps après avoir adressé ce message, Cheref el-Molk se mit en marche vers Khouï que la princesse avait abandonné pour gagner la citadelle de Thala, citadelle située sur le bord du lac de l'Adzerbaïdjân et bâtie sur le sommet d'un escarpement entouré d'eau de tous les côtés, sauf un seul.

Arrivé à Khouï, Cheref el-Molk logea dans le palais de la princesse ; il retira des cachettes et des coffres les richesses que l'on avait mis des années et des mois à amasser et qui étaient si abondantes qu'on eut de la peine à les transporter. Il s'empara de pierres précieuses et de vieilles et magnifiques étoffes si belles qu'on n'avait jamais rien vu de pareil. On emmena aussi toutes les suivantes, véritables types de beauté, et Cheref el-Molk en usa avec elles comme un maître avec ses esclaves. Ensuite il prépara tous les engins de siège, afin d'augmenter les terreurs de la princesse.

Sur ces entrefaites il vit arriver le Chérif Çadr ed-Dîn El-Aloui, qui lui apportait un message de la princesse, dans lequel elle le priait de se montrer bienveillant, de revenir à des sentiments plus conformes à la religion et plus louables dans leurs débuts comme dans leurs conséquences. Ce message ne réussit qu'à confirmer Cheref el-Molk dans ses sinistres projets et à exalter son orgueil et son arrogance. Toutefois il traita Çadr ed-Dîn avec tous les honneurs que lui méritait sa haute valeur et qu'on devait à la noblesse de sa naissance. Bien qu'elle eût désespéré de pouvoir se le rendre favorable et qu'elle eût cessé de compter sur sa clémence, la princesse renouvela ses tentatives auprès de Cheref el-Molk, lui demandant de la laisser passer pour qu'elle allât trouver le sultan et s'en remettre à la décision qu'il croirait devoir prendre à son égard. Mais Cheref el-Molk repoussa toutes ces demandes, en disant qu'il fallait absolument que la princesse restât sous son entière dépendance. Puis il lui envoya Tâdj ed-Dîn Sahib, fils d'El-Hasen, un des plus mauvais habitants de Derkudjîn[1], gens dont la méchanceté n'a jamais été dépassée par personne. Cet ambassadeur ne chercha qu'à intimider la princesse; quand il quitta la forteresse où elle était réfugiée, il chassa devant lui tout son haras et le conduisit à Cheref el-Molk; c'était contraindre la princesse à se rendre et lui enlever sa dernière ressource.

Jugeant dès lors que toutes ses bassesses étaient inutiles et que ses supplications ne produiraient aucun effet, la princesse écrivit au chambellan Ali, le représentant de El-Malik El-Achraf Mousa[2], fils d'El-Malik El-'Adil Abou Bekr ben Ayyoub, qui se trouvait à Khelâth. Elle le pria de venir la dégager du cercle d'ennemis qui l'étreignait et de l'aider à reconquérir sa liberté. En échange elle s'engageait à lui livrer toutes les forteresses et tous les pays dont elle était la maîtresse.

Cheref el-Molk était installé dans la prairie de Selmâs en train de prendre ses dispositions pour assiéger la princesse; il ne pensait qu'à attaquer la rebelle, sans songer qu'il pourrait trouver devant lui un autre adversaire, car il croyait bien avoir le champ libre de tout compétiteur et il s'imaginait que personne ne viendrait lui disputer la tranquille possession des territoires qu'il convoitait. Tout à coup il apprit l'approche du chambellan Ali et son arrivée à Sekmânâbad à la tête des troupes syriennes qu'il avait réunies à Khelâth et dans les environs. Il fut en outre informé que ces troupes étaient dirigées contre lui et qu'elles étaient munies de tout ce qu'il fallait pour une rencontre avec l'ennemi. Or Cheref

---

1. Ou Der-Gudjîn, village près de Hamadzân.
2. Le neveu de Saladin.

CHAPITRE SOIXANTE-NEUVIÈME

el-Molk avait autorisé un certain nombre de ses vassaux à regagner leurs fiefs. Cette dispersion de ses forces l'obligea à rétrograder pour gagner immédiatement Tebrîz, abandonnant ainsi sans défense tout l'Adzerbaïdjân. Le chambellan Ali put alors atteindre la citadelle de Thala et, après avoir reçu cette place des mains de la princesse, il emmena cette dernière avec lui et revint sur ses pas.

CHAPITRE LXIX

ARRIVÉE D'IMAD ED-DIN, AMBASSADEUR DES ROUM.

Tandis que Cheref el-Molk était installé aux environs de Khouï, il reçut la visite d'un individu portant le titre de 'Imâd ed-Dîn qui venait comme ambassadeur apporter une lettre du vizir de 'Ala ed-Dîn Keïqobâd ben Kaïkhosrou. Cette lettre se bornait à manifester le désir d'avoir d'excellents rapports de voisinage et de maintenir de bonnes relations d'amitié. L'ambassadeur raconta que pendant que le sultan se rendait dans l'est pour y faire des expéditions, son maître s'était rendu dans l'ouest avec les mêmes desseins et qu'il s'était emparé cette année-là d'un certain nombre de citadelles appartenant aux chefs[1] des infidèles. « Maintenant, ajouta-t-il, il y a autour de vous, guettant l'occasion de lever l'étendard de la révolte, tout un groupe de gens qui se sont laissés séduire par de vaines chimères et par l'appât du sort. » (Il entendait par là les projets du chambellan 'Ali qui, poussé par la princesse, voulait se rendre dans l'Adzerbaïdjân.) « Nous sommes, continua-t-il, à proximité de vous ; si vous

---

1. Le texte porte : les « béliers ».

nous appelez, votre appel sera entendu et votre voix trouvera un écho prochain. Rien ne doit séparer nos deux gouvernements : si quelqu'un veut vous assaillir ou tirer le glaive contre vous, nous vous aiderons contre lui avec l'aide de gens qui le contraindront à remettre l'épée dans son fourreau, lui infligeront la honte de la défaite et hâteront sa mort. »

Cheref el-Molk traita l'ambassadeur avec les plus grands égards et accueillit avec déférence ses propositions. Puis il consulta ceux en qui il avait confiance au sujet de la réponse qu'il devait faire. Tout son entourage, parmi lequel se trouvait Ed-Derkudjîni qui, à ce moment-là, le gouvernait entièrement, fut d'avis de demander des subsides en argent, attendu qu'en fait d'hommes Cheref el-Molk en aurait, sans s'adresser ailleurs, un nombre suffisant, si le besoin s'en faisait sentir.

Quand tout le monde eut applaudi à ce conseil et que je vis qu'il n'y avait plus à songer à détourner le vizir de la décision qu'il avait prise, ni à l'empêcher d'admirer la sagesse de l'avis qu'on lui donnait, j'intervins et lui dis : « Puisqu'il faut absolument en venir à cet expédient, il serait bon d'employer une forme humble et soumise et d'amadouer le prince par des discours flatteurs et obséquieux : un parler doux et des phrases aimables produisent toujours un bon effet pour avancer les choses. Il en est avec les princes comme avec les montagnes : si un discours ne les frappe pas, l'écho ne rapporte pas de réponse. »

Mes paroles furent bien accueillies et Cheref el-Molk, agissant dans le sens que je lui avais indiqué, atteignit aux limites de la bassesse, tant il était avide d'argent. Entre autres choses qu'il dit se trouvaient les mots suivants : « Vous n'ignorez pas de quelle façon l'invasion des Tatars, qui a anéanti tant de familles et fait verser tant de larmes, a épuisé les ressources que les siècles avaient accumulées dans les trésors des souverains. Vous savez aussi qu'à son départ, après la mort de son père, le sultan ne possédait plus rien que son épée. Si vous lui procurez en ce moment ce dont l'humanité vous fait un devoir, il en conservera à jamais le souvenir et les siècles éterniseront la mémoire de ce service rendu. » Il développa si bien cette idée et se montra si vil que je regrettai de lui avoir suggéré l'idée de cette humilité.

Ensuite Cheref el-Molk fit donner à l'ambassadeur une pelisse d'honneur dont la valeur était en proportion de l'estime qu'il avait pour ce personnage qu'il portait aux nues et qu'il élevait à la hauteur du ciel. A ce présent il ajouta des queues de cheval[1], un harnachement de cheval, une tiare et mille dinars. Cet accueil fait à son envoyé produisit une excellente impression sur le sultan 'Ala ed-Dîn, aussi envoya-t-il des cadeaux et des présents de toutes sortes au sultan d'abord, à Cheref el-Molk ensuite ; mais, à cause des obstacles que nous énumérerons en leurs lieu et place, rien de tout cela ne parvint à destination qu'après le siège de Khélâth.

CHAPITRE LXX

CHEREF EL-MOLK FAIT LA CONQUÊTE DE L'ADZERBAIDJAN ET DE L'ERRAN, PENDANT QUE LE SULTAN EST DANS L'IRAQ.

Laissé en arrière par le sultan, Cheref el-Molk demeura dans l'Adzerbaïdjân et déploya tous ses efforts pour arriver à conquérir les forteresse restées indépendantes. Tout d'abord il chercha à gagner les cœurs des capitaines et des soldats

---

1. Ces queues, peintes en rouge ou en blanc, étaient attachées à une hampe rouge surmontée d'une boule d'or et étaient un signe d'autorité. Le sultan avait droit à sept queues ; le vizir à trois et les officiers supérieurs a deux.

qui se trouvaient à Dizmâr[1], en leur promettant de l'argent s'ils hâtaient la reddition de la place. La réponse ne se fit pas attendre et il marcha sur cette place. Le jour de la reddition, il combla la garnison de pelisses d'honneur, d'or et de cadeaux en quantité telle que jamais prince n'en avait donné autant à un grand seigneur ou à un général.

Il s'empara de la personne de Nâçir ed-Dîn Mohammed, qui avait occupé les fonctions de grand chambellan sous le gouvernement des atabeks et qui se trouvait alors réfugié dans une des villes de Noçret ed-Dîn Mohammed ben Bichteguin, où il cachait sa qualité de prince en se donnant les apparences d'un dévot personnage. Cheref el-Molk lui imposa le paiement d'une somme considérable et l'obligation de livrer la citadelle de Kehrâm[2] qui était commandée par un gouverneur nommé par lui. Cette citadelle livrée, il apprit la mort de Seïf ed-Dîn Qachqara El-Atabeki qui était gouverneur de Guendjeh au nom du sultan ; il se rendit dans cette dernière localité et là, Chems ed-Dîn Kerchasf, gouverneur des deux citadelles de Hezel[3] et de Djarized[4], dans la province de Errân, lui fit livraison de ces deux places. Ce Chems ed-Dîn, en songeant aux services qu'il avait rendus à son maître, estimait qu'ils lui serviraient de réserve pour les jours de malheur et lui feraient honneur parmi ses collègues et ses émules. Mais il fut placé sous une presse et son corps écrasé au point qu'il fut en quelque sorte anéanti et que les os de sa colonne vertébrale furent expulsés de ses deux flancs.

Cheref el-Molk usa de douceur envers le commandant de la forteresse de Deradez[5] et réussit à se faire livrer cette place.

1. Forteresse près de Tebriz.
2. Peut-être faudrait-il lire Kehrân.
3. Ou Herel.
4. Ou Djazired.
5. Ou Dezàdez.

CHAPITRE SOIXANTE-DIXIÈME

Puis il fit investir Rouïndez[1] par un corps de cavalerie et d'infanterie. Comme le siège traînait en longueur, la princesse, qui commandait cette ville et qui était la femme du prince Khâmouch, proposa à Cheref el-Molk de l'épouser, s'engageant à lui livrer la citadelle aussitôt après la célébration du mariage et la conclusion de ce pacte d'amitié. Cheref el-Molk avait donné son assentiment à cette proposition et de nombreux échanges de messages avaient eu lieu entre la princesse et lui, lorsque le sultan revint brusquement de l'Irâq avant que l'accord projeté entre eux eût été mené à bonne fin. Le sultan demanda alors la main de la princesse pour lui-même, détruisant ainsi la combinaison préparée en faveur de Cheref el-Molk et le siège fut levé.

Aussitôt après le mariage et quand la mariée lui eut été amenée au milieu du concours des notables[2] de Rouïndez, le sultan envoya, pour prendre le gouvernement de la place, son serviteur personnel, Sa'd ed-Dîn le dévidar. La citadelle contenait des milliers de maisons occupées par les anciens qui les avaient héritées de leurs ancêtres. Sa'd ed-Dîn forma le dessin de faire évacuer ces maisons et de se débarrasser de tous ces gens qui l'auraient empêché d'exercer une entière autorité. La hâte qu'il mit à accomplir ce projet les fâcheux moyens d'exécution qu'il employa contribuèrent à ramener le trouble dans la ville et à rendre impossible son retour à la prospérité.

A la tête d'un de ses corps d'armée, Cheref el-Molk avait mis le siège devant la citadelle de Châheq[3]. Cette place, située dans une île au milieu du lac d'Adzerbaïdjân, était bâtie sur une sorte de dôme naturel qu'elle couronnait. Elle était entourée d'escarpements à pic au fond desquels l'eau

---

1. Place forte voisine de Tebrîz.
2. Ou « les Anciens ».
3. Ce mot arabe est une épithète signifiant : « escarpé ».

circulait en formant une barrière continue. Quelques bourgs placés dans le voisinage fournissaient les approvisionnements dont on avait besoin. Quand le sultan fut de retour et qu'il eut supplanté Cheref el-Molk, en demandant pour lui-même la main de la princesse dont nous avons parlé, les soldats du vizir abandonnèrent le siège de Châheq qui conserva ainsi son indépendance.

CHAPITRE LXXI

CHEREF EL-MOLK FAIT METTRE A MORT DES NÉGOCIANTS ISMAÉLIENS DANS L'ADZERBAIDJAN, TANDIS QUE LE SULTAN EST DANS L'IRAQ.

D'Ispahan, le sultan avait écrit à Cheref el-Molk pour lui annoncer qu'un envoyé des Tatars se dirigeait vers la Syrie en compagnie de négociants ismaéliens. « Ces gens, ajoutait-il, ont passé par Bagdad. Vous arrêterez donc au passage toute caravane se dirigeant sur la Syrie ou venant du pays de Roum pour se rendre chez les Ismaéliens. Si vous mettez la main sur l'envoyé des Tatars, gardez-le prisonnier par devers vous et informez-nous aussitôt de la chose pour que nous prenions les dispositions que nous jugerons convenables. » En prenant ces mesures, le sultan voulait avoir un argument à invoquer contre certains princes et pouvoir adresser des représentations au Divan sur les relations qu'il entretenait avec ses ennemis.

Tâdj ed-Dîn 'Ali ben El-Qadhi Djandâr[1], qui faisait partie du personnel du domaine de la couronne, arriva pour s'occuper de cette affaire. Cheref el-Molk commença aussitôt à rechercher

---

1. Ce dernier mot signifie : porte-glaive.

toutes les caravanes et plaça sur toutes les routes des agents chargés de les surveiller. Enfin on vit arriver venant de la Syrie une caravane d'Ismaéliens comprenant environ soixante-dix personnes. Cheref el-Molk dépêcha des gens qui les mirent à mort sans aucune provocation ; puis, sans s'inquiéter de ce qui pouvait arriver, blâme de sa conduite ou révolte des populations, il accorda à ses émissaires fortune et honneurs, de façon à les mettre à l'abri de toute vexation et à se garantir lui-même de leur méchanceté. Toutes les marchandises transportées par les chameaux qui les portaient furent amenées dans ses magasins; mais, étant données sa munificence royale et sa générosité native, tout cela ne tarda pas à être gaspillé et il ne lui resta que bien peu de choses de toutes ces richesses.

Au moment où le sultan revenait de l'Adzerbaïdjàn, Asad ed-Dîn Maudoud arriva comme ambassadeur de la part de 'Ala ed-Dîn, le prince des Ismaéliens. Il adressa des reproches sur la façon dont s'était conduit Cheref el-Molk et réclama les biens dont il s'était emparé. Le sultan enjoignit à son vizir de restituer tout ce qu'il avait enlevé aux personnes de la caravane qu'il avait fait périr; il blâma sa conduite et lui reprocha sa détermination. A la demande de l'ambassadeur, il désigna Thoutheq, fils d'Aïnandj-Khân, son chambellan particulier qui avait la haute direction du divan, de veiller au règlement de cette affaire et de s'assurer que tout ce qui avait été pris fût restitué. Quant au sang versé, il ne pouvait, à cet égard, que faire des excuses, excuses d'ailleurs toutes platoniques.

Thoutheq agit comme s'il avait été le mandataire du vizir; il fit de beaux discours, mais il ne remit que trente mille dinars et ne rendit que dix chevaux arabes ; pour le reste des richesses prises, il usa du même procédé que pour le sang versé. Ce fut à ce moment que l'on reçut la nouvelle du départ de Ghiyâts ed-Dîn qui avait quitté Alamout, ainsi que nous l'avons raconté.

Considérez un peu les deux manières si différentes d'agir de ce vizir : lors de l'affaire d'Orkhân, il s'avilit outre mesure devant les Ismaéliens, il reste inerte devant eux, il s'abandonne à eux de façon à n'être plus en quelque sorte que leur agent, et, pour racheter sa vie, il leur fait remise des 10,000 dinars qu'ils devaient payer à titre de redevance chaque année. Plus tard, au contraire, il ose faire périr soixante-quinze d'entre eux uniquement parce qu'il convoite leurs richesses. Louanges soient rendues à Celui qui a fait de la réflexion, un moyen de se bien diriger pour les uns, de s'égarer pour les autres et qui a distribué l'intelligence, aux uns en abondance, aux autres en petite quantité !

CHAPITRE LXXII

LE CHAMBELLAN 'ALI EL-ACHRAFI DÉFAIT CHEREF EL-MOLK A HAURECH EN L'ANNÉE 624 (22 décembre 1226—12 décembre 1227). APRÈS LA PERTE DE SES BAGAGES ET LA DISPERSION DE SES TROUPES, CHEREF EL-MOLK VA CHERCHER DU RENFORT DANS L'ERRAN. CE QUI LUI ARRIVA DANS L'ERRAN JUSQU'A SON RETOUR ; IL VENGE LARGEMENT SA DÉFAITE.

Quand le chambellan retourna à Khélâth, emmenant avec lui la princesse, fille de Toghrîl, ainsi que nous l'avons raconté, Cheref el-Molk fut vivement irrité de ce départ. Il se dirigea alors vers le Errân qui était un pays riche en troupeaux et qui servait de terre de pâturage aux Turcomans. Il s'arrêta à Mouqân et de là expédia de tous côtés ses agents pour percevoir les redevances des tribus. L'agent envoyé

CHAPITRE SOIXANTE-DOUZIÈME

vers la cavalerie de Qodjeb[1] Arslân était un individu dun om de Es-Serrâdj El-Khârezmi qui avait emmené avec lui une troupe de sacripants. Il commença par imposer aux populations l'obligation de tuer chaque jour environ trente têtes de bétail en guise de réquisition de vivres, puis il ajouta à cela d'autres charges si grandes que les habitants du pays ne pouvaient les supporter. Des plaintes et des murmures se firent entendre et on finit par lui dire : « Retourne vers ton maître ; nous apporterons nous-mêmes au trésor les redevances qui nous sont imposées et nous n'avons pas besoin de ton office de percepteur. »

Es-Serrâdj quitta aussitôt le pays, et se plaignit si vivement que Cheref el-Molk entra dans une violente colère et partit immédiatement de Mouqân. Le vizir franchit l'Araxe sur des bateaux, car à ce moment le fleuve était dans sa crue, puis il culbuta le campement des Turcomans et poussa devant lui leurs troupeaux jusqu'à Beilaqân. Il y avait là environ trente mille têtes de bétail. Des femmes des Turcomans avaient suivi l'armée et je pensai qu'une fois à Beilaqân, Cheref el-Molk leur rendrait leurs animaux moyennant le payement d'une certaine somme à titre de contribution imposée à la tribu pour la punir de sa conduite. Il n'en fut rien : arrivé à Beilaqân, toute la prise fut répartie entre les soldats du vizir qui garda, pour sa part personnelle, quatre mille moutons avec leurs agneaux.

Chaque fois, qu'en se dirigeant soit vers l'est, soit vers l'ouest, le sultan venait à passer à Beilaqân et campait sous les murs de cette ville, le vizir me faisait adresser en son nom, au sultan, un billet contenant la mention des grains et des moutons destinés à lui être offerts à titre de diffa[2].

---

1. La première lettre de ce mot est la seule dont la lecture soit certaine.
2. C'est le terme consacré en Algérie pour désigner ces sortes de repas offerts aux fonctionnaires lors de leur passage dans un pays.

Cette liste était rédigée ainsi : Moutons de provenance légitime[1], tant de bêtes. Pourtant le vizir savait fort bien que je n'ignorais pas la provenance réelle de ces moutons.

Après cette expédition, Cheref el-Molk revint à Mouqân où les redevances étaient arrivées de tous côtés. Il répara les pertes subies par ses troupes et, après avoir rassemblé les Turcomans, il envoya un messager réclamer à Cherouânchâh la redevance qui lui avait été imposée par le sultan et l'inviter à en apporter le montant qui s'élevait à 50,000 dinars. Cherouânchâh ne mit aucun empressement à régler cette affaire et s'abstint même de répondre à cette demande. Il pensait que si Cheref el-Molk recevait cette somme alors qu'il était à bout de ressources, étant données ses habitudes de gaspillage et de prodigalité. il dissiperait, le tout, en sorte qu'on ne lui tiendrait aucun compte de cette somme. Mais ce fut là une erreur de sa part, car les dépenses qu'il eut à faire en pure perte pour maintenir sa situation et les sommes qu'il eut à distribuer pour échapper aux dangers qui le menaçaient furent autrement considérables que cette redevance. Irrité, en effet, de la résistance de Cherouânchâh, Cheref el-Molk se rendit sur les bords du fleuve Guir et de là expédia un corps d'environ quatre mille cavaliers pour faire une incursion dans le pays du rebelle. Cette expédition ne réussit pas et revint sans avoir obtenu aucun résultat, Cherouânchâh ayant aussitôt pris la fuite et abandonné sa résidence. Cheref el-Molk se dirigea alors du côté de l'Adzerbaïdjân.

La fille de l'atabek Bahlouân, princesse qui possédait la seigneurie de Nekhdjaouân, avait recueilli un mamlouk du nom de Ithaghmich; elle l'avait élevé et l'avait adopté comme son fils quand il était devenu grand. A cette époque-là, ce

---

1. Le texte porte : « moutons licites ».

jeune homme abandonna sa bienfaitrice ; il alla trouver Cheref el-Molk dont il excita l'animosité contre celle à qui il devait d'avoir échappé à la triste condition réservée aux orphelins et se conduisit à la façon de ces ignobles étalons qui osent saillir leur propre mère. Il insista si bien pour allumer la convoitise du vizir en lui montrant tous les avantages qu'il aurait à s'emparer de la seigneurie de Nekhdjaouân que celui-ci se laissa séduire par la proposition qu'il faisait d'arracher la principauté des mains de la princesse pour la lui remettre, moyennant une certaine somme, partie payée comptant, partie payable par annuités.

Au moment de son départ pour l'Adzerbaïdjân, Cheref el-Molk fit accompagner Ithaghmich par un certain nombre de ses courtisans ; grâce à ce traître, ils devaient pouvoir s'introduire auprès de la princesse, s'emparer de sa personne et installer à sa place Ithaghmich qui se substituerait ainsi à celle qui l'avait élevé dans son sein et qui l'avait laissé grandir à l'ombre de sa bienveillance et de sa pitié. Personne ne se doutait d'ailleurs que la princesse avait un espion qui lui rendait compte des moindres mouvements d'Ithaghmich et qui l'informait de tout ce que le diable pouvait faire pondre dans le cerveau de cet ingrat. Aussi, quand on approcha de Nekhdjaouân, la garnison de cette place se porta à la rencontre des arrivants pour les empêcher d'entrer et leur offrir le combat. En voyant ce grand nombre de défenseurs, les courtisans du vizir se hâtèrent de tourner bride, tout honteux et confus de leur déception.

Presque aussitôt après cet événement, Cheref el-Molk arriva à son tour à Nekhdjaouân et campa dans la prairie avoisinant la ville. Son visage portait les traces de la ruse et l'on y voyait les stigmates de la trahison et de la perfidie ; il avait du remords, mais non le remords de Ferazdaq au sujet de Néwâr[1] et sa verve émoussée était incapable de formuler une excuse. Il s'imaginait que la princesse manquerait aux devoirs de l'hospitalité ; il n'en fut rien : une chambellante, envoyée par elle, vint présider à l'installation du camp; elle augmenta ainsi la confusion du vizir et accrut sa honte. Elle revint ensuite une seconde fois lui reprocher ses agissements contre sa maîtresse et, entre autres choses, elle lui dit ces mots : « Ne vous a-t-il donc pas suffi de me faire dépenser, chaque année, en cadeaux pour vous et en réceptions les revenus que me produit Nekhdjaouân et son territoire en y ajoutant encore une somme égale prise sur les biens que j'ai hérités de mes ancêtres? Faut-il encore que vous veuillez violer ma demeure et me traîner par les cheveux hors de mon palais? Si, en agissant ainsi, votre but est de vous emparer de Nekhdjâouân, eh! bien, envoyez quelqu'un recueillir ses revenus deux années de suite et vous verrez que les sommes que vous recevez de moi, soit à destination du trésor public, soit à titre de cadeau, s'élèvent au double de ce que cette province vous rapporterait. »

Cheref el-Molk ne put répondre à cela que par des explications fort éloignées de la vérité et exposées dans un langage embarrassé. Ensuite il se dirigea vers la citadelle de Chemirân[2] et campa sur son territoire dans un bourg appelé Haurech. Cette citadelle appartenait à El-Melik El-Achraf ; elle avait été livrée au représentant de ce souverain par celui qui en avait la garde au nom de l'Atabek et cela avant que le sultan ne se fût emparé de l'Adzerbaïdjân. Les habitants de la place s'étaient mis à l'abri dans un fortin qu'ils avaient bâti sur une colline pour repousser les attaques des pillards et comme les pages de l'armée s'étaient répandus dans les mai-

---

1. Nom de la femme de Ferazdaq.
2. Canton de l'Arménie.

CHAPITRE SOIXANTE-DOUZIÈME

sons, les gens du village avaient coupé la tête de l'un de ces pages qui appartenait à la garde particulière du vizir.

En apprenant cela, Cheref el-Molk entra dans une violente colère et fut tout stupéfait de l'audace qu'on déployait contre lui. Il jura de ne point quitter le pays sans avoir expulsé tous ces gens-là et leur avoir fait goûter l'ardeur de son ressentiment. Le lendemain matin, ses soldats cernèrent la colline et sapèrent le fortin de tous les côtés. Les assiégés se mirent à pousser des cris pour appeler au secours, mais personne ne leur répondit et leurs appels à la clémence ne furent point non plus écoutés. Le vizir qui entendait leurs cris de : Grâce! grâce! était sourd à leurs supplications et ne tenait aucun compte de leurs prières.

Tout à coup on entendit un grand bruit de tambours et de trompettes et on vit apparaître des étendards jaunes, suivis d'étendards rouges. Puis au milieu d'un nuage de poussière qu'ils soulevaient, des cavaliers en grand nombre se précipitèrent et chargèrent les gens de Cheref el-Molk, avant qu'ils n'eussent eu le temps de se mettre en garde et de former leurs bataillons. Aucun d'eux n'eut le temps de rejoindre ses pages ou même d'arriver jusqu'à sa monture et tous durent détaler au plus vite, sans voir d'autre moyen de salut que la fuite.

Cheref el-Molk qui se trouvait à la tête d'un petit groupe composé de ses plus jeunes pages, s'était arrêté, le visage courroucé et les cheveux raidis comme s'ils avaient été taillés dans une plaque de métal. Mais, on prit son cheval par la bride et on l'entraîna loin de là. « Les choses sont trop déchirées pour les recoudre, lui criai-je, et le mal est irréparable ; ne songe qu'à ton salut personnel! » Aussitôt il prit la fuite, abandonnant son camp avec toutes les richesses dont il débordait et sa masse mouvante de troupeaux. Les premiers guerriers qui avaient fondu sur nous appartenaient à

p. ١٦٢

l'armée de Syrie : c'étaient Fakhr ed-Dîn, seigneur[1] d'Alep et Hosâm ed-Dîn Khidhr, seigneur de Sermâra. Ce dernier avait cessé de reconnaître l'autorité du sultan lorsque celui-ci s'était dirigé vers l'Irâq; il avait donné, comme motif de sa rébellion, l'impossibilité qu'il éprouvait à supporter les exigences de Cheref el-Molk. A la suite de cette victoire il s'empara des insignes gouvernementaux de Cheref el-Molk, ainsi que de ses bijoux d'or et d'argent.

CHAPITRE LXXIII

LE CHAMBELLAN ALI EL-ACHRAFI S'EMPARE D'UNE PARTIE DE L'ADZER-BAIDJAN. CE QUI SE PASSA ENTRE LUI ET CHEREF EL-MOLK A LA SUITE DE LA DÉFAITE DE CE DERNIER.

Après sa déroute, Cheref el-Molk fut poursuivi par l'ennemi jusqu'à Merend[2]. Il passa la nuit dans cette localité et repartit ensuite dans la direction de Tebrîz, tandis que le chambellan poussait vivement vers Khouï dont le commandement était confié à ce moment-là à Nâçir ed-Dîn Barqa, page de Cheref el-Molk. Aussitôt qu'il eut connaissance de la défaite de son maître, Nâçir ed-Dîn évacua la ville dont il ouvrit les portes au chambellan. Les troupes de ce dernier se livrèrent à un pillage effréné dans certains quartiers et commençaient même à violer les harems quand les hérauts leur crièrent de s'arrêter.

De Khouï, le chambellan marcha sur Nekhdjaouân, ville qui lui fut livrée, puis il continua sa route sur Merend où il

---

1. Le mot qui est dans le texte est *cham*; mais il semble qu'il y a là une erreur du copiste.
2. Ville à deux journées de Tebrîz.

entra, cette ville n'ayant point de remparts suffisants pour la protéger. Là il organisa un corps d'éclaireurs qui devait opérer dans la direction de Tebrîz où se trouvait en ce moment Cheref el-Molk à la tête d'un très petit nombre d'hommes. Ces éclaireurs poussèrent des pointes jusqu'au bourg de Çoufiân dans le district de Tebrîz.

Cheref el-Molk était fort contrarié d'être obligé de prolonger son séjour à Tebrîz. Il ne pouvait espérer y recruter de nouvelles forces, ni entrevoir la possibilité d'y rétablir ses affaires. Chaque fois qu'il se proposait de se rendre dans l'Errân pour y réunir des troupes, afin de réparer ses pertes et de combler les vides qu'avait occasionnés dans son armée sa récente défaite, les gens de Tebrîz le détournaient de ce dessein et l'amenaient à abandonner son projet en faisant intervenir, en leur faveur, le vizir de l'atabek Ouzbek, S. Exc. Rebîb ed-Dîn, qui, établi à Tebrîz, s'y livrait à la dévotion et consacrait tout son temps à Dieu et aux pratiques de la religion.

En s'opposant au départ de Cheref el-Molk, les habitants de Tebrîz étaient mus par une seule considération : l'inquiétude de l'avenir. Ils voulaient tout d'abord éviter d'être conquis par le chambellan, ce qui aurait fourni plus tard un argument au sultan pour agir contre eux et serrer de près l'ennemi établi dans leurs murs. Alors sûrement ils n'auraient pu éviter le courroux du sultan et les conséquences funestes qui en serait résultées pour eux. Chaque fois donc que Cheref el-Molk arguait de son isolement et de sa détresse pour les quitter, les gens de Tebrîz lui fournissaient tout ce dont il avait besoin, afin de lui permettre de séjourner parmi eux quelques jours de plus.

Mais quand les avant-coureurs du printemps se furent rués sur les neiges et les eurent chassées des prairies, quand les sommets blanchis des montagnes commencèrent à reverdir et que les doigts du zéphire entr'ouvrirent les capsules de ses parfums, Cheref el-Molk se rendit dans l'Errân pour y recueillir les impôts et y lever des troupes. Après deux jours de marche il campa devant la citadelle de Merdaneqim[1], qui appartenait au beau-père du vizir Rebîb ed-Dîn dont il a été question plus haut. Il menaça d'en faire le siège, mais je réussis à entrer dans la place et j'obtins qu'il s'en éloignerait moyennant 4000 dinars qu'on lui apporta aussitôt.

Poursuivant sa route, Cheref el-Molk vint camper près de la forteresse de Khâdjîn[2], où se trouvait Djelâl ed-Dîn, fils de la sœur de Iyouâni El-Kordji. Par promesses et par menaces il obtint que la place capitulerait en payant 10,000 dinars berbera[3] et en donnant la liberté à sept cents prisonniers musulmans qui avaient été pris autrefois ou récemment. Parmi eux il s'en trouvait qui, faits captifs dès leur plus jeune âge, étaient des vieillards au moment où ils recouvraient leur liberté.

On venait de recevoir les prisonniers et une partie du tribut exigé, quand arriva la nouvelle que Baghdi, mamlouk de l'atabek Ouzbek, fuyant la Syrie, était entré dans l'Adzerbaïdjân. A la suite de certaines vilaines actions dont il s'était rendu coupable autrefois, ce Baghdi était au plus mal avec le sultan. Voici ce qui s'était passé : au début de l'invasion des Tatars dans l'Adzerbaïdjân, tous ceux d'entre les soldats kharezmiens que les hasards de la guerre ou la mauvaise fortune faisaient tomber entre les mains de Baghdi étaient mis à mort par lui sans autre forme de procès. Ces exécutions sommaires faites traîtreusement étaient dues, d'une part à la haine que Baghdi portait au sultan, d'autre part à son enrôlement parmi les suppôts du démon. On assure qu'en un

---

1. Dans le canton de ce nom situé dans l'Adzerbaïdjân et traversé par l'Araxe.
2. La lecture de ce nom est incertaine.
3. On appelait ainsi la monnaie d'or de Byzance dite *hyperperum*. Cf. du Cange.

CHAPITRE SOIXANTE-TREIZIÈME

seul jour il donna de sa main la mort à quatre cents personnes.

Aussi quand le sultan se fut emparé de l'Adzerbaïdjân et fit offrir à Baghdi une place à la cour, celui-ci comprit le danger de la situation et les déceptions auxquelles un pareil rapprochement pourrait le conduire ; il s'empressa donc de prendre la fuite et ne se fia à personnne tant qu'il ne fut pas arrivé auprès d'El-Malik El-Achraf. Maintenant il venait de se séparer de ce prince, sans lui en avoir demandé l'autorisation et il s'était rendu dans l'Adzerbaïdjân parce qu'il avait appris que cette province était en proie à l'anarchie et exposée à toutes les compétitions. Il pensait, à la faveur de cette situation, pouvoir s'insinuer parmi les populations, installer un gouvernement sur les débris de la dynastie abattue des Atabeks, rassembler ce qui en était resté épars et fonder un empire sur ces assises écroulées ; mais, comme dit le proverbe[1], le parfumeur ne saurait remettre en état ce que le temps a gâté.

Au moment où Baghdi approchait des frontières de Khouï, le Chambellan qui avait eu vent de son arrivée partit aussitôt sur ses traces pour essayer de l'atteindre, mais Baghdi réussit à lui échapper en prenant la fuite ; il traversa l'Araxe et, arrivé sur le bord opposé, il s'arrêta et tint au Chambellan le discours suivant : « Je suis le mamlouk d'El-Malik El-Achraf, l'esclave de ses bienfaits et le champ de sa générosité. Partout où je serai je demeurerai son client et son serviteur obéissant. Si je suis venu ici, c'est uniquement pour faire triompher sa cause. » Après avoir entendu ces paroles, le Chambellan revint sur ses pas.

Quant à Baghdi, il entra dans le pays de Qabbàn[2]. Ce pays contient plusieurs forteresses demeurées entre les mains d'é-

---
1. « Comme dit le proverbe » n'est pas dans le texte.
2. Ville de l'Adzerbaïdjan, près de Tebrîz.

(*Mankobirti.*) 18

mirs devenus indépendants, qui n'ont jamais depuis foulé les tapis du sultan, ni manifesté, jusqu'à ce jour, les moindres signes de soumission sauf cependant qu'ils lui ont envoyé des cadeaux et des serviteurs. Baghdi chercha à faire prendre à ces émirs l'engagement de restaurer la dynastie des Atabeks et il les invita à se rendre auprès du fils du prince Khâmouch, à le faire sortir de la citadelle de Qouthour et à l'installer sur le trône de ses ancêtres, afin de rallumer les feux qui semblaient éteints et de rendre confiance à ceux qui désespéraient du succès.

Cette nouvelle contraria vivement Cheref el-Molk; les dispositions qu'il comptait prendre furent brusquement arrêtées et il renonça à poursuivre le plan qu'il avait médité et combiné. Un autre événement venait d'ailleurs de se produire : un groupe de fuyards, échappés à la déroute d'Ispahân, arrivèrent apportant la nouvelle de la défaite du sultan et de sa disparition. Tout cela jeta le trouble dans l'esprit de Cheref el-Molk et augmenta son abattement : il ne voyait plus que chagrin sur chagrin et avanie sur avanie. Malgré cela, il osa envoyer de tous côtés des messagers annonçant l'heureuse nouvelle de la victoire du sultan et du triomphe de l'islamisme sur les infidèles.

Lorsque Baghdi eut réussi à obtenir la promesse sous serment des gens de Qabbân, il se rendit auprès du prince Noçret ed-Dîn Mohammed ben Bichteguin à qui il demanda de l'aider et de l'assister dans ses projets. Celui-ci le reçut très gracieusement et lui accorda une généreuse hospitalité, mais il s'empressa d'écrire à Cheref el-Molk pour l'éclairer sur la situation, le mettre au courant de la coalition qui venait de se former et lui faire connaître l'état des esprits. Aussitôt Cheref el-Molk lui fit intimer secrètement l'ordre de chercher à ramener Baghdi à l'obéissance et de lui garantir en échange tout ce qui pourrait lui être agréable, soit de

CHAPITRE SOIXANTE-TREIZIÈME

l'argent pour remplir ses coffres vides, soit des fiefs exempts de tous défauts.

Après un échange de pourparlers qui dura quelques jours, Baghdi, devenu traitable, fit son entière soumission et le prince Noçret ed-Dîn ménagea une entrevue entre Baghdi et Cheref el-Molk qui se trouvait en ce moment sur les bords de l'Araxe. L'entrevue fut très cordiale ; Cheref el-Molk traita Baghdi avec beaucoup d'égards, lui promit tout ce qu'il désira et lui donna ainsi qu'à son entourage, cent cinquante manteaux d'honneur au nombre desquels s'en trouvaient dix, avec leur assortiment complet de harnais, de coiffure et de queues de cheval. En outre il lui octroya le fief d'Ourmya avec toutes ses dépendances et lui jura qu'il ne permettrait jamais à aucun des Khârezmiens de lui adresser la moindre réclamation au sujet de ceux des leurs dont il avait versé le sang.

Cheref el-Molk venait de se mettre à l'abri de toute attaque de la part de Baghdi et même de s'en faire un auxiliaire, lorsqu'on apprit par des nouvelles apportées de l'Irâq que le sultan était de retour sain et sauf à Ispahân, que les Tatars avaient dû s'éloigner sans succès de cette ville et que le sultan s'était mis à leur poursuite. Aussitôt le vizir se mit en marche vers l'Adzerbaïdjân, emmenant avec lui Baghdi et Ibn Bichteguin, et bien décidé à exécuter le projet qu'il avait arrêté de tirer vengeance du Chambellan.

Arrivé à Merend il fut rejoint par trois émirs de l'aile gauche de l'armée du sultan : Koudj[1] surnommé Bahlaouân, le chambellan particulier Khân Berdi et le grand écuyer Audak ; ces émirs lui étaient envoyés par le sultan à titre de renfort. C'était, en effet, une habitude chez le sultan, quand un de ses courtisans avait pris la fuite durant un combat, ou manqué

---

1. Ou Kouh.

à son devoir durant une bataille, de lui imposer des tâches dangereuses ou pénibles jusqu'au moment où par de loyaux services il en arrivait à effacer le fâcheux effet de la faute qu'il avait commise. Alors seulement ce courtisan rentrait en grâce. Tel était l'usage des Tatars pour mettre un terme aux lâchetés, et c'était d'eux que le sultan avait adopté cette coutume. Les trois émirs, dont il vient d'être parlé, étaient les seuls de l'aile gauche de l'armée qui s'étaient sauvés lors de la bataille livrée sous les murs d'Ispahân et c'est pour cela qu'ils avaient été envoyés comme auxiliaires à Cheref el-Molk.

L'arrivée des émirs ayant accru les forces de Cheref el-Molk, celui-ci marcha vers Khouï qui était commandé au nom du Chambellan par Bedr ed-Dîn Ibn Serhenk. Mais il ne s'approcha pas de cette place et prit sur la droite un chemin qui n'y aboutissait pas, car c'est le Chambellan seul qu'il voulait atteindre et qui se trouvait alors à Nouchehr[1]. Quand le Chambellan apprit que son adversaire marchait sur lui à la tête de milliers d'hommes, il rétrograda vers Berkari[2] et s'établit sous les murs de cette place où il demeura jusqu'à l'arrivée de Cheref el-Molk. Le lendemain de l'arrivée de ce dernier la bataille s'engagea. Une seule charge suffit à amener la déroute du Chambellan qui se réfugia à Berkari et s'y fortifia. Il avait perdu bon nombre de ses compagnons. Tâdj el-Molouk, fils d'El-Malik el-'Adil, fut atteint d'une flèche dans ce combat et mourut peu de temps après.

Cheref el-Molk, à la suite de sa victoire, ramassa les tambours, trompettes, enseignes et pavillons laissés par l'ennemi et les envoya à Ispahân par le messager chargé d'annoncer l'heureuse nouvelle au sultan. Puis il dispersa ses troupes pour faire diverses expéditions et demeura sur place pendant trois jours, n'ayant avec lui pas même cent cavaliers. Le

---

1. Ville neuve, un des noms donnés à Nisabour.
2. La lecture de ce nom est fort douteuse.

Chambellan qui était resté à Berkari n'avait cependant perdu de son armée que ceux qui avaient succombé sur le champ de bataille ou qui avaient été faits prisonniers et pourtant personne ne pouvait sortir de la place sans être immédiatement appréhendé. Ainsi le vaincu perd tout sang-froid et n'a plus de courage : s'il rencontre de simples soldats il n'ose les attaquer ; si c'est un vaillant guerrier, il ne peut lui tenir tête.

Le Chambellan écrivit alors à Audak, le grand écuyer, pour le prier de lui ménager un rapprochement et dissiper les causes du malentendu qui lui avait fait rompre avec Cheref el-Molk. Un des chambellans du grand écuyer, Audak, s'étant approché des murs de la citadelle, c'est à ce moment que le Chambellan lui avait adressé la parole et lui avait remis la lettre destinée au grand écuyer.

En recevant du grand écuyer la lettre du Chambellan, Cheref el-Molk entra dans une violente colère ; il lui adressa les plus vifs reproches et l'invita à interdire à son chambellan de s'approcher dorénavant des remparts : « Jamais, s'écria-t-il, je ne consentirai à faire grâce au Chambellan, c'est sa mort qu'il me faut. Bientôt d'ailleurs je reviendrai ici avec les forces nécessaires pour ruiner son pays et effacer jusqu'aux traces de ses demeures. »

Les troupes envoyées en expédition de divers côtés revinrent alors dans l'Adzerbaïdjân et presque aussitôt Cheref el-Molk se mit en marche pour les rejoindre. Aussitôt qu'il fut arrivé dans le voisinage de Khouï, le représentant du Chambellan s'empressa d'évacuer cette ville et se retira dans la citadelle de Qouthour qu'il abandonna ensuite lors du retour du sultan. Ainsi l'Adzerbaïdjân fut débarrassé des partisans du Chambellan, de ses alliés et de tous ceux qui disaient reconnaître son autorité.

A peine entré dans la ville de Khouï, Cheref el-Molk s'y livra à toutes les exactions ; il n'y laissa pas un seul personnage qu'il ne fît égorger ou mettre en pièces. Puis il confia le gouvernement de la ville à un de ses mamlouks, Naçir ed-Dîn Bouqâ, et reprit la route de Merend, où il se conduisit comme il venait de le faire dans la ville précédente. Nekhdjaouân subit le même sort ainsi d'ailleurs que toutes les autres villes de l'Adzerbaïdjân, dont la prospérité fut complètement détruite et qui gardèrent longtemps les traces de leur ruine.

Bientôt on apprit que les bannières du sultan s'étaient mises en marche vers l'Adzerbaïdjân : Cheref el-Molk se porta à leur rencontre jusqu'à Audjân[1] où il trouva Châh-Khâtoun, la fille du sultan Takach et tante paternelle du sultan et Sendjeqân-Khân qui avaient pris l'avance sur le sultan avec une partie de l'armée, tandis que le reste des troupes était resté campé sur les confins d'Alamout, guettant le départ de Ghiyâts ed-Dîn qui cherchait à en sortir ainsi que nous l'avons dit précédemment.

Une chose bien curieuse qui arriva en ce moment ce fut la mort soudaine de Sendjeqân-Khân; ce personnage était le président du *Youleq* du sultan, c'est-à-dire du tribunal criminel, ainsi appelé du nom que lui donnaient les Turcs. Un jour que, selon sa coutume, Sendjeqân-Khân était appuyé contre un des piliers de la tente du Youleq à Audjân, il baissa soudainement la tête au milieu d'une conversation. Les assistants s'imaginaient tous qu'il s'était endormi, mais il était mort et on dut l'emporter.

Le sultan arriva peu après Châh-Khâtoun et Sendjeqân-Khân; puis ensuite arriva en litière la princesse du Fars, fille de l'atabek Sa'd. Le mariage de cette dernière avait été célébré à Ispahân, durant le séjour qu'y avait fait le sultan et qui l'avait épousée après être devenu veuf de sa sœur morte à Guendjeh, le jour du meurtre d'Orkhân.

---

1. Ville de l'Adzerbaïdjan.

CHAPITRE LXXIV

HISTOIRE DE 'IZZ ED-DIN BELBAN[1] EL-KHELKHALY ET DE LA FAÇON DONT IL FINIT SES JOURS.

Ce personnage, qui était un des mamelouks atabékiens, avait été investi du gouvernement de Khelkhâl[2] et des forteresses qui en dépendent. Son principal souci était de répandre la terreur sur les grandes routes, de dévaliser les voyageurs allant de l'Irâq dans l'Adzerbaïdjân. Malgré les plaintes incessantes que causaient ses nombreux méfaits, le sultan était trop occupé ailleurs pour en tenir compte et ramener le calme dans ces régions en étouffant ces brigandages. Ces rapines ne firent donc qu'augmenter et le désordre s'accroître tant que le sultan fut occupé par les Tatars et le Chambellan à mettre à feu l'Adzerbaïdjân.

En revenant de l'Irâq le sultan vint camper sur les terres de 'Izz ed-Dîn et l'assiégea dans la citadelle de Firouzâbâd[3]. Quelques jours après, celui-ci demanda l'aman et se rendit auprès du sultan avec une épée et un linceul. Le sultan calma les angoisses d''Izz ed-Dîn en lui accordant son pardon et dissipa sa frayeur par un excès d'attentions, puis il se fit remettre les deux citadelles de Belek[4] et de Firouzâbâd. Cette dernière ville fut donnée à Hosâm ad-Dîn Tekîn Tâch, mamlouk de l'atabek Sa'd; quant à Belek, le sultan le donna à un des chefs turcs.

Après avoir laissé son trésor, son harem et ses bagages à

---

1. Les points diacritiques font défaut.
2. Ville de l'Adzerbaïdjan à deux jours d'Ardebîl.
3. Plusieurs villes portent ce nom. Celle dont il s'agit ici est à 1 farsakh de Khelkhâl.
4. Ce nom n'ayant pas de points diacritiques dans le texte, on peut lire Yelek.

p. ١٦٧ Mouqân, le sultan accompagné de ses troupes armées à la légère se dirigea du côté de Khélâth à cause de son ressentiment contre le Chambellan. Mais arrivé à Ardjîch[1], la neige tomba en si grande abondance et le froid devint si vif qu'il gagna Thoughthâb qui, abandonnée par ses habitants serrés de trop près, était devenue la proie de pillards. Il séjourna là dix jours, envoyant à droite et à gauche, dans les plaines et dans les montagnes, des corps de troupes faire des incursions ; un de ces corps atteignit même Erzen Er-Roum[2] et porta la dévastation jusqu'aux portes de cette ville.

Pendant que le sultan était à Thoughthâb il reçut une lettre de 'Ala ed-Dîn, prince de Roum, qui l'engageait à faire acte d'hostilité contre les Ayyoubites et lui promettait de lui prêter assistance contre eux. Il ajoutait que cette année-là il avait été occupé à repousser les infidèles installés dans son voisinage et à leur reprendre un certain nombre de villes, de même que le sultan avait eu affaire aux Tatars et avait dû les repousser. Maintenant qu'ils se trouvaient libres tous deux, ils pouvaient tourner tous leurs efforts contre les Ayyoubites, cette engeance néfaste et cette horde tyrannique. Enfin il allait jusqu'à dire : « Maintenant que nous en avons fini avec la petite guerre sainte, il nous faut entreprendre la grande guerre sainte. »

Dans cette lettre en était enfermée une autre que le prince de Roum avait reçue de Sirâdj ed-Dîn El-Modhaffer ben El-Hosaïn, lieutenant en Syrie de 'Alâ ed-Dîn, seigneur de Alamout, au moment où le sultan était dans l'Irâq. Dans cette lettre il était dit que l'hérétique[3] Djelâl ed-Dîn avait été tué dans une bataille livrée sous les murs d'Ispahân, que ses troupes s'étaient dispersées de tous les côtés et que son

---

1. Ville de la Grande Arménie près de Khélâth.
2. Aujourd'hui Erzeroum.
3. Le mot ainsi traduit signifie aussi « abandonné ».

frère Ghiyâts ed-Dîn avait cherché un refuge à la cour d'Alamout. Puis, que ce dernier avait fait sa pleine soumission au seigneur d'Alamout ainsi que l'atabek Qizil Arslan, c'est-à-dire le prince Khâmouch, que maintenant ils étaient tous deux retenus à la cour dont ils attendaient les décisions, et que la possession de l'Irâq était désormais assurée contre tout agresseur à 'Ala ed-Dîn; enfin quantité d'autres choses semblables.

Le sultan m'avait tendu cette lettre pour en faire la lecture. Quand je l'eus parcourue, je vis qu'elle ne contenait que toutes ces sornettes pleines de médisances et d'affronts et, comme l'assistance était bondée de khâns et d'émirs, je dis au sultan qu'il ne convenait pas qu'une pareille lecture fût faite devant lui; mais il insista pour que j'en donnasse connaissance, en ajoutant : « Il faut que vous la lisiez. — Puisque vous le voulez absolument, lui répliquai-je, au moins que ce soit en tête en tête. » Tout le monde étant alors sorti et ayant quitté la salle d'audience, je lui lus cette lettre. Quand j'eus fini, il me la prit des mains, la plia et la mit dans sa bourse.

Durant la nuit Belbân El-Khelkhâly s'enfuit de Thoughthâb vers Khélâth et l'on ne s'aperçut de sa disparition que lorsqu'il fut hors d'atteinte. Le Chambellan lui fournit les moyens de gagner l'Adzerbaïdjân, pensant qu'une fois arrivé au milieu des États du sultan il y provoquerait des désordres, en sorte que, occupé par ces événements, le sultan abandonnerait ses projets sur Khélâth. Mais cela ne pouvait en rien entraver les projets du sultan, car maintenant qu'il avait livré ses forteresses, Belbân était comme un oiseau à qui on a coupé les ailes ou comme un guerrier qui a brisé ses armes. Il gagna les montagnes de Zendjân où il continua à répandre la terreur sur les routes et à fomenter la discorde et la rébellion, jusqu'au jour il fut tué à Ispahân. Sa tête fut alors portée au sultan, comme nous le raconterons à son lieu et place, si Dieu veut.

Le sultan quitta ensuite Thoughthâb pour se rendre à Khertabirt[1] où il se conduisit comme il l'avait fait à Thoughthâb, c'est-à-dire qu'il dévalisa et saccagea tout et s'empara des troupeaux de bœufs. Le quint de ceux de ces animaux qui lui furent amenés s'éleva à sept mille têtes et dans ce nombre ne figuraient pas les autres sortes de bétail. Cette expédition et ces désordres ruinèrent complètement le district de Khélâth. Dieu maudisse celui qui a provoqué de pareils excès !

CHAPITRE LXXV

ARRIVÉE DE NEDJM ED-DIN ER-RAZI ET DE ROKN ED-DIN IBN 'ATTHAF, AMBASSADEURS DU KHALIFE ED-DHAHIR-BIAMRILLAH.

C'était à Tebrîz que se trouvait le sultan, quand ces deux ambassadeurs arrivèrent pour lui annoncer l'heureuse nouvelle de l'avènement au trône des khalifes, ses ancêtres, de l'imâm Ed-Dhahir-biamrillah. Leurs lettres de créance étaient remplies des plus belles promesses et contenaient les gages des plus brillantes espérances. Le khalife avait enjoint à Ibn 'Atthâf de demeurer auprès du sultan, tandis qu'Er-Râzi reviendrait avec les envoyés chargés d'apporter les manteaux d'honneur et les cadeaux que l'on attendait avec une telle impatience que l'on comptait les heures des jours et des nuits. Mais le cours du Destin devait empêcher toutes ces choses d'arriver à temps et les laisser traîner derrière le voile du retard.

1. Citadelle d'Arménie à deux journées de Malathiya.

Le sultan avait fait accompagner l'ambassadeur par le cadi Modjîr ed-Dîn qui dut rapporter les présents, ayant appris en route la fatale nouvelle de la mort d'Ed-Dahir-biamrillah (que Dieu répande ses faveurs célestes sur ce prince et sur ses ancêtres les khalifes orthodoxes!). Les manteaux d'honneur furent ensuite renvoyés à Bagdad; la cause qui détermina le sultan à les réexpédier dans cette ville fut le changement d'attitude qu'il remarqua à son égard et dont il voulut de cette façon connaître exactement la cause.

CHAPITRE LXXVI

LE SULTAN ÉTABLIT SES QUARTIERS D'HIVER DANS L'ADZERBAIDJAN. IL DÉCOUVRE CERTAINS AGISSEMENTS DE CHEREF EL-MOLK QUI MODIFIENT SON OPINION SUR CE VIZIR.

Chargées du lourd butin fait au cours de leurs expéditions, les troupes rentrèrent à Mouqân. Quant au sultan, il fit à Khouï un séjour d'un mois pendant lequel il fut mis au courant des terribles exactions et des effroyables abus dont la population de cette ville avait été la victime. Ce fut là également qu'il apprit les causes qui avaient déterminé l'agression dirigée contre la princesse, fille de Toghrîl ben Arslân le Seldjouqide, l'innocence de cette dernière de tous les faits qu'on lui attribuait et la façon dont Cheref el-Molk s'était emparé des beautés de son palais et des étoiles de ses boudoirs.

Au milieu de l'hiver le sultan se transporta à Tebrîz et là il put constater par lui-même que la princesse et sa sœur se trouvaient dans la plus triste situation. A tous ces motifs de mécontentements vint s'en ajouter un autre : le sultan venait de camper près de Koura-Kounân¹, bourg situé dans le district de Tebrîz et dont le divan retirait un revenu considérable. Chaque fois que le sultan campait dans cette localité, le raïs qui la commandait envoyait aux cuisines, aux boulangeries et aux écuries du sultan toutes les provisions dont on avait besoin et l'on traitait avec une égale libéralité tous les fonctionnaires du domaine de la couronne ainsi que ceux du gouvernement. Or cette fois le sultan ne trouva pas le raïs à son poste ; il apprit qu'il avait été arrêté pour avoir versé le sang d'un de ses sujets et qu'il était en ce moment à Tebrîz où l'on exigeait de lui le paiement d'une somme de 1,000 dinars. Enfin il sut que Cheref el-Molk avait donné le gouvernement de Koura-Kounân à un de ses mamlouks Nâçir ed-Dîn Bouqâ et à Seïf ed-Dîn Toghril El-Djâchenkîr.

Arrivé à Tebrîz, le sultan donna l'ordre d'arrêter ces deux pages à qui l'on avait donné la ville de Koura-Kounân. On les arrêta aussitôt et on leur fit restituer le prix du sang qu'ils avaient touché et, après leur avoir pris leurs animaux, on les exila à Mouqân où ils durent se rendre à pied. Puis, voyant la triste situation dans laquelle se trouvaient Tebrîz et la campagne environnante, le sultan résolut de faire cesser cet état de choses et de mettre un terme aux maux qui affligeaient ce pays. Dans ce but il fit remise de trois années d'impôts et, pour constater cette mesure, il rédigea une ordonnance qu'il laissa aux habitants.

Malgré cela, les abus et les vexations de toutes sortes continuèrent à être pratiqués en secret. Les habitudes iniques prises durant l'absence du sultan se maintinrent en dépit de son retour qui devait être un bienfait pour ce pays. Tous ces faits rapportés au sultan vinrent accroître la haine secrète qu'il nourrissait contre Cheref el-Molk. Aux lettres que ce

---

1. Yaqout donne l'orthographe Kour-Kounân pour ce gros bourg situé entre Ourmiya et Tebrîz.

dernier écrivait au sujet des questions les plus importantes, le sultan ne donnait même plus aucune réponse. Enfin, voyant que Tebrîz ne pouvait plus fournir les provisions nécessaires à ses écuries, et que les grains faisaient défaut dans le domaine de la couronne, le sultan ordonna d'ouvrir les greniers de Cheref el-Molk et d'en faire remettre le contenu à ses boulangeries et à ses écuries.

Dès lors, parmi le peuple, les suppositions et les hypothèses allèrent leur train et bientôt tout le monde s'accorda à dire que les beaux jours de Cheref el-Molk étaient définitivement passés. Pourtant, quand le sultan retourna à Mouqân où il se rencontra avec son vizir, il ne modifia en rien son attitude à son égard. Il semblait même qu'aucune haine n'emplissait son cœur et qu'aucun sentiment de colère n'était entré dans son esprit.

Depuis bien des années Cheref el-Molk prélevait la dîme sur toutes les terres, fiefs ou domaines de la couronne ; il suivait en cela l'exemple des vizirs qui l'avaient précédé, mais ceux-ci le faisaient en cachette, tandis que lui agissait ouvertement sans y être autorisé par une ordonnance royale. Cependant il ne pouvait contraindre ceux qui refusaient de lui payer la dîme, puisque le sultan ne lui en avait pas accordé le droit. Ce fut alors qu'il parut une ordonnance royale autorisant Cheref el-Molk à prélever la dîme sur toutes les terres du royaume, fiefs ou domaines de la couronne et ce fut moi-même qui rédigeai ce décret. La notification de cette mesure fut faite par Da'y-Khân et Athlas-Malik, émirs du Youleq, qui reçurent de Cheref el-Molk à titre de gratification pour cet heureux message une somme de 5,000 dinars.

Rien que la dîme de l'Irâq à elle seule rapportait chaque année plus de 70,000 dinars, malgré les obstacles que suscitait Cheref el-Molk Ali qui avait peu d'estime pour le vizir. Quant aux fiefs, ceux qui les détenaient, voyant qu'ils ne pouvaient se soustraire à l'impôt, s'arrangèrent de façon à en partager le produit avec le vizir. Mais personne ne put s'en affranchir complètement, car Cheref el-Molk avait organisé dans tous les bureaux de finances du royaume un bureau spécial chargé de recueillir en son nom l'impôt de la dîme.

CHAPITRE LXXVII

KOURKA VIENT SE METTRE AU SERVICE DU SULTAN.

La tribu des Qifdjâq avait toujours professé de la sympathie et de la déférence pour la famille du sultan. A aucune époque un enfant n'était né dans la famille royale qui n'eût eu pour mère une des princesses des Qifdjâq dont on avait demandé et obtenu la main. C'est cette circonstance qui avait poussé Djenguiz-Khân et ses enfants à exterminer cette tribu, car ils voyaient en elle un élément de force, une source de puissance et de nombre pour leurs ennemis.

Quand, après la perte de la bataille livrée sous les murs d'Ispahân, le sultan, en revenant de l'Irâq, vit ses troupes toutes démoralisées par le succès des Tatars et leur courage héroïque, il songea à demander un appui aux tribus des Qifdjâq. Il leur dépêcha un de ses officiers[1], qui était originaire de cette nation et y avait de la famille, pour les prier de venir à son aide en leur montrant qu'il n'y avait d'espoir de salut pour elles qu'en s'unissant à lui contre l'ennemi commun, car en restant séparées les unes des autres, leur nation et la sienne seraient anéanties et exterminées.

---

1. Le mot « Serdjenkéchi » employé ici pourrait être un nom propre.

CHAPITRE SOIXANTE-DIX-SEPTIÈME

Ce message fut accueilli avec joie par les Qifdjâq qui se montrèrent très empressés de faire cause commune avec le sultan et expédièrent aussitôt du côté de Derbend un groupe d'environ cinquante mille tentes des leurs. Mais n'ayant pu effectuer la traversée, ces troupes durent camper aux environs de la ville tandis que Kourka, un de leurs princes, s'embarquait sur des barques emmenant avec lui trois cents de ses proches et fidèles et rejoignait Cheref el-Molk en ce moment à Mouqân.

Quand les chemins furent débarrassés des neiges qui les obstruaient et que les signes avant-coureurs du printemps se montrèrent, le sultan revint à Mouqân. Cheref el-Molk vint à sa rencontre ayant avec lui Kourka. Ce dernier demanda au sultan de le dispenser de demeurer attaché à son service et de se contenter de sa visite et de la promesse qu'il faisait de le servir avec le plus grand zèle. Mais sa demande fut repoussée et il dut accepter son incorporation parmi les fonctionnaires du sultan et lui baiser la main. Quelques jours après, le sultan lui fit donner un manteau d'honneur ainsi qu'à chacun de ses compagnons et les congédia en leur faisant promettre de l'aider à la conquête de Derbend.

Derbend allait être prise, quand une mauvaise direction imprimée aux affaires la sauva. Kourka avait quitté le sultan afin de se trouver au rendez-vous fixé pour attaquer Derbend, place plus connue sous le nom de Bâb-el-Abouàb, quand le sultan eut l'idée d'envoyer une ambassade dans cette ville où régnait un prince encore enfant au nom duquel un certain atabek, surnommé El-Asad, dirigeait les affaires. El-Asad saisit cette occasion qui s'offrait d'être agréable au sultan et d'obtenir ses faveurs, aussi s'empressa-t-il de se rendre en personne auprès de lui. Le sultan le reçut avec de grands égards, lui donna un manteau d'honneur et lui concéda, tant pour lui personnellement que pour son jeune maître, divers fiefs auprès desquels Derbend eût fait triste figure, à la condition qu'il le ferait accompagner pour en prendre possession.

Le sultan équipa dans ce but une escorte de six mille cavaliers parmi lesquels figuraient Aïnâm-Khân, Sakar-Khân, et Khâçç-Khân. On était à peine en route depuis quelques jours quand ces personnages se jetèrent sur El-Asad et le chargèrent de chaînes, proclamant bien haut que cet atabek avait voulu les quitter sans y être autorisé. Puis la troupe se porta sur Derbend et saccagea tous les abords de cette place jusqu'aux remparts, répandant partout la ruine et la désolation, si bien qu'il n'y resta pas trace de ce qui y existait la veille.

El-Asad réussit à force de ruses à échapper au guet-apens dans lequel il était tombé et regagna Derbend, tremblant comme une gazelle et pareil à un lion traqué et blessé. Grâce à toutes ces déplorables machinations, Derbend se tint sur ses gardes et se barricada si bien qu'il n'y eut plus à espérer pouvoir s'en emparer. D'ailleurs si Dieu avait voulu que cette ville fût prise il aurait sûrement assigné ce soin à Cheref el-Molk. Il n'y avait point à songer, en effet, à s'emparer d'une position aussi difficile autrement qu'en prodiguant de l'argent, d'abord et en employant ensuite une série ininterrompue de ménagements et d'efforts sans violence. Or Cheref el-Molk ne s'était jamais trouvé dans une position critique sans réussir à s'en tirer heureusement après avoir taillé, coupé et rogné. Chaque fois qu'il était seul mêlé à une affaire, il arrivait toujours à en obtenir pour lui les meilleurs morceaux, à réaliser tous ses vœux et à satisfaire ses moindres désirs.

CHAPITRE LXXVIII

CE QUE FIT CHEREF EL-MOLK A MOUQAN, LORSQU'IL APPRIT QUE LE SULTAN, AYANT DÉCOUVERT SES MENÉES, AVAIT CHANGÉ DE SENTIMENTS A SON ÉGARD.

Voyant, par les nouvelles qu'il recevait, que le sultan changeait d'opinion sur son compte et qu'il était fort mal disposé pour lui, Cheref el-Molk pensa qu'il reconquerrait les bonnes grâces de son souverain en exécutant durant son absence des choses qui serviraient en quelque sorte d'expiation à ses fautes et lui vaudraient à nouveau la faveur royale. Dans ce dessein il partit à la tête de son armée et d'une partie des troupes du sultan, traversa l'Araxe sur des bateaux et s'empara du canton de Kouchtasfi[1], auquel il imposa pour cette année-là une contribution de 200,000 dinars berbéra et dont il expulsa les agents de Cherouânchâh. Ce canton est situé entre les deux fleuves, l'Araxe et le Kourr[2], et on ne peut y accéder qu'en bateaux. C'est une région pleine d'étangs et fort riche à cause de l'abondance des oiseaux aquatiques et des poissons ; ainsi le cent d'oies sauvages n'y vaut parfois qu'un dinar.

Quand le sultan revint à Mouqân, il donna ce canton en fief à Djelâl ed-Dîn Sultânchâh, fils de Cherouânchâh. Cherouânchâh avait livré son fils aux Kordj et ceux-ci l'avaient baptisé afin de lui faire épouser la fille de la princesse Rousoudân, fille de Tamar[3]. Lors de la conquête du pays des Kordj, le sultan avait délivré cet orphelin des chaînes de sa captivité en même temps qu'il rendait la liberté au fils du prince

---

1. Canton de la province de Chirouân, sur les bords de la mer Caspienne.
2. Affluent de l'Araxe.
3. Sur cette princesse, cf. M. Brosset, *Histoire de la Géorgie*, 1re partie, p. 431 et suiv.

d'Erzen Er-Roum ; mais ce dernier apostasia de nouveau pour retomber dans l'abîme de l'infidélité et s'enfuit auprès des Kordj qui n'eurent pour lui que du mépris ; en outre la princesse qui l'avait épousé le répudia pour prendre un nouveau mari.

Quant au fils de Cherouânchâh, qui était d'une beauté merveilleuse et d'une admirable prestance, il fut élevé par le sultan qui lui donna une excellente éducation et le fit circoncire comme si c'eût été un de ses propres enfants. En lui donnant la principauté de Kouchtasfi, le sultan voulait lui rendre une part de l'héritage de son père. Cet enfant qu'il avait trouvé orphelin, il l'avait recueilli et conduit de l'erreur à la vérité en lui faisant adopter la loi de Dieu[1] qu'il ignorait auparavant, cette loi à laquelle on ne trouvera jamais rien à changer.

Cheref el-Molk avait en outre fait creuser à ses frais un certain nombre de canaux dérivés de l'Araxe ; il les avait appelés Ech-Cherefi, El-Fakhri et En-Nidhâmi et avait ainsi fertilisé trois nouvelles régions qui donnaient d'abondants produits. Quand il s'aperçut des changements de disposition du sultan à son égard, il se rendit vers l'Araxe au retour de son expédition à Kouchtasfi et comme on était en hiver et que le sol était gelé, il ordonna d'aller dans les forêts voisines couper des poutres qui furent jetées sur la ligne projetée d'un canal ; on mit ensuite le feu à ces bois, ce qui ameublit la terre placée au-dessous et alors on put creuser le sol de façon à établir un canal assez profond pour n'être pas guéable. Il donna à ce canal le nom de Sultân-Khouï et y dépensa cette année-là 80,000 dinars. On ne put du reste rien ensemencer à l'aide de ces canaux et ce fut le produit des étangs qui en couvrit les frais.

1. L'islamisme.

CHAPITRE LXXIX

ARRIVÉE DE CHEROUANCHAH IFRIDOUN, FILS DE FERIBERZ.

Au moment où le sultan Malikchâh, fils d'Alp Arslan, s'était emparé de l'Errân qu'il avait annexé à ses vastes États, il avait mandé à sa cour le Cherouânchâh d'alors[1] qui, après une longue suite d'incursions sur ses terres, avait perdu dans diverses batailles la majeure partie de ses troupes et lui avait imposé l'obligation de verser chaque année au trésor royal une somme de 100,000 dinars.

En l'année 622 (13 janvier 1225 — 2 janvier 1226), époque à laquelle le sultan (Djelâl ed-Din) devint maître de l'Errân, il députa une ambassade à Cherouânchâh Ifridoun, fils de Feriberz, pour lui réclamer la redevance fixée précédemment en faveur du trésor de Malikchâh. Cherouânchâh prétexta l'épuisement de son pays, la perte d'une grande partie de ses États, Cheki, par exemple, et Qibla[2] et enfin les empiétements des Kordj sur ses pays frontières. Après divers pourparlers, la redevance finit par être fixée à 50,000 dinars qui chaque année devaient être versés au trésor djelalien.

Comme le sultan retournait cette fois-ci dans l'Errân, Cherouânchâh Ifridoun, fils de Feriberz, se présenta à lui sans y avoir été invité. Il estima que ce serait un bonheur pour lui que de baiser la main de son souverain et de fouler aux pieds ses tapis, et aussi que cette démarche lui procurerait des avantages pour le présent et lui serait une sauvegarde pour l'avenir, si la Fortune lui était contraire. Il offrit au

---

1. Le mot était à la fois un titre et un nom de famille.
2. Cheki ou Chaki et Qibla faisaient partie de l'Arménie.

sultan cinq cents chevaux de race turque et cinquante seulement à Cheref el-Molk.

Cheref el-Molk trouva qu'on lui avait témoigné peu d'estime en lui donnant si peu ; il conseilla donc au sultan de s'emparer de la personne de Cherouânchâh et d'annexer son pays au reste du territoire de l'empire. Le sultan refusa d'agir ainsi ; il renvoya son vassal après lui avoir donné un manteau d'honneur et remis des présents et m'ordonna de rédiger un rescrit qui confirmait à Cherouânchâh la possession du territoire qu'il détenait et lui faisait remise de 20,000 dinars sur le montant de la redevance qu'il devait payer. Pour me rémunérer de la rédaction de ce décret, Cherouânchâh me fit cadeau de 1,000 dinars.

CHAPITRE LXXX

LE SULTAN SE DIRIGE VERS LA VILLE DE LOURI [1] DANS LE PAYS DES KORDJ.

Tandis que le sultan était à Mouqân lors de son retour de l'Adzerbaïdjân, il envoya en expédition Koudj Abeh Kekkhân à la tête de ses troupes et de certains groupes de soldats dispersés qui l'accompagnèrent sans y être autorisés par leurs chefs, ni les avoir consultés. Celui-ci marcha sur Louri, ravagea et pilla la contrée, puis revint avec le butin qu'il avait amassé. Arrivé au lac de Betâkh, sa troupe se divisa pour passer la nuit en deux groupes, l'un qui campa à l'ouest du lac, l'autre à l'est. Pendant la nuit les Kordj fondirent sur le groupe campé à l'ouest, lui tuèrent du monde et lui firent des prisonniers. Izbeh Thâïn, qui faisait partie du groupe

---

1. Ou Loré, ville de Géorgie.

attaqué, disparut sans qu'on pût depuis avoir de ses nouvelles et pourtant on ne le trouva pas parmi les morts. Le groupe campé à l'est resta indemne et revint avec son butin. Le sultan fut furieux de ce que ses soldats avaient été ainsi attaqués par les Kordj qui, pour avoir la vie sauve, avaient abandonné leurs maisons.

Peu de temps après cela on reçut la nouvelle que la reine et El-Iyouâni s'étaient ligués ensemble et qu'ils avaient groupé autour d'eux les contingents des Lekz, des Allan et de Soun[1]. Tout cela formait une troupe de plus de quarante mille hommes. Cette masse de suppôts de l'enfer et de canailles de toute sorte remplissait d'allégresse le cœur de ses chefs à qui les promesses du Diable ne pouvaient cependant réserver que des déceptions.

Le sultan se mit aussitôt en marche contre cette armée. Il quitta son camp en y laissant ses bagages et ses impédimenta et, suivi d'une foule de cavaliers rapides en groupes ou isolés mais formant une masse énorme de défenseurs et d'auxiliaires, il s'élança en avant. Comme on approchait du lac, dont il a été parlé ci-dessus, les deux avant-gardes prirent contact. L'avant-garde des Kordj prit la fuite et Dieu, par cela, assura la victoire au sultan. On lui amena quelques prisonniers auxquels il fit trancher la tête, puis il s'avança contre l'armée des ennemis. Ceux-ci se mirent à fuir comme s'ils avaient eu des ailes, pareils à des milans qui sentent le faucon planer sur leur tête ou qui voient fondre sur eux des aigles. Ils se dispersèrent de tous côtés et se débandèrent dans toutes les directions. Les fuyards furent poursuivis l'épée dans les reins et atteints dans leur course. On réussit même à s'emparer des bagages d'Iyouâni qui firent partie du butin.

---

1. Les Lekz, les Allan et les Soun étaient des tribus des environs de Derbend.

Le sultan partit en avant dans la direction de Louri. Arrivé là, il campa sur les murs de cette ville et envoya un messager aux Kordj qui s'y trouvaient, les menaçant de mettre le siège devant la place et leur réclamant la mise en liberté des prisonniers turcs qui avaient été capturés durant l'attaque de nuit sur les bords du lac. Tous ces prisonniers furent relâchés à l'exception de Izbeh Thâïn, que l'on croyait avoir été pris lui aussi, puisque les Kordj avait cerné toute la petite troupe en sorte que personne n'avait pu leur échapper. Le sultan insista d'autant plus pour qu'on lui rendît ce prisonnier qu'on n'avait pas trouvé le corps d'Izbeh Thâïn parmi les cadavres laissés sur le champ de bataille, mais toutes ces insistances furent vaines, car les Kordj jurèrent par les serments les plus solennels qu'ils n'avaient pas devers eux un seul prisonnier kharezmien.

Ils racontèrent que, après avoir été cernés, les Kharezmiens avaient été tous tués ou faits prisonniers, sauf un seul individu, qui, s'étant adossé à un rocher, avait vidé son carquois et s'était mis en devoir de décocher une flèche contre tout Kordj qui s'approcherait. Quand il en eut abattu trois, les autres s'éloignèrent et le laissèrent sans plus s'en inquiéter. C'était, en effet, ainsi que les choses s'étaient passées. Le vaillant Izbeh Thâïn, après avoir résisté aussi à ceux qui l'entouraient, était parti à pied dans la direction de l'Adzerbaïdjân en s'écartant des chemins frayés et était arrivé dans le voisinage de Bedjeni, une des citadelles de Aouak, fils d'Iyouâni[1], le Géorgien. Là il avait trouvé un troupeau de moutons gardé par un berger; il avait tué le berger et ayant fait traverser la vallée au troupeau, il avait égorgé un des moutons et l'avait fait rôtir; puis muni de cette provision de vivres, il avait atteint Nekhdjaouân où il avait séjourné

---

1. Ou Awag, fils d'Iwané. Cf. M. Brosset, *l. c.*, Ire partie, p. 508.

jusqu'au moment où le sultan se rendit dans cette localité pour aller assiéger Khélâth. Ce fut là qu'il rencontra le cortège royal et qu'il raconta de quelle façon il avait réussi à s'échapper et son récit confirma très exactement celui des Kordj.

CHAPITRE LXXXI

LE SULTAN ASSIÈGE LA CITADELLE DE BAHRAM LE GÉORGIEN.

Pendant que le sultan était dans l'Irâq, la région de Guendjeh eut vivement à souffrir des attaques de Bahram le Géorgien; de nombreuses plaintes se firent entendre au moment où le sultan lors de son retour passa dans ces contrées, aussi résolut-il de tirer vengeance de ces agressions. A la tête d'une multitude innombrable, et par une nuit obscure il marcha contre Bahrâm; bientôt ses soldats, avec armes et bagages, se répandirent dans toute la contrée gouvernée par ce tyran; ils se mirent à tuer, à piller, à incendier, allant de tous côtés pour arracher les trésors cachés et les richesses enfouies, et contraignant les populations à descendre de leurs refuges dans les montagnes, en abandonnant les pitons les plus escarpés et les sommets inaccessibles.

Puis le sultan attaqua la citadelle de Chekân qu'il emporta de vive force et il y dressa un grand bûcher pour les infidèles[1]. De là il se rendit à la forteresse de Aliâbad, qui appartenait à la reine Tamestsaha Belmikour[2]; il se hâta de s'emparer de cette place pour abaisser l'arrogance de cette

---

1. L'expression est sans doute figurée.
2. Ou Thamtha, fille d'Iwané. Cf. M. Brosset, *l. c.*, Ire partie, p. 520. Le mot qui suit est sans doute l'altération de Bek-Timour.

princesse et après en avoir tué les défenseurs, il livra la ville au pillage. Ensuite il marcha contre les deux citadelles de Kâk et de Kouârîn, les assiégea durant trois mois et serra de si près les Géorgiens que ceux-ci lui offrirent de lui remettre aussitôt de l'argent s'il consentait à les laisser en paix. Après des pourparlers à ce sujet, le sultan accepta l'argent qui lui fut remis et partit plein d'ardeur pour s'emparer de Khélâth.

CHAPITRE LXXXII

LE SULTAN FAIT ARRÊTER IKHTIYAR ED-DIN, LE MAJORDOME.

Nous avons déjà parlé de Djemâl, le fabricant de cottes de mailles, qui avait abandonné l'arsenal[1] royal du pays de l'Inde, pour revenir ensuite au service du sultan, quand celui-ci, ayant repassé le Sind après sa défaite, se trouvait fort en peine de trouver de quoi pourvoir à son extrême dénûment. Nous avons également raconté que Djemâl, à ce moment de détresse et de grande pénurie, avait apporté des vêtements et de la nourriture, et que le sultan lui avait alors conféré la fonction de majordome du palais et le titre de Ikhtiyâr ed-Dîn. Ce fut, grâce à la bienveillance qu'il s'était attirée en cette circonstance, que Djemâl était sorti de sa condition infime.

La charge de majordome à la cour du prince consistait alors, pour le titulaire de cet office, à recevoir sur les principaux revenus du trésor et sur les impôts du pays une somme déterminée qu'il avait ensuite à ordonnancer, afin de pourvoir aux dépenses des boulangeries, cuisines et écuries, et

---

1. « La fabrique d'armures ».

aussi aux sommes nécessaires au paiement des gages ou traitements des fonctionnaires du palais et à d'autres dépenses encore. Les pièces de cette comptabilité devaient être revêtues de visas : ainsi elles avaient à recevoir le visa du premier ministre, du ministre des finances, du surintendant et de l'inspecteur; en outre, s'il s'agissait du personnel et non du matériel, il fallait le visa du chef de service et ceux des chefs subalternes, soit en tout douze visas émanés de hauts fonctionnaires ou d'agents d'ordre inférieur.

Djemâl reçut ainsi les revenus des différentes provinces depuis le moment où le sultan s'était emparé de l'Irâq et avait adjoint à ses États ceux de son frère, c'est-à-dire depuis l'année 621 (1224) jusqu'en l'année 624 (1227) sans jamais rendre de comptes. Chaque fois qu'il venait au divan et qu'il déclarait qu'il ne lui restait plus rien, on lui assignait de nouvelles ressources. Les choses durèrent ainsi jusqu'au jour où le sultan mit le siège devant les châteaux de Bahrâm le Géorgien ; ce jour-là il fit inviter Djemâl à rendre des comptes et l'on constata un déficit de 150,000 dinars. Comme on lui réclamait le remboursement de cette somme et qu'il voyait que la chose prenait une telle gravité que l'on n'accepterait aucune excuse s'il ne payait point, il prétendit qu'il avait dû, pour obtenir qu'on lui remît les fonds qui lui étaient destinés, payer 60,000 dinars de pots-de-vin aux vizirs et aux autres fonctionnaires et il indiqua nominativement pour chacun d'eux la somme qu'il avait versée à ce titre.

Parmi ces personnages, un seul n'avait point trempé dans ces tripotages : c'était un membre du divan nommé Chems ed-Dîn Mohammed et connu sous le sobriquet de Mouï Dirâz[1]. Homme d'une honnêteté éprouvée, circonspect dans

---

1. C'est-à-dire : aux longs cheveux.

tous ses actes par crainte des conséquences, il ne salissait ni sa langue, ni sa plume et se tenait à l'écart de ces compromissions douteuses. Il avait servi sous le grand sultan[1], d'abord en qualité de rédacteur, puis comme suppléant du ministre des finances, et enfin en qualité de ministre des finances.

Tous les autres fonctionnaires étaient de nouveaux parvenus qui n'étaient arrivés aux honneurs qu'à défaut de plus dignes, étant donnés les vides produits dans le pays. Dès qu'ils apprirent l'accusation portée contre eux, ils essayèrent d'intimider le majordome en le menaçant et en jetant contre lui feu et flammes; puis, comme il persistait dans son affirmation pour les perdre en même temps que lui et qu'ils désespérèrent alors de le faire revenir sur sa dénonciation, ils convinrent de diminuer le chiffre du déficit de 60,000 dinars.

Cela fait, ils déclarèrent au sultan que Djemâl devait au trésor une somme de 90,000 dinars. Le sultan ordonna de se saisir du majordome et de le contraindre au remboursement de la somme qu'il devait, mais celui-ci, profitant de sa déconfiture et se retranchant derrière le vide de sa bourse, se contenta de remettre ce qu'il avait en sa possession, à savoir : vingt-sept esclaves hommes, vingt-deux esclaves femmes, des chevaux et des chameaux. On ne trouva rien autre chose en sa possession, car il était prodigue et dépensier, qu'il s'agît de satisfaire à ses plaisirs ou de faire des largesses et des cadeaux.

Un jour que j'étais à Sermâra au moment où Djemâl passait dans cette localité pour se rendre à Abkhâz, il fut reçu dans une maison à laquelle attenait un établissement de bains. Cheref ed-Dîn Ejdereh[2], le propriétaire de cette maison, s'étant ce jour-là rendu au bain, le majordome lui

---

1. Le père de Djelâl ed-Dîn.
2. La lecture de ce nom est douteuse.

envoya une chemise, des chausses, une tunique, un bonnet, un pardessus broché d'or, un ceinturon d'or, un cheval harnaché en guerre avec selle et bride et une queue de cheval. Ejdereh fit usage du tout. On pourrait citer nombre de faits de ce genre que l'on peut ranger dans la catégorie des actes de pure folie, car il prodiguait de même sa propre fortune.

Comme on le pressait de restituer le déficit et qu'on le menaçait de la torture, Djemâl résolut de se couper la gorge avec son sabre et il aurait sûrement péri si son gardien ne lui avait arrêté la main et ne l'avait empêché d'aller jusqu'au bout. Quand ce fait parvint aux oreilles du sultan, il fit relâcher Djemâl et lui fit remise de sa dette, en disant : « C'est un fou qui est incapable de remplir aucune fonction. » La somme fut donc perdue, et le sultan nomma pour succéder à Djemâl, dans la place de majordome, Chihâb ed-Dîn Mesaoud ben Nidhâm el-Molk Mohammed ben Çâleh, homme digne de ce poste, car il sut, tout en se montrant affable vis-à-vis de son entourage, mener à bien les affaires sans faire montre de faiblesse, ni de vanité. Nommé dans l'année que nous venons de dire, il conserva ses fonctions jusqu'à l'époque de la chute de la dynastie.

CHAPITRE LXXXIII

LE SULTAN SE REND A NEKHDJAOUAN ET FAIT PARTIR SES BAGAGES AVEC LE GROS DE SON ARMÉE DANS LA DIRECTION DE KHELATH PAR LA VOIE DE QAQZAOUAN.

Quand le sultan eut achevé son entreprise qui avait pour objet de disperser les Géorgiens, de disséminer leurs forces, de les contraindre à se réfugier dans les parties les plus reculées de leur pays et de délivrer les prisonniers qui étaient à Louri, il dirigea ses impédimenta sur Khélâth par la voie de Qaqzaouân en ordonnant aux khâns et aux émirs de les accompagner sans presser leur marche et de gagner ainsi Khélâth à petites journées. Quant à lui, il se porta sur Nekhdjaouân et marcha avec une telle rapidité qu'il arriva dans le canton de Bedjeni avant qu'on eût connaissance de son dessein; arrivé là il se mit en embuscade durant la nuit dans un ravin du voisinage de cette localité, ayant avec lui un millier de cavaliers de ses mamlouks particuliers, ses chambellans et Cheref el-Molk qui l'avait accompagné. Le matin, quand les habitants de Bedjeni sortirent pour mener paître leurs troupeaux, il fondit sur eux et leur enleva leur bétail qu'il poussa devant lui jusqu'à Nekhdjaouân, où un magnifique taureau ne se vendit plus à ce moment qu'un seul dinar.

Le but du sultan, en se rendant à Nekhdjaouân, était de répondre au désir de la princesse de cette localité qui voulait l'épouser. Le mariage eut donc lieu et le sultan séjourna quelques jours dans la ville pour y régler les affaires du Khorasân, de l'Irâq et du Mâzenderân. Tous les membres des divans de ces diverses provinces frontières, tous les hauts fonctionnaires ainsi que les magistrats chargés de la répression des crimes se rendirent à la cour, car le sultan se rendait compte que, dès qu'il aurait commencé le siège de Khélâth, les communications deviendraient impossibles avec eux et qu'ils ne pourraient plus l'aller rejoindre. Après avoir donné l'ordre de régler toutes les questions, il congédia ces personnages et les invita à regagner leurs provinces et le siège de leurs fonctions. Il avait fait paraître un rescrit enjoignant de renouveler les apostilles des brevets de nomination. Je fus chargé d'exécuter ce travail, et, dans ce seul jour, ma charge de secrétaire me valut une somme de

1,000 dinars et une fraction : quant aux sommes moindres que je gagnais les autres jours, l'énumération n'en finirait pas.

Pendant que nous étions à Nekhdjaouàn, quelqu'un vint m'informer que Hosâm ed-Dîn, seigneur de Sermàra, venait d'arriver inopinément aux prairies [1] de Nekhdjaouàn. Ce Hosâm ed-Dîn était un de mes bons amis, et notre amitié était de celles que le temps ne saurait altérer et que les circonstances critiques ne pouvaient changer; je fus très inquiet d'apprendre sa venue qui le faisait courir au devant des dangers qui menaçaient sa vie. Je savais, en effet, que Cheref el-Molk était fort irrité contre lui, car précédemment, d'accord avec le Chambellan, il avait attaqué Hosâm ed-Dîn, lui faisant perdre injustement honneurs et considération et avait réussi à piller sa demeure, sans le concours des amis du Chambellan. Cette affaire serait longue à raconter dans ses détails.

Pour mon ami, je redoutais beaucoup moins la colère du sultan que celle de Cheref el-Molk, le sultan étant d'un naturel plus conciliant et d'un caractère plus doux que celui-ci. Aussi engageai-je Hosâm ed-Dîn à s'arrêter dans quelque village, en attendant que j'arrangeasse son affaire avec Cheref el-Molk, de façon que je pusse venir à bout de son entêtement et trouver un moyen qui me donnât l'assurance de sauver la tête de mon ami.

Je me présentai donc chez Cheref el-Molk et, sans lui dire que Hosâm ed-Dîn était arrivé, je lui annonçai que j'avais reçu une lettre de ce dernier offrant d'oublier le passé, si on lui remettait une certaine somme d'argent. Je réussis à obtenir de lui qu'il paierait une somme de 5,000 dinars comme indemnité du pillage de la maison, et qu'il laisserait Hosâm ed-Dîn venir à la cour en toute sécurité. Je

---

1. Ou à Merdj-Nekhdjaouàn.

p. ١٨٢ lui demandai en outre de jurer qu'il protégerait mon ami dès qu'il arriverait, qu'il oublierait complètement tout ce qui s'était passé et qu'il chercherait à effacer dans le cœur du sultan tout sentiment d'animosité à son endroit. Quand Cheref el-Molk m'eut juré tout cela, je lui appris l'arrivée aux portes de la ville de Hosâm ed-Dîn : « Vous m'avez trompé », s'écria-t-il en riant. Puis il donna l'ordre à ses courtisans et à ses chambellans d'aller au devant de mon ami et je partis avec eux. La réconciliation se fit aussitôt et Cheref el-Molk protégea mon ami et exécuta ponctuellement tout ce qu'il m'avait promis à son sujet.

CHAPITRE LXXXIV

LE SULTAN SE REND A KHÉLATH ; IL FAIT LE SIÈGE DE CETTE VILLE ET S'EN REND MAITRE.

L'armée avait devancé le sultan dans sa marche sur Khélath ; arrivée aux environs de cette place, à un jour de marche, elle s'était arrêtée pour attendre que le prince fût de retour de Nekhdjaouân. Le sultan venait de rejoindre ses troupes quand se présenta un messager envoyé par 'Izz ed-Dîn Aïbak ; c'est ce dernier, représentant dans cette ville El-Malik El-Achraf Moussa, qui avait fait arrêter le chambellan Ali. Le messager était un vieux Turc intelligent, dont le nom m'a échappé.

La lettre adressée par 'Izz ed-Dîn était en majeure partie remplie de basses protestations de fidélité et d'assurances de dévouement exprimées dans les termes les plus humbles, puis elle ajoutait : « Si El-Malik El-Achraf m'a ordonné d'arrêter le chambellan Ali, c'est uniquement parce que celui-ci avait manqué d'égards vis-à-vis du sultan, en venant mettre le pied dans ses États sans avoir été invité à le faire. Maintenant c'est moi qui suis investi du commandement de Khélath ; j'ai l'ordre d'y faire respecter la fidélité au sultan et d'y assurer l'exécution de ses volontés ; je suis un de ses auxiliaires et de ses serviteurs dévoués donnant ainsi le bon exemple aux autres soldats cantonnés dans ses États. »

En exagérant ses flagorneries et ses supplications, 'Izz ed-Dîn espérait détourner le sultan de ses projets d'attaque et de vengeance, mais il ne fit que s'attirer une réponse plus dure et plus hautaine, sans atteindre le but qu'il se proposait de le faire revenir sur son entreprise. Entre autres paroles le sultan lui fit répondre : « Si vous tenez à rentrer dans mes bonnes grâces, vous n'avez qu'à me renvoyer le chambellan Ali. » A peine le messager était-il de retour à Khélâth que le chambellan Ali fut mis à mort. Le sultan poursuivit sa marche ; il campa sous les murs de la ville, en fit le siège et dressa contre elle une batterie de douze catapultes servie chacune par huit servants[1].

CHAPITRE LXXXV

ÉVÈNEMENTS QUI SE PRODUISIRENT DURANT LE SIÈGE DE KHÉLATH.

Premier événement : Le général de cavalerie Noçret ed-Dîn, seigneur du Djebel[2], avait fait épouser une de ses sœurs consanguines à Auterkhân qui était alors celui des khàns, qui jouissait de la plus haute considération auprès du sultan. Se basant sur cette parenté par alliance, le général s'attacha à Auterkhân et vint à la cour pour y solliciter des hon-

1. Ou « dont huit furent mises en œuvre. »
2. Sans doute il faut lire : Djebâl.

neurs : en cela il suivait l'exemple de Cherouânchâh et il espérait arriver au même résultat que lui, c'est-à-dire obtenir de nombreuses marques de la faveur royale. A peine était-il arrivé à la cour et avait-il offert ses présents, qui consistaient surtout en perles de prix, que Auterkhân le laissa de côté pour s'occuper d'un frère germain de sa femme et engagea le sultan à se saisir du général pour donner sa place à ce frère germain.

Les choses se passèrent en effet ainsi, le général fut mis aux fers, ses honneurs et ses richesses lui furent enlevés ; il resta longtemps en prison et n'en sortit que le jour où le sultan fut de retour du pays de Roum où il avait été mis en déroute ; à ce moment Dieu lui fit la grâce de recouvrer la liberté ! On s'était aperçu que la fidélité de son frère non seulement ne répondait pas exactement à ses engagements, mais même faisait entièrement défaut. Aussitôt mis en liberté, le général se rendit dans ses États et les reprit dans le plus bref délai des mains de son frère.

Le sultan m'avait envoyé auprès du général, alors prisonnier dans les environs de Khélâth. Par l'entremise de celui qui était chargé de veiller sur lui, Noçret ad-Dîn avait fait demander un homme de confiance de l'entourage du sultan pour lui communiquer un secret. Dès que je fus en sa présence, il commença par se plaindre des souffrances qu'il endurait dans sa prison, du poids de ses chaînes et aussi de ce que les bonnes paroles du sultan à son égard ne s'étaient point réalisées ; ensuite il m'énuméra tout ce que Auterkhân lui avait pris d'argent et de pierreries, sous prétexte de les donner au sultan pour lui demander sa mise en liberté, chose qu'il n'avait pas faite. Je rapportai ce discours au sultan et l'apitoyai sur le sort de ce malheureux. Le sultan me témoigna alors qu'il se repentait de ce qu'il avait fait pour avilir cet homme et lui ravir son honneur ; il blâma hautement ceux qui par leurs dénonciations l'avaient amené à cela. Dès lors, je compris que la délivrance du général serait prochaine et l'en avisai.

Autre événement : Khân-Sultân, l'aînée des filles du sultan Mohammed, avait été faite prisonnière en même temps que Turkân-Khâtoun. Douchi-Khân se l'était adjugée pour sa part et l'avait rendue mère. Douchi-Khân étant mort, elle faisait parvenir au sultan, son frère, des informations sur les desseins et la situation des Tatars. Pendant que le sultan assiégeait Khélâth, elle lui adressa une des bagues qui avaient appartenu à leur père et dont le chaton, une turquoise, portait gravé le nom du sultan Mohammed Cette bague servait de signe de reconnaissance à la personne qu'elle avait envoyée de sa part, pour informer son frère que le Khâqân avait ordonné d'enseigner le Coran à ses enfants à elle. « Le Khâqân, ajoutait-elle, ayant appris quels étaient votre puissance, votre rang, votre grande influence et l'étendue de vos États, a le dessein de s'apparenter avec vous par alliance et de conclure avec vous un traité, en vertu duquel le Djihoun deviendrait la limite respective de vos deux royaumes ; vous auriez tout ce qui serait en deçà et lui aurait tout ce qui est au delà. Si vous vous trouvez en forces suffisantes pour tenir tête, luttez, combattez et, au cas où vous seriez vainqueur, vous ferez ce qu'il vous plaira. Sinon, profitez de la solution pacifique que les Tatars vous offrent et qu'ils désirent. »

Absorbé par les soucis du siège de Khélâth, le sultan négligea de s'occuper de cette proposition ; il ne fit pas une réponse qui aurait pu amener une heureuse solution en ouvrant la porte à un arrangement, et ne prononça pas une seule parole de nature à ménager une issue favorable qui aurait porté d'heureux fruits. Il fit

Comme l'oiseau qui abandonne ses œufs dans le désert, pour aller de ses ailes couvrir les œufs d'un oiseau étranger.

(*Mankobirti*.)

Autre événement : Rokn ed-Dîn Djihânchâh ben Toghril, seigneur de Erzen Er-roum, vint à la cour du sultan. Il avait auparavant fait la prière au nom d'El-Malik El-Achraf; il avait ainsi affiché publiquement son dévouement à ce prince dont il reconnaissait la suzeraineté, d'accord en cela avec le chambellan Ali, pour manifester sa haine et son hostilité envers la dynastie (djelalienne). Tout cela, il l'avait fait par animosité contre son cousin, 'Ala ed-Dîn Kaïqobadz ben Kaïkhosrou, seigneur du pays de Roum. Il faut ajouter aussi que Rokn ed-Dîn avait commis à l'égard de la dynastie djelalienne un certain nombre de méfaits dont il redoutait les conséquences ; c'est ainsi qu'il avait prêté secours au chambellan Ali contre Cheref el-Molk; qu'il avait empêché les marchands de se rendre au camp royal; enfin qu'il avait fait mettre à mort l'ambassadeur du sultan, Es-Sedid El-Morid[1], au moment où il revenait du pays de Roum.

Quand Rokn ed-Dîn s'aperçut que la dynastie djelalienne croissait sans cesse en éclat, qu'elle exerçait au loin sa suprématie et que Khélâth était sur le point de céder à sa puissance, il expédia un messager demander au sultan le pardon de ses fautes. Le sultan renvoya ce personnage en lui donnant l'assurance que l'espoir de son maître serait réalisé. Ce messager, qui s'appelait Chems ed-Dîn El-Hakîm El-Baghdadi, était un homme distingué, spirituel, lettré, habile à improviser. Voici quelques-uns des vers qu'il m'a récités comme étant de lui :

Quelle est injuste cette femme qui me blâme au sujet d'un jeune homme et dont les reproches ne font que croître avec le temps !

Elle me fait un crime de la passion que je ressens pour celui qui, chaque fois qu'il me décoche une œillade amoureuse, ne manque jamais de m'atteindre,

---

1 En l'absence de points diacritiques il est difficile de savoir si ces deux mots sont des épithètes ou des noms propres.

Et dont les boucles des tempes, quand elles couvrent mon cœur, enfoncent en mon âme la passion que j'éprouve pour lui.

Mon seul remède alors est sa salive fraîche qui fait cesser mon tourment et ma fièvre.

Elle disait tout en montrant ses seins et son torse qui se redressaient fièrement comme pour protester :

« Prends garde, tu vas irriter contre toi toutes les vierges aux formes opulentes et au doux visage. »

C'est alors que je lui ai dit, le cœur plein d'éloignement pour elle et l'âme tenue en laisse par la main de mon ami :

« Puisque les hommes généreux de mon entourage sont satisfaits de moi, qu'importe que les méchants soient sans cesse irrités contre moi ! »

Quand Rokn ed-Dîn arriva, le sultan donna l'ordre à Cheref el-Molk d'aller à sa rencontre avec les membres du Divan à la distance d'une journée de marche. Cheref el-Molk alla au devant de lui et passa la nuit dans son camp sur les bords du lac de Nazouk entre Khélâth et Menâzdjerd[1]. Ce soir-là, il assista dans la tente de Rokn ed-Dîn à une réunion consacrée à boire et qui dura toute la nuit. Le lendemain quand ils eurent repris leur calme, Rokn ed-Dîn offrit à Cheref el-Molk des présents dont la valeur dépassait 10,000 dinars.

Le jour de l'entrée de Rokn ed-Dîn à Khélâth, les khâns vinrent dans l'ordre des préséances lui présenter leurs hommages et le sultan debout sous un pavillon l'attendit sur l'hippodrome. Aussitôt qu'il eut pénétré sur l'hippodrome, Djihân-châh mit pied à terre ; il se prosterna ensuite le front contre terre et fit quelques pas à pied. A ce moment le chambellan de la couronne, Bedr ed-Dîn Thouthaq, fils d'Aïnândj-Khân, vint au nom du sultan l'inviter à remonter à cheval. Djihân-châh se remit en selle ; il prit l'allure d'un vassal et parvint ainsi auprès du sultan. Celui-ci lui donna l'accolade tandis que Djihân-châh lui baisait la main, puis il lui fit signe de se tenir à ses côtés sous le pavillon. Djihân-châh venait de se

1. Ou Melâzdjerd.

placer à la droite du souverain, quand les piliers du pavillon ainsi que les nervures qui le soutenaient cédèrent brusquement et le tout s'écroula. Le peuple augura mal de cette circonstance qui devait tourner contre eux deux et, en effet, l'entrevue de ces deux personnages fut cause de leur perte, ainsi que cela sera expliqué ci-après.

Djihân-châh resta quelques jours à faire sa cour au sultan qui trouva plaisir en sa société, et lui témoigna sa satisfaction en distribuant aux officiers attachés à sa personne deux cent dix-huit pelisses d'honneur dont quelqus-unes accompagnées de harnachement, de brides et de queues de cheval, puis il l'autorisa à prendre congé et à retourner dans son pays en lui enjoignant d'expédier à Khélâth tout le matériel de siège qu'il aurait en sa possession. Djihân-châh envoya une catapulte énorme qu'on appela Qarâbaghra, des boucliers, des arcs et beaucoup de flèches.

Autre événement : La mort du fils du sultan Qimqâr-châh. La personne qui s'était occupée de lui était la sœur de Chihâb ed-Dîn Soleimân-châh, prince d'Ibouyeh[1]. Cette princesse avait épousé le sultan dans les conditions suivantes : lorsque, en l'année 621 (1224), revenant de Bagdad après en avoir ravagé les environs, ainsi que nous l'avons dit précédemment, le sultan arriva à la citadelle ci-dessus nommée, il campa sous les murs de cette place et, comme il n'avait pas son harem, il envoya demander une femme qui fût digne de sa couche. L'envoyé, chargé de ce message verbal, était un valet connu sous le nom de Sirâdj ed-Dîn Mahfoudh ; il revint avec cette réponse du seigneur de la citadelle : « Je n'ai ici d'autre femme digne de la couche royale que ma propre femme. » Le sultan était très porté pour les femmes, aussi n'avait-il à cet égard aucune retenue ; il accepta donc de

---

1. Ou Abouyeh.

prendre la femme qu'on lui offrait et on la lui livra cette même nuit. Il partit ensuite, laissant dans la ville cette femme qui lui manda peu après par un de ses valets qu'elle était devenue enceinte, la nuit même où elle l'avait vu. Le sultan la fit alors venir auprès de lui où elle accoucha de Qimqâr-châh. Cet enfant, qui ne vécut que trois ans, était intelligent, gracieux et aimable; il mourut sous les murs de Khélâth. La nourrice de la fille du sultan, qui s'était occupée de cet enfant, soupçonna la fille du seigneur du Fars de l'avoir fait périr en lui faisant boire du poison. Dieu seul sait si cela est vrai.

Autre événement : Mort de Douch-Khân, fils d'Akhach-Molk. Akhach-Molk, fils de l'oncle maternel du sultan, avait succombé en résistant vaillamment dans la bataille qui s'était livrée sous les murs d'Ispahân. Le sultan éleva Douch-Khân avec toute la tendresse d'un père, aussi croyait-on que ce dernier était réellement son fils, car on assurait que l'esclave qui était devenue la mère de Douch-Khân avait accouché moins de neuf mois après avoir été donnée par le sultan à Akhach-Molk. Quoi qu'il en soit, le sultan préférait Douch-Khân à ses propres enfants et lui témoignait plus d'égards et plus de sollicitude en toute circonstance. Quand Douch-Khân, tombé malade sous les murs de Khélâth, succomba à sa maladie, le sultan fut si vivement affecté de ce malheur, qu'il dérogea aux règles de l'étiquette ; ainsi je le vis sortir de sa tente pour entrer dans celle où se trouvait le cercueil du défunt.

Autre événement : Sa'd ed-Dîn, le chambellan, arriva comme ambassadeur de la part du Divan puissant[1]. Il était chargé d'exposer un certain nombre de réclamations et, si une suite favorable leur était donnée, il devait emmener à la cour du Khalife, les plus illustres seigneurs et courti-

---

1. Le divan du Khalife.

sans du sultan parmi ceux qui étaient le mieux au courant des affaires gouvernementales. Ces personnages auraient été ensuite renvoyés auprès de leur maître avec des pelisses d'honneur.

Une des réclamations exprimées était que le sultan s'abstînt dorénavant de donner des ordres à Bedr ed-Dîn Loulou, seigneur de Mausoul, à Modhaffer ed-Dîn Kokberi, seigneur d'Arbil, à Chihâb ed-Dîn Soleïman-châh, prince d'El-Ibouyèh, à 'Imad ed-Dîn Bahlaouan ben Hezârsef, prince du Djebâl, tous ces personnages devant être considérés par lui comme de vassaux du Divan dont ils étaient les partisans et les serviteurs dévoués.

L'autre réclamation se référait au fait suivant : Lorsque le grand sultan[1] était revenu des montagnes de Hamadzân sans avoir accompli le projet qu'il avait formé de se diriger sur Bagdâd, il avait fait cesser de dire la prière au nom du Khalife dans tout son empire. Cet état de choses s'était continué : toutefois les prédicateurs de l'Errân, de l'Adzerbaïdjân et de toutes les provinces nouvellement annexées à cette époque mentionnaient le nom du Khalife et priait pour son règne selon l'usage, parce que le sultan n'était devenu maître de ces pays qu'après la mort de son père. Quant aux habitants des anciennes provinces de l'empire, ils persistaient à s'abstenir de cette formalité, suivant en cela les ordres qu'ils avaient reçus, et le sultan, préoccupé par d'autres soucis, ne s'était point inquiété de cette situation. Aussitôt que l'ambassadeur du Divan eut exposé sa réclamation, le sultan fit expédier dans toutes les parties de ses États des rescrits enjoignant de faire la prière au nom de l'Imâm Abou Dja'far El-Mançour El-Mostançer-billâh, prince des Croyants (Dieu lui témoigne sa satisfaction ainsi qu'à ses ancêtres orthodoxes!).

1. Le père de Djelâl ed-Dîn.

Les choses se terminèrent au gré des désirs exprimés par le Divan ; le sultan donna l'ordre de rétablir la prière accoutumée, conformément aux anciens usages, et déclara que les personnages ci-dessus indiqués étaient les vassaux du Khalife ; puis il congédia l'ambassadeur et le fit accompagner par le chambellan Bedr ed-Dîn Thouthaq ben Aïnândj-Khân. Ce personnage n'avait pas son pareil parmi les Turcs ; il était fin, aimable, habile et insinuant. Il avait une fort belle écriture, connaissait bien la poésie persane et savait distinguer si elle était conforme ou non aux règles de l'art. Enfin, malgré son âge peu avancé, puisqu'il était dans sa prime jeunesse, il était fort au courant des règles de la chancellerie et de l'étiquette des cours.

Le sultan m'avait enjoint de rédiger devant lui un mémoire adressé à la noble cour du Khalife. Ce mémoire, qui traitait un certain nombre de points, se terminait par le désir que le chambellan de la couronne, qui allait se rendre à la cour, fût l'objet d'une réception d'un caractère tout spécial, en ce sens qu'on eût pour lui des égards exceptionnels et qu'on lui rendît des honneurs plus grands qu'aux envoyés des autres princes. Cette requête fut favorablement accueillie.

Le chambellan de la couronne m'a fait le récit suivant : « Le sultan m'avait bien recommandé, quand je serais reçu à la cour du Khalife, de ne point baiser la main du vizir, Moayyid ed-Dîn El-Qoummi, et de ne point lui donner les marques de déférence auxquelles il avait droit ; il voulait ainsi manifester ostensiblement son irritation contre lui. Je me conformai aux ordres que j'avais reçus.

« Quelques jours après mon arrivée, une embarcation s'approcha un soir de mon campement qui était situé sur les bords du Tigre. Sa'd ed-Dîn, le fils du chambellan, qui se trouvait à bord, se présenta à moi et me dit : « Disposez-vous à venir pré-
« senter vos hommages au Khalife. » Je m'embarquai aussitôt

avec lui ; mais le marin adressa à Sa'd ed-Dîn quelques mots dans une langue qui m'était étrangère et que je ne compris point. Aussitôt Sa'd ed-Dîn sauta dans une autre embarcation et me laissa seul dans la mienne. Comme je lui demandai la raison de ce fait, il me dit : « J'ignorai que cette embar-
« cation fût une de celles qui sont réservées et qu'on vous
« avait destinée pour vous faire honneur. » A ces mots, je me levai, puis m'inclinait en le remerciant et en faisant des vœux pour lui.

« Nous partîmes ensuite et arrivés devant une grande porte, j'y pénétrai, tandis que Sa'd ed-Dîn demeurait en arrière et n'en franchissait pas le seuil. » — « Pourquoi n'entrez-
« vous pas en même temps que nous, lui dis-je? — Chacun
« de nous, répondit-il, a un rang qui lui est assigné et quant
« à moi je ne saurais dépasser cet endroit. » Derrière cette porte se tenait un valet qui me conduisit vers une autre porte à laquelle il frappa. Cette porte s'ouvrit, j'entrai et me trouvai en présence d'un vieux serviteur assis sur une banquette ; devant lui étaient un Coran et un cierge. Il me serra la main, me fit asseoir et m'adressa des compliments de bienvenue. Bientôt arriva un autre valet au teint blanc, aux formes élégantes et gracieuses. Il me serra aussi la main, me fit mille amitiés en persan, puis me prenant par la main il m'emmena en disant : « Vous n'ignorez pas en présence de qui vous al-
« lez vous trouver ; vous savez le rang illustre qu'il occupe et
« point n'est besoin de vous décrire sa majesté. Songez à la
« façon dont vous allez présenter vos hommages au noble
« souverain ; veillez à prendre la meilleure attitude et proster-
« nez-vous dès que je vous en aurai fait signe. » On n'avait déployé tout ce luxe de recommandations que parce que l'on avait raconté que j'ignorais les règles de l'étiquette au Divan. — Ne croyez pas, m'écriai-je, que je sois si ignare ; bien que de race turque, je sais tenir mes distances en ma-

tière de réceptions et d'hommages et distinguer les circonstances où il convient d'être humble de celles où il faut déployer de la fierté. Quand je roulerais mille fois mon visage dans la poussière sur cet auguste seuil, je m'estimerais encore n'avoir pas donné des marques suffisantes de respect, puisqu'elles doivent pour le présent m'assurer de glorieux honneurs et, plus tard, me valoir une récompense dans l'autre monde. » Le valet approuva mes paroles et m'en fit compliment.

« Quand nous eûmes gravi les degrés et que mes yeux rencontrèrent le voile noir[1], je me prosternai avant que mon guide m'en eût fait signe, ce qui m'attira de sa part un nouvel éloge. Je vis alors comme un bocage formé par de nombreuses lumières qui donnaient l'impression du firmament se reflétant dans l'eau par une nuit très obscure; le vizir se tenait debout en face d'un store qui à ce moment était baissé. Le valet releva le store ; je me mis à avancer tout en me prosternant souvent le front contre terre et, arrivé près du vizir, je me relevai et me trouvai en présence du prince des Croyants qui était assis sur un trône. Il dit quelques mots en arabe au vizir qui fit quelques pas vers moi et me fit signe de m'avancer vers l'endroit où il s'était tenu lui-même tout d'abord. Je m'avançai donc, puis après m'être prosterné le front contre terre je m'arrêtai à la place indiquée.

« Le prince des Croyants m'adressant alors la parole me demanda comment se portait Son Altesse le Châhinchâh[2]. C'est le sultan qu'il désignait ainsi en se servant du titre qu'il lui donnait à cette époque dans la correspondance officielle.

---

1. On sait que le noir était la couleur des Abbassides.
2. L'expression que je traduis par « Son Altesse le Châhinchâh » me paraît être un moyen terme entre : « Sa Majesté » et « Son Altesse royale ». La cour du Khalife voulait éviter de se prononcer nettement sur le titre auquel avait droit Djelâl ed-Dîn dans le protocole habituel.

Pour toute réponse je me prosternai le front contre terre. Le Khalife prononça encore d'autres paroles qui étaient pleines de belles promesses et annonçaient toute sa sollicitude pour les intérêts du sultan. Il voulait, disait-il, lui marquer la préférence qu'il lui accordait sur tous les autres princes de cette époque et sur les sultans de ce siècle. A tout cela je ne répondis autrement qu'en prosternant mon front contre terre. Puis le Khalife parapha[1] le pacte d'alliance qu'il adressait au sultan. Le vizir me remit cet écrit que je posai sur ma tête, et, après m'être prosterné de nouveau, je me retirai. »

Le Khalife fit au chambellan Bedr ed-Dîn des cadeaux magnifiques et y joignit, à ce que l'on assure, une somme de 10,000 dinars, mais je ne tiens pas ce renseignement de lui-même. L'émir Felek ed-Dîn, fils de Sonqor El-Thouïl, et Sa'd ed-Dîn ibn El-Hádjeb furent chargés d'accompagner Bedr ed-Dîn et de porter au sultan la pelisse royale. Ils arrivèrent à Khélàth durant l'hiver pendant que le sultan était occupé au siège de cette ville. La tente appelée *dehliz* fut dressée pour Felek ed-Dîn et chaque fois qu'il montait à cheval ou qu'il en descendait on sonnait des trompettes. En outre, afin de maintenir l'étiquette, Sa'd ed-Dîn ibn El-Hâdjeb, malgré la haute situation qu'il occupait à la cour et le grand crédit dont il jouissait, lui servait de chambellan.

Je vais maintenant donner la liste détaillée des cadeaux et des *khila'a* apportés par l'envoyé du Khalife. Il y avait d'abord pour le sultan : 1° deux khila'a ainsi composées : la première, d'une tunique, d'un turban et d'un sabre indien dont le baudrier était constellé de pierreries ; la seconde, d'une robe, d'un bonnet, d'un pardessus et d'un sabre *qaradjouli* incrusté d'or avec une dragonne garnie de dinars et un baudrier constellé de pierres de prix ; 2° deux chevaux

---

1. Ou : contresigna.

avec bride, harnachement et queues de cheval; tout l'équi- p. ١٩. pement était surchargé d'or. En outre, au moment d'offrir ces chevaux on avait mis à chacun de leurs huits sabots un anneau, chacun de ces anneaux pesant cent dinars; 3° un bouclier d'or orné des perles les plus rares; on y comptait quarante et un chatons d'hyacinte et de rubis au milieu desquels se trouvait une énorme turquoise; 4° trente chevaux arabes caparaçonnés d'étoffes de satin grec, chaque housse étant doublée de satin de Bagdad. Au cou de chaque cheval était attaché un licol de soie sur lequel on avait fixé soixante dinars à l'effigie du Khalife. Vingt ou trente pages avec leur monture harnachée étaient affectés au service de ces chevaux; 5° dix guépards avec des housses de satin et des colliers d'or; 6° dix faucons avec leurs capuchons brodés de petites perles; 7° cent cinquante ballots d'étoffes, chacun d'eux contenant dix vêtements; 8° cinq boules d'ambre blanc cerclées d'or; 9° un arbre de bois d'aloès de cinq ou six coudées de longueur et porté par deux hommes; 10° quatorze khila'a destinées aux khâns; chacune d'elles accompagnée de chevaux avec bride, harnachement et queue de cheval, ceinturons d'or et massues de Tiflis. Ces massues qui, dans l'esprit du Khalife, devaient être attribuées comme marques de distinction à certains personnages, ne furent données qu'au quatre personnages suivants : Dà'i-Khân, Ouâlegh-Khân, Auter-Khân et Thoghân-Khân; 11° trois cents khila'a pour les émirs; chaque khila'a consistait en : une robe et un bonnet, seulement.

La khila'a de Cheref el-Dîn comprenait : un turban noir, une robe, un pardessus, un sabre indien, deux boules d'ambre, cinquante vêtements et une mule. Enfin vingt khila'a étaient attribuées aux membres du divan; chacune d'elles consistait en : une tunique et un turban. Comme membre du divan j'avais seul, parmi mes collègues, reçu en outre une belle mule blanche, et vingt vêtements la plupart en satin grec ou bagdadien.

Je lus la dépêche adressée par la cour au sultan. Elle commençait par ces mots : « A Son Altesse, le Châhinchâh », ensuite elle mentionnait Cheref el-Molk avec le titre de *illustrissime*, puis elle ne désignait les membres du divan, ni par leurs noms, ni par leurs titres honorifiques, mais seulement par le titre de leurs fonctions : *mostaufi*, *mochrif*, *'âridh*, *nâdhir*, etc. Enfin elle ne parlait que de l'envoi d'une tunique et d'un turban pour chacun d'eux.

A ce moment Cheref el-Molk avait peu d'égards pour moi ; il était prévenu sur mon compte et avait changé d'opinion à mon sujet par suite de son inconstance et de la facilité avec laquelle il ajoutait foi aux racontars que les jaloux et les envieux lui avaient faits sur moi. Aussi prit-il prétexte de l'avantage qui m'avait été spécialement fait dans l'attribution des khila'a pour dire au sultan au moment où je faisais la lecture de ce passage : « Pourquoi a-t-on avantagé un tel en lui donnant plus qu'à ses collègues du divan? Ne sont-ils donc pas tous égaux entre eux au point de vue des khila'a et autres faveurs?
— La raison de cette distinction, répondit le sultan, est cependant bien évidente, car c'est lui qui témoigne à la cour la plus grande déférence dans ses discours et qui, dans sa correspondance, respecte le mieux tout ce qui touche à l'étiquette. En outre les ambassadeurs du Khalife ont pu voir par eux-mêmes qu'il assistait à nos conseils alors qu'aucun autre membre du divan ne jouissait d'une pareille faveur. En effet les membres du divan d'ordinaire n'ont nullement à s'occuper de politique et leur unique fonction consiste à administrer les ressources du bureau des finances, à assurer la rentrée des recettes et à établir le montant des dépenses. Il ne saurait donc y avoir de point de contact entre eux et la personne dont vous parlez. » Cette réponse du sultan ne

donna pas à Cheref el-Molk la satisfaction qu'il avait eue en vue quand il lança son insinuation.

Les ambassadeurs du Khalife avaient espéré que le sultan viendrait les voir dans la tente qu'ils occupaient et qui avait été dressée auprès du trésor, et qu'il se parerait alors des deux khila'a qu'ils avaient apportées, mais il n'en fit rien. Il se contenta d'ordonner de dresser une tente dans le voisinage du trésor royal et d'y transporter toutes les khila'a, puis il monta à cheval deux fois de suite pour se rendre dans cette tente, et revêtit les deux khila'a le même jour. Les autres personnages suivirent son exemple en se parant après lui de leurs khila'a.

Dans un discours qu'ils adressèrent au sultan, ces ambassadeurs intercédèrent en faveur de Khélâth ; ils demandèrent que le siège de cette ville fût levé et qu'on cessât de la bloquer. Le sultan ne répondit pas un mot à ce discours, mais quand les ambassadeurs furent rentrés dans leurs demeures, il m'envoya vers eux pour leur adresser des reproches, qu'il formula en ces termes : « D'après les paroles que vous m'avez rapportées au nom du prince des Croyants, celui-ci voudrait relever ma situation, rendre honneur à ma puissance, fortifier mon influence et mon autorité en me donnant la prééminence sur tous les autres princes de cette époque. Or vous me conseillez d'abandonner le siège de Khélâth, au moment même où se manifestent les signes avant-coureurs de la victoire et où le succès va couronner mes efforts. Il y a là un démenti formel donné aux paroles bienveillantes que vous m'avez transmises de la part du prince des Croyants. — Le sultan a raison, me répondirent-ils, et les choses sont bien ainsi qu'il le dit. Nous voulions seulement lui fournir une excuse, au cas où, la résistance de Khélâth se prolongeant, il serait obligé d'en lever le siège et de s'en éloigner sans avoir comme prétexte une intervention de la cour qui l'aurait engagé à abandonner son entreprise. S'il arrive, en effet, que le sultan soit contraint de s'éloigner, le fait d'une intervention du Divan lui fera moins de tort que les suppositions des méchantes langues et sauvegardera mieux que tout autre moyen l'honneur de la situation. » Le sultan admit leurs explications et continua le siège.

Durant tout le temps que les ambassadeurs avaient demeuré auprès du sultan, les habitants de Khélâth s'étaient abstenus de toute injure; mais, quand ils eurent acquis la certitude que les ambassadeurs n'avaient point intercédé en leur faveur et qu'ils étaient sur le point de partir, ils se répandirent en invectives de toutes sortes, allusions injurieuses ou termes grossiers.

Autre événement : Arrivée de l'ambassadeur du prince Mes'oud, seigneur d'Amid. Cette ambassadeur était un Turc connu sous le nom de 'Alem ed-Dîn Qaçab es-Sokker[1]; il était accompagné d'un valet nègre, envoyé du prince El-Mançour, seigneur de Mârdîn. Les deux députations avaient le même objet : faire acte de soumission et d'hommage au sultan. Au moment du départ des deux ambassadeurs le sultan leur adjoignit un de ses envoyés chargé d'inviter les deux seigneurs d'Amid et de Mârdîn de faire dire la khotba en son nom dans leur pays. Il voulait ainsi contrôler la sincérité des déclarations d'alliance et d'entente qui venaient de lui être faites. Il leur adjoignit en outre le jurisconsulte Nedjm ed-Dîn El-Khàrezmi. Ce dernier resta si longtemps auprès de ces princes qu'il ne rejoignit le sultan qu'au moment où celui-ci revint de Roum d'une façon qu'il n'avait point désirée.

Autre événement : La situation de Khélâth étant devenue si intolérable, la cherté des vivres si grande, l'argent si rare, la famine telle que l'on avait dû manger les chiens et les

---

1. « Canne à sucre », tel était son surnom.

chats, que vingt mille hommes environ abandonnèrent la ville en un seul jour. La physionomie de ces malheureux était tellement défigurée par la souffrance de la faim qu'un frère n'eût pas reconnu son propre frère, ni un père son enfant. Cheref el-Molk leur fit donner à manger ; chaque jour à cet effet on égorgeait un certain nombre de bœufs sans réussir à remettre en état ces corps amaigris, ni à leur rendre la vie qui les quittait. Le plus grand nombre succomba et le reste se dispersa de tous les côtés.

Autre événement : Défunt le grand sultan était enterré dans l'île[1] que nous avons indiquée précédemment lorsque nous avons raconté la mort de ce prince qui rendit au Créateur la vie que celui-ci lui avait confiée en dépôt. Pendant qu'il était occupé au siège de Khélâth, le sultan eut la pensée de faire construire à Ispahân une médrésé en l'honneur de son père et d'y faire transporter le cercueil qui était dans l'île. Dans ce but il expédia à Ispahân Moqarreb ed-Dîn Mehter Mehtéran qui était le chef des valets de chambre et qui avait été chargé du soin de laver le cadavre de feu le grand sultan. Ce personnage devait faire bâtir une médrésé dans l'intérieur de laquelle s'élèverait un dôme destiné à recevoir le cercueil et qui en outre serait pourvu de tous les communs habituels des palais, tels que lingerie, garde-meubles, cabinet de toilette, sellerie, etc. Trente mille dinars lui furent remis tout d'abord pour commencer les travaux, et le vizir de l'Irâq reçut l'ordre de fournir sur les revenus du divan les sommes nécessaires à leur complet achèvement. Les instructions portaient en outre que l'on ferait en or les candélabres, la cuvette et l'aiguière, que l'on installerait à la porte du monument un cheval de service avec queue de cheval, bride et harnachement complet. Mo-

---

1. L'île d'Abiskoun dans la mer Caspienne.

qarreb ed-Dîn se mit en route pour Ispahân et commença les travaux. Quand j'arrivai dans cette ville quatre mois plus tard, je trouvai que les constructions s'élevaient déjà à la hauteur d'homme.

Le sultan écrivit à sa tante paternelle Châh-Khâtoun, princesse de Sâria, ville du district du Mâzenderân. Dans sa lettre il prescrivit à cette princesse, que son père Takach avait mariée à Ardéchir ben El-Hasan, prince du Mâzenderân, et qui était devenue veuve, de se mettre en route en personne en se faisant accompagner des princes, émirs et dignitaires de Mâzenderân; elle devait aller chercher le cercueil dans l'île, le transporter dans la citadelle d'Ardehen, une des plus inexpugnables qui soient au monde et l'y laisser en attendant que la construction de la médrésé d'Ispahân fût achevée, car à ce moment-là, on transporterait le cercueil dans ce dernier endroit.

Par ma vie! j'écrivis cette dépêche bien à contre-cœur, tant l'idée m'en semblait ridicule; je fis confidence à Moqarrêb ed-Dîn d'une partie des réflexions que me suggérait ce projet et lui découvris mon sentiment à cet égard. Je savais, en effet, que le cadavre du prince (que Dieu le rafraîchisse par ses effluves!) n'avait échappé à l'incinération de la part des Tatars que parce que ceux-ci n'avaient pu arriver jusqu'à lui, car ils avaient l'habitude de brûler les os de tout sultan enterré dans quelque pays que ce fût, croyant que tous les sultans étaient les descendants d'un ancêtre commun. C'est pour cela qu'ils avaient exhumé les os de Yemîn ed-Daula Mahmoud ben Sebokteguin (Dieu ait pitié de son âme!) qui était enterré à Ghazna et qu'ils les avaient brûlés.

Moqarreb ed-Dîn n'ayant pas goûté la proposition que je lui fis à cet égard, je le priai de regarder mes paroles comme non avenues. Les choses d'ailleurs se passèrent effectivement comme je l'avais pensé : les Tatars, après en avoir fini avec le sultan dans les environs d'Amid, ainsi qu'on le racontera plus loin, firent le siège de cette forteresse d'Ardehen; puis ils exhumèrent le corps du grand sultan et l'expédièrent au Khâqân qui le fit brûler.

Autre événement : Modjîr ed-Dîn Ya'qoub ben El-Malek El-'Adel Abou Bekr ben Ayyoub, un jour, se présenta sur les remparts de Khélâth et demanda au sultan de venir lui parler. Le sultan se rendit à ce désir, espérant que le discours qu'on allait lui tenir se référerait à la réalisation du but qu'il poursuivait. Mais quand il fut arrivé sous les remparts, Modjîr ed-Dîn lui dit : « La situation est profondément triste, les inconvénients en sont manifestes et nos deux partis sont aux abois. Voulez-vous que nous livrions tous deux un combat singulier dont l'issue décidera du sort de nos armes? — A quand ce combat? répondit le sultan. — Prenons rendez-vous pour demain matin », répliqua Modjîr ed-Dîn.

Le lendemain matin, le sultan avait déjà revêtu son costume de combat, quand Cheref el-Molk qui venait d'apprendre la chose accourut vers lui et lui dit : « Modjîr ed-Dîn n'est point l'égal du sultan; il ne convient donc point que celui-ci accepte le défi d'un seigneur d'un rang inférieur au sien. Encore si j'étais sûr qu'en faisant périr son adversaire le sultan obtînt ce qu'il désire, je verrais avec plaisir ce combat. Mais j'ai la certitude qu'il n'arrivera pas à son but même avec la victoire, car, malgré sa parenté avec la famille royale, Modjîr ed-Dîn n'est en somme considéré que comme un simple chef de corps. — Vous avez raison dans ce que vous dites, répondit le sultan; mais comment puis-je refuser le combat à qui me provoque? Quelle excuse aurais-je si on m'appelait et que je ne fusse pas le premier à me précipiter sur mon adversaire? » Là-dessus le sultan monta son cheval et le poussa vers la porte de Bedlîs, lieu du rendez-vous, où il attendit son adversaire après qu'il eut annoncé sa présence à l'endroit convenu. Aussitôt les habitants de Khélâth l'accablèrent d'injures et firent pleuvoir sur lui une grêle de flèches. Quant à Modjîr ed-Dîn, il ne se montra pas et le sultan revint à son camp.

Autre événement : Une certaine nuit, le sultan me manda auprès de lui. Je trouvai là une vieille femme retorte et rusée ; elle était sortie de Khélâth apportant une lettre fausse qu'elle attribuait à Ez-Zeki El-Adjemi, personnage tenu en grande estime par El-Malik El-Achraf. Le sultan s'exprimait successivement avec cette femme dans les trois langues : turque, persane et arménienne. Dans cette lettre confidentielle Zeki ed-Dîn demanda au sultan 5,000 dinars pour les distribuer aux Mendefâkiya[1] et aux autres soldats afin de les attirer dans le parti du sultan et de les décider à lui livrer la ville de Khélâth. On devait, dès le lendemain matin, lui ouvrir la porte d'El-Ouâdi[2], et c'est par là qu'il pourrait s'introduire dans la ville.

Comme le sultan me demandait mon avis à ce sujet et que je ne montrais pas enthousiaste, il en fut tout surpris et me demanda pourquoi il me voyait si hostile à cette proposition. Il avait une telle envie de s'emparer de Khélâth qu'il allait remettre à la vieille le montant de la somme en question, quand je lui dis : « Votre serviteur s'est rencontré avec Zeki ed-Dîn et a eu l'occasion de parler affaires avec lui quand il est venu autrefois auprès du sultan en qualité d'ambassadeur de la part de son maître. C'est un des hommes les plus fins de notre époque ; il est très habile et sait parfaitement distinguer l'erreur de la vérité. Il n'est donc pas admissible qu'un homme intelligent comme il l'est ait pu s'entremettre dans une chose aussi honteuse et aussi répréhensible que

---

1. Nom d'un corps de troupes particulier, ainsi appelé sans doute du nom de la tribu chez laquelle il se recrutait spécialement.
2. « De la Vallée ».

celle-ci. Si Votre Majesté estime que ce personnage, en ce moment, peut attirer à elle les gens de Khélâth en les détachant de leur prince, comment admettre qu'il s'exposerait à entreprendre une chose dont la réussite serait subordonnée à l'agrément de quelques individus divisés d'opinions, sans suite dans les idées, et qu'on peut gagner à prix d'argent ou duper par de simples promesses? Quelle garantie aurait-il, lui, que le secret ne serait pas dévoilé et qu'on ne le mettrait pas à mort? Telle serait la situation dans l'hypothèse où l'argent demandé serait destiné à être distribué. Admettons au contraire que, suivant le dire de cette vieille, Zeki ed-Dîn demande cet argent pour lui-même; il est bien évident qu'il obtiendrait directement de Votre Majesté, pour la livraison de Khélâth, des richesses et des fiefs en regard desquels la somme qu'il demande aujourd'hui serait véritablement insignifiante.

En entendant ces paroles, le sultan sentit faiblir sa résolution; toutefois, entraîné par son désir de prendre Khélâth, il se laissa aller à remettre 1,000 dinars qui furent ainsi donnés en pure perte. Il dit ensuite à la vieille qu'il compléterait la somme de 5,000 dinars dès que, par un nouvel indice, il lui aurait donné des preuves de sa véracité. La vieille partit durant la nuit et rentra à Khélâth. La nouvelle de cette histoire, qui ne reposait sur rien, fut bientôt répandue parmi les troupes de Khélâth et un des habitants de la ville avisa 'Izz ed-Dîn Aïbek que Zeki ed-Dîn était en correspondance avec le sultan. 'Izz ed-Dîn fit aussitôt mettre à mort Zeki ed-Dîn qui n'avait cependant aucune faute à se reprocher. Quand le sultan se fut rendu maître de Khélâth, un des serhenkyia mit la main sur cette vieille et l'obligea à quitter la tannerie où elle était installée avec son mari, un vieillard décrépit. Elle rapporta l'argent moins 300 dinars qui manquaient. On assure qu'elle fut étranglée. Sa fourberie ne produisit donc autre chose que sa mort et celle de Zeki ed-Dîn.

Autre événement : On intercepta deux dépêches en langage secret; elles étaient adressées à El-Malik El-Achraf : l'une d'elles lui était envoyée par 'Izz ed-Dîn Aïbek; l'autre, par Modjîr ed-Dîn Ya'qoub. Le sultan me remit ces deux documents et daigna lui-même m'aider à les déchiffrer. Tous deux contenaient des plaintes sur les rigueurs du siège et sur les calamités qu'il entraînait. On y disait en outre que l'ennemi avait ensorcelé le pays, car il n'était pas tombé de neige dans les environs de Khélâth cette année-là. On saisit aussi une autre dépêche en langage secret adressée par El-Malik El-Achraf à 'Izz ed-Dîn, gouverneur de Khélâth; on y trouvait le passage suivant : « Ce que vous dites des sortilèges de l'ennemi, qui aurait chassé les nuages du ciel, montre à quel point la terreur s'est emparée de vous. Si vous aviez été moins impressionnés, vous auriez songé, comme tout le monde le sait, que Dieu seul était capable d'opérer un pareil prodige et que les hivers ne sont pas tous identiques : tantôt les neiges sont tardives, tantôt au contraire elles sont précoces. Bientôt nous allons arriver à la tête de nos troupes pour vous délivrer de vos tourments, écarter de vous les maux qui vous affligent, et nous repousserons l'ennemi jusqu'au delà du Djihoun. »

Autre événement : Mort du président du divan, Chems ed-Dîn Mohammed El-Mostaufi El-Djoueïni. C'était un grand personnage qui parvenait toujours au but quand il s'occupait d'une affaire et qui l'emportait sur tous ses rivaux quand on lui confiait la rédaction d'un message important. Il avait dépassé le faîte ordinaire de l'arbre de la vie[1] et avait revêtu les divers costumes de l'existence. Investi de sa charge au

---

1. Ce passage n'est pas très clair.

CHAPITRE QUATRE-VINGT-CINQUIÈME

divan par le grand sultan [1], au moment où celui-ci arrivait au terme de sa carrière, il en avait reçu la confirmation à l'avènement du sultan, son successeur. Sa plume et sa parole étaient toujours restées pures ; par son allure toujours ferme il était resté en dehors de toute compromission équivoque. Il quitta ce monde pour aller retrouver Dieu dans le séjour de sa gloire au moment où le sultan faisait le siège de Khélâth. Il m'avait désigné pour être le tuteur testamentaire de ses enfants et m'avait chargé de prendre soin de leurs intérêts. En outre, il m'avait recommandé de faire transporter son cercueil dans la ville de Djoueïn, un des cantons du Khorâsân; c'était là qu'il était né et qu'il avait passé ses premières années. J'exécutai tout ce qu'il m'avait demandé. Le sultan n'ayant apporté aucune entrave au règlement de la succession et n'en ayant rien retenu, j'en fis parvenir le montant aux héritiers par l'entremise d'amis dévoués à moi et d'amis du défunt.

Ce fut El-Djemâl Ali El-'Irâqi qui succéda à El-Djoueïni dans ses fonctions de président du divan. Ce personnage avait été délégué par Cheref ed-Dîn, vizir de l'Irâq, pour régler dans cette contrée certaines affaires du divan et le hasard voulut que, rappelé par de graves questions intéressant son maître, il se trouvât à la cour précisément au moment de la mort du président du divan.

A cette époque le sultan reprochait au vizir certaines fautes qu'il attribuait à sa mollesse et à sa négligence, car il avait acquis la certitude que le mochrif volait et que le trésorier malversait. Dans le dessein de les faire mater par un chef sévère qui serait insensible aux séductions et aux recommandations, il conféra à El-Djemâl la présidence du divan, mais il ne fit que remplacer un maître intègre par un lion dévorant, un

---

1. Le père de Djelâl ed-Dîn.

astre brillant par une étoile filante. Il ne rencontra, en effet, chez ce nouveau président, que tripotages, opposition, irrésolution et entraves, si bien que chacun des membres du divan se mit à donner de fortes sommes pour être maintenu dans ses fonctions et ce manège, qui consistait à sacrifier quelque argent pour en gagner d'autre, dura fort longtemps.

Le principal résultat de cette incurie d'El-Djemâl fut de priver les gens de ce à quoi ils avaient droit, de retenir les émoluments des fonctionnaires et d'empêcher les promotions qui s'étaient faites de tout temps. Hélas! tout le monde ne saurait occuper une égale place dans la fréquentation des muses ni dans le commerce des lettres; toute peau n'est pas digne de servir de réceptacle au musc; toute poudre n'est pas agréable à mettre aux yeux. Aucun gaspillage n'est comparable à celui qui consiste à mettre un collier au cou d'un porc, un glaive aux mains d'un aveugle, un sceau au doigt d'un scélérat fieffé. Dieu inspirait Anouchirwân quand il a a dit, en parlant d'un homme qui s'était rendu célèbre par ses vilenies et sa bassesse :

Il les a empêchés de toucher une plume après lui et, à cause de lui, les honnêtes gens ont craint de s'avilir en prenant part aux affaires.

Une des premières circonstances dans lesquelles il montra son insolence et où il donna des preuves de son esprit mesquin fut la suivante : Lorsque les chambellans se réunirent au divan pour procéder à l'installation de leur nouveau président, il arriva que Chems ed-Dîn Eth-Thoghrâï, qui était venu là pour présenter ses hommages à Cheref el-Molk, s'était assis à côté de ce dernier. A peine entré, El-Djemâl prit Chems ed-Dîn par la main et l'éloignant du vizir, il prit place entre eux deux. « N'avez-vous pas honte de ce que vous faites-là? lui dit Eth-Thoghrâi. — C'est ma place, répondit El-Djemâl, et je combatterai quiconque me la disputera. »

CHAPITRE QUATRE-VINGT-CINQUIÈME

Autre événement : On amène prisonnier le vizir de 'Ala ed-Dîn, seigneur d'Alamout. Voici comment ce fait se produisit : Selon un usage observé chaque année, le vizir s'était rendu dans la montagne qui domine Qazouîn, emmenant en corvée les habitants du pays afin de faucher de l'herbe et de l'emmagasiner ensuite pour les provisions d'hiver. Or, les émirs de l'Irâq savaient d'une manière positive à ce moment que les sentiments du sultan à l'égard des Ismaéliens s'étaient modifiés depuis le jour où, ceux-ci manquant à leurs engagements, avaient remis au pouvoir Ghiyâts ed-Dîn, le frère du sultan. Aussi Beha ed-Dîn Sokkar, titulaire du fief de Sâwa[1], envoya-t-il des troupes contre le vizir qui fut mis en déroute dans la montagne et fait prisonnier. On l'expédia ensuite à Khélâth et on le transporta dans la citadelle de Dizmâr[2] où il resta enfermé jusqu'au moment où s'accomplit pour lui le destin inéluctable qui avait marqué le terme de sa vie. Quatre mois plus tard il fut mis à mort.

Autre événement : Arrivée des ambassadeurs du pays de Roum. Le sultan, 'Ala ed-Dîn Kaïqobâdz ben Kaïkhosrou, avait envoyé au sultan Chems ed-Dîn Altoun Abeh, le dégustateur[3], et Kemâl ed-Dîn Kâmiâz ben Ishaq, cadi d'Erzendjân[4]; ils étaient porteurs de cadeaux et de présents offerts au sultan pour se concilier ses bonnes grâces. Ces cadeaux consistaient en trente charges de mulets de ballots de satin, de hatabi[5], de castor, de zibeline et autres choses précieuses. Il y avait outre vingt ou trente esclaves avec chevaux et harnachements, cent chevaux et cinquante mules avec caparaçons.

1. A mi-chemin entre Reyy et Hamadzân.
2. Forteresse située près de Tebrîz.
3. C'est-à-dire l'officier de bouche chargé du soin de goûter les mets servis à la table du sultan.
4. Ville d'Arménie.
5. Sans doute qu'il s'agit de l'étoffe de soie rayé appelée « 'ottâbi ».

Quand l'ambassade arriva à Erzendjân, il lui fut impossible de parvenir jusqu'au sultan, à cause de Rokn ed-Dîn Djihânchâh ben Toghril, seigneur d'Erzen Er-Roum qui, ouvertement, se montrait l'adversaire de ces deux gouvernements tandis qu'il manifestait hautement ses bonnes relations avec El-Achraf. Les ambassadeurs demeurèrent donc à Erzendjân jusqu'au moment du siège de Khélâth, époque à laquelle le seigneur d'Erzen Er-Roum reconnut l'autorité du sultan, puis ils vinrent apporter les cadeaux et les présents qu'ils étaient chargés de remettre. On les obligea à offrir toutes ces choses, conformément au cérémonial usité pour les sujets du sultan, émirs ou autres, c'est-à-dire que Chems ed-Dîn Altoun Abeh, assisté du chambellan particulier, se tenait sur l'emplacement destiné à l'exhibition des cadeaux et restait accroupi sur ses genoux, tandis que le chambellan énumérait un à un tous les objets en présence d'un grand concours de personnes.

On ne voulut pas que le prince représenté par les ambassadeurs fût traité sur le pied d'égalité; on ne tint pas non plus compte des désirs qu'il exprimait d'entretenir des rapports de sincère amitié et de bon voisinage et on traita les ambassadeurs en conséquence, en leur imposant des choses qu'ils ne pouvaient supporter. Tout d'abord, comme ils avaient demandé pour le fils de leur maître la main de la fille du sultan, afin de cimenter les bons rapports et de faire cesser toute mésintelligence, on leur fit une réponse défavorable. Ensuite, comme ils exposaient les griefs qu'ils avaient contre le seigneur d'Erzen Er-Roum, à cause de la conduite qu'il avait tenue précédemment à leur égard et qu'ils demandaient au sultan de les autoriser à s'emparer d'Erzen Er-Roum et de leur livrer le seigneur de cette ville, afin qu'ils tirassent vengeance des avanies et des hostilités qu'il leur avait prodiguées, le sultan, vivement irrité de leur insistance inopportune, leur dit : « Le personnage en question, que vous me demandez de vous livrer, a certainement manqué aux égards qu'il me devait et violé les règles de l'étiquette; mais en cela il n'a fait qu'agir à la façon des Arabes et il serait honteux qu'un homme de mon rang méprisât assez les droits de son subordonné pour le livrer à quelqu'un qui a soif de son sang. »

Un jour que j'entrai chez Cheref el-Molk, je trouvai les ambassadeurs de Roum assis auprès de lui. Il leur parlait d'une façon fort dure et leur disait : « Si le sultan voulait m'y autoriser, je pénétrerai seul dans votre pays et en ferai la conquête avec mes troupes personnelles. » A ces paroles il en ajouta encore d'autres dans le même goût. Quand les ambassadeurs furent sortis, je demandai à Cheref el-Molk pourquoi il les traitait aussi durement : « Leur maître, ajoutai-je, a fait des avances pour obtenir notre amitié et de rapports de bon voisinage et l'on renvoie ses ambassadeurs comme des valets et des affranchis. — Les cadeaux qu'ils m'ont apportés, me répondit-il, ne valent seulement pas 2,000 dinars! »

Les ambassadeurs du sultan 'Ala ed-Dîn retournèrent chez eux sans avoir obtenu de réponses favorables et sans avoir réussi à régler aucune affaire. Le sultan les congédia en les faisant accompagner par Djemâl ed-Dîn Feredj Er-Roumi, le thachtadâr[1], Seïf ed-Dîn Thert[2] Abeh, émir chekâr (grand veneur) et un jurisconsulte kharezmien surnommé Rokn ed-Dîn. Arrivés au milieu du pays de Roum, les ambassadeurs de 'Ala ed-Dîn prirent les devants et allèrent trouver leur maître à qui ils racontèrent que les démarches qu'ils avaient faites pour obtenir un rapprochement sincère, nouer de nou-

---

1. Titre donné à l'officier chargé de verser de l'eau sur les mains du sultan après le repas.
2. La lecture de ce nom n'est pas certaine.

velles relations et s'unir par des liens de sympathie et de solidarité, n'avaient produit aucun résultat.

Dans ces conditions 'Ala ed-Dîn se tourna immédiatement vers El-Malik El-Achraf et lui envoya sur-le-champ Kemâl ed-Dîn Kâmiâz, afin de l'informer que quiconque désirait avoir des relations de bonne amitié avec le sultan et songeait à lui proposer une assistance mutuelle ne pouvait compter sur rien de certain ; que lui-même avait dû renoncer à tout espoir de ce côté. Vouloir ramener le sultan autrement que par la force serait chose impossible et tenter de se concilier ses bonnes grâces serait une entreprise sans profit. « Il ne nous reste donc maintenant, disait-il, qu'un parti à prendre : unir nos deux bannières pour protéger nos deux dynasties. » Cette proposition trouva chez El-Malik El-Achraf un esprit tout disposé à l'accueillir et désireux de lui donner son adhésion. L'accord fut aussitôt conclu et les envoyés du sultan auprès de 'Ala ed-Dîn, seigneur du pays de Roum, n'arrivèrent qu'après le retour de Kemâl ed-Dîn Kâmiâz de la cour du sultan El-Achraf avec qui il avait pris des engagements formels au nom de son maître.

CHAPITRE LXXXVI

LE SULTAN S'EMPARE DE KHÉLATH A LA FIN DE L'ANNÉE 626
(fin de l'année 1229).

La durée du siège de Khélâth s'était si longuement prolongée, tant de personnes avaient succombé par suite de la disette et les fléaux de toutes sortes s'y étaient si bien accumulés que l'on en était réduit à manger des chiens et des chats; ni l'or, ni l'argent n'y avaient plus aucune valeur et la prise de la ville ne devait plus être qu'une lourde charge pour le vainqueur et une source de soucis pour qui s'en rendrait maître. A ce moment, Ismaïl El-Iouâni envoya durant la nuit un de ses familiers qui, après s'être laissé glisser le long des remparts, vint trouver le sultan et lui annonça qu'Ismaïl El-Iouâni demandait à livrer la ville, à la condition qu'on lui désignerait un fief qui lui serait octroyé dans l'Adzerbaïdjân. Le sultan lui fit concession du fief de Salmâs ainsi que d'un certain nombre de hameaux dans différentes parties de l'Adzerbaïdjân et jura d'en signer le décret de sa main.

Le messager rentra à Khélâth et les promesses faites se réalisèrent. Dans le camp du sultan chacun revêtit ses armes et, durant la nuit, Ismaïl fit descendre le long des murs des cordes à l'aide desquelles étendards et guerriers pénétrèrent dans la place et se disposèrent au combat. Le matin, les troupes se portèrent vers la brèche qui faisait face au mangonneau et commencèrent l'attaque. Les débris des troupes qaïmariennes[1], qui étaient à Khélâth, combattirent vaillamment ; elles allaient sans doute réussir à repousser l'ennemi bien qu'elles se fussent aperçues que les tours étaient remplies de soldats du sultan et que les étendards de ce dernier flottaient sur leurs murs. Mais les soldats établis dans les tours les ayant pris par derrière, les assiégés furent défaits et s'enfuirent. Tous leurs généraux, tels que Qaïmeria, El-Ased ben Abd Allah et autres, furent faits prisonniers parce qu'ils n'avaient pas voulu abandonner les postes qu'ils occupaient près des tours. 'Izz ed-Dîn El-Aïbek El-Achrafi, Modjîr ed-Dîn et Taqi ed-Dîn, ces deux derniers fils d'El-Malik El-'Adil Abou Bekr ben Ayyoub, se retirèrent dans la citadelle et s'y retranchèrent.

1. Elles étaient ainsi appelées sans doute du nom de la localité dans laquelle elles recrutaient leurs hommes.

Le sultan aurait voulu préserver Khélâth du pillage, mais les khâns et les émirs étant venus le trouver finirent par le contraindre à changer d'avis en lui disant: « La longue durée du siège a épuisé vos soldats ; ils ont perdu leurs chevaux et leurs montures et, si vous les empêchez de piller la ville, ils demeureront affaiblis au point de ne plus pouvoir tenir tête à l'ennemi au cas où celui-ci les attaquerait. Cette détresse d'ailleurs pourrait provoquer la dispersion de nos forces et le relâchement de la discipline. » En parlant ainsi, les chefs étaient poussés par la convoitise et le désir d'accaparer des richesses mal acquises. Ils insistèrent tant que le sultan finit par leur lâcher la bride et, durant trois jours consécutifs, la ville fut livrée au pillage.

Ce fut comme un nouveau fléau venant s'ajouter aux autres ou une poignée de sel jeté sur une plaie vive. On infligea la torture aux habitants pour les contraindre à livrer les objets qu'ils avaient cachés ou enfouis et chaque soldat fit subir les traitements les plus barbares aux Khélâthiens qui lui tombèrent sous la main. Quant au bruit qui a couru, que le sultan aurait ordonné de mettre à mort tous les habitants pour mieux assurer sa conquête, il n'est nullement authentique. Toutefois il est exact qu'un grand nombre de personnes périrent dans les châtiments, mais c'était surtout la famine qui avait décimé la population.

Modjîr ed-Dîn et Taqi ed-Dîn sortirent de la citadelle et vinrent demander l'aman au nom de 'Izz ed-Dîn Aïbek; l'aman fut accordé, et le lendemain 'Izz ed-Dîn quitta à son tour la citadelle. En signe de mépris et pour manifester sa colère, le sultan refusa de se laisser baiser la main par 'Izz ed-Dîn Aïbek et ce ne fut qu'après de pressantes sollicitations qu'il l'autorisa à lui baiser les pieds. Un des Turcs, qui faisait partie du clan de 'Izz ed-Dîn Aïbek, ayant fait remarquer au sultan qu'il s'était laissé baiser la main par Modjîr ed-Dîn et Taqi ed-Dîn, alors que ceux-ci n'étaient que des subordonnés et des vassaux de 'Izz ed-Dîn, le sultan répondit : « On peut si l'on a de l'affection pour quelqu'un la reporter sur ses frères, mais pour lui je n'ai pas une raison de ce genre; aussi ai-je voulu laisser les choses dans leurs conditions primitives et accorder à chacun les égards qui lui conviennent personnellement[1]. » Tous les jours ces trois personnages assistaient au repas du sultan : Modjîr ed-Dîn et Taqi ed-Dîn s'asseyaient tandis que 'Izz ed-Dîn demeurait debout.

'Alem ed-Dîn Sindjar, grand prévôt d'El-Malik El-Achraf Mousa, qui était en prison, fit tenir au sultan par l'entremise de son gardien les paroles suivantes : « J'ai appris que le sultan avait commencé à disperser ses troupes pour assiéger dans le district de Khélâth diverses villes telles que Berkeri, Menâzdjerd, Bedlis, Ouelâchdjerd, Van, Ousthân, etc. Tout cela n'est pas nécessaire, pas plus qu'il n'est besoin de s'imposer la charge de réunir des troupes ou de rassembler des vivres. Chacun des gouverneurs chargés de veiller à la garde des places qui viennent d'être indiquées a un mot de passe convenu avec 'Izz ed-Dîn Aïbek; il suffira que le sultan se le fasse indiquer par ce dernier pour s'emparer de toutes ces localités sans efforts ni fatigues. Jusqu'à ce jour 'Izz ed-Dîn n'a pas cessé de correspondre avec ces gouverneurs pour leur donner du courage, en leur laissant entendre que le sultan n'est pas à redouter et que, s'ils résistent, ils peuvent espérer que les troupes syriennes se mettront en mouvement pour les secourir. »

Le sultan, ajoutant foi à ces paroles, demanda à 'Izz ed-

---

1. Tout ce passage est assez mal rédigé. L'auteur veut dire que le sultan ne tint aucun compte des liens qui unissaient 'Izz ed-Dîn à Modjîr ed-Dîn et à Taqi ed-Dîn, bien que d'ordinaire l'affection que l'on a pour quelqu'un rejaillisse plus ou moins sur ses proches.

Dîn Aïbek de lui faire connaître ses mots de passe, puis, comme celui-ci niait qu'ils existassent, il ne voulut point le croire et l'obligea à écrire aux gouverneurs de livrer leurs localités. 'Izz ed-Dîn expédia cette injonction, mais aucun gouverneur ne consentit à capituler dans ces conditions. Désespérant d'arriver à ses fins au moyen de ces missives, le sultan fit arrêter 'Izz ed-Dîn, le chargea de chaînes et l'expédia dans la citadelle de Dizmâr. 'Izz ed-Dîn resta en prison jusqu'au moment où le sultan revint du pays de Roum avec ses troupes toutes désorganisées, débandées et démoralisées.

A ce moment, comme de fréquents messages étaient échangés avec El-Malik El-Achraf en vue de la conclusion de la paix, le sultan ordonna de faire périr 'Izz ed-Dîn Aïbek dans sa prison; il voulait ainsi éviter qu'il ne fût question de la mise en liberté de ce personnage, de son élargissement ou de l'adoucissement de la détention qu'il subissait. En faisant tuer 'Izz ed-Dîn de sang-froid, le sultan avait voulu venger les injures que lui adressait publiquement ce personnage, qui, en outre, s'était permis de faire jouer la nouba[1] de Dzou 'l-Qarneïn afin d'imiter le sultan et de se faire passer pour son égal; or cette nouba, adoptée par le père du sultan, avait été conservée par son fils.

En ce qui concerne Hosâm ed-Dîn El-Qaïmeri, on l'avait simplement consigné, sans le charger de chaînes, dans son palais situé dans la ville. Un jour, il demanda à ses gardiens de lui permettre d'entrer dans l'appartement de ses femmes. Cette autorisation lui ayant été accordée, il y entra et laissa ses gardiens sur le seuil de la porte ; puis, comme ses amis avaient pratiqué une issue dans le mur derrière le palais et y avaient amené des chevaux, il en enfourcha un et s'enfuit

---

1 Il a été question précédemment de cette aubade que le sultan considérait comme une sorte de prerogative royale.

auprès d'El-Malik El-Achraf. Ce fut après cette fuite qu'El-Ased ben Abd Allah El-Mahrâni fut mis à mort.

Quant à Hosâm ed-Dîn Toghril, seigneur de Erzen du Diarbekir[1], il avait fait demander par l'intermédiaire d'un de ses gardiens que le sultan lui envoyât une personne de confiance à qui il pourrait transmettre la communication qu'il désirait lui faire. Le sultan m'ayant désigné pour cet objet, je me rendis auprès de Hosâm ed-Dîn et voici le discours qu'il me tint quand nous fûmes ensemble : « Baisez pour moi la terre devant le sultan et rapportez-lui ces paroles en mon nom : Je suis un étranger appartenant aux populations de l'Orient[2]. Les vicissitudes du sort ont amené mes ancêtres dans ce pays et j'ai dû, pour me tirer heureusement d'affaires, user de toutes sortes de subterfuges à l'égard des gens de ce pays, je veux dire, les princes des Beni Ayyoub. Je suis resté avec eux dans de profondes ténèbres, attendant que l'aurore du succès se montrât du côté de l'Orient, mais quand le soleil s'est levé et a éclairé la terre, la place qu'occupaient mes pieds est restée néanmoins dans l'obscurité. J'ai laissé à Erzen un neveu d'intelligence médiocre, à l'esprit inconstant et aux idées déraisonnables ; je crains qu'en apprenant le peu de considération qu'a le sultan pour moi, il ne vende ma maison au plus vil prix. Si le sultan a le projet de me ravir les biens que je possède, il vaut certes mieux qu'il en profite que tout autre ; il n'a alors qu'à envoyer quelqu'un pour en prendre possession avant que l'ennemi ne s'en empare et qu'il ne se produise quelque accroc difficile à réparer. Mais si les intentions du sultan sont tout autres, qu'il me rassure en prenant une mesure écrite en ma faveur et qu'il décide que Erzen et son district seront maintenus au pouvoir de leur seigneur actuel, avec la promesse d'y adjoindre

---

1. Ou Erzen Diarbekir.
2. Par l'Orient, il faut entendre ici les pays à l'orient de la mer Caspienne.

les localités voisines le jour où les étendards du sultan flotteront sur leurs murs. »

Quand je rapportai ce discours au sultan et que je lui en eus expliqué les divers points, il consentit à faire droit à la requête qui lui était adressée et donna l'ordre de supprimer la surveillance dont Hosâm ed-Dîn était l'objet. Chaque jour depuis, Hosâm ed-Dîn assista aux audiences publiques du sultan ; il se tenait d'un côté, tandis que Modjîr ed-Dîn et Taqi ed-Dîn occupaient le côté opposé. Le sultan lui octroya ensuite une pelisse d'honneur complète et le renvoya à Erzen après lui avoir remis un décret le confirmant dans ses fonctions. Quant à Modjîr ed-Dîn et à Taqi ed-Dîn, nous en reparlerons plus loin et raconterons la suite de leurs aventures.

Au moment où le sultan s'empara de Khélâth et où l'on adressa à toutes les villes du royaume les dépêches officielles annonçant cet heureux événement, je tentai d'obtenir de lui l'autorisation d'employer pour les apostilles la formule dont se servait son père le grand sultan. Cette formule était ainsi conçue : *Le sultan, l'ombre de Dieu sur la terre, Abou 'l-Fath Mohammed, fils du grand sultan Takach Borhân, prince des Croyants.* Le sultan manifesta de la répugnance pour cette idée et ne l'accepta pas en disant : « Quand j'aurai une armée et un trésor pareils à ceux qu'avait l'un des grands vassaux du grand sultan, alors je t'autoriserai à te servir pour moi d'une apostille semblable à la sienne. » En entendant ces mots, je rougis et gardai le silence, car le sultan avait eu raison en prononçant ces paroles ; personne en effet n'avait acquis la dixième partie de la puissance de son père et n'avait pu lutter avec lui en illustration dans le champ de la gloire.

CHAPITRE LXXXVII

p. ٢٠٢

CONDUITE DU SULTAN A KHÉLATH APRÈS AVOIR CONQUIS CETTE VILLE, L'AVOIR MISE AU PILLAGE ET AVOIR CONCÉDÉ LES FIEFS QUI EN DÉPENDAIENT.

Maître de Khélâth qui, ainsi que nous l'avons rapporté, avait été livrée au pillage, le sultan désira rendre à cette ville sa prospérité ; il n'eut pas de plus vif désir que de remédier à ses maux et d'y remettre tout en ordre. Il regrettait bien d'avoir permis qu'on la ruinât et la décimât, mais hélas ! que pouvait ce remords pour les âmes disparues, pour les corps ensevelis sous les monceaux de décombres ! Toutefois il ordonna de prendre dans le trésor royal une somme de 4,000 dinars et de l'employer à réparer les brèches que les mangonneaux avaient faites dans les remparts. Ces travaux furent exécutés dans le plus bref délai et le sultan s'occupa alors de distribuer en fief, aux khâns et aux émirs, les cantons qui relevaient de Khélâth.

Orkhân réclama pour lui le fief de Sermâra qui lui fut octroyé, le sultan voulant ainsi punir son ancien tenancier Cheref ed-Dîn Ezdérèh qui s'était montré négligent dans les devoirs de sa charge et peu empressé à remplir ses obligations pendant toute la durée du siège de Khélâth. Il s'était, en effet, présenté à la cour dès le début du siège, mais peu de jours s'étaient écoulés qu'il demandait la permission de retourner chez lui, permission qui lui avait été accordée avec une répugnance manifeste et une rage contenue.

Hosâm ed-Dîn Khidhr, cousin de Cheref ed-Dîn, avait assisté au siège de Khélâth, puis il s'était rendu à Ardjîch ; il avait assiégé cette dernière ville, en invitant les habitants à se soumettre, et avait réussi à obtenir leur soumission avant que le sultan ne fût maître de Khélâth, en sorte que ce fut à Ardjîch que l'armée se ravitailla aux jours de détresse. Cette conduite avait produit une excellente impression, aussi, quand je reçus avis de la décision qui attribuait Sermâra à Orkhân, éprouvai-je un vif chagrin pour Hosâm ed-Dîn Khidhr en raison de la très vive sympathie qui nous unissait tous deux et de l'amitié si ancienne et si profonde que nous avions l'un pour l'autre.

Je laissai donc de côté ce jour-là la nomination d'Orkhân, que je ne rédigeai point, et m'empressai de me rendre chez Hosâm ed-Dîn en sortant du divan. Quand je lui eus expliqué la situation, il fut tout bouleversé et le chagrin qu'il ressentit fut si vif qu'il faillit pleurer. « C'est à Sermâra, me dit-il, que sont enterrés mes ancêtres, c'est là un territoire fécondé[1] par mes aïeux. Que faire ? » — « Vous avez servi le sultan de tout votre pouvoir, lui répondis-je ; vous avez déployé le plus grand zèle pour sa cause, aussi je ne doute point qu'il ne vous en soit reconnaissant et qu'il vous ait en haute estime ; si vous voulez qu'il vous rende votre fief, demandez-le lui vous-même et sûrement il ne vous le refusera pas. » Après avoir baissé la tête et réfléchi longuement il me dit : « Il est une seule chose qui m'empêche de faire ce que vous m'indiquez : ce sont les obligations que j'ai envers Cheref ed-Dîn Ezdérèh, car il m'a élevé avec autant de sollicitude qu'en aurait pu montrer le père le plus tendre et le plus dévoué. Cependant je vais passer cette nuit à réfléchir, à examiner les idées et les souvenirs qui s'agitent dans ma tête et demain je vous ferai connaître le résultat de mes réflexions. »

---

1. Mot à mot : « une terre morte revivifiée ». On sait qu'en droit musulman cette revivification confère le droit de propriété.

Là-dessus nous nous séparâmes. Le lendemain il vint me trouver le matin et m'annonça qu'il était disposé à adresser sa requête. L'amour des biens de ce monde lui avait perverti l'esprit; il lui avait fait oublier son devoir et lui avait enseigné l'ingratitude. Comme je vis qu'on n'arriverait à une solution qu'en obtenant l'agrément de Cheref el-Molk, j'engageai Hosâm ed-Dîn à agir dans ce sens, ce qu'il fit très nettement et sans détours. Il fut convenu que Hosâm ed-Dîn signerait un billet de 10,000 dinars *berbera* et qu'aussitôt en possession de son fief il ferait parvenir cette somme dans les caisses de Cheref el-Molk. A partir de ce moment Cheref el-Molk s'occupa de favoriser la réussite de la combinaison projetée; il en parla au sultan et grâce à mes efforts que je joignis aux siens l'affaire fut conclue. Un décret parut qui octroyait le fief de Sermâra avec tous ses cantons et toutes ses forteresses à Hosâm ed-Dîn, à la condition que celui-ci trouverait le moyen de s'emparer de Cheref ed-Dîn Ezdérèh et de son fils Hosâm ed-Dîn 'Isa.

Aussitôt nommé, Hosâm ed-Dîn se rendit à son ancien fief de Ghîq[1]. Or peu de jours après qu'il avait quitté la cour le hasard voulut que le sultan m'envoyât dans l'Irâq pour y traiter un certain nombre d'affaires importantes que j'indiquerai plus loin. Je trouvai Hosâm ed-Dîn à Ghîq; il me reçut chez lui et m'accorda la plus aimable hospitalité; il me donna en cadeau des chevaux, des mules, des étoffes, un esclave et des faucons. Il me raconta qu'il avait vainement essayé de faire venir Cheref ed-Dîn et son fils sous prétexte d'assister à la circoncision de ses enfants, mais qu'ils ne s'étaient point rendus à son invitation. « Vous seul, ajouta-t-il, pouvez m'aider dans cette affaire et m'en faciliter l'accomplissement. »

---

1. La lecture de ce mot est incertaine.

Je vis alors arriver les agents de Cheref el-Molk ; ils étaient porteurs de délégations ayant pour objet les sommes que Hosâm ed-Dîn s'était engagé à payer aussitôt après la prise de possession de Sermâra. C'était là un procédé peu équitable et l'ignorance où l'on feignait d'être de la véritable situation n'allait point sans un mélange de mépris. Aussi j'envoyai un de mes compagnons trouver Cheref ed-Dîn et son fils pour leur dire ceci : « Le sultan a changé de sentiments à votre égard ; il vous reproche d'avoir manqué à vos devoirs envers lui et de vous être abstenus de lui venir en aide. Dans un entretien confidentiel que j'ai eu avec l'émir Hosâm ed-Dîn Khidhr, nous avons cherché ensemble le moyen de réparer la faute commise et d'effacer le souvenir de votre défaillance. Allez donc trouver l'émir Hosâm ed-Dîn, écoutez bien ce que je l'ai chargé de vous dire et entendez-vous avec lui pour trouver le meilleur moyen de rentrer en grâce auprès du sultan. »

Je partis ensuite dans la direction de l'Irâq. Dès que Cheref ed-Dîn et son fils eurent reçu mon message, ils se rendirent auprès de Hosâm ed-Dîn qui les arrêta aussitôt et prit possession de Sermâra. La nouvelle de cet événement me parvint tandis que j'étais à Tebrîz.

CHAPITRE LXXXVIII

ARRIVÉE DES AMBASSADEURS DU GLORIEUX DIVAN[1] APRÈS LA PRISE DE KHÉLATH.

Après avoir revêtu la khila'a qui lui avait été apportée par Felek ed-Dîn et Sa'd ed-Dîn, ambassadeurs du glorieux

---

1. La cour du Khalife.

CHAPITRE QUATRE-VINGT-HUITIÈME

Divan, le sultan avait congédié ces deux personnages et les avait fait accompagner par Nedjm ed-Dîn Audâk, le grand écuyer, et Djemâl ed-Dîn 'Ali El-'Irâqi qui étaient tous deux chargés d'exprimer en son nom les remerciements qu'il adressait au Khalife pour les cadeaux qu'il en avait reçus. Ces deux envoyés devaient en outre offrir à titre de présent des chevaux tatares ; le sultan considérait ces chevaux comme la chose la plus précieuse qu'il possédât et par suite la plus digne d'être offerte.

Quand ces envoyés partirent, le Khalife les fit accompagner par Mohyi ed-Dîn Ibn El-Djauzi et Sa'd ed-Dîn Ibn El-Hâdjib. Les quatre ambassadeurs reçurent l'ordre de se partager en deux groupes : l'un, comprenant les envoyés du sultan qui retournaient à sa cour, devait prendre le chemin de l'Adzerbaïdjan ; l'autre, formé des ambassadeurs envoyés par le Divan, devait d'abord se rendre auprès d'El-Malik El-Achraf en prenant la direction de Harrân. Les choses se passèrent effectivement ainsi et les ambassadeurs du Divan n'arrivèrent qu'après la prise de Khélâth. A ce moment, la ville était si dépourvue de vivres qu'il était impossible d'offrir l'hospitalité aux ambassadeurs. D'un commun accord nous consultâmes le sultan pour savoir ce qu'il convenait de faire et lui annonçâmes l'impossibilité d'offrir une réception convenable. « Je vais, nous répondit-il, régler immédiatement leurs affaires et les congédierai d'ici sept jours. Durant ce temps, au lieu de leur envoyer des vivres, faites-leur porter de l'or que vous prendrez dans le trésor et ne lésinez pas. » On estima, à ce moment, le cours des denrées et on arriva à trouver qu'il fallait donner environ 2,000 dinars. Le sultan ordonna alors de porter 2,500 dinars. Je fus chargé de remettre cette somme et fus aidé dans cette tâche par Mokhtess ed-Dîn Ibn Cheref ed-Dîn, représentant du sultan pour l'Irâq.

Avant l'expiration des sept jours, le sultan termina le règlement des affaires qu'il avait à traiter avec les deux ambassadeurs. Ceux-ci parlèrent en faveur de Modjîr ed-Dîn et de Taqi ed-Dîn, tous deux fils d'El-Malik El-'Adil Abou Bekr ben Ayyoub, et sollicitèrent l'autorisation de les emmener avec eux à la cour du Khalife. Le sultan n'estima pas qu'il y eût lieu absolument de repousser cette demande et il les autorisa à emmener Taqi ed-Dîn seul. Puis après les avoir congédiés, il partit pour Menâzdjerd et il installa, pour faire le siège de cette ville, Cheref ed-Dîn à la tête des deux armées de l'Irâq et du Mâzenderân.

CHAPITRE LXXXIX

LE SULTAN SE REND DANS LE PAYS DE ROUM. IL Y LIVRE UNE BATAILLE RANGÉE DANS LAQUELLE IL EST DÉFAIT PAR LES ARMÉES COMBINÉES DE SYRIE ET DE ROUM.

Le sultan s'était rendu maître de Khélâth et était parti pour Menâzdjerd, afin d'en organiser le siège, lorsque Rokn ed-Dîn Djihânchâh ben Toghril, seigneur d'Erzen Er-Roum, arriva à la cour pour la seconde fois. Il informa le sultan de l'alliance conclue contre lui entre les souverains de Syrie et de Roum, puis il ajouta : « Mon avis est de déjouer leurs projets en prenant les devants avant qu'ils n'aient eu le temps de faire leur jonction. Attaquer chacun d'eux avant qu'il n'ait pu se préparer et tandis qu'il est seul et éloigné de son allié vaut mieux que de les laisser achever la réalisation du projet de coalition qu'ils ont formé. »

Le sultan approuva cet avis et reconnut la justesse du conseil. Il convint alors avec Rokn ed-Dîn que celui-ci se rendrait sur-le-champ à Erzen Er-Roum pour y préparer ses troupes, tandis que lui partirait cinq jours plus tard à la tête de son armée et pousserait jusqu'au district de Khertabert. Là ils s'arrêteraient en attendant que l'une des deux armées ennemies commençât son mouvement et attaqueraient celle qui se mettrait en marche la première avant qu'elle n'eût le temps de rejoindre son alliée.

Au moment où le sultan venait de concerter ces dispositions il me manda et me dit : « Rédige en faveur de mon frère[1] Rokn ed-Dîn un décret lui conférant les cantons de Kena'ïn[2] et de Kherichin[3] dans la province de Khertabert. » Aussitôt que la rédaction en fut terminée, je le présentai au sultan qui le revêtit de son approbation. Rokn ed-Dîn se leva alors, puis, se prosternant devant le sultan, il prit congé de lui et se mit en route.

Quant au sultan, il fit, par l'entremise des sergents et des sous officiers[4], distribuer aux émirs de l'armée des flèches rouges qui servaient de signal de départ et donna aux troupes l'ordre d'opérer leur concentration. Puis il se mit en route vers Khertabert où il s'arrêta pour attendre que son armée fût réunie. A ce moment il tomba gravement malade et dut garder le lit, désespérant même de recouvrer la santé. Durant toute sa maladie, les émirs et les khâns se tinrent devant la porte de sa demeure, prêts à se lancer au premier signal dans toutes les directions du royaume. Si on leur eût annoncé la mort du sultan, chacun d'eux aurait poussé dans une direction différente et se serait emparé de cette partie du pays.

Rokn ed-Dîn, seigneur d'Erzen Er-Roum, écrivit à ce

---

1. Ce mot « frère » n'est pas pris au sens propre; il signifie ici : ami.
2. Lecture incertaine.
3. Lecture incertaine.
4. Le mot employé ici signifie littéralement : athlètes, braves.

moment lettres sur lettres pour presser le commencement des opérations et faire savoir que les deux armées ennemies étaient en marche pour effectuer leur jonction, mais le sultan était incapable de prendre connaissance de ces dépêches et d'en tenir compte. Quand, sa maladie devenue moins grave, le sultan put partir, les ennemis avaient déjà opéré leur concentration. Néanmoins il crut devoir persister dans la funeste résolution qu'il avait prise, bien que le poète 'ait fort sagement dit :

Quand, dans une entreprise les efforts de l'homme sont favorisés par les circonstances, les biens lui viennent alors de tous côtés ;
Mais que la fortune lui tourne le dos, alors tout lui devient difficile et il peine vainement pour réaliser ses desseins.

Le sultan avait laissé Cheref el-Molk avec son armée et celle de l'Irâq sous les murs de Menâzdjerd, tandis que Tekîn, feudataire de Khouï, était devant Berkari. Une partie des troupes de l'Errân, de l'Adzerbaïdjân, de l'Irâq et du Mâzenderân avait été autorisée à rentrer dans ses foyers, et, dans son insouciance et son manque de réflexion, le sultan n'avait pas songé à rappeler ces troupes. Il se mit en marche, franchissant rapidement les étapes sans en tirer le moindre avantage, et détacha en avant un corps d'avant-garde d'environ deux mille cavaliers sous la conduite d'Auterkhân. A Yâsdjomân[1] on prit contact avec les troupes d'Erzendjân et de Khertabert ; un combat s'engagea dans lequel les lances, dont les pointes avaient été trempées dans du poison, percèrent bien des poitrines et balafrèrent bien des visages. Les troupes des Roum furent mises en fuite et décimées.

A ce propos, j'ai entendu El-Malik El-Modhaffar Chihâb ed-Dîn Ghâzi ben El-Malik El-'Adil prononcer les paroles suivantes : « Le sultan 'Ala ed-Dîn Keïqobâdz nous dit quand nous le rejoignîmes : Ces troupes que vous voyez ne sont point celles sur lesquelles je comptais pour résister à l'ennemi ;

mes hommes, mes braves, mes soldats, sur lesquels je fonde mon espoir, sont ceux de l'armée de l'est et ils ne vont pas tarder à arriver. Néanmoins quand la terrible nouvelle de cet échec lui parvint il ne put maîtriser son émotion et contenir sa tristesse et nous vîmes paraître chez lui l'angoisse, la consternation, l'irrésolution dans l'esprit et dans les actes à ce point qu'il songeait à retourner en arrière et que son unique préoccupation était de garder les défilés qui étaient derrière lui. Nous insistâmes tant pour lui remonter l'esprit qu'il reprit enfin courage et que nous nous séparâmes dans le but de faire nos préparatifs pour la bataille rangée que l'on attendait et qu'il ne croyait pas lui devoir être si prochaine. Pourtant le lendemain de ce jour était à peine commencé que les bataillons ennemis arrivèrent l'un après l'autre, au moment où nous nous y attendions le moins. Aussitôt arrivées, ces troupes prenaient positions, et, si elles nous avaient attaqués sur-le-champ, le mal eût été sans remède, la résistance impossible et la défaite terrible. Nous montâmes aussitôt à cheval et les soldats furent rangés en bataille. »

Quand les deux armées en vinrent aux mains, l'aile droite du sultan eut l'avantage sur l'aile gauche de l'ennemi et lui enleva un coteau sur laquelle elle s'était établie. Un renfort ayant été rejoindre l'ennemi, l'aile droite du sultan fut chassée de la colline et obligée de descendre dans la vallée où elle eut à subir plusieurs charges successives. L'armée du sultan ne put résister et se débanda comme des gazelles au pâturage surprises par des cavaliers ou attaquées par des loups dévovorants.

L'ennemi ne pouvait croire à une déconfiture aussi rapide ; tout d'abord il pensa à une ruse de guerre ; mais, bientôt la déroute s'affirmant, il vit fuir les troupes royales, les prisonniers affluer dans son camp et le butin s'y amonceler.

Alors il entama la poursuite des fuyards : les lances achevèrent leur œuvre et les glaives calmèrent leur ardeur en allant chercher leurs victimes jusque dans des solitudes où aucun étendard n'avait flotté, et dont le sol n'avait jamais été foulé ni par le pied d'un homme, ni par le sabot d'un cheval. La lutte ne cessa que quand le soleil pencha vers son déclin et que la nuit annonça son obscurité prochaine. Entraînés par la chaleur de l'action, quelques hommes s'égarèrent et tombèrent dans un précipice. Quant aux Turcs et aux Arabes, ils s'enfuirent au galop de leurs chevaux.

Ilegh-Khân, Athlas-Molk et un certain nombre d'officiers de la maison du sultan furent faits prisonniers. 'Ala ed-Dîn, seigneur de Roum, donna l'ordre de leur trancher la tête. Le seigneur d'Erzen Er-Roum fut également fait prisonnier après s'être vaillamment défendu contre les ennemis qui l'entouraient. Ordre fut donné de le charger de chaînes, puis de le mettre sur un mulet. Après avoir été abreuvé par le sort de sa coupe la plus amère, il acheva son existence en ayant la gorge coupée. Ainsi périt injustement cet homme dont la mort doit inspirer la pitié.

Telle est l'inconstance de la fortune. Ne t'étonne pas de ses coups et n'oublie pas qu'elle frappe soudainement. Tout ce qu'elle donne, elle le reprend, comme s'il s'agissait d'un simple gage et ses plus grandes faveurs ne tardent pas à vous être violemment arrachées. Au moment même où elle semble vous assurer la stabilité elle vous renverse, et, si elle bâtit, c'est uniquement afin de pouvoir démolir. L'homme avisé doit prévoir ces retours soudains, de façon à être toujours prêt à restituer le dépôt à lui confié ; il doit encore s'habituer à se priver de tout pour l'heure où se produira sa ruine.

CHAPITRE XC

p. ٢٠٨

EL-MALIK EL-ACHRAF SE REND A KHÉLATH. IL FAIT AUPRÈS DU SULTAN DES DÉMARCHES POUR LA CONCLUSION DE LA PAIX SA BIENVEILLANCE EN CETTE CIRCONSTANCE MONTRE QUE SA GÉNÉROSITÉ A ÉTÉ NOURRIE D'ENCENS ET PÉTRIE DE MUSC ET DE BEN [1].

Après avoir fait ses adieux au sultan 'Ala ed-Dîn, El-Malik El-Achraf se sépara de lui et, accompagné d'une partie de ses troupes, il se rendit à Khélâth. Or, quand le sultan avait été entraîné dans sa déroute jusqu'à Menâzdjerd, il avait trouvé là Cheref el-Molk qui bloquait étroitement la place et avait dressé contre elle un certain nombre de mangonneaux. Les habitants de Menâzdjerd se trouvèrent donc délivrés de la façon la plus inattendue, puisque ce fut le sultan lui-même qui emmena Cheref el-Molk avec son armée à Khélâth. Arrivé dans cette ville, le sultan fit charger toutes les richesses qu'il put emporter et ordonna de brûler le reste, faute de moyens de transport et aussi à cause du manque de temps.

Il quitta ensuite Khélâth pour gagner l'Adzerbaïdjân, puis, quand il fut arrivé à Sekmânabâdz, il laissa dans cette ville pour le protéger contre quiconque voudrait l'attaquer, et en qualité d'éclaireurs, Cheref el-Molk et tous les Irâqiens qu'il avait avec lui et s'installa à Khouï.

Quant aux principaux personnages turcs et aux khâns dévoués et fidèles, aucun d'eux ne voulut rester en arrière de son collègue, non plus que du sultan et, pour marcher plus vite, ils allégèrent à chaque étape les impedimenta qu'ils étaient chargés de transporter, en sorte qu'ils arrivèrent à

---

1. Ou bân. C'est le *Guilandina Moringa* dont le fruit donne une huile qui sert à fixer les parfums précieux.

Mouqân à la débandade et laissèrent leur sultan dans une situation telle qu'il pouvait être la proie du premier aventurier et ne faire qu'une bouchée pour n'importe quel affamé.

Aussitôt que El-Malik El-Achraf sut que Cheref el-Molk était établi à Sekmânabâdz, il entra en pourparlers avec lui et chercha à le gagner en lui faisant dire : « Ton maître est le sultan de l'islam et des musulmans ; il est leur appui et c'est lui qui sert de barrière et de rempart entre eux et les Tatars. Nous n'ignorons pas que la mort de son père a eu de graves conséquences pour la gloire de l'islam et la prospérité de la religion, nous savons que son abaissement serait l'abaissement de l'islamisme et que tout mal qui lui arrive rejaillit sur le monde entier. Toi qui as sucé le lait de la bonne et la mauvaise fortune, qui as connu ses biens et ses maux, qui en as gouté les douceurs et les amertumes, n'as-tu pas le désir d'inciter tes maîtres à nous réunir sous une même bannière, et de nous faire entrer ainsi dans la voie la plus sûre et le chemin le plus direct ? Pourquoi ne l'engages-tu pas à une entente amicale qui, en tout état de cause, serait une chose plus glorieuse pour nous et une étape qui nous rapprocherait plus que tout autre moyen des desseins de la Providence. Quant à moi, je puis garantir au sultan qu'il trouvera chez 'Ala ed-Dîn Keïqobâdz et chez mon frère El-Malik El-Kamil tout ce qu'il pourra désirer d'assistance, d'appui et de sympathies dévouées de loin aussi bien que de près, et qu'ils feront tous leurs efforts pour empêcher le retour d'une nouvelle rupture et dissiper les traces de leur ancienne inimitié. »

Ce fut par ce discours et d'autres du même genre que El-Malik El-Achraf réussit à se concilier des dispositions bienveillantes. Puisse Dieu toujours le nourrir de son encens et de son lait et l'égayer par l'ivresse de son nectar ! Grâce à sa bienveillance communicative et à ces témoignages de générosité qu'un cœur comme le sien pouvait seul produire, ses paroles produisirent une excellente impression. Le sultan ayant agréé ces propositions, la paix finit par être conclue, après qu'on eût échangé dans ce but de fréquents messages.

Le dernier ambassadeur envoyé par El-Malik El-Achraf pour la conclusion de la paix fut Ech-Chems Et-Tekrîti. Au moment de mon retour de Khélâth, où j'avais été envoyé pour régler certaines affaires dont je parlerai ci-après, je rencontrai Et-Tekrîti à Tebrîz. Il avait fini par obtenir du sultan qu'il s'engageât, sous la foi du serment vis-à-vis d'El-Malik El-Achraf, à cesser toute ingérence dans les affaires de la ville de Khélâth et des cantons qui en dépendent, mais il avait refusé de s'engager par serment vis-à-vis de 'Ala ed-Dîn Keïqobâdz.

Ce fut à cause de cela que Et-Tekrîti prolongea son séjour. Pendant un mois, le sultan, qui avait hâte de le voir partir et retourner auprès de son maître, ne cessait de lui dire : « Je vous ai juré tout ce que vous m'avez demandé. Laissez-moi maintenant régler seul mon affaire avec le seigneur du pays de Roum. » Mais Et-Tekrîti revenait sans cesse à la charge et insistait pour obtenir un serment que le sultan refusait toujours. Enfin, sous l'impression des nouvelles qui arrivèrent coup sur coup de l'entrée des Tatars dans l'Irâq, le sultan se décida à jurer au seigneur du pays de Roum qu'il s'abstiendrait de toucher à ses États.

Quand le sultan avait juré à El-Malik El-Achraf qu'il cesserait dorénavant de s'immiscer dans les affaires de la ville de Khélâth et de son district, il avait réservé ses droits sur Sermâra qui, de tout temps, avait été considéré comme faisant partie de la province de l'Adzerbaïdjân. Mais Et-Tekrîti insista vivement pour qu'il abandonnât également cette place dont le seigneur s'était soumis à El-Malik El-Achraf; ce serait, disait-il, une réparation des vexations commises par Cheref el-Molk et un moyen de se préserver à l'avenir de ses empiétements.

Le sultan se décida à abandonner Sermâra, à la condition toutefois qu'il prendrait une décision écrite pour le rendre en nom propre à El-Malik El-Achraf. Et-Tekrîti accepta cette condition, et, lorsque le décret lui fut remis, il se présenta devant le sultan et baisa la terre devant lui.

CHAPITRE XCI

GRAVES QUESTIONS QUI MOTIVÈRENT MON ENVOI DANS L'IRAQ.

La première de ces questions avait trait à l'affaire suivante : Un certain personnage, surnommé Felek ed-Dîn, qui avait été envoyé comme ambassadeur par 'Ala ed-Dîn, seigneur d'Alamout, était arrivé à la cour du sultan après que celui-ci s'était emparé de Khélâth. Il avait apporté une somme de 20,000 dinars formant une partie seulement du tribut imposé aux Ismaéliens, car le montant annuel en était de 30,000 dinars, et il y avait un arriéré de deux ans. En remettant cette somme, l'ambassadeur avait argué de différents prétextes pour s'excuser de ne pas avoir apporté la totalité de ce qui était dû. Je reçus donc mission de me rendre à Alamout pour réclamer le montant total du tribut et aussi pour adresser des remontrances au sujet d'un certain nombre d'affaires.

La seconde question, dont j'avais à m'occuper, était celle-ci : Après avoir juré qu'à l'avenir il considérerait le prince de Djebâl, 'Imâd ed-Dîn Bahlaouân ben Hezârsef, et le prince d'Ibouych[1] Chihâb ed-Dîn Soleïmân-chàh, comme étant du

---

1. Le texte porte El-Iboueh, mais plus haut il a donné l'orthographe Ibouyeh.

nombre des vassaux du grand Divan; qu'il n'exercerait plus aucune autorité sur eux et qu'il n'exigerait jamais leur assistance, le sultan s'était repenti de cet engagement à la suite des observations que lui avait adressées à ce sujet Cheref ed-Dîn, gouverneur de l'Irâq, qui lui avait fait comprendre la faute que lui avait fait commettre celui sur les conseils duquel il avait accédé ainsi aux désirs du grand Divan, c'est-à-dire Cheref el-Molk qui avait machiné tout cela.

Cheref ed-Dîn ayant remontré au sultan qu'aucune autorité ne pourrait se maintenir dans l'Irâq qu'à la condition que les deux princes ci-dessus désignés lui fussent soumis, le sultan voulut les ramener à l'obéissance et à la soumission d'autrefois. Toutefois il ne crut pas devoir écrire aux deux princes à ce sujet, avant de connaître le fond de leur pensée et de savoir s'ils désiraient être placés sous l'autorité du sultan ou, au contraire, s'en détacher.

Ainsi décidé à ne pas leur écrire avant d'avoir la preuve de leurs sentiments intimes, le sultan imagina d'envoyer à Ispahan quelqu'un qui, leur écrivant en son nom, pût savoir exactement à quoi s'en tenir. Le sort tomba sur moi pour cette mission. Le sultan m'envoya donc dans l'Irâq et me donna l'ordre de me rendre tout d'abord à Ispahan pour m'y rencontrer avec le gouverneur de l'Irâq et de là entrer en correspondances avec les deux princes. S'ils manifestaient le désir de servir le sultan et de se soumettre à lui, je devais leur demander des troupes ainsi qu'au seigneur de Yezd et partir ensuite avec eux et le gouverneur de l'Irâq pour nous rendre à Qazouîn.

Ensuite j'avais ordre de me rendre seul à Alamout, d'exiger de 'Ala ed-Dîn qu'il fît la khotba au nom du sultan et qu'il remît le reste du tribut qu'il devait. S'il s'abstenait de verser les sommes qu'il avait à payer, l'armée envahirait alors son territoire, le saccagerait et mettrait tout à feu et à sang.

Je partis bien à contre-cœur pour accomplir ce voyage. A peine avais-je mis le pied à Qazouîn que j'y rencontrai un des chambellans de Cheref ed-Dîn, le gouverneur de l'Irâq. Il me remit une lettre adressée à tous les gouverneurs des pays que j'avais à traverser sur ma route et leur enjoignant de m'accorder l'hospitalité et de me traiter avec égards. Tous s'acquittèrent de ce soin en y apportant autant d'empressement que pouvaient leur en suggérer les règles du savoir-vivre, et leur maître surpassa sous ce rapport les personnages les plus éminents et les plus distingués de son époque.

Ainsi, arrivé au bourg de Sîn[1], à une journée de marche de la ville d'Ispahan, un des chambellans du gouverneur vint m'inviter à m'arrêter en cet endroit afin de laisser à tous les seigneurs et au peuple le temps de se préparer à se rendre en cortège au devant de moi. Je ne déférai pas à cette invitation et, montant à cheval, je pressai l'allure de ma monture quand un des courtisans du gouverneur arrivant vers moi prit mon cheval par la bride et me fit mettre pied à terre jusqu'au moment où je fus rejoint par Cheref ed-Dîn, le cadi, le raïs, les émirs et les grands personnages accompagnés d'un immense concours de population.

J'entrai à Ispahan le 28 du mois de ramadhan de l'année 627 (10 août 1230). J'y demeurai jusqu'au retour des messagers envoyés auprès des deux princes d'Ibouyeh et du Djebâl. Ces messagers rapportèrent qu'ils avaient trouvé les deux princes désireux de faire acte de soumission et se plaignant amèrement qu'on eût effacé leurs noms des registres de la communauté. Quelques jours après leurs contingents arrivèrent et Mahmoûd-châh, le seigneur de Yezd, se présenta en personne.

---

1. Ou : Chin.

Ensuite Mahmoûd-châh reçut de sa femme, la fille de Borâq, le gouverneur de Kermân, une lettre dans laquelle celle-ci lui annonçait que son père marchait sur Yezd, qu'il voulait profiter de l'occasion où cette ville se trouvait sans garnison et que, emporté par son orgueil et sa jactance, il ne voulait rien écouter sinon ses mauvais instincts. Il fut entendu avec Cheref ed-Dîn que nous autoriserions Mahmoûd-châh à retourner à Yezd, voulant ainsi éviter des événements qui auraient pu nous attirer des reproches et nous léguer des remords.

Mahmoûd-châh me fit remettre par l'intermédiaire de son vizir Safi ed-Dîn une somme de 1,000 dinars, des chevaux et des étoffes. Aussitôt après je partis en compagnie du gouverneur de l'Irâq avec les contingents qui venaient de nous être fournis et nous nous rendîmes à Qazouîn, la ville la plus proche de Alamout. Je laissai tout mon monde à Qazouîn et entrai seul à Alamout.

CHAPITRE XCII

p. ٢١٢

MON VOYAGE A ALAMOUT ET LA FAÇON DONT JE M'ACQUITTAI DE MA MISSION.

Le sultan était vivement irrité contre 'Ala ed-Dîn, seigneur de Alamout, et cela pour diverses raisons. La plus importante était que 'Ala ed-Dîn avait non seulement manqué à la promesse qu'il avait faite de repousser le frère du sultan, Ghiyâts ed-Dîn, mais encore qu'il lui avait donné les moyens de tenter de nouveau la fortune en lui fournissant des chevaux et des approvisionnements en quantité suffisante.

Ma mission était donc une mission toute de blâme, et le

sultan avait bien stipulé que je ne devais pas entrer dans Alamout, si 'Ala ed-Dîn en personne ne s'engageait pas à me recevoir. En outre, je ne devais pas baiser la main de ce prince au moment où je me rencontrerais avec lui et, pour tout dire enfin, il me fallait manquer aux devoirs de la bienséance et violer les règles de l'étiquette soit dans le cérémonial, soit autrement.

Quand je racontai à Cheref ed-Dîn, le gouverneur de l'Irâq, toutes ces conditions, il me dit : « Vous avez un droit d'option[1] sur la généralité des instructions que vous a données le sultan et d'ailleurs les gens d'Alamout peuvent accepter tout cela sans difficulté, sauf la question de votre réception par leur prince. Ils ne consentiront jamais à cette démarche et la raison en est qu'ils ont fixé un âge déterminé avant lequel aucun prince, qui ne l'a atteint, ne peut recevoir officiellement : leur souverain actuel n'est pas encore arrivé à cet âge-là. Si donc vous leur imposez cette condition et que vous refusiez d'entrer dans la ville avant qu'elle n'ait été acceptée, vous vous heurterez à un refus et ne pourrez accomplir aucune des affaires que comporte votre mission.

« Mon avis est que j'envoie quelqu'un prévenir les gens d'Alamout des instructions que le sultan vous a données au sujet de l'entrevue avec leur prince. Vous partirez aussitôt après cette personne et entrerez dans la ville sans attendre de réponse. Si on accepte votre demande, ce qui est peu vraisemblable, votre but sera atteint ; sinon, ne retardez pas à cause de cela la discussion des affaires que vous êtes chargé de traiter. »

Je suivis ce conseil et entrai dans Alamout. Tous les grands personnages me reçurent et les choses se passèrent ainsi que me l'avait annoncé Cheref ed-Dîn. Le vizir 'Imâd ed-Dîn El-

---

1. Il veut dire que le sultan lui a laissé toute latitude sur le choix des questions à traiter ou à laisser de côté.

Mohtachem vint tout d'abord me trouver ; il voulait que je lui fisse part de l'objet de ma mission afin de l'exposer lui-même à son maître et d'en obtenir ses réponses. Je refusai de le faire, et trois jours après, je fus reçu pendant la nuit par 'Ala ed-Dîn sur une montagne escarpée.

J'exposai alors dans toute leur dureté les diverses réclamations, que j'avais à faire et qui portaient sur un certain nombre de points, entre autres celle-ci : Exiger du seigneur d'Alamout qu'il fît la khothba comme au temps du grand roi. Or, je savais pertinemment que les Ismaéliens refuseraient de se soumettre à cette obligation. Pourtant le cadi Modjîr ed-Dîn vivait encore, et c'était lui qui avait été envoyé par le grand roi à Djelâl ed-Dîn El-Hasan, le père de 'Ala ed-Dîn Mohammed, lui enjoindre d'avoir à faire la khothba, chose qui avait été faite. J'avais eu le soin de me munir d'un mot écrit de la main de Modjîr à ce sujet. Quand je le leur présentai, ils déclarèrent que ce cadi était un imposteur et un fourbe.

A l'audience, le vizir, 'Imâd ed-Dîn El-Mohtachem, était assis à la droite de 'Ala ed-Dîn et l'on m'avait fait asseoir à la gauche de ce dernier. Le vizir répondait sur chaque point, tandis que 'Ala ed-Dîn, lui, se tenait sur la réserve et il répétait tout ce que je disais sans rien y ajouter, ni rien en retrancher. La discussion sur la khothba se prolongea ainsi sans résultat, l'opposition que je rencontrai ne faisant au contraire que s'accroître. Cependant, s'il était une chose assez connue pour qu'on ne pût la céler, une chose que chacun, sédentaire ou voyageur, montagnard ou habitant des plaines, savait depuis longtemps, c'était qu'un tribut annuel de 100,000 dinars *botr* était versé dans les caisses du trésor royal du grand roi par les Ismaéliens.

Bedr ed-Dîn Ahmed, un des courtisans de 'Ala ed-Dîn, avait été envoyé par ce dernier en ambassade auprès des

Tatars dans le Maouraennehar[1]. Or le sultan m'avait chargé aussi de demander que 'Ala ed-Dîn lui envoyât cet ambassadeur afin de connaître le résultat de sa mission et d'agir ensuite en conséquence. Voici la réponse qui me fut faite à ce sujet : « Le sultan sait que nous avons des territoires confinant à ceux des Tatars ; il nous faut donc prendre des mesures pour préserver ces provinces de tout dommage. S'il est prouvé au sultan que cette démarche ait entraîné quelque inconvénient pour son empire, c'est à nous et non à lui qu'en incombera la faute ; il pourra alors nous démontrer la chose, nous couvrir de confusion et agir vis-à-vis de nous comme il l'entendra. »

J'avais à réclamer le montant de ce qui restait dû du tribut fixé et à en exiger le versement intégral dans les caisses du sultan. Sur ce point ils prétendirent que Amîn ed-Dîn Refîq El-Khâdim[2], qui était gouverneur de la citadelle de Firouzkouh, s'était emparé en route d'une somme de 15,000 dinars qui avait été expédiée du Qohistân à Alamout. Comme j'objectai que le fait reproché à Amîn ed-Dîn était antérieur à la conclusion de la paix et à la ratification du traité, ils me répondirent : « Mais à quelle époque avons-nous donc été en hostilité contre vous ? Quand avons-nous cessé d'être unis et fidèles à votre gouvernement ? Le sultan nous a vus à l'œuvre dans la bonne comme dans la mauvaise fortune ; il nous a éprouvés dans les jours de bonheur et dans ceux de l'adversité. Nos gens n'ont-ils pas servi fidèlement le sultan dans l'Inde alors qu'il se trouvait dans la plus triste des situations après le passage de la rivière du Sind ? Le sultan, en apprenant cela, n'a-t-il pas reconnu publiquement notre dévoûment à cette époque ? N'avons-nous pas tué Chihâb ed-Dîn

---

1. La Transoxiane.
2. Ces mots « Refîq el-Khâdim » pourraient ne pas être un nom propre et signifier : « le compagnon du serviteur ».

El-Ghouri uniquement pour complaire au grand roi et lui donner des preuves de notre amitié? »

« Chihâb ed-Dîn El-Ghouri, répliquai-je, avait saccagé quelques parties de votre territoire ; il avait répandu le sang d'un certain nombre d'entre vous. D'ailleurs tout cela ne justifierait en aucune façon un dégrèvement du tribut fixé. »
Ils prétendirent alors que Cheref el-Molk avait diminué d'une façon permanente le montant du tribut de 10,000 dinars et, pour preuve, ils me montrèrent une cédule écrite de ma main et portant le paraphe de Cheref el-Molk. « Cet argent, leur répondis-je, étant la propriété du sultan, il n'y a qu'un écrit du sultan qui puisse vous en faire remise. — Mais, dirent-ils, tous les revenus du sultan sont ordonnancés sous la seule signature de Cheref el-Molk et ses ordonnancements sont applicables à toutes les choses qui lui plaisent sans aucune restriction. Nul ne saurait mettre obstacle à ses décisions; elles doivent être exécutées, même s'il s'agit de dépenses faites en vue de ses plaisirs personnels ou de ses intérêts particuliers. Pourquoi n'en serait-il pas de même lorsqu'il s'agit de nous? »

Enfin il fut décidé que le seigneur d'Alamout verserait immédiatement la somme de 20,000 dinars et qu'un répit lui serait accordé pour les 10,000 dinars restants, afin qu'il pût consulter le sultan à ce sujet. La somme fut aussitôt pesée; elle était en pièces d'or *ghiyatsiennes* et *ghouriennes*[1] du meilleur aloi qui existât en fait de monnaies *rokni*[2]. Dans cette même audience on traita un certain nombre d'autres questions dans lesquelles il fallut déployer beaucoup de fermeté et d'insistance, mais point n'est besoin de les rapporter.

Cheref ed-Dîn, le gouverneur de l'Irâq, m'avait donné pour assistant un des siens, nommé Kemâl ed-Dîn El-Mos-

---

1. Au nom de Ghiyâts ed-Dîn et de Ghouri.
2. Probablement du type imaginé par Rokn ed-Dîn.

taufi, qui avait été investi du vizirat par Soleimân-châh ; il avait à traiter certaines graves questions relatives à l'Irâq.

Quand on eût demandé et obtenu pour lui l'autorisation de prendre la parole, il se présenta et parla d'un ton hautain ; il avait la réputation d'avoir la langue mordante et d'être d'une éloquence persuasive.

Comme nous sortions de l'audience je lui dis : « Qui vous a suggéré l'excellente idée de vous présenter, étant donné qui vous êtes ? — La sévérité de votre discours à 'Ala ed-Dîn, me répondit-il. En voyant la dureté avec laquelle vous traitiez celui qui peut faire ouvrir le ventre des Kosroës et faire trancher les têtes des plus orgueilleux princes, je suis resté stupéfait et abasourdi. Jamais, par Dieu je le jure, je n'aurais cru que nous serions sortis sains et saufs de cette audience. »

Les choses se passèrent tout autrement que ne l'avait prévu mon compagnon. 'Ala ed-Dîn me traita avec des égards et des honneurs particuliers qu'il n'avait jamais accordés aux autres ambassadeurs du sultan. Il me combla de présents et me donna en khilaas et en argent le double de ce qu'il distribuait habituellement, en disant : « Voilà un homme énergique : les bontés que l'on a pour des gens de cette trempe ne sont jamais mal placées. »

Le montant des cadeaux que je reçus, tant en nature qu'en espèces, s'éleva à près de 3,000 dinars. Ainsi j'eus deux khilaas, chacune d'elles comprenant une robe de satin, un bonnet, une fourrure et un pardessus, la première doublée en satin, le second, en crêpe de Chine, deux ceinturons pesant[1] 200 dinars, soixante-dix coupons d'étoffes pour vêtements divers, deux chevaux avec selle, bride et harnachement, des queues de cheval, 1,000 dinars, quatre chevaux

---

1. Peut-être équivalent à la valeur de 200 dinars. On sait que les Orientaux pèsent généralement leurs monnaies et ne les comptent pas.

avec caparaçons, une file de chameaux de la Bactriane et trente khilaas pour les gens de ma suite.

J'avais bâti dans ma forteresse située dans le Khorâsân un couvent et j'avais songé à acheter à Alamout des moutons dont je comptais faire une dotation pour ce couvent, les moutons étant devenus introuvables dans le Khorâsân par suite des déprédations des Tatars. Aussitôt que 'Ala ed-Dîn connut mon dessein, il m'envoya tenir ce discours en son nom : « J'ai appris que vous désiriez acheter des moutons pour en faire une dotation à votre couvent. Comme je tiens à m'associer à vous dans cette bonne œuvre et à mériter les faveurs du Ciel, je vais vous en envoyer une quantité qui vous sera bien suffisante. »

Bien que je ne fusse pas très confiant dans l'exécution de cette promesse, je cessai néanmoins mes achats, pensant que le prince avait voulu par là m'empêcher d'acheter des moutons à Alamout. Mais, quelques jours après l'avoir quitté et avoir séjourné à Qazouîn, je vis arriver un de ses pages[1] qui m'amenait quatre cents moutons d'âge à payer la dîme[2]. Je les expédiai à ma forteresse et ne sais ce qu'ils devinrent au milieu des troubles, séditions, bagarres et autres événements graves qui se produisirent alors.

Quand je quittai Alamout, Ased ed-Dîn Maudoud fut chargé de m'accompagner avec le titre d'ambassadeur. Le sultan m'avait dit avant mon départ : « Si l'on veut envoyer avec vous Ased ed-Dîn Maudoud, opposez-vous-y et ne l'emmenez pas. » J'ignorai alors les motifs qui avaient poussé le sultan à me dire cela, mais lorsque je leur fis part de ces paroles, ils ne s'y rendirent point parce que Ased ed-Dîn avait grande envie de me suivre :

---

1. Le mot signifie « jeunes gens ».
2. C'est-à-dire âgés d'un an révolu : les moutons jusque-là n'étaient point imposés pour la dîme.

Quand Dieu a quelque dessein sur un homme ; que cet homme soit doué de décision, d'esprit et de clairvoyance ;

Qu'il use même des moyens ingénieux qu'il a préparés pour combattre les effets funestes du destin,

Dieu néanmoins en fera un ignorant, aveuglera ses yeux et lui arrachera son intelligence comme on arrache un cheveu.

Ce qui avait motivé la colère du sultan, c'était une lettre dans laquelle Ased ed-Dîn se plaignait de Cheref el-Molk, et aussi ses agissements tendant à troubler la sereine jouissance que nous faisaient éprouver les marques de protection royale et à altérer les sentiments de pur dévouement qui nous animaient.

A ce moment le sultan dut quitter précipitamment Tebrîz à la suite de la nouvelle d'une marche subite des Tatars qui venaient d'arriver à Zendjân. Ased ed-Dîn demeura à Tebrîz. Arrivé à Mouqân, le sultan reçut une lettre que lui écrivait Cheref el-Molk et qui contenait ces mots : « L'ambassadeur d'Alamout a adressé aux Tatars une dépêche dans laquelle, entre autres choses, il les pousse à arriver vivement. J'ai saisi cette dépêche et ai fait mettre à mort Ased ed-Dîn ainsi que les personnes qui l'accompagnaient. » On eût pu appliquer à la situation ces paroles du poète :

Le glaive a effacé tout ce qu'avait dit le fils de Darrâh[1].

CHAPITRE XCIII

L'AFFAIRE DE 'IZZ ED-DIN BELBAN EL-KHELKHALI ET SA MISE A MORT.

Il a été déjà question de Belbân El-Khelkhâli ; comme nous l'avons vu, le sultan l'avait assiégé dans la citadelle de

---

1. Ou : Darrâha.

Firouzâbâdz, puis lui avait gracieusement accordé l'aman, opposant ainsi à ses crimes l'indulgence et le pardon et espérant trouver en lui un homme énergique qui combattrait avec vaillance. Belbân resta au service du sultan jusqu'au moment où celui-ci campa à Toughthâb ; alors il s'enfuit durant la nuit et se rendit à Khélâth auprès du chambellan 'Ali El-Achrafi. Ce dernier accorda toute sécurité au fugitif, lui donna asile, l'accueillit avec égards et lui fit une réception honorable ; puis il l'envoya dans l'Adzerbaïdjân.

Belbân se rendit dans les montagnes de Zendjân, où il sema la terreur sur tous les chemins et pilla les caravanes, jusqu'au jour où le sultan m'envoya dans l'Irâq et fit écrire un rescrit dans lequel il cherchait à gagner le cœur du rebelle en dissipant les craintes qu'il pouvait concevoir. « Si, disait-il dans cet écrit, vous préférez séjourner dans l'Irâq, nous avons donné l'ordre à notre représentant dans cette province de vous assigner à vous et à vos compagnons des fiefs qui soient à votre convenance et qui vous assurent des profits suffisants. » Le sultan me dit en outre : « Quand vous serez à proximité des montagnes de Zendjân, envoyez-lui une des personnes de votre entourage lui porter ce rescrit. »

Les avertissements qu'on avait faits précédemment à Belbân n'avaient produit aucun effet sur son esprit ; les événements miroitaient devant ses yeux sans jamais porter leurs traces jusque dans son cœur ; aussi lorsque la lettre lui arriva, il se laissa duper par ce rescrit d'apparence modeste dont la vue seule cependant devait éveiller des méfiances dans l'esprit. Il faut dire qu'il était fort peiné d'avoir dû abandonner toute stabilité, d'être accablé de soucis, d'avoir à affronter sans cesse des dangers et d'être obligé de veiller nuit et jour sans interruption. Aussi songea-t-il à se laver de tout reproche, après avoir fait preuve de tant de cruauté et s'être déclaré ouvertement rebelle.

Arrière! qu'ils ne se laissent point tromper par ses œillades! la colère ne se cache-t-elle pas sous le sourire des lions?

Se fiant donc au dire du message que je lui avais envoyé, Belbân se rendit à Ispahan. Mais le sultan avait eu soin d'écrire à Cheref ed-Dîn pour lui enjoindre de lui envoyer la tête du rebelle s'il venait à Ispahan, et cet ordre fut exécuté.

CHAPITRE XCIV

DJIHAN BAHLAOUAN OUZBEK BAIN; SON ARRIVÉE DE L'INDE DANS L'IRAQ.

Nous avons déjà parlé de Djihân Bahlaouân Ouzbek Bâïn, le chef des troupes du sultan dans l'Inde; nous avons dit aussi qu'au moment de se décider à quitter l'Inde, le sultan avait confié l'administration des provinces qu'il possédait dans ces contrées aux soins de ce général. Djihân demeura plusieurs années dans ces provinces, qu'il administra avec habileté et où il sut se faire respecter des princes voisins, jusqu'au jour où Chems ed-Dîn Iltemich, seigneur de Lahore[1], de Delhi et de toute la vallée du Cachemir, étant venu l'attaquer à la tête de son armée, le chassa de ses domaines.

Désireux de rester au service du sultan, Djihân se rendit à la cour, laissant derrière lui les officiers du sultan tels que El-Hasan Qazlaq surnommé Oufa-Molk et d'autres qui se soumirent à l'autorité d'Iltemich. Au moment où il arriva dans l'Irâq, j'étais à Qazouîn, de retour de ma mission à Alamout. Djihân m'avait écrit ainsi qu'à Cheref ed-Dîn, gouverneur de l'Irâq, pour nous annoncer sa venue. Il avait avec lui envi-

---

1. Le texte porte Nahour.

ron sept cents cavaliers, seuls débris échappés à la mort dans la lutte terrible qu'il venait de soutenir.

Cheref ed-Dîn me consulta sur le point de savoir s'il devait lui envoyer une somme de 5,000 dirhems, prise sur les revenus de l'Irâq, afin d'assurer sa subsistance et de pourvoir aux choses dont il pourrait avoir besoin. Je lui fis remarquer combien cette somme était infime pour une personne possédant un grand crédit auprès du sultan et ayant montré un grand dévouement à ses intérêts, et j'ajoutai que personne ne jouirait à la cour d'un aussi haut crédit que Djihân dès qu'il y serait arrivé. En conséquence Cheref ed-Dîn lui lui fit parvenir 20,000 dinars.

Peu de jours après, on reçut un ordre royal enjoignant d'envoyer 20,000 dinars, pris sur les ressources de l'Irâq, à Djihân qui devait passer l'hiver dans l'Irâq, afin de s'y remettre des fatigues qu'il avait éprouvées durant son voyage et de laisser aux montures de ses soldats le temps de réparer leurs forces. Au printemps seulement il aurait à reprendre du service.

L'arrivée de Djihân dans l'Irâq coïncida avec le retour du sultan du pays de Roum, retour qui s'effectua dans les conditions indiquées plus haut. Sa présence aurait pu être une garantie que tout irait bien à l'avenir, mais le destin n'avait pas dirigé ses traits dans la direction désirée, les Tatars s'étant interposés entre le prince et le but qu'il poursuivait. Toutefois certaines personnes prétendent que Djihân n'arriva qu'après que les Tatars s'étaient répandus dans Sekmânâbâdz, en l'année 628 (9 novembre 1230-29 octobre 1231).

CHAPITRE XCV

A QAZOUIN, JE ME SÉPARE DE CHEREF ED-DIN, LE GOUVERNEUR DE L'IRAQ, ET ME RENDS DANS L'ADZERBAIDJAN, N'AYANT PAS ALORS LE CHOIX DE PRENDRE UNE AUTRE DIRECTION.

Comme je revenais à Qazouîn, emportant l'argent que j'avais reçu à Alamout et accompagné de l'ambassadeur ismaélien, El-Ased Maudoud, qui emportait une quantité importante de présents, la nouvelle arriva que les Tatars étaient parvenus à Isféraïn, un des cantons du Khorâsân. Aussitôt qu'ils avaient appris que le sultan était revenu du pays de Roum avec ses troupes en désordre, son armée dispersée et décimée, les Tatars avaient profité de sa faiblesse et s'étaient mis à sa poursuite.

Dès qu'il connut la nouvelle, Cheref ed-Dîn partit dans la direction de Er-Reyy pour organiser le pays et prendre les mesures que comportait la situation du moment. En me faisant ses adieux, il me promit de m'envoyer de là-bas une escorte pour me protéger à travers l'Irâq, car les chemins étaient infestés de voleurs qui en avaient fait leur champ d'exploitation et de coupeurs de routes qui y guettaient les passants.

Mais les Tatars, luttant de vitesse, assaillirent Er-Reyy durant la nuit, et Cheref ed-Dîn dut fuir en toute hâte, au milieu de l'obscurité, effaré comme une autruche; ensuite il gagna Ispahan. Quand cette nouvelle me parvint, j'étais à Qazouïn; aussitôt le jour me parut aussi sombre que la nuit et il me fut impossible de demeurer en repos tant j'étais atterré; il me sembla que ma vie ne reposait plus que sur une berge croulante. Dans tout l'Irâq chacun savait que j'avais avec moi l'argent apporté d'Alamout et une somme égale ou de bien peu inférieure qui était ma propriété personnelle. Je me décidai alors, afin de me rendre dans l'Adzerbaïdjân, à exposer ma vie pour traverser les repaires des malfaiteurs[1] de Hilber, Djouldiz et autres lieux de l'Irâq :

> Jouets de cacophonies où Salomon lui-même, s'il avait dû y voyager, n'aurait pu se passer d'un interprète.

Noçret ed-Dîn, frère de Nidhâm el-Molk, Nâçir ed-Dîn Mohammed ben Çâlih, alors vizir au Mâzenderân et chargé d'en apporter les revenus, se joignit à moi, ainsi que Çafi ed-Dîn Mohammed Eth-Thoghrâï qui avait été envoyé en inspection dans le Mâzenderân par la cour royale.

Nous convînmes de voyager ensemble et nous ne connûmes durant ce temps ni bain chaud, ni eau fraîche autrement que dans notre imagination. Enfin nous arrivâmes à Tebrîz ou nous trouvâmes le sultan ainsi que Ech-Chems Et-Tekrîti, l'ambassadeur d'El-Malik El-Achraf, qui y était également. Le sultan m'invita à faire apporter l'argent par l'envoyé d'Alamout, au moment où Et-Tekrîti serait lui-même présent. Je me conformai à cet ordre et fis apporter les charges d'argent telles qu'elles étaient et Et-Tekrîti entendit et vit tout ce qui se passa.

CHAPITRE XCVI

L'AVANT-GARDE DES TATARS ARRIVE AUX FRONTIÈRES DE L'ADZERBAIDJAN. LE SULTAN QUITTE TEBRIZ ET SE REND A MOUQAN.

Le sultan avait expédié un de ses hommes d'élite, Berghou,

---

1. La lecture de ce mot est incertaine.

afin de s'informer dans l'Irâq des nouvelles des Tatars. Arrivé à Merdj-Cheraouân, entre Zendjân et Abhor, Berghou se heurta à l'avant-garde des Tatars; tous ses compagnons, au nombre de quatorze, périrent. Lui seul échappa et revint à Tebrîz apporter la terrifiante nouvelle.

S'étant imaginé que les Tatars passeraient l'hiver dans l'Irâq et qu'ils n'envahiraient l'Adzerbaïdjân qu'au printemps suivant, le sultan s'était laissé bercer par cet espoir trompeur et cette illusion décevante, aussi fut-il bien surpris quand on lui annonça la nouvelle de l'arrivée de l'ennemi, au moment où il venait de rentrer du pays de ''oum et avant qu'il eût pu réparer le désordre de son armée et faire cicatriser les plaies et les blessures que son récent désastre avait infligées à ses troupes. Il quitta aussitôt Tebrîz pour se rendre à Mouqân, ses soldats à ce moment y étant dispersés dans leurs campements d'hiver. Puis il congédia Et-Tekrîti et le fit accompagner par Mokhteçç ed-Dîn, fils de Cheref ed-Dîn Ali, gouverneur de l'Irâq, qu'il accrédita en qualité d'ambassadeur de sa part.

Le danger fut si pressant que le sultan n'eut point le temps de s'occuper de son harem, ni des êtres qui lui étaient chers pour les envoyer dans quelque localité bien fortifiée; il les laissa donc à Tebrîz, croyant bien que ce jour-là était le dernier qui le réunissait aux êtres qu'il aimait. Il laissa également Cheref el-Molk à Tebrîz et partit avec ceux de ses courtisans qu'il avait auprès de lui, prenant la direction de Mouqân et précipitant sa course afin de pouvoir y réunir ses troupes éparses et y rassembler ses soldats disséminés de tous côtés.

De tous ceux qui l'accompagnèrent j'étais le seul de ma fonction. Modjîr ed-Dîn Ya'qoub ben El-Malik El-'Adil lui tenait compagnie durant la route et causait avec lui. Chaque fois que Modjîr ed-Dîn s'éloignait un instant, je voyais les larmes descendre des yeux du sultan et couler sur ses joues. Il pleurait en songeant à la perte de son royaume, à la mort qui l'attendait ; il se disait qu'il venait de quitter sa famille et tous les êtres qu'il aimait sans espoir de jamais les revoir et qu'il allait les abandonner dénués de tout aux mains de ses ennemis.

Arrivé au bourg d'Arminân, on s'arrêta pour camper et on entrava les chevaux. Le sultan me manda alors auprès de lui et, quand je fus en sa présence, il me tendit une lettre qu'il venait de recevoir du gouverneur de la citadelle de Belek, qui est aux confins du territoire de Zendjân. Dans cette lettre le gouverneur disait que les Tatars, qui avaient attaqué Berghou entre Abhar et Zendjân, étaient installés à Merdj-Zendjân, qu'il avait envoyé quelqu'un pour s'assurer de leur nombre et qu'ils étaient sept cents cavaliers.

p. ٢٢١

En apprenant cela, le sultan fut tout joyeux ; il fut comme allégé du poids de ses soucis et me dit : « Il est manifeste qu'il ne s'agit ici que d'une troupe de Tatars envoyée vers Zendjân pour s'emparer de cette localité et s'y établir. — Il se peut aussi, observai-je, que ce détachement soit l'avant-garde des Tatars et que le gros de l'armée vienne à sa suite. » Cette remarque ne le satisfit pas, car il ajouta : « Jamais les Tatars n'auraient envoyé contre nous une avant-garde de sept cents cavaliers, mais bien une avant-garde de sept mille cavaliers. » A ce moment-là il n'y avait pas à songer à chercher à convaincre le sultan de la vérité des choses, mais simplement à lui dire ce qui était de nature à tempérer les angoisses de son cœur.

De Belek, le sultan poursuivit sa route dans la direction de Mouqân. Arrivé dans cette ville, il s'aperçut que ses soldats étaient dispersés de tous les côtés : les uns étaient restés dans cette ville; d'autres avaient préféré passer l'hiver à Cherouân ; enfin, il en était qui avaient poussé jusqu'à El-

Mektour. Des soldats d'élite furent expédiés pour les rassembler ; ils étaient porteurs de flèches qui servaient de signes de ralliement en cas de convocation et de prise d'armes. Mais avant que cette concentration fût opérée, les Tatars avaient déjà fait irruption ; tout ce bel échafaudage d'organisation fut donc renversé et tout ce tissu de précautions fut effiloché. Quand Dieu a résolu la perte d'une nation, rien ne saurait la préserver, et personne autre que lui n'est à même de la protéger.

Un jour qu'à Mouqân, le sultan était allé à la chasse, il me dit : « Prenez l'avance sur moi et allez à cette colline ; — et, ce disant, il me désignait une colline qui était en face de lui. — Quand vous serez là, écrivez une lettre au représentant de Cheref el-Molk à Ardouil et une autre à Hosâm ed-Dîn Tekin Tâch, qui est dans la citadelle de Firouzâbâdz ; dites-leur que nous confions à l'émir Ighân Sonqor la garnison du Khorâsân, à l'émir Arsmân Behlaouân celle du Mâzenderân et que ces deux troupes réunies formeront un corps d'éclaireurs destiné à se renseigner sur la marche des Tatars. Ordonnez-leur aussi en notre nom de disposer un corps de cavalerie à Ardouil, un autre à Firouzâbâdz, de fournir aux cavaliers désignés tout ce dont ils auront besoin durant leur séjour et de leur assurer existence convenable. »

Je poussais aussitôt ma monture vers la colline désignée et, là j'écrivis mes dépêches avant que le sultan ne m'eût rejoint ; quand je les lui présentai, il les revêtit de son apostille et les deux personnages indiqués ci-dessus quittèrent le sultan avec ordre de se mettre en route à l'instant même. Mais j'appris qu'ils ne bougèrent pas de leurs demeures, jusqu'au jour où les Tatars assaillirent à l'improviste le sultan à Mouqân, alors qu'il comptait sur les éclaireurs qu'il avait prescrit d'envoyer et qu'il s'en fiait à eux du soin de l'avertir de l'arrivée de l'ennemi.

CHAPITRE XCVII

p. ٢٢٢

DE LA DÉFAITE INFLIGÉE AU SULTAN PAR LES TATARS AUX ENVIRONS DE CHIRKEBOUT.

Après avoir ainsi expédié des éclaireurs et avoir enjoint à ses sous-officiers de rassembler au plus vite les soldats de l'armée, le sultan passa tout son temps à la chasse. Il n'avait à ce moment que fort peu de monde auprès de lui, environ mille cavaliers de sa garde particulière. Un soir, il alla établir son camp près d'une localité appelée Chîrkebout.

Chîrkeboût est le nom d'une forteresse bâtie sur une colline dans le district de Mouqân; elle est entourée d'un fossé très profond et d'une grande largeur. L'eau qui sourd de ce fossé le remplit et sert à abreuver la ville dans laquelle on ne peut pénétrer que par un seul pont que l'on relève dès qu'on n'en a plus besoin. Au début de l'invasion des Tatars, Chîrkeboût avait été détruit, mais Cheref el-Molk l'avait relevé de ses ruines à l'époque où, ainsi que nous l'avons rapporté, il s'était approprié les canaux qui dérivent du fleuve de l'Araxe.

Pendant que le sultan assiégeait Khélâth, il avait envoyé au Khârezm le porte-glaive Dekdjek Nouïen, avec un corps d'éclaireurs pour se renseigner sur la marche des Tatars. Dekdjek avait rencontré dans les environs de Khârezm une troupe de Tatars; il les avait attaqués, en avait tué une partie, et avait ramené les autres à Khélâth. Parmi ces derniers, se trouvait un Tatar à qui le sultan avait fait grâce de la vie, ayant donné l'ordre de mettre tous les autres à mort.

Le jour où le sultan campa près de la citadelle de Chîrkeboût, il fit arrêter ce Tatar à qui il avait laissé la vie. Il voulait ainsi éviter que ce prisonnier, dont la femme et les enfants étaient restés chez les Tatars au Khârezm, ne profitât de l'occasion pour s'enfuir et aller informer ses compatriotes de la dispersion de l'armée du sultan et de sa situation critique.

Le sultan me remit donc ce Tatar en me disant : « Emmenez-le dans la forteresse de Chîrkeboût, faites-le mettre aux chaînes et confiez sa garde à la personne qui commande la citadelle au nom de Cheref el-Molk. » Je m'acquittai de ce soin, mais, surpris par la nuit, je dus coucher dans Chîrkeboût ; je n'avais avec moi que trois pages, ayant laissé au camp le restant de mon entourage et tout ce que j'avais avec moi pour ce voyage en fait d'animaux et de bagages.

Le lendemain, quand je voulus aller reprendre mon service, je trouvais toutes les tentes vides, les bagages dispersés de tous côtés, les guépards attachés et les faucons enchaînés sur leurs cages.

Il semblait qu'aucun être vivant n'avait jamais vécu entre El-Hadjoun et Es-Safa et qu'aucun causeur n'eût ouvert la bouche à La Mecque.

Je constatai alors que ce que l'on redoutait était arrivé et que, durant la nuit, le sultan avait été mis en déroute. Comme j'ignorais si le sultan avait réussi à s'échapper et que j'avais la certitude que Chîrkeboût ne pouvait résister en cas de siège par les Tatars, je me mis à la recherche du sultan que les Tatars poursuivaient. Dans son immensité la terre me parut alors bien étroite. D'une part j'avais perdu tout ce que je possédais et, d'autre part, je me mettais en marche avec la certitude que le parti tatar, qui avait attaqué le sultan, était devant moi et que j'avais derrière moi tout le gros de leur armée.

Enfin, j'arrivai à Sultan-Khouï, c'est-à-dire au canal que Cheref el-Molk avait creusé au nom du sultan et qui prenait ses eaux dans l'Araxe. Là, je trouvai sur le pont une quantité innombrable de troupeaux appartenant aux Turcomans. Dans l'impossibilité où j'étais de me frayer un chemin pour traverser le pont, je n'hésitai pas à risquer ma vie et lançai mon cheval dans les eaux du canal. Dieu voulut bien me tirer d'affaire en cette occasion ; je réussis à passer le canal et à arriver dans les parages de Beïlaqân [1].

On m'annonça alors que Cheref el-Molk était à Beïlaqân, ayant avec lui le harem du sultan et ses trésors. Je ne crus pas devoir aller le rejoindre : je voulus ainsi éviter de m'engager dans des complications qui pouvaient me donner lieu de me repentir et m'occasionner des désagréments ; aussi, bien que j'eusse, à Beïlaqân, un certain nombre de chevaux et des marchandises, je considérai tout cela comme n'ayant jamais existé et, forçant de vitesse en voyageant nuit et jour, j'arrivai à Guendjeh [2]. Le lendemain de mon arrivée, les Tatars apparaissaient sous les murs de cette ville.

D'autres membres du divan que moi ne partagèrent point à cette époque mes sentiments à l'égard de Cheref el-Molk et se joignirent à lui. Quand, au plus fort de la conflagration allumée par les Tatars et au moment où leur puissance était à son apogée, Cheref el-Molk leva ouvertement l'étendard de la rébellion, il fit mettre aux fers ces membres du divan et leur fit subir la torture pour les dépouiller de leurs richesses. Ils furent soumis à de telles épreuves que, sans une faveur spéciale de Dieu qui fit reparaître le sultan et obligea Cheref el-Molk à abandonner la citadelle de Hayzân [3], ils auraient tous été compris dans la légion des morts et dans la masse de ceux qui périrent.

---

1. Ville d'Arménie voisine de l'Errân.
2 Chef-lieu de l'Errân.
3. Ville d'Arménie près de Cherouân ; il ne faut pas confondre cette ville avec celle de Htzân.

CHAPITRE XCVIII

LE SULTAN ENVOIE MODJIR ED-DIN YA'QOUB VERS SON FRÈRE EL-MALIK EL-ACHRAF MOUSA.

Nous avons déjà raconté qu'en quittant Tebrîz pour se rendre à Mouqân, le sultan avait amené avec lui Modjîr ed-Dîn. Il faisait volontiers sa société de ce personnage et, durant tout son séjour à Mouqân[1], il l'emmenait avec lui à la chasse. C'était leur unique occupation depuis le premier instant où le jour commence à blanchir jusqu'au moment où le soleil se précipite dans les ténèbres. Chaque soir le sultan invitait Modjîr ed-Dîn à assister à ses libations nocturnes et causait familièrement avec lui.

Il en fut ainsi jusqu'à l'attaque des Tatars. Un soir qu'ils causaient ensemble, Modjîr ed-Dîn insinua au sultan que l'arrivée des Tatars n'était pas un fléau qui le menaçât spécialement lui et ses États, mais que si l'on persistait à leur laisser le champ libre, c'en était fait de tout l'islam qui serait exposé à périr. Il fallait donc qu'il se rendît auprès d'El-Malik El-Achraf et qu'il lui signalât l'urgence du péril en lui montrant l'importance de la conflagration qui embrasait le pays et dont les flammèches volaient de tous côtés. Pour parer à un tel danger il n'y avait qu'un moyen : concentrer les forces de la nation musulmane sous la même bannière.

Hélas ! quel magicien aurait pu arrêter le cours des événements, alors que la lutte était engagée corps à corps. Une chose singulière, c'est que le sultan ait songé à demander secours à celui qui lui avait percé le cœur de traits acérés

---

1. District de l'Adzerbaïdjân entre Ardebil et Tebrîz.

et qu'il ait cherché un appui auprès de celui qui, de sa propre main, lui avait arraché les plumes directrices de ses ailes au moment où allait prendre son vol.

Modjîr ed-Dîn fut autorisé à quitter la cour; le sultan lui fit donner une escorte pour le conduire auprès de Cheref el-Molk, et donna ordre à celui-ci de désigner pour l'accompagner un ambassadeur à qui il devait dicter toutes les instructions nécessaires pour le règlement des affaires que comporteraient les circonstances. Cheref el-Molk désigna à cet effet son vizir, Mo'în ed-Dîn El-Qommi; mais il lui remit des instructions telles qu'elles annihilaient les projets du sultan et allaient à l'encontre du but qu'il poursuivait.

Il faut dire qu'à ce moment Cheref el-Molk était décidé à rompre les liens de la reconnaissance qui l'attachaient au sultan et qu'il était résolu à déchirer la tunique de son honneur. Le diable l'entraîna par ses infâmes suggestions et il se laissa aller à exécuter les noirs desseins qu'il avait tramés dans sa tête. Il jeta donc du bois dans le feu de la discorde; il en accrut si bien l'ardeur et en attisa tellement la flamme qu'il empêcha toute entente et mit obstacle à tout arrangement. Mais il est certain qu'il se brûla lui-même au feu qu'il avait fait jaillir de son briquet et que son bonheur fut à jamais détruit.

CHAPITRE XCIX

SITUATION DU SULTAN APRÈS LA DÉFAITE QUE LUI INFLIGÈRENT LES TATARS A MOUQAN.

Culbuté par les Tatars à Mouqân, ainsi que nous l'avons raconté, le sultan poussa vivement du côté de l'Araxe, tandis que les Tatars supposaient qu'il avait traversé le fleuve dans la direction de Guendjeh et qu'ensuite il avait fait un détour vers l'Adzerbaïdjân. Il s'arrêta à Mâhân[1], plaine abondante en gibier de toute sorte et y passa l'hiver.

'Izz ed-Dîn, le seigneur d'une forteresse escarpée qui s'élevait en cet endroit, s'était montré insoumis quelques années auparavant, à l'époque où Cheref el-Molk marcha sur cette forteresse; il lui avait infligé une défaite pendant la nuit, aidé de ceux de ses compagnons qui étaient à Derbend et il avait ravagé son pays. Toutefois, lors du séjour du sultan à Mâhân, 'Izz ed-Dîn le servit avec le plus grand dévouement ; il lui envoya sur des montures tout ce dont il avait besoin, vivres et autres choses et lui fournit des renseignements sur les Tatars. Enfin il sut si bien se rendre agréable que le sultan disait : « Si ma situation se rétablit et si mon esprit est débarrassé un jour de tout souci en ce qui regarde les Tatars, je lui accorderai pour ses bons offices et son dévouement une si belle récompense qu'elle excitera l'envie de ses collègues et de ses rivaux. »

L'hiver terminé, 'Izz ed-Dîn informa le sultan que les Tatars étaient partis d'Aoudjân à sa poursuite et qu'ils avaient alors la certitude qu'il était à Mâhân. En conséquence il lui conseilla de retourner dans l'Errân, où ses soldats pourraient se retrancher dans les montagnes du pays et dans les fourrés. Le sultan y trouverait en outre des Turcomans qui, groupés ensemble, formeraient une masse comparable à celle d'une bande de fourmis ou à un vol de sauterelles.

Le sultan se mit en route dans la direction de l'Errân et arriva bientôt près de Hayzân. Cheref el-Molk avait restauré cette ville et, en peu de jours, dans ces derniers temps, il avait dépensé, pour réparer la forteresse, une somme telle qu'un

---

1. Ce nom est souvent donné aux deux villes de Dinewer et de Nehâwend.

prince aurait hésité à faire une pareille dépense pour un semblable objet. Autrefois cette citadelle avait été une des plus fortes du monde; le temps seul l'avait ruinée, et il avait mis pour cela des mois et des années.

Quand Cheref el-Molk avait réparti les gens du sultan et ses trésors dans les châteaux forts de Hosâm ed-Dîn Qilidj Arslân, le principal émir des Turkomans dans l'Errân, il avait choisi pour la résidence du harem un de ces châteaux, Sind-Souârekh[1]; c'était une sorte de caverne située sur un escarpement très élevé et dans laquelle se trouvait une source d'eau qui faisait tourner des moulins situés en contre-bas. Ces moulins étaient protégés par la citadelle qui les dominait et la citadelle elle-même n'était, dit-on, autre chose que la caverne dans laquelle Kaïkhosrou, roi de Perse, s'était emparé de son grand-père maternel Afrâsiâb, roi des Turcs[2].

Aussitôt que Cheref el-Molk eut renoncé à s'occuper des intérêts du sultan, il se rendit à Hâyzân, ville alors abandonnée; il la repeupla et leva ouvertement l'étendard de la révolte pour plusieurs motifs : le premier était le frein que, durant ces deux dernières années, le sultan avait mis à ses libéralités, qui dépassaient les limites permises, à son gaspillage et à ses prodigalités; or il est toujours pénible d'être obligé de renoncer à ses habitudes. Le second motif était que Cheref el-Molk s'imaginait que l'attaque des Tatars et la défaite qu'ils avaient infligée à Mouqân au sultan obligerait celui-ci à fuir jusque dans l'Inde, ce qui mettrait un intervalle immense entre les troupes royales et lui, Cheref el-Molk. Dans ces conditions, il estima qu'il devait entrer en correspondance avec les divers souverains et leur proposer, au cas où ils voudraient s'entendre avec lui, de lui laisser la

---

1 Dans le voisinage de Berda'a.
2. Kaïkhosrou fit ensuite décapiter Afrâsiâb, le prince du Touran.

royauté de l'Errân et de l'Adzerbaïdjân, à la condition qu'il ferait la khothba en leur nom dans ces pays.

Quand ces idées, que le diable lui avait pondues dans son cerveau, furent écloses et que ses noirs desseins, bouillis dans sa tête, furent à point, Cheref el-Molk écrivit à 'Ala ed-Dîn Keïqobâdz et à El-Malik El-Achraf pour leur prodiguer ses serments de fidélité et leur dépeindre son sultan comme un tyran plein de perfidie dans ses engagements. Quelques-unes de ces lettres et d'autres adressées aux gouverneurs des marches-frontières tombèrent entre les mains du sultan. A ce premier méfait s'en étaient ajoutés d'autres. Cheref el-Molk faisait arrêter tous les partisans du sultan qui, dans ses déroutes, passaient à proximité de son château fort; il les mettait à la torture jusqu'à ce qu'il leur eût fait vider leur bourse et qu'il se fût assuré qu'il ne leur restait plus rien. Il avait écrit à Hosâm ed-Dîn Qilidj Arslân, lui enjoignant de garder par devers lui le harem et les trésors du sultan et de ne rien en livrer à celui-ci même, s'il se présentait en personne pour les réclamer. Enfin dans ses lettres il dépeignait le sultan comme un tyran et un homme perfide. Toutes ces aimables lettres furent remises entre les mains du sultan.

Durant ce temps, les vizirs, les émirs et les gouverneurs des frontières recevaient du sultan des lettres dans lesquelles celui-ci les mettait en garde contre Cheref el-Molk en les engageant à se méfier de lui et à ne pas se conformer à ses ordres. Dans cette correspondance Cheref el-Molk était toujours désigné par le nom de Beledoudjen, sobriquet dédaigneux qu'on lui avait donné au temps où il était encore un personnage obscur. Tout cela n'avait fait qu'aviver l'animosité entre les deux personnages.

En arrivant près de la forteresse de Hayzân, le sultan envoya mander à Cheref el-Molk de venir le trouver : « Pourquoi, lui fit-il dire, tardez-vous tant à vous présenter devant

CHAPITRE QUATRE-VINGT-DIX-NEUVIÈME

moi et que signifie cette lenteur à venir vous mettre à ma disposition?» Si le sultan parlait ainsi et semblait avoir oublié tous les faits graves qui s'étaient passés, c'est qu'il voulait laisser croire qu'il n'était pas informé des méfaits de son subordonné et des perfidies qu'il avait commises ou encore, qu'il était distrait de toutes ces choses par des événements terribles autrement importants.

Cheref el-Molk se rendit aussitôt auprès du sultan. Sa sottise et son imprévoyance en ce moment furent comme un suaire qu'il portait à son cou. Mais aussi y a-t-il rien de plus étrange que de voir la précipitation avec laquelle cet homme, sans songer aux conséquences de ses actes, s'était jeté dans la voie de la rébellion et la hâte avec laquelle il était rentré ensuite dans le chemin de la soumission, s'exposant ainsi aux coups funestes du destin ! S'il avait seulement retardé sa venue jusqu'au lendemain, il eût évité son sort, car de bonne heure, le matin suivant, le sultan dut partir en apprenant que les Tatars étaient à sa poursuite.

Le sultan offrit à boire du vin à Cheref el-Molk lorsqu'il descendit de sa citadelle ; cela était contraire aux usages, car les vizirs, s'ils se livraient à la boisson, ne le faisaient jamais dans les appartements du sultan, ni en sa présence. Cheref el-Molk fut enchanté de cette invitation ; il crut y voir une marque excessive de considération et s'imagina que cette sorte d'intimité doublerait sa gloire et son autorité. Mais tous ceux qui avaient quelque expérience des affaires en conclurent que jamais plus il n'exercerait les fonctions de vizir. Aussitôt après l'arrivée de Cheref el-Molk, le sultan se mit en route vers l'Errân ; mais dorénavant il ne devait plus admettre son vizir dans ses conseils lorsqu'il arrivait quelque affaire importante, ni lui confier la moindre mission à remplir.

CHAPITRE C

CONDUITE DE CHEMS ED-DIN ETH-THOGHRAI A TEBRIZ A CETTE ÉPOQUE.

Nous avons déjà parlé de Chems ed-Dîn Eth-Thogrâï, de l'autorité dont il jouissait à Tebrîz à cause de l'habileté avec laquelle il protégeait les personnes et surtout les biens. Sa conduite lui avait valu un dévouement sincère et une vive affection de la part des habitants qui considéraient comme un dogme de faire cause commune avec lui. Aussi, alors que, de tous côtés, le respect et la dignité avaient disparu et que chacun montrait son âme à nu, le peuple de Tebrîz accourait humble et soumis au palais d'Eth-Thoghrâï et suivait avec docilité ses ordres et ses prescriptions.

Plus tard, la populace de Tebrîz voulut mettre à mort tous les partisans des Khârezmiens pour se faire bien venir des Tatars et aussi pour donner satisfaction à des sentiments de haine et de vengeance. Elle était favorisée dans son dessein par un homme sorti du peuple, Beha ed-Dîn Mohammed ben Bechiriâr-Bek, que le sultan avait nommé vizir à Tebrîz après la disgrâce d'Eth-Thoghrâï et par un certain nombre d'autres vizirs. Eth-Thogrâï non seulement ne leur permit pas de donner suite à leurs idées, mais encore il les empêcha de la façon la plus énergique de combiner leurs sinistres projets et détourna habilement la canaille qui voulait verser le sang et dévaliser les propriétés.

Toutefois, un certain jour, la foule se souleva et mit à mort un des Khârezmiens à qui elle reprochait divers méfaits qu'il avait commis à l'égard du peuple. Eth-Thoghraï sortit de son palais et vint en personne ordonner de couper la tête à deux vauriens que l'on saisit, puis il fit jeter les deux têtes dans la rue en enjoignant à un héraut de proclamer ces paroles en son nom: « Tel est le sort que je réserve à quiconque attentera au respect dû au sultan et qui se révoltera contre ce pasteur du peuple et ce bienfaiteur de la nation. »

Grâce à cette attitude, Eth-Thoghrâï empêcha l'effusion du sang, que partout ailleurs on répandait impunément; il sut aussi préserver les biens de toutes sortes auxquels on voulait attenter et faire respecter la bourse des gens. Il s'occupa avec la plus grande activité de mettre Tebrîz en état de défense; il fit bonne garde et réunit pour protéger la ville une nombreuse garnison. A aucun moment il ne cessa de correspondre avec le sultan, quelle que fût d'ailleurs la situation de celui-ci, qu'il marchât en avant ou qu'il battît en retraite. Il agissait ainsi par grandeur d'âme, pour arriver au plus haut degré de la gloire et aussi pour faire honte et reproche à ceux qui, par leurs délations, lui avaient valu autrefois la disgrâce du sultan.

Telle fut la conduite d'Eth-Thoghraï jusqu'au moment où la mort l'appela et où l'heure de son trépas vint sonner. Il avait accompli une existence honorée et il trouva auprès de Dieu des trésors d'indulgence. Le gouverneur qui lui succéda et la population de Tebrîz livrèrent leur ville aux Tatars, et ce fut ainsi que l'on agit partout ailleurs.

CHAPITRE CI

p. ٢٢٨

JE QUITTE GUENDJEH POUR REPRENDRE MON SERVICE AUPRÈS DU SULTAN.

J'ai déjà raconté par suite de quelles circonstances indépendantes de ma volonté je fus séparé du sultan à Mouqân et allai échouer à Guendjeh. Durant trois mois je restai dans cette dernière ville, incapable de faire goûter à mes paupières un instant de sommeil et à mon flanc une minute de repos, tant j'étais impatient d'aller me remettre au service du sultan. Il m'était impossible d'arriver jusqu'à lui, parce que l'Errân était envahi par des flots de Tatars.

Lorsque l'hiver eut pris fin et que le printemps se montra dans sa tunique verte avec sa parure de fleurs, je reçus un rescrit royal m'enjoignant de me présenter à la cour. Dans cette dépêche on me disait qu'il était impossible de traverser l'Errân, alors occupé par les Tatars; l'on m'engageait en conséquence à me diriger du côté d'Iyouâni le Géorgien, ajoutant qu'on lui avait écrit pour qu'il me conduisît jusqu'auprès du sultan. Toutes réflexions faites à cet égard, je ne jugeai pas devoir me rendre chez les Géorgiens, car je n'étais pas rassuré à leur endroit et redoutais une trahison.

Il faut ajouter qu'à cette époque les habitants de Guendjeh avaient déjà manifesté des symptômes de rébellion, et je sentais bien que, si la situation se prolongeait, les choses iraient en s'aggravant et amèneraient la mort d'un grand nombre de personnes attachées au gouvernement. Pendant tout mon séjour, je n'avais pas quitté la maison que j'occupai dans la citadelle et qui était une des propriétés de la couronne; je redoutai une émeute populaire et je craignais qu'il ne se produisît une de ces « révolutions qui n'atteindront pas seulement ceux d'entre vous qui auront été injustes » (*Coran*, ch. VIII, v. 25).

A peine étais-je sorti de Guendjeh que se produisit cet événement que je craignais, redoutais et aurais voulu éviter à tout prix. Tous les étrangers qui se trouvaient dans la ville furent tués et leurs têtes portées aux Tatars; puis la révolte se manifesta ouvertement. Il en est toujours ainsi des foules, quand elles ne voient aucune autorité énergique capable d'enrayer leurs passions et de mettre un frein à leurs instincts pervers. Dieu très-haut l'a dit : « Vous, vous inspirez à leurs cœurs plus de terreur que Dieu et cela parce que ce sont des gens qui ne comprennent point » (*Coran*, chap. LIX, v. 13). C'est encore dans ce sens qu'il faut expliquer ces paroles d'Omar ben El-Khetthâb (Dieu soit satisfait de lui !) : « Dieu a détruit plus de choses par la force que par le Coran. »

Plaçant donc ma confiance en Dieu, je me mis en route, voyageant la nuit et me cachant le jour, jusqu'à ce que j'arrivai à la citadelle de Zibathera où se trouvaient Mankothouï-châh le fils du sultan, Daïa-Khâtoun, Sirâdj ed-Dîn Mahfoudh le serviteur, et Tâdj el-Molk, l'inspecteur des provinces. Je montai dans la citadelle pour connaître les nouvelles qu'ils avaient du sultan. Ils me remirent les lettres que l'on avait reçues par l'entremise du seigneur de la citadelle, Hosâm ed-Dîn Qilidj Arslân, et qui étaient adressées par Cheref el-Molk au moment où il songeait à se révolter.

Ils me demandèrent d'emporter ces lettres afin de les montrer au sultan ; mais je m'excusai là-dessus en disant : « Le règne de Cheref el-Molk est fini maintenant ; la révolte qu'il a fomentée et ses lettres pleines d'absurdités lui vaudront des peines et des tourments qu'il sera incapable de supporter. Je ne veux en aucune façon être la cause de sa perte ou y contribuer pour la moindre part : envoyez donc ces lettres au sultan à Mâhân. »

Je rencontrai le sultan dans le voisinage de la citadelle de Zârîs ; je lui annonçai que l'Errân envahi par les Tatars était tout bouleversé par des hordes d'infidèles, que la veille encore au moment où je passai, leurs feux s'allumaient sur ma gauche et qu'ils étaient si rapprochés de moi qu'il s'en était fallu de peu qu'ils ne signalassent la présence du voyageur nocturne et qu'ils ne fissent une auréole au passant attardé.

En entendant ces paroles qui lui dévoilaient les perfides desseins de Cheref el-Molk et ses infâmes machinations, le sultan descendit de cheval et, au lieu de se rendre à sa tente d'apparat, il se fit dresser une petite tente et s'y installa : puis il se mit à me questionner sur la situation de l'Errân, sur les graves événements qui venaient de se passer en ces jours terribles, sur les sentiments intimes des populations et sur les pensées qui s'agitaient au fond de leurs cœurs.

Cela fait, le sultan me prescrivit d'écrire diverses dépêches pour les provinces frontières. Quelques-unes de ces dépêches faisaient mention de Cheref el-Molk, que je ne désignais pas autrement que par le titre de « Fakhr ed-Dîn El-Djondi ». Quand on les eut portées au sultan pour qu'il les revêtît de sa griffe, un de ses familiers vint me trouver et me dit : « Pourquoi n'avez-vous pas désigné Cheref el-Molk sous sa qualification de « Beledoudjen » ? Vous savez cependant bien que tous ces temps-ci le sultan ne l'appelle jamais autrement. »

« Deux raisons, lui répondis-je, m'ont empêché d'en user aussi : la première c'est que Cheref el-Molk a abandonné sa forteresse pour rentrer dans les rangs des serviteurs du sultan; il croit que le sultan lui a fait grâce et que le passé est oublié. Or, s'il venait à savoir qu'on le qualifie de Beledoudjen, je crains qu'il ne quitte la cour et qu'il ne provoque une nouvelle sédition. La seconde raison, c'est que les mauvaises langues ne manqueraient pas de dire : Comment a-t-on pu juger digne du vizirat, un homme à qui on avait donné un aussi vil sobriquet ! »

Lorsqu'on rapporta mes paroles au sultan, il garda le silence, signa les dépêches et dans l'après-midi de ce jour il m'invita à me rendre auprès de lui. Un certain nombre de courtisans étaient dans sa tente ; ils avaient, après discussion, émis l'avis que je fusse envoyé dans l'Errân afin d'y réunir les troupes qui s'y trouvaient dispersées et de les conduire ensuite au camp où se dressaient les étendards royaux. Je devais, en outre, ramener les Turkomans que je pourrais rassembler.

Aussitôt que je fus en sa présence, le sultan me demanda ce que je pensais de cette combinaison. « Mon avis sera le vôtre, lui répliquai-je. — Eh! bien, dit-il, voici mon opinion : je veux envoyer quelqu'un dans l'Errân, pour y rassembler mes soldats et les Turkomans et les ramener ici. La concentration effectuée, nous pousserons jusqu'à Guendjeh ; là, sous les murs de cette ville, nous livrerons bataille aux Maudits et le sort décidera si nous devons vaincre ou être vaincus. Maintenant il me faut pour aller chez les Turkomans une personne qui soit capable de gagner leurs cœurs en ce moment et qui ne soit ni avide d'argent, ni ambitieuse. Or, parmi les Turcs qui m'entourent, il n'en est aucun en qui j'aie confiance pour accomplir une semblable mission. »

Le sultan ayant répété ces paroles devant moi, je finis par comprendre qu'il désirait que je me chargeasse moi-même de cette affaire et que j'y risquasse tous mes soins. Il avait cru, en effet, que je n'avais aucun désir de m'acquitter de cette tâche. « Les serviteurs et les esclaves, m'écriai-je, ne sont que des instruments : parfois ils se brisent, parfois ils se tirent d'affaire. » Je me mis ensuite à rédiger des rescrits portant mon nom, et la nuit je partis. Je passai successivement auprès de groupes de khâns, d'émirs et de cavaliers turkomans, je les envoyai auprès du sultan et aussitôt que j'en avais expédié un, je gagnais les montagnes pour en chercher un autre. Quelques jours après, quand je revins vers le sultan, je vis que l'armée avait repris son brillant aspect accoutumé et que des milliers d'hommes s'agitaient dans le camp.

Ceux des Tatars qui occupaient l'Errân, ayant appris la nouvelle de cette concentration, se replièrent sur le gros de leurs forces et la masse de leurs guerriers établis à Aoudjân. Ils avaient envoyé un ambassadeur à Fakhr ed-Dîn Hamza En-Nisâbouri, gouverneur de Beïlaqân au nom du sultan, pour l'engager à faire sa soumission. Mais, aussitôt que le sultan fut campé dans la vallée de Qarqâz, Fakhr ed-Dîn lui dépêcha cet ambassadeur tatar, Eth-Thahir El-Morîd, vizir de Yatmas, le maudit; le sultan pourrait ainsi prendre des informations sur les Tatars et agir ensuite comme il le jugerait convenable.

Quand l'ambassadeur tatar fut arrivé au camp, le sultan me donna l'ordre d'aller trouver ce personnage et de l'interroger sur la quantité de guerriers et de non-combattants que Djermâghoun, le maudit, avait emmenés avec lui dans cette expédition. Je devais lui dire tout d'abord que, s'il répondait sincèrement aux questions que je lui adresserais, on lui ferait grâce de la vie. Quand j'interrogeai l'ambassadeur, il me répondit : « Lorsque Djermâghoun eut formé le projet de lever des troupes pour aller attaquer le sultan, il passa une revue des combattants à Boukhara et inscrivit sur ses contrôles vingt mille hommes de guerre; quant à la masse des non-combattants, elle est considérable. » A peine eus-je répété au sultan ce que je venais d'entendre qu'il s'écria : « Qu'on se hâte de tuer cet homme avant qu'il n'ait le temps de faire connaître à nos compagnons le nombre des Tatars, sinon tous les nôtres nous fausseraient compagnie et nous abandonneraient. »

CHAPITRE CII

p. ٢٣١

LE SULTAN FAIT EMPRISONNER CHEREF EL-MOLK DANS LA CITADELLE DE DJARIBERD ET LE FAIT ENSUITE METTRE A MORT PLUS D'UN MOIS APRÈS CELA.

En passant dans le voisinage de la citadelle de Djariberd, qui fait partie de l'Errân, le sultan, qui avait projeté d'y emprisonner Cheref el-Molk, monta à cheval et se rendit dans la place pour en examiner la situation. Il savait d'ailleurs que Cheref el-Molk ne le quitterait pas, aussi est-ce en compagnie de ce dernier qu'il gravit le chemin de la citadelle. Une fois-là, dans les murs de la forteresse, le sultan eut une entrevue avec le gouverneur, Semlân Silk-Bey, vieux Turc cruel et perfide, à qui il donna, en secret, l'ordre d'empêcher Cheref el-Molk de sortir au moment où lui-même partirait, ensuite de lui mettre des chaînes et de le retenir prisonnier.

Le sultan craignait, en effet, que s'il n'emprisonnait pas Cheref el-Molk, celui-ci ne le quittât brusquement à un moment donné et ne mît à exécution les projets de rébellion qu'il le soupçonnait d'avoir préparés. Il voulait seulement, disait-il, le garder en prison jusqu'au jour où cesseraient les inquiétudes que lui causait l'invasion des Tatars. Plus tard, il se proposait de lui rendre la liberté et de le réintégrer dans ses fonctions de vizir, en lui enlevant toutefois la perception de la dîme des revenus du pays pour lui assigner un traitement fixe de 1,000 dinars par mois, imitant en cela le système suivi pour le vizir du Khalife. En outre, il ne lui laisserait plus procéder sans contrôle à toutes les dépenses.

Quelques jours après que Cheref el-Molk eût été emprisonné, le gouverneur turc descendit de la citadelle pour se rendre à l'audience où le public exposait ses griefs. Il y avait là une foule de gens qui vociféraient, remplissant l'air de leurs cris à la façon des poules qui piaillent ou encore de la cohue des pèlerins engagés dans un défilé[1]. Les plaintes étaient nombreuses et, malgré cela, le sultan gardait le silence, sans demander d'explications, tant il redoutait à ce moment d'indisposer ce gouverneur turc. De son côté, le gouverneur soupçonna bien que le sultan avait le dessein de le révoquer et songeait à lui donner un successeur : aussi rentra-t-il dans la citadelle sans avoir demandé l'autorisation de se retirer.

Au moment où il avait donné l'ordre d'arrêter Cheref el-Molk, le sultan avait prescrit de placer sous les ordres d'Auterkhân, tous les mamlouks dont Cheref el-Molk avait fait des émirs. Le principal d'entre eux, Nâçir ed-Dîn Qichtemir[2], entra un jour chez Auterkhân et lui remit l'anneau de Cheref el-Molk, que lui avait fait parvenir le vieux gouverneur turc, en disant : « Il est convenu avec ton maître que je lui rendrai la liberté à la condition que tu t'entendras avec les Géorgiens pour qu'ils se décident à la révolte et qu'ils produisent au grand jour leur fureur qu'ils ont tenue cachée jusqu'ici. Que ceux qui sont disposés à prendre fait et cause pour lui, se rendent à la citadelle. »

Cette nouvelle rapportée au sultan le jeta dans le plus complet découragement : il était si abasourdi qu'il ne savait plus comment faire, ni quel parti prendre. Cependant, comme le fils du gouverneur était un de ses soldats d'élite et un de ceux qui étaient armées de massue[3], il le fit venir et l'envoya auprès de son père pour lui reprocher sa conduite, blâmer

---

1. J'ai déjà dit plus haut que je n'étais pas sûr de la lecture de cette phrase.
2. Ou Qistemir.
3. J'ai traduit l'expression qui était vraisemblablement le nom d'un certain corps de troupes

ses desseins, lui rappeler les bienfaits dont le sultan l'avait comblé et qui n'avaient point justifié ses espérances ; enfin lui montrer que tout ce qu'il complotait d'ingratitude et de perfidie vis-à-vis du sultan n'était provoqué par aucun motif sérieux.

Au retour de sa mission, le jeune homme rapporta au sultan que son père avait renoncé à tous ses projets, qu'il s'était rendu à ses observations et qu'il avait compris que cela ne pouvait que lui nuire. Il avait ajouté que, si le sultan ne voulait plus dorénavant prêter l'oreille aux soi-disant victimes de son oppression et ne plus songer à le révoquer de ses fonctions, il ne trouverait pas de serviteur plus dévoué que lui, ni de sujet plus empressé à obéir à ses ordres. Enfin qu'il était prêt à faire toutes ses excuses pour les fâcheux agissements qu'il avait commis et à rouler ses joues sur la poussière[1]. « Pour que j'ajoute foi à tout cela, dit le sultan, il faut que votre père m'envoie la tête de Cheref el-Molk. » Le fils du gouverneur retourna alors à la citadelle accompagné de cinq porte-glaives qui mirent à mort Cheref el-Molk. Du même coup ils avaient, pour ainsi dire, tué la générosité[2].

Un valet de chambre nommé Mohammed Akhi, qui était au service de Cheref el-Molk pendant qu'il était en prison, m'a fait le récit suivant : « Quand les sbires se présentèrent, mon maître comprit qu'ils venaient pour le tuer ; il leur demanda quelque répit, le temps de faire ses ablutions et une prière de deux *rekaa*. Je fis aussitôt chauffer de l'eau, car Cheref el-Molk, bien qu'il sût pertinemment qu'il allait mourir, ne voulut pas, même pour cette fois, se décider à se laver avec de l'eau froide. Il se lava, fit ses deux prières, récita un fragment du Coran et donna ensuite l'ordre de laisser entrer

---

1. En signe d'humilité.
2. Cheref el-Molk, aux yeux de l'auteur, personnifiait la générosité.

en disant : « Voilà le sort réservé à quiconque se fie aux paroles des mécréants. »

« Que préférez-vous, lui demandèrent les sbires : la strangulation ou la décollation? — La décollation, répondit-il, est moins ignominieuse. — Mais, répliquèrent-ils, ce n'est pas d'ordinaire ce genre de supplice que l'on inflige aux princes et la strangulation serait moins douloureuse pour vous. — Eh! bien, s'écria-t-il, allez et faites comme vous l'entendrez. » Les sbires l'étranglèrent donc et sortirent un instant pour laisser au corps le temps de se refroidir, puis ils revinrent afin de trancher la tête pour la porter au sultan. Quand ils rentrèrent dans l'appartement, ils trouvèrent Cheref el-Molk assis et ayant repris toute sa connaissance ; alors ils lui tranchèrent la tête.

Ce fut ainsi que ce vizir périt et alla rejoindre le Seigneur. Sa mort par le glaive effaça le souvenir de ses fautes et fit oublier les erreurs que son destin lui avait fait commettre. Avec lui s'effondra le roc qui supportait l'empire, et la secousse qui le renversa en fit écrouler les assises. Il semblait que c'était de lui qu'avait voulu parler Moayyid ed-Dîn Isma'il Eth-Thoghraï quand il avait dit :

Avec lui se sont disloquées et effondrées les colonnes de la gloire et, ce jour-là, les étriers de la générosité ont été abîmés et défoncés.

O vous, qui êtes favorisé de Dieu, comment n'avez-vous pas craint pour votre puissance les retours soudains de la Fortune.

N'avez-vous donc pas eu pour exemple la famille des Barmécides qu'un destin imprévu a sapée et précipitée dans la ruine?

Vous n'étant plus là, je vois la générosité baisser humblement les yeux et les joues les plus colorées du sort prendre un aspect cadavérique.

Si la Fortune eût été équitable, elle vous aurait protégé et défendu et elle aurait inspiré à vos ennemis une terreur qui les eût éloignés de vous.

Car certes vous avez pris dans ce monde toute la générosité et vous y avez prodigué les actes de votre puissance sans rencontrer jamais d'obstacles.

Vous avez laissé parmi les hommes des traces de votre bienfaisance qui semblait le lit d'un torrent quand il s'est couvert d'une luxuriante végétation.

Mais la Fortune elle-même détruit ce qu'elle a créé ; elle gaspille ce qu'elle a amassé et abandonne ceux qu'elle avait élevés.

Elle est pareille à celui qui coupe une de ses mains avec son autre main et se mutile ainsi lui-même.

Le parfum de votre renommée s'est accru depuis vos malheurs : tel le bois d'aloès, dont les effluves se répandent, quand le feu le consume.

CHAPITRE CIII

QUELQUES MOTS SUR LA CONDUITE DE CHEREF EL-MOLK.

C'était un homme libéral et généreux ; pour lui, l'argent n'avait aucune valeur, aussi le prenait-il là où il ne fallait pas et le gaspillait-il en le donnant à des gens qui ne le méritaient guère. Il témoignait de grands égards aux savants et aux hommes pieux ; il les traitait généreusement et leur prodiguait les pensions et les cadeaux. Il avait le cœur sensible et pleurait abondamment quand il écoutait un sermon ou qu'il lisait le Coran. Durant son administration, il fit un tel abus des pensions qu'il aurait épuisé, pour ce seul objet, toutes les ressources de l'État, si le sultan n'avait fini, sur le tard, par le tenir en bride à cette occasion.

Il était alors d'usage à la cour de continuer à servir les anciennes pensions et les allocations attribuées dans les temps passés, même si les titulaires étaient devenus des ennemis. On estimait que c'eût été une innovation fâcheuse si on avait cessé de les leur payer. C'est ainsi que la pension attribuée à Mohammed ben Sobokteguin avait été allouée à ses successeurs parmi les descendants de Seldjouq et leur était encore maintenue au temps du sultan. Les titulaires héritaient successivement de cet avantage qui leur était confirmé, uniquement parce qu'il était basé sur les services rendus par leur ancêtre et qu'il fallait faire fleurir et perpétuer la tradition telle qu'elle avait été instituée primitivement. Peu s'en fallût aussi que les pensions nouvelles accordées par Cheref el-Molk ne dépassassent toutes celles qui avaient été attribuées précédemment au cours d'une longue série d'années.

Un jour, le cheikh, le juriconsulte Zeïn ed-Dîn Abou Hâmid El-Qazouïni vint trouver Cheref el-Molk pendant qu'il était à Beïlaqân pour solliciter de lui un cadeau. Introduit par moi en audience particulière auprès de Cheref el-Molk, Zeïn ed-Dîn lui adressa d'abord un pieux sermon qui fit verser des larmes à son auditeur, puis il ajouta : « La fille de Rafa'ân, — tel était le nom de cet imam de la religion, le plus grand des juriconsultes de l'Irâq et l'auteur d'un excellent ouvrage intitulé : *Cherh el-Ouadjiz*, — m'a donné trois filles et deux fils. Ces enfants sont en âge d'être mariés et je n'ai pas d'argent pour pourvoir à leur établissement. » Aussitôt Cheref el-Molk fit donner, sur les revenus de Qazouïn, deux cents dinars à chacune des filles, puis il fit rédiger un décret attribuant à chacun des deux fils une pension annuelle de cent dinars. Voyant alors avec quelle facilité ces largesses avaient été faites, le cheikh s'écria : « Quel crime ont donc commis les père et mère de ces enfants (qu'on ne fait rien pour eux[1] ?) » Cheref el-Molk leur fit allouer sur-le-champ une autre pension de 100 dinars.

Sans doute, au point de vue de la gestion des finances de l'État, cette façon d'agir était répréhensible, et il y avait là un grave manquement aux règles que la sagesse adminis-

---

1. J'ai ajouté ce qui est entre parenthèses.

trative impose aux grands fonctionnaires d'un gouvernement, mais en soi cette largesse était parfaitement digne d'éloges : on pourrait d'ailleurs citer de Cheref el-Molk nombre de traits de ce genre ou tout au moins analogues. Toutefois il convient d'ajouter qu'il était peu familiarisé avec le maniement de la plume, que son instruction était rudimentaire, enfin qu'il ignorait totalement la science du calcul et tout ce que doivent savoir les vizirs et les secrétaires. Il ne pouvait pas écrire une ligne de persan sans qu'on y relevât un grand nombre de fautes.

Son esprit était très mobile : ses amis ne pouvaient pas compter sur son dévouement et ses ennemis n'avaient pas à redouter de lui une haine éternelle. Il avait une grande prédilection pour les Turcs et parlait fort élégamment leur langue. Ce qu'était l'arrogance, il l'ignorait et il ne savait pas ce que c'était que d'adresser un reproche.

La formule qu'il employait pour le contre-seing des ordonnances royales consistait en ces mots : « Louange au Dieu puissant. » Elle servait également pour les décisions du divan qui portaient en marge : « Le divan supérieur appuie ceci. » S'il s'agissait des rescrits relatifs à ses domaines privés, la mention, rédigée en persan, était : « I'timâd Kounîd »[1], et la formule marginale : « Abou 'l-Mekârim 'Ali ben Abi 'l-Qâsem, le tout dévoué du Prince des croyants. » Enfin, pour les reçus, il mettait : « Certifié conforme. »

Au début de sa carrière, ses paroles étaient toujours écoutées du sultan, qui se conformait à tous ses avis, ne faisait rien en dehors de ce que son ministre lui avait indiqué et ne prenait conseil d'aucune autre personne quand il avait à prendre une décision. Pendant longtemps Cheref el-Molk tint ainsi le sultan entre ses mains et en fit tout ce qu'il

---

1. C'est-à-dire : « Accordez confiance » ou « Donnez créance ».

voulut. S'il avait su renoncer aux chimères qui hantaient son esprit et l'entraînaient dans toutes ses entreprises et dans ses principaux projets, s'il avait mis tous ses efforts à se conformer aux règles du pouvoir et à s'assurer l'accès du bonheur, — et il y avait en lui l'étoffe nécessaire pour qu'il atteignît aux plus hauts sommets et qu'il devînt un lion majestueux et un aigle altier, — les événements auraient suivi un cours bien différent. Mais la décision de Dieu l'emporte sur toutes choses et sa volonté seule s'accomplit. C'est lui qui détient la gloire ; il la départit à qui il lui plaît, et il fait tout ce qu'il veut.

CHAPITRE CIV

LE SULTAN SE MET EN MARCHE VERS GUENDJEH ; IL S'EMPARE DE VIVE FORCE DE CETTE VILLE.

La populace de Guendjeb avait massacré tous les Khârezmiens qui se trouvaient dans les murs de cette ville. Cela fait, les troubles et le désordre régnèrent dans la cité qui finit par se mettre en rébellion ouverte contre le sultan. L'autorité y fut alors dévolue à un certain individu, connu sous le nom de Bendâr[1], qui eut à sa dévotion toute la canaille et tous les gens sans aveu. Il se livra à toutes sortes d'exactions, mais en se bornant à atteindre ceux qui n'étaient pas du parti de l'émeute et qui ne s'étaient point laissés entraîner aux excès par leurs mauvais instincts.

Le sultan m'envoya alors à Guendjeh en compagnie du chambellan particulier, Khân Berdi ; il nous enjoignit de nous arrêter dans une localité voisine, nommée Cheter[2], et,

---

1. La première lettre n'a pas de point diacritique.
2. Forteresse entre Berda'a et Guendjeh, dans l'Errân.

arrivés là, d'engager les habitants de Guendjeh à faire leur soumission et de les mettre en garde contre les funestes conséquences de leur rébellion. En conséquence, nous demeurâmes quelques jours dans le voisinage de Guendjeh, envoyant aux habitants de cette ville lettres et messages pleins d'avertissements et de menaces et leur rappelant que quiconque frappe à la porte de la révolte s'expose à tous les malheurs et autorise l'arrivée des plus cruels coups du destin.

Ceux-là seuls, ajoutions-nous, acceptent l'état de lutte, qui ne trouvent aucun autre moyen d'obtenir la paix. Quant à celui qui a toute sa liberté d'action et la plénitude de son choix, il repousse de toutes les forces de son âme l'idée de prendre part à un combat et d'en affronter les dangers. Car il faut bien se figurer tous les maux qui viennent à la suite d'une révolte. Ce sont : la privation de tout repos, la perte de la vie, le gaspillage des trésors accumulés. Pourquoi donc s'exposer ainsi, aveuglément, à des dangers inévitables et aller au devant de conséquences désastreuses ?

Chaque fois qu'on présentait aux habitants de Guendjeh de semblables avertissements, ils mettaient leurs doigts sur leurs oreilles et s'enveloppaient de leurs vêtements, puis ils reprenaient leur attitude primitive, pleine d'orgueil et de suffisance. Le raïs Djemâl ed-Dîn El-Qommi vint seul nous rejoindre avec ses enfants; quant à la masse, nous désespérâmes de la ramener à nous.

Le sultan arriva à son tour et s'établit dans un des jardins qui entouraient la ville. De fréquents messages furent de nouveau envoyés aux habitants : on leur offrait l'aman et on leur promettait de tout oublier et de se montrer plein de bienveillance. Des rochers se seraient amollis en présence de pareilles démarches, mais elles ne firent aucune impression sur les âmes de ces gens entêtés dans leurs projets. Bendâr persista de plus en plus dans son aveuglement et dans sa vanité mondaine : il voulut user d'odieuses supercheries, mais ces sortes de machinations se retournent toujours contre leurs auteurs.

Rien n'avait mis un terme aux agissements des habitants de Guendjeh, lorsqu'un jour ils sortirent de la ville pour offrir le combat et commettre leurs turpitudes accoutumées ; ils s'avancèrent jusqu'au mur du jardin où se tenait le sultan et lancèrent un certain nombre de flèches contre sa tente. Aussitôt le sultan monta à cheval, à la tête des gens de son entourage qu'il avait sous la main. Il comprenait bien maintenant qu'aucune remontrance ne ramènerait les rebelles et que son indulgence ne produirait aucun effet, car les exhortations ne touchent que les gens de bien et la bonté employée mal à propos est un manque de discernement. En conséquence, il chargea les agresseurs à la tête d'une troupe nombreuse formant une masse pareille aux fourrés qui bordent les rivières. Du sein de cette foule s'élancèrent des cavaliers, véritables démons humains, et des légions de Turcs jeunes et vigoureux ; tous avaient le corps protégé par des cuirasses ; leurs cœurs bondissaient pleins d'ardeur pour la vengeance ; glorieux de prendre part à la lutte, ils aspiraient à faire jaillir le trépas hors des arènes de la vie.

Cette charge, qui se termina par la déroute de l'ennemi, laissa le champ de bataille couvert de corps gisant pêle-mêle. On voyait les vaincus errer à l'aventure comme un troupeau de moutons effrayés par les loups ou encore comme des autours sur lesquels a foncé un aigle. Dans leur désordre les fantassins étaient mêlés aux cavaliers, les archers aux soldats portant boucliers. Le sultan entra en même temps qu'eux dans la ville, car la foule était si compacte qu'elle avait obstrué l'ouverture des portes et empêché de les fermer. L'armée royale voulait se livrer au pillage, mais elle en fut empêchée.

Alors le sultan fit mander les chefs et les notables de la ville ; il leur intima l'ordre de dresser par écrit la liste des chefs de l'émeute et des fauteurs de la rébellion. On lui désigna trente personnes ; bons et méchants s'étaient associés pour cette œuvre de discorde et, sur cette liste, l'on voyait figurer à la fois des fruits secs de l'administration et de hauts dignitaires de l'État. Les gens du peuple sont comme les moutons qui suivent quiconque leur est familier, et un seul d'entre eux suffit pour en entraîner des milliers. Sur l'ordre du sultan on trancha la tête de ces trente personnages devant la porte du château et on traîna leurs corps par les pieds jusqu'aux portes de la ville et dans les lieux les plus fréquentés. Quant à Bendâr, qui avait mis le comble à ses abominations en brisant trône le royal qu'avait installé dans cette ville Mohammed ben Malikchâh, il subit un châtiment exemplaire et son corps fut coupé en morceaux.

Durant dix-sept jours le sultan séjourna à Guendjeh, attendant toujours pour prendre une décision ; enfin, au bout de ce temps, il résolut de se mettre en route et il fut décidé qu'on demanderait assistance à El-Malik El-Achraf Mousa contre les Tatars. Auterkhân et un certain nombre de courtisans[1] avaient donné ce conseil au sultan, et celui-ci qui, au fond, était hostile à cette idée, fit montre d'y être favorable. Il marcha vers Khélâth, en suivant le chemin qui passe par Keïlkoun, et durant ce temps, le pays des Géorgiens fut bouleversé de fond en comble par des expéditions et ses habitants furent décimés. Le sultan expédia à diverses reprises des envoyés auprès d'El-Malik El-Achraf pour lui demander assistance. Le bon sens aurait dû faire réprouver une semblable conduite. Hélas ! les traits qui frappent les cœurs, non seulement y demeurent, mais souvent même en

---

1. La lecture de ce mot est bien incertaine.

attirent d'autres, car celui qui demande secours à un ennemi contre un rebelle peut être comparé à celui qui pour éviter l'ardeur du soleil se réfugie dans le feu.

Dès que El-Malik El-Achraf eut appris qu'on lui envoyait des ambassadeurs pour lui demander des renforts et des secours contre des ennemis, il partit pour le Caire, où il fixa sa résidence. Les envoyés du sultan, qui ne pouvaient se rendre dans cette ville, s'entassaient à Damas, où ils recevaient des dépêches de El-Malik El-Achraf leur annonçant qu'il était sur le point d'arriver du Caire pour amener ses troupes au service du sultan.

Promesses qui ressemblaient au mirage qui brille dans le steppe immense et qu'on poursuit vainement de jour en jour, de mois en mois.

Lorsque, au cours de ce voyage, le sultan arriva à la citadelle de Bedjeni, où se trouvait Aouâk ben Iyouâni, le Géorgien, il s'arrêta un instant sous les murs de cette place. Aouâk sortit aussitôt de la citadelle ; il baisa de loin la terre devant le sultan, puis il rentra et lui expédia des cadeaux.

Au moment où l'on arriva à Velachguerd[1], les populations se plaignaient de la violence de la chaleur, du manque de pluies et aussi du tourment que faisaient souffrir les mouches aux hommes et aux animaux. On résolut alors de provoquer la chute de la pluie à l'aide de ces pierres (dont il a été question plus haut). A la vérité, nous étions tout d'abord parfaitement incrédules à l'endroit de leur efficacité, mais nous dûmes constater plus tard, à plusieurs reprises, qu'elles avaient une influence réelle sur le destin. Peut-être cependant, en cette circonstance, avons-nous été dupes d'une illusion ou d'une erreur, comme tant d'autres l'ont été avant nous.

Le sultan dirigea en personne la cérémonie pendant son

---

1. Localité voisine de Khélath.

séjour dans la plaine de Velachguerd et la pluie ne cessa de tomber, à plusieurs reprises, nuit et jour, si bien que les gens, contrariés et ennuyés de sa persistance, se prirent à regretter l'opération magique qui avait été faite. Il y avait une boue et des fondrières telles qu'il était presque impossible de parvenir jusqu'à la tente du sultan. J'ai entendu, à ce sujet, la nourrice de Khatoun assurer qu'elle avait dit au sultan : « Tu es une sorte de *Bâkhoudavend 'alem* (c'est-à-dire Maître de l'univers. Et, les gens qui l'abordaient ne lui donnaient pas d'autre titre). Mais ce n'est pas dans l'art de faire tomber la pluie, car tu as causé bien du tort à tout le monde en produisant un pareil déluge ; un autre que toi n'aurait pas agi ainsi, il n'aurait fait tomber que juste la quantité d'eau nécessaire. » — « Les choses ne sont pas du tout ce que tu crois, répondit-il ; cette pluie est un indice de mon pouvoir et mon pouvoir ne saurait être comparé à celui d'aucune des personnes de mon entourage. »

Peu après cela, on reçut une lettre de Mokhteçç ed-Dîn, le plus important des ambassadeurs envoyés à El-Malik El-Achraf. Dans cette lettre il annonçait qu'il désespérait d'obtenir des renforts et qu'il fallait renoncer à l'espoir d'être secouru ; que El-Malik El-Achraf ne reviendrait du Caire qu'après que l'affaire du sultan avec les Tatars aurait été terminée, de façon ou d'autre, soit par une victoire du sultan qui le rendait maître d'un gouvernement fort et respecté, soit par une défaite qui entraînerait sa chute irrémédiable. Il fallait, ajoutait-il, que le sultan s'occupât résolument de ses affaires sans attendre les réponses que pourraient lui rapporter ses envoyés.

Au reçu de ces nouvelles, le sultan m'envoya auprès d'El-Malik El-Modhaffer Chihâb ed-Dîn Ghâzi ben El-Malik El-'Adil Abou Bekr ben Ayyoub. J'étais chargé de lui demander de venir en personne avec son armée et tous les princes qui l'entouraient, tels que le seigneur de Amid et le seigneur de Mârdîn. Quand les courtisans furent en sa présence, il leur dit : « Je n'ai nul besoin de l'assistance d'El-Malik El-Achraf. » Puis s'adressant à moi, il me chargea d'adresser de sa part à El-Malik El-Modhaffer les paroles suivantes : « Accourez à mon secours et prêtez-moi votre aide pour repousser les Tatars. Si Dieu (que son nom soit glorifié!) me donne la victoire sur eux, je vous concéderai une étendue de territoire, telle que Khélâth et ses districts, qui excitaient contre vous l'envie de votre frère, vous paraîtront bien peu de choses en comparaison et n'auront plus guère de valeur à vos yeux. »

Tel fut le discours qu'il tint en présence des khâns et des émirs, mais quand nous fûmes seuls il me dit : « J'ai toujours eu la certitude que tous ces gens-là nous refuseraient leur assistance et qu'ils ne consentiraient jamais de gaîté de cœur à supporter avec nous le choc des combats; mais à quoi bon se plaindre quand on a devant soi des êtres sans pitié. Tous ces gens-là, je veux dire les Turcs, émirs, chefs et grands de mon armée, se laissent volontiers aller à convoiter des choses qui ne sont pas, pourvu que cela leur procure des illusions chimériques et leur permette d'éviter un combat corps à corps. Ce sont précisément ces convoitises qui nous troublent dans nos décisions. Je t'ai choisi pour cette mission afin que, quand tu reviendras d'auprès du prince, on ait la certitude qu'il faut définitivement désespérer et qu'il n'y a plus, pour l'avenir, à se faire la moindre illusion. Nous déciderons alors de nous rendre à Ispahan, car, là seulement, nous pourrons refaire nos forces et relever notre situation. »

Avant mon départ de la cour, le sultan avait expédié un parti de six mille cavaliers qui étaient allés ravager les pays de Khertabert, de Erzendjân et de Malathiya. Ils ramenèrent au camp une telle quantité de prises qu'ils avaient de la peine à les conduire. Vingt moutons se vendirent alors pour un dinar. Cette expédition avait été faite pour tirer vengeance de 'Ala ed-Dîn Keïqobâdz qui avait irrité le sultan, car après les lettres et les messages répétés qu'il lui avait adressés à Khélâth, il l'avait abandonné ensuite pour se tourner du côté de El-Malik El-Achraf. Le sultan ignorait d'ailleurs que c'était la façon, dont son ministre avait parlé aux envoyés de 'Ala ed-Dîn, qui avait provoqué ces sentiments de répulsion et détruit leurs bons rapports.

En réponse au message que je lui transmis, El-Malik El-Modhaffer me répondit : « Le serment que m'avait prêté le sultan, il l'avait également prêté à 'Ala ed-Dîn Keïqobâdz. Or je viens d'apprendre qu'on a ravagé le pays de ce dernier et qu'on a ramené de nombreuses prises au camp du sultan. Qui me garantit qu'un pareil sort ne m'est pas réservé, alors que les deux serments ont été identiques. En tout état de cause, le pays que je gouverne n'est pas indépendant ; je ne suis qu'un des lieutenants de mes frères et alors comment m'est-il possible de prêter assistance au sultan sans l'autorisation de mes frères. Je dois ajouter d'ailleurs que toutes mes troupes au milieu de l'armée du sultan ne feraient pas plus d'effet qu'une rigole d'irrigation à côté d'un grand fleuve ou qu'un simple cavalier à côté de nombreux escadrons.

« Quant aux seigneurs de Amid et de Màrdìn, je n'ai aucune influence sur eux et ils ne m'écouteront pas. Nous n'ignorons pas qu'ils ont été tous deux en correspondance avec le sultan ; que, pour éprouver leur sincérité, le sultan leur demande de venir se joindre à lui, qu'il les sonde au sujet de l'appui qu'ils seraient disposés à lui prêter contre les Tatars et il verra bientôt que leurs protestations n'étaient qu'hypocrisie, qu'on ne devait pas y ajouter foi et que c'étaient là des hâbleries sans consistance. Quant à El-Malik El-Achraf, il est tout disposé à aider le sultan et à tenir ses engagements; s'il s'est rendu au Caire, c'est à seule fin d'aller y chercher des troupes pour venir en aide au sultan. »

CHAPITRE CV

UNE DÉPÊCHE VENUE DE KHÉLATH A MYAFAREQIN ANNONCE QUE LES TATARS ONT PASSÉ A BERKERI A LA POURSUITE DU SULTAN. JE QUITTE EL-MALIK EL-MODHAFFER AFIN DE REJOINDRE LE SULTAN.

Au moment où je venais de prendre congé d'El-Malik El-Modhaffer, arriva une dépêche de Berkeri annonçant que les Tatars avaient passé par cette localité à la recherche de nouvelles du sultan et marchant à sa poursuite. El-Malik El-Modhaffer m'envoya chercher pour me remettre cette dépêche et me dit : « Les Tatars viennent maintenant de traverser le district de Khélàth à la poursuite du sultan; ils ne peuvent manquer de l'atteindre ces jours-ci. Mon avis est que vous restiez ici auprès de moi en attendant que nous voyions ce qui arrivera. » Je récitai alors ces mots du Coran : « Les fidèles qui resteront dans leurs foyers sans y être contraints par la nécessité, ne seront pas traités comme ceux qui combattront dans la voie de Dieu » (chap. iv, verset 97). Puis je me dis qu'en somme, je n'étais pas un être plus illustre que le sultan et que je n'étais pas de ceux qui tiendraient à la vie quand il ne serait plus là; en conséquence je me décidai à partir.

Dans l'audience, au cours de laquelle je fis mes adieux à El-Malek El-Modhaffer, je lui tins le discours suivant : « De deux choses l'une : ou la victoire se déclarera pour le sultan, ou les événements tourneront contre lui; quelle que soit l'issue de la lutte, vous vous repentirez de votre conduite et vous aurez méritez le blâme. » — « Comment cela? me demanda-t-il. » — « Si le sultan est vainqueur, lui répondis-je, et que vous vous soyez abstenu de lui venir en aide, vous pourrez dépenser inutilement tous les trésors du monde pour rentrer en grâce auprès de lui que vous n'y réussirez point. Si, au contraire, il est vaincu, vous penserez à lui quand vous aurez à subir le voisinage des Tatars, mais alors vos lamentations seront bien inutiles. » — « Je ne doute pas, me dit-il, de la sincérité de vos paroles, mais le sort en est jeté. » Là-dessus nous nous séparâmes et je me mis en marche dans la direction de Hâni.

A maintes reprises nous reçûmes des nouvelles et nous apprîmes que les troupes du sultan étaient arrivées aux environs de la montagne de Djour[1]. Un peu avant le coucher du soleil, je m'étais arrêté dans un hameau, nommé Meghâra, afin d'y faire manger les chevaux; nous devions repartir ensuite pour voyager toute la nuit.

Comme je m'étais endormi, je vis en songe ma tête placée sur mes genoux; il semblait que ma tête n'avait plus ni cheveux, ni barbe et on eût dit qu'ils avaient été brûlés. Pendant mon rêve même, j'interprétai cette vision de la façon suivante : la tête, me dis-je, représente le sultan qui doit sûrement périr et qui n'échappera pas à la mort; la barbe représente son harem; ce sont ses femmes qui seront, semble-t-il, faites prisonnières; quant à mes cheveux, ils représentent sa fortune qui sera bientôt perdue. Tout effrayé par ce spectacle, je me réveillai plein d'angoisses.

Je me remis en route et ma tristesse était si grande qu'elle paralysait tout mon être; de toute la nuit je ne proférai pas une seule parole. Arrivé à Hâni, j'y trouvai les impedimenta

---

1. Ou Djawer.

(*Mankobirti*.)

de l'armée et les femmes des soldats qui occupaient toutes les vallées. On m'apprit que le sultan était en embuscade dans la montagne de Djour, parce qu'il avait été avisé de l'arrivée des Tatars. Koukèh[1] Yahkom, un des émirs tatars, chef d'un régiment de mille cavaliers, était un personnage qui, à la suite d'une faute qu'il avait commise et à cause de laquelle il craignait pour sa vie, avait abandonné ses compagnons pour se réfugier auprès du sultan; il lui avait annoncé que les Tatars venaient de faire ferrer leurs montures pour le poursuivre partout où il serait. Il avait engagé le sultan à cesser les déprédations qu'il commettait sur la route des Tatars et à se mettre en embuscade. Pendant que ceux-ci seraient occupés à chercher des vivres, le sultan pourrait à son aise leur faire goûter la coupe du trépas et en tirer vengeance.

Le conseil ainsi donné était bon : le sultan expédia aussitôt en éclaireur, à la tête de quatre mille cavaliers, Auterkhân, son oncle maternel. Il avait toute confiance dans l'habileté et la bravoure de ce parent, car il estimait qu'aucun danger ne l'arrêterait et que rien n'était capable de le détourner de ses résolutions. Auterkhân avait ordre, à l'approche des Tatars, de se retirer devant eux et de les entraîner vers le champ de bataille préparé au milieu d'embuscades pleines de dangers. Il ne tarda pas à revenir et annonça que les Tatars étaient repartis dans les environs de Menâzguerd. C'était là un pur mensonge qui lui avait été dicté par la peur, la couardise et la lâcheté, afin de gagner du temps et de conserver sa situation.

Dès que j'appris que le sultan était en embuscade dans la montagne de Djour, j'allai me mettre à sa disposition. Je le rencontrai en route au moment où il revenait vers ses im-

1. Ou Kioukèh (hibou).

pedimenta. Il m'adressa le premier la parole et me demanda des nouvelles de ma mission. Je lui rapportai tout ce que m'avait dit El-Malik El-Modhaffer, puis, je lui parlai de l'arrivée de la dépêche annonçant le passage des Tatars à Berkeri. Alors il me raconta l'arrivée de Koukèh Yahkom, l'information qu'il lui avait donnée de la mise en marche des Tatars à sa poursuite. Enfin il me fit part de l'histoire de l'embuscade et du retour des éclaireurs qui lui avaient rapporté que les Tatars étaient repartis de Menâzguerd. « Cette retraite des Tatars, lui dis-je, me semble bien extraordinaire, étant donné qu'ils se proposaient de livrer un engagement. » — « Cela ne m'étonne pas, répondit-il; ces gens-là étaient venus pour nous combattre à Khélâth, mais, quand ils ont su que nous nous trouvions en plein pays des Syriens[1], ils ont cru que ces derniers étaient d'accord avec nous pour faire cause commune, et alors ils ont battu en retraite. » Je ne poussai pas plus loin cette conversation, tout en persistant à trouver étrange et même à nier positivement la retraite des Tatars avant d'avoir engagé une action.

CHAPITRE CVI

LE SULTAN S'ARRÊTE DANS LA VILLE DE AMID ET SONGE A SE METTRE EN ROUTE POUR ISPAHAN. IL RENONCE A CE PROJET APRÈS L'ARRIVÉE DE L'AMBASSADEUR DU PRINCE MES'OUD, SEIGNEUR DE AMID. LES TATARS LUI INFLIGENT UNE DÉFAITE DANS LA MATINÉE DU SECOND JOUR DE SON ARRÊT A AMID.

Lorsque le sultan revint camper à Hâni, il convoqua les khâns et les émirs et me dit de répéter la réponse qui

---

1. C'est-à-dire des pays soumis à l'autorité du Khalife.

m'avait été faite au sujet de ma mission. Je leur récitai les versets du Désespoir et leur annonçai que notre appel avait été inutile, qu'ils ne devaient compter ni sur secours, ni sur concours. Ils décidèrent alors de laisser les impedimenta dans le Diarbékir et de partir armés à la légère pour Ispahân, en emmenant seulement les femmes auxquelles ils tenaient le plus et leurs enfants, car il leur fallait un long temps pour atteindre cette ville, découragés et désorganisés comme ils l'étaient. C'était le seul moyen de calmer leurs angoisses et de remettre leurs affaires en état.

Le lendemain de ce jour, on vit arriver 'Alam ed-Dîn Sindjar, connu sous le nom de Qaçab es-Sokkeur; il venait en ambassade de la part du seigneur d'Amid et avait pour mission d'offrir les services de ce seigneur, de faire acte de soumission et aussi de présenter sous un jour favorable une expédition à entreprendre contre les Roum en allumant la convoitise du sultan pour qu'il fît la conquête de ce pays. « C'est là, dit-il, une proie facile et, le jour où il le voudra, le sultan s'en emparera sans qu'on lui en conteste la possession et s'y établira sans qu'on cherche à l'en chasser. Si le sultan devient maître du royaume des Roum et qu'il s'appuie sur les Qifdjàq, qui lui sont favorables et qui désirent sa venue, les Tatars seront frappés de crainte et la victoire lui sera alors assurée. »

Enfin, entre autres choses, l'ambassadeur déclara que si le sultan voulait tenter l'aventure, il s'engageait, lui, à marcher de sa personne, à la tête de quatre mille cavaliers, et à ne pas abandonner la partie, tant qu'il n'aurait pas conquis tout le royaume et qu'il ne l'aurait pas annexé aux États du sultan. Il convient d'ajouter que le prince des Roum avait, cette année-là, infligé au prince El-Mes'oud, seigneur de Amid, l'affront de s'emparer d'un certain nombre de ses places fortes. Le sultan se laissa tenter par ce discours; il laissa de côté le projet qu'il avait fait de se rendre à Ispahân et, tournant bride, il marcha sur la ville de Amid et campa près d'un pont dans le voisinage de cette ville. Il était, à ce moment, comme un homme tombé à l'eau et qui, ne pouvant arriver à nager, se raccroche à tout ce qui lui tombe sous la main.

Toute la nuit il but du vin et s'enivra. Son ivresse était telle que la tête lui tournait, qu'il avait perdu la respiration et que, seul, le bruit des trompettes, qui souffleront au jour du Jugement et réveilleront les morts dans leurs tombeaux, aurait été capable de le dégriser. A un certain moment de la nuit, un Turkoman vint le trouver et lui dit : « A l'endroit même où vous étiez établi hier, je viens de voir une armée campée ; les soldats de cette armée ont le même extérieur que les vôtres et leurs chevaux pour la plupart sont blancs. » Le sultan traita cet homme de menteur et ajouta : « Tout cela est un stratagème imaginé par ceux qui n'étaient pas d'avis que nous nous engageassions dans cette contrée. »

Le sultan acheva la nuit dans la débauche et au point du jour les Tatars le cernaient lui et toute son armée :

Quand il les trouva le soir, c'est la soie qu'ils foulaient aux pieds ; le lendemain matin, quand il revint, ils n'avaient d'autre tapis que le sol.

Ceux d'entre eux qui tenaient une lance à la main étaient dans le même état que ceux d'entre eux dont les mains étaient teintes de henné.

Il y eut des avortements dans les provinces et on abandonna les nouveaux-nés et les parents[1].

Les Tatars s'étaient éparpillés dans toutes les directions, à l'instar de ces proverbes qui volent de tous côtés de bouche en bouche.

J'avais dû veiller cette nuit-là pour rédiger des documents. Vers la fin de la nuit, le sommeil m'avait gagné, et

---

1. Je n'ai pas saisi le sens de ce dernier vers.

j'étais à peine endormi, quand mon valet vint m'éveiller en me disant : « Levez-vous, voici venir le jour du Jugement dernier. » Je m'habillai à la hâte et sortis tout tremblant, abandonnant dans ma tente tout ce que je possédais et je m'écriai :

Nous étions des hommes honorables, à l'esprit généreux, qui espérions de grands biens ; notre espoir a été déçu,

Et nos âmes ont été notre meilleur butin, car elles reviendront (vers Dieu) avec leur éclat et leur pureté.

A peine installé sur mon cheval, je vis des hordes de Tatars qui entouraient le pavillon du sultan. Celui-ci était ivre et dormait, mais Orkhân, arrivant à ce moment avec ses soldats et ses amis, chargea l'ennemi et dégagea le pavillon tandis qu'un des familiers du sultan, pénétrant dans la tente, le prenait par la main et l'entraînait au dehors, la tête couverte seulement d'un bonnet blanc[1]. Il le fit ensuite monter sur un cheval qu'il poussa devant lui. Personne à ce moment n'avait songé à la reine, la fille de l'atabek Sa'ad ; seul un cavalier y pensa et donna l'ordre à[2]... et à Thart Abeh, le grand veneur, d'emmener la reine et de rester à ses ordres là où la déroute les entraînerait.

Quand le sultan vit que les hordes tatares le serraient de près avec acharnement, il donna l'ordre à Orkhân de s'éloigner de lui avec ses soldats ; il espérait ainsi s'échapper seul pendant que les Tatars poursuivraient le gros de l'armée, mais ce fut là encore une erreur de sa part. Aussitôt qu'Orkhân eut quitté le sultan, une troupe de vaillants guerriers vint renforcer son armée et il put atteindre Arbil avec quatre mille cavaliers et de là pousser jusqu'à Ispahan qu'il occupa un certain temps jusqu'au moment où les Tatars mar-

---

1. Coiffure que l'on met pour absorber la transpiration de la tête.
2. L'absence de points diacritiques n'a pas permis de rétablir la prononciation de ce nom qui pourrait à la rigueur se lire : « Deniz Kiqou ».

chèrent sur cette ville. Depuis cette année-là jusqu'à celle-ci qui est l'année 639 (12 juillet 1241 — 1ᵉʳ juillet 1242) Orkhân est resté enfermé dans le Fars.

Plusieurs personnes, parmi celles qui étaient restées avec le sultan après qu'il avait eu quitté Orkhân, entre autres Auterkhân, Thalasb, le grand écuyer, et Mahmoud ben Sa'd ed-Dîn, le marchand d'esclaves, m'ont raconté qu'en quittant Orkhân, le sultan avait poussé droit aux fortifications d'Amid pendant qu'il avait les Tatars sur les talons. A Amid, on était fort inquiet en ce moment, aussi les habitants de cette ville, croyant que les Khârezmiens voulaient machiner quelque perfidie contre eux, repoussèrent le sultan en lui lançant des traits et des pierres. Celui-ci, désespérant de pouvoir entrer dans cette place, s'en éloigna et partit au hasard dans une direction quelconque, accompagné d'une centaine de cavaliers fidèles qui s'étaient joints à lui.

Au cours de sa fuite cette petite troupe arriva dans les environs de Djezira où se trouvaient des défilés inexpugnables qu'il fut impossible de franchir à cause des pillards qui occupaient les passes. Serir Molk, gouverneur de Hamadzân, en avait déjà tué quelques-uns, quand Auterkhân lui donna l'ordre de battre en retraite en disant : « Le chemin le plus sûr aujourd'hui est celui qu'ont suivi les Tatars pour nous atteindre. » Serir Molk obéit à cette injonction. Il était dit que les résolutions de Auterkhân devaient de toutes façons contribuer à amener sa perte.

Le sultan arriva à un des villages qui entourent Myâfâreqîn et campa sur l'aire qui servait à battre les grains. On laissa les chevaux paître en liberté pour leur permettre de se rassasier, puis on remonta à cheval. A ce moment, Auterkhân se sépara du sultan; il agit ainsi par lâcheté et par couardise, mais aussi parce qu'il comptait sur les promesses qu'il avait échangées avec El-Malik El-Modhaffer Chihâb ed-

Dîn Ghâzi, dans une série de lettres, qui établissaient, de part et d'autre, une solide entente, une amitié sans nuages, et qui renfermaient les témoignages d'une alliance sans bornes et d'un dévouement inaltérable.

Auterkhân fut retenu en prison jusqu'au jour où El-Malik El-Kâmil, s'étant emparé de Amid, le réclama et le fit conduire en sa présence. Il mourut au Caire des suites d'une chute qu'il fit d'une terrasse. Quant au sultan, campé sur l'aire du village, il y demeura toute la nuit; les ténèbres le dérobèrent pendant ce temps à ses ennemis, mais, quand l'aurore parut, il fut découvert par les Tatars. Il monta aussitôt à cheval, tandis que la plupart de ses compagnons, pris de court, n'eurent pas le temps d'en faire autant et furent massacrés.

CHAPITRE CVII

SUITES FACHEUSES QU'EUT CETTE AFFAIRE POUR LE SULTAN.

Séparé du sultan par l'attaque des Tatars, je fus entraîné dans ma fuite jusqu'à Amid, où j'arrivai après m'être caché durant trois jours dans quelques cavernes. Après avoir été retenu pendant deux mois dans cette ville, dont il m'avait été interdit de sortir, je gagnai Arbil, puis l'Adzerbaïdjân, non sans avoir été éprouvé par toutes sortes de malheurs et de vicissitudes successives. Enfin j'arrivai à Myâfàreqîn accablé de fatigues et de soucis, la bourse vide et presque nu, mes vêtements ayant été mis en morceaux.

Je ne pouvai m'arrêter dans aucune des villes dépendant du sultan, sans trouver les habitants en émoi, mais persuadés que le sultan vivait encore, qu'il réunissait de nouvelles troupes et qu'il s'occupait de les approvisionner de vivres et d'armes : c'étaient là de ces nouvelles mensongères et de ces illusions décevantes que forge l'imagination et que font naître l'affection et le dévouement. Ce fut seulement en arrivant à Myâfâreqîn que j'eus la certitude que le sultan avait succombé.

A ce moment je pris la vie en dégoût, je reprochai au destin de m'avoir laissé la vie et je passai toutes mes journées à sangloter et à dire : « Plût au Ciel que le Dieu de Mahomet n'eût jamais fait naître Mohammed[1] ! » Si la chose eût été possible, j'aurais partagé mon existence en deux et lui en aurais donné la moitié, ne gardant pour moi que la part la moins avantageuse. Enfin voyant que les rênes du libre arbitre sont arrachées des mains des hommes en place, je m'écriai l'âme contristée et le cœur en feu :

On m'avait annoncé que, toi parti, le feu infernal serait allumé; que cette assemblée, véritable meute de chiens, se répandrait en injures,
Et qu'elle disserterait au sujet de chaque événement. Ah ! si j'avais pu leur dire ce dont j'ai été témoin, on aurait gardé le silence.

Quand, ainsi que cela a été raconté ci-dessus, les Tatars avaient culbuté, dans le village, les troupes du sultan, sa personne leur avait été indiquée par un de ses compagnons qui avait été fait prisonnier. Aussitôt on se mit à sa poursuite et quinze cavaliers se précipitèrent derrière lui. Atteint par deux d'entre eux, le sultan les tua, et les autres, croyant ne pas réussir à s'emparer de lui, revinrent sur leurs pas.

Le sultan gravit ensuite la montagne, où il y avait des Kurdes qui gardaient les chemins pour piller les passants. Il fut pris par ces hommes qui, le dépouillèrent comme ils avaient l'habitude de le faire avec quiconque tombait entre leurs mains. Ils allaient ensuite le tuer, quand le sultan dit en

---

1. C'est-à-dire l'auteur de ce récit qui se nommait Mohammed comme le Prophète.

secret à leur chef : « Je suis le sultan, ne te hâte pas de prendre un parti, à mon égard, car tu peux opter entre les deux solutions suivantes : ou bien me conduire auprès de El-Malik El-Modhaffer Chihâb ed-Dîn qui te donnera de quoi être riche, ou me faire parvenir dans une des localités de mes États et alors je te ferai prince. »

Le chef décida de reconduire le sultan dans ses États et l'emmena vers son campement auprès de sa compagne ; puis le laissant sous la garde de sa femme, il alla en personne dans la montagne chercher des chevaux. Pendant qu'il était absent, un Kurde de la plus basse classe, une sorte de brute, tenant un javelot à la main, se présenta chez lui, et dit à la femme : « Qu'est-ce que ce Khârezmien? Pourquoi ne le tuez-vous pas? » — « C'est impossible, répondit-elle, mon mari lui a accordé l'aman parce qu'il a déclaré qu'il était le sultan. » — « Comment, s'écria le Kurde, avez-vous pu croire qu'il était le sultan! D'ailleurs à Khélâth on a tué un de mes frères qui valait mieux que lui. » Ce disant, le Kurde frappa le sultan d'un tel coup de javelot qu'un second eût été inutile et l'envoya rejoindre les âmes des trépassés.

Ainsi ce misérable Kurde avait manqué à tous les égards qu'il devait à son chef ; il avait répandu sur la terre un sang sacré et, grâce à lui, la poche de la fortune avait été déchirée, la digue des événements rompue, l'étendard de la religion humilié, l'édifice de l'islam renversé. Les éclairs du ciel de Sem dispersèrent les fils de la religion, bien que ses foudres eussent fait trembler les sectateurs de l'infidélité et de l'athéisme. Alors que tant de fois, dans diverses contrées de la terre, le sultan avait échappé aux atteintes de la mort dans les plus graves circonstances, qu'il avait pu se soustraire aux épreuves qui l'attendaient de tous côtés, un arrêt du destin voulut que la mort de ce lion valeureux fût l'œuvre de renards. C'est vers Dieu le Très-Haut que nous devons porter nos plaintes au sujet des vicissitudes de la Fortune et de l'imprévu des événements.

Quelque temps après cela, El-Malik El-Modhaffer envoya chercher dans la montagne tous les objets qui avaient été enlevés au sultan : le cheval qu'il montait, sa selle, son sabre si célèbre et enfin la baguette qu'il plantait au milieu de sa chevelure. Quand tout cela eut été apporté, on fit vérifier ces objets par tous ceux des anciens courtisans qui étaient là et qui avaient accompagné le sultan dans ses derniers jours, entre autres par Auterkhân, Thalasb, le grand écuyer, et un certain nombre d'autres personnages, qui déclarèrent que ces choses-là avaient été prises au sultan. On envoya ensuite chercher ses ossements qui furent ensevelis. Le misérable Kurde avait donc jeté son chef dans une aventure pénible, en même temps qu'il avait privé ce monde de son soutien et l'avait rendu en quelque sorte orphelin :

O toi, qui as fait couler le sang du cou des rebelles, et qui, après ta mort, as fait verser des larmes de sang,

Si les agissements du sort ont fixé la durée de ta carrière, songe au prince et à l'islam qui gisent sans vie :

La religion est ébréchée, le prince a disparu, et aujourd'hui les liens de la gloire et de l'illustration sont rompus.

CHAPITRE CVIII

QUELQUES MOTS SUR LA CONDUITE DU SULTAN ; SON PORTRAIT, FORMULES DE SES APOSTILLES ET TITRES QUE LUI DONNÈRENT LES KHALIFES ET AUTRES SOUVERAINS, ET TITRES QU'IL LEUR DONNA A SON TOUR.

Le sultan était très brun et petit; il avait l'apparence et le langage d'un Turc, mais il savait également s'exprimer en persan. Quant à sa bravoure, il suffit pour en donner une idée de rappeler sa conduite dans divers combats. C'était un lion vigoureux et aucun de ses cavaliers n'avait plus d'audace et de hardiesse que lui. D'un caractère calme, il ne se mettait point en colère et n'invectivait pas les gens. Grave, digne, il ne riait pas et se contentait de sourire ; il parlait peu. Il était épris de justice, mais, au cours des révoltes qui affligèrent son époque, il fut entraîné hors de cette voie ; il désirait vivement le bien-être de ses sujets et pourtant, comme il régna dans des temps troublés, il dut commettre bien des exactions.

Au début, alors qu'il était dans l'Inde et qu'il était brouillé avec le Khalife, il employait, quand il lui écrivait, le même protocole que celui dont se servait son père ; il était ainsi conçu : « Votre très dévoué serviteur, Mankobirti, fils du sultan Sindjar. » Plus tard, lorsque le Khalife, ainsi que nous l'avons raconté, lui eut envoyé, à Khélâth, les insignes de sultan, il se servit pour la salutation finale de ces simples mots : « Votre serviteur » et donna au Khalife les titres suivants : « Notre seigneur et maître, le Prince des croyants, le pontife des musulmans, le vicaire de l'Envoyé du Maître de l'univers, l'imam des Orients et des Occidents, celui qui s'élève au-dessus de la plus haute éminence dans la famille de Loua ben Ghâlib. »

Quand le sultan écrivait à 'Ala ed-Dîn ben Keïqobâdz, aux princes d'Égypte et de Syrie, il ajoutait à son nom celui de son père accolé à l'épithète de sultan, mais il n'usait dans ce cas d'aucune des formules qui sont ordinairement employées telles que : « Votre serviteur », « Votre ami », « Votre frère. »

Son apostille habituelle était : « Le secours vient de Dieu seul. » Quand il écrivait à Bedr ed-Dîn, seigneur de Mossoul, et à d'autres personnages de même rang, il traçait cette apostille d'une très belle écriture et agrandissait la fente du roseau dont il se servait, pour que les caractères fussent très épais.

A l'époque où son règne débutait dans l'Inde, le Khalife le traitait dans sa correspondance de : « Excellence élevée et khâqânienne[1]. » Il insista d'abord vainement pour obtenir qu'on lui donnât le titre de « sultan »; on ne fit aucun droit à sa requête, parce que l'étiquette habituelle n'avait jamais admis jusqu'alors qu'on décernât un pareil titre à de grands princes. Cependant, à la suite de nombreuses démarches, et lorsqu'on lui envoya les insignes du sultan, il fut traité de : « Excellence auguste et chahinchahienne. »

La défaite du sultan eut lieu dans le milieu du mois de chaoual de l'année 628 (17 août 1231).

Ah! l'affreux malheur! et comme l'aurore aurait eu raison de mettre en pièces ses vêtements. Ah! l'horrible événement! et comme la lune aurait pu à cette occasion déchirer son visage. Les cieux auraient dû se couvrir de vêtements de deuil et les astres s'asseoir sur un lit de cendres. Je suppose que, si elles avaient vu cette nuit venir, les étoiles auraient crié gare! et qu'elles auraient cherché par tous les stratagèmes possibles à empêcher la catastrophe. Mais je ne saurais mieux dire que de répéter ces vers d'Abou Temmâm :

Il était bien dans la voie de Dieu celui qui est tombé dans les abîmes de la guerre sainte et dont les lèvres ont été fermées pour toujours.

C'est au milieu des coups d'estoc et de taille qu'il a succombé, mais sa mort lui vaudra mieux que la victoire qui lui a échappé.

D'ailleurs, il n'est pas mort sans avoir auparavant usé jusqu'au bout le tranchant de son glaive en frappant l'ennemi et sans que les lances brunes ne se soient brisées contre lui.

Il a maintenu ferme son pied dans les marécages de la mort et il lui a dit : « Derrière toi il y a la résurrection. »

1. Le titre de khâqân était inférieur à celui de sultan.

Au matin de ce jour la gloire formait le tissu de son manteau, et ce jour n'a pas fini, sans qu'il fût enveloppé d'un long suaire.

La mort l'avait revêtu de ses rouges vêtements, mais la nuit était à peine venue qu'il resplendissait sous la soie verte[1].

Il est parti l'âme pure et il n'est point de champ d'asile qui ne désire maintenant qui servir de tombeau.

A toi, la paix de Dieu pour l'éternité ! Je l'ai toujours observé : l'homme libre et généreux ne vit jamais longtemps.

Dieu fasse miséricorde à ce prince ! Qu'il donne la paix à son âme, qu'il illumine son tombeau, qu'il le récompense des efforts qu'il a faits pour défendre la religion du Seigneur et combattre dans sa voie ; qu'il lui rende douces les joies du paradis ! Telles sont les prières que me dictent une affection sincère et une vive amitié. Que mes larmes soient un témoignage de mon profond dévouement et de ma reconnaissance !

Oh ! mes amis, c'est pour toujours, pour toujours ! Mes chagrins sont tels qu'ils me causeront un éternel souci.

Tandis que nous demeurons accablés par la douleur, notre chef maintenant a atteint la source même du bonheur.

Un tombeau, qui renferme les restes d'un cadavre dans le sein de la terre, peut-il ainsi changer la face du monde !

Lui qui autrefois ornait le trône, il est maintenant mort et couvert de terre.

Combien de héros le sol a engloutis dans son sein et combien, parmi eux que la mort a délivrés de toute angoisse.

Louange à Dieu qui, par sa grâce, mène à terme toutes les bonnes œuvres et qui maintient par son ordre les cieux et la terre. Que Dieu répande ses meilleures bénédictions et ses faveurs les plus généreuses sur notre seigneur Mahomet, sur sa famille et qu'il leur accorde le salut jusqu'au jour de la rétribution....... Exécuté le .... de l'année 667 (10 septembre 1268 — 31 août 1269).

1. Allusion au costume que porteront les bienheureux dans le Paradis.

FIN

INDEX DES NOMS PROPRES

PAR ORDRE ALPHABÉTIQUE

Nota. Les noms en *italique* sont des noms géographiques.

A

Aadhem Molk, seigneur de Balkh, 134, 136, 140.

'Abbâs, 22.

'Abbassides, 22 n., 313 n.

Abâ Khân, 159.

Abân (émir —) surnommé Hézàrmèrd, 146.

'Abdallah (Dieu), 167.

Abhar, ville entre Qazvìn, Zèndjàn et Hamadàn, 366, 367.

Abhor (voy. Abhar).

Abiwèrd, ville du Khorâsân entre Sérakhs et Nisâ, 38 n., 114, 165.

Abiskoun, île au sud de la mer Caspienne. C'est là que fut enterré le père de Djélâl, 8, 80, 81, 319, 319 n.

Abkhàz, canton de Géorgie dans la montagne de Qabq près de Bâb èl-Abouâb (Dèrbènd), 190, 191. 202, 204, 238, 298.

Abkhàzèh Féheïmer, 191.

Abou Bekr, fils de l'atâbèk S'ad, 34. 35.

Abou Bekr el-Khârèzmi, poète, 166.

Abou Bekr Malik, neveu de Djélâl, 161.

Abou Bekr Malik, émir de Djélâl qui lui donne le titre de Aïnàm Khân, 232.

Abou Firâs, poète cité, 125.

Abou Ishâq ech-Chîràzî (chéikh —), s'empare de Kazéroun et est brûlé, 130.

Abou 'l-Fath, préfet de Nechdjouân, 111, 113, 114.

Abou 'l-Fath Mohammed, fils du grand sultan Takach Borhân (= père de Djélâl), 336.

Abou 'l-Fath Mohammed ben Takach ben Il-Arslân ben Etsiz ben Mohammed ben Nouchtéguin (père de Djélâl), 3.

Abou 'l-Ghâzî, auteur cité, 72 n.

Abou 'l-Mékârim 'Ali bèn Abi 'l-Qàsem, prince des croyants, 391.

Abou 'l-Modhaffer Azlàgh Chàh, fils de Sultân Sindjàr Nàçir, et par conséquent frère de Djélâl, 44.

Abou 'l-Ola Ahmed ben 'Abdallah el-Maarri, poète cité, 173 n.

Abou Mohammed, oncle paternel de Djélâl, 63.

Abou 'n-Naçr Mohammed ben 'Abd el-Djèbbâr èl-'Otbi, historien, 173 n.

Abou Temmâm, poète arabe, 413.

Abouyèh (voir Ibouyèh), 308 n.

Adak, courtisan et écuyer de Djélâl, 160.

Adak Khân, parent de Djélâl. Il est étranglé à Ispahân par l'atâbèk Yghân Thâïsi, 124, 125, 126.

Adam, 2.

Aderbán, nom d'une esplanade dans la ville de Nisà, 88.

Adzèrbaïdján, province frontière de la Perse, s'étend de Berda'h à l'est jusqu'à Erzèndjân à l'ouest; au nord, touche au Deïlem et au Djebàl, et va jusqu'à l'Iràq au sud. Tèbrîz en est aujourd'hui le chef-lieu; anciennement, c'était Méràgha, 6, 24, 26, 27, 28, 29, 29 n., 30, 32 n., 35 n., 93, 126, 127 n., 128, 165 n., 178, 181 n., 182, 183 n., 184 n., 185, 195 n., 197 n., 198, 199. 210 n., 213 n., 214 n , 221, 223, 230, 251, 252, 253, 254, 257, 259, 261, 262, 263, 266, 267, 268, 270, 272, 272 n., 273, 273 n , 275, 277, 278, 278 n., 279 n., 281, 283, 292, 294, 310, 331, 341, 344, 347, 349, 361, 364, 365, 366, 372 n., 374, 376, 408.

Afghanistán, 136.

Afrâsiâb, roi des Turcs, 375, 375 n.

Aghelmich el-atâbèki, lieutenant de Djélâl dans l'Iràq 'Adjèmi, 23, 24.

Aghil Hâdjèb, surnommé Aïnândj Khan, émir de Sultàn Mohammed bèn Takach, 19, 62.

Ahr, ville dans l'Azèrbaïdjân entre Ardébil et Tébrîz, 32, 32 n.

Aïbèk el-Andâr, le trésorier, (d'origine turque), 117.

'aïd èl-fithr, rupture du jeûne à la fin du mois de ramadàn, 202 n.

Aïdmor èch-Châmi, émir de Yghân Thâïsi dans l''Iràq contre Djelâl, 124, 126.

Aïdoghi Kâlèh, émir de Yghân Thâïsi dans l''Iràq contre Djélâl, 124.

Aïnâm Khân, titre donné par Djélâl à son émir Abou Bekr Malik, 232, 288.

Aïnândj Khân, surnom donné par Djélâl à son émir Aghil Hâdjèb, 19, 56, 62, 74, 96, 111, 112, 113, 114, 115, 116, 127, 128, 130, 174, 177, 180.

Aïnândj Khân (le fils de —), 179.

'Aïn-el-Molk, gendre de Moayyid el-Molk; il est chargé par Djélâl de défendre la citadelle d'el-Qâhira, 108.

Aïsi Khâtoun, sœur de Ghiyâts ed-Dîn qui la fiance à Adak Khân qui meurt; alors on lui fait épouser l'atâbèk Yghân Thâïsi, 124, 126.

'Aïssa ben el-Malik el-'Adil Abou Bekr ben Ayyoub, le grand roi, 200.

Akhach Malik, officier de Djélâl, 229.

Akhach Molk, fils de l'oncle maternel de Djélâl; il meurt à la bataille d'Ispahân, 309.

'Alâ ed-Daula, atâbèk, seigneur de Yèzd, 159.

'Alâ ed-Daula Abâ Khân, seigneur de Yèzd, 229.

'Alâ ed-Daula ech-Chérif el-'Aloui ('Alévi), préfet d'Hamadàn, 121.

'Alâ ed-Dîn, surnom de Nouchtéguin, prince et seigneur de Bamiân, 3 n., 37, 66.

'Alâ ed-Dîn, seigneur de Qondouz, 75.

'Alà ed-Dîn, seigneur d'Alamout et

prince des Ismaéliens, 216, 220, 221, 222, 238; il fournit des montures à Ghiyâts pour le faire échapper, 239; il envoie des Ismaéliens à Djélâl, 241; il se brouille avec Djélâl, 242, 263, 281, 327, 350, 351, 353, 354, 355, 356, 357, 358, 359.

'Alâ ed-Dîn, seigneur d'Alamout, (le vizir d' —), 327.

'Alâ ed-Dîn Kaïqobâd bèn Kaïkhosrou, sultan et seigneur du pays de Roum, cousin de Rokn ed-Dîn Djihân Châh bèn Toghril, seigneur de Erzèn er-Roum, 211, 280, 306, 327, 329, 330, 342, 344, 346, 347, 348, 349, 376, 399, 400, 412.

'Alâ ed-Dîn Kaïqobâd bèn Kaïkhosrou, sultân, (le vizir d' —), 257, 259.

'Alâï ed-Dîn Kérâbâ, atâbèk et seigneur de Mérâgha, 215.

'alaïienne (dynastie —) = des Khârèzm Châh, 56.

Alam ed-Dîn Sindjâr, connu sous le nom de Qaçab es-Sokker, vient en ambassadeur vers Djélâl de la part du seigneur d'Amid, 404.

Alamout, château près de Qazvîn et principale résidence des Ismaéliens, 216, 216 n., 221; lieu de refuge de Ghiyâts, 237; cerné par Djélâl, 238, 239, 241, 242, 264, 278, 281, 350, 351, 353, 354, 355, 356, 357, 359, 360, 362, 364, 365.

Aldjek Malek, gouverneur à Djaïlân pour Djélâl, 63.

'Alem ed-Dîn Qaçab es-Sokker, ambassadeur du prince Mes'oûd auprès de Djélâl, 318.

'Alem ed-Dîn Qaïcer, gouverneur d'Amhar au nom du khalife de Bagdâd, 131.

'Alem ed-Dîn Sindjâr, grand prévôt d'el-Malik el-Achraf Mousa, 333.

(*Mankobirti*.)

Alep, grande ville du nord de la Syrie, 270.

Alexandre le Grand, 37 n.

'Ali, khalife et gendre de Mahomet, 106 n., 188, 188 n.

'Ali, le chambellan, représentant d'el-Malik el-Achraf Mousa (neveu de Saladin), fils d'el-Malik el-'Adil Abou Bekr ben Ayyoub; — il est mis à mort à Khélâth, 256, 257, 264, 270, 273, 275, 276, 277, 279, 280, 281, 301, 302. 306, 361.

Aliâbâd, forteresse appartenant à la reine Tamestsaha Belmikour, fille d'Iyouâni, 295.

'Ali Bèh, 158.

'Ali bèn 'Abd el-Kérîm (= Ibn el-Atsîr), auteur cité, 3.

'Ali ed-Dîn el-Khéyyâthi, jurisconsulte éminent et chef de la police de Khârèzm, 155, 156.

'Ali el-Kèrmâni, page de Çafy ed-Dîn; — il s'échappe de Reyy, 244.

'Ali Khodja (Khàdjè) el-Boukhâri, fait partie de l'ambassade de Djènguiz auprès de Djélâl, 57.

'Ali Kouhi Déroughân, s'empare de l'autorité dans le Khârèzm après la fuite de Tourkân Khâtoun, 94, 95.

Alindjèh ou *Alindjèq*, citadelle dans le district de Nakhdjouân, 197.

Alindjèq (voir *Alindjèh*), 197 n.

Allân, tribu des environs de Dèrbènd, 293, 293 n.

Almâliq, ville du Qarâ Khithâï, au sud du lac Qizil-bâch, dans le pays des Ouïgours, 12, 12 n.

aloès, 315.

Alp Arslân bèn Daoud, 2e sultan Seljouqide (1063-1072), est poignardé en 1072, — 31, 130, 291.

27

Alp Khân, officier de Djélâl, 229.

altoun, آلتون, m. turc (or), 8 n.

Altoun Khân, titre que donnaient les Tâtârs aux souverains de l'empire de Kin, fondé en Chine par Niou-tchi; 8, 8 n., 9, 10, 11, 11 n.

amân, امان, grâce, pardon, 104.

Amhar, localité sur le territoire de Bagdâd, 131.

Amid, aujourd'hui *Diârbékir*. C'est devenu aujourd'hui le chef-lieu du vilâyet de Diârbékir en Turquie d'Asie, latitude 37° 55'. Cette ville est située sur le Tigre qu'on peut y passer à gué sauf lors de la fonte des neiges et dans la saison des pluies qui sont à ce moment très considérables. Amid est à 620 mètres d'altitude et à 115 kilomètres des sources du Tigre, situées elles-mêmes à 1,100 mètres. C'est à partir d'Amid que le Tigre devient navigable.

Amid est à :
325 kilom. nord-ouest de Mossoul;
715 kilom. — de Bagdâd;
1,300 kilom. — du g. Persique en suivant le cours du fleuve.

Les habitants d'Amid refusent d'ouvrir les portes de leur ville à Djélâl fuyant devant les Tâtârs, en chaouâl 628 (août 1231), 216, 318, 321, 403, 404, 405, 407, 408.

Amid (seigneur d' —), vassal d'el-Malik el-Modhaffer Chihâb ed-Dîn Ghâzi ben el-Malik el-'Adil Abou Bekr ben Ayyoub, 398.

'âmil, عامل = ouâli والي, gouverneur, 54.

Amîn ed-Dîn ed-Déhistâni, vizir du Déhistân et du Mâzèndérân au nom de Djélâl, 43.

Amîn ed-Dîn Réfiq el-Khâdim, gouverneur de la citadelle de Firouzkouh au nom de Djélâl, 356.

Amîn ed-Dîn el-Héraoui, négociant tâtâr, assassiné à Otrâr, par Inâl Khân, fils de l'oncle maternel de Djélâl, 59.

Amîn ed-Dîn Réfiq, le valet de chambre ; il fait partie de l'armée de Aïnândj Khân, 114.

Amîn Molk, fils d'un oncle maternel de Djélâl et gouverneur de la ville de Hérât, 109, 132, 134, 136, 140. Il a un fils : Qarn Khân, assassiné par la populace de Kolour, 146 ; — et une fille, 144 (voir l'article suivant).

Amîn Molk (la fille de —), elle échappe à Djènguiz et aux flots de l'Indus après la bataille du 25 novembre 1221 et se réfugie auprès de Qobâdja à Audjâhi. Sur les instances de Djélâl qui la réclame pour l'épouser, Qobâdja la lui renvoie, 144.

Amou-dériâ, fleuve, s'appelle aussi *Djihoun* ou *Oxus* ; il sépare le Khorâsân de la Transoxiane ou Turkestân et va se jeter dans la mer d'Aral, 31 (voir *Djihoun* et *Oxus*).

Amr, 200 n.

Andekhouy, localité sur les bords du Nari, affluent du Mourghâb à l'ouest de Balkh, 39.

Andekhoudz, ville près de Sérakhs dans le Khorâsân, 39, 39 n., 73.

Ani انی خرابه سی (voir *Hâni*).

anémone, 116.

Anouchirwân (el-'Adil), fils de Qobâd, roi sâsânide du temps de Mahomet, 326.

Aouak, fils d'Iyouâni, le Géorgien; est gouverneur de la citadelle de Bèdjéni, 294, 396.

Aoudh (voir *Audja*), 149 n.

Aoudjân, ville de l'Azèrbâïdjân, quelquefois surnommée la « ville de l'islam », 127, 183, 214, 374, 384.

Aouhad ed-Dîn, dialecticien hors de pair, fils de Djélâl ed-Dîn, le chéikh el-islam de Samarqand ; il est envoyé à Nisâ par Sultân Djélâl et y meurt proscrit, 43.

Aouter Khân, titre donné par Djélâl à son émir Yilguit Malik, 232.

apostilles de :
Nâçir ed-Dîn, 55;
Qothb ed-Dîn Azlâgh Châh, 44;
Rokn ed-Dîn, 46;
Sultân Mohammed bèn Takach, 89.
Tourkân Khâtoun, 73;

Aqach, lieutenant de l'atâbèk; il devient prisonnier de Chèrèf el-Molk qui le fait crucifier à Tébrîz, 253.

Aq Châh, fils de Tourkân Khâtoun, frère d'Azlâgh Châh et, par conséquent, oncle de Djélâl, 69, 93, 95, 103, 105.

'Aqouta, localité près de la citadelle de Sélouqân, 162.

Aqsonqor el-Koutsi, Turc de l''Irâq, aventurier de profession sous les ordres de Djémâl ed-Dîn Mohammed ben Abou Abèh, 117.

Arabes, 55, 180, 329, 346.

Araghoun, endroit qui fut le quartier d'hiver de la tribu des Témourdji, d'où est sorti Djènguiz Khân. Cette localité paraît avoir été située dans les hautes montagnes d'où sortent les fleuves Onân, Kéroulân et Toula, affluents du Haut-Amour, au sud du lac Baïkal, 8, 8 n.

Araxe, grand fleuve d'Arménie. Il a ses sources au Bîn-gueul-dâghi à 40 kilomètres au sud d'Erzeroum et se jette dans le Kour. Il passe à Tchooubân-keupru ou Keupru-keuï, puis entre vers Qizil-Kilisa dans l'Arménie russe où il coule parallèlement à la frontière turque en passant au sud de Qârs, d'Anî, du volcan de d''Alà-gueuz et entre Erivân et le mont Ararat. A partir de cet endroit, il sert de frontière entre la Perse et la Russie presque jusqu'à son confluent avec le Kour. Il passe dans cette partie par Nakhtchèvân, Djoulfa, Ordoubâd et Mighri. C'est entre ces deux derniers points distants de 17 kilomètres qu'est la passe effrayante d'*Arasbar*. De ce point, l'Araxe court encore pendant 240 kilomètres avant de se jeter à *Djévad* dans le Kour, fleuve qui vient de Tiflis. De ce confluent jusqu'à l'embouchure dans la Caspienne près de Sâliân, il y a encore 72 kilomètres en ligne droite, 186, 195 n., 202, 203, 205, 265, 272 n., 273, 275, 289, 290, 369, 371, 373.

Arbâz Khân, neveu du sultan Mohammed ; il fait partie de sa *nouba*, 38.

Arbez bèn Sad ed-Dîn Sahm el-Hachem, chambellan de Djélâl, 53.

Arbil, ville du Kurdistân turc, située dans une vaste plaine entre les deux Zâb, à 85 kilomètres environ (à peu près 20 heures), vers l'est-sud-est de Mossoul, 131, 193, 310, 406, 408.

arcs, 91.

Ardébil, petite ville et chef-lieu du district de la province d'Azèrbâïdjân, sur la pente orientale du massif neigeux du mont Savalân, sur une des branches supérieures du Qarâ-sou, tributaire droit de l'Araxe, et à 210 kilomètres de Tébrîz, par 38° 10′ 20″ de lat. nord, et à 50 kilomètres en ligne droite du bord occidental de la Caspienne, 32 n., 35 n., 210 n., 214 n., 215 n., 279 n , 368, 372 n.

Ardéchir ben el-Hasan, prince du Mâzèndérân. Il épouse Châh Khâtoun, fille de Takach, 320.

Ardehen, citadelle inexpugnable où Djélâl fit transporter le cercueil de son père après l'avoir fait exhumer de l'île d'Abiskoun, 320, 321.

Ardjich, ville de la Grande Arménie, près de Khélâth, 280, 337, 338.

Ardouil (voir *Ardébil*), 214 n., 368.

argent fondu dans les oreilles et dans les yeux d'Inâl Khân, 63.

'àridh, عارض, titre d'un des membres du divân de Djélâl, 316.

Arménie, 195 n., 214 n., 243 n., 268 n., 280 n., 282 n., 291 n., 337 n., 371 n.

Arméniens, 203.

Arminân, bourg, 367.

Arrân ou *Errân*, vaste province dont les villes principales sont Guèndjèh, Bèrda'h, Chèmkour et Bëïlaqân. Elle est séparée de l'Azèrbâïdjân par l'Araxe, 6, 24, 26, 30 (voir *Errân*).

Arslân Khân, lieutenant de Ghiyâts ed-Dîn, 176.

Arslân Bèhlaouân, émir du Mâzèndérân pour Djélâl, 368.

Arys, rivière du Turkestân, affluent du Syr-derià, près des ruines d'Otrâr, 38 n.

Asad ed-Dîn Maudoud, ambassadeur de la part de 'Alâ ed-Dîn, prince des Ismaéliens, auprès de Djélàl, 263, 359, 360.

Ased ed-Dîn el-Djouïni, d'abord pour, ensuite contre Djélâl; — il était gouverneur de la citadelle de Sèrdjihân qui domine la plaine de Qazvîn du côté du Deilèm, 123.

Asen Toughân Nouyèn, officier tâtâr, 224.

Asie Mineure, 4 n.

Askanâbâd, forteresse près d'Istakhr dans le Fârs, 34.

Aslabèh Khân, gouverneur de Oulèdj dans la Transoxiane au nom de Djélâl, 63.

Asrek Bahlaouân, gouverneur de Khènderoudz dans la Transoxiane au nom de Djélâl, 63.

Astèrâbâd (principauté de —), ville du Thabarestân entre Sarièh et Djordjân, 80, 115, 177, 208.

atàbèk, 6, 24, 25, 26, 29, 30, 33, 34, 118, 123, 124, 125, 126, 128, 268, 273, 274.

atâbékien, 252, 253, 254, 279.

Atakhân ou *Abakhân*, localité vers Chîràz; elle est donnée en fief par Djélâl à l'atâbèk 'Alâ ed-Daula, seigneur de Yèzd, 159.

Athlas Malik, émir du « youlèq » de Djélâl, 285.

Athlas Molk, officier de la maison de Djélâl, 346.

aubade, 37, 334 (voir nouba).

Audak, grand écuyer de Djélâl, 229, 275, 277.

Audèk, grand écuyer de Djélâl, 229, 275, 277.

Audja, sans doute *Aoudh*, 149, 149 n.

Audjâhi, ville appartenant à Qobâdja; c'est là que vint se réfugier, en 1221, la fille d'Amîn Molk, après la défaite de Djélâl sur l'Indus, 144.

Audjân, ville de l'Azèrbâïdjân, 278.

Auter Khân, chef des émirs et khân de Djélâl, aussi son oncle maternel, 303, 304, 315, 344, 386, 395, 402, 407; meurt au Caire, 408, 411.

Awag, fils d'Iwané, 294 n.

Awdjân (voir *Aoudjân*), 214 n.

Ay Djidjâk, mère de Djélâl ed-Dîn Mankobirti, 69.

Ayyoubites, 280.

'Azîz el-islâm, fils d'Iftikhâr Djihàn; — prisonnier à Khârèzm, il y est mis à mort par Tourkân Khâtoun, 67.

Azlâgh Châh, fils de Tourkân Khâtoun, frère de Aq Châh et, par conséquent, il serait l'oncle de Djélâl ed-Dîn, 69, 93, 95, 96, 99, 100, 103, 104; il meurt, ainsi que son frère Aq Châh, à la bataille qu'ils livrèrent aux Tâtârs à *Ouacht*, dans le pays de Khouchân, 105, 106.

B

Bâb el-Aboûâb ou *Dèrbènd*, ville de Géorgie, sur la côte ouest de la mer Caspienne. Capitale du Dâghestân, 6 n., 190 n., 214 n., 243 n., 287, 288, 293, 374.

Bactriane, nom donné à une portion de la Haute-Asie, auj. province de Balkh et partie de l'Afghanistân, 49 n.

Badjèn Nouyèn ou Tadjèn Nouyèn, un des grands de la cour de Djènguiz, 98 n.

Bâdji-Bèk, émir de Djènguiz; il vient le premier, en janvier 1221, mettre le siège devant la ville de Khârèzm, 153.

Bagdâd, ville de la Turquie d'Asie sur les deux rives de l'Euphrate et résidence du khalife 'abbâside, fut prise par Houlàgou et entièrement livrée au meurtre et au pillage le mercredi 7ᵉ jour du mois de safar 656 (= 13 février 1258), 20, 21, 34, 35, 36, 131, 180, 181, 193, 211 n., 214, 249, 250, 262, 283, 308, 310, 315.

bagdâdien, 316.

Baghdi, mamlouk de l'atâbèk Ouzbèk, 272, 273, 274, 275.

Bahadôr, chef tâtâr, 228.

Bahlouân (la fille de l'atâbèk —), 266, 267, 268.

Bahrâm, le Géorgien, 295, 297.

Bahrâm Châh, prince et seigneur de Termidz, fils de 'Imâd ed-Dîn, prince de Balkh, 66.

Baïkal, lac de la Sibérie méridionale, gouvernement d'Irkoutsk, 8 n.

Baïnal, le maudit, officier tâtâr, 230.

Bakchân Djenkâchi, personnage de la suite d'Aïnândj Khân, 114.

Bakhèrz, grand canton et fief entre Nisâbour et Hérât et dont le chef-lieu était Mâlin. Il appartenait à 'Izz ed-Dîn Djèldèk, vassal de Djélâl, 164, 164 n., 233.

Bâ-Khoudâvènd 'âlèm — expression — titre qu'on donnait à Djélâl, 397.

Baklouaï, mère de Ghiyâts ed-Dîn, 162.

Balkach, grand lac de la Russie asiatique vers l'extrémité orientale du steppe des Kirghiz qu'il sépare de la Dzoungarie russe. C'est un des grands lacs de l'Asie, 12 n.

Balkh, célèbre ville du Khorâsân oriental, à 50 kilomètres au sud de l'Oxus sur la ligne directe de Kâboul à Bokhârâ; Tèrmiz est son port sur l'Oxus, 37, 39 n., 63, 63 n., 66, 73 n., 75, 134, 170 n.

Bâmiân, vallée célèbre de l'Afghanistân sur la route de Kâboul au Turkestan, par 34° 50' lat. nord et 65° 28' long. est; fut ruinée de fond en comble en 1221 par Djènguiz Khân, 5, 37, 44, 66, 93.

Baqardjèn Nouyèn, chef de la garde particulière de Djènguiz, 154.

Baqou Nouyèn, officier tâtâr, 224.

Baraqat Khân, fils de Daulat Molk, 128.

Barmécides, 388.

barres de mine, 91.

Basour Nouyèn, officier tâtâr, 224.

bâtard, 70.

Bathinien, ou Ismaélien, 47.

Bayavvout (voir Béyavvout).

Bédjéni, une des citadelles d'Aouak, fils d'Iyouâni, le Géorgien, 294, 294 n., 360, 396.

Bèdlis, ville du district de Khélâth; située au pied occidental d'une chaîne de hauteurs qui la séparent du sud-ouest du lac de Vân dont elle n'est éloignée que de 4 heures. Elle est à :
20 kilom. S.-O. du lac de Vân;
192 — S.-E. de Mouch;
50 — N.-E. de Séert.
C'est aujourd'hui Bitlis, chef-lieu du vilâyèt de Bitlis, 333.

Bèdlis (porte de —), nom d'une porte de Khélâth, 321.

Bèdr, ville du Hedjâz à 16 lieues au sud de Yambo. Célèbre par la bataille que Mahomet y livra aux Koréich l'an 2 de l'hég., le vendredi 16 du mois de ramadân (= 13 janv. 634), 188.

Bèdr èd-Dîn Ahmèd, un des courtisans d''Alâ ed-Dîn, seigneur d'Alamout; il est envoyé en ambassade auprès des Tâtârs dans le Mâ-vèrâ èn-néhèr, 221, 222, 355.

Bèdr èd-Dîn Aïnândj Khân, émir et chambellan du sultan Mohammèd, 110, 111.

Bèdr èd-Dîn èl-'Amid, vizir à Otrâr au nom de Djélâl, 64.

Bèdr èd-Dîn Hilâl, officier au service de Tourkân Khâtoun, prisonnière de Djènguiz Khân, 69.

Bèdr èd-Dîn Hilâl, fidèle courtisan de Djélâl, 184.

Bèdr èd-Dîn Loulou, seigneur de Mossoul et vassal du Khalife, 310, 412.

Bèdr èd-Dîn Sèrhènk, gouverneur de Khoï au nom du chambellan 'Ali el-Achrafi, 276.

Bèdr èd-Dîn Thoutaq, fils d'Aïnândj Khân, chambellan de la couronne de Djélâl, va en ambassade à Bagdâd vers el-Mostançer billâh, 307, 311, 312, 313, 314.

béhâdériyâ, nom d'un corps de vaillants guerriers de Djènguiz, 139.

Béhâ èd-Dîn Mohammèd ben [Abou] Sahl, émir de Nisâ au nom de Djélâl, 84, 86.

Béhâ èd-Dîn Sakkar, titulaire du fief de Sâwa, partisan d'Asèd ed-Dîn èl-Djouïni, le gouverneur de la citadelle de Sèrdjihân, 124, 327.

Béhâ èd-Dîn Mohammèd ben Béchiriâr-Bèk, nommé vizir à à Tébrîz après eth-Thoghrâï, 378.

Béhâ èd-Dîn Sokkar, titulaire du fief de Sâwa pour Djélâl, 124, 327.

Béhâ el-Molk hâdji, fils de Nédjib ed-Dîn, 168, 169.

Beïhaq, district de la province de Nisâbour, 164, 164 n.

Béilaqân, ville et canton de l'Arménie près de Guèndjèh et de Dèrbènd dans l'Errân, 195, 195 n., 214, 215, 221, 265, 371, 384, 390.

Béirouân, 133, 134, 136, 141.

békhâti, nom d'une race de chameau, 49.

Bèklèk, officier de l'atâbèk; il est fait prisonnier par Chèrèf el-Molk qui le fait crucifier à Tébrîz, 252.

Bèklèk es-Sédidi, mamlouk de l'atâbèk Ouzbèk, 210.

Bek-Timour ou Belmikour, nom de la reine Tamestsaha, fille d'Iwané, 295, 295 n.

Bélâsâgoun ou *Bélâsâgoun*, ou *Gou-Baliq*, ville fondée dans le Turkestân par Boucou Khân qui en avait fait sa capitale. Elle est située à environ 2 degrés à l'est de Samarqand, 11, 11 n., 16.

PAR ORDRE ALPHABÉTIQUE

Bèlbân el-Khèlkhâly (voir 'Izz ed-Dîn —), au service de Djélâl, puis se révolte; il est tué à Ispahân, 281, 360, 361, 362.

Bèlbân el-Qodâri es-Serqân Qad, habitant d'Ispahân, 178.

Bélédoudjèn, sobriquet de Chèrèf el-Molk étant jeune, 376, 388.

Bèlèk, citadelle près de Khèlkhâl et de Zèndjân, 279.

Bélèk (le gouverneur de la citadelle de —), 367.

bêliers, instruments de guerre, 87, 92, 184.

Bèlkâ Khân, Khitâïen rallié à Djélâl, chef d'un de ses corps d'armée et seigneur d'Otrâr, 38, 39, 40, 41, 213.

Belkhamour Khân, émir à Ouacht au nom de Djélâl, 63.

Belmikour ou **Bek-Timour**, nom de la reine Tamestsaha, fille d'Iwâné, 295, 295 n.

Belti Molk, oncle paternel de Ghiyâts ed-Dîn, 128.

ben ou **bân**, fruit dont l'huile sert à fixer les métaux précieux, 347. 347 n.

Bèndâr, chef de révolte à Guèndjèh contre Djélâl, 392, 393, 395.

Bèndâvvèr, ville voisine de Isférâïn dans la province de Nisâbour, 164, 164 n.

Béni 'Abbâs, 166.

Béni Ayyoub (princes des —), 335.

Béni Sam (= Ghourides), 233.

Béni Seldjouq, 20.

Bénou Nébhân, 120.

Bènt Zènkidja, chanteuse de Djélâl qui la donne à Zîn, l'oculiste samarqandien; elle fut la cause du meurtre de Nidhâm el-Molk, le vizir révoqué, 71.

berbera (dinârs —), monnaie d'or de Byzance, 272, 272 n., 289, 339.

Berda'a, ville de l'Errân, sur la frontière de l'Azèrbâïdjân, 195, 195 n., 223, 375 n., 382 n.

Bèrda'ah, canton de l'Arménie près de Guèndjèh dans l'Errân, 195, 195 n., 223, 375 n., 382 n.

Bèrdza'a, 195, 195 n., 223, 375 n., 382 n.

Bèrghou, homme d'élite de Djélâl, 365, 366, 367.

Berkari ou *Berkéri*, ville du district de Khélâth, 276, 277, 333, 344, 400, 403.

Bernouzèdj, citadelle, 147, 147 n.

Besthâm ou *Bisthâm*, ville du district de Qoumès, sur le chemin qui conduit à Nisâbour, à 2 farsakh de Dâméghân et au pied des montagnes du Thabarestân, 78, 164 n., 177.

Bétâkh, lac, 292.

Béyavvout ou **Bayavvout**, nom d'une tribu mogole qui habitait les bords de la Tchida. C'est une des fractions de la tribu des Yèmèk, 44, 72, 96.

Bezchavvèr, aujourd'hui Péichavèr, ville de l'Hindoustân anglais (Pèndjâb), place forte sur la frontière de l'Afghanistân, 132 (voir *Péichaver*).

bibliothèque, construite par Chihâb ed-Dîn el-Hâiraqi dans la mosquée de ech-Chafa'ouiya à Khârèzm, 84.

Bisthâm (voyez *Besthâm*).

Bivâri, 55.

Blanc (fleuve —) = *Séfid roud*. Fleuve de la région nord-ouest de la Perse Il prend naissance dans la province d'Ardilân et traverse le Ghilân pour se rendre dans la mer Caspienne, 213 (voir *Séfid roud*).

Bokhârâ, capitale d'un khânat du

Turkestân, dans la vallée inférieure du Zèr-èfchân, 38, 41, 42, 43, 62, 73, 74, 110, 115, 170, 384.

Borâq le chambellan. D'abord, chambellan de Gour Khan, prince du Khithâï, puis gouverneur du Kermân au nom de Ghiyâts ed-Dîn dont il épouse la mère, 45, 157, 158, 159, 204, 206, 239, 240, 353.

Borhân ed-Dîn Mohammed ben Ahmed ben 'Abd el-'Azîz el-Bokhâri = Çadr Djihân, chef des hanéfites au Khârèzm et à Bokhârâ, 41, 42, 54.

Borhân ed-Dîn Mohammed

Çadr Djihân, fils d'Iftikhâr Djihân, 67.

Bost (principauté de —), maintenant ville et fort ruinés de l'Afghanistân sur la rive gauche de l'Hèlmènd, à 30 kilomètres sud-ouest de Ghirist, 44, 108.

Boucou Khân, fonde Bélâsâgoun ou Gou-Baliq dans le Turkestân et en fait sa capitale, 11 n.

Boudji Bahlaouân, surnommé Qotlogh Khân, émir de Sultân Mohammed ben Takach, 19.

Bourtchoukin, nom d'une fraction de la tribu des Cayates, à laquelle appartenait Djènguiz, 8 n.

C

Cachemir (pays et vallée de —), région occidentale de l'Himalaya à l'extrémité nord-ouest de l'Inde, 8, 362.

cadi, 42.

cadi de Damas, 200.

cadi d'Ispahân, 125.

cadi de Nisâbour, 50.

Çadr Djihân, = Borhân ed-Dîn. Chef des hanéfites au Khârèzm et à Bokhârâ ainsi que leur prédicateur, 41.

Çadr Djihân, titre donné à Madjd ed-Dîn, 42.

Çadr ed-Dîn èl-'Aloui ('Alévi) el-Mérâghi, chérif et savant, 194, 255.

Çadr ed-Dîn èl-Djoudi, cadi de l'armée, 50, 51, 52.

Çadr ed-Dîn èl-Khodjènd, raïs d'Ispahân, 125.

Çadr ed-Dîn èl-Khodjèndi, préfet, 118.

Çafi el-Aqra', vizir du sultan dans le pays des Turcs, 64.

Çafy ed-Dîn Mohammed eth-Thoghrâï, vizir du Khorasân pour Djélâl où il est remplacé par Tâdj ed-Dîn Mohammed el-Balkhi, le secrétaire d'État. Il est ensuite nommé ministre de Chéki et de Qiblah, villes du Chirvân. Il est destitué, se réfugie dans Firmânèh et est joué par Hamîd ed-Dîn, 242, 243, 244, 245, 246, 247, 365.

Çafy ed-Dîn Mohammed eth-Thoghrâï (le père de —), était raïs de Kélidjèrd, 242.

Caire (le —), capitale de l'Égypte, 396, 397, 400.

Çalah ed-Dîn Mohammed en-Nésâï, commandant de la citadelle de Ghazna, 132, 133.

Çaloul, citadelle, 165.

Candahar, ville importante et célèbre de l'Afghanistân, 109.

Cappadoce (ancienne —), ou pays de Roum, 182 n. (voir *Roum*).-

Caspienne (mer —), 6 n., 29 n., 289 n., 319 n., 335 n.

Caspienne (île de la mer —), 76, 80, 81.

caspiennes (portes —), 76.

Castor et Pollux, deux belles étoiles de la constellation des Gémeaux (zodiaque), 108 (voir Gémeaux).

catapultes, machines de guerre, 303, 308.

Cayates (tribu des —), dont une fraction s'appelait la tribu des Bourtchoukin. C'est de cette dernière qu'est sorti Djènguiz Khân, 8 n.

cédule, billet sous seing privé par lequel on reconnaît devoir quelque somme, 95.

Césars, 56.

cha'b Sèlmân, dans le pays de Fârs; tombeau d'Aïnândj Khân, 110, 116, 130.

châfé'i, rite de l'imâm Châfi'i, شافعى, L'un des quatre rites orthodoxes de l'islam. L'imâm Châfi'i naquit en Syrie l'an de l'hégire 150 (767) et mourut en Égypte l'an 204 (819), — 82.

châfé'ite, sectateur du rite de l'imâm Châfi'i.

Châhèq ou *Châhi*, citadelle dans une île au milieu du lac d'Azèrbâïdjân (Ourmiyâ); elle est assiégée par Chèrèf el-Molk, 261, 261 n.

Châhinchâh, roi des rois, 313, 313 n., 316.

châhinchâhienne, 413.

Châh Khâtoun, fille du sultan Takach, par conséquent tante paternelle de Djélâl ed-Dîn et de Sultân Sendjéqân Khân. Elle avait le titre de princesse de Sâria (ville du district du Mâzèndérân); — fut mariée par Takach son père à Ardéchir ben el-Hasan, prince du Mâzèndérân, qui la laisse veuve, 278, 320.

Châl el-Khithâï, règne sur Djouéïn, el-Djâm et Bakherz, 164.

chameau, 36, 49, 57, 62, 76.

chameaux de Bactriane, 359.

chameaux békhâti, 49.

chatons en rubis, 106.

Chèhristânèh, canton du district de Férâwa près de Nisâ, 101, 101 n.

Chèhrkènt, ville, 62.

chéikh ul-islâm, 43.

Chékân, citadelle, 295.

Chéki, ville du Chirvân en Arménie, 243, 243 n., 291.

Chélouh, célèbre guerrier kordj. Djélâl, apprenant qu'il est trahi par lui, le fait couper en deux sur les bords de l'Araxe, 187, 202.

Chémirân, citadelle de l'Arménie; elle appartient à El-Malik el-Achraf, 268, 268 n.

chemise, en guise de linceul; l'usage veut qu'on emploie comme linceul des étoffes n'ayant jamais servi, 81.

Chèmkour, ville de l'Errân près de Guèndjèh, 195, 195 n.

Chèms ed-Dîn, 43.

Chèms ed-Dîn, ambassadeur du khalife de Bagdâd, 211.

Chèms ed-Dîn 'Ali ben 'Omar, général contre Djélâl. Il s'empare de la citadelle de Çaloul, 165.

Chèms ed-Dîn Altoun Abèh, est envoyé en ambassade à Djélâl par 'Alâ ed-Dîn Kaïqobâd ben Kaïkhosrou, sultan de Roum, 327, 328.

Chèms ed-Dîn el-Hakîm el-Baghdâdi, est envoyé par Rokn

ed-Dîn Djihân Châh ben Toghril comme messager à Djélâl, 306.

Chèms ed-Dîn el-Kélâbâdzî, vizir de Djélâl, 56.

Chèms ed-Dîn el-Qommi, chambellan de l'atâbèk Ouzbèk, 188.

Chèms ed-Dîn émir 'alèm l''Irâqien, émir de Rokn ed-Dîn Ghourchâïdji, 118.

Chèms ed-Dîn eth-Thoghrâï, gouverneur à Tébrîz, 184, 190, 326, 378, 379.

Chèms ed-Dîn Iltoumich, prince de Delhi, de Lahore et de Cachemir ; régnait de 1211 à 1236 à Lahore, 148, 148 n., 149, 150, 151, 362.

Chèms ed-Dîn Kèrchasf, gouverneur des deux citadelles de Hèzèl et Djarizèd. Il les livre à Chèrèf el-Molk qui lui fait quand même écraser le corps sous une presse, 260.

Chèms ed-Dîn Mohammed ben Ilagh, le tchaouch ; il donne sa chemise pour servir de linceul au corps du sultan 'Alâ ed-Dîn Mohammed ben Takach (le père de Djélâl), 81.

Chèms ed-Dîn Mohammed, connu sous le nom de « mouï dirâz » ; il est membre du divân de Djélâl, 297.

Chèms ed-Dîn Mohammed el-Mostaufi el-Djouëïui, président du divân de Djélâl. — Sa mort devant Khélâth, 324.

Chèms el-Molk Chihâb ed-Dîn Alp el-Hérâoui, ministre et vizir de Djélâl. Il reçoit la mort des mains de Qobâdja sur les bords du Sind, 45, 145, 146, 171.

Chèrèf ed-Dîn, 253, 315.

Chèrèf ed-Dîn, vizir et gouverneur de l''Iraq, 325, 337, 342, 351, 352, 353, 354, 357, 362, 363, 364, 366.

Chèrèf ed-Dîn 'Ali ben el-Fadhl el-Téfrichi, un des chefs de Téfrich, naïb et ministre de Djélâl dans l''Irâq ; vizir à Ispahân ; son discours aux neuf Ismaéliens, 204, 204 n., 217, 218, 219, 239, 241.

Chèrèf ed-Dîn Azdèrâ, seigneur de Sèrmâra, 189, 189 n., 191, 192, 298, 299, 337, 338, 339, 340 (le même que le suivant).

Chèrèf ed-Dîn Ezdèrèh (ou Ejdèrèh), ancien tenancier du fief de Sèrmâra et propriétaire du hammâm de Sèrmâra, 189, 189 n., 191, 192, 298, 299, 337, 338, 339, 340.

Chèrèf ed-Dîn Kîk, agent du divân de Djélâl, 95.

Chèrèf el-Molk 'Ali ben Abou 'l-Qâsèm el-Djoudi (Khodja [Khâdjè] Djihân), vizir de Djélâl. Il a les titres de : 1° Khodja ou plutôt Khâdjè Djihân ; 2° Fakhr ed-Dîn 'Ali bèn Abou 'l-Qâsèm el-Djoudi ; et le sobriquet de Bélédoudjèn. Il est mis à mort par ordre de Djélâl à Djâribèrd, citadelle de l'Errân, 159, 167, 172, 179, 182, 190, 191, 193, 195, 196, 199, 200, 201, 205, 206, 207, 208, 209, 210, 214, 215, 218, 219, 220, 221, 222, 223, 242, 243, 246, 247, 248, 249, 251, 252, 253, 254, 255, 256, 257, 258, 259, 260, 261, 262, 263, 264, 265, 266, 267, 268, 269, 270, 271, 272, 274, 275, 276, 277, 278, 283, 284, 285, 286, 287, 288, 289, 290, 292, 300, 301, 302, 306, 307, 316, 317, 319, 321, 326, 329, 339, 340, 344, 347, 348, 349, 350, 351, 357, 360, 366, 368, 369, 370, 371, 372, 373, 374, 375, 376, 377, 381, 382, 385, 386, 387, 387 n., 388, 389, 390, 391.

Chérouán (voy. *Chirván*).

Chérouânchâh Ifridoun, fils de Féribèrz, 266, 289, 290, 291, 292, 304.

Cheter, forteresse de l'Errân entre Bèrda'a et Guèndjèh, 382.

cheval isabelle, 80.

Chihâb ed-Dîn, 38, 59.

Chihâb ed-Dîn Abou Sa'd ben 'Omar el-Khéyouqi est mis à mort à Nisâ par ordre de Tifdjâr Nouyèn, gendre de Djènguiz. Il est enterré à Nisâ dans un tombeau très visité, du nom de *Mil-Djèfnâ*, 86, 88, 89.

Chihâb ed-Dîn Abou Sa'd 'Imrân el-Hâïrâqi. Il construit une grande bibliothèque dans la mosquée de ech-Chafa'ouiya à Khârèzm. — Il est tué par les Tâtârs à Nisâ, 82, 83, 84, 86.

Chihâb ed-Dîn 'Azîzân, secrétaire d'État à Ispahân, 217.

Chihâb ed-Dîn el-Ghouri, est défait à Andekhoudz par Tàdj ed-Dîn Belqa Khân et 'Otsmân, 39, 233, 356, 357.

Chihâb ed-Dîn el-Khabouqi, imâm, 98.

Chihâb ed-Dîn el-Khéyouqi, 86, 88, 89.

Chihâb ed-Dîn ès-Sèhèrourdi (le chéikh —), ambassadeur du khalife de Bagdâd auprès de Djèlâl, 21, 22, 23, 36.

Chihâb ed-Dîn Mesaoud ben Nidhâm el-Molk Mohammed ben Çâlèh, succède à Djémâl l'Indien comme majordome du palais de Djèlâl, 299.

Chihâb ed-Dîn Soléïmân Châh, prince d'Ibouyèh et vassal du khalife, 310.

Chihâb ed-Dîn Soléïmân Châh, (la sœur de —); d'abord femme du gouverneur de la citadelle d'Ibouyèh, elle épouse ensuite Djèlâl, dont elle a Qimpâr Châh, 308.

Chine, 4, 6, 6 n., 7, 8, 8 n., 9, 57, 58.

Chiravvân (voir *Chirvân*).

Chirâz, capitale de la province de Fârs, 24 n., 34, 130, 130 n., 159, 159 n., 160, 164.

Chirkeboût, forteresse située sur une colline dans le district de Mouqân, 369, 370.

Chirouân (voir *Chirvân*).

Chirvân, province et ville d'Arménie à 10 farsakh de Dèrbènd et en dépendant. C'est aussi le chef-lieu du canton dont faisaient partie Chèki et Qiblah, 6, 243, 243 n., 289 n., 367.

Chiz, canton de l'Azèrbaïdjân, chef-lieu Ourmiya, 195, 195 n.

cierge, 313.

collyre, 66.

Coran, 33, 45, 79, 192, 193, 194, 226, 253, 253 n., 305, 312, 380, 381, 387, 389, 400.

coudée, 86.

coudées d'étoffe, 99.

Çoufiân, bourg du district de Tébrîz, situé entre Mérènd et Tébrîz; route de Djoulfa, 271.

coussin noir, 172.

couvent (*ribâth*), 80 (voy. ce mot).

D

Dâ'i Khân, émir du « youlèq » de Djèlâl et personnage de sa cour, 285, 315.

Daïa Khâtoun, femme de la cour de Djèlâl, 381.

Damar Malik, émir de Djélâl, 96, 100

Damas, grande ville de Syrie, 212, 396.

Damas (le cadi de —), 200.

Dâméghân, chef-lieu du district de Qoumès, sur le chemin de Reï à Nisâbour. — Il reste au pouvoir des Ismaéliens, 24, n. 25 n., 221, 224.

Dânichmènd, chambellan de Djènguiz, 65, 70.

Dânichmènd, appartenait au parti de Ghiyâts, 177.

Darràh (le fils de —), 360.

Daulat Molk, lieutenant de Ghiyâts et son oncle maternel. Ghiyâts lui donne en fief le Mâzèndéràn. Il est tué par les Tàtârs aux environs de Zèndjàn, 124, 125, 126, 128.

Daulètyâr (Noçâïr ed-Dîn —), préposé à la garde du sceau de Djélâl, 29.

Debdébá-Ousáqoun, résidence de Qamar ed-Dîn Qobâdja, 144.

décollation, 388.

dégustateur (le —), officier de bouche chargé du soin de goûter les mets servis à la table du sultan, 327, 327 n.

Déhistân, ville du Mâzèndéràn, près du Khârèzm et de Djordjàn, sur les frontières du Turkestân, 43, 43 n.

dèhliz, دهليز, sorte de tente, 144, 144 n., 314.

Déïlèm, pays du nord-ouest de la Perse, sur la côte sud-ouest de la mer Caspienne. C'est la partie septentrionale du Ghilàn, 123 n.

Dèkdjèk Nouyèn, porte-glaive de Djélâl, 369.

Delhi, grande et ancienne ville du nord de l'Inde, autrefois capitale de l'empire mogol, aujourd'hui simple chef-lieu de province du gouvernement du Pèndjâb, sur la rive droite de la Djèmmah, grand affluent du Gange. La ville moderne s'appelle aujourd'hui Châh-Djihân-âbâd, 148 n., 362.

Dènbâwènd, district de la province de Réï, 119 n.

Dendéná-Ousáqoun (voy. Debdébá), 144 n.

Déniz Kiqou, officier de Djélâl, 406 n.

Dérâdez, citadelle. Elle est livrée à Chèrèf el-Molk, 260.

Dèrbènd, capitale du Dâghestân, sur la côte occidentale de la mer Caspienne (voir aussi *Báb el-Abouáb*), 6 n., 190 n., 214 n., 243 n , 287, 288, 293, 374.

Dèrbènd Chiraván ou *Chirván*, 6, 30.

Dèrkudjin, village près de Hamadân, 256.

Déroudza, citadelle près des bords de l'Indus, 140.

dévidâr, دويدار, porte-écritoire, titre de Séïf ed-Dîn ben Sonqordjâh, l'un des officiers de la cour de l'atâbèk Ouzbèk, 210, 210 n.

devise de Tourkân Khâtoun, 73.

Dhahîr ed-Dîn Mas'oud ben el-Metsour ech-Châï, vizir du sultan Mohammed, 86.

Dhahîr ed-Dîn Mas'oud ben el-Monavvâr ech-Châchi, vizir du sultan à Nisâ, 40.

Dhiyâ el-Molk 'Alâ ed-Dîn Mohammed ben Maudoud, originaire de Nisâ, inspecteur au service de Djélâl. Il est nommé vizir à Nisâ, puis destitué. Il meurt quelques jours après, 140, 180, 181, 247, 248, 249.

Dhiyâ el-Molk el-Bayâbanki, un des ministres de Djélâl, 56.

Diârbékir, province et ville de la Turquie d'Asie. Capitale du Kurdistân turc, à peu de distance de la rive droite du Tigre, s'appelait Amid du temps de Djélâl. (voy. ce mot), 131-216 n., 235, 404.

diffa, ضِيافَة, terme consacré pour désigner les sortes de repas offerts aux fonctionnaires lors de leur passage dans un pays, 265, 265 n.

Dihkharéqân, une des principales localités du district de Mérâgha. — Défaite des atâbékiens, 252.

dinâr, monnaie d'or, 51, 52, 57, 80, 93, 95, 106.

dinars botr, 355.

Dinâr (roi —), 48.

Dinâr el-Ghozzi, 48 n.

Dindân, surnom du vizir Rébîb ed-Dîn Abou 'l-Qâsem ben 'Ali, 6.

Dinewer, ville du gouvernement de Djébâl, près de Qirmiçin. Elle est à plus de 20 farsakh d'Hamadân et à 4 jours de Chèhrzour. On l'appelle souvent aussi Mâhân, 374.

dirhèm, monnaie d'argent, 52, 80.

Dizmâr, forteresse près de Tébrîz. — Se rend à Chèrèf el-Molk, 260, 327, 327 n., 334.

Djâbèh, le silâhdâr, eunuque et chef de troupes au nom de Djélâl, 239, 239 n.

Djagathâï, fils de Djènguiz Khân, 154.

Djâh Réri, émir et chef de Balkh. Il fait défection à Djélâl et passe aux Tâtârs, 75.

Djâilân, 63.

Djânimènd, village dépendant de Nisâ, 102.

Djânkachi, prince turc, père de Tourkân Khâtoun, 72.

Djâribèrd, citadelle dans l'Errân; Djélâl y fait emprisonner Chèrèf el-Molk, puis mettre à mort (voir aussi le mot suivant), 385.

Djârizèrd, citadelle dans l'Errân. Chèms ed-Dîn Kèrchasf, son gouverneur, la livre à Chèrèf el-Molk, 260.

Djébâl, pays que les Persans ont l'habitude d'appeler 'Irâq 'Adjémi. Il comprend tout le territoire circonscrit entre Ispahân jusqu'à Zèndjân, ainsi que Qazvîn, Hamadân, Dinewer, Qirmiçin et Reyy (voir 'Irâq), 26 n., 46, 128 n., 129 n., 188 n., 303 n., 310, 350, 352.

Djèbel, ville, 79, 303.

Djèbel-Bouzourg, un des cantons de Reyy, 25.

Djèbel el-Djoudi, gouverné par Zana-Chatra, 142.

Djélâl ed-Dîn Mankobîrti, fils aîné de Sultân Sindjâr Nâçir ('Alâ ed-Dîn Mohammèd Sindjâr) et de Ay Djidjâk. Il est le petit-fils de 'Alâ ed-Dîn Takach et de Tourkân Khâtoun, et devient 7e sultan du Khârèzm après la mort de son père en 1220 dans l'île d'Abiskoun. Finalement acculé par Djènguiz Khân, il se réfugie dans les montagnes du Diârbékir où il est tué, en 1231, par un Kurde. Le khalife 'abbâside qui régnait à Bagdâd à l'époque de Djélâl, était el-Mostançer billâh (1226-1242). Ce fut l'avant-dernier des 'Abbâsides, 3, 4, 19, 33, 35, 44, 45, 47, 69, 80, 81, 92, 93, 94, 95, 96, 100, 101, 102, 103, 104, 106, 107, 108, 109, 110, 115, 131, 132, 133, 134, 135, 136, 137, 138, 139, 140, 141, 142, 143, 144, 145, 146, 147, 148, 149, 150, 151, 152, 153, 157, 158, 159, 160, 161, 162, 163, 165 n, 167, 171, 177, 182, 183, 185, 186, 187, 188, 189, 190, 191, 192, 193, 194, 195, 196, 197, 198, 199, 200, 201, 202, 203, 204, 205, 206, 207, 208, 209, 210, 211, 212, 213, 214, 215, 216, 217, 218, 219,

220, 222, 223, 224, 225, 226, 227, 228, 229, 230, 231, 232, 233, 234, 235, 236, 237, 238, 239, 240, 241, 242, 243, 244, 245, 246, 247, 248, 249, 250, 251, 254, 257, 259, 260, 261, 262, 263, 265, 266, 268, 270, 271, 272, 273, 274, 275, 276, 277, 278, 279, 280, 281, 282, 283, 284, 285, 286, 287, 288, 289, 290, 291, 292, 293, 294, 295, 296, 297, 298, 299, 300, 301, 302, 303, 304, 305, 306, 307, 308, 309, 310, 311, 313, 313 n., 314, 316, 317, 318, 319, 320, 321, 322, 327, 328, 329, 330, 331, 332, 333, 334, 335, 336, 337, 341, 342, 343, 345, 346, 347, 348, 349, 350, 351, 353, 354, 356, 358, 359, 360, 361, 362, 363, 365, 366, 367, 368, 369, 370, 372, 373, 374, 375, 376, 377, 378, 379, 381, 382, 383, 384, 385, 386, 387, 388, 389, 390, 391, 392, 393, 394, 395, 396, 397, 398, 399, 400, 401, 402, 403, 404, 405, 406, 407, 408, 409, 410, 411, 412, 413.

Djélâl (le père de —), le grand sultan 'Alâ ed-Dîn Mohammed, 2ᵉ fils de 'Alâ ed-Dîn Takach et de Tourkhân Khâtoun. Sultan en 1200 à la mort de Takach, il alla mourir en 1220 dans l'île d'Abiskoun, à 4 ou 5 lieues d'Astèrâbâd dans la mer Caspienne. Son corps, enterré d'abord dans l'île fut ensuite transporté par Châh Khâtoun, tante de Djélâl, dans la citadelle d'Ardèhèn. Les Tàtârs firent le siège de cette forteresse, réexhumèrent le corps du grand sultan et l'expédièrent au Khâqân qui le fit brûler, 153, 250, 298, 310, 319, 320, 321, 325, 334, 336, 535.

Djélâl ed-Dîn (le fils de —). Il est fait prisonnier à l'âge de sept ou huit ans dans une bataille livrée à Djènguiz et perdue par Djélâl le 25 novembre 1221 sur les bords de l'Indus. — Il est mis à mort sous les yeux de Djènguiz, 140.

Djélâl ed-Dîn, chéikh ul-islâm de Samarqand, 43.

Djélâl ed-Dîn, fils de la sœur de Iyouâni el-Kordji, 272.

Djélâl ed-Dîn el-Hasan, père d'ʿAlâ ed-Dîn Mohammed, seigneur d'Alamout et chef des Ismaéliens, 21, 26, 355.

Djélâl ed-Dîn Sultân Châh, fils de Chérouânchâh. — Propriétaire de Mouqân au nom de Djélâl. Il épouse la fille de la princesse Rousoudân, fille de Tâmâr, 289, 290.

Djémâl (l'Indien), fabricant de cottes de mailles et vassal de Djélâl. Il reçoit le titre de Ikhliyâr ed-Dîn. Il devient majordome du palais. Trop prodigue, il est remplacé dans cette charge par Chihâb ed-Dîn Mesaoud ben Nidhâm el-Molk Mohammed ben Çalèh, 142, 296, 297, 298, 299.

Djémâl ed-Dîn, 118, 198.

Djémâl ed-Dîn ʿAli el-ʿIrâqi, courtisan de Djélâl, envoyé en ambassade au Khalife à Bagdâd, 341.

Djémâl ed-Dîn el-Qommi, raïs de Guèndjèh et représentant de l'atâbèk, dans la province de l'Errân, 195, 383.

Djémâl ed-Dîn Fèrèdj, le thicht-dâr, طشتدار, officier de Djélâl, 228, 338.

Djémâl ed-Dîn Mohammèd bèn Abou Abèh, veut s'emparer de l'ʿIrâq contre Djélâl, 117, 118, 120, 121.

Djémâl ed-Dîn ʿOmar, seigneur de Wakhch; il est mis à mort à Khârèzm par ordre de Tourkân Khâtoun, 66.

Djémâl ed-Dîn ʿOmar ben Youzdâr, se joint au rebelle Yghân Thâïsi, 124.

djénâb chérîf, جناب شريف, titre que

l'on donne dans le protocole diplomatique. Il est inférieur à celui de « mèdjlis », مجلس, 238, 238 n.

Djénèd, 168, 170.

Djènguiz Khân, le Maudit, le Chef des puissants. Né en 1164, il meurt dans le pays de Tangout en 1227 à 66 ans, après 22 ans de règne. Il a quatre fils de la première de ses quatre femme légitimes. Ce sont : Djoudji Khân (l'aîné qui meurt avant son père) ; Djagataï Khân ; Oktâï Qâan et Touli. Trois fils de ce dernier méritent une mention, ce sont : Mangou, Houlagou et Koublâi, 8, 8 n., 9, 10, 11, 11 n., 12, 16, 18, 57, 58, 59, 60, 63, 64, 65, 66, 69, 70, 71, 73, 74, 75, 78, 87, 92, 101, 108, 109, 110, 134, 135, 136, 137, 138, 139, 140, 141, 152, 153, 153 n., 154, 156, 216, 286 (voir aussi Maudit et Tâtârs).

Djèrdân, localité entre Ghazna et Kâboul, 138 n.

Djèrdâ Khithâ, peuple, 11.

Djerdin (voir *Djèrdân*), 138.

Djèrmâghoun, le maudit, général tâtâr, 384.

Djèrmâni, hameau, près de la source du Khâbour, 53.

Djèrmîkh, émir du Ghour, 62.

Djidjâk (Aï —), nom de la mère de Djélâl ed-Din Mankobirti, 69.

Djézira (défilés de —), près de Amid dans le Diârbèkr, 407.

Djihân (voir Djihân Bahlaouân), 153.

Djihân Bahlaouân, ancien porte-aiguière de Djélâl, puis prince, 40, 41, 52.

Djihân Bahlaouân Ildji, émir d'avant-garde au service de Djélâl ; il est mis à mort par Borâq le chambellan, 180, 186, 226, 239.

Djihân Bahlaouân Ouzbèk Bâïn, officier de Djélâl ed-Din et lieutenant des provinces de l'Inde au nom de Djélâl, 150, 150 n., 152, 153, 362, 363.

Djihân Châh (voir Rokn ed-Din —), 307, 308.

Djihoun ou *Amou-dériâ* ou *Oxus*, fleuve qui sépare le Khorâsân du Turkestân et se jette dans la mer d'Aral (voir *Oxus*), 31, 49, 62, 65, 66, 74, 75, 76, 77, 115, 129, 233, 305.

Djirèh, citadelle près de Chîrâz, 130.

Djordiz, 138 n.

Djordjân, ville sur la limite du Khorâsân et du Thabarèstân, 28 n., 115, 116, 127, 177, 180, 208.

Djoubara, quartier d'Ispahân où habitait le cadi, 118.

Djouëin, canton du Khorâsân, limitrophe de Beïhaq, sur le chemin de Bestham à Nisâbour, 164, 164 n., 325.

Djouldiz, repaire de malfaiteurs dans l'Irâq, 365.

Djour (montagnes de —), vers Hânî et Mènazguèrd vers le lac de Vân, 401, 402.

Dokdjek, le silâh-dâr, سلاح دار émir contre Djélâl. — Attributaire du fief de Kabouddjâmèh dans le Mâzèndérân, 28.

Douch Khân, fils d'Akhach Molk et d'une esclave. Il est le petit cousin de Djélâl. — Meurt sous les murs de Khélâth, 309.

Douchi Khân, il épouse la tante paternelle de Djènguiz, 8, 9.

Douchi Khân (Djoudji جوجى), fils aîné de Djènguiz ; il meurt avant son père, 16, 17, 18, 70, 71, 154, 155, 156, 305.

Dourliguin, branche de famille mogole, 44 n.

Dzou 'l-Qarnéin (nouba de —), 334 (voir aussi : aubade, nouba).

E

ech-Châhi (Dhâhir ed-Dîn —), vizir de Djélâl à Nisâ, 40, 86.

ech-Châhi el-Qaffâl, poète, 36.

ech-Chafa'ouiya, nom d'une mosquée à Khârèzm, 84.

ech-Châï (Dhâhir ed-Dîn —), vizir de Djélâl à Nisâ, 40, 86.

ech-Châmi (Aïdmor —), se joint au révolté Yghân Thäïsi, 124, 126.

ech-Chéikh er-Raïs Abou Ali el-Hoséin ben 'Abd Allah, connu sous le nom de Ibn Sina, 173 n.

ech-Chèms et-Tékrîti, ambassadeur envoyé par el-Malik el-Achraf à Djélâl, 349, 350, 365, 366.

ech-Chèrèfi, nom d'un canal dérivé de l'Araxe et creusé aux frais de Chèrèf el-Molk, 290.

ech-Chérîf Madj ed-Dîn Mohammed en-Nésâwi, un des ministres de Djélâl, 56.

échelles, instruments de guerre, 184.

ed-Déhistâni (Amîn ed-Dîn —), vizir du Déhistân et du Mâzèndéran pour Djélâl, 43.

ed-Dhâhir biamrillâh, khalife de Bagdâd, 282, 283 (voir : khalife).

gypte (princes d' —), 412.

Èjdèrèh (Chèrèf ed-Dîn —), propriétaire d'un hammâm à Sèrmâra, 298.

el-Abiadh (voir fleuve Blanc et Séfidroud), 29.

el-Achraf (voir El-Malik el-Achraf Mousa), neveu de Saladin, 328.

el-'Amîdi, docteur châfé'ite, 43, 43 n.

el-'Amîd Sa'd, cadi et père de Bèdr ed-Dîn el-'Amîd, 64.

el-Asad, atâbèk et prince de Dèrbènd, 287, 288.

el-Asèd ben 'Abd Allâh el-Mahrâni, général à Khélâth contre Djélâl, 331, 335.

el-Asèd Maudoud (voir Ased ed-Dîn), ambassadeur ismaélien, 364.

el-atâbèki (Aghelmich —), lieutenant du sultan dans l''Irâq 'Adjémi, 23.

el-atâbèki (Maliân —), gouverneur de Khèlkhâl. Il en est dépouillé par Djélâl qui donne ce fief à Hosâm ed-Dîn, 35.

el-Bâkherzi, vizir de Chèrèf el-Molk, 254.

el-Barthâsi, émir de Qondouz pour Djélâl, 63.

el-Bayâbanki (Dhiyâ el-Molk —), un des ministres de Djélâl, 56.

el-Bisthâmi (Tâdj ed-Dîn 'Omar —), un des officiers de l'intendance du palais de Djélâl, 78.

el-Bokhâri = Çadr Djihân = Borhân ed-Dîn ; chef des hanéfites à Bokhârâ et leur prédicateur, 41.

el-Boukhâri ('Ali Khodja [Khâdjè]—), envoyé de Djènguiz auprès de Djélâl, 57.

el-Boukhâri (Fakhr ed-Dîn ed-Denzèki —), négociant tâtâr assassiné par Inâl Khân à Otrâr, 59.

el-Châmi (Aïdmor —), se joint au révolté Yghân Thäïsi, 124, 126.

el-Denzéki el-Boukhâri (Fakhr ed-Dîn —), négociant tâtâr assassiné par Inâl Khân à Otrâr, 59.

el-Derkudjini, personnage de l'entourage de Chèrèf el-Molk, 258.

el-Djim, fief dans le district de Nisâbour. Il appartenait à 'Izz ed-Dîn Djèldèk, vassal de Djélâl, 283.

el-Djâm, ville qui dépend de Hérât et chef-lieu de canton, 164, 164 n.

el- Djélâliya, reine et princesse de Nekhdjaouân, sœur de Ghiyâts ed-Dîn qui la fait épouser par l'atâbèk Ouzbèk, 127, 127 n.

el-Djémâl 'Ali el-'Irâqi, succède à el-Djoueïni comme président du divân de Djélâl, 325, 326.

el-Djézira, 155.

el-Djoudi (Çadr ed-Dîn —), cadi de l'armée de Djélâl à Nisâbour, 50.

el-Djoueïni (Chèms ed-Dîn —), président du divân de Djélâl, 325.

el-Djouïni (Asèd ed-Dîn —), gouverneur de la citadelle de Sèrdjihân où fut emprisonné Yghân Thâïsi, 123.

éléphants, 145, 150.

el-Fadhl, père de Chèrèf ed-Dîn 'Ali et-Téfrichi, 217.

el-Fakhri, nom d'un canal dérivé de de l'Araxe et creusé aux frais de Chèrèf el-Molk, 290.

el-Fardha, port sur la mer Caspienne, 79, 79 n.

el-Ghour, principauté, 44.

el-Ghouri (Chihâb ed-Dîn —); il est défait à Andkhoudz par Tâdj ed-Dîn et 'Otsmân, seigneur de Samarqand, 39.

el-Hadjoun, 370.

el-Haïrâqi (Chihâb ed-Dîn —), jurisconsulte éminent, 82.

el-Halqa, plaine entre Djordjân et Astèrâbâd, 115, 127 n.

el-Hamîd (voir Hamîd ed-Dîn), trésorier de Djélâl, 247.

el-hammâl el-Mérâghi, négociant tâtâr assassiné en 1217 par Inâl Khân à Otrâr, 59.

el-Hasan, fils d'Ali, gendre de Mahomet, 106.

el-Hasan Qazlaq, surnommé Oufa Molk, gouverneur du Ghour et de Ghazna au nom de Djélâl, 134, 152, 362.

el-Hasen (voir : Noçret ed-Dîn Mohammèd ben el-Hasen ben Khèrmîl), 233, 234.

el-Hasen ben Khèrmîl (voir : Noçret ed-Dîn Mohammed —), 233, 234.

el-Hérâoui (Amîn ed-Dîn —), négociant tâtâr, assassiné en 1217 par Inâl Khân à Otrâr, 59.

el-Hérâvi (Chèms el-Molk —), vizir, 45.

el-Hérâvi, ethnique de Nidzâm el-Molk, 50.

el-Hoséin, fils d'Ali, gendre de Mahomet, 106.

el-Ibouyèh (voir Ibouyèh), 310.

el-ichârât ou 't-tènbiyât, ouvr. de philosophie, livre cité, 173 n.

el-Iyouâni, se ligue avec la reine contre Djélâl, 293.

el-Kâfi, lieutenant de Chèrèf el-Molk, 195.

el-Kâmil, livre d'Ibn el-Atsîr, 39, 234, 234 n.

el-Kèlâbâdzi (Chèms ed-Dîn —), un des ministres de Djélâl, 56.

el-Kémâl, ambassadeur des Ismaéliens, se rend vers Djélâl à Khoï, 220.

el-Khabouqi (Chihâb ed-Dîn —), imâm; est assassiné à Nisâ, 98.

el-Khârèzmi (Mahmoud —), envoyé de Djènguiz à Djélâl, 57.

el-Khârèzmi (Modjîr ed-Dîn —), cadi de Djélâl, plusieurs fois envoyé en ambassade à Bagdâd, 20.

(*Mankobirti*.)

el-Khéyouqi (Chihâb ed-Dîn —), commandant de Nisâ, 86.

el-Koutsi (Aqsonqor —), aventurier turc qui se joint à Djémâl ed-Dîn Mohammed ben Abou Abèh pour s'emparer de l'ʽIrâq, 117.

el-Maghîtsi (Rokn ed-Dîn —), cadi de Nisâbour, 50.

el-Malika el-Djélâliya, reine et princesse de Nekhdjaouân. Sœur de Ghiyâts ed-Dîn qui la fait épouser par l'atâbèk Ouzbèk, 127, 127 n.

el-Malik el-Achraf Mousa, neveu de Saladin, 268, 273, 302, 306, 322, 324, 328, 330, 333, 334, 335, 341, 342, 347, 348, 349, 350, 365, 372, 376, 395, 396, 397, 398, 399.

el-Malik el-ʽAdil Abou Bekr ben Ayyoub, défenseur de Khélâth, 331, 342.

el-Malik el-Kâmil, frère d'el-Malik el-Achraf. — S'empare d'Amid, 348, 408.

el-Malik el-Modhaffer Chihâb ed-Dîn Ghâzî ben el-Malik el-ʽAdil Abou Bekr ben Ayyoub, 344, 397, 398, 399, 400, 403, 407, 408, 410, 411.

el-Mançour, seigneur de Mardîn. Il envoie un valet nègre comme ambassadeur à Djélâl, 318.

el-Maubed, chambellan de Djélâl, 34.

el-Mèdjd en-Nisâboûrî, remplace Dhiyâ el-Molk au bureau de l'inspection de Djélâl, 248.

el-Mélik el-Aadham, fils de Tâdj ed-Dîn et seigneur de Tèrmidz, 38.

el-Mèktour, 368.

el-Mérâghi (el-hammâl —), négociant tâtâr, assassiné en 1217 par Inâl Khân à Otrâr, 59.

el-Mèsʽoud, seigneur d'Amid (voir : Mèsʽoud), 404.

el-molekkhes fî ʼl-hikma ou ʼl-manthiq, ouvrage cité, 173 n.

el-Mostançer billâh, 36ᵉ khalife ʽabbâside de Bagdâd, succède immédiatement à son père Dhahir en 623 (= 1226). Il eut deux vizirs :
1ᵒ el-Qommi ;
2ᵒ Nâçir ed-Dîn Abou ʼl-Azhèr Ahmèd ben Mohammed ben en-Nâqid.
Après un règne paternel de 17 ans et avoir taillé en pièces les Tâtârs à Sèrmâra en 635 (= 1238) il meurt en djoumâdi ès-sâni 640 (= déc. 1242) à l'âge de 51 ans, emportant les regrets de ses sujets et laissant pour successeur son fils le lâche et vicieux Mostasèm, dernier khalife, qui fut mis à mort le 14 safar 656 (= 20 févr. 1258) par Houlagou huit jours après la prise de Bagdâd par les Tâtârs, 20 n., 310, 311, 312, 313, 314, 315, 316, 317.

el-Otrâri (ʽOmar Khodja[Khàdjè] —), négociant tâtâr assassiné en 1217 par Inâl Khân à Otrâr, 59.

el-Otrâri (Yousouf kènka —), envoyé de Djènguiz à Djélâl, 57.

el-ouâdi, nom d'une porte de Khélâth, 322.

el-Qâhira, citadelle à Zouzen, 108.

el-Qâïm biamrillâh (Ahmèd, surnommé —), imâm et 26ᵒ khalife ʽabbâside, fils de Qâdir billâh auquel il succéda en zou ʼl-hidjé 422 (= nov. 1031).
Son règne n'est guère remarquable que par l'extinction de la dynastie Bouïde, remplacée par celle des Seldjouqides, sous la protection desquels il vécut.
Il eut deux vizirs :
1ᵒ ʽAli ben el-Hoséin ;
2ᵒ Fakr ed-Daoulèh Abou Nasr.
Il meurt à Bagdâd le 10 châʽbân 467 (= 30 mars 1075), 21.

el-Qazouîni ('Izz ed-Dîn —), jurisconsulte, 199, 200, 201.

émir, امير 166.

émir 'alèm (امير علم), porte-étendard, 118.

émir chikâr (امير شكار), grand veneur, 329, 329 n.

émir el-hâdj (امير الحاج), chef de la caravane des pèlerins musulmans, 194.

émirs de l'an sept, 107.

encens, 347.

èn-Nâçer, l'imâm. Il s'agit ici du 34ᵉ khalife 'abbâside Nâçer lidînillâh, qui fut proclamé à Bagdâd en 575 (= 1180) après la mort de son père el-Mostâdî. Il régna 47 ans, favorisa la révolte de Qizil Arslân, atâbèk de l'Azèrbâïdjân contre le sultan Thogroul III, mais ses troupes furent mises en déroute en 584 (= 1188) par Thogroul.

Lorsque la défaite et la mort de Thogroul eurent fait passer sous la domination de Takach, 5ᵉ sultân du Khârèzm, ce qui restait en Perse de la puissance seldjoukide, le Khalife envoya une armée pour enlever l'Irâq 'Adjèmi au gouverneur que ce prince y avait laissé, mais son général ayant été battu l'an 591 (= 1195) par Takach, il fut obligé de renoncer à ses prétentions et de sanctionner cette nouvelle dynastie des Khârèzm Châh.

Mohammèd, le père de Djèlâl, irrité contre Nâçer, l'attaque et lui enlève toute la Perse occidentale; il faillit même être assiégé dans Bagdâd par Mohammèd. Le Khalife mourut le 1ᵉʳ chéwâl 622 (= 6 oct. 1225), — 131, 131 n.

èn-Nésâwi (èch-Chérif —), un des six vizirs du sultan, 56.

èn-Nésâwi (Fakhr ed-Dîn Habèch —), officier dans l'armée du Sèdjèstân à Tèrmiz pour Djelâl, 63.

en-Nidhâmi, nom d'un canal dérivé de l'Araxe et creusé aux frais de Chèrèf el-Molk, 290.

en-Nisâboûri (Qotbb ed-Dîn —), docteur châfe'ite, 43, 43 n.

en-Nisâboûri (Tâdj ed-Dîn —), vizir de Ghiyâts, 45, 56.

épidémie, 100.

Erdelin, forteresse sur le territoire de Reyy, 78.

Errân, vaste province séparée de l'Azèrbâïdjân par l'Araxe. Elle faisait partie de l'Arménie et sa capitale était Kèndja ou Guèndjèh, 6, 24, 26, 30, 106 n., 195, 195 n., 214 n., 251, 252, 253, 260, 264, 271, 272, 291, 310, 344, 371 n., 374, 375, 376, 377, 380, 381, 382, 383, 384, 385, 392 n. (voir aussi : *Arrân*).

er-Râzi (Nèdjm ed-Dîn —), ambassadeur du khalife auprès de Djèlâl à Tébriz, 282.

er-Reyy (voir . Reyy), 364.

Èrzèn, 335, 336

Èrzèn Diârbékir, 335.

Èrzèndjân, ville d'Arménie, dans le vilayet d'Erzeroum, sur la rive droite de l'Euphrate, 327, 327 n., 328, 344, 398.

Èrzèn er-Roum, aujourd'hui Erzeroum, 209, 280, 290, 306, 328, 342, 343, 346.

Èrzèn er-Roum (le seigneur d' —) 209, 346.

Èrzèn er-Roum (le fils du prince d' —), 290, 306.

Erzeroum, ancienne Théodosiopolis, 209 n., 280 n. (voir aussi : *Èrzèn er-Roum*).

es-Safa, 370.

es-Sâhèb, vizir à Hérât au nom de Noçret ed-Dîn Mohammèd ben el-Hasen ben Khermil.

Il continue, après l'assassinat de son maître par Kouli Khân, à rester dans Hérât assiégé par l'armée de Djélâl et défend cette place huit autres mois. Djélâl prend enfin la ville et fait périr es-Sâhèb, 234, 235.

es-Saouï ('Imâd ed-Dîn —), vizir de Rokn ed-Dîn Ghourchâïdji, 46, 76.

es-Sédid el-Morid, ambassadeur de Djélâl au pays de Roum. Il est mis à mort par Rokn ed-Dîn Djihân Châh ben Toghril, 306.

es-Sèhrourdi (Chihâb ed-Dîn —), chéikh et ambassadeur du khalife de Bagdâd, 21.

es-Sém'ani (Nidhâm ed-Dîn —), est invité à venir à la cour de Djélâl, 97, 98.

es-Sèrrâdj el-Khârèzmi, agent envoyé par Chèrèf el-Molk vers la cavalerie de Qodjèb el-Khârèzmi, 265.

es-Sin, village à une journée de marche à l'est d'Ispahân. Il y a un autre bourg du même nom qui dépend de Koufa (voir : *Sin*), 224, 352.

étendards noirs, surnom des cavaliers de Djélâl, 102.

eth-Thahir el-Morid, ambassadeur tâtâr et vizir de Yatmas le maudit. Il est mis à mort par Djélâl, 384.

eth-Théifouri (Kérim ed-Dîn —), 'âmil des provinces du Khârèzm pour Djélâl, 54.

eth-Thoghrâï (Çafy ed-Dîn —), vizir du Khorâsân, 245, 246.

eth-Thoghrâï (Chèms ed-Dîn —), gouverneur de Tèbrîz, 190, 192, 193, 194, 198, 199, 200, 378, 379.

eth-Thoghrâï (le fils du frère de —), le raïs, 200.

et-Tékrîti (èch-Chèms —), ambassadeur envoyé par el-Malik el-Achraf à Djélâl, 349, 350, 365, 366.

ez-Zéki el-'Adjèmi, personnage de Khélâth, 322.

ez-Zidânïa, nom d'un jardin de Damas qui appartenait à la famille d'un ambassadeur du khalife de Bagdâd, 212.

F

Fakhr ed-Dîn, seigneur d'Alep, 270.

Fakhr ed-Dîn 'Ali ben Abou 'l-Qâcem el-Djoudi, devient plus tard vizir de Djélâl avec le titre de Chèrèf el-Molk Khodja Djihân (voir ces mots), 167, 168, 170, 171, 172.

Fakhr ed-Dîn el-Denzéki el-Boukhâri, négociant tâtâr assassiné par Inâl Khân en 1217 à Otrâr, 59.

Fakhr ed-Dîn el-Djondi, titre de Chèrèf el-Molk, grand vizir de Djélâl, 382.

Fakhr ed-Dîn es-Sâalâri, gouverneur de Séistân au nom de Qobâdja, 149.

Fakhr ed-Dîn Habech, connu sous le nom de 'Inân en-Nésâwi, partisan de Djélâl, fait partie de l'armée du Sèdjestân à Tèrmiz, 63.

Fakhr ed-Dîn Hamza en-Nisâbouri, gouverneur de Beïlaqân au nom de Djélâl, 384.

Fakhr ed-Dîn Mohammed ben 'Omar er-Râzî, philosophe, 173 n.

faqîh (فقيه), jurisconsulte et étudiant en droit, 41.

Fârs, province de Perse, chef-lieu : Chîrâz, 6, 24, 34, 34 n., 63 n., 116, 118, 127, 129, 159 n., 181 n., 230, 407.

Fârs (princesse du —), fille de l'atâbèk Sa'd ; elle épouse Djélâl, 278.

Fârs (la fille du seigneur du —), 309.

farsaâh فرسخ mesure de longueur de près 6 kilomètres, ou une heure moyenne de route à cheval, 61, 61 n., 123 n.

faucons, 315, 339, 370.

Fèlèk ed-Dîn, fils de Sonqor el-Thouil, émir du Khalife, 314, 340.

Fèlèk ed-Dîn, envoyé comme ambassadeur à Djélâl, par 'Alâ ed-Dîn, seigneur d'Alamout, 350.

Férâwa, petite ville du district de Nisâ, entre cette ville, le canton de Déhistân et le Khârèzm, 101.

Ferazdaq, nom d'homme. Il avait pour femme Néwâr, 267.

fétoua (فتوى), réponse, décision juridique donnée par un mufti ou par le chéikh ul-islâm en termes généraux et applicable à tous les cas analogues, 82.

Firmanèh, citadelle du Khoràsân. Résidence, palais et harem de Çafy ed-Dîn, 244.

Firouzâbâd, citadelle à 1 farsakh de Khèlkhâl, 279, 361, 368.

Firouzkouh, citadelle, 356.

flèches rouges. Djélâl en faisait distribuer aux émirs de l'armée pour servir de signal de départ, 343, 368.

fleuve (le —). On indique souvent ainsi cela le Djihoun ou Oxus, 89.

fluxion de poitrine qui determina en partie la mort du père de Djélâl, 79.

fossés souterrains, à Nisâ. C'étaient des tunnels ou *qanat* قنات pour la conduite des eaux d'irrigation, 102, 102 n.

foulard, donné par Sultân Mohammed, père de Djélâl, en gage de concession, 81.

G

galeries couvertes, pour le siège de Nisâbour, 92.

Gange (le —), en persan *Guèng* کنگ, fleuve de l'Inde, 8, 11, 511 n

gazelles, 109.

Gémeaux (les —), constellation du zodiaque, 108.

Géorgie, contrée entre le territoire du Térèk au nord, Kotaïs à l'ouest, Érivân au sud, Élisabethpol au sud-est, et Dèrbènd au nord est ; chef-lieu : Tiflis, 31, 190 n., 292.

Géorgiens, 30, 31, 182 n., 202, 205, 294, 295, 296, 299, 380, 386, 395 (voir : Kordj).

géorgiens (esclaves —), 192.

Ghadèrbân ou *Ghadèryân* (voir : *Aderbàn*), 83 n.

Ghazna, capitale du Zâboulistân ; même latitude que Bagdâd. Son territoire forme une principauté importante qui sépare le Khorâsân de l'Inde. Ce fut la résidence de Mahmoud ben Séboukteguin le Ghaznévide et de ses successeurs, 5, 37, 44, 107, 109, 110, 131, 132, 133, 134, 138, 138 n., 152 n. 171, 247, 320.

Ghiq, fief de Hosâm ed-Dîn Khizr, 339.

Ghiyâts ed-Dîn Pîr Châh, fils

aîné de Sultân Sindjâr Nâçir (le père de Djélâl). Il est frère de Djélâl ed-Dîn, gouverneur de l'ʿIrâq et prince du Kermân, et avait pour mère Baklouâi ; il avait aussi une sœur nommée Aïs Khâtoun, 45, 47, 116, 122, 124, 125, 126, 127, 128, 129, 130, 131, 147, 152, 158, 159, 160, 161, 162, 163, 164, 165, 175, 176, 177, 178, 186, 203, 205, 217, 226, 233, 235, 236, 237, 238, 239, 240, 264, 278, 281, 297, 327, 353, 357 n.

Ghiyâts ed-Dîn (la mère de —); c'est Balkouâi ; elle épouse Dorâq, le chambellan de Ghiyâts, 162, 167, 239 (voir : Baklouâï).

Ghiyâts ed-Dîn (le fils de —), seigneur du Ghour, 37.

Ghiyâts ed-Dîn (le fils de la nourrice de —), 188.

Ghour, contrée située entre Hérât et Ghazna, 5, 37, 44 n., 46, 62, 93, 132, 152 n., 233, 234.

Gourchâïdji (Rokn ed-Dîn —), fils du grand sultan, 46, 217.

Ghouri (Chihâb ed-Dîn el-), est défait à Andkhoudz par Tâdj ed-Dîn Belqâ Khân et ʿOtsmân, 357 n.

Ghourides, dynastie qui régna à Hérât de 1099 à 1215, 233 n.

Ghouriens, habitants de Ghour, 235

Gou-Baliq (voir : *Bélâsâgoun*), 11, 11 n., 16.

Gour Khân, prince du Khithâï, 12 n., 157.

granulations, dans les yeux de Djènguiz, 71.

Guèndjèh, chef-lieu de l'Errân, 195, 195 n., 209, 210, 211, 212, 215, 219, 220, 230, 243, 252, 260, 278, 295, 371, 374, 379, 380, 383, 392, 392 n., 393, 394, 395.

guépards, 315, 370.

Guir, fleuve, 266.

Guirèh, citadelle près de Chîrâz, 130 n.

Gustasf ou mieux Gouchtasp, roi de Perse. Il est le 5ᵉ roi des Kaïaniens, seconde des dynasties fabuleuses de la Perse, 86. — Consulter à son sujet : 1º Dubeux, *La Perse*, p. 262 ; — 2ᵉ *Tableau historique de l'Orient*, par le chevalier M*** D***, t. I, pp. 298-368 ; — 3º Firdousi, *Châh Nâmèh*, traduction in-12 par Mohl, t. IV, pp. 223-391.

H

Habèch, général tâtâr, 90, 91.

Hadîtsa-ʿAna. Le khalife ʿabbâside el-Qâïm biamrillâh, 422-467 (= 1031-1075), quitte Bagdâd pour se réfugier dans cet endroit, 20 n., 21.

Hadîtsa-Khân (voir : *Hadîtsa-ʿAna*), 20 n.

Hafna, voir *Mil-Djèfna*, nom du tombeau de Chihâb ed-Dîn à Nisâ. 89 n.

Hamadzân ou *Hamadân*, célèbre ville du Djébâl ou ʿIrâq ʿAdjèmi, à 340 kilomètres ouest-sud-ouest de Téhérân. C'est l'ancienne Ecbatane, 26, 27, 36, 78, 117, 118, 120, 121, 126, 178, 179, 181, 239, 251, 256 n., 310, 327 n., 407.

Hamâyoun ou *Humâyoun*, citadelle, 116.

hamdi, terme par lequel les Ghouriens désignaient un sapeur, 235.

Hamîd ed-Dîn, le trésorier de Djélâl, 246.

Hâni هانی ou *Ani*, آنی, une des anciennes capitales du royaume d'Arménie, résidence des Bagratides, sur la rive gauche de l'*Arpa-tchaï* آرپه چایی affluent gauche de l'Araxe (bassin du Kour, tributaire de la Caspienne) ; au sud-ouest de l'ancien volcan d'*Alagueuz* ; à 5o kilomètres au sud de Goumri کری, aujourd'hui Alexandropol, à 45 kilomètres à l'est à vol d'oiseau de la citadelle de Qârs قارص enfin à 5o kilomètres du confluent de l'Arpa-tchaï avec l'Araxe.

Ses ruines, déjà décrites par Chardin, l'ont été de nouveau par d'autres voyageurs dans ces derniers temps. Elles sont remarquables comme architecture.

Aujourd'hui cet endroit fait partie du gouvernement russe d'Érivân, 401, 403.

haras, 80.

harem حرم 68.

Harour, un des émirs du Ghour qui commandaient 40,000 hommes à Boukhârâ au nom de Djélâl, 63.

Harrân, 341.

hattâbi ou 'ottâbî (عتابي), sorte de gros taffetas ondé, du nom de son inventeur 'Outtâb. L'histoire de ce mot est encore celle-ci : un arrière-petit-fils d'Oméyya, nommé 'Attâb ou 'Outtâb a donné son nom à un quartier de Bagdâd qui s'appelait par conséquent el-'Attâbîya. Dans ce quartier, on fabriquait des étoffes bigarrées et ondées qui portaient pour cette raison le nom d'étoffes « 'attâbîya » ; de là '*attâbi* qu'on employait substantivement pour désigner une telle étoffe. On fabrique aussi de ces étoffes à Tébrîz, 327.

Haurèch, bourg de l'Arménie, 264, 268.

Haut-Amour. L'Amour est un grand fleuve de l'Asie orientale, presque deux fois long comme le Danube. Il a ses sources au sud du lac Baïkal et sur une grande partie de son cours, il sert de limite entre la Mandchourie chinoise et la Sibérie russe. Il va se jeter dans la mer d'Okhotzk, à Nikolaïefsk, vis-à-vis la grande île Sakhalin, 8 n.

Hâyzân, forte citadelle d'Arménie, près de Chirvân, 371, 371 n., 374, 375, 376.

Hérât, grande et célèbre ville du Khorâsân, juste au sud de Mèrv. Elle a même longitude que Mèrv et même latitude que Peichâvèr, 47 n., 109, 164 n., 220 n., 233, 234.

Hézarasf, prince du Djélâl. Sa fille épouse Ghourchâïdji, le fils du grand sultan, et devient ainsi la belle-sœur de Djélâl, 46.

Hézârmèrd, surnom de l'émir Abân, d'abord vassal de Qobâdja, puis au service de Djélâl, 146, 146 n.

Hèzèl, citadelle dans la province d'Errân. Elle est livrée à Chèrèf el-Molk par son gouverneur Chèms ed-Dîn Kèrchasf, 260.

hibou, 71, 76.

Hilbâr, repaire de malfaiteurs dans l'Irâq, 365.

Hindous, 143, 222,

Hindou Khân, frère de 'Omar Khân. Tous deux fils du seigneur de Yazèr. Hindou Khân avait donné l'ordre de crever les yeux de son frère, 67.

Hîzân, ville, 371 n.

Hosâm ed-Dîn el-Qaïmèri, notable de Khélâth, 334.

Hosâm ed-Dîn 'Isa, fils de Chèrèf ed-Dîn Ezdèrèh, seigneur de Sèrmârâ, 339, 340.

Hosâm ed-Dîn Khidhr ou Khizr, seigneur de Sèrmârâ et de Ghiq et cousin de Chèrèf ed-Dîn, 189, 191, 270, 301, 302, 337, 338, 339, 340.

Hosâm ed-Dîn Mas'oud, émir du Ghour, 63.

Hosâm ed-Dîn Qilidj Arslân, principal émir des Turcomans dans l'Errân, et seigneur de Zibathéra, 375, 376, 381.

Hosâm ed-Dîn Takach Bâch, chef des esclaves de l'atâbèk ; meur en 618 (1221), 34, 35.

Hosâm ed-Dîn Tékin Tâch, mamlouk de l'atâbèk Sa'd ; il est gouverneur de Fırouzâbâd au nom de Djélâl, 279, 368.

Hosâm ed-Dîn Toghril, seigneur de Erzèn du Diârbékir, 335, 336.

I

Ibn bou Abèh, l'"Irâqien (voir : Djémâl ed-Dîn Mohammed —). Il veut s'emparer de l'Irâq contre Djélâl, 117, 118, 120, 121.

Ibn 'Atthâf (voir : Rokn ed-Dîn —), ambassadeur du khalife edh-Dhâhir biamrillâh, 282.

Ibn Bichtéguin (voir : Noçrèt ed-Dîn Mohammed —), prince, 260, 274, 275.

Ibn èl-Atsîr, auteur cité, 3, 3 n., 16, 20 n., 39, 39 n., 48 n., 234.

Ibn 'Izz ed-Dîn Kèt, un des émirs du Ghour qui commandaient 40,000 hommes à Samarqand au nom de Djélâl, 63.

Ibn Kafradj Boghrâ ; il accompagne deux ambassadeurs tâtârs auprès de Djélâl, et il est mis à mort par ce prince, 60.

Ibn Khaldoun, auteur cité, 20 n.

Ibn Khallikân, auteur cité, 43 n.

Ibn Khèrmîl (voir : Noçret ed-Dîn ben el-Hasan ben Khermîl). Il se réfugie dans l'Inde, puis devient favori de Djélâl et son commandant militaire à Ispahân où il meurt assassiné par Ghiyâts ed-Dîn, 146, 233, 234, 235, 236.

Ibn Lâdjîn Djéqarda, aventurier turc de l'"Irâq, vient à Hamadân se mettre au service de Djémâl ed-Dîn Mohammed ben Abou Abèh pour l'aider à s'emparer de l'Irâq, 117.

Ibn Noûr ed-Dîn Qirân Khaouân (khân), se range sous la bannière du révolté Yghân Thâïsi, 124.

Ibn Qarâghouz, aventurier turc de l'"Irâq, vient à Hamadân se mettre au service de Djémâl ed-Dîn Mohammed ben Abou Abèh pour l'aider à s'emparer de l'"Irâq, 117.

Ibn Sina (voir : ech-Chéikh er-Raïs...), philosophe. C'est Avicenne, le plus célèbre des médecins arabes. Il naquit en sèfer 370 (= août-sept. 980) à Efchènèh, bourg dépendant de Chîrâz et dont son père était gouverneur. Il va étudier à Boukhârâ, et guérit l'émir Nouh. Eut ensuite beaucoup de vicissitudes. Enfin il alla vivre à Hamadân près de Chèms ed-Daoulèh qu'il guérit et qui le prit pour vizir. Ce fut là qu'il composa le *Kètâb éch-Chéfâ* ainsi qu'une partie de ses *Canons*. Il alla ensuite à Ispahân auprès d'"Alâ ed-Daoulèh et revint mourir à Hamadân à l'âge de 56 ans, en ramadân 428 (= 1037), — 173 n.

Ibouyèh, citadelle, 308.

Ibouyèh (prince d' —), 352.

Ibouyèh Chihâb ed-Dîn Soléi-mân Châh, prince, 350.

ichârât du chéikh er-Raïs, ouvrage cité, 173.

Iftikhâr Djihân, frère de Borhân ed-Dîn Mohammed Çadr Djihân. Bien que placés tous deux à Khârèzm sous la sauvegarde de Tourkân Khâtoun, ils sont mis à mort par elle, lorsqu'en 1220, elle abandonna le Khârèzm, 67.

Ighâniya, 134.

Ighân Sonqor, émir du Khorâsân pour Djélâl, 368.

Ighân Thâïsi, l'atâbèk. C'est le beau-frère de Ghiyâts ed-Dîn. Enfermé par Djélâl dans la citadelle de Sèrdjihân, il s'en échappe pour essayer de reconquérir l''Irâq (voir : Yghân Thäïsi), 123, 124, 125, 126, 129, 178, 179, 181, 182, 231.

Ikènqou ben Ildji Bahlaouân, maître de Sébzevâr au nom de Djélâl, 115.

Ikhtiyâr ed-Dîn, titre conféré par Djélâl ed-Dîn à son armurier Djémâl, devenu majordome du palais, 142, 290.

Ikhtiyâr ed-Dîn Kèchki, émir et grand écuyer du sultan, 62, 80.

Ikhtiyâr ed-Dîn Khârâboust, ancien Ghour établi à Peïchavèr, fief que lui avait autrefois octroyé Djélâl, 132.

Ikhtiyâr ed-Dîn Zèngui ben Mohammed ben 'Omar ben Hamza, émir de Nisâ, 102, 107, 111, 114, 165.

Ikhtyar (voyez : Ikhtiyâr).

Ilâl, citadelle du Mâzèndérân où va se réfugier Tourkân Khâtoun, s'enfuyant du Khârèzm au moment de l'arrivée des Tâtârs. Elle y est faite prisonnière par eux en 1220 et conduite de là au camp de Djènguiz qui faisait alors le siège de Thâlèqân, 68, 70.

Ilân Boughou, officier de Djélâl. Discours qu'il tient à Djélâl pour l'engager à poursuivre les Tâtârs, 228.

Il-Arslân, père de Sultân Takach Il meurt en 568 (= 1172), — 50.

Ildji Bahlaouân, émir de Sèbzevâr, 114, 115, 147.

île de la Caspienne (voir : *Abiskoun*), 8, 80, 81.

Ilgèh Khân, officier de la maison de Djélâl, 346.

Ili, rivière de l'Asie centrale, tributaire du lac Balkach. Elle appartient en partie au territoire russe, en partie au territoire chinois et a un cours de 1,500 kil.

Le nom d'*Ili* désigne aussi une rivière de la Transbaïkalie (Sibérie orientale), affluent gauche de l'Onon, (bassin de l'Amour), auquel elle se réunit à Oust-Ilinsk après un parcours de 130 kil., 12 n.

Il-Kouch, émir de Djènguiz. Il se présente devant Nisâ pour la prendre et meurt devant cette place, atteint d'une flèche à la poitrine, 87.

Iltâdj Molk, officier de Djélâl. Il va rejoindre Aïnândj Khân à Abivèrd, 114.

Iltemich ou Iltoumich (voir : Chèms ed-Dîn —), prince de Dehli, Lahore et du Kachemir, 148, 148 n., 149, 150, 151, 362.

Ilteqou bèn Ildji Bahlaouân, maître de Chirâz et de Béihâq contre Djélâl, 164.

Iltoumich (voir : Chèms ed-Dîn —), prince de Dehli, de Lahore et du Kachemir, 148, 148 n., 149, 150, 151, 362.

'Imâd ed-Daula Noçret ed-Dîn Mohammed ben Kaboud-

Khanèh, maître de la citadelle de Humàyoun pour Djélâl, 116.

'Imâd ed-Dîn, ambassadeur de 'Alâ ed-Dîn Kéï-Qobâd ben Kaï Khosrou seigneur de Roum, 257.

'Imâd ed-Dîn, prince de Balkh. Bien que placé à Khârèzm sous la sauvegarde de Tourkân Khâtoun, il y est mis à mort par elle lorsqu'en 1220, elle fuit son pays, 66.

'Imâd ed-Dîn Bahlaouân ben Hézârsèf (Hézârèsp), prince du Djébâl et vassal du Khalife, 310, 350.

'Imâd ed-Dîn el-Mocharrèf, agent du divân, 95.

'Imâd ed-Dîn el-Mohtachèm, vizir d''Alâ ed-Dîn, seigneur d'Alamout, 354, 355.

'Imâd ed-Dîn Mohammèd ben es-Sédid es-Saouî, vizir de Rokn ed-Dîn Ghourchàıdji, fils du grand sultan Mohammed, 45, 46, 76, 77.

'Imâd ed-Dîn Mohammed bèn 'Omar ben Hamza, prince de Nisâ ; il meurt moins d'un an après la mort de Sultân Takach. Takach meurt en 596 (= 1200), — 85.

'Imâd el-Molk, compagnon du grand sultan Mohammed. Il est tué à Merdj-Daoulètâbâd (canton de Hamadân), 79.

'Imâd el-Molk Mohammed ben èch-Chédîd ès-Saouï, vizir de Rokn ed-Dîn Ghourchâïdji, le frère de Djélàl, 45, 46, 76, 77.

imâm امام 79, 83, 98.

Inâl Khân, fils de l'oncle maternel du sultan et gouverneur d'Otrâr. Il fait mettre à mort à Otrâr en 1217 quatre négociants tâtars. Djènguiz, après s'être emparé d'Otrâr, fait comparaître Inâl et ordonne de lui verser de l'argent fondu dans les oreilles et dans les yeux, 59, 60, 62, 63, 73.

'Inân en-Nésâwi, surnom de Fakhr ed-Dîn Habèch, 63.

Inde, 4, 5, 37, 45, 47, 92, 93, 115, 129, 149, 150, 151, 152, 157, 164, 167, 171, 175, 213, 217, 219, 233, 234, 237, 242, 296, 356, 362, 375, 412, 413.

Indus ou *Sind*, s'appelle en persan *Mèhran* مهران et vulgairement on le nomme dans le pays *Mèhrâdjah* مهراجه grand fleuve de l'Asie méridionale au nord-ouest de l'Inde. Il passe par le pays de Kachemir, traverse le Pèndjâb, laisse Pèïchavèr (angl. Peshawar) à l'ouest et va se jeter dans la mer d'Omân, près de Karatchi ou Koratchi (en angl. Kurratchee; en persan *Kèrântchi* كراجى) après un parcours de 2,900 kilomètres, 137, 138, 139, 141, 144, 171, 242, 296, 356.

Iouâiyâ (voyez : Iouaniens), 210 n.

Iouaniens, nom d'une peuplade turque, 210, 210 n.

Iouâniyâ (voyez : Iouaniens), 210 n.

Irân ايران ou *Perse*, pays du sud-ouest de l'Asie entre la Caspienne, l'Araxe et le Turkestân au nord, l'Afghanistân et le Béloutchistân à l'est, le golfe Persique au sud, et la Mésopotamie à l'ouest, 24 n., 26 n., 28 n., 55, 86, 131, 216, 375.

'Irâq ou *Djébâl*, pays que les Persans appellent aussi 'Irâq 'Adjémi. Il comprend tout le territoire circonscrit entre Ispahân jusqu'à Zèndjân, ainsi que Qazvîn, Hamadân, Dinèvèr, Qirmicin et Réï, 5, 20, 23, 24, 25, 28, 29, 30, 31, 32, 35, 37, 38, 39, 45, 46, 47, 49, 50, 57, 76, 77, 78, 89, 93, 117, 120, 121, 122, 123, 124, 125, 126, 127, 128, 131, 152, 153, 157, 158, 163, 164, 165, 166, 171, 179, 181, 182, 186, 193, 204, 208, 213, 214, 217, 217 n, 218, 219, 223, 237, 240, 244, 249, 251, 254, 261, 262, 270, 275, 279, 280, 281, 285, 286,

295, 297, 300, 319, 325, 327, 339, 341, 342, 344, 349, 351, 352, 353, 354, 357, 358, 361, 362, 363, 364, 365, 366, 390.

'Irâq 'Adjémi (voir 'Irâq et Djébâl), 23 n., 46 n., 217 n.

'Irâqien, 118, 125, 347.

Irghiz, rivière à 3 degrés au nord du lac Baïkal, 17, 17 n.

ispahâ-bèd (pour sipahâ-bèd سپاید), général de cavalerie, 116.

Isférâïn (Esférâïn) dans le Khorâsân. Petite ville fortifiée de la province de Nisâbour, à moitié route de Nisâbour à Djordjân et au nord-ouest de Nisâbour; son ancien nom était Mèhrdjân مهرجان qu'un de ses rois lui avait donné à cause de son aspect riant et fertile, 164, 164 n., 367.

Ismaéliens ou Bathéniens; leur résidence principale était au château d'Alamout près de Qazvîn. Ils avaient pour chef 'Alâ ed-Dîn (voir ce mot), 21, 23, 47 n., 48, 196, 216, 219, 220, 221, 222, 223, 241, 243, 262, 263, 264, 327, 350, 355, 364.

Isma'îl el-Iouânî, notable de Khélâth, 331.

Ispahân ou Isfahân, ancienne capitale de la Perse, auj. chef-lieu d'un des sept gouvernements de l''Irâq persan à 335 kil. sud de Téhéran et à la même distance du golfe Persique, 24, 27, 117, 118, 122, 124, 125, 129, 130, 160, 178, 213, 217, 218, 223, 224, 225, 227, 230, 231, 232, 235, 236, 237, 238, 239, 240, 262, 274, 275, 276, 278, 280, 281, 286, 319, 320, 350, 352, 362, 364, 398, 403, 404, 405, 406.

Ispahân (le cadi d'—), 225, 226, 231, 352.

Ispahân (le réïs d'—), 225, 226, 352.

Istakhar et mieux Isthakhr اصطخر ville et citadelle du Fârs à 60 kilomètres nord-ouest de Chîrâz C'est le véritable site de Persépolis, 34, 34 n., 130.

Ithaghmich, mamlouk recueilli à Nekhdjaouân par la fille de l'atâbèk Bahlaouân et adopté par elle. — Il devint traître à sa bienfaitrice, 266, 267.

i'timâd kounid (اعتماد کنید), expression persane employée par Chèrèf el-Molk en marge des rescrits relatifs à des domaines privés, 391.

Iwânè, 294 n., 295 n.

Iyouâni le Géorgien, 380.

'Izbèh Thâïn, officier de Djèlâl, 292, 293, 294.

'Izz ed-Dîn, seigneur de la forteresse de Mâhân, 374.

'Izz ed-Dîn Aïbèk el-Achrafi, gouverneur de Khélâth pour el-Malik el-Achraf Mousa contre Djèlâl, 302, 303, 323, 324, 331, 332, 333, 333 n., 334.

'Izz ed-Dîn Bèlbân el-Khèlkhâly, mamlouk atâbèkien, gouverneur de Khèlkhâl, 279, 360.

'Izz ed-Dîn Djèldèk, attributaire des fiefs d'el-Djâm et de Bakherz dans le district de Nisâpour, 48, 233.

'Izz ed-Dîn el-Qazouïnî, jurisconsulte et cadi de Tébrîz: il est révoqué de ses fonctions, 197, 197 n., 198, 200, 201.

'Izz ed-Dîn Kaï-Khosrou, émir et cousin de Rokn ed-Dîn Kaboud-Khânèh, 79, 86.

'Izz ed-Dîn Thogroul, courtisan du sultan, 54.

J

jaspe (pierres de —), 57.

K

Kaaba (كعبة). Nom du très ancien temple de la Mekke en Arabie. Il est vénéré aujourd'hui par les musulmans comme autrefois par les Arabes païens. C'est le but du pèlerinage des mahométans. On l'appelle encore بيت الله *béit oulláh*, maison de Dieu, 193.

Kabouddjámèh, et *Kaboud-Khánèh*, fief du Mâzèndérân; il appartenait à l'émir Dokdjèk le silâh-dâr contre Djélâl, 28.

Káboul كابل ville et vaste contrée entre l'Inde et le Sèdjèstân et adossée au Ghour par 34° 30′ de lat. C'est la frontière du Thokhâristân. Kâboul est la capitale actuelle de l'Afghanistân depuis 1773, avant c'était Candahar. Elle est située sur la rivière de Kâboul, juste en face de Péichâvèr, place avancée de l'Inde anglaise, 138 n.

Káchgar كاشغر, ville du Turkestân oriental (empire chinois); à 170 kilomètres nord-ouest de Yarkand. Cette ville qui a la même latitude que Bokhârâ est à l'entre-croisement de plusieurs routes. Elle est située dans la vallée du Kounâr, un des grands affluents de gauche de la rivière de Kâboul (bassin de l'Indus), 12, 13, 16.

Káhidja, hameau dépendant de Oustouwa-Khabouchân, canton de la province de Nisâbour, 90.

Kahlour, localité du Pèndjâb, 146 n. (voir: *Kolour* et *Kullur*).

Kaï-Kaous (voir: Kéï-Kaous).

Kaï-Khosrou, émir; il vient se mettre sous les ordres de Yghân Thâïsi pour l'aider à conquérir l'Iráq, 124.

Kaï-Khosrou, roi de Perse. C'est le 3ᵉ roi des Kaïaniens, seconde dynastie fabuleuse de la Perse. Consulter à ce sujet: 1° *Tableau historique de l'Orient*, par le chevalier M*** D***, t. I, pp. 226-293; — 2° Dubeux, *Perse*, p. 248; — 3° Firdousi, *Cháh Námèh*, traduction in-12, par Mohl (t. II, p. 245 à fin, t. III en entier; t. IV, jusqu'à p. 223) — 375, 375 n.

Kaï-Qobâd bèn Kaï-Khosrou ('Alâ ed-Dîn —), un des plus puissants princes seldjoukides de Roum ayant leur résidence à Iconium (aujourd'hui *Koniah*, Turquie d'Asie), succéda en 606 (= 1229) à son frère. Il unit ses armes à celles d'el-Malik el-Achraf Mousa, sultan ayyoubite d'Egypte et de Syrie et neveu de Saladin, contre Djélâl, sultan du Khârèzm, qui s'était rendu maître de Khélâth (ville sur le bord occidental du lac de Vân) et menaçait d'envahir les États de ces deux princes qui s'étaient alliés pour lui résister. Ils lui donnèrent bataille l'an 627 (= 1229-30) et remportèrent sur Djélâl deux victoires complètes qui commencèrent la ruine totale (1231) de la dynastie des Khârèzm Châh.

Kaï-Qobâd, voyant de loin l'orage qui menaçait, envoya des ambassadeurs à Oktâï Qâàn اوكتای قاآن 3ᵉ fils de Djenguiz et son successeur à l'empire. Ils furent très bien reçus à la cour d'Oktaï qui loua la prudence de Kaï-Qobâd de se soumettre d'avance, ajoutant que si leur maître voulait venir lui-même, il lui donnerait une des premières charges de la cour et le laisserait jouir du revenu de ses États.

Kaï-Qobâd, ayant appris de ses ambassadeurs les offres du Qâàn qui parlait avec tant de fierté, dissimula son ressentiment et songea à profiter des bonnes dispositions d'Oktâï pour s'agrandir sur ses voisins et se mettre en état de résister aux Tâtârs. Il rompit brusquement avec ses deux alliés el-Malik el-Achraf Mousa, neveu de Saladin, et avec el-Malik el-Kâmil, autre prince ayyoubite. Il enlève à Achraf Mousa les villes de Khélâth et de Sèrmâra, à el-Malik el-Kâmil il prend la ville d'Édesse, et partout exerce des cruautés. Enfin, pressé d'un côté par les Ayyoubites, de l'autre par l'approche des Tâtârs, il rentre dans ses États pour les mettre en état de défense et meurt bientôt après en 633 (= 1236). — 211, 280, 306, 327, 329, 330, 342, 344, 346, 347, 348, 349, 376, 399, 400, 412 (voir : 'Alà ed-Dîn Kaï-Qobâd ben Kaï-Khosrou).

Kâk, citadelle de Géorgie, 296.

Kamâdji Châh ou **Kamâkhi Châh** کماخی شاه le plus jeune fils du sultan; il est mis à mort par Djènguiz, 70, 70 n., 71.

Kâmil, ouvrage par Ibn el-Atsîr, livre cité, 3.

Kaouáchir, chef-lieu du Kèrmân et résidence de Borâq le chambellan, 158.

Karbèr Molk, lieutenant de Djélâl à Ghazna, 45, 131, 132 (voir : Kèrbèr).

Kazroun (*Kâzéroun*), ville du Fârs entre la mer et Chîrâz, à trois journées de Chîrâz, 130, 130 n.

Kâch, bourg à 3 farsakh de Dordjân (Thabarestân), sur une montagne, 5.

Kèchli, grand écuyer du sultan à Bokhârâ, 74.

Kèchlou Khân, le père; gouverneur tâtâr, 9, 11.

Kèchlou Khân, le fils, 11, 12, 13, 14, 15, 16, 17, 18.

Kèdjboga Khân, officier de Djélâl, 118, 229.

Kèdjboqa Khân, 118, 229.

Kèdjidèk, grand écuyer de Djélâl.

Il se réunit à Abivèrd avec Anândj Khân et meurt à Halqa (entre Djordjân et Astèrâbâd) en combattant les Tâtârs, 114, 116.

Kèhrâm, citadelle livrée à Chèrèf el-Molk par Nâçir ed-Dîn Mohammed, 260.

Kéï-Kâous, ancien roi de Perse. C'est le 2ᵉ roi Kâïanien, de la seconde dynastie fabuleuse de la Perse. Consulter à ce sujet : 1° *Tableau historique de l'Orient*, par le chevalier M*** D***, t. I, pp. 158-226; — 2° Dubeux, *Perse*, pp. 233-248; — 3° Firdousi, *Châh Nâmeh*, traduction in-12 par Mohl (t. I, p. 384 à fin ; t. II, pp. 1-445), — 216.

Kéï-Khosrou (voir : Kaï-Qobâd).

Keilkoun, 205, 207, 395.

Kéï-Qobâd (voir : Kaï-Khosrou).

Kélidjèrd, lieu de naissance de Çafy ed-Dîn; bourg situé dans le canton de Torchîch, ville et canton de la province de Nîsâbour dans le Kouhistân, 242, 242 n.

Kêmâl ed-Dîn, chef des huissiers de Djélâl, 223.

Kémâl ed-Dîn, ministre des finances des États de l'atâbèk Ouzbèk, 198, 223, 327.

Kémâl ed-Dîn el-Mustaufi, vizir, sous Soléïmân Châh, puis courtisan de Chèrèf ed-Dîn et gouverneur de l''Iraq, 358.

Kèmâl ed-Dîn Kâmiâz ben Ishâq, cadi d'Erzèndjân. Il est envoyé comme ambassadeur par 'Alà ed-Dîn Kaï-Qobâd bèn Kaï-Khosrou, seigneur de Roum, d'abord à Djélâl, puis à el-Malik el-Achraf, 327, 330.

Kénâ'in, canton dans la province de Kèrtâbèrt, conféré à Rokn ed-Dîn Djihân Châh, 343.

Kèndja ou *Guèndjèh*, chef-lieu de

la province d Errân, 106 (voir : Guêndjêh).

Kèrbèr Molk (Kèrbèz? Kèzbèr?), nommé par Sultàn Mohammed pour remplacer son fils Djélâl comme vizir dans les principautés de Ghazna, de Bâmiân, d'el-Ghour, de Bost, de Zémin-Davvèr et de la partie limitrophe de l'Inde, 45, 131, 132 (voir aussi : Karbèr).

Kèrbi, endroit près de Zoun, canton de l'Arménie, 185, 186.

Kèrdj (voir aussi : Kordj ou Géorgien), 186, 188.

Kérîm ech-Charq, vizir et ministre de Ghiyâts ed-Dîn. Il est mis à mort par Borâq le chambellan, 179, 237, 239.

Kérîm ed-Dîn eth-Theifouri, 'âmil (gouverneur) des provinces au nom du sultan, 54, 55.

Kèrkh, fief appartenant à Séif ed-Dîn Kitâroq, 124.

Kèrmân (pays des vers à soie), province méridionale de la Perse. Elle confine à l'ouest, au Lâristân et au Fârsistân; au nord, à la province de l''Irâq 'Adjèmi, au désert de Lout et au Kouhistân du Khorâsân; au nordest, au Séistân; à l'est, au Béloutchistân; au sud, elle borde le détroit de Hormouz dans toute son étendue, depuis la frontière du Mèkrân (zone maritime du Béloutchistân), jusqu'à celle du Lâristân. Les îles de Hormouz, d'el-Arèdj, de Kîch كيش et plusieurs autres adjacentes dépendent de cette partie de la côte. Le chef-lieu de la province est aujourd'hui Kermân, à 790 kilomètres sud-est de Téhérân. L'ancien chef-lieu du Kèrmân paraît avoir été Kaouàchir (voir ce mot), 5, 45, 47, 48, 49, 108, 117, 122, 125, 157, 158, 181 n., 204, 205, 206, 230, 233, 239, 353.

Kèrmân (le prince du —), 48.

Kéroulân ou **Kéroulân**, rivière de la Mongolie septentrionale (empire chinois). Le Kéroulèn prend sa source sur le versant méridional des monts *Kentei*, près du mont *Bourkhân-Kaldouna*, coule au sud jusqu'au lac *Karilim*, puis du sud-ouest au nordest en longeant au nord une des terrasses du plateau de *Gobi* et se déverse dans le lac *Dalaï* ou *Kouloun-Nor*, après un parcours de plus de 1000 kilomètres.

On le prenait faussement pour le cours supérieur de l'*Argoûn*, une des branches maîtresses du fleuve Amour, 8 n.

Kètsonkor Malik, émir de Djélâl qui lui donne le titre de Sonkor Khân, 232.

Khabouchnâ, chef-lieu d'un canton de la province de Nisâbour, 90 n.

Khâbour (source du —). Il y a deux rivières de ce nom. La première appartient à la Mésopotamie et est tributaire de l'Euphrate qu'elle rejoint à Abou-Sérâi; l'autre Khâbour, est un affluent de gauche du Tigre et achève son cours dans la province de Mossoul, 53.

Khâçç Khân, émir de Djélâl, 232, 288 (voy. aussi : Khâss Khân).

Khadavvènd (voir : Khodâvènd).

Khâdjin, forteresse, 272.

Khaïbar, ville de l'Arabie, à 170 kilomètres nord de Médine et dans la vallée du Râdji, vers la frontière du Hèdjâz. Khaïbar est une ville ancienne qui fut un des principaux centres de la puissance juive dans la péninsule. — Célèbre par un combat gagné par Mahomet contre les juifs en moharrem de l'an 7 de l'hégire (= 12 avril-12 mai 628). On compte de Médine à Khaïbar 8 postes ou bérid ou bien 3 journées de marche, — 188.

khalife (le —). C'est l'imâm Abou Dja-'fèr el-Mançour el-Mostançer-billâh, khalife 'abbâside qui régnait à Bagdâd (1226-1242) du temps de Djélâl. Ce fut l'avant-dernier khalife avant la chute du khalifat (1258) et la prise de Bagdâd par les Mogols de Houlâgou, 310, 311, 312, 313, 314, 315, 316, 317, 340, 342, 412, 413 (voir : el-Mostançer billâh).

khalife (le vizir du —); sa solde, 385.

Khâmouch (le prince —), seul fils de l'atâbèk Ouzbèk. Né sourd-muet, il épouse la princesse de Rouïin-dez, petite-fille de l'atâbèk 'Alaï ed-Dîn Kérâba, seigneur de Mérâgha. — Il meurt à Alamout, 215, 216, 261, 281.

Khâmouch (le fils du prince —); il est détenu dans la citadelle de Qouthour près de Tébriz, 251, 274.

khân ou **prince**, 7, 8, 8 n., 166.

khân (le grand —) = Djènguiz Khân, 57, 64.

Khân Bèrdi, officier de Djélâl et son chambellan particulier, 229, 275, 382.

Khandjir, cours d'eau. Sans doute le Gange کنگ *Guéng*, 151, 151 n.

Khâniser, endroit gouverné par un radjah (راجه *râdjah* ou رای *rdi*), partisan de Chèms ed-Dîn Iltoumich, ennemi de Djélâl, 150.

Khân Soulthân, fille aînée de Sultân Mohammèd (le père de Djelâl). Elle est mariée d'abord au sultan des sultans, 'Otsmân, prince de Samarqand. Puis, après la prise de la forteresse de Ilâl en 1220, elle tombe au pouvoir des Tâtârs qui la conduisent devant la forteresse de Thâléqân où était Djènguiz et elle tombe dans le harem de Djoudji جوجی fils aîné de Djènguiz.

khâqân خاقان, titre inférieur à celui de sultan. Nom qu'on donnait aux fils de Djènguiz ainsi qu'a l'empereur de la Chine, 130, 413, 413 n.

khâqân, titre par lequel on désignait Okthaï, اوکتای ou Oktâï اوکتائی 3° fils de Djènguiz, 153, 216, 305, 321.

khâqân (le —, fils de Djènguiz, roi des Turcs) = Oktâï, 216.

kâqhânienne, 413.

Khâr, localité près de Réï, 24.

Kharaboust (Ikhtiyâr ed-Dîn —), un des anciens Ghours, établi à Péichâvèr dans le fief que lui avait donné Djélâl, 132.

Kharaqân, bourg du district de Bestham entre Qoumès et Nisâbour, 165.

Khârédjite (le —). On désigne ainsi el-Mostançer billâh, avant-dernier khalife 'abbâside à Bagdâd (1226-1242) (voir : El-Mostançer), 20.

Kharendèr, citadelle (voir : *Khorendez*), 53, 53 n.

Khârèzm. Nous n'avons rien pu trouver de mieux au sujet du Khârèzm que l'exposé qu'en a fait M. Schefer dans l'introduction de sa traduction de la *Relation de l'ambassade au Khârèzm*, dont nous extrayons ce qui suit :

Le Khârèzm ne formait point une partie distincte du Khorâsân et de la Transoxiane. Une partie du Khârèzm relevait du Khorâsân, l'autre de la province de Samarqand. Il confinait au nord au pays des Ghouzz. La frontière méridionale qui longe le territoire d'Amol portait le nom de Thahirièh en l'honneur de l'Emir Thahir ibn Husseïn, fondateur de la dynastie des Thahirides, qui y avait fait exécuter de nombreux travaux d'utilité publique. C'est à partir de ces frontières que commençaient les terres cultivées qui bordaient les deux rives du Djihoun. Elles s'étendaient jusqu'auprès du village de Gharabchinèh où l'on trouvait une zone inculte, puis, au delà de ce village jusqu'à Kât la capitale, les bords du fleuve étaient couverts de cultures et bien peuplés.

L'espace cultivé depuis Thahirièh jusqu'à Hézârèsp n'avait point une grande largeur, mais à partir de cette dernière ville, il devenait plus considérable, et en face de la capitale, il s'étendait jusqu'à la distance d'une journée de marche, puis il se rétrécissait au point de n'avoir plus que deux fersengs. Il prenait fin à un village appelé Kit ou Guit, situé à cinq fersengs de Koudjagh, qui se trouve au pied d'une montagne au delà de laquelle s'étend le désert.

La capitale du Khârèzm a été jusqu'en l'année 385 de l'hégire (995) la ville de Kât. Elle était quelquefois désignée sous le nom de la province elle-même ou sous celui de Kât Khârèzmièh. Elle s'élevait sur la rive orientale du Djihoun et sa superficie qui était d'un tiers de fèrsèng, égalait celle de Nichâbour, citée par les historiens arabes du moyen âge, comme une des villes les plus considérables du Khârèzm.

La grande mosquée de Kât se trouvait au milieu du bazar, la toiture était soutenue par des colonnes en bois dont la base était en pierres noires et de la hauteur d'un homme.

Le palais du prince était au centre de la ville et non loin de la grande mosquée.

Le fleuve dans ses débordements avait emporté une partie des murailles et des maisons construites sur ses bords et à l'époque d'el-Istakhry, on craignait la destruction totale de la citadelle.

A l'époque de 'Abou 'l-'Abbâs Mamoun, on transporta la capitale à Gourgandj ou Djourdjànièh, qui est plus au sud.

Les habitants appartenaient à la secte des Moutazèlèh.

Après Djourdjànièh, les villes ou les bourgs fortifiés les plus considérables étaient : *Dèrghân, Zamakhchar, Rouzvènd, Khiva, Kèrderân, Khach, Hézârèsp, Djiguèrbènd, Ghardémân, Ikhân, Noukfagh, Kourdèr, Bèrdtékin* ou *Férâtékin*. Enfin *Guit* ou *Kit*, petite ville fortifiée sur la frontière du pays habité par les Ghouzz.

Lorsqu'à l'époque de l'invasion des Mogols, après un siège de six mois, les habitants de Gougandj demandèrent à capituler, Djoudjy exigea que toute la population évacuât la ville. On fit ranger à part les gens d'arts et de métiers dont le nombre s'élevait, dit Réchid ed-Dîn, à cent mille, et on les fit partir pour la Mongolie. Le reste des habitants fut massacré, la ville pillée et pour que sa destruction fût complète, on détruisit les digues et les eaux du Djihoun la submergèrent entièrement.

Telle était au commencement du XIIIe siècle la situation de Khârèzm auquel les princes de la dynastie des Khârèzm Châh avaient annexé les États voisins. Ils avaient donné à leur empire une telle extension que les frontières en touchaient à l'est à la Mongolie, au sud à l'Inde et à l'ouest aux provinces qui restaient sous l'autorité chancelante des princes 'abbâsides.

Le Khârèzm était depuis 432 (1040) sous la domination des Seldjouqides Barkiarouk, un de leurs princes, avait investi de ce gouvernement Mohammed ibn Anouchtékin avec le titre du Khârèzm Châh 490 (1097).

A la chute de l'empire des Seldjouqides, le Khârèzm Châh proclama son indépendance. La dynastie qu'il fonda compte sept princes qui régnèrent de 490 (1097) à 628 (1231). La conduite altière et imprudente de Mohammèd Châh provoqua l'invasion de Djènguiz Khân qui couvrit l'Asie de ruines et porta au Khârèzm un coup dont il ne s'est jamais relevé.

Mohammed Châh, abandonné des

siens, alla se réfugier dans l'île d'Abiskoun où il mourut. Son fils, le vaillant Djélâl oud-Dîn Mangouberty, essaya de ressaisir le royaume de ses ancêtres, mais il périt assassiné par un Kurde dans les montagnes d'Amid où il s'était réfugié, 628 (1231). En lui s'éteignit la race des souverains qui avaient rangé sous leurs lois toute l'Asie centrale et menacé l'existence du khalifat des Abbâssides.

Dans le partage que Djenguiz Khân fit de ses États entre ses fils, le Khârèzm échut à son fils aîné Djoudjy, dont la mère, Bouriah Qoutchin, était la fille du chef de la tribu des Qonghourat. Djoudjy établit sa résidence à Seray, dans le Qiptchaq.
5. 38, 41, 42, 44, 46, 52, 54, 55, 56, 58, 65, 66, 67, 68, 71, 76, 82, 83, 84, 85, 86, 93, 94, 95, 96, 97, 98, 99, 101, 103, 106, 110, 111, 123, 124, 153, 154, 155, 157, 165, 169, 175, 234, 249, 250, 369, 370.

Khârèzm Châh. La dynastie des Khârèzm Châh compte sept princes ; elle fut fondée par Mohammed ben Anouchtéguin qui avait été, sous Barkiarouk le Seldjouqide, investi du gouvernement du Khârèzm avec le titre de Khârèzm Châh, en 490 (1097).

A la chute de la dynastie des Seldjouqides, le Khârèzm Châh avait proclamé son indépendance. La dynastie qu'il fonda compte sept princes dont les noms suivent :
1° Mohammed, 1097-1127.
2° Etsîz, 1127-1156.
3° Arslân, 1156-1172.
4° Mahmoud, 1172-1193.
5° Sultân Takach, 1172-1200
6° 'Alâ ed-Dîn Mohammed, 1200-1220.
7° Djélâl ed-Dîn Mankobirti, 1220-1231.

Puis les Mogols conquirent le Khârèzm, qui fit partie de l'empire de Djenguiz Khân et échut ensuite à son fils aîné Djoudjy, qui mourut avant son père à l'âge de trente et quelques années, 29, 56.

(*Mankobirti.*)

Khârèzmiens, 96, 108, 154, 272, 275, 294, 329, 378, 392, 407, 410.

Khâss Khân, titre donné par Djélâl à son émir Takachiaroq Hilsi, 232, 288.

Khâtoun (la nourrice de —), 397.

Khédaouènd ou **Khodâvènd-i Djihân,** titre de Tourkân Khâtoun ainsi que de Baklouâï, mère de Ghiyâts ed-Dîn, 72, 167 (voir aussi Khodâvènd).

Khéfâdja, tribu arabe, 180.

Khélâth, ville voisine de Sèrmârâ ? (550 kilomètres à vol d'oiseau) sur le bord occidental du lac de Vân, au pied du versant septentrional du mont Nimroud, aujourd'hui Akhlâth الخلاط, 206? 208, 209, 210, 215, 243, 256, 259, 264, 280, 280 n., 281, 294, 296, 299, 300, 302, 303, 304, 305, 306, 307, 308, 309, 314, 317, 318, 319, 321, 322, 323, 324, 325, 327, 328, 330, 331, 332, 333, 336, 337, 338, 340, 341, 342, 347, 349, 350, 361, 369, 395, 398, 399, 399, 400, 403, 410, 412.

Khélâthiens, 332

Khèldj, lieu voisin de Ghazna dans le Zâboulistân, aujourd'hui l'Afghanistan, 136, 136 n.

Khèldjiens, soldats du Khèldj, 136, 137, 140.

Khlèkhâl, ville de l'Azèrbâïdjân à sept journées de Qazvîn et deux d'Ardébil. Elle avait eu pour seigneurs successifs : 1° Maliân el-Atâbèki ; 2° Hosâm ed-Dîn Takach Bâchi ; 3° 'Izz ed-Dîn Bèlbân, 35, 279, 279 n.

Khènderoudz, localité du Fârs, 63.

Khèrichîn, canton dans la province de Khertabèrt, conféré à Rokn ed-Dîn Djihân Châh, 343.

Khèrtabèrt Khèrtabirt, citadelle d'Arménie à deux journées de Malathiya, 282, 343, 344, 398.

khila'a خلعة robe d'honneur, 314, 315, 316, 317, 340, 358, 359.

Khithāï, Chine du nord, 6, 6 n., 11, 157.

Khithāïens, 17, 38, 39, 50, 75.

Khodâvènd-i Djihân (maîtresse de l'Univers), titre de Tourkân Khâtoun, grand'mère de Ghiyâts ed-Dîn, Qothb ed-Dîn et Djélâl ed-Dîn. — Baklouâï, la mère de Ghiyâts, prend aussi ce titre, 72, 167.

Khodja خواجه en persan : *Khâdjè*, titre que l'on donnait en parlant à un ministre, 170.

Khodja Bouzourki (Khâdjè Bouzourg) (Nàçir ed-Dîn —), formule dont se servit Nàçir ed-Dîn quand il devint vizir du Khârèzm, 56.

Khodja ou Khâdjè Djihân, titre de Chèrèf el-Molk, vizir de Djélâl, 159, 168.

Khodja ou Khâdjè Djihân (Naçir ed-Dîn —), formule dont on se servait pour Nâçir ed-Dîn, vizir, avant qu'il ne fût révoqué, 56.

Khodjah Thâch, titre donné par Orkhân pour désigner Chèrèf el-Molk, 196, 196 n.

Khorâsân, vaste contrée qui s'étend du côté de l'Irâq persan jusqu'à Azâdwâr (chef-lieu du district de Djoueïn) et au Beïhaq. Elle est bornée du côté de l'Inde par le Thokhâristân, Ghazna, le Sèdjèstân et le Kèrmân. Elle renferme des villes de premier ordre telles que Nisâbour, Mèrv (qui a été la capitale de l'État de Balkh), Hérât, Thâléqân, Nisâ, Abivèrd, Sèrakhs, et plusieurs autres cités considérables en deçà du Djihoun (Oxus), 5, 15, 16, 28 n.. 38 n., 44, 47, 48, 55, 65, 73 n, 75, 77, 85, 86, 87, 88, 89, 90, 91, 93, 96, 98, 100, 101, 105, 110, 115, 126, 163, 164, 165, 168, 171, 177, 177 n., 183, 219, 220, 224, 232, 233, 241, 242, 244, 246, 300, 325, 359, 364, 368.

Khorendez, citadelle où résidait l'auteur de ce livre. — Une des places principales du Khorâsân. Cette citadelle évita le pillage des Tâtârs en 1222 par une rançon de 10,000 coudées d'étoffes, 53, 53 n., 90, 97, 98, 99, 100, 103.

khotba خطبة discours que les anciens khalifes et autres chefs musulmans prononçaient le vendredi dans les mosquées, à l'issue de la prière du milieu du jour. On doit dans ce prône appeler les bénédictions du ciel sur le souverain spirituel et temporel du pays, et le droit de faire prononcer son nom dans cette cérémonie constitue un des attributs de la souveraineté indépendante, 6, 6 n., 23, 24, 30, 31, 163, 164, 175, 198, 318, 351, 355, 376.

Khouchân pour *Khabouchân* خبوشان petite ville, chef-lieu du canton d'Oustouwa, province de Nisâbour, 105 (voir *Khabouchân*).

Khouï ou *Khoï*, grande ville de l'Azèrbâïdjân, donné en fief à la fille de Toghril. — Au nord du lac de Vân. — Kho a ensuite pour gouverneur Nâçir ed-Dîn Barqa, page de Chèrèf el-Molk, 184, 197, 197 n., 210, 220, 254, 255, 257, 270, 273, 276, 277, 283, 344, 347.

Khouzistân ou *Arabistân*, province au sud-ouest de la Perse, au fond du golfe Persique. Le Khouzistân a pour limites : à l'est, le Fârsistân et l'Irâq 'Adjèmi ; au nord, le Louristân ; à l'ouest, la province turque de l'Irâq 'Arabi ; le golfe Persique le baigne au sud.

Villes principales : *Chouster* (sa capitale), *Dizfoul*, *Ahvâz*, *Babahân* et *Mohammèrah*. — C'est l'ancienne Susiane.

Kich (principauté de —), 45, 47.

Kin (empire de —), empire fondé en

Chine par les Niou-Tchi. Les souverains de cet empire avaient le titre de « Altoun Khân », 8 n.

* **kitâb el-mésâlik oua 'l-mé--mâlik**, livre cité, 110.

Kizilbách, lac dans le pays des Ouïgours, 12 n.

Kizil Ouzèn, fleuve du nord de la Perse, 29 n. (voir aussi : fleuve *Blanc* et *Séfid-roud*).

Kolour, localité du Pèndjâb (Inde) appartenant à Qobâdja, 146, 146 n., 147 (voir aussi : *Kullur*).

Kordj ou **Géorgiens**. Ils habitent la région de la Transcaucasie comprenant le haut bassin du Kourr كر les bassins du Rion et de l'Ingour, les montagnes d'Adjara et le littoral de la mer Noire jusqu'à Trébizonde. Quant au nom même de Géorgie, il est d'origine persane. Le *Gourdjistán* était pour les Persans et pour les Arabes le pays du *Kourr*, 182, 185, 186, 187, 190, 191, 192, 195, 202, 203, 204, 205, 206, 207, 208, 209, 243, 289, 290, 291, 292, 293, 294, 295 (voir aussi : *Kèrdj* et *Géorgien*).

Kosroës, ancien roi de Perse; vivait en l'an 531 avant J.-C., 358.

Kotlof, localité du Khorâsân entre Balkh et Mèrv, 73.

Kotok, titulaire du fief de Sèmnân. Il se range sous la bannière d'Yghân Thâsi, convoitant l'Iráq, 124.

Koudárín, citadelle, 296.

Kouchtasfi, canton de la province de Chîrvân sur les bords de la mer Caspienne entre l'Araxe et le Kourr. Il est donné par Djélâl en propriété au fils de Chirvân Châh, 289, 289 n., 290.

Koudj, surnommé Bahlaouân, émir de Djélâl, 275.

Koudj Abèh Kèh Khân, émir de Djélâl, 292.

Koudjèk, surnom de Nâçir ed-Dîn Aqach, lieutenant de l'atâbèk Ouzbèk dans l'Azèrbâïdjân, 251.

Koudj Qandi (l'émir —), émir de Djélâl et gouverneur du Khorâsân, après Orkhân, 177.

Koudj Tékîn Bahlaouân, chambellan particulier de Djélâl à Mèrv, 115, 229.

Kouhi Déroughân ('Ali —), s'empare de l'autorité au Khârèzm en 1220 après la fuite de Tourkân Khâtoun, 94.

Koukèh Yahkom, émir tâtâr qui passe au service de Djélâl, 402, 403.

Kouli Khân, chef militaire du Khorâsân à Nisâbour pour Djélâl. Ce vieillard assiège avec le sultan Djélâl Noçret ed-Dîn ben Khèrmîl dans Hérât et malgré l'amân accordé par Nidhâm el-Molk à Noçret, il le tue perfidement pour faire échec à Nidhâm el-Molk; il est mis à mort par les soldats de Djélâl, 233, 234.

Koura Kounán, gros bourg situé entre Ourmiah et Tébrîz, 284, 284 n.

Kourka, prince de la tribu des Qifdjâq, 286, 287.

Kour Khân ou **Gour Khân**, prince du Khithâï, 12, 13, 14, 15, 16, 18.

Kourr كر fleuve de la Transcaucasie (Russie méridionale), tributaire de la mer Caspienne. Il passe à Souram, Gori, Mizkhéta, ancienne capitale de la Géorgie, Tiflis, capitale moderne de la Géorgie, reçoit à droite l'Araxe et va se jeter dans la Caspienne à Sâliân. La longueur totale du Kourr est de 1080 kilomètres. C'est le fleuve géorgien par excellence, 289, 289 n.

Kullur, localité du Pèndjâb (Inde), 146 n. (voir : *Kolour*).

Kurdes, dans son ensemble, le pays des Kurdes est situé à l'est et au nord de la partie moyenne et supérieure du Tigre ; il occupe les rudes montagnes qui couvrent de ce côté le bassin du fleuve, qu'elles séparent des bassins inférieurs des lacs d'Ourmiah et du lac de Vân. Mais il comprend aussi une région située à l'ouest du Tigre et une partie du cours de l'Euphraté.

Le Kurdistân répond ainsi à la portion la plus âpre de la Médie, à une grande partie de l'Assyrie et il empiète ainsi sur le sud de l'Arménie. On ne saurait lui assigner de limites précises ; mais il est réparti en Turquie entre les provinces d'Erzeroum, de Diârbékir (ou Kurdistân), de Mossoul, de Bagdâd et le mutésarriflik de Kharpout, et il forme en Perse une province divisée en deux gouvernements : ceux d'Ardilân et de Kèrmânchâh. 409, 410, 411.

L

Lahore, en persan : *Léhâvèr* لهاور ville du nord-ouest de l'Inde, par 31° 34′ 5″ lat. nord, et 72° 1′ long. Capitale du gouvernement du Pèndjâb ; centre du chemin de fer sur Dehli, en persan : *Dihli* دهلی Moultân et Pechâvèr, 149 n., 362.

Léhâvèr لهاور (voir : *Lahore*).

lance, 112, 116.

Leïla, nom de femme, 175.

Lekz, tribu dans les environs de Dèrbènd, 293, 293 n.

linceul de Sultân Mohammed qui meurt en 1220 — 81.

lingots de métaux précieux, 57.

lions, 108.

Livre saint = le Coran, 192 (voyez ce mot).

Loré ou *Louri*, ville de Géorgie, 292, 292 n., 294, 300.

Loua ben Ghâlib, nom de la famille du Khalife, 412.

Lour (pays des —), montagnes habitées par les Kurdes entre Ispahân et le Khouzistân. Le nom de cette peuplade s'étend à tous ces parages qu'on nomme *Louristân* ou pays des Lour.

Le pays des Lour dépend du Khouzistân, bien que, par sa situation, il semble être enclavé dans le Djébâl, 178, 226.

Louri, ville du pays des Kordj, 292, 294, 300.

Lourr, 178 (voyez : *Lour*).

M

Madjd ed-Dîn Mas'oud ben Çâlih el-Férâwi, frère du vizir Nidhâm el-Molk ; il avait le titre de Çadr Djihân. Il devient après Borhân ed-Dîn le chef des hanéfîtes à Boukhârâ ainsi que leur prédicateur. Il est assassiné par les Tâtârs, en 617 (= 1220), lors de la prise de Boukhârâ, 42, 43.

Mâhân, nom souvent donné aux deux villes de Dinèwèr et de Nèhâvènd, 374, 381.

Mahmoud bèn Sa'd ed-Dîn, le marchand d'esclaves, de la suite de Djélâl, 407.

Mahmoud bèn Séboktéguin, le Ghaznévide. Il était fils de Séboukteguin et d'une princesse du Zâboulistân et il est regardé comme le fondateur de la dynastie des Ghaznévides.

Il naquit à Ghazna le 10 moharrem 360 (= 13 nov. 970) et mourut à Ghazna d'un ulcère au poumon le 23 rèbi' ès-sâni 421 (= 30 avril 1030), dans sa soixante-deuxième année après avoir régné trente-trois ans. Il eut Meïmèndi pour vizir. Il fut enterré à Ghazna dans le superbe palais qu'il y avait fait bâtir et qu'il avait surnommé le *Palais de la félicité*. Son tombeau fut détruit au milieu du siècle suivant par 'Alâ ed-Dîn Djihân-Souz, fondateur de la dynastie des Ghaurides. Il eut pour successeurs deux de ses fils : Mohammed et Mas'oud, 320, 388.

Mahmoud Châh, seigneur de Yèzd. Il épouse la fille de Borâq le chambellan, 351, 352, 353.

Mahmoud el-Khârèzmi, envoyé de Djènguiz vers Djélâl, 57, 58.

Mahomet, prophète, 188 n.

maïl, hippodrome, 31, 32, 92.

Malathiya, ville d'Arménie, à 140 kilomètres du nord-ouest de Diârbékir (Kurdistân, Turquie d'Asie) sur le *Soulthân-sou*, affluent de l'Euphrate, 282 n., 398.

Maliân el-atâbèki, gouverneur de Khèlkhâl. Il en est dépouillé par Djélâl qui donne ce fief à Hosâm ed-Dîn, 35.

malik ملك titre, 166.

Malik Châh, fils d'Alp Arslân, 3ᵉ sultan seldjoukide, succéda l'an 465 (= 1072) à son père Alp Arslân, par les soins du célèbre vizir Nizâm ol-Molk, qui le fit proclamer à la tête de l'armée ramenée de la Transoxiane dans le Khorâsân. Il reçut du khalife Qâïm bi-amrillâh le diplôme qui lui conférait la dignité souveraine avec le titre de *Djélâl ed-Daouleh* ou *ed-Dîn* et celui d'*Émir el-mouminin* uniquement réservé jusqu'alors aux successeurs de Mahomet. Il mourut à Bagdâd, âgé de trente-huit ans en 485 (= nov. 1092), dix-huit jours après que Tâdj el-Molk son nouveau vizir eut fait assassiner par un Ismaélien son prédécesseur Nizâm ol-Molk.

Alp Arslân avait confié le Khârèzm à son fils Arslân Châh. Sous le règne de Mélik Châh, Abou Thahir, gouverneur de Samarqand, fut chargé de l'administration de la province du Khârèzm, qui après lui, fut confiée à 'Izz ol-Molk, le fils du célèbre Nizâm ol-Molk.

Le Khârèzm fut ensuite donné par le même prince à Anouchtékin, esclave de l'émir Melkatékin, qui l'avait acheté à un homme du Ghardjèstân. Il était devenu *ibriq-dâr* ابريقدار ou chargé de l'aiguière de Mélik Châh et il percevait à ce titre les revenus du Khârèzm.

Barkiarouk, fils et successeur de Mélik Châh en 1092, désigna Aqindjy pour succéder à Anouchtékin. Aqindjy fut assassiné à Mèrv par les émirs Qoudân et Yaraqtach qui essayèrent de s'emparer du Khârèzm. Mais, ils furent mis en déroute par les troupes envoyées contre eux, et Mohammed, fils d'Anouchtékin, fut investi du gouvernement du Khârèzm avec le titre de *Khârèzm Châh*, 490 (= 1097).

A la chute de l'empire des Seldjouqides, le Khârèzm Châh proclama son indépendance et fonda la dynastie des Khârèzm Châh (voyez ce mot), 291.

Malik el-islâm, fils d'Iftikhâr Djihân et frère d'Azîz el-islâm. Bien que tous trois ils soient à Khârèzm sous la sauvegarde de Tourkân Khâtoun, ils sont mis à mort par elle en 1220, lorsqu'elle se sauva de son pays devant les Tâtârs, 67.

malik el-khaouâss (el-khâss) ملك الخواصّ titre du superintendant du palais de Djélâl, 205, 205 n

Málin, chef-lieu d'un grand canton entre Nisâbour et Hérât, 164 n.

mamlouk مملوك 238.

Ma'n, personnage arabe célèbre par sa générosité et sa prodigalité, 237, 237 n.

Mançour, cadi; oncle paternel de Bèdr ed-Dîn el-'Amîd, 64.

mangonneaux, instruments de guerre, 87, 89, 90, 92, 154, 184, 331, 337, 347.

Mangoubirti, Minkberni, Mankoberni, Mankobirti, surnom de Djélâl ed Dîn, 3 n., 94, 412.

Mankothouï Châh, fils du sultan, 381.

Má ouara 'n-néhar ou *Transoxiane* (*Má vèrá èn-nèhèr* ماوراء النهر), pays situé au delà du Djihoun, 154, 356 (voir : *Transoxiane*).

Mardîn, ville de la province et à 90 kilomètres sud-est de Diârbékir (Kurdistân turc, Turquie d'Asie), chef-lieu de district près d'un ruisseau qui va rejoindre le Nèhr Zèrkân (bassin de l'Euphrate par le Khâbour), à 633 mètres d'altitude, sur le versant méridional du Qarâdjâ-dâgh, 318.

Mardîn (le seigneur de —), vassal d'el-Malik el-Modzaffèr Chihâb ed-Dîn Ghâzî ben el-Malik el-'Adil Abou Bekr ben Ayyoub, 398.

Mars, planète, 82.

Mas'oud bèu Ça'îd, cadi d'Ispahân, 117.

massue, 386.

maudit (le —) = Djènguiz Khân, 58, 71, 138, 139, 153, 156.

maudits (les —) = les Tâtârs, 79, 89, 91, 99, 105, 119, 224, 224 n., 226, 232, 383, 384.

maula مولى 44.

Mausoul (voir *Mossoul*), 310, 412.

Mázèndérân مازندران est aussi appelé Thabarestân (voir ce mot); vaste pays couvert de montagnes au sud de la mer Caspienne et au nord de la Perse. Est appelé ainsi à cause des forêts de chêne ماز dont il est couvert, 5, 28, 28 n., 43 n., 44, 47, 55, 68, 79, 80, 93, 126, 163, 164, 165, 174, 183, 300, 320, 342, 344, 365, 368.

Mecque (la —) et *la Mekke*, ville du Hédjâz à 100 kilomètres de Djouddah جده son port sur la mer Rouge. C'est la ville la plus célèbre de l'Arabie, en même temps que la métropole religieuse du monde mahométan, 21, 193, 193 n. 370.

medjlis-i chérîf مجلس شريف titre que l'on donne dans le protocole diplomatique; il est supérieur à celui de djénâb جناب 238, 238 n.

médrésé مدرسه école musulmane dépendant d'une mosquée, 26 n., 83, 319.

medressah (voyez *médrésé*), 83.

medresseh (voyez *médrésé*), 26 n.

Méghára, hameau, 401.

mèhtèr mèhtèr-ân مهتر مهتران surnom donné à Moqarrib ed-Dîn, chef des valets de chambre du sultan père de Djélâl, puis de Djélâl,, 81, 319, 320.

Mékrán. On désigne sous ce nom toute la région du Béloutchistân occidental comprise entre les provinces béloutch de *Lás* et de *Djáldván* à l'est; le désert de *Kharân* et le *Séistân* persan au nord; le *Kèrmân* à l'ouest; et la *mer d'Arabie* au sud. L'élymologie de ce mot est *mâhi khourân* ماهى خوران mangeurs de poisson, 5, 45, 47.

Mélâzdjèrd, ville de la province de Vân (Turquie d'Asie) à 92 kilomètres nord-est de *Mouch* au bord du *Touzla-sou*, et tout près de la rive gauche du *Mourâd-sou*, branche méridionale de l'Euphrate. Elle est au nord du lac de Vân dans le district de Khélâth (voyez *Mènâzdjèrd*), 307, 307 n., 333, 342, 344, 347, 402, 403.

Melka (Aïnândj Qotlough Olough —). Ce mot fait partie des titres de Nâçir ed-Dîn, vizir, 56.

Mèmdou Khân ben Arslân Khân, prince de Qayâliq et d'Almâliq (villes du Qara-Khithâï), 12, 13.

Ménâzdjèrd (voyez *Mélâzdjèrd*).

Ménazguèrd (voyez *Mélâzdjèrd*).

mendéfakiya, nom d'un corps de troupes particulier de Khélâth, 322.

Menkéli Bek Thâïn, officier de Djélâl, 229.

Mérâgha et **Maragha**, la plus grande et la plus célèbre ville de l'Azèrbâïdjân au sud de Tébriz et au sud-est du lac d'Ourmiah. Elle est arrosée par le *Safi-roud* qui sort du mont Sèhènd et se jette dans le lac d'Ourmiah. C'est à l'extérieur de Mérâgha que le savant Khâdjè Nâçir ed-Dîn Thoûsî construisit par ordre d'Houlâgou Khân, un observatoire dont on ne voit plus que les ruines, 165 n., 181, 182, 183, 193, 213 n., 215 n., 252.

Mercure, planète, 82.

Mèrdânèqin (avec un *noun*), citadelle dans l'Azèrbâïdjân vers l'Araxe, 272.

mèrdj مرج = plaine, prairie.

Mèrdj Chèraouân, lieu entre Zèndjân et Abhar, 366.

Mèrdj Daoulètâbâd, un des cantons de Hamadân, 78.

Mèrdj Nèkhdjaouân, 301.

Mèrdj Sâïgh, 52, 104.

Mèrdj Zèndjân, 367.

Mèrènd, ville à deux journées de Tébriz en se dirigeant vers le nord-ouest sur la route de Djoulfa, 270, 275, 278.

Mèrgha, citadelle, 165, 165 n.

Mèrv, la plus célèbre ville du Khorâsân, 73 n., 101, 115, 165.

Mèrv èr-roud, ville à cinq journees de Mèrv èch-Chahidjân ou la grande Mèrv, 170 n.

Mésopotamie ou **Djézirèh**, pays compris entre l'Euphrate et le Tigre, depuis Diârbékir et les confins de la province d'Haleb (Alep) à l'ouest, jusqu'à la hauteur de Bagdâd au sud-est. La partie comprise entre les deux fleuves au-dessous de Bagdâd s'appelle l'*Irâq 'Arabi*, 131.

Mès'oud, seigneur d'Amid, 318, 403.

meule de pressoir, 114.

Miânèh ou **Miânèdj**, ville de l'Azèrbâïdjân située entre Tébriz et Mèndjil منجيل sur la route de Tébriz à Téhérân, 28, n 213.

Mikayil, père de Thoghroul-Beg, 21.

mil-djèfnâ, nom du tombeau de Chihâb ed-Dîn à Nîsâ, 89.

mitsqâl مثقال mesure de poids, 106.

mizâb مزاب nom de la gouttière du temple de la Mekke, 193, 193 n.

Moatazélites, secte musulmane opposée aux *Djibârites* et aux *Sifâtites*. On les appelle aussi *qadarites* parce qu'ils admettent le libre arbitre. Ils se divisent en vingt sectes, 77.

Moayyid ed-Dîn el-Qoummi, vizir du khalife el-Mostançer billâh à Bagdâd, 311.

INDEX DES NOMS PROPRES

Moayyid ed-Dîn Ismaʻîl eth-Thoghrâï, poète, 388.

Moayyid el-Molk, surnom de Qaouâm el-Molk, 47, 48, 49.

Moayyid el-Molk Qaouâm ed-Dîn, prince et gouverneur du Kèrmân, du Kîch et du Mékrân au nom de Djélâl, 47, 108, 233.

mochrif مشرف titre d'un des membres du divân de Djélâl, 316, 325.

Modhaffer ed-Dîn Bokhârî, seigneur d'Arbil et vassal du Khalife, 310.

Modhaffer ed-Dîn Sʻad ben Zèngui, atâbèk et seigneur du Fârs, 129 (voir : Saʻd, l'atâbèk).

Modhaffer el-Molk, seigneur d'Ighâniya, 134, 136.

Modhaffir ed-Dîn Bardékiz, Turc et seigneur de Qazvîn. Il vient à Hamadân se mettre au service de Djemâl ed-Dîn Mohammed bèn Abou Abèh pour s'emparer de l'ʻIrâq, 117.

Modjîr ed-Dîn ʻOmar ben Saʻd el-Khârèzmi, ambassadeur de Djélâl auprès du grand roi ʻAïssa ben èl-Malik el-Adil Abou Bekr ben Ayyoub, puis cadi de Tébriz après ʻIzz ed-Dîn, 20, 21, 42, 182, 183, 200, 201, 210, 211, 249, 250, 283, 355.

Modjîr ed-Dîn Yaʻqoub bèn èl-Malèk el-ʻAdil Abou Bèkr bèn Ayyoub, officier assiégé à Khélâth par Djélâl, 321, 322, 324, 331, 332, 333, 333 n., 336, 342, 366, 372, 373.

Modjîr el-Molk Tâdj ed-Dîn Abou 'l-Qâsim, un des six ministres de Djélâl, 56.

Mogol, 72.

Mohammed (le sultan —), héritier de son père Takach, 35, 36, 38, 72, 305 (voir aussi : Sultân).

Mohammed Akhi, valet de chambre de Chèrèf el-Molk en prison, 387.

Mohammed ben Ahmèd ben ʻAli ben Mohammed el-Monchi en-Nésâwi, l'auteur de ce livre, 2, et *passim*.

Mohammed ben Çalih, vizir révoqué; il reste avec Tourkân Khâtoun, 68.

Mohammed ben Malik Châh, sultan, 395.

Mohammed ben Qarâ Qâsèm en-Nésâwi, émir et ambassadeur de Sultân Mohammed bèn Takach, 15.

Mohammed ben Seboktéguin (voir Mahmoud...), 388.

Mohammed bèn Takach. C'est le père de Djélâl, 5, 6, 8, 12 n, 14, 15, 18, 19, 20, 21, 22, 23, 24, 35, 36, 38, 72, 305 (voir aussi : Sultân et Takach).

Mohyi ed-Dîn ibn el-Djauzî, ambassadeur du Khalife, 341.

Moʻîn ed-Dîn el-Qommi, vizir de Chèrèf el-Molk, 373.

Moïse, 177.

Mokhteçç ed-Dîn, fils de Chèrèf ed-Dîn ʻAli, gouverneur de l'ʻIrâq. Il est envoyé comme ambassadeur par Djélâl à el-Malik el-Achraf Mousa, 341, 366, 397.

molekkhès de Fakhr ed-Dîn er-Râzi, ouvr. cité, 173.

monnaies, 198.

Moqarrib ed-Dîn, surnommé *mèhtèr mèhter-ân*. Chef des valets de chambre de Sultân Mohammed, le père de Djélâl, puis de Djélâl, 81, 319, 320.

Mossoul, ville déchue du Kurdistân turc (Turquie d'Asie), chef-lieu de province, à 352 kilomètres nord-nord-ouest de Bagdâd, sur la rive droite du Tigre, en face du confluent du Hozèr-tchaï, 214, 310, 412.

mostaufi مستوفى titre d'un membre du divân de Djélâl, 316.

moüï dirâz موى دراز sobriquet de Chèms ed-Dîn Mohammed, membre du divân de Djélâl, 297.

Mouqân, district de l'Azèrbâïdjân entre Ardébil et Tébrîz, 210, 264, 265, 266, 280, 283, 284, 285, 287, 289, 290, 292, 348, 360, 365, 366, 367, 368, 372, 373, 375, 379.

Mourghâb, rivière du Pamir (Asie centrale), une des branches mères de l'Amou-dériâ, passe à l'ouest de Balkh. Son cours a environ 460 kilomètres. Ne pas confondre cette rivière avec un autre Mourghâb qui passe à Mèrv, 39 n.

moutons, 76, 399.

mule, 42, 43, 316.

muraille de la Chine, 7.

mûriers. Les Tàtârs débitent les troncs de ces arbres en morceaux arrondis pour alimenter leurs mangonneaux, 154.

musc (sachets de —), 57, 347.

musette, 41.

Myânèh ou *Myânèdj*, 213, (voir : *Miânèh*).

Myâfâréqin ou *Méfârkin* ميافارقين Cette ville est située au nord du Tigre sur un affluent du *Bathmân-sou*. Elle est à environ 16 lieues d'Amid vers le nord-est, et presque à égale distance de Diârbékir et de Bitlis. Salâh ed-Dîn s'en empare, puis elle est assiégée et prise par les Tàtârs.

Aujourd'hui c'est le chef lieu d'un caza du vilâyèt de Diârbékir et elle porte aussi les noms de *Musarkin*, *Namidièr-Silvân* et *Silvân*, 400, 407, 408, 409.

N

Nâçir ed-Dîn, 55, 55, 56.

Nâçir ed-Dîn Aqach, surnommé Koudjèk, lieutenant de l'atâbèk Ouzbèk, 251.

Nâçir ed-Dîn Barqâ, page de Chèrèf el-Molk et gouverneur de Khoï, 270.

Nâçir ed-Dîn Bouqâ, mamlouk de Chèrèf el-Molk et gouverneur de Koura-Kounân (entre Ourmiah et Tébrîz), 278, 284.

Nâçir ed-Dîn Mohammed, grand chambellan sous les atâbèks. Il est pris par Chèrèf el-Molk, 260.

Nâçir ed-Dîn Qachtamir, mamlouk, grand chambellan et chef d'armée de Chèrèf el-Molk. Il est vainqueur des atâbékiens à Dih-Kharèqân, 252.

Nâçir ed-Dîn Qichtémir, mamlouk puis émir sous Chèrèf el-Molk, 386.

Nâçir ed-Dîn Sa'îd, fils d'Imâd ed-Dîn, prince de Nisâ. Il ne survit que six mois à son père ; il meurt donc dix-huit à vingt mois après Sultân Takach, 85.

nâçirien (cortège —), 54.

nâdhir ou nâzir ناظر titre de membre du divân de Djélâl, 31.

Nâhour, ville de Lahore (voir *Lahore* et *Néhaowr*), 149 n., 362 n.

Naqardjèn ou Baqardjèn, chef de la garde particulière de Djènguiz.

Il va assiéger la place de Khârèzm, 154 n. (voir *Baqardjèn*).

Nâri, affluent du Mourghâb, lui-même affluent de l'Amou-dériâ. La citadelle d'Ankhoudz est sur le Nâri, juste à l'ouest de Balkh, 39 n.

Nasr ed-Dîn, prince de Nisâ, 106.

Nazouk, petit lac entre Khélâth et Mènazdjèrd, juste au nord-ouest du lac de Vân, 307.

Nèchjouân, un des bourgs principaux dépendants de Nisà, 111, 113, 114.

Nèdjib ed-Dîn ech-Chahrzouri, surnommé le *qissa-dâr*, قصه دار, ministre de Djénèd, 168, 169.

Nèdjm ed-Dîn Audâk, grand écuyer de Djélâl envoyé en ambassade auprès du Khalife, 341.

Nèdjm ed-Dîn el-Khârèzmî, jurisconsulte de la cour de Djélâl, 318.

Nèdjm el-Dîn er-Râzi, ambassadeur du khalife edh-Dhahir biamrillâh, 282.

Néhâouèr ou plutôt *Léhâvèr* لهاور ville de Lahore dans l'Inde, 149 (voir: *Lahore*).

Néhâwènd, grande ville à trois journées ou 14 farsakh de Hamadân dans la direction de la qiblah (sud-ouest). Célèbre par la bataille livrée l'an 21 (= 642), sous le khalifat d''Omar ben el-Khatthâb. On lui donne souvent le nom de Mâhân, 375.

ncige, 36.

Néinândj, 28.

Nakhdjaouèn (en persan *Nakhdjévân* نخجوان). Ville du gouvernement et à 137 kilomètres sud-est d'Érivân (Transcaucasie, Russie méridionale), chef-lieu du district; à 1 kilomètre et sur un canal dérivé de la rive droite du *Nakhdjèrân-tchâi*, affluent gauche de l'Araxe. Fut cédée par la Perse à la Russie en vertu de la convention de Tourkmântchâï de 1828. — C'est là qu'est la douane russe. Elle fut prise par 'Ali el-Achrafi, 127, 183, 197, 208, 266, 267, 270, 278, 294, 299, 300, 301, 302.

Nèkhdjaouân (la princesse de —) épouse Djélâl, 300.

Nèmèh Nouyèn, un des chefs de l'armée de Djènguiz, 75.

Nésâ et *Nisa*, ville et citadelle du Khorâsân. — Patrie de l'auteur de ce livre. Sultân Mohammed, le père de Djélâl, devient maître de cette citadelle et la fait détruire de fond en comble. L'emplacement sur lequel elle était bâtie fut livré à la charrue de façon à en égaliser le sol, que l'on ensemença en orge en signe de mépris. Cette ville est à :

2 journées de Sérakhs;
5 — de Mèrv;
1 — de Abivèrd;
6 ou 7 — de Nisâbour.

33, 39, 40, 43, 82, 84, 85, 86, 87, 89, 98, 99, 101, 102, 103, 104, 106, 107, 110, 111, 112, 113, 114, 165, 173, 177, 178, 179, 180, 182, 247, 248.

Néwâr, femme de Férazdaq, 268, 268 n.

Nidhâm ed-Dîn, secrétaire des commandements du sultan, 56.

Nidhâm ed-Dîn, général, 164, 165.

Nidhâm ed-Dîn, ex-vizir d'Ispahân, 217.

Nidhâm ed-Dîn, raïs et gouverneur de Tébrîz; neveu de Chèms ed-Dîn eth-Thoghrâï, 184, 190, 192.

Nidhâm ed-Dîn es-Sèm'ani, 97, 98, 99.

Nidhâm el-Molk, titre de quelques courtisans de Djélâl, 172.

Nidhâm el-Molk Mohammed, frère de Madjd ed-Dîn Mas'oud, 42.

Nidhâm el-Molk Mohammed

ben Nidhâm el-Molk Béhâ ed-Dîn Mas'oud el-Hérawi, vizir, 50.

Nidhâm el-Molk Nâçir ed-Dîn Mohammed ben Çalih, vizir du Mâzèndérân pour Djélâl, 38, 42, 46, 49, 51, 52, 70, 233, 365.

Nimroud, montagne au bord du lac de Vân, côte nord-ouest. La ville de Khélâth y est juste adossée, 206 n.

Niou-tchi, peuple, 8 n., 11 n.

Nisâbour et *Nichapour*, grande et belle ville du Khorâsân sur la route de Tèhérân à Mèchhèd. Elle est à :

160 farsakh de Réï ;
40 — de Sérakhs ;
30 — de Mèrv Chahidjân.

Elle est prise en 1222 par les Tâtârs qui la rasent et en égalisent le sol pour y installer un jeu de mail. 25 n., 46, 47 n., 49, 50, 52, 56, 77, 84, 90 n., 91, 92, 92, n., 102, 103, 107, 108, 114, 164, 164 n., 220 n., 221, n. 233, 234, 242 n., 276 n.

Nisapour (voir *Nisâbour*).

Noçâïr ed-Dîn Daulètyâr, préposé à la garde du sceau du sultan, 29, 30.

Noçrèt ed-Dîn, frère de Nidhâm el-Molk, 365.

Noçrèt ed-Dîn, seigneur de Djébèl et général de cavalerie de Djélâl, 303, 304.

Noçrèt ed-Dîn, oncle de Rokn ed-Dîn Kaboud-Khânèh et cousin d''Izz ed-Dîn Kaï-Khosrou. Il est mis à mort par Sultân Mohammed, 79.

Noçrèt ed-Dîn Abou Bèkr, fils de l'atâbèk Sa'd Zèngui, seigneur du Fârs, 33.

Noçrèt ed-Dîn Hamza ben Mohammed ben Hamza ben 'Omar ben Hamza, oncle (165) ou cousin (173) et successeur d'Ikhtiyâr ed-Dîn Zèngui ben Mohammed ben 'Omar ben Hamza au trône de Nisâ, 165, 173, 176, 179.

Noçrèt ed-Dîn Mohammed ben el-Hasan ben Kharmîl (malik). Il se réfugie dans l'Inde, devient ensuite favori de Djélâl et son commandant militaire à Ispahân où il meurt assassiné par Ghiyâts ed-Dîn, 146, 233, 234, 235, 236.

Noçrèt ed-Dîn Mohammed ben el-Hasen ben Khermîl (le père de —). C'était un émir des Ghour qui avait régné à Hérât, 233.

Noçret ed-Dîn Mohammed ben Bichtégin, prince, 6, 26, 28, 29, 31, 32, 33, 260, 274, 275.

Noçrèt ed-Dîn Mohammed ben Kaboud-djamèh, seigneur du Djordjân, 208.

Noçrèt ed-Dîn Mohammed ben Lezz, prince de Zaouzèn, 47.

Noçrèt ed-Dîn Mohammed ben Pichtéguin, 6, 26, 28, 29, 31, 32, 33, 260, 274, 275.

nouba نوبة de Dzou 'l-Qarnéin, aubade que le sultan considérait comme une sorte de prérogative royale, 37, 334.

Nouchdjân, village à l'orient de Nisâbour. Les Turcs s'y installent pour faire le siège de Nisâbour, 92, 92 n.

Nou Chèhr, ville neuve, un des noms de Nisâbour, 276.

Nour èd-Dîn Djébriyil, titulaire du fief de Qâchân, aventurier turc de l''Irâq. Il vient se mettre au service de Djémâl ed-Dîn Mohammed ben Abou Abèh pour s'emparer de l''Irâq, 117, 124.

nourrice, 47.

Nousdjân (voyez : *Nouchdjân*).

O

oculiste, 71.

oies sauvages, 289.

Okathâï ou Oktâi اوكتای le Khâqân. Nom du 3ᵉ fils de Djènguiz Khân, 153. Les quatre fils que Djènguiz a de sa première femme sont :

جوجی Djoudji ;

جغتای Djagataï ;

اوكتای Oktâi ;

تولی Touli.

Olough, fait partie de l'apostille dont se servait Nâçir ed-Dîn, 56.

Olough Tourkân, surnom de Tourkàn Khâtoun, 73.

'Omar ben el-Khatthâb, 2ᵉ khalife. Il succède à Abou Bekr qui avait succédé à Mahomet, et règne de l'an 13 à l'an 23 de l'hégire. Un esclave persan nommé Firouz, pour se venger de ce que le Khalife lui avait refusé une diminution de tribut, le perça de trois coups de poignard à la mosquée, le 24 dzou 'l-hiddjè de l'an 23 (1ᵉʳ nov. 644) et se tua lui-même afin de se dérober au supplice. 'Omar mourut de ses blessures cinq jours après et fut enterré auprès de Mahomet et d'Abou Bekr dans la grande mosquée de Médine, 381.

'Omar Khân, surnommé Saboùr Khàn. C'est le frère de Hindou Khân. Tous deux sont fils du seigneur de Yazèr. 'Omar est emmené par Tourkân Khâtoun à son départ du Khârèzm pour lui servir de guide. Pendant onze ans, pour se soustraire à la férocité de son frère Hindou, il avait contrefait l'aveugle, d'où son surnom de Saboùr. Tourkân, craignant d'être trahie et n'ayant plus besoin de lui, lui fait trancher la tête en atteignant les frontières de Yazèr, 67, 68.

'Omar Khodja el-Otrâri, négociant tâtâr assassiné en 1217 par Inâl Khân à Otrâr, 59.

Onán, fleuve, 8 n.

Orkhân, attributaire du fief du Khoràsàn ; émir et courtisan de Djélâl ; il est tué par les Ismaéliens aux environs de Guèndjèh, 147, 158, 177, 186, 195, 196, 207, 208, 219, 220, 230, 244, 264, 278, 337, 338, 406, 407.

Ortoq Khân, officier de Djélâl, 229.

Ostouvvá, canton de la province de Nisâbour, 90, 104.

Otrâr اترار Les ruines d'Otrâr se trouvent sur les bords du Syr-dériâ, près de l'endroit où il reçoit l'*Arys*, à 55 kilomètres sud-sud-est de la ville de *Turkestán* et à 116 kilomètres nord-ouest de Tchimkent. C'est la ville où mourut Tamerlan le 17 février 1405. — 38, 38 n., 59, 62, 63, 64, 73, 74.

'Otsmân, sultan des sultans. Seigneur de Samarqand et neveu de Tâdj ed-Dîn Belkâ Khân. Djènguiz lui avait fait épouser Khân Soulthân, une des filles de Sultân Mohammèd, 39, 70.

'ottâbî عتابی étoffe de soie ondée (voir la note au mot hattabi), 327, 327 n.

Ouacht, village du canton de Khouchàn, 105.

Ouakch et *Wakhch*, ville du district de Balkh, sur les bords de l'Oxus, 63, 67.

Ouâlègh Khân, personnage de la cour de Djélâl, 315.

ouâli والی = gouverneur, 54.

Oubân (voir : Abân), 146 n.

Oudja (voir : *Audja*), 149 n.

Ouelâchdjèrd, ville du district de Khélâth, 333.

Oufa Molk, surnom de el-Hasan Qazlaq, officier de Djélâl, 152, 153, 362.

Ouïgours. Les descendants les plus purs des Ouïgours se trouvent aujourd'hui parmi les Euzbegs. Une de leurs tribus habitant la Boukhârie garde encore ce nom, 12 n.

Ouldèj ou *Oulèkh*, 63, 63 n., 135.

Ourmiyá et *Ourmiah*, chef-lieu de l'Azèrbâdjân, près du bord occidental du lac d'Ourmiah, qu'on appelle aussi dans ce livre, *lac d'Azèrbâidjân*. La ville d'Ourmiah fut donnée par Djélâl à son épouse qui est la fille de Toghril, 195 n., 197, 197 n., 254, 275, 284 n.

Ousthán, ville du district de Khélâth, 333.

Oustoun-âbâd, forteresse du Thabarèstân à 10 lieues de Réï. C'est une place inexpugnable dans les montagnes du Mâzèndérân, 79.

Oustoun Aouènd et *Oustoun Awènd*, citadelle dans le district de Denbâvvènd, province de Réï, 119, 122.

Oustoun Nouyèn, officier tâtâr, qui se trouve au siège de Khârèzm en 1220. — 154.

Oustouvva-Khabouchán, canton de la province de Nisâbour, 90, 104.

Ouzbèk (l'atâbèk —), prince de l'Azèrbâidjân. Il épouse la fille de Toghril ben Arslân, 24, 26, 27, 28. 30, 31, 32, 33, 126, 129, 178, 183, 196, 198, 210, 215, 243, 251, 252, 271, 272 (voir : atâbèk).

Ouzbèk Bâïn (Djihân Bahlaouân —), vaillant guerrier de Djélâl, va guerroyer contre Chèms ed-Dîn Iltoumich, 150.

Ouzbèk ben Mohammed, atâbèk. Prince de l'Azèrbâidjân et de l'Errân, 6, 24.

Ouzbèk ben Mohammed ben Ildeguiz, atâbèk, 126, 127.

Ouzbèks (les —), 25.

Oxus ou *Djihoun* جيحون ou *Amoudériâ*. Ce fleuve qui prend naissance dans les plateaux du Pamir et se jette dans la mer d'Aral a une longueur totale de 2,500 kilomètres La longueur de l'Amou depuis la mer jusqu'au point où commence la navigation est de 1,533 kilomètres. C'est le cours de ce fleuve que l'on regardait généralement comme séparant le Khorâsân des pays du Turkestân ou Transoxiane ou Mâ vérâ èn-nèhèr (ce qui est au delà du fleuve), 63 n.

P

palefrenier, 80.

parasol du sultan, 25.

Peichavver پشاور (Vivien de Saint-Martin : Peïchâvèr ; angl. : Peshawar). Ville et province de l'extrémité du Pèndjâb (nord-ouest de l'Inde) à 366 kilomètres de Lahore, à 17 kilomètres de la frontière afghane et à l'ouest de l'Indus, 132 n.

pelisse d'honneur, 32, 34, 51, 52, 121 (voir : khil'a).

Pèndjâb, ou pays des cinq rivières. Région nord-ouest de l'Inde. Borné au nord par le royaume de Djamou-Kachemir ; à l'ouest par l'Afghanistân et le Beloutchistân ; à l'angle sud-ouest par le Sindh (présidence de Bombay) ; au sud, par le Radjpoutana ; à l'est, par les North-West provinces.

Il est arrosé par l'Indus. Comme superficie, c'est le dixième de tout l'empire indien ou encore les deux tiers de la France, 146 n.

perles, 47, 78, 106.

Persans, 3, 55, 86.

Perse ou *Irán* ایران 24 n., 26 n., 28 n., 55, 86, 131, 216, 375 (voir: *Irán*).

Persépolis ou *Isthakhr*, célèbres ruines à 60 kilomètres nord-est de Chîrâz, 34 n (voir : Isthakhr).

Pichtéguin ou Bichtéguin, 6, 26, 28.

pièces d'or, ghiyâtsiennes et ghouriennes, 357.

pierres pour la pluie, 396.

pioches, 91.

Pîr Châh (Ghiyâts ed-Dîn —) (voir ce mot). C'est le frère de Djélâl.

Pléiades (les —), en arabe : ثریا soureiyâ ; en persan پروین pèrvîn. — Constellation de l'hémisphère boréal qui occupe la tête du Taureau et compte six étoiles. Les anciens donnaient ce nom à une constellation composée de sept étoiles qui servaient de guide, la nuit, aux navigateurs. Aujourd'hui, l'une d'elles ayant disparu complètement, on n'en voit plus que six, — 219.

porte - aiguière ابریقدار *ibrîq-dâr*. Dignitaire du palais qui a pour office de verser de l'eau au monarque quand il fait ses ablutions, 40.

prémices, 114.

prières canoniques, 37, 79.

princesse (la —), femme du prince Khâmouch. Elle commande la forteresse de Rouïn-dez, 257, 261.

protocole du vizir Chihâb ed-Dîn, 83.

Q

Qabbán, ville de l'Azèrbâïdjân, près de Tébrîz, 273, 273 n., 274.

Qabq (montagne de —) dans la Géorgie, 190 n.

Qâbqadj ou Qânqâdj, courtisan de Djélâl. Il traverse l'Indus à la nage avec 300 cavaliers après la défaite de Djélâl en 1222, — 142.

Qaçab es-Sokkeur, ambassadeur du seigneur d'Amid, 404.

Qâchán, ville du Djébâl et province de l''Irâq 'Adjèmi, 124, 188 n., 204 n., 228, 231.

Qâdhâm Nouyèn, un des chefs tâtârs qui assiègent Khârzèm en 1220, — 154.

qaïmariennes, 331.

Qaïméria, général à Khélâth contre Djélâl, 331 (voir : Hosam ed-Dîn el-Qaïméri).

Qáïn, capitale du Kouhistân, province située entre celles d'Hérât et de Nisâbour, 220, 220 n.

Qalabars Béhâder, courtisan de Djélâl. Il traverse l'Indus à la nage avec 300 cavaliers après la défaite infligée en 1222 par Djènguiz à Djélâl, 141, 142 n. (voir : Qılbars).

Qamar ed-Dîn Qobâdja, réside dans l'Inde. Il est seigneur de Debdéba-Ousaqoun, de Audjâhi, de Kolour et de Bèrnouzèdj. D'abord ami de Djélâl ; il lui tue son ministre Chèms el-Molk réfugié chez lui et se fait un ennemi de Djélâl. Noçret ed-Dîn Mohammed ben el-Hasen ben Khermîl se réfugie aussi près de lui, 144, 145, 146, 148, 149, 151, 171, 233, 234.

Qandahár et *Candahar*, ville de l'Afghanistân, lat. 31° 37′; à 1 heure de la rive gauche ou occidentale de l'*Arghand-áb*, grand tributaire gauche du *Hèlmènd* et à 2 heures de la rive droite du *Tarnak*. Importante par sa position sur la grande route commerciale et militaire de la Perse vers l'Inde. La capitale a été transférée par Timour Châh II, roi des Afghans, à Kâboul en 1773, — 134.

Qânqadj (voyez : Qâbqadj), courtisan de Djélâl. Il traverse l'Indus à la nage avec 300 cavaliers après la défaite infligée en 1222 par Djènguiz à Djélâl, 142 n.

Qanqli, tribu d'où sortait Tourkân Khâtoun, 72 n.

Qaouâm ed-Dîn, vizir de Zouzèn. Il fait crever les yeux à Noçret ed Dîn, 48.

Qaouâm ed-Dîn el-Djédârî, le même que le suivant.

Qaouâm ed-Dîn el-Khédârî, fils de la sœur d'eth-Thoghrâï et cadi de Tébrîz. Il est remplacé dans cette fonction par 'Izz ed-Dîn el-Qazouîni, 198, 199, 253.

Qaouâm el-Molk, vizir de Zouzèn. Il fait crever les yeux à Noçret ed-Dîn, 48 (sans doute le même que Qaouâm ed-Dîn).

Qaqzaouán, 299, 300.

qarâbaghra, nom d'une énorme catapulte que Djihân Châh envoie devant Khélâth à Djélâl, 308.

qarâdjouli قراجولى sorte de sabre, 314.

ará-Khithái, Chine, 12 n.

Qarn Khân, fils d'Amin-Molk; jeune homme d'une grande beauté. Il est assassiné par la populace de Kolour (Pèndjâb). une des villes de Qobâdja, 146.

Qâroun, citadelle, 122.

Qarqáz (vallée de —), 384.

Qarr Malik, gouverneur de Tiflis pour Djélâl, 209.

Qarr Malik Tâdj ed-Dîn el-Hosaïn, seigneur d'Astèrâbâd, 208.

Qayáliq, ville de Chine, 12, 13.

Qazlaq (el-Hasan —), surnommé Oufa Molk. Gouverneur du Ghour et de Ghazna pour Djélâl, 134, 152, 362.

Qazouîn et *Qazvîu*, ville célèbre de l''Iraq, sur la route de Tébriz à Téhérân, à l'embranchement de la route de Rècht, au pied méridional des montagnes du Ghilân. Elle est à :

    27 farsakhs de Rëï;
    12 — d'Abhar.

24, 27, 30, 35 n., 117, 122, 123 n. 129 n, 327, 351, 352, 353, 359, 362, 364, 390.

Qedboga Nouyèn, émir tâtâr, 92.

Qibla ou *Qiblah*, ville du Chirvân dans l'Arménie, 243, 291, 291 n.

Qifdjâq, tribu appartenant à Djélâl, 76, 286, 287, 404.

Qilbars Béhâder, courtisan de Djélâl. Il traverse l'Indus à la nage avec 300 cavaliers après la défaite infligée en 1222 par Djènguiz à Djélâl, 141, 142 n.

Qimpâr Châh (1224-1227), fils de Djelâl et de la sœur de Chihâb ed-Dîn Soleïmân Châh, prince d'Ibouyèh. Cette femme avait d'abord été mariée au gouverneur de la citadelle d'Ibouyèh. Qimpâr meurt sous les murs de Khélâth à l'âge de trois ans, 308, 309.

Qiqou Nouyèn, émir tâtâr, 93.

qissa-dâr قصه‌دار fonctionnaire chargé de recevoir requêtes et réclamations, 168.

Qizil Arslân (l'atâbèk —) = le prince Khâmouch, 281 (voir ce mot).

Qizileq (voir : el-Hasan Qazlaq), 152 n.

Qobâdja (Qamar ed-Dîn —), réside dans l'Inde. Il est seigneur de Debdéba-Ousaqoun, de Audjâhi, de Kolour et Bèrnouzèdj. D'abord ami de Djélâl; il lui tue son ministre Chèms el-Molk réfugié chez lui; — laisse massacrer à Kolour Qarn Khàn, fils d'Amin Molk, et se fait un ennemi de Djélâl. Noçret ed-Dîn Mohammed ben el-Hasen ben Khermil se réfugie aussi auprès de lui, 144, 145, 146, 148, 149, 151, 171, 233, 234.

Qobâdja (le fils de —), seigneur de Lahore, 149.

Qochqarâ, mamlouk de l'atâbèk Ouzbèk. Il est adjoint à Çafy ed-Dîn, en qualité de gouverneur et commandant militaire par Djélâl, 243, 244.

Qodjèb Arslân, chef de cavalerie turcomane, 265.

Qohistán et *Kouhistán*, province située entre celle de Hérât et celle de Nisâbour, 220, 220 n., 242 n., 356.

Qomm, ville du Djébâl, voisine de Qàchàn. Elle est juste au-dessous de Téhèràn, 188 n.

Qondouz, 63, 75.

Qorsi-Beg, fils de l'oncle maternel de Rokn ed-Dîn Ghourchâïdji, 118.

Qothb ed-Dîn, surnom de Sultân Mohammed dans Ibn el-Atsîr, 3 n.

Qothb ed-Dîn Azlâgh Châh, fils de Tourkân Khâtoun, héritier présomptif de Sultân Sindjâr Nâçir (le père de Djélâl), a le titre de prince du Khârèzm, puis est dépouillé du titre d'héritier qui passe à son frère Djélâl, 44, 55, 93, 103.

Qothb ed-Dîn en-Nisâbouri, docteur chafé'ite, 43 n.

Qotlogh Khân, surnom donné à Boudjî Bahlouân, émir de Djélâl, 19, 62, 96.

Qotlough, 56.

Qouâm ed-Dîn el-Haddâri, cadi révoqué de Tébriz. C'est le fils de la sœur d'eth-Thoghrâï. Il est arrêté par Chèrèf el-Molk (le même sans doute que Qaouâm ed-Dîn el-Khédâri), 198, 199, 253.

Qoumès, ou *Qoumis*, district au pied des montagnes du Thabarestân, 25, 78 n., 177 n., 221 n.

Qouthour, citadelle près de Tébriz où était enfermé le fils du prince Khâmouch, 251, 274, 277.

queues de cheval, 51, 51 n., 259, 259 n. (voir : *thoug*).

R

Raban, 71 n.

Rachid ed-Dîn, auteur cité, 8 n.

R'ad, localité, 176

Radhi el-Molk, ancien inspecteur du divân djélâlien à Ghazna. Il fait mettre à mort Çalah ed-Dîn Mohammed en-Nésaï, gouverneur de la citadelle de Ghazna et dévoué au sultan. Djélâl feint de ne tenir aucun compte de cela jusqu'au jour où, vainqueur des Tàtârs à Béïrouân, il fait arrêter Radhi, le met à la torture et le fait périr, 133.

Rafa'ân, imâm, jurisconsulte de l'Iráq et auteur du *Chèrh el-ouadjîz*, 390.

Rafa'ân (la fille de —), femme de Zéïn ed-Dîn Abou Hâmid el-Qazouïni, le jurisconsulte, 390.

raïs, 125.

rajah, (en persan : راجه râdjah ; راى

râï). Signifie prince dans la langue de l'Inde, 150, 151.

ramadân رمضان 231, 231 n.

Rana-Chatra (voyez Zana-Chatra), 142 n.

Rébi'a, tribu arabe, 131.

Rébîb ed-Dîn Abóu 'l-Qâsèm bèn Ali Dindân, vizir et premier ministre de l'atâbèk Ouzbèk. Il est établi à Tébrîz, 6, 26, 27, 28, 29, 197, 271, 272.

Rècht, capitale du Ghîlân ; à 3 heures de la mer Caspienne et à 57 farsakh de Téhérân, 29 n.

reine (la —), fille de l'atâbèk Sa'ad et femme de Djélâl, 293, 406.

réka'a ركعت portion de prière, 387.

rester coi, 42.

retranchements, 92.

Reyy, capitale du Djébâl. Elle est à :
160 farsakh de Nisâbour ;
17 — de Qazvîn.
24, 24 n., 25, 25 n., 27, 47, 78, 79 n., 116, 118, 119 n., 161, 177, 178, 221 n., 224, 232, 238, 240, 241, 244, 246, 327 n., 364.

rhinocéros (cornes de —), 57.

ribâth رباط sorte de couvent-forteresse placé sur la frontière d'un pays et dont les habitants se livraient à la fois aux pratiques de la dévotion et à la guerre contre l'ennemi, 80 n.

Rokn ed-Dîn, 357 n.

Rokn ed-Dîn, jurisconsulte khârèzmien de la cour de Djélâl, 329.

Rokn ed-Dîn Djihân Châh bèn Toghril, seigneur d'Erzèn er-Roum, cousin de 'Alâ ed-Dîn Kéï-Qobâd ben Kéï-Khosrou, seigneur du pays de Roum, 306, 307, 328, 342, 343, 344.

Rokn ed-Dîn el-'Amîdî, docteur chafé'ite, 43 n.

Rokn ed-Dîn el-Maghîtsi, cadi de Nisâbour, 50.

Rokn ed-Dîn Gourchâïdjî, prince de l'Irâq ; fils de Sultân Sindjâr Nâçir (le père de Djélâl) ; Ghourchâïdjî est donc le frère de Djélâl. Son père le marie à la fille de Hézârasf, prince du Djébâl. Il périt assassiné dans la citadelle d'Oustoun Avènd, 44, 45, 46, 76, 77, 117, 118, 119, 120, 122, 123, 217.

Rokn ed-Dîn ibn 'Atthâf, ambassadeur du khalife edh-Dhahir biamrillâh, 282.

Rokn ed-Dîn Khaboud-Khânèh, neveu de Noçret ed-Dîn, 79.

Rokn ed-Dîn Mès'oud bèn Ça'ed, cadi d'Ispahân, 160, 218.

rokni ركنى sorte de type de monnaie imaginé par Rokn ed-Dîn, 357, 357 n.

Rouïn-dez, forteresse située sur le mont Silân, près d'Ardébil ; elle est investie par les troupes de Chèrèf el-Molk, 215 n., 261.

Roum, pays qui correspond à l'ancienne Cappadoce. Roum désigne chez les auteurs musulmans l'Asie mineure et la partie de l'Europe soumise aux empereurs de Constantinople. Les Seldjouqides d'Asie Mineure ou de Roum résidaient à Iconium (auj. : Koniah), 4, 182, 202, 211, 212, 257, 261, 280, 304, 306, 318, 327, 328, 329, 334, 342, 344, 346, 349, 363, 364, 366, 404.

Rousoudân, fille de Tamâr (la fille de la princesse —), 289.

Roustèm, l'Hercule de la Perse aux temps fabuleux. Il était fils de Zâl, prince du Sèdjèstân et descendant de Djèmchîd, 112.

rupture du jeûne (عيد الفطر 'aïd èl-fithr), c'est à la fin du mois de ramadan, 202 n.

S

Saboûr Khân صبور خان surnom de 'Omar Khân, fils du seigneur de Yâzèr, 67 (voir : 'Omar Khân).

sabre, 81, 94, 112, 116

Sa'd (l'atâbèk —), seigneur du Fârs, 6, 24, 25, 26, 27, 29, 33, 34, 35, 118, 129, 159, 178, 278, 579.

Sa'd bèn Zèngui, atâbèk et prince du Fârs. Sultân Mohammed fait épouser à l'atâbèk une femme appartenant à la famille de Tourkân Khâtoun, sa mère.
Il a pour fils Noçrèt ed-Dîn, 6, 24.

Sa'd ed-Dîn, le fils ; le chambellan. Arrive vers Djélâl comme ambassadeur du Khalife, 309, 311, 312, 314, 340, 341.

Sa'd ed-Dîn, le dévidâr دويدار serviteur personnel de Djélâl. Il devient gouverneur de la citadelle de Rouïn-dez, 261.

Sa'd ed-Dîn 'Ali, l'échanson, courtisan de Djélâl. Il traverse l'Indus à la nage avec trois cents cavaliers après la défaite infligée en 1222 par Djènguiz à Djélâl, 142.

Sa'd ed-Dîn Dja'afar ben Mohammed, cousin de l'auteur, 104.

Safi ed-Dîn, vizir de Mahmoud Châh, 353.

Sakar Khân, émir de Djélâl, 288.

sâkht ساخت housse de cheval, 51, 51 n.

Saladin (neveu de —) = el-Malik el-Achraf Mousa, fils d'el-Malik el-'Adil Abou Bèkr ben Ayyoub, 256 n.

Salâh ed-Dîn, ambassadeur ismaélien d'Alamout, 223.

Salmâs (voir *Selmâs*).

Salomon (le prophète —), 365.

Samara (voir Sèrmâra).

Samarqand, capitale de Sultân Mohammèd (le père de Djélâl), puis de 'Otsmân. — Ville de la Transoxiane, province du Zèr-èfchân. Elle est à :
    268 kil. S.-O. de Tachkènd ;
    222 — E.-S.-E. de Boukhârâ ;
    7 — du Zèr-èfchân.
11 n., 19, 24, 39, 43, 61, 63, 70.

samarqandien, 71.

Sária, ville et district du Mâzèndérân, 320.

Satan, 28, 120.

Sávva (*Sávèh*), fief à mi-chemin de Réï à Hamadân, 124, 327.

sceau (charge du —), consiste à tracer le sceau appelé *thogra* طغرا sur les documents officiels, 29.

Sebthi-Béhâdour, un des chefs d'armée de Djènguiz, 75, 89, 121.

Sébzevár, ville du district de Nisâbour, 114, 115, 164 n.

Sèdábád, passe entre Hamadân et Bagdâd, 35, 36.

Sèdján, village près de Nisâbour, 92 n.

Sèdèjstân ou *Séistân*, capitale : *Zárèndj*. Elle est au sud d'Hérât et à une distance de dix jours de marche ou 80 farsakh. Le Sèdjèstân est un pays aride et sablonneux, 5, 44 n., 63, 93, 132, 132 n., 133, 149.

Séfid-roud سفيد رود ou *Kizil-Ouzèn*, fleuve de la région nord-ouest de la Perse. Le Kizil-Ouzèn prend naissance dans la province d'Ardilân et pénètre dans l'Azèrbâîdjân après avoir reçu par sa rive droite le *Zèndjân-roud*, et à Miânèh par sa rive gauche le Qarâgueul. Puis il reçoit par sa rive droite le *Châh-roud* et il devient alors le *Séfidroud*. Il tourne ensuite au nord et traverse une brèche fort curieuse balayée par de redoutables courants atmosphériques qui viennent en été de la mer Caspienne et en hiver du plateau de l'intérieur. A l'entrée de la gorge, il est franchi par un pont à Mèndjîl منجيل qu'il laisse à 2 kil. à dr. dans les terres, puis il laisse à sa gauche Roudbâr رودبار et ses olives. La chaîne traversée, il coule du sud au nord dans le Ghîlân كيلان, laisse Roustèmâbâd رستمآباد à sa gauche et gagne la mer à travers un large promontoire d'alluvions qui fait sur le littoral de la Caspienne une saillie de 25 kilomètres. Il n'est guère navigable, 29 n., 213.

Séïd ed-Dîn Bèklèk Sédîdî, lieutenant de l'atâbèk Ouzbèk, 251.

Séïf ed-Dîn bèn Sonqordjâh, le dévidâr دويدار lieutenant de l'atâbèk Ouzbèk, 251.

Séïf ed-Dîn Boghrâq el-Kholdji, vient se mettre à Ghazna au service de Djélâl, 134, 136.

Séïf ed-Dîn Kitâroq, titulaire du fief de Kèrkh. Il vient se ranger sous la bannière du révolté Yghân Thâısı pour essayer de conquérir l'ʿIrâq, 124.

Séïf ed-Dîn Qachqarâ el-atâbèki, gouverneur de Guèndjèh au nom de Djélâl. — Sa mort, 260.

Séïf ed-Dîn Thert Abèh, émir chékâr de Djélâl, 329, 406.

Séïf ed-Dîn Toghril el-Djâchenguir, ou mieux جاشنكير tchâchucguir, le dégustateur, mamlouk de Chèrèf el-Molk et gouverneur de Karâ-Kounân, 284.

Séistân, 132, 149 (voir *Sedjèstân*).
Sèkmânâbâd, 256, 347, 348, 363.
Sèkour, ville de l'Errân, 195 n. (voir *Chèmkour*).
Sèldjouq, 389.
Sèldjouqides, 20, 21, 29, 55, 66.
Sélouqân, citadelle, 162.
Sèlmâs, ville de l'Azèrbâidjân. Au sud de Khoï et au nord-ouest du lac d'Ourmiah, fut donné en fief par Djélâl, d'abord à Toghril, puis à Ismaʿîl el-Iouâni. Elle est située à :

2 journées d'Ourmiah ;
3 — de Tébrîz ;
1 — de Khoï.

197, 197 n., 254, 256, 331.

Sem, 410.

Semlàn Silk Bey, gouverneur turc de la forteresse de Djâribèrd, au nom de Djélâl, 385, 386, 387.

Sèmnân, fief. Ville entre Réï et Dâméghân, 24, 124.

Sèndjéqân Khân (Soultàn -), président du « youlèq » de Djélâl, 278.

Sèqtàq (les deux fils du seigneur de —), dans le pays des Turcs, bien qu'ils soient à Khârèzm sous la sauvegarde de Tourkân Khâtoun, ils sont mis à mort en 1220 par elle, 67.

Sérâh et *Sérâw*, ville à 3 journées de marche d'Ardébil, dans la direction de Tébrîz, 32 n.

Sérakhs, grande et ancienne ville du Khorâsân, entre Nisâbour et Mèrv, presque au sud de Mèrv, et à 6 jours de l'une et l'autre de ces villes, 38 n., 73 n.

Sérât (prairie de —), 222, 223.

Sérâw (voir *Sérâh*).

Sèrdjènkéchi, nom d'un officier de Djélâl, 286 n.

Sèrdjihân, citadelle à 5 farsakh de Sulthâniyèh près Qazvin. C'est là que fut enfermé Yghân Thâïsî, 123.

sèr-èfsâr سرافسار sorte de turban, 51, 51 n.

sèrhènkiyâ, sergent ou officier ; c'est le mot سرهنك *sèrheng* dont on a fait *sergent* en français, 323.

Sérir Molk, gouverneur de Hamadân, 407.

Sèrkènqou, serviteur de Djèlâl. Il est tué par les Tâtârs lors de la défaite d'Aïnândj Khân à el-Halqa, 116.

Sèrmâra, auj. *Samara*. Ville située sur le Tigre, dans une plaine arrosée par les canaux du Nèhr èl-Azèm. Elle est à 110 kilomètres nord-nord-ouest de Bagdâd en ligne directe ; à 140 en suivant le cours du Tigre. Elle fut fondée par le 8° khalife 'abbâside Motasèm billâh, fils d'Haroun er-Réchid vers 219 de l'hégire (= 834), fut sa résidence et celle de ses successeurs. Son nom originaire est *Sèrr-mèn-râa* سر من رأى parce que l'œil y jouit d'une belle vue ; c'est là que le Mèhdi, le 12° imâm, disparut dans une caverne en l'an 255 (= 869) et l'on croit toujours qu'il en ressortira. — Près de cette ville se voient les restes d'un rempart de terre que les Arabes appellent la « muraille de Nimroud » et qui est peut-être un fragment de la « muraille médique », le rempart qui défendait jadis les campagnes de la Basse-Mésopotamie contre les incursions des barbares du nord. Aujourd'hui Samara est le chef-lieu d'un caza du vilàyèt de Bagdâd.

Les deux seigneurs de Sèrmâra cités dans ce livre sont en même temps : Chèrèf ed-Dîn Ezdèrèh et Hosâm ed-Dîn Khizr. Hosâm se rendit indépendant de Djèlâl. — Orkhân réclama pour lui le fief de Sèrmâra qui lui fut octroyé, Djèlâl voulant ainsi punir son ancien tenancier Chèrèf ed-Dîn Ezdèrèh de sa négligence. Malgré la décision qui attribuait Sèrmâra à Orkhân, l'auteur finit par faire rendre ce fief à Hosâm ed-Dîn. Mais sur les instances d'ech-Chèms èt-Tèkrîti, ambassadeur envoyé par el-Malik el-Achraf Mousa à Djèlâl, celui-ci se décida à abandonner Sèrmâra et prit une décision écrite pour le remettre en nom propre à el-Malik el-Achraf, 189, 189 n., 191, 202, 205(?), 206 (?), 270, 298, 301, 337, 338, 339, 340, 349, 350.

Sèrmâra (les deux seigneurs de —). Ce sont : 1° Chèrèf ed-Dîn Ezdèrèh ou Azdéra, 2° Hosâm ed-Dîn Khizr, 191, 202.

Sèrr-mèn-râa, ville sur le Tigre (voir *Sèrmâra*), auj. *Samara*, 189 n.

Sibèstân, 109.

Sibzawar (voir *Sèbzevâr*).

silâh-dâr سلاحدار porte-épée, titre d'un des principaux officiers du palais de Djèlâl, 28, 239, 239 n.

Silân, montagne près d'Ardébil, 215 n.

simoun سموم (sémoum), vent brûlant et pestilentiel, 157.

Sin, bourg à une journée de marche d'Ispahân. Il y a un autre bourg du même nom qui dépend de Koufa, 352.

Sind, 137, 138, 139, 141, 144, 171, 242, 296, 356 (voir aussi *Indus*).

Sindjaqân Khân, émir de Djèlâl. Il va avec lui assiéger Kolour, 147.

Sindjâr, prince et seigneur de Bokhârâ, 38.

Sindjâr, sultân. Père de Djèlâl, 412.

Sindjâr Nâçir, sultân, le même que le précédent. Il a trois fils :
1° Djèlâl ed-Dîn Mankobirti, l'aîné ;
2° Rokn ed-Dîn Ghourchâïdji ;
3° Qothb ed-Dîn Azlâgh Châh, fils de Tourkân Khàtoun.
44 (voir . sultân).

Sind-Souârekh, château de l'Errân dans le voisinage de Berda'a, où fut pris Afrâsiâb, roi des Turcs, 375, 375 n.

Sipèr, émir et porte-glaive de Djélâl, 147.

siqth ez-zènd, divân poétique d'Abou 'l-Ola, ouvrage cité, 173.

Sirâdj ed-Dîn Abou Yousèf Ya'qoub ès-Sékâki, célèbre savant du Khârèzm, 249, 250.

Sirâdj ed-Dîn el-Modhaffer ben el-Hosaïn, lieutenant en Syrie de 'Alâ ed-Dîn, prince de Roum, 280.

Sirâdj ed-Dîn Madfoudh, valet de Djélâl, 308, 381.

Soha, nom d'une petite étoile, 235.

Soléïmân Châh, 358.

Sonqordja, le dévidâr دويدار mamlouk et lieutenant de l'atâbèk Ouzbèk. Il est prisonnier de Chèrèf el-Molk qui lui fait grâce de la vie et l'élève aux honneurs, 210, 252.

Sonqordjeq Thâïsi, courtisan de Djélâl, 151.

Sonkor Khân, titre que Djélâl donne à son émir Ketsonkor Malik, 232.

Soudra, fleuve vers l'Indus, 142.

Soun, tribu des environs de Dèrbènd, 293, 293 n.

steppes, 100, 101, 102, 110.

strangulation, 388.

sultân (le — Mohammed bèn Takach), le père de Djélâl, 8, 24, 25, 27, 28, 29, 30, 31, 34, 36, 37, 38, 39, 40, 41, 42, 43, 44, 45, 46, 47, 48, 49, 50, 51, 52, 53, 54, 55, 56, 57, 58, 59, 60, 61, 62, 63, 64, 65, 66, 67, 68, 70, 71, 72, 73, 74, 75, 76, 77, 78, 79, 80; il meurt, 81, 82, 83, 84, 85, 86, 87, 89, 93, 94, 95, 97, 98, 99, 101, 102, 104, 107, 109, 123, 124, 125 (voir aussi : Takach et Mohammèd).

Sultân-Khouï, nom d'un canal dérivé de l'Araxe et creusé aux frais de Chèrèf el-Molk, 290, 370.

Sulthâniyèh, ville sur la route de Tébriz à Qazvîn. Elle est au sud-est de Zèndjân. — C'est la ville la plus importante de l'Azèrbâidjân après Tébriz, 123 n.

Syr-dériâ ou *Iaxarte* ou *Sihoun* سيحون fleuve du Turkestân russe, tributaire de la mer d'Aral. Il prend sa source dans la chaîne du Tèrskéi-Alataou et ne porte le nom de Syr-dériâ qu'après son confluent avec le Narin. Les ruines d'*Otrâr* se trouvent sur ses bords, près de l'endroit où il reçoit l'*Arys*, 38 n.

Syrie شام région de la Turquie d'Asie entre l'Euphrate, l'Arabie et la Méditerranée, 4, 193, 220, 262, 263, 270, 272, 342.

Syrie (princes de —), 182, 412.

Syriens, 402, 403.

syriennes (troupes —), 256.

T

Tâdj ed-Dîn, prince et seigneur de Balkh, 37.

Tâdj ed-Dîn, neveu de Kharaboust, 133.

Tâdj ed-Dîn, émir de la citadelle de Qâroun, 122.

Tâdj ed-Dîn, prince d'Astèrâbâd, 177.

Tâdj ed-Dîn, fils de Chihâb ed-Dîn el-Khéyouqi, 88.

Tâdj ed-Dîn, fils de Kérim ech-Chèrèf èn-Nisâbouri, vizir, 45, 46.

Tâdj ed-Dîn ibn Kérîm ech-Chèrq en Nisâbouri, 46.

Tâdj ed-Dîn 'Ali ben èl-Qadhi Djândâr, officier du domaine de la couronne de Djélâl. Il va trouver Chèrèf el-Molk pour s'occuper de l'affaire des Ismaéliens et arrêter une caravane qui devait se rendre de Bagdâd chez eux, 262.

Tâdj ed-Dîn Bèlkâ Khân, prince et seigneur d'Otràr, 38, 40.

Tâdj ed-Dîn Hasan, prince et général du sultan, 80.

Tâdj en-Dîn Mohammed ben Ça'îd, émir. Il forme le dessein avec d'autres émirs du Khorâsân de venir s'enfermer dans Nisâ et résister à Djélâl qui avait donné l'ordre de raser la citadelle, 86.

Tâdj ed-Dîn Mohammed el-Balkhi, le secrétaire d'État. Il remplace Çafy ed-Dîn comme vizir du Khorâsân, 242, 244.

Tâdj ed-Dîn 'Omar ben Mès'oud, le Turcoman. Il s'empare d'Abivèrd, Kharéqàn et Mèrv. Il occupe la citadelle de Mergla et résiste à Ghiyâts ed-Dîn et à Djélâl, 165.

Tâdj ed-Dîn 'Omar el-Bisthâmi, émir et officier de l'intendance du palais du sultan, 78.

Tâdj ed-Dîn Qamar, devient maître de Nisâbour, 164.

Tâdj ed-Dîn Qilîdj, prince des courtisans de Djélâl. Il est surnommé malik el-khaouass (mélik el-khàss), ou superintendant du palais de Djélâl, 184, 189, 205, 205 n, 208, 218.

Tâdj ed-Dîn Sàhib, fils d'el-Hasen. un des plus mauvais habitants de Dèrkudjin ; est envoyé comme ambassadeur à la fille de Toghril, 256.

Tâdj el-Molk, inspecteur des provinces au nom de Djélâl, 381.

Tâdj el-Molk Nédjîb ed-Dîn Ya'qoub el-Khârèzmi, intendant des mamlouks de Djélâl, 238.

Tâdj el-Molouk, fils d'el-Malik el-'Adil. Compagnon d''Ali el-Achrafi le chambellan, 276.

Tadjèn Nouyèn, officier tatàr, 98, 99, 224.

Takach ('Alà ed-Dîn —). Sultân du Khârèzm. Il était le fils aîné d'Il-Arslân qui lui avait donné pour apanage la ville de *Djond*, près de l'embouchure du Sihoun ou Iaxarte. Il monte sur le trône en 589 (1193) et meurt en 596 (1200). Il a pour successeur son fils Mohammed 'Alâ ed-Dîn qui est le père de Djélâl. Takach est le grand-père de Djélâl, 38, 50, 60, 72, 85, 278, 320.

Takach Sultân, père de Chàh Khâtoun, 278, 320 (c'est le même que ci-dessus).

Takachiaroq Djènkéchi, émir de Djélâl ; il va le rejoindre pour assiéger *Kolour*, 147.

Takachiaroq Hilsi, émir de Djélâl, qui lui donne le titre de « Khàss Khàn », 232.

tambours en or, 37.

Tamestsaha Belmikour, fille d'Iyouânî, princesse et reine. Elle avait la forteresse d'Aliâbâd, 293, 295.

Taqi ed-Dîn, fils d'el-Malik el-'Adil Abou Bekr ben Ayyoub. — Officier à Khélàth contre Djélâl, 331, 332, 333, 333 n., 336, 342.

Taqi ed-Dîn el-Hafidh, ambassadeur de Djélâl, 212.

Tatak Nouyèn, officier tâtàr, 224

Tàtàrs, soldats de Djènguiz Khân, 7, 8 n., 19, 35, 43, 44, 45, 49, 60, 61, 63, 68, 70, 74, 75, 78, 79, 85, 87, 88.

90, 91, 92, 95, 96, 98, 99, 101, 102, 103, 104, 105, 106, 107, 108, 109, 110, 111, 112, 113, 114, 115, 119, 120, 121, 127, 128, 129, 130, 133, 135, 136, 138, 143, 153, 154, 156, 158, 165, 166, 171, 183, 204, 213, 216, 221, 223, 224, 224 n., 225, 227, 228, 229, 230, 232, 235, 236, 237, 238, 241, 246, 247, 249, 253, 258, 262, 272, 275, 276, 279, 280, 286, 305, 320, 348, 349, 356, 359, 360, 363, 364, 365, 366, 367, 368, 369, 370, 371, 372, 373, 374, 375, 377, 378, 379, 380, 381, 384, 385, 395, 397, 398, 399, 400, 401, 402, 403, 404, 405, 406, 407, 408, 409 (voir aussi : maudits).

Tauris ou *Tébrîz* (voir ce mot), 28 n.

taureau, 300.

tchâchnè-guir چاشنكیر ou tchèchguèr چشنکر dégustateur. Officier chargé de goûter les mets qu'on sert à un monarque pour garantir sa vie, 284, 327, 327 n.

tchaouch چاوش sergent, huissier, adjudant, 81.

Tchida, rivière de la Mogolie, 72 n.

tchooubân چوبان pâtre, berger, 80 n.

Tchourtchè ou *Niou-tchi*, peuple qui habitait le bassin de l'Amour, 11 n.

Tébrîz et *Tauris*, Ville du nord-ouest de la Perse et une des principales de l'Azèrbaïdjân. Cette ville qui est environnée de jardins est arrosée par le *Mèhrân-roud* مهران رود qui sort du mont Sèhènd, et elle est au confluent de cette rivière avec l'*Adjî-tchaï* آجى چای tributaire oriental du lac d'Ourmiah. Tébrîz est à :

536 kil. N.-O. de Téhérân;
785 — N.-N.-O. d'Ispahân;
55 — E. du lac d'Ourmiah.

Sa mosquée bleue fut jadis une merveille et valut à Tébrîz le surnom de *Qoubbèt el-islâm* قبة الاسلام la coupole de l'islamisme. Cette mosquée s'écroula par les secousses de 1780.

La tradition attribue la fondation de la ville en 175 (= 791) à Zobéidèh, femme du khalife Haroun èr-Rèchîd, qui lui aurait donné le nom de *tèb-rîz* تب ریز *chassant la fièvre*, parce qu'elle y aurait été guérie de cette maladie. C'est aujourd'hui la résidence du Véli 'ahd ولی عهد ou prince héritier, 28, 32 n., 33, 129, 183, 184, 189, 190, 191, 192, 193, 194, 195, 196, 197, 197 n., 198, 199, 205, 210 n., 213 n., 215, 224, 240, 251, 252, 253, 254, 257, 259 n., 270, 271, 282, 283, 284, 284 n., 285, 327, 340, 349, 360, 365, 366, 372 n., 378, 379

Tébrîz (le cadi de —), 253.

tècht-dâr (voir thicht-dâr), 238, 238 n.

Téfrich, canton de la province de Qâchân dans l'Iraq 'Adjèmi, 204 n., 217, 217 n.

Tékiâbâd, principauté, 44.

Tékin, feudataire de Khoï pour Djélâl, 344.

Tèkni Molk, officier de Djélâl. Il se réunit à Abivèrd avec Aïnândj Khân, 114.

Témoudji, Témourdji, Témoutchi, nom de la tribu à laquelle appartenait Djènguiz Khân, 8 n.

Témourdji, tribu à laquelle appartenait Djènguiz Khân, 8.

Témoutchin. Djènguiz s'appelait d'abord Témoutchin. Ce n'est qu'à l'âge de 51 ans qu'on lui donna le surnom de Djènguiz Khân, 8 n.

tente, 80.

Tèrkhân Khâtoun, femme de Sultân Takach (voir Tourkân Khâtoun).

Tèrmidz et *Tèrmiz*, ville sur la rive droite de l'Oxus, juste en face et au nord de Balkh, dont elle est distante de 50 kil., 38, 63, 66.

Thabaristân ou *Mâzèndérân*, vaste pays couvert de montagnes du nord de la Perse, qui renferme différentes provinces réunies sous un nom collectif. Ses principales villes sont : *Dihistân, Djordjân, Astèrâbâd, Amol* (qui en est la capitale), *Sarîâh* et *Châlous*. Le Thabarèstân (pays des haches qu'on appelle thèbèr طبر ou tèbèr تبر), est aussi nommé Mâzèndérân à cause des forêts de chêne ماز dont il est couvert, 25 n., 28 n., 78 n., 79 n., 177 n.

thachta-dâr (voir : thicht-dâr), 329, 329 n.

Thala, citadelle sur le bord du lac de l'Azèrbâïdjân (Ourmiah), refuge de la fille de Toghril, 254, 257.

Thalasb, grand écuyer de Djélâl, 407, 411.

Thâléqân, grande ville du Thakhâristân entre Balkh et Mèrv èr-Roud. Djènguiz était en train d'en faire le siège quand on lui amena Tourkân Khâtoun prisonnière, 108, 170.

Thamtha, fille d'Iwâné, 295 n.

thargou طرغو pièces d'étoffes faites avec la laine des chameaux blancs. Chaque pièce d'étoffe valait 50 dinars ou même davantage, 57.

Tharm, 129.

Thart Abèh, le grand veneur de Djèlâl, 329, 406.

Théodosiopolis, aujourd'hui *Erzeroum*, 209 n.

thicht-dâr طشتدار titre de l'officier chargé de verser de l'eau sur les mains du sultan quand il se les lavait après le repas, 238, 238 n., 329, 329 n.

Thoghàn Châh, émir de Rokn ed-Dîn Ghourchâïdji, 118.

Thoghân Khân, oncle maternel de Djèlâl et personnage de sa cour, 62, 315.

Thoghrâïi, petite dynastie qui régna jusqu'en 1226 à Tébrîz, 184.

Thoghril (la princesse, fille de —), épouse l'atâbèk Ouzbèk, 254, 255 (voir aussi : Toghril).

Thomghâdj, capitale d'Altoun Khân, souverain de la Chine. Cette capitale est prise par Djènguiz, 8, 8 n., 9, 58.

thoug et tough توغ espèce de houppe en poils de queue de cheval qu'on donnait autrefois aux pachas comme signe de leur grade et que ceux-ci faisaient porter sur une lance au devant d'eux. Ainsi on disait : « vizir à un, deux, trois tough ». Ces queues peintes en rouge ou en blanc étaient attachées à une hampe rouge surmontées d'une boule d'or et étaient un signe d'autorité. Le sultan avait droit à sept queues, le vizir à trois et les officiers supérieurs à deux, 51, 51 n., 259, 259 n.

Thoughâdj Khâtoun, fille de Kour Khân, 14.

Thoughthâb, 280, 281, 282, 361.

Thoulèq bèn Aïnândj Khân, lieutenant de Ghiyâts ed-Dîn, 176, 177, 263 (voir aussi : Thoutèq et Toulèq).

Thoulon Harbi, chef tâtâr ; vient aider en 1220 ses collègues au siège de Nisâbour, 92, 154 (voir : Toulen Djèrbi).

Thoutèq bèn Aïnândj Khân, chambellan particulier de Djèlâl. Il est chargé du règlement de la restitution des biens d'une caravane d'Ismaéliens avait qu'on pillée, 176, 177, 263 (voir aussi : Thoulèq et Toulèq).

Tifdjâr Nouyèn, gendre de Djènguiz. Il meurt en 1220 au siège de Nisâbour, 87, 88, 89, 91.

Tiflis, chef-lieu de la Caucasie et de la Géorgie, bâti sur les deux rives du *Kourr*. Est à peu près à égale distance de Batoum et de Bakou. De Tiflis à Bakou, il faut 18 h. de chemin de fer et de Tiflis à Batoum il en faut 12 h. 15. comme distance il y a :

de Tiflis à Bakou 515 kil.
— Batoum 325 —
141, 183, 190, 202, 203 (?), 204, 205, 206, 207, 208, 209, 210, 243, 315.

Tigre, en arabe : Didjlèh دجلة Grand fleuve de la Turquie d'Asie ; branche gauche du *Chatt el-ʿarab*, moins longue mais beaucoup plus abondante que l'Euphrate, la branche droite. Il naît sur le versant méridional des monts d'Arménie de deux branches qui se rejoignent à 180 kilomètres à l'est d'*Amid* (auj. Diârbékir) ; arrose ensuite *Mossoul*, *Sèrmâra*, *Bagdâd*, *Kornah*, reçoit le *Khâbour*, la *Diâlèh*, les deux *Zâb*, le *Touz*, et après un parcours de 1,250 kilomètres, se joint à l'Euphrate par la rive gauche, avant de se jeter dans le golfe Persique sous le nom de Chatt el-ʿarab, 311.

Toghril bèn Arslân. Il s'agit ici de Thoghroul III, le 14ᵉ et dernier sultan de la dynastie seldjouqide. Il succéda en 571 (1175) à son père Arslân. Il fut tué le 24 rébiʿ ès-sâni 590 (mars 1194) aux portes de Réï, sa capitale, par Ynânèdj le rebelle, venu avec l'armée de Takach. Takach attacha son corps à un gibet et envoya sa tête au khalife de Bagdâd. Thoghroul laissa un fils en bas âge qui fut emmené dans le Khârèzm où il périt dans le massacre ordonné en 1220 par Tourkân Khâtoun, veuve de Takach, lorsque, harcelée par Djènguiz, elle abandonna le Khârèzm, 196.

Toghril ben Arslân, le Seldjouqide (la fille du sultan —), princesse de Tébrîz. Elle épouse d'abord l'atâbèk Ouzbèk, puis elle divorce pour épouser Djélâl, 183, 196, 197, 264, 283.

Toghril el-Aʿsèr, vient se ranger sous les ordres d'Yghân Thâïsi pour essayer de conquérir l'ʿIrâq, 124.

Toghroul Beg, fils de Mikâyil, 21.

Toghroul ben Arslân le Seldjouqide (le fils de —). Il fait partie de l'aubade ou « nouba » du sultan, puis, bien que placé à Khârèzm sous la sauvegarde de Tourkân Khâtoun, il est mis à mort par elle, en 1220, lorsqu'elle abandonna son pays, 37, 66.

Tokhâristân et *Thakhâristân*.

طخارستان C'est une vaste province qui fait partie du Khorâsân et qui renferme un grand nombre de districts. Elle est divisée en haut et en bas Thakhâristân. Le haut Thakhâristân s'étend à l'orient de Balkh et à l'ouest du Djihoun. Il est séparé de Balkh par une distance de 28 ferseng. Le bas Thakhâristân est également situé à l'ouest du Djihoun, mais il est plus éloigné de Balkh et s'étend plus vers l'orient que le haut Thakhâristân. Cette province a vu naître un grand nombre de savants.

Les villes principales sont *Khoulm*, *Simidjân*, *Baghsân*, *Sèkâkènd*, *Vèzvâlin*. La plus grande ville, dit Isthakhry, est *Thâliqân*, bâtie dans une plaine unie, entourée de montagnes qui s'élèvent à la distance d'un trait de flèche (extrait de la *Relation de l'ambassade au Khârèzm*, par M. Schefer), 170 n.

Torchich, ville et canton de la province de Nisâbour dans le Kouhistân, 242, 242 n.

tortues, instruments de guerre, 154.

Touchi Bahlaouân, surnommé « Qotlogh Khân », complote avec Azlâgh Châh de s'emparer de Djélâl, 96.

tough (voir : thoug).

Toula, fleuve, 8 n.

Toulen Djèrbi, chef tâtâr ; vient aider ses collègues en 1220 au siège de Nisâbour, 92, 154 (voir : Thoulon Harbi).

Toulèq Khân, officier de Djélâl, 229.

Touli Khân تولى خان 4ᵉ fils de Djènguiz. Il est tué en 1221, en combattant Djélâl à Rèïrouân, 134, 135, 136, 161 (voir : Oktâï).

Toun, ville du Kouhistân, voisine de Qâïn. Elle est située entre Hérât et Nisâbour, 220, 220 n.

Tourân زان nom du Turkèstân, 375.

Tourkân Khâtoun ou Tèrkân Khâtoun تركان خانون. Elle était la fille de Djânkachi, un des princes turcs chefs de la tribu de Qânqlî, d'autres disent qu'elle était de la tribu de Bèyâvout. Ce fut la femme de Sultân Takach ben Il-Arslân, et la mère de Mohammed 'Alâ ed-Dîn. C'est donc la grand'mère de Djélâl.

On lui donnait les titres de « Khodâvènd-è djihân », la maîtresse de l'Univers et de « Olough Tourkân »; et elle prenait dans les actes qu'elle signait les titres de « protectrice de la foi » et de « reine des femmes ». Après la fameuse invasion de Djènguiz et de ses Tâtârs en l'an 1219-20, elle se vit menacée d'un siège dans la ville de Khârèzm et fit mourir douze fils de souverains détenus comme otages ou comme prisonniers dans cette capitale du royaume.

Elle haïssait Aï Djidjâk, la mère de Djélâl ed-Dîn qui était l'aîné des enfants de son fils Mohammed N'ayant pu déterminer Mohammed à assurer le trône à Qothb ed-Dîn Azlâgh Châh, son second fils, elle abandonna sa capitale et emmena ses trésors et ses femmes, en 1220.

Conduite par 'Omar Khân, surnommé Saboùr Khân, et fils du seigneur du Yâzèr, vers la forteresse d'*Ilâl*, près des frontières du Mâzèndérân, elle se défit de lui avant d'y arriver, dans la crainte, dit-on, qu'il ne la trahît. Les Mogols, ayant pris d'assaut Qarendez ou *Khorendez* (où étaient la sultane, épouse de Mohammed et son fils Ghiyâts ed-Dîn), allèrent assiéger Ilâl.

Tourkân Khâtoun aurait pu en sortir quelques jours auparavant et se rendre auprès de son petit-fils Djélâl, mais aveuglée par sa haine injuste, elle l'accabla de malédictions lorsqu'elle apprit que Mohammed, avant de mourir, l'avait déclaré son héritier et elle refusa de se mettre sous sa protection. La pluie qui alimentait les citernes de la citadelle cessa pendant quarante jours que dura le siège. Le manque d'eau força la sultane à capituler en 1220. Elle ne put obtenir que la vie sauve pour elle, et fut envoyée avec ses femmes et ses petits-enfants à Djènguiz occupé en ce moment au siège de *Thâlèqân* dans le Thakhâristân. Le conquérant fit égorger tous les hommes et les enfants du sexe masculin. Un seul de ces derniers, Kamâdji Châh كاجى شاه fut laissé d'abord à son aïeule pour la consoler. Mais un jour qu'elle le peignait elle-même, on vint l'arracher de ses bras et il eut le même sort que ses frères.

Les princesses furent mariées aux premiers seigneurs mogols ; l'une d'elles, Khân Soulthân épousa Djoudji Khân, جوجى خان fils aîné de Djènguiz ; une autre, Tourkân Soulthân, sœur germaine d'Azlâgh Châh, épousa Dânichmènd le chambellan, le même qui avait été envoyé comme ambassadeur par Djènguiz à Tourkân Khâtoun. La sultane mourut probablement sous le poids des chagrins. Le monarque, dit-on, la faisait venir quand il était à table et lui jetait comme à un chien quelques morceaux de mets dont il avait mangé, 34, 42, 44, 54, 65, 66, 67, 68, 69, 70, 72, 72 n., 93, 94, 167, 305.

Tourkân Soulthân, sœur germaine d'Azlâgh Châh qui est fils ou petit-fils de Tourkân Khâtoun ; elle épouse Dânichmènd, chambellan de Djènguiz, 70.

tour roulante, instrument de guerre, 154.

Transoxiane, pays au delà de l'Oxus.

C'est le *Má vèrá en-nèhèr* ما وراء النهر ou Turkèstân, il a pour limites : à l'orient : فرغانه *Fèrghânèh* et كاشغر *Kâchgar* ; à l'occident : خوارزم le *Khârèzm* ; au nord تاشكند *Tâchkènd* ; et au sud : بلخ *Balkh* (Extr. du *Hèft iqlim*), 6, 20, 25, 29, 38, 39, 54, 55, 57, 62, 63, 75, 96, 356 n.

trésor, 68, 88.

trésor jeté dans le Djihoun, 49.

Turcomans. Ils sont culbutés par Chèrèf el-Molk, 264, 265, 266, 371, 374, 375, 383, 405..

Turcs, 4, 6, 11, 13, 15, 20, 22, 24, 25, 28, 39, 54, 57, 61, 64, 67, 86, 109, 116, 117, 124, 136, 137, 166, 208, 278, 302, 311, 318, 332, 346, 375, 386, 391, 394, 398, 411.

Turcs Iouaniens, 210.

Turkân Khâtoun, 167, 305 (voir Tourkân Khâtoun).

Turkèstân, province au delà de l'Oxus et comprise entre l'Oxus et le Syr-dériâ, 11 n., 38 n., 43 n., 62 (voir : Transoxiane et *Ma vèrá èn-nèhèr*).

Turkoman, sosie de Ghiyâts ed-Dîn, 240.

turques (chamelles –), 49.

turquoise, 305.

V

Vân, ville du district de Khélâth, au bord du lac de Vân, 333.

Vân (lac de —), en Turquie d'Asie, dans le vilâyet de ce nom, 206 n.

Véláchguèrd, localité voisine de Khélâth, 396, 397.

Verzéfân, village du district de Tébrîz, 196 n. (voir : *Verzéqân*).

Verzéqân, village du district de Tébrîz, 196, 196 n.

vestibule دهليز, 144, 144 n., 314 (voir dèhlîz).

voile noir, 313.

W

Wakhch et *Ouakch*, 63, 67.

Wéráwi, ville de l'Azèrbâïdjân entre Ardébil et Tébrîz, 32, 32 n.

Y

Yadjèn Nouyèn, un des grands de la cour de Djènguiz ; il arrive devant la citadelle de Khorendez, 98, 98 n. (voir : Tadjèn Nouyèn).

Yaqout, auteur cité, 28 n.

Yásdjomán, 344.

Yatmas Nouyèn, le maudit, officier tâtàr, 224, 384.

Yâzèr, pays situé entre le Khârèzm et le Mâzèndérân. Le seigneur de Yàzèr avait deux fils : Hindou Khân et 'Omar Khân (surnommé Saboûr Khân), ce dernier prisonnier de Tourkân Khâtoun à Khârèzm, 67, 68.

Yèmèh Nouyèn, général tâtâr; il poursuit Djélâl, puis s'empare de Hamadân, 89, 121.

Yèmèk, nom de tribu mogole, 44, 72.

Yémin ed-Daula Mahmoud ben Séboktéguin, grand sultan ghaznévide, 173, 320 (voir : Mahmoud).

Yémin ed-Daula Mohammed ben Séboktéguin, 173 n. — C'est le même que le précédent, mais il faut lire Mahmoud et non pas Mohammed.

Yémini (Târikh-i —), histoire de Mahmoud le Ghaznévide, par el-'Otbi, livre cité, 173.

Yen-King, capitale des Kin ou de la Chine, 8 n.

Yèrka Nouyèn, général de Tifdjâr Nouyèn, le gendre de Djènguiz; il fait le siège et le sac de Nisâ; tue Chihâb ed-Dîn et son fils; puis Tifdjâr et lui poursuivent Djélâl dans le Khorâsân, 87, 88, 89.

yeux crevés, 48.

Yèzd, ville du Fârs, à 70 farsakh de Chirâz. Elle est située entre Nisâbour et Ispahân, 159, 159 n., 229, 351, 352, 353.

Yèzd (le seigneur de —), 351.

Yèzidèk Bahlaouân, courtisan de Djélâl, 151.

Yézidi Abou Quâqid, 237.

Yghân Thâïsi. D'abord nommé par Sultân Mohammed atâbèk de son fils Rokn ed-Dîn Ghourchâïdji, ce dernier se plaignit à son père de l'avidité d'Yghân qui fut enfermé dans la citadelle de *Sèrdjihân*.

Remis en liberté, il recrute des partisans, va assiéger Adak Khân dans Ispahân, et le fait étrangler.

Il fait alors sa soumission à Ghiyâts ed-Dîn qui lui donne même la main de sa sœur Aïsi Khâtoun. Il devient ainsi le beau-frère de Ghiyâts. Il va ensuite occuper Hamadân, et, battu par les Tâtârs, gagne les environs de *Tharm*.

Il va alors s'allier à Tébrîz avec l'atâbèk Ouzbèk pour combattre Djélâl qui l'écrase à Hamadân, lui donne la vie sauve et le comble d'honneurs.

Enfin il va à Ispahân où il tombe malade et manque être nommé sultan à la place de Djélâl que l'on croyait perdu après la bataille d'Ispahân, 123, 124, 125, 126, 129, 178, 179, 181, 182, 231 (voir aussi : Ighân Thâïsi).

Yiguit Malik, émir de Djélâl; il reçoit le titre de Aoutèr Khân, 232.

youlèq, nom du tribunal criminel de Djélâl, 278.

Yousouf Kènka el-Otrâri, un des négociants tâtârs massacrés en 1217 par Inâl Khân à Otrâr, 57.

Z

Zabân, 71 n.

Zâboulistân, grand district qui forme un gouvernement distinct au sud de Balkh et du Thakhâristân. La capitale est Ghazna. On fait remonter son origine à Zâboul, aïeul de Roustèm, fils de Dasetân, 136 n.

Zana-Chatra, seigneur de Djèbèl el-Djoudi, 142, 143, 144.

Zaouzèn ou *Zouzèn* (voir ce mot).

Zâris, citadelle, 381.

Zauzân, canton de l'Arménie, 185 n.

Zéïd, 200.

Zéïn ed-Dîn Abou Hâmid el-Qazouïni, chéikh et jurisconsulte sous Chèrèf el-Molk, 390.

Zéki ed-Dîn, personnage de Khélâth, 322, 323, 324 (voir : ez-Zéki el-'Adjèmi).

Zémin-Dâwèr, principauté, 44.

Zènd, 41.

Zèndjân, grande ville de la province du Djébâl sur la route de Qazvîn à Tébrîz. Elle est juste au milieu de la distance qui sèpare Qazvîn de Miànèh. — De Zèndjân à Abhar : 17 farsakh, 128, 129, 281, 360, 361, 366, 367.

Zèngui (l'atâbèk —), 6, 33 (voir : Sa'd bèn Zèngui).

Zènkidja (Bènt —), chanteuse d'une grande beauté qui appartenait au sultan et qui devint prisonnière de Djènguiz en même temps que Tourkân Khâtoun.

Elle fut demandée par Zîn, l'oculiste de Samarqand, homme très laid qui avait soigné Djènguiz pour des granulations dans les yeux. Elle prit Zîn en aversion et resta deux ou trois jours chez l'ex-vizir Nidhâm el-Molk.

Zîn alla la réclamer plusieurs fois, mais, comme elle refusait de le suivre, l'oculiste alla se plaindre à Djènguiz qui fit mettre à mort Nidhâm el-Molk, 71.

Zeqauqa, bourgade entre le Fârs et le Kèrmân, 181.

Zibathéra, citadelle, dont le seigneur était Hosâm ed-Dîn Qilidj Asrlân, principal émir des Turcomans dans l'Azèrbâidjân, 375, 376, 381.

zibeline, 327.

Zîn, nom de l'oculiste de Samarqand. Il était très laid et avait soigné les yeux de Djènguiz pour des granulations. Alors le maudit lui fit don de Bènt Zènkidja, chanteuse du sultan et qui était d'une grande beauté, 71.

Zoun ou *Zauzân*, ville et canton de l'Arménie, 185, 189, 190.

Zouzèn et *Zaouzèn*, citadelle entre Nisâbour, Bost et Hérât. Moayyid el-Molk y avait fait bâtir la citadelle d'el-Qahira, très haut perchée et en avait laissé la garde à son gendre 'Aïn el-Molk, 47, 48, 108.

TABLE DES MATIÈRES

	Pages.
Avertissement	v
Doxologie	1
Préface	2
Chapitre premier. — Les Tatars maudits; leurs débuts et leur patrie.	7
Chapitre II. — Récit de ce qu'il advint du sort de Djenguiz-Khân et de ses deux alliés à la suite de leur révolte	10
Chapitre III. — Ce qu'il advint à Kechlou-Khân à la suite de sa rupture avec Djenguiz-Khân.	12
Chapitre IV. — Kechlou-Khân périt de la main de Douchi-Khân, fils de Djenguiz-Khân, en l'année 612 (2 mai 1215-20 avril 1216). — C'est par erreur que Ibn El-Atsîr met cet événement en 616 (19 mars 1219-8 mars 1220).	16
Chapitre V. — Des motifs qui engagèrent le sultan à se rendre dans l'Irâq en l'année 614 (10 avril 1217-30 mars 1218)	20
Chapitre VI. — Récit du voyage du sultan dans l'Irâq et de ce qui lui advint dans cette province	24
Chapitre VII. — La situation de l'atabek Ouzbek et sa sortie d'Ispahân. Il réussit à échapper aux liens de la captivité après avoir été sur le point d'être pris.	26
Chapitre VIII. — Récit de ce qu'il advint de Noçret ed-Dîn Mohammed ben Pichteguin après sa captivité	31
Chapitre IX. — Fin de l'histoire de l'atabek Sa'd ben Zengui, seigneur du Fars.	33
Chapitre X. — Le sultan Mohammed se met en marche sur Bagdad; il revient sur ses pas.	35
Chapitre XI. — Le sultan, avant son départ pour l'Irâq, institue certaines choses que comportent l'autorité et l'étiquette	37
Chapitre XII. — Des événements qui se produisirent après le retour du sultan de l'Irâq.	46
Chapitre XIII — De la situation de Nidhâm el-Molk après sa révocation.	52
Chapitre XIV. — Des événements qui eurent lieu dans la Transoxiane après que le sultan en fût revenu.	57
Chapitre XV. — Arrivée des ambassadeurs de Djenguiz-Khân après l'assassinat des négociants.	60
Chapitre XVI. — Des mesures funestes que prit le sultan quand il sut que Djenguiz-Khân marchait contre lui à la tête de ses armées.	61

TABLE DES MATIÈRES

	Pages.
Chapitre XVII. — Stratagème grâce auquel Djenguiz-Khân réussit à inspirer au sultan des soupçons contre ses émirs et à l'engager à se séparer d'eux.	63
Chapitre XVIII. — Tourkân-Khâtoun évacue le Khârezm à la fin de l'année 616 (10 mars 1219-8 mars 1220).	66
Chapitre XIX. — Quelques détails sur Tourkân-Khâtoun et sa conduite.	72
Chapitre XX. — Départ du sultan de Kotlof après la prise de Bokhara par Denguiz-Khân.	73
Chapitre XXI. — Des souffrances qu'eut à endurer le sultan et des défaites qu'il eût à subir jusqu'au moment où il alla mourir dans une île de la mer Caspienne.	76
Chapitre XXII. — De l'arrivée de Chihâb ed-Dîn El-Haïraqi du Khârezm à Nesâ. Siège de Nesâ par les Tatars qui y font périr Chihâb ed-Dîn et en massacrent la population.	82
Chapitre XXIII. — Résumé des événements qui eurent lieu dans le Khorâsân après le départ du sultan. (Point n'est besoin d'entrer dans les détails, car tous ces faits se ressemblent les uns aux autres; il ne s'agit en effet que d'extermination et de dévastation générales.)	89
Chapitre XXIV. — Le sultan désigne son fils Djelâl ed-Dîn comme son héritier présomptif après avoir dépouillé de ce titre son autre fils Qothb ed-Dîn Azlâgh-Châh.	93
Chapitre XXV. — De la situation du Khârezm après que Tourkân-Khâtoun l'eût évacué.	94
Chapitre XXVI. — Djelâl ed-Dîn accompagné de ses deux frères Azlâgh-Châh et Aq-Châh revient dans le Khârezm. Ils évacuent ensuite le pays, divisés en deux groupes animés de sentiments opposés.	95
Chapitre XXVII. — Nidhâm ed-Dîn Es-Sem'âni; son séjour chez moi dans la citadelle de Khorendez. Son départ précipité sous l'empire de la terreur.	97
Chapitre XXVIII. — Départ de Djelâl ed-Dîn et des causes qui le provoquèrent.	100
Chapitre XXIX. — Qothb ed-Dîn et son frère Aq-Châh quittent le Khârezm après le départ de Djelâl ed-Dîn. Motifs du départ de ces deux princes; suite et fin de leur histoire.	103
Chapitre XXX. — Arrivée de Djelâl ed-Dîn à Nisâbour; son départ de cette ville dans la direction de Ghazna.	107
Chapitre XXXI. — Situation de Bedr ed-Dîn Aïnândj; ses aventures au Khorâsân et ailleurs après qu'il eût évacué Bokhârâ et jusqu'au moment où il mourut à Cha'b-Selmân.	112
Chapitre XXXII. — Situation du fils du sultan Rokn ed-Dîn Ghourchaïdji, prince de l'Irâq, et ce qu'il lui advint.	117
Chapitre XXXIII. — Situation de Ghiyáts ed-Dîn. Son voyage au Kermân.	122
Chapitre XXXIV. — Ghiyáts ed-Dîn se rend dans le Fars où il fait de nombreuses incursions. Son armée ravage la contrée.	127
Chapitre XXXV. — De divers événements qui se produisent à Ghazna avant l'arrivée de Djelâl ed-Dîn.	131
Chapitre XXXVI. — Des événements qui se passèrent à Ghazna après le retour de Djelâl ed-Dîn dans cette ville.	134
Chapitre XXXVII. — Récit de la bataille livrée par Djelâl ed-Dîn à Djen-	

TABLE DES MATIÈRES

Pages.

guiz-Khân sur les bords de l'Indus. — Combat des plus mémorables et revers terrible 139

Chapitre XXXVIII. — Récit de la traversée de l'Indus par Djelâl ed-Dîn. — Divers événements de l'année 619 (15 février 1222-4 février 1223). 141

Chapitre XXXIX. — Des relations entre Djelâl ed-Dîn et Qobâdja : leurs rapports tantôt amicaux, tantôt hostiles. 144

Chapitre XL. — Des événements qui suivirent la victoire remportée sur Qobâdja par Djelâl ed-Dn et de ce qui eut lieu jusqu'à son départ de l'Inde entre ce prince et Chems ed-Dîn Iltoumich. 149

Chapitre XLI. — Les Tatars assiègent Khârezm au mois de dzou 'l-qa'ada de l'année 619 (28 décembre 1220-27 janvier 1221) et s'en emparent au mois de safar 618 (27 mars-25 avril 1221) 153

Chapitre XLII. — Djelâl ed-Dîn quitte l'Inde et arrive dans le Kermân en l'année 621 (24 janvier 1224-13 janvier 1225). — Des événements qui lui arrivèrent jusqu'au moment où il s'empara de l'Irâq . . . 157

Chapitre XLIII. — Quelques indications sur la conduite que Ghiyâts ed-Dîn tint au pouvoir. 164

Chapitre XLIV. — Histoire de Fakhr ed-Dîn Ali ben Abou 'l-Qâcem El-Djoudi jusqu'au moment où il fut élevé au vizirat et où il reçut le titre de Cheref el-Molk Khodja-Djihân². 167

Chapitre XLV. — Des causes qui m'amenèrent à la cour du sultan et du temps que je passai à son service. 173

Chapitre XLVI. — Le sultan se dirige vers le Khouzistân, à la suite de la capture de son frère 180

Chapitre XLVII. — Le sultan s'empare de l'Adzerbaïdjân 182

Chapitre XLVIII. — Le sultan défait les Kordj 185

Chapitre XLIX. — Le sultan revient de Zoun à Tebriz et laisse l'aile droite de son armée dans le pays des Kordj. — Mois de redjeb de l'année 625 (? juillet-8 août 1225) 190

Chapitre L. — Le sultan s'empare de Guendjeh et du reste de la province d'Errân. 195

Chapitre LI. — Le sultan épouse la fille de Toghril ben Arslân . . . 196

Chapitre LII. — Causes qui amenèrent la nomination de 'Izz ed-Dîn aux fonctions de cadi de Tebriz et la destitution de Qaouàm ed-Dîn El-Djedâri. 198

Chapitre LIII. — Le sultan retourne dans le pays des Kordj et s'empare de Tiflis. 202

Chapitre LIV. — Le sultan songe à châtier Borâq le chambellan, dans le Kermân, mais il renonce à ce projet avant d'être arrivé dans cette province 204

Chapitre LV. — Ce qui arriva aux troupes royales dans le pays des Kordj durant l'absence du sultan 207

Chapitre LVI. — Arrivée de Chems ed-Dîn, ambassadeur de l'Occident, en l'année 623 (2 janvier 1226-22 décembre 1226) 211

Chapitre LVII. — Le sultan donne les deux villes de Beilaqân et d'Ardouïl, ainsi que leurs territoires à Cheref El-Molk, en l'année 624 (22 décembre 1226-12 décembre 1227) 214

Chapitre LVIII. — Le prince Khamouch, fils de l'atabek Ouzbek. Il entre au service du sultan 215

(*Mankobirti.*)   31

TABLE DES MATIÈRES

CHAPITRE LIX. — Les seigneurs de l'Iraq portent plainte contre Cheref ed-Dîn 'Ali El-Tefrichi, ministre du sultan dans l'Irâq 217
CHAPITRE LX. — Les Ismaéliens mettent à mort Orkhân, à Guendjeh . 219
CHAPITRE LXI. — Le sultan se rend dans l'Irâq en l'année 624 (22 décembre 1225 12 décembre 1227). Il rencontre les Tatars aux environs d'Ispahân 223
CHAPITRE LXII. — Brouille entre le sultan et Ghiyâts ed-Dîn Pirchâh. Ce qui advint à ce dernier après avoir quitté le sultan 233
CHAPITRE LXIII. — Des Ismaéliens qui furent envoyés par 'Ala ed-Dîn, seigneur d'Alamout, auprès du sultan en témoignage d'amitié . . 241
CHAPITRE LXIV. — Çafy ed-Dîn Mohammed Eth-Thoghraii est révoqué de ses fonctions de vizir du Khorâsân et remplacé par Tâdj ed-Dîn Mohammed El-Balkhi, le secrétaire d'État. 242
CHAPITRE LXV. — Je suis nommé vizir de Nesâ. Événements qui surgirent à ce propos entre Dhiya el-Molk et moi . . . .
CHAPITRE LXVI. — Le sultan envoie à Bagdad le cadi Modjîr ed-Dîn pour tirer de sa cachette une chose qui y avait été enterrée par une opération magique 249
CHAPITRE LXVII. — Des événements qui eurent lieu dans l'Errân et l'Azerbaïdjân. 251
CHAPITRE LXVIII. — Situation de la princesse fille de Toghril et fin de son histoire 254
CHAPITRE LXIX. — Arrivée d'Imâd ed-Dîn, ambassadeur des Roum . . 257
CHAPITRE LXX. — Cheref el-Molk fait la conquête de l'Adzerbaïdjân et de l'Errân, pendant que le sultan est dans l'Irâq. 259
CHAPITRE LXXI. — Cheref El-Molk fait mettre à mort des négociants ismaéliens dans l'Adzerbaïdjân, tandis que le sultan est dans l'Irâq. 262
CHAPITRE LXXII. — Le chambellan 'Ali El-Achrafi défait Cheref el-Molk à Haurech en l'année 624 (22 décembre 1226 — 12 décembre 1227). Après la perte de ses bagages et la dispersion de ses troupes, Cheref el-Molk va chercher du renfort dans l'Errân. Ce qui lui arriva dans l'Errân jusqu'à son retour; il venge largement sa défaite . . 264
CHAPITRE LXXIII. — Le chambellan 'Ali El-Achrafi s'empare d'une partie de l'Adzerbaïdjân. Ce qui se passa entre lui et Cheref el-Molk à la suite de la défaite de ce dernier. 270
CHAPITRE LXXIV. — Histoire de 'Izz ed-Dîn Belbân El-Khelkhâly et de la façon dont il finit ses jours 279
CHAPITRE LXXV. — Arrivée de Nedjm ed-Dîn Er-Râzi et de Rokn ed-Dîn Ibn 'Atthaf, ambassadeurs du khalife Edh-Dhahir-biamrillah. . . 282
CHAPITRE LXXVI. — Le sultan établit ses quartiers d'hiver dans l'Adzerbaidjân. Il découvre certains agissements de Cheref el-Molk qui modifient son opinion sur ce vizir. 283
CHAPITRE LXXVII. — Kourka vient se mettre au service du sultan . . . 286
CHAPITRE LXXVIII. — Ce que fit Cheref el-Molk à Mouqân, lorsqu'il apprit que le sultan, ayant découvert ses menées, avait changé de sentiments à son égard 289
CHAPITRE LXXIX. — Arrivée de Cherouânchâh Ifridoun, fils de Feriberz. 291
CHAPITRE LXXX. — Le sultan se dirige vers la ville de Louri dans le pays des Kordj 292

TABLE DES MATIÈRES

Pages.

Chapitre LXXXI. — Le sultan assiège la citadelle de Bahram le Géorgien. 295

Chapitre LXXXII. — Le sultan fait arrêter Ikhtiyâr ed-Dîn, le majordome 296

Chapitre LXXXIII. — Le sultan se rend à Nekhdjaouân et fait partir ses bagages avec le gros de son armée dans la direction de Khélâth par la voie de Qaqzaouân. 299

Chapitre LXXXIV. — Le sultan se rend à Khélâth ; il fait le siège de cette ville et s'en rend maître 302

Chapitre LXXXV. — Événements qui se produisirent durant le siège de Khélâth. 303

Chapitre LXXXVI. — Le sultan s'empare de Khélâth à la fin de l'année 626 (fin de l'année 1229) 330

Chapitre LXXXVII. — Conduite du sultan à Khélâth après avoir conquis cette ville, l'avoir mise au pillage et avoir concédé les fiefs qui en dépendaient. 337

Chapitre LXXXVIII. — Arrivée des ambassadeurs du glorieux Divan après la prise de Khélâth 340

Chapitre LXXXIX. — Le sultan se rend dans le pays de Roum. Il y livre une bataille rangée dans laquelle il est défait par les armées combinées de Syrie et de Roum. 342

Chapitre XC. — El-Malik El-Achraf se rend à Khélâth. Il fait auprès du sultan des démarches pour la conclusion de la paix. Sa bienveillance en cette circonstance, montre que sa générosité a été nourrie d'encens et pétrie de musc et de ben 347

Chapitre XCI. — Graves questions qui motivèrent mon envoi dans l'Irâq. 350

Chapitre XCII. — Mon voyage à Alamout et la façon dont je m'acquittai de ma mission 353

Chapitre XCIII. — L'affaire de 'Izz ed-Dîn Belbân El-Khelkhâly et sa mise à mort 360

Chapitre XCIV. — Djihân Bahlouân Ouzbek Bâïn ; son arrivée de l'Inde dans l'Irâq. 362

Chapitre XCV. — A Qazouin, je me sépare de Cheref ed-Dîn, le gouverneur de l'Irâq, et me rends dans l'Adzerbâïdjân, n'ayant pas alors le choix de prendre une autre direction. 364

Chapitre XCVI. — L'avant-garde des Tatars arrive aux frontières de l'Adzerbaïdjân. Le sultan quitte Tebrîz et se rend à Mouqân. . . 365

Chapitre XCVII. — De la défaite infligée au sultan par les Tatars aux environs de Chîrkebout 369

Chapitre XCVIII. — Le sultan envoie Modjîr ed-Dîn Ya'qoub vers son frère El-Malik El-Achraf Mousa. 372

Chapitre XCIX. — Situation du sultan après la défaite que lui infligèrent les Tatars à Mouqân. 373

Chapitre C. — Conduite de Chems ed-Dîn Eth-Thoghrâïi à Tebrîz à cette époque. 378

Chapitre CI. — Je quitte Guendjeh pour reprendre mon service auprès du sultan 379

Chapitre CII. — Le sultan fait emprisonner Cheref el-Molk dans la citadelle de Djarîberd et le fait ensuite mettre à mort plus d'un mois après cela 385

TABLE DES MATIÈRES

	Pages.
Chapitre CIII. — Quelques mots sur la conduite de Cheref el-Molk	389
Chapitre CIV. — Le sultan se met en marche vers Guendjeh; il s'empare de vive force de cette ville	392
Chapitre CV. — Une dépêche venue de Khélâth à Myafareqin annonce que les Tatars ont passé à Berkeri à la poursuite du sultan. Je quitte El-Malik El-Modhaffer afin de rejoindre le sultan	400
Chapitre CVI. — Le sultan s'arrête dans la ville de Amid et songe à se mettre en route pour Ispahân. Il renonce à ce projet après l'arrivée de l'ambassadeur du prince Mes'oud, seigneur de Amid. Les Tatars lui infligent une défaite dans la matinée du second jour de son arrêt à Amid.	403
Chapitre CVII. — Suites fâcheuses qu'eut cette affaire pour le sultan.	408
Chapitre CVIII. — Quelques mots sur la conduite du sultan; son portrait, formules de ses apostilles et titres que lui donnèrent les khalifes et autres souverains, et titres qu'il leur donna à son tour.	411
Index des noms propres par ordre alphabétique	415

ANGERS, IMP. A. BURDIN ET Cie, RUE GARNIER, 4.

صواب	lisez :	خطا au lieu de :	سطر ligne :	صحيفة Page :
تأتّت		بانت	٧	٢٠٦
يودي		بودي	٢٠	٢٠٧
الوجيف		الوخيف	٢٣	٢٠٨
قبلاً		فيلا	١	٢٠٩
الابوة		الابوه	١١	٢١١
اوذاج		اوذاج	١٥	٢١٤
حجمه		جحمه	١٦	٢١٦
بالهند الى العراق وانّ		بالهند وانّ	٨	٢١٧
ومعظم		وومعظم	٦	٢٢١
باران واختار		باران اختار	١٥	٢٢٥
الجبال الىّ		الجبال الى	٨	٢٣٠
وظلعا		وطلعا	٢١	٢٣٢
وحدّ		وحدّ	٣	٢٣٣
بلغوا		بغلوا	٤	٢٣٤
كنيد		كبذ	١٦	٢٣٤
وألحانه		والحانه	٢٠	٢٣٤
شتر		سير	١٠	٢٣٥
تظنّون		تظنّين	٨	٢٣٨
الّا ملكة فارس بنت الاتابك		ملكة بنت الاتابك الّا فارس	١٦	٢٤٣
الخيل		الحبل	١٦	٢٤٤
شعبها		شعبها	١٦	٢٤٤

Page:	ligne:	au lieu de:	lisez:
صحيفة	سطر	خطا	صواب
١٥٧	١٦	حرداً	جرداً
١٥٩	١٨	جلّة	حلّة
١٦٠	١١	وفرّقته	وفرَّقته
١٦١	١٥	بَقزّ	بَقرّ
١٦٤	١	قفز	فقر
١٦٤	٩	امرء	امراء
١٦٨	٢	زبد	ربد
١٧٣	٤	شبعوا	شبّعوا
١٧٣	٨	مريحًا	مُرَيَّحًا
١٧٤	٥	بامار	تامار
١٧٩	٥	احبه	اخبه
١٧٩	٧	عمّا	مهمى
١٨٠	١٠	يغضى	يفضى
١٨٤	١٤	بغضًا به	بغضائه
١٨٥	٤	تقيدينى	تقيّدنى
١٨٥	٧	قطوبا	قطوبا
١٨٥	١٠	غضبان	غضبانًا
١٨٧	٢١	ربعان	ريعان
١٨٩	٢	العتاب	العتبات
١٨٩	١٢	ينخى	نتى
١٩٣	٥	جيته	جنته
١٩٣	١٠	تتازرنى	تبارزنى
١٩٦	٣	بالدون السفل	بالدون والسفل
١٩٦	٤	يدلوا	بذلوا
١٩٨	٩	لاخاته	لاجاته
٢٠٤	١٧	اشرب	شرب
٢٠٤	١٩	نشفعا	نشفّعًا

Page:	ligne:	au lieu de:	lisez:
صحيفة	سطر	خطا	صواب
١٠٨	١٦	كِبادًا	كِبادَا
١٠٩	٧	تعنّبًا	تعنّتًا
١٠٩	١٥	دقوقا	زقوقا
١١٢	١٨	واحتدوا	واحتذوا
١١٤	١٢	اختـه	اخيه
١١٦	٥	متن	متن
١٢٠	٢١	كالثاقل	كالثاقل
١٢١	١١	اصاحبى	لصاحبى
١٢٢	١٧	تفليس وغارت	تفليس غارت
١٢٣	٤	الاغ	الاخبار
١٢٣	١٨	بوّاب	ثوّاب
١٢٥	١٦	نضر	نصر
١٣١	١٩	الكفاية	الكناية
١٣٦	٨	يقويهم	يقوتهم
١٣٨	٤	داير	دائر
١٤٠	٢	اوردا	اورادًا
١٤٠	٣	الماء وشما	الماء سّما
١٤٠	١٥	نغزة	نعرة
١٤١	٤	فغدره	فغدر به
١٤٧	١٦	واحنّة	واحنة
١٤٨	٢٠	دينار ومعونة	دينار معونة
١٤٨	٢١	الابلاع	الايلاع
١٤٩	١٦	الشبيا	الشبيا
١٥٢	٥	دهجوارقان	دهجوارقان
١٥٣	٦	وندب	ندب
١٥٦	٤	السحت	السخت
١٥٧	٢	هرب	هُرِتَ

Page:	ligne:	au lieu de:	lisez:
صحيفة	سطر	خطأ	صواب
٨٨	٧	احنّة	اجنّة
٨٨	٨	اذالة	ادالة
٨٩	٥	مجرجين	مخرجين
٩١	١٥	الغرايم	العزايم
٩٣	١٣	الاتلاف وما	الاتلاف ما
٩٤	١٤	حزّ	حزز
٩٥	١٤	يحاول	يحاول
٩٦	١٦	بذلك	بذلك
٩٦	١٦	افلاذ	افلاذ
٩٧	٣	ظبي	ظبيّ
٩٧	١٥	الى لقا	والى لقا
٩٧	١٥	ضعاف	ضعاف
٩٧	١٩	النقير	النفير
٩٨	٤	للناظرة	الناظرة
٩٨	٥	انال	ازال
٩٨	١٦	واطفأت	واطفأت
١٠٠	٤	حرّبوا	خرّبوا
١٠٠	١٧	بخداوند	بخداوند
١٠١	٣	ارتدع	ارتاع
١٠١	١٤	الجمعة عند	الجمعة وعند
١٠١	١٥	اوه	ابنه
١٠٣	١	جهر	جهور
١٠٥	٤	حرف	عرف
١٠٥	١٦	مستجيرًا	مستجيرًا
١٠٦	٢	تبارج	تبارج
١٠٨	١	بجلابيا	بجلابيا
١٠٨	٢	وافيت	واقمت

Page:	ligne:	au lieu de :	lisez :
صحيفة	سطر	خطأ	صواب
٥٣	١٥	بالفوس.	بالفؤس
٥٨	١	المحافة	المخافة
٥٨	١٦	الشقيف	السقيف
٥٩	٦	يديه ونار غير	نديه وٰار غبر
٥٩	١٠	حلم	حلّم
٦٢	١٨	جلالات	خلالات
٦٢	١٩	كِباداً	كِباداً
٦٣	٦	منهما	منها
٦٣	١٥	طرفاء	ظرفا
٦٣	١٧	الحرق	الحَرق
٦٨	١٣	قاحليا	قاحلّا
٧١	٣	سنون	اسنون
٧٣	٤	بغرزين	بقرزين
٧٤	١٩	غاصّا	غاصّا
٧٦	٦	بقندى.	بفندى
٧٦	١٤	الربون	الزبون
٧٧	١٧	انسدّ	انساد
٧٨	١	مستجليًا	مستجلبًا
٧٨	٦	حرة	جرة
٧٨	١٢	رجبه	رجليه
٧٩	٦	ببرشاوور	ببزشاوور
٨٠	٢	السحرية	السجرية
٨٠	١٥	اخلاس	احلاس
٨١	٥	تقذفه	تقذفه
٨١	٨	تشقّا	تشقّا
٨٣	١٤	الغار	العار
٨٤	١٥	صبا	ضباء

Page:	ligne:	au lieu de:	lisez:
صحيفة	سطر	خطأ	صواب
٢٢	١٨	بالية	باكية
٢٣	٤	لأمة	لأمة
٢٣	٤	احذاعيه	احذاعه
٢٣	١٧	قأقأ	فأقأ
٢٩	٢١	وجل	وجل
٣٠	١٠	العصايا	الغضايا
٣٨	١٦	فلما	فلقاً
٣٨	١٧	بعرار	بغرار
٣٩	٩	الفتن	الفتق
٣٩	١٤	المقضية	المفضية
٤٠	٢١	اكبر	اكثر
٤١	١	زخى	تزجى
٤٣	١١	الخطب	الخطب
٤٤	١	مجاهدًا	مجاهرًا
٤٤	١١	اللاواه	الاواه
٤٤	١٦	طى	ظى
٤٥	٦	بحلمه	تحكمه
٤٥	١٠	واليا	قاليًا
٤٥	١٢	كسراسب	كسراب
٤٥	١٣	بالضمان	بالضمار
٤٦	٣	منهما	منها
٤٦	٤	محاذاتها	محاذاتها
٤٧	٢	ضخبرا	ضخبرا
٤٧	١٣	فارس	فرس
٤٩	٢١	انجسر	انحسر
٥٠	١٠	رتعة	ربقة
٥٠	١٧	نشغيا	نشغنا

ERRATA DU TEXTE ARABE

lisez :	au lieu de :	ligne :	Page :
صواب	خطا	سطر	صحيفة
المرتوى	المرتوى،	١٠	١
بعنهم	بعنهم،	٦	٣
بجريعة	بجريعة،	١٦	٣
بحذو حذو	بحدو حدو	٦	٥
حكنز خان ماكان يلبه دوشى خان	حنكز خان،	٩	٥
حبل	خبل،	١٦	٥
مزاح	مراح	١٩	٦
تمت	ثبت،	١٠	٧
برحمن	برخص	١٦	٨
النجشم	النحشم،	٤	١٠
حاجب	حاخب	٥	١١
رسالتي	رسالتي،	٢	١٢
غنية	عينة	٩	١٢
انتثال	انثيال	٢٠	١٣
وركّز	وزكّر	٥	١٤
الانقل	الانقل	١٧	١٥
ربقة	رنقةً	٦	١٨
واجلائها	واجلائها،	٦	٢٠
الجراكي	الجراكي،	٦	٢٠
ازالة	اذالة	١	٢١
البريم	النبم	٥	٢٢

II, III. **CHRONIQUE DE CHYPRE PAR LÉONCE MACHÉRAS**, texte grec publié, traduit et annoté par *E. Miller*, de l'Institut, et *C. Sathas*. 2 vol. in-8, avec une carte ancienne en chromolithographie. . . . . . . 40 fr.

IV, V. **DICTIONNAIRE TURC-FRANÇAIS**. Supplément aux dictionnaires publiés jusqu'à ce jour, par *A.-C. Barbier de Meynard*, de l'Institut. 2 forts volumes in-8 à 2 colonnes. L'ouvrage publié en 8 livraisons a 10 fr. . . . . 80 fr.

VI. **MIRADJ-NAMEH**, récit de l'ascension de Mahomet au Ciel. Texte turc-oriental, publié, traduit et annoté d'après le manuscrit ouigour de la Bibliothèque nationale, par *Pavet de Courteille*, de l'Institut. In-8, avec fac-similés du manuscrit en chromolithographie. . . . . . . 25 fr.

VII, VIII. **CHRESTOMATHIE PERSANE**, composée de morceaux inédits avec introduction et notes, publiée par *Ch. Schefer*, de l'Institut. 2 volumes in-8 . . . . 30 fr.

IX. **MÉLANGES ORIENTAUX**. Textes et traductions, publiés par les professeurs de l'Ecole des langues orientales vivantes, à l'occasion du sixième congrès international des Orientalistes réuni a Leyde en septembre 1883. In-8, avec planches et fac-similé . . . . 25 fr.
<small>Notice historique sur l'Ecole des langues. — Quatre lettres missives écrites de 1470 à 1475 par Aboû'l-Hasan Aly, par H. Derenbourg. — Trois chapitres du Khitay Namèh, par Ch. Schefer. — Notice sur l'Arabie méridionale, par C. Barbier de Meynard — L'incendie de Singapour en 1828, par l'abbé C. Favre. — Inscriptions d'un reliquaire arménien de la collection Basilewski, par A. Carrière. — Fragments inédits de littérature grecque, par E. Miller — Memorial de l'antiquité japonaise, par L. de Rosny. — Kim van kieu Truyên, par A. des Michels. — La Bulgarie à la fin du xviiie siècle, par L Leger. — Notice biographique et bibliographique sur Nicolas Spatar Milescu, par Émile Picot. — Essai d'une bibliographie des ouvrages publiés en Chine par les Européens au xviie et au xviiie siècles, par H. Cordier. — Un épisode du poeme épique de Sindâmani, par J. Vinson.</small>

X, XI. **LES MANUSCRITS ARABES DE L'ESCURIAL**, décrits par *Hartwig Derenbourg*. Tome I, Grammaire, Rhétorique, Poesie, Philologie et Belles-Lettres, Lexicographie, Philosophie. Gr. in-8 . . . . 15 fr.
Tome II : Morale et politique, Histoire naturelle, Géographie, Histoire, Divers, Supplément, Mélanges. In-8 (sous presse) . . . . . 15 fr.

XII. **OUSAMA IBN MOUNKIDH (1095—1188)**. Un émir syrien au premier siècle des croisades, par *Hartwig Derenbourg*. Avec le texte arabe de l'autobiographie d'Ousâma, publié d'après le manuscrit de l'Escurial.
Première partie. Vie d'Ousâma. 1889, en 2 fascic. In-8 . . . . . 20 fr.
Deuxième partie, texte arabe. 1886, in-8 . . . . 15 fr.

XIII. **CHRONIQUE DITE DE NESTOR**, traduite sur le texte slavon-russe avec introduction et commentaire critique par *L. Leger*. In-8 . . . . . 15 fr.

XIV, XV. **KIM VAN KIEU TAN TRUYEN**. Poème annamite, publié, traduit et annoté par *Abel des Michels*. 2 volumes en 3 parties. In-8. . . . 40 fr.

XVI, XVII. **LE LIVRE CANONIQUE DE L'ANTIQUITE JAPONAISE**. Histoire des dynasties divines, traduite sur le texte original et accompagnée d'une glose inédite composée en chinois et d'un commentaire perpétuel, par *Léon de Rosny*. Deux fascicules in-8. Chaque fascicule. . . . . 15 fr.
Première partie. La Genèse. — Deuxième partie. Le règne du Soleil. — Troisième partie. L'Exil.

XVIII. **LE MAROC**, de 1631 à 1812. Extrait de l'ouvrage intitulé Ettordjemân Elmo'arib'an douel Elmachriq ou'l Maghrib, de Aboulqàsem ben Ahmed Ezziâni. Texte arabe publié et traduit par *O. Houdas*. In-8. . . 15 fr.

XIX. **NOUVEAUX MÉLANGES ORIENTAUX**, publiés par les professeurs de l'Ecole des langues orientales vivantes, a l'occasion du Congrès des Orientalistes tenu à Vienne en 1886. In 8, avec fac-similé. . . . . . 15 fr.
<small>Tableau du règne de Mouizz eddin Aboul Harith, Sultan Sindjar, par Ch. Schefer. — Considérations sur l'histoire ottomane, par A.-C. Barbier de Meynard. — Essais sur l'écriture maghrébine, par O. Houdas. — Ousâma ibn Mounkidh, par H. Derenbourg. — Entretien de Moïse avec Dieu sur le mont Sinai, par l'abbé P. Favre. — Voyages de Basile Vatace en Europe et en Asie, par E. Legrand. — Les noces de Maxime Tzernoïévitch, par A. Dozon. — Quelques contes populaires annamites, par A. des Michels. — Note pour servir à l'histoire des études chinoises en Europe, par H. Cordier. — Spécimen de paléographie tamoule, par J. Vinson — Une version arménienne de l'histoire d'Asseneth, par A. Carrière. — Notice biographique et bibliographique sur l'imprimeur Anthime d'Ivir, par E. Picot. — Des differents genres d'écriture employés par les Japonais, par L. de Rosny.</small>

XX. **L'ESTAT DE LA PERSE en 1660**, par le *P. Raphael du Mans*. Publié et annoté par *Ch. Schefer*, de l'Institut. In-8 . . . . 20 fr.

TROISIÈME SÉRIE

I. LA FRONTIÈRE SINO-ANNAMITE, description géographique et ethnographique, d'après des documents officiels chinois traduits par *G. Devéria*, In-8 illustré, avec planches et cartes . . . . 20 fr.

II. NOZHET-ELHADI. Histoire de la dynastie saadienne au Maroc (1511-1670). par Mohammed Esseghir ben Elhadj ben Abdallah Eloufrâni. Texte arabe, publié par *O. Houdas*. In-8. . . . . 15 fr.

III. Le même ouvrage Traduction française, par *O. Houdas*. . . . 15 fr.

IV. ESQUISSE DE L'HISTOIRE DU KHANAT DE KHOKAND, par *Nalivkine*, traduit du russe par *A. Dozon*. In-8, avec carte. , ... 10 fr.

V, VI. RECUEIL DE TEXTES ET DE TRADUCTIONS, publiés par les Professeurs de l'Ecole des langues orientales vivantes a l'occasion du Congrès des Orientalistes de Stockholm. 2 vol. in-8. . . . . 30 fr.

Quelques chapitres de l'abrégé du Seldjouq Namèh, composé par l'émir Nassir eddin Yahia, publié et traduit par Ch. Schefer. — L'Ours et le Voleur, comédie en dialecte turc azeri, publiée et traduite par Barbier de Meynard. — Proverbes malais, par G Marre. — Cérémonies religieuses et coutumes des Tchérémisses, par A. Dozon. — Histoire de la conquête de l'Andalousie, par Ibn Elqouthiya, publié par O. Houdas. — La compagnie suédoise des Indes orientales au xviiie siècle, par H. Cordier. — Du sens des mots chinois, *Giao Chi*, nom des ancetres du peuple annamite, par A. des Michels. — Chants populaires des Roumains de Serbie, par Em. Picot. — Les Français dans l'Inde (1736-1761), par J Vinson — Notice biographique sur Jean et Theodose Zygomalas, par E. Legrand, etc.

VII, VIII. SIASSET NAMÈH. Traité de Gouvernement, par Nizam oul Moulk, vizir du sultan Seldjoukide Melikchâh. Texte persan et traduction française, par *Ch. Schefer*, de l'Institut. Tome I. Texte persan. In-8. . . . 15 fr.
Tome II. Traduction française et notes. In-8. . . . . 15 fr.

IX, X. VIE DE DJELAL EDDIN MANKOBIRTI, par *El Nesawi* (viie siècle de l'hégire). Tome I Texte arabe, publié par *O. Houdas*. In-8 . . . . . . 15 fr.
Tome II. Traduction française et notes, par *O. Houdas*. In-8. . . . 15 fr.

XI. CHIH LOUH KOUOH KIANG YUH TCHI. Géographie historique des Seize royaumes fondés en Chine par des chefs tatares (302-433) traduite du chinois et annotée par *A. Des Michels*. Fasc I et II, in-8. Chaque. 7 fr. 50
Fascicule III. (*Sous presse.*)

XII. CENT DIX LETTRES GRECQUES, de *François Filelfe*, publiées intégralement pour la première fois, d'après le *Codex Trivulzianus* 873, avec introduction, notes et commentaires, par *Emile Legrand*. In-8. . 20 fr.

XIII. DESCRIPTION TOPOGRAPHIQUE ET HISTORIQUE DE BOUKHARA, par *Mohammed Nerchakhy*, suivie de textes relatifs a la Transoxiane. Tome I. Texte persan, publié par *Ch. Schefer*, membre de l'Institut. In-8. 15 fr.

XIV. Tome II. Traduction française et notes, par *Ch. Schefer*, de l'Institut. (*Sous presse.*)

XV. LES FRANÇAIS DANS L'INDE, Dupleix et Labourdonnais Extraits des Mémoires d'Anandarangappoullé, divân de la Compagnie des Indes (1736-1761), publié par J. Vinson. In-8 avec cartes . . . . 15 fr.

XVI. KHALIL ED-DAHIRY. Description de l'Egypte et de la Syrie. Texte arabe, publié par M. Ravaisse. In-8 . . . . 12 fr.

XVII. Le même, traduction française. In-8. (*En préparation.*)

XVIII. TABLEAUX GENEALOGIQUES DES PRINCES DE MOLDAVIE, dressés d'après les documents originaux et accompagnés de notes historiques, par Emile Picot. In-8 de 300 pages, avec environ 30 tableaux. (*En préparation.*)

XIX, XX. BIBLIOGRAPHIE CORÉENNE. Tableau littéraire de la Corée, contenant la nomenclature des ouvrages publiés jusqu'en 1890, ainsi que la description et l'analyse détaillées des principaux d'entre ces ouvrages, par Maurice Courant, interprète de la legation de France à Tokyo. 2 vol. (*Sous presse.*)

QUATRIÈME SÉRIE

I-IV. CATALOGUE DE LA BIBLIOTHÈQUE DE L'ÉCOLE DES LANGUES ORIENTALES VIVANTES, publié par *E. Lambrecht*, secrétaire de l'Ecole. (*Sous presse.*)